무용교육탐구

무용교육탐구

2016년 2월 26일 초판 인쇄
2016년 3월 2일 초판 발행

지은이 ▮ 최의창 · 홍애령 · 박혜연 · 임수진 · 김나이

펴낸곳 ▮ 레인보우북스

주 소 ▮ 서울특별시 관악구 신림로 75 레인보우B/D

전 화 ▮ 02-872-8151

팩 스 ▮ 02-871-0935

이메일 ▮ min8728151@naver.com

값 25,000원

ISBN 978-89-6206-359-2 93690

* 본서의 무단복제를 금하며, 잘못된 책은 구입한 곳에서 교환해 드립니다.

무용 가르치기의 목적, 내용, 방법 재검토

무용교육탐구

최의창 · 홍애령 · 박혜연 · 임수진 · 김나이

지음

Inquiring into Dance Education

*A reexamination on the purpose,
content and methods of dance teaching*

by

Euichang Choi

Aeryung Hong, Hyeyoun Park

Sujin Lim, Na-ye Kim

제가 믿는 신은 오직 춤출 줄 아는 신뿐입니다.

프리드리히 니체
〈자라투스트라는 이렇게 말했다〉

서 문

무용 가르치기
― 무엇을, 어떻게, 왜 그렇게 가르칠 것인가 ―

1

    춤은 어디에나 있습니다. 예술의 전당 같은 고급 공연장이나 국립발레단 같은 최고 수준 무용단에 있습니다. 그곳만이 아닙니다. 시영 아파트단지 노인정에도 있고 전국노래자랑의 무대 위에도 있습니다. 도시의 뒷골목 그늘진 곳에도 있고 학교 체육관 강당 위에도 있습니다. 이렇듯 춤은 사람이 사는 곳 어디에나 있습니다. 춤은 인간이 만든 가장 오래되고 원초적인 문화 가운데 하나입니다. 인간의 삶에서 춤은 떨어져본 적이 없습니다. 그리고 앞으로도 없을 것입니다.

    무용은 춤입니다. 그런데, 무용이라고 부르는 순간, 춤은 우리 일상과는 다른 차원으로 이동하게 됩니다. 세련된 예술활동으로서 무용은 특정한 형식으로, 특정한 공간에서, 특별한 사람에 의해서 행해지는, 나와는 다른 제3자적인 행위가 되어버립니다. 춤은 '내 것'이라는 1인칭적인 느낌이 강한 반면, 무용이 되면 '그것'이라는 3인칭적 느낌으로 멀어지게 됩니다. 무용은 일상적 보통인인 나로서는 내 것으로 하기 어렵고, 예술가, 무용가로 불리는 특정 소수의 전문가에 의해서 행해지는 특별한 활동으로서 타자화됩니다.

    이런 상황에서 "무용 가르치기"는 가까이 다가가기 어렵고, 일상적으로 진행되는 일이 되지 못합니다. 멋있어야만 하고, 잘해내야만 하고, 예술적 표현력이 요구되며, 무엇보다도 인형 같은 몸매가 갖춰져야만 하는, 보통의 우리는 범접하기 어려운 예술의 한 장르로서 간주되기 때문입니다. 일상인은 예술을 할 수 없습니다. 예술가에게 맡기고 나는 기껏해야 관람자로서만 즐길 수 있을 뿐입니다. 이러한 전통적인 예술적 무용관은 무용을 일상인의 삶과는 격리된 차원으로 이동시켜버립니다. 멀리서 바라보기만 하는 대상으로 만듭니다.

서 문

무용 가르치기는 예술적 과정으로서 소수의 선택된 이들에게만 열려있는 활동일 뿐이라고 치부되는 상황으로 발전되었습니다. "무용 가르치기" 또는 "무용교육"은 전문적으로 관계되는 이들에게만 주목받아야 되는 특수활동으로 오해받게 되었습니다. 무용을 예술로서만 한정시켜 이해하거나, 전문예술적 관점에서만 바라보는 폐쇄적인 입장(또는 근본주의적 관점)을 견지하게 된 것입니다. 무용은 예술이며, 오로지 예술이어야만 한다는 것입니다. 따라서 무용교육은 예술교육이며, 예술교육이어야만 합니다.

물론, 이러한 원론주의적, 근본주의적 관점의 장점과 미덕이 있습니다. 하이 컬처로서의 무용, 대학학과로서의 무용과라는 현실적 맥락을 고려한다면, 이 같은 입장이 그 위치를 견고히 해줄 수 있는 최고의 철학이자 원칙이 됩니다. 무대공연과 학술연구는 저급문화나 하급예술을 위한 것이 아닙니다. 고급예술과 고급문화로서의 무용만이 공연예술이 되어야 하고 대학에서 전공으로 가르쳐질 수 있는 가치를 지닙니다. 무용 가르치기는 이러한 맥락에서 이해되어야만 그 정당성을 인정받을 수 있습니다.

2

하지만, 이 책의 저자들인 저희가 생각하건데, 무용은 예술이면서도 일상이기도 합니다. 무용은 예술로서 무용이 되기 이전에, 우리 삶 전반에 살아있는 우리의 일상, 즉 춤이기도 합니다. 춤으로서의 무용은 예술로서의 무용보다는 훨씬 덜 심각하고 덜 고결하고 덜 차갑습니다. 더 가깝게 느껴집니다. 춤, 즉 일상으로서의 무용은 우리가 읽고 쓰고 셈하기를 배워야 하는 것처럼, 반드시 배워야 하는 것입니다. 춤추기가 셈하기와 달라야 할 이유가 무엇입니까? 오히려, 우리는 삶에서 셈하기보다 춤추기를 더 자주하지 않나요?

무용은 예술이면서도 일상이어야 합니다. 무용 가르치기도 예술교육이면서 일상교육이어야 합니다. 이점에서 지나치게 현학적이거나 미학적 입장에서만 무용 가르치기를 바라보려는 기존의 주류 무용교육의 연구는 재검토되어야 합니다. 무용은 예술론적 입장에서 교육적으로 바라보아야 할 뿐만 아니라, 교육학적 관점에서 교육적으로 이해되고 실천되어야하기도

서 문

합니다. 무용 가르치는 활동은, 무용의 미학을 성취시키려는 것만이 목적이 아니라, 배우는 이의 내면에 어떠한 변화를 가져다 줄 것인지도 동일하게 중요한 고려대상이 되어야 합니다.

배우는 이의 온전한 발달이 최종적 목적으로 추구되어야만 하는 것입니다. 물론, 이것만 추구되어서는 안 됩니다. 무용교육은 운명적으로 두 마리 토끼를 다 잡아야만 합니다. 무용이라는 예술활동 자체의 목적을 추구함과 동시에, 배우는 이의 인간적 완성, 자아의 실현을 이루어내야만 합니다. 우리의 판단에, 지난 동안의 무용교육 (특히 국내에서의) 연구는 전자에 집중함으로써, 후자의 관점을 소홀히 하였습니다. 이런 이유로 무용과 무용교육은 여전히 소수 그룹의 전유물로만 남아있게 되었다고 생각합니다.

무용의 본래 모습 추구와 배우는 이의 완성에 동시적인 관심을 두어야 합니다. 무용은 무용, 학생은 학생으로 분리되어 남아있는 무용교육이 되어서는 안 됩니다. 무용과 학생이 하나로 엮어지는 무용교육론의 발견과 연구가 이루어져야 합니다. 무용의 본질적 성격을 찾아내고 그것을 학생에게 전수시킴으로써, 배우는 이의 온전한 완성이 이루어지는 무용교육의 관점을 발견해내야만 하는 것입니다. 최근 많은 관심을 받고 있는 "문화예술교육"의 개념은 무용을 예술이자 일상으로 이해하고 실행하는 이론적, 실천적 노력에 많은 도움을 줍니다.

저희 연구자들은 지난 수년간 이런 방식으로 무용교육을 탐색해오고자 하였습니다. 국내외 주류 무용교육연구의 장점을 받아들이고, 미흡한 점들을 보완해내는 교육학적 관점에서 무용의 교육적 차원에 주목하는 노력을 기울였습니다. 일반 교육학 연구에서의 철학적, 개념적 아이디어를 적극적으로 활용하고, 무용교육과 가까운 곳에 위치한 스포츠교육학의 연구에서도 유용한 도움을 찾으려고 했습니다. 물론, 음악교육이나 미술교육, 그리고 연극교육 등 예술교육 전반에 걸쳐 도움이 되는 아이디어들을 벤치마킹하고 활용하였습니다.

"문화예술현상"으로서 무용을 이해하고, "문화예술교육"으로서 무용교육을 개념화함으로써, 무용을 가르치고 배우는 과정이 한 사람의 온전한 사람됨을 되찾고, 행복한 삶을 가꾸어나가는 것에 얼마나 중요한지 확인하게 되었습니다. 이 과정에서 무용은 문화예술로서 모든 이들의 일상적 삶 속에서 머나먼 전문예술로서만 머무는 것이 아니라, 가까운 생활예술로서 자리

서 문

잡게 되는 것입니다. 물론 지나친 저급문화나 흥미위주의 여흥문화로 변질되지 않도록 본질을 유지하는 것은 말할 것도 없습니다.

3

이 책은 이러한 공부의 산물입니다. 지난 수년간 발표한 연구들을 묶어서 모자이크처럼 무용교육을 새롭게 이해하는 하나의 작은 그림을 만들어내 보려고 하였습니다. 무용교육의 목적, 무용교육의 내용, 무용교육의 방법, 그리고 무용교육 프로그램이라는 4개의 큰 부로 전체 윤곽을 만들었습니다. 그리고 각 부에 3개 내지 4개의 작은 장들을 위치시켜 총 14개의 장으로 구성되어 있습니다.

〈제1부〉는 무용교육의 목표가 무엇인지에 대해서 다시 생각해봅니다. 문화예술로서 무용을 배우는 이유는 "댄스 리터러시"를 함양하는 것이라는 아이디어를 집중적으로 고민하고 있습니다. 댄스 리터러시를 "무용소양"으로 번역하고, 배우는 이들의 몸과 마음에 무용소양을 쌓아나가는 것이 문화예술교육으로서 무용교육의 일차적 목표임을 탐색합니다(제1장). 댄스 리터러시의 개념을 보다 자세하게 알아보기 위하여 무용교육전문가들에게 자세하게 물어보고 그것을 구성하는 다양한 차원을 명료하게 구분해보기도 합니다(제2장). 그리고 무용을 배우는 이에게 쌓이도록 하는 것이 댄스 리터러시라면, 무용교육자는 반드시 그것을 갖추고 있어야 하며, 어떻게 그것을 함양할 수 있는지를 알아보고 있습니다(제3장).

〈제2부〉는 무용을 가르칠 때에 가르쳐지는 내용이 무엇인가에 대해서 검토해봅니다. 겉으로 드러나는 내용과 안으로 감춰진 내용을 구분하여 밝혀내고 무용기능이나 테크닉에 몰두하는 현재의 교육풍토에 질문을 제기합니다. 문화예술로서의 무용은 기능의 차원과 정신의 차원이 있음을 구분합니다(제6장). 이것은 발레나 한국무용이나 구분이 없습니다. 다만, 형식성이 보다 덜한 한국무용에 정신의 차원이 보다 더 강조된 것은 사실입니다. 하지만, 발레에도 여전히 정신의 차원이 존재합니다. 발레정신(제4장)과 한국무용정신(제5장)의 개념과 구

서문

체적인 구성요소들이 무엇이 있는지를 상세히 찾아냅니다. 그리고 무용의 정신적 차원을 제대로 가르치는 무용교육은 곧바로 인성교육(심성교육)이 됨을 알려줍니다(제7장).

〈제3부〉는 무용의 정신적 차원을 제대로 가르치는 방법에 대해서 살펴봅니다. 무용의 테크닉을 가르치는 방법은 널리 알려져 있습니다. 학원이나 예술학교에서 잘 가르쳐줍니다. 하지만, 무용의 정신적 차원을 어떻게 배울 수 있는지 잘 알려져 있지 않고, 사람마다 말하는 것이 다릅니다. 우리는 무용의 정신적 차원은 직접적이기보다는 간접적으로 가르쳐진다는 점에 주목하였습니다. 발레(제8장)이건 한국무용(제9장)이건 관계없이 올바른 무용지도는 "간접교수방법"이라고 부르는 방식으로 잘 전달된다는 점을 확인하였습니다. 가르치는 이의 말투, 표정, 행실, 열정, 눈빛, 용모 등을 통해서 전수되는 것을 간접교수라고 부릅니다. 특히, 인성을 강조하는 한국무용에서 활용되는 직접교수방법과 간접교수방법들을 구체적으로 알아봅니다(제10장). 그리고, 간접교수를 잘 해내기 위해서 무용교육자는 지도기술보다는 마음결, 마음바탕, 즉 "심성"을 가다듬어야 함을 살펴보고 있습니다(제11장).

〈제4부〉는 이러한 목표, 내용, 방법의 개념적 기반을 바탕으로 구성될 수 있는 무용교육 프로그램의 대략적 모습에 대해서 알아봅니다. 무용의 기능적 차원과 정신적 차원이 동시에 강조되면서, 정신적 차원이 제대로 학습되어 전수되도록 하기 위해서는 기능만을 중시하는 접근이 미흡합니다. 무용소양을 쌓아나가면서 무용의 안목적 차원을 습득하기 위해서는 "통합적 접근"을 취해야만 합니다. 통합적 접근은 최근 유행하는 융합교육의 형태를 취합니다. 발레나 한국무용의 기능과 함께 문학, 예술, 종교, 철학, 역사적 내용을 체험해야만 합니다. 기존 무용교육 프로그램들의 장단점을 살펴보고 단점을 보완할 수 있는 통합적 교육프로그램의 구성을 가능하게 하는 하나의 대안으로서 하나로 수업 모형을 제안합니다(제12장). 보다 구체적으로 하나로 수업 모형에 영향 받은 통합적 발레정신 함양 프로그램(제13장)과 통합적 한국무용정신 함양프로그램(제14장)의 대략적 모습이 소개됩니다. 그리고, 반성적 교양 체육수업(제15장)의 사례가 다루어집니다.

서 문

무엇을 가르칠 것인가? 어떻게 가르칠 것인가? 그리고, 왜 (그것을 그렇게) 가르칠 것인가? 무용교육에 있어서 가장 근본적인 질문들일 것입니다. 무용을 가르치는 목적(why), 내용(what), 방법(how)을 묻기 때문입니다. 무용교육의 3대 질문이라고 할 만한 것들입니다. 엄밀히 말해서, 다른 질문들은 지엽적인 것들이거나 이것의 변주질문들일 뿐입니다. 제대로 된 무용교육 탐구의 출발은 이 질문들에서 시작되고, 결국 이것들로 마감됩니다. 그럴 수밖에 없습니다. 교육의 질문도 결국 무엇을 어떻게, 그리고 왜라는 물음으로 귀착되고 맙니다.

저희 연구자들은 서울대학교 대학원에서 무용교육을 공부하는 석사 및 박사학생 10여명으로 구성된 연구공동체에서 함께 이 3대 질문들을 탐색해오고 있습니다. 발레, 한국무용, 그리고 현대무용까지 다양한 실기전공 배경을 가지고, 여러 학부에서 배운 열정적인 학도들이 모여 지난 10여 년간 지속적으로 연구를 해오고 있습니다. 여러 편의 석박사 학위논문들이 완성되었고, 박사연구자들을 중심으로 본격적인 연구 프로젝트 및 학술연구를 진행해오고 있습니다. 이 책은 그러한 연구노력들의 첫 번째 열매라고 할 수 있습니다.

저희들이 여기서 선보이는 탐구의 노력은 독자적으로 이루어낸 것이 아닙니다. 지난 수십 년 동안 국내외 전문무용인들과 무용교육자들이 행한 실천과 연구의 노력들을 바탕으로 가능하였습니다. 기존에 쌓아올린 거대한 노력 위에 저희들의 미력한 시도를 살짝 얹어놓는 것에 불과합니다. 이제 저희는 이 연구물을 내어놓음으로써 모든 사람들에게 무용이, 춤이 삶의 일부분이 되고 생활의 한부분이 되도록 하는 그 멋지고 힘겨운 장정에 본격적 첫걸음을 내딛게 되었습니다. 무용 가르치기의 목적과 내용과 방법에 대해 끊임없이 질문을 던지며, 저희 나름대로의 해답을 찾기 위한 그 어려운 여정을 묵묵히 감수해나가도록 하겠습니다.

최의창, 홍애령, 박혜연, 임수진, 김나이 올림
2016년 2월 1일

목 차

제1장 무용교육의 목적으로서 댄스 리터러시

    Ⅰ. 서 론 …………………………………………………… 6
    Ⅱ. 무용교육의 기본 목적들 ……………………………… 9
    Ⅲ. 리터러시와 댄스 리터러시 …………………………… 15
    Ⅳ. 문화예술교육의 목적으로서 무용소양과 그 구성요소 ………… 21
    Ⅴ. 결론 및 제언 …………………………………………… 25

제2장 댄스 리터러시 개념의 이론적 고찰

    Ⅰ. 서 론 …………………………………………………… 34
    Ⅱ. 리터러시의 개념 ……………………………………… 36
    Ⅲ. 댄스 리터러시의 개념 ………………………………… 43
    Ⅳ. 댄스 리터러시 필요성에 대한 논의 ………………… 54
    Ⅴ. 결론 및 제언 …………………………………………… 55

제3장 무용교육자의 댄스 리터러시 함양과정

    Ⅰ. 서 론 …………………………………………………… 62
    Ⅱ. 연구방법 ………………………………………………… 66
    Ⅲ. 무용소양의 개념 및 요소 …………………………… 73
    Ⅳ. 무용소양의 함양과정 ………………………………… 78
    Ⅴ. 바람직한 무용소양의 함양 방법 …………………… 79
    Ⅵ. 결론 및 제언 …………………………………………… 82

제1부
무용교육의
목적

목 차

제2부 무용교육의 내용

제4장 발레교육의 내용으로서 발레정신의 개념과 구성요소

- Ⅰ. 서론: 한국 발레의 명암 …………………………………… 90
- Ⅱ. 이론적 배경 ……………………………………………… 92
- Ⅲ. 연구방법 ………………………………………………… 94
- Ⅳ. 발레정신의 개념 ………………………………………… 99
- Ⅴ. 발레정신의 구성요소 …………………………………… 101
- Ⅵ. 결론 및 제언 …………………………………………… 109

제5장 한국무용 교육내용으로서 한국무용정신의 구성요소

- Ⅰ. 문제의식: 한국무용의 겉과 속 ………………………… 118
- Ⅱ. 연구방법 ………………………………………………… 121
- Ⅲ. 한국무용정신의 구성요소 ……………………………… 126
- Ⅳ. 논 의 …………………………………………………… 141
- Ⅴ. 요약 및 제언 …………………………………………… 143

제6장 한국무용 교육내용의 두 가지 차원

- Ⅰ. 서 론 …………………………………………………… 152
- Ⅱ. 교육내용의 기능적 차원 ………………………………… 155
- Ⅲ. 교육내용의 두 층위 ……………………………………… 158
- Ⅳ. 교육내용의 정신적 차원 ………………………………… 161
- Ⅴ. 무용수업과 무용교사 …………………………………… 163
- Ⅵ. 결론 및 제언 …………………………………………… 166

제7장 심성교육을 위한 한국무용 교육내용의 구조화

- Ⅰ. 서 론 …………………………………………………… 172
- Ⅱ. 연구방법 ………………………………………………… 174
- Ⅲ. 심성교육을 위한 한국무용 교육내용 ………………… 178
- Ⅳ. 논의 ……………………………………………………… 191
- Ⅴ. 요약 및 시사점 ………………………………………… 192

목 차

제3부
무용교육의
방법

제8장 발레교육에서의 간접교수방법

Ⅰ. 서 론 ·· 202
Ⅱ. 연구방법 ·· 207
Ⅲ. 발레교육에서의 간접교수방법 ········ 212
Ⅳ. 논 의 ·· 223
Ⅴ. 요약 및 제언 ···································· 225

제9장 한국무용정신의 교수방법

Ⅰ. 서 론 ·· 232
Ⅱ. 한국무용의 교수방법에 관한 연구 ···· 236
Ⅲ. 연구방법 ·· 238
Ⅳ. 한국무용정신 교수방법 ··················· 242
Ⅴ. 결론 및 제언 ···································· 256

제10장 한국무용에서의 두 가지 인성지도 방식

Ⅰ. 서 론 ·· 266
Ⅱ. 연구방법 ·· 268
Ⅲ. 인성지도의 두 방식 ························· 270
Ⅳ. 한국무용과 인성지도 ······················· 281
Ⅴ. 제언 ·· 284

제11장 무용교육자의 심성적 자질과 함양

Ⅰ. 무용교육의 명과 암 ························· 290
Ⅱ. 전문성에 대한 지배적인 관점 ········ 292
Ⅲ. 무용을 잘하는 두 가지 방식 ·········· 295
Ⅳ. 무용교육자의 심성적 자질과 함양 방법 ··· 297
Ⅴ. 결론 및 제언 ···································· 306

목 차

제4부 무용교육 프로그램

제12장 모형기반 무용수업의 가능성과 과제

Ⅰ. 서 론 ··· 320
Ⅱ. 모형기반 체육수업의 개념과 특징 ··· 323
Ⅲ. 무용교육에서의 교수모형들 ··· 325
Ⅳ. 한 가지 대안 : 하나로수업 모형 ··· 333
Ⅴ. 제언 ··· 337

제13장 통합적 발레정신 교육프로그램 개발 및 실행

Ⅰ. 서 론 ··· 346
Ⅱ. 통합적 교육프로그램 ··· 348
Ⅲ. 통합적 발레정신 교육프로그램의 개발 ··· 354
Ⅳ. 통합적 발레정신 교육프로그램의 실행 ··· 362
Ⅴ. 요약 및 제언 ··· 371

제14장 통합적 한국무용정신 교육프로그램 개발 및 평가

Ⅰ. 서 론 ··· 378
Ⅱ. 연구방법 ·· 380
Ⅲ. 통합적 한국무용정신 교육 프로그램의 개발 ······································ 382
Ⅳ. 통합적 한국무용정신 교육 프로그램의 평가 ······································ 390
Ⅴ. 요약 및 제언 ··· 396

제15장 반성적 수업모형을 적용한 교양 에어로빅 수업

Ⅰ. 서 론 ··· 402
Ⅱ. 연구방법 ·· 405
Ⅲ. 반성적 에어로빅 수업의 구성 및 운영 ··· 408
Ⅳ. 반성적 에어로빅 수업의 효과 ·· 413
Ⅴ. 요약 및 제언 ··· 427

제1부 무용교육의 목적

제1부에서는 무용교육의 목적이 무엇인지에 대해서 다시 생각해본다. 문화예술로서 무용을 배우는 이유는 "댄스 리터러시"를 함양하는 것이라는 아이디어를 집중적으로 고민하고 있다. 댄스 리터러시를 "무용소양"으로 번역하고, 배우는 이들의 몸과 마음에 무용소양을 쌓아나가는 것이 문화예술교육으로서 무용교육의 일차적 목표임을 탐색한다(제1장). 댄스 리터러시의 개념을 보다 자세하게 알아보기 위하여 무용교육전문가들에게 자세하게 물어보고 그것을 구성하는 다양한 차원을 명료하게 구분해본다(제2장). 그리고 무용을 배우는 이에게 쌓이도록 하는 것이 댄스 리터러시라면, 무용교육자는 반드시 그것을 갖추고 있어야 하며, 어떻게 그것을 함양할 수 있는지를 알아본다(제3장).

제1부 무용교육의 목적

제1장 무용교육목적으로서 댄스 리터러시*

최 의 창

> 문화예술에 대한 관심이 전례 없이 뜨겁다. 문화예술교육이라는 최근의 정책적 지원은 교육을 통해서 문화예술의 가치를 모든 사람들이 알고 체험하고 소중히 여길 수 있도록 하려는 획기적인 조처다. 문화예술적 소양을 지닌 사람(culture and art literate)으로 성장토록 돕는다. 무용교육도 문화예술의 한 분야로서 새로운 전기를 맞고 있다. 패러다임적 전환을 위하여 무용교육의 전 측면에 대한 다각적인 탐색이 실시되어야 한다. 본 연구는 문화예술교육으로서 무용교육의 목적을 재검토하고 하나의 대안을 찾아보려는 시도다. 최근 외국에서 소개되고 있는 "댄스 리터러시"의 개념을 무용교육이 추구해야할 새로운 목적으로 검토해본다. 먼저 기존의 주요 무용교육 모형들에서 제시한 목적들을 비교분석한다. 곧 이어 댄스 리터러시의 개념을 구체적으로 살펴본 뒤, 그 개념을 한국적으로 풀이해본다. 댄스 리터러시를 무용소양으로 재개념화하고 그것을 이루는 필수적 구성요소로서 무용능, 무용지, 무용심의 개념들을 소개한다. 마지막으로 무용소양을 무용교육의 목적으로 삼음으로써 얻어질 수 있는 긍정적 측면에 대해서 알아보고, 이것을 실현하기 위해서 시급히 이루어져야 하는 이론적, 실천적, 연구적 조처들을 간단히 소개한다.

---

* 최의창(2011). 댄스 리터러시 혹은 무용소양: 문화예술교육으로서 무용교육의 목적 재검토. 한국무용기록학회지, 21, 139-161.

I. 서론

문화예술의 부흥, 이것은 반론의 여지없는 문화적, 경제적으로 앞선 사회의 커다란 특징이다. 선진국에서는 문화예술의 가치가 제대로 인정받고 있으며 그 일을 담당한 예술가도 존중받는다. 문화예술의 존중과 부흥이 선진국의 한 가지 지표라고 한다면, 지금 우리나라도 선진국으로 향해가는 길 위에 몇 발자국을 디뎠다고 할 수 있다. 문화예술에 대한 일반인의 욕구와 행정당국의 관심이 예전에 비하여 월등히 높아졌기 때문이다.

이 관심과 욕구는 매우 수준이 높아져서 우리가 만들어내고 누리는 문화예술의 수준이 보통 이상이 될 것을 요청하고 있다. 문화예술의 생산자와 소비자의 자질과 소양이 높아짐으로써 질적 수준이 보다 향상된 문화예술을 향유할 수 있다는 것이다. 그리하여 문화예술의 "교육"에 대한 관심과 지원이 다양하고도 빠른 속도로 증가하고 있다. 질 높은 문화예술 작품을 만들어내는 예술가를 키워낼 수 있으려면 제대로 된 교육을 받아야만 한다. 또한 그러한 질 높은 작품을 제대로 감상하고 음미할 수 있는 소양과 안목을 지닌 문화예술 소비자도 결국에는 교육을 통하여 그 같은 능력을 지닐 수 있게 되기 때문이다.

문화예술 가족의 중요한 한 일원으로서 무용도 예외는 아니다. 물론, 사회적으로 한 편에서는 전문무용인이 되려는 인원수가 줄어드는 현상도 보이고 있기는 하다. 하지만, 무용인들이 만들어내는 무용의 질적 수준이나 무용에 대한 일반인의 관심은 전체적으로 상승하고 있다고 말할 수 있다. 국제 무용계에서 주역으로 각광받는 무용인들이 점차로 증가하고, 국내 무용작품의 공연 횟수와 관람자수가 늘어나는 것이 그 증거라고 할 수 있다.

무용전문인들은 이미 오래전부터 무용교육에 대해서 관심을 기울여왔다. 결국 모든 전문분야는 새로운 예비전문인력의 질적 수준에 의해서 그 성공과 실패가 결정되기 때문이다. 무용을 제대로 가르치기 위한 교육적 철학과 교육적 실천을 개발하고 적용해오고 있다. 주로 무용학원, 예술중고등학교와 대학의 무용학과를 통하여 무용교육을 실천해오고 있다(유미희, 2009).

그동안에는 전문적으로 무용수가 되고자하는 학생들에 대하여 무용교육의 초점이 집중되었다. 그런데, 최근에는 문화예술교육의 개념이 예술교육의 중요한 패러다임으로 대두되면서, 전문가가 될 사람들만이 아니라 일반인들에게도 문화예술교육으로서의 무용을 가르치는

제1부
무용교육의
목적

일이 중요하게 부각되었다. 무용교육자들은 이 점을 진지하게 간파하고 무용교육의 새로운 도전으로 받아들이고 있는 중이다.

　문화예술교육은 예술교육 분야에서 비교적 새로운 개념이라고 할 수 있다(신승환, 2008; 하진욱, 2006). 매우 단순하게 말해서, 문화예술교육은 작품예술, 공연예술, 또는 순수예술을 중심으로 한 전문적 예술 중심의 예술교육에서 예술을 문화현상, 문화활동의 차원에서 이해하고 실천하는 노력이라고 할 수 있다. 우리의 삶과 생활의 일부분으로 문화활동과 문화현상을 부담 없이 받아들이자는 "문화교육"의 개념을 "예술교육"의 영역에까지 확장하고 포용한 것이다. 문화예술교육은 작품예술, 공연예술이 아니라 문화예술을 중심으로 한 상식적 예술중심의 예술교육이라고 말할 수도 있다. 전문예술가나 예술비평가만이 누리는 작품으로서의 예술이 아니라, 일반인이나 아마추어도 제대로 음미하고 만들어낼 수 있는 문화로서의 예술을 지향하는 예술교육인 것이다.

　물론, 문화예술교육과 작품예술교육은 서로 종류가 다른 것은 아니다(박인배, 2007; 오세곤, 2009). 간단히 말하면, 이 둘은 정도상의 차이만 있을 뿐이다. 아마추어와 일반인은 문화예술교육을 통하여 전문예술인이 생각하고 느끼고 표현하는 것과 종류상 동일한 것들을 상대적으로 낮은 수준으로 느끼고 생각하고 표현할 수 있다는 것이다. 이 점에서 이들은 "작은 예술가"라고 불리울 수 있는 것이다. 하지만, 이전의 예술교육 패러다임에서는 이것이 불가능하였다. 전문인과 일반인은 생산자와 소비자의 넘을 수 없는 바다를 둔 두 대륙의 다른 거주민들이었다. 문화예술교육의 패러다임은 이 넓고 깊은 바다를 건널 수 있는 해상교통의 수단을 제공해준다.

　예술은 작품으로서 돈 많고 권력 있는 특권층만이 누리는 사치품이 아니라, 문화로서 모든 사람들이 즐길 수 있는 일상품이 되어야만 한다. 일반인도 예술의 생산자가 될 수 있어야만 예술의 가치를 몸으로 체험하고 마음으로 받아들일 수 있게 된다. 문화예술교육의 패러다임은 바로 이러한 혁신적인 예술교육관을 지향하고 있는 것이다. 소수를 위한 예술에서 모두를 위한 예술을 도모하는 것이다. 물론, 작품을 감상하고 공연을 보는 것만으로도 예술을 즐길 수는 있지만, 직접 스스로 체험함으로써 얻는 느낌과 감동과는 비교할 수 없을 것이다. 예술적 체험을 본인이 해보고 예술적 작품을 만들어봄으로써 예술을 참으로 이해할 수 있는 개인적 바탕을 지니게 되는 것이다.

무용교육에 있어서도 문화예술교육의 접근은 새로운 전기를 마련해줄 수 있다. 일반인(어린이, 학생, 성인, 노년층)들이 무용을 스스로 맛보고 체험함으로써 무용의 소중함을 제대로 이해할 수 있게 되고, 더 나아가 무용의 잠재된 가치를 깨닫게 될 수 있기 때문이다. 전문적으로 무용을 하게 될 예비전문인(무용영재, 무용전공대학생, 무용경영자 등)들도 문화예술교육의 관점으로 무용을 이해하고 연습하고 공연함으로써 무용이 우리 생활과 삶에 얼마나 소중한 문화활동이 될 수 있는가를 몸소 체험할 수 있게 된다. 그리고 전문인이 되었을 때에 문화예술로서의 무용을 전파시키고 활용할 수 있는 자질을 충분히 갖게 된다(김이경, 2006; 박은희, 2008).

그런데, 문화예술교육으로서의 무용교육에 대한 이해는 매우 최근의 현상이다. 극히 소수의 전문가들 사이에서만 언급되고 있는 실정이다(김화숙, 2009; 조은지, 2008). 문화예술교육으로서의 무용교육에 대한 보다 진지하고 활발한 논의가 이루어져야만 하는 상황이다. 기존의 논의가 있으나 주로 제도적 차원에서 무용교육의 정책적 지원이나 행정적 조처 등에 대해서 언급하고 있다. 문화예술교육으로서의 무용교육에 대한 근본적 차원에서 철학적이고 개념적인 분석이나 논리전개는 부족하다. 본 연구는 그러한 본격적 논의를 불러일으키고자 하는 의도에서 시작되었다.

문화예술교육으로서 무용교육이 제대로 성공하기 위해서는 무엇보다도 그것이 추구하는 "교육목적"에 대한 논의가 이루어져야 할 것이다(신승환, 2008; 정연희, 2008). 물론, 무용교육의 목적에 대해서는 오래전부터 다양한 맥락에서 검토가 이루어지고 아이디어가 제공되어 왔다. 하지만, 그것이 현재 우리나라에서 전개되고 있는 문화예술교육의 맥락 내에서 새롭게 검토되지는 않았다. 만약, 우리가 문화예술교육이라는 교육적 아이디어를 단순히 예전의 예술교육적 생각을 포장만 새롭게 한 것이라고 치부해버린다면 새로운 논의는 필요 없을 것이다. 하지만, 앞에서도 언급했고 옹호자들도 주장하듯이, 문화예술교육은 예술교육을 바라보는 새로운 패러다임이라고 할 수 있다. 따라서 무용교육의 목적에 대해서 새롭게 조명해볼 필요성이 충분하다. 무용교육의 새로운 전기를 마련하기 위해서는 문화예술교육으로서의 무용의 교육적 지향점에 대해서 근본적 재검토가 이루어져야만 한다.

이를 위하여 본 연구에서는 우선, 최근 행해진 무용교육 연구와 제안된 무용교육 모형들 가운데 몇 가지를 선별하여 무용교육의 목적에 대해서 비교 검토한다(제2절). 이를 바탕으로

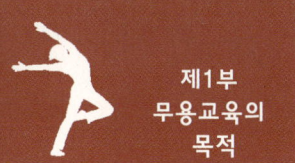

제1부 무용교육의 목적

최근 문화예술교육의 맥락에서 제안된 리터러시와 댄스리터러시의 개념을 살펴본다(제3절). 댄스 리터러시의 개념을 보다 자세히 분석하면서 문화예술로서 무용을 교육할 때 지향해야 할 "대표목적"으로서의 타당성을 주장한다(제4절). 댄스 리터러시의 개념을 우리의 상황에 보다 적절하게 "무용소양"으로 재개념화하고 그 세부적 구성요소들을 명확히 파악한다. 마지막으로 무용소양 교육을 제대로 실현하기 위하여 무용교육전문가가 시급히 고민하고 실천해야 하는 세 가지 핵심적 사항들을 제언한다(제5절).

II. 무용교육의 기본 목적들

무용을 제대로 가르치기 위하여 만들어진 무용교육의 모형들이 있다(Stevens, 1992). 이 모형들은 어떠한 목적을 위하여, 어떠한 내용을 가지고, 어떠한 방식으로 가르칠 것인지에 대한 하나의 "총체적 틀"을 제공한다. 무엇을 어떻게 왜 가르칠 것인지를 일관성 있고 체계적으로 생각하고 실행하도록 돕는다. 무용교육의 목적은 그것을 실현하기 위한 내용과 방법과 연계되어 고려되어야만 한다. 그래야만 하나의 무용교육 "모형"이라고 불리울 수 있게 된다. 목적과 내용과 방법이 연계성이 강해야만 하는 것이다.

무용교육에 대하여 많은 연구들이 행해졌지만, 무용교육 철학을 바탕으로 하여 목적, 내용, 방법의 측면에서 일관성 있는 하나의 체계적 틀을 구성하여 제공하고 있는 모형을 제안한 연구들은 그리 많지 않다. 이하에서는 최근 들어 무용교육전문가들에게 인정받고 있는 모형을 세 가지 선정하여 이들이 지향하는 무용교육의 목적에 대하여 살펴보도록 하겠다. 이 세 가지는 Jacquline Smith-Autard(2002)의 Midway Model, Brenda McCutchen(2006)의 Cornerstone Model, 그리고 National Dance Education Organization(2007a, b)의 NDEO Model이다. 이들은 모두 무용을 (체육이 아니라) 예술로서 간주해야 한다(the dance as art approach 또는 the art of dance approach)는 입장에서 구안된 모형들이다.[1]

---

[1] 본 연구에서는 각 모형에서 제시하는 무용교육의 전반적 목적(goals)의 수준에서 논의하고자 한다. 구체적 목표(objectives)는 각 목적을 구현하기 위해서 세부적으로 성취되어야 하는 중단기적 성취초점들이다. 이러한

1. 미드웨이 모형

잘 알려진 바대로, 재클린 스미스-오타드의 "미드웨이 모형"[2]은 "교육적 모형"과 "전문적 모형"의 중간 지점에서 각자가 지닌 장점들을 모아 교육의 핵심으로 삼겠다는 것을 핵심으로 한다(〈표 1〉 참조). 교육적 모형은 루돌프 라반에 의해서 촉발된 "교육무용"의 전통 속에서 아동들의 기초 움직임을 충실하게 익히고 그것을 바탕으로 움직임 능력을 개발해나가는 것을 목적으로 한다. 전문적 모형은 무용을 전문적 활동으로 삼고 무용의 기술적, 창의적 차원을 최고 수준으로까지 끌어올려 예술작품화시키고 공연하는 것을 목적으로 한다. 전자는 어린 아동과 일반 학교를 중심으로 해서 1950년대 이후 폭발적으로 퍼져나갔다. 후자는 무용전공자들과 무용전문학교를 중심으로 해서 오래전부터 전개되어왔다.

그런데, 각 모형이 갖는 장점들과 함께 단점들이 지속적으로 발견되고, 양극단이 서로 합치점 없이 계속해서 각자의 방향으로 내치달음으로해서 무용교육에 새로운 접근이 요청되게 되었다. 1970년대에 그러한 조짐이 생겨나면서 1980년대와 1990년대 본격화되기 시작하였다. Redfern(1972)이 신호탄을 쏘아 올렸고 Smith(1976)와 Adshead(1981)가 그에 화답하였다. Smith-Autard(1994)가 〈The Art of Dance in Education〉을 출판하면서 구체적 모습이 가시화되었다. 스미스-오타드는 이 책에서 "미드웨이 모형"의 전모를 드러내 보여주었다. 물론 보다 정련된 이론적 바탕과 초중고대학별 구체적 교육프로그램은 제2판(Smith-Autard 2002)에서 완성되었다.

구체적인 목표들에 대한 자세한 본보기와 연구는 각각 〈Standards for learning and teaching dance in the arts; Ages 5-18〉 (NDEO, 2007b)과 홍애령(2008) 참조.
[2] 통상적으로 Midway Model은 절충적 모형, 또는 중도 모형이라고 번역된다. 영어의 자구적 의미를 그대로 옮긴 번역이다. 나는 이 번역들도 좋으나, 모형개발자의 의도를 반영하고 모형이 추구하는 이상을 적극적으로 해석하는 번역도 필요하다고 생각한다. 그래서 개인적으로는 "통합적 모형"이라고 풀어서 사용한다. "절충적"이란 말은 새로운 아이디어를 만들어낸 개발자의 힘겨운 노력이 제대로 인정받지 못하고 편하게 좋은 것들만 따다 만들었다는 오해를 하게 만든다. "중도"(中道)는 절충보다는 나아보이지만, 역시 "중간"이라는 뜻이 개발자의 혁신적 사고를 충분하고도 효과적으로 드러나지 못하게 하는 느낌이 있다. 본 연구에서는 연구자의 개인적 의견도 어느 정도 전달하고 기존 통용번역어에 익숙한 독자들에게도 혼란을 일으키지 않도록 절충적이고 중도적인 방법으로, 영어발음을 그대로 한글화한 "미드웨이 모형"이라고 사용하도록 하겠다.

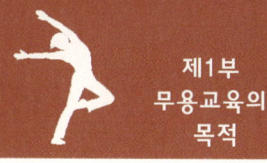   

제1부
무용교육의
목적

|표 1| 미드웨이 모형의 특징

교육적 모형	미드웨이 모형		전문적 모형
과정	과정 + 결과		결과
창의력	창의력		
상상력	상상력	+ 공공성을 띤 예술적	무대무용 레퍼토리에
개인성	개인성	관습들에 관한 지식	관한 지식
감성	감성 + 기능		기능
주관성	주관성 + 객관성		객관성
원리	원리 + 기능		기법
개방적 방법	개방적 + 폐쇄적		폐쇄적 방법
창작하기	창작, 공연, 감상이라는 무용의 세 가지 지류를 통하여 예술적 교육, 심미적 교육, 문화적 교육을 추구해나감		공연하기

* Smith-Autard(2002)의 표 인용(p. 27)

　본 연구의 주제와 관련해서 스미스-오타드의 모형 가운데 중요한 내용은 그녀가 "무용의 세 지류"(three strands of dances)라고 부르는 "창작, 수행, 감상"(composition, performance, appreciation)이다. 통상적으로 이 세 가지는 하나의 세트로서 언급되는데, 스미스-오타드는 이것은 잘못이라고 말한다. 그녀는 "감상하기"(평가하기, 음미하기)는 "창작하기"(만들기)와 "수행하기"(행하기)와는 다른 범주에 놓여야 한다고 주장한다. 감상하기는 만들기와 행하기, 그리고 보기(viewing)가 총체적으로 체험됨으로써 갖게 되는 최종적인 체험 또는 능력이라고 주장한다. 또한 만들기와 행하기는 과정을 나타내는 동사형태로 되어있지만, 감상은 과정의 산물인 최종결과이다. 그래서 "예술로서의 무용교육"의 "세 가지 과정"(processes)들은 "만들기, 행하기, 보기"(composing, performing and viewing)라고 재규정한다. "무용창작물, 무용공연물, 무용감상평"(compositions, performances, appreciation)은 이 세 가지 과정을 통해서 얻게 되는 "세 가지 결과물"(products)들이다. 스미스-오타드에게 있어서 무용교육의 목적은 이 세 과정들을 체험하도록 함으로서 세 가지 결과물을 만들어내는 것이다.

2. 코너스톤 모형

최근에 McCutcheon(2006)은 《Teaching Dance as Art in Education》에서 무용에서 가장 핵심적이고 필수적으로 다루어져야 하는 네 영역(그녀의 용어로 주춧돌cornerstones)을 언급한다. 무용교육자들이 학생들로 하여금 제대로 된 무용체험을 겪도록 하기 위해서는 반드시 제공해야 되는 과정적 체험들이 바로 코너스톤이다. 네 가지 중핵적 주춧돌은 춤추기와 공연하기(수행하기), 만들기와 안무하기(창작하기), 역사와 문화와 상황알기(지식갖기), 분석하기와 비판하기(반응하기)이다(〈그림 1〉, McCutcheon, 2006, p. 102).

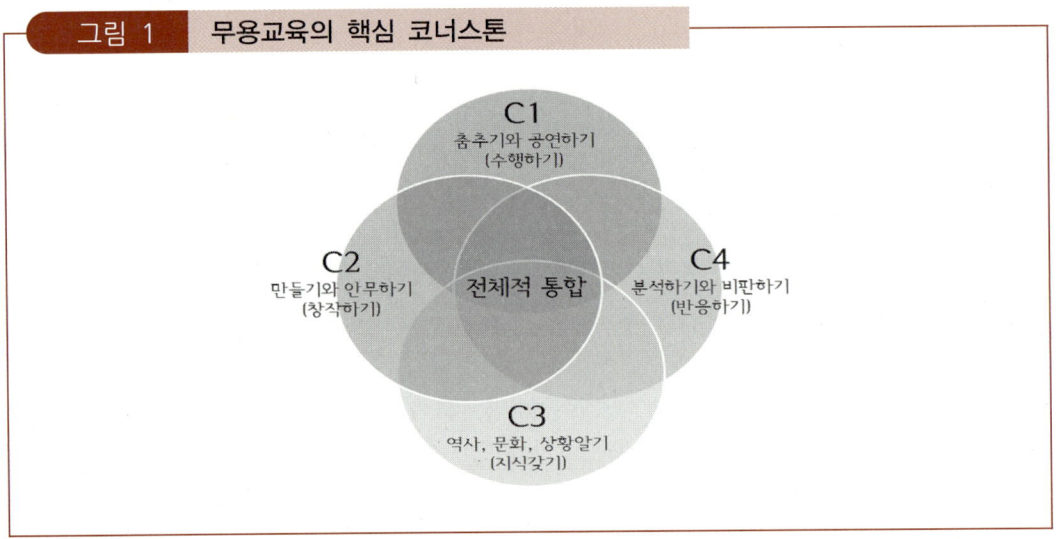

그림 1 　무용교육의 핵심 코너스톤

　수행하기에는 기본 테크닉, 장르별 무용기능, 신체컨디셔닝 기술 등 기능적 차원의 내용과 활동들이 포함되며, 이 기능적 차원의 내용에 관한 과학적 지식들까지도 포함된다. 창작하기에는 즉흥동작, 안무하기, 새로 만들기, 문제해결과정, 새로운 동작의 실험과 세련화 등의 내용이 다루어진다. 지식갖기에는 다양한 장르에 대해서 알기, 클래식, 전통적, 다문화적, 민속적 무용장르들에 대한 문화적 지식을 아는 것을 말하며, 유명한 무용가, 핵심적 안무가와 비평가, 중요한 무용작품들에 대하여 역사적인 지식을 다룬다. 반응하기는 무용을 관람하고 평가를 내리고 철학적으로 사고하고 반성적으로 생각하며 자료를 수집해서 평가를 내리는 등의 과정을 말한다.

제1부 무용교육의 목적

3. NDEO 모형

무용교육이 총체적으로 지향하는 목적은 무용을 직접 하는 능력과 무용을 통해서 다른 체험을 겪는 능력을 향상시키도록 돕는 기술적 재능, 사고능력, 이해력, 감성능력 등을 보다 풍부하게 만들어줌으로써 학생들의 삶을 더 나아지게 만드는 것이다. 교사는 학생들로 하여금 예술적 관점에서 무용을 공부하고 창작하고 실행하고 반응하는 체험을 겪게 함으로써 학생의 성장을 돕는다. 무용교사는 학생들에게 움직임 동작이나 무용 기술, 다양한 문화적 이슈들만이 아니라, 무용을 사회적, 역사적, 정치적 맥락 속에서 총체적으로 바라볼 수 있는 다양한 관점들도 소개해준다(NDEO, 2007, p. 8).

미국무용교육협회인 National Dance Education Organization(NDEO)(2007a, b)은 《Standards of Dance in Early Childhood》와 《Standards for Learning and Teaching Dance in the Arts: Ages 5-18》에서 무용 체험의 최고 중요한 과정들을 네 가지로 구분하고 그것을 "내적 핵심"(inner core)이라고 명명하였다. 내적 핵심들은 무용을 제대로 체험할 때에 반드시 겪어야 하는 주요 경험들을 말한다. 그 네 가지는 "수행하기"(performing), "창작하기"(Creating), "반응하기"(Responding), "연계하기"(Interconnecting)이다. 수행하기는 무용움직임을 몸으로 직접 행하는 것이며, 창작하기는 무용움직임을 탐색하거나 새롭게 만들어내는 것이다. 반응하기는 무용을 관찰하거나 수행한 것에 대하여 자신이 생각한 것을 표현하는 것으로서, 말이나 동작이나 기타 다른 표현양식을 활용하여 의견교환이 이루어진다. 연계하기는 무용에서 배운 것이 우리 삶의 다른 영역에 적용되는 것, 또는 이와 반대의 경우를 말한다.

4. 비교분석

앞에서 소개한 세 모형에서는 무용을 가르치고 배우는 과정에서 반드시 체험해야 하는 것들을 3개(재클린 스미스-오타드), 4개(브렌다 맥커천), 4개(미국무용교육협회)로 압축적으로 요약해서 보여주고 있다. 그런데, 이들은 서로 공통되는 부분들을 공유하고 있다(〈표 2〉).

｜표 2｜ 무용교육의 목적 비교

모형	주장자	목적 (핵심체험)	비고
미드웨이 모형	Jacquline Smith-Autard	Performing Creating Viewing	감상Appreciation이란 이 세 가지가 하나로 묶여 이루어지는 활동 또는 능력
코너스톤 모형	Brenda P. McCutchen	Performing Creating Knowing About Responding	무용을 가르치고 배우는 데에 있어서 절대로 변하지 않는 근본적 활동 네 가지
NDEO 모형	National Dance Education Organization	Performing Creating Responding Interconnecting	무용을 제대로 행할 때 반드시 체험해야만 하는 본질적 핵심 활동들

세 가지 목적이 가장 기본적인 수준에서 공통적으로 보여진다. 그것은 실제로 해보는 것, 스스로 만들어보는 것, 그리고 보고 감상하는 것이다. 이것들은 각각 performing, creating, appreciating이다. 약간씩 서로 다른 표현들을 사용하고는 있지만 (예를 들어, appreciating 대신에 viewing 또는 assessing), 이 세 가지 활동은 무용교육의 핵심 중의 핵심, 즉 중핵적인 활동들이다. 무용교육에서는 무용을 가르치고 배우는 궁극적 목적을 바로 학생들이 이러한 능력을 높은 수준으로 함양하거나 개발하도록 하는 데에 두어야 한다는 것이다. 어떠한 무용교육의 철학을 따르더라도 예외 없이 학생들이 반드시 갖추어야 하는 무용적 능력의 구성요소들이다.

무용교육의 이러한 중핵적 기본목적은 우리나라에서도 동일하게 중요시되고 있다. 우리나라는 2010년 현재 2007년 개정 체육과교육과정이 학교에서 본격적으로 적용되고 있다. 무용교과가 독립된 과목으로 가르쳐지고 있지는 않지만, '표현활동'의 영역에서 집중적으로 다루어지고 있다. 예를 들어 중학교 1학년(7학년) 표현활동에서는 "창작표현"의 세부 목적을 추구하면서 심미표현을 통한 창작 "표현, 발표 및 감상"을 강조하고 있다. 아래 설명에서도 드러나듯이 우리나라의 무용교육에서도 표현(creating), 발표(performing), 감상(appreciating)의 세 가지 과정을 핵심적 무용체험으로 간주하고 있다.

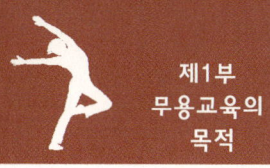

제1부
무용교육의
목적

　7학년에서는 선택된 신체활동을 통해 심미적 표현의 특성과 유형, 심미적 표현방법, 창작 및 감상, 심미적 태도를 함양하는 데 주된 목적을 두고 있다. 특히, 이 부분에서는 신체활동에 나타나는 다양한 심미적 표현요소를 탐색하고 체험하는 활동을 강조할 뿐만 아니라, 직접 자신 또는 모둠이 심미적 표현요소들을 활용하여 생각과 느낌을 표현할 수 있는 창작과정 및 발표, 그리고 동료학생 및 전문가의 작품을 비평할 수 있는 감상 활동을 포함하여 구성해야 한다(교육과학기술부, 2007, p. 60).

　이상의 설명을 통하여 대략적으로 대표적인 무용교육 모형들에서는 가장 기본적인 수준에서 움직임을 "실제로 해보기, 스스로 만들어보기, 보고서 음미해보기"(혹시 한 걸음 더 나아간다면 "생활과 연결해보기")를 중핵적으로 지향한다고 말할 수 있다. 일반적으로 무용교육에서는 최종적으로 학생들로 하여금 무용을 실행하고(수행), 만들어내고(창작), 평가하는(감상) 능력을 종합적이고 균형 있게 갖출 수 있도록 의도하는 것이다.

　사실, 무용을 직접 해보고 만들고 평하는 일은 전문가들만이 할 수 있는 일로 간주되어왔다. 작품예술로서의 무용을 이해하는 입장에서 본다면 창작, 공연, 비평은 감히 일반인들로서는 엄두도 낼 수 없는 저 높은 곳에 있는 대단히 전문적 활동들이다. 그러나, 문화예술로서의 무용을 받아들이게 된다면, 무용작품의 창작, 공연, 비평이라는 전문적 활동은 무용동작을 스스로 해보고 만들어보고 느껴보는 일상적 문화활동의 수준에서 눈높이를 맞출 수 있게 된다. 낮은 단계에서 무용을 직접 겪어보고 이해할 수 있게 됨으로써 보다 높은 수준에서의 작품으로서의 예술에 대한 안목과 견식이 깊어질 수 있는 기초토대를 갖게 된다.

Ⅲ. 리터러시와 댄스 리터러시

1. 문화예술교육의 목적으로서 리터러시

　문화예술교육으로서 무용교육을 바라보고자 하는 경향은 현재 사회문화 전반에 걸쳐 확산되고 있는 한 가지 조류 속에 함께 흘러가고 있다. 그것은 포스트모던적인 관점에서 문화예술을 이해하려는 조짐이다. 간단히 말해서 포스트모던적 문화예술관은 거대담론과 권위독점을 거부하고 개인성과 주관성을 문화예술의 중심에 되돌려놓으려는 시도이다. 옳은 것과 그른 것, 좋은 것과 나쁜 것, 아름다운 것과 추한 것, 즉 진선미에 대한 특정 관점에서 규정된 정의와 그에 따른 낙인찍기를 부정한다. 진선미가 권위자와 전문가의 지식과 권력에 의해서 성립되고 확인되고 생산되는 것이 아님을 믿는다. 문화예술의 주인이 예술가와 비평가의 것이 아니라, 일반인과 소비자임을 확인시켜준다. 진선미의 원천과 기준이 고정되어있거나 멀리 있는 것이 아니라, 바로 그것을 만들고 맛보는 나 자신과 우리들임을 알려준다.

"누구나 예술가(비평가)가 될 수 있다." 또는 "누구도 문화의 생산자가 될 수 있다."는 선언이 바로 이러한 포스트모던적인 문화예술관의 기본철학을 단적으로 보여준다. 이런 점에서 무용을 (심각하고 엄숙하게) 창작하고 공연하고 비평하는 것으로부터 (열정적이고 진정으로) 행하고, 만들고, 음미하는 것으로 무용교육의 방향을 재조정하게 된 것이다. 무용을 전문적으로 하는 무용인들조차도 이해하기 어렵고 받아들이기 힘든 무용교육의 목적에 대하여 새로운 시각으로 생각하고 실행할 수 있도록 만든 것이다. 창작과 공연과 비평은 전문가와 권위자만이 할 수 있는 어렵고도 난해한 활동인 반면, 행하고 만들고 음미하는 것은 아마추어와 문외한도 노력하면 해낼 수 있는 행복한 활동인 것이다.

포스트모던적 문화예술관에 의해서 교육의 목적을 나타내는 표현으로 최근 주목받고 있는 용어 중에 "리터러시"가 있다[3]. Literacy는 단순한 수준에서 "글자를 읽고 쓸 수 있는 기능 또는 능력"으로 정의된다. 그래서 통상적으로 문해력(文解力) 또는 문식성(文識性)이라고 번역된다. 그런데 최근에는 다양한 맥락에서 유연성있게 활용되고 있다. 문화적 문해력, 디지털 문해력, 기능적 문해력, 비판적 문해력, 감정적 문해력 등등 기존에는 활용되지 않았던 문맥에서 새롭게 이용되는 경우가 빈번해지고 있다. 이런 경우에 문해력이란 포괄적인 의미에서 "해당 분야 또는 대상에 대하여 전반적으로 지니고 있는 종합적 이해력과 실행력"을 이야기한다(신동희, 2004; 이병민, 2005; 정혜승, 2008).

---

[3] Literacy는 문해력 또는 문식성으로 번역되고 있으나, 쓰는 이의 의도와 문맥에 따라 자질, 소양, 능력 등과 같은 포괄적 의미로 옮겨질 수도 있다. 그래서 어떤 이들은 리터러시라는 발음표기를 그대로 사용하기도 한다. 본 절에서는 의미를 훼손하지 않기 위하여 리터러시를 차용하도록 한다. 다만, 다음 절에서는 "무용소양"(무용안목)이라고 번역해서 쓰도록 한다. 이하 참조.

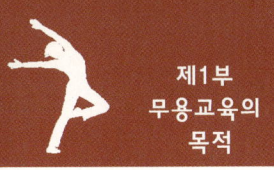

포스트모던적 사고의 주요특징 가운데 하나는 세상, 현상, 사물을 하나의 "텍스트"로서 바라보는 것이다. 대상을 텍스트로 이해하려 한다는 말은 그것을 주어진 것, 정해진 것으로 보지 않는다는 뜻이다. 모든 것은 해석과 번역의 절차가 관여된다. 어떤 것도 완전히 고정된 의미와 불변의 뜻만 지니고 있지 않다. 경험하는 개인의 주체성과 주관성이 직접적이고도 강력하게 관여되는 "풀이"의 과정이 진행된다. 우리가 텍스트를 읽을 때, 저자의 의도를 백퍼센트 그대로 파악하려고 노력하지만, 그것은 불가능하다. 독자는 자신의 인식체계로 그 일을 해내는 것이다. 그것은 잘못된 것이 아니라 오히려 텍스트의 열린 독해를 가능하게 해주는 올바른 읽기다.

최근 유행하는 확장된 "리터러시" 개념은 포스트모던적 사고를 서적으로부터 세상의 모든 현상과 사물로 옮겨서 풀어낸 것이다. 세상이 바로 텍스트가 되는 것이다. 모든 것이 텍스트화된다. 모든 사물과 현상은 주어진 것, 결정된 것이 아니라, 체험 당사자의 주관성과 개인성의 적극적 관여를 통하여 끊임없이 새롭게 해석되고 발견된다. 문화예술교육의 개념은 바로 이러한 세계와 대상의 텍스트성에 기초하여 주장되고 있는 것이다. 문화예술을 텍스트로서 바라보고 이해하며 체험하고 감상하도록 하는 기초를 제공해준다.

2. 댄스 리터러시의 개념

리터러시의 아이디어는 무용교육에도 적용되고 있다. 최근 들어 "댄스 리터러시"(dance literacy)란 용어를 학술적으로 규정하고 사용하는 무용교육학자들이 생겨나고 있다(Bueck, 1998; Dils, 2007a, 2007b; Hong, 2000, 2002; McCutcheon, 2006). 이들은 무용교육자가 무용을 가르치는 과정에서 주목하고 최종적으로 학생들에게 갖추도록 해야 하는 궁극적 목적으로서 댄스 리터러시에 대하여 이야기 하고 있다. Dils(2007)는 댄스 리터러시를 "무용을 다양한 방식으로 읽고 쓸 수 있는 능력이자, 무용에 대해서 말하고 글쓰며 무용을 만들고 관찰하는 과정을 통해서 키워지는 기술"(p. 578)이라고 정의한다. 그녀는 기존에 많이 활용되던 종합적 무용능력으로서 "어프리시에이션"(appreciation, 감별, 감정, 감상)이라는 표현보다는 "리터러시"가 보다 구체적이라고 주장한다.

코너스톤 모형을 주장하는 McCutcheon(2006)은 댄스 리터러시란 "무용에 관한 지식과 예술양식으로서 무용을 만들고, 행하고, 반응을 보일 수 있는 능력이 합쳐진 것"(p. 402)이라고 정의한다. 보다 구체적으로 "네 가지 코너스톤 각각을 잘 해내는 능력, 네 가지 코너스톤 각각에 대해서 구체적으로 이해하고 표현해내는 능력, 만들고 행하고 반응하는 과정을 제대로 해낼 수 있는 능력, 각각의 코너스톤을 이해하고 활용하는 능력"(p. 403)으로 세분화하고 있다. 그녀는 댄스 리터러시가 높은 수준에 이르게 되면 "댄스 플루언시"(dance fluency, 고급 댄스 리터러시)가 된다고 말한다.

무용교육의 맥락에서 지금까지 댄스 리터러시의 개념을 가장 체계적이고 분명하게 제시한 이는 Hong(2000, 2002)이다. 개념적으로 무용교육의 목적을 새롭게 제시하였고, 그것을 자신의 모국인 뉴질랜드 무용교육과정에 직접적으로 적용해서 실천에 옮긴 것이다. 그녀는 우선, 우리가 사는 포스트모던 사회에서는 리터러시의 개념이 확장되었음을 지적한다. 그리고 다중적 리터러시의 개념을 채택하면서 의미창출을 가능토록 하는 다양한 양식들을 수용하고 개발하고 학습하여야 한다고 말한다. 학교에서는 학생들에게 멀티플 리터러시 능력을 키워주어야 한다. 댄스 리터러시는 그 가운데 중요한 하나의 양식이다.

댄스 리터러시를 발달시키는 일은 무용의 언어들을 읽고 쓰는 능력을 키우는 일이다. 이것은 무용을 텍스트로 바라봄으로써 가능하다. 무용 텍스트를 "쓰는 일"은 무용을 만들어내는 것, 창작하고 안무하는 과정을 이야기 한다. 개인적 또는 협동적 과정을 통하여 무용을 만들어내면, 무용수의 실행을 통하여 관객들에게 소통된다. 무용 텍스트를 "읽는 일"은 무용수에 의해 매개된 텍스트를 관람자가 적극적으로 받아들여 풀이해내는 과정이다. Tina Hong은 댄스 리터러시의 이런 차원을 상징적 기호를 "암호화"(표현, 표출 encoding)하고 "해독화"(해석, 풀이 decoding)하는 능력이라고 말한다.

Hong(2000)에 따르면, 초중 고등학생 및 일반인들에게 문화예술교육으로서 댄스 리터러시를 가르치기 위해서는 무용교육에서 "공연중심무용"(performance discourse)의 사고방식과 실천이 "참여중심무용"(participation discourse)의 사고방식과 실천으로 전환되어야 한다. 공연중심무용의 담론은 전문적 목적을 지향하면서 우리의 신체를 기계처럼 간주하면서 객체화, 대상화해서 바라본다. 반면에 참여중심무용의 담론은 지속적인 평생학습과 삶에서의 무용활동을 추구하면서 신체를 주체화시켜 바라본다.

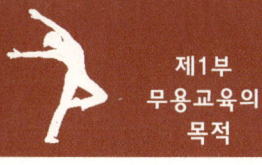

제1부 무용교육의 목적

댄스 리터러시를 개발하는 일은 학생들로 하여금 무용을 앎의 한 방식으로 이해하고 활용할 수 있는 지식과 기술과 안목을 개발하는 것에 초점을 맞춘 학습활동의 참여자가 되도록 적극적으로 돕는다. 학생들은 무용을 함께 공연하고 공유하는 방법을 배운다. 학생들은 무용작품을 창작해내는 법을 배운다. 학생들은 무용작품을 주체적으로 이해하고 해석하고 의미를 도출해내는 방법을 배운다. 그리고 무용과 무용수와 무용작품이 만들어지고 드러나는 맥락을 이해하는 방법을 배운다. 무용을 제대로 배우게 되면 학생들의 운동감각적 민감성이 일깨워지며, 인지적, 예술적, 심미적, 정서적 이해력이 과학적이고 이론적인 방식으로 길러지는 것과는 매우 다른 방식으로 길러지게 된다. 학생들이 무용을 만들게 되면 (그가 안무가나 무용수나 관람자나 어떤 자격으로 그 일을 했던 간에) 무용에 관한 아이디어들을 탐색하고 발견하는 일이 가장 우선시되는 그러한 교육적 과정에 온전히 참여하게 된다. 움직임을 하나의 상징적 표현 체계로서 활용함으로써 학생들은 의미를 창출하는 과정에 관여하게 된다. 이 과정을 통하여 학생들은 사물을 새롭게 바라보는 문, 새롭게 생각하는 문, 그리고 세계를 새롭게 인식해내는 문을 열게 된다(p. 4).

댄스 리터러시를 갖게 된 학생의 최종상태, 즉 무용교육의 목적을 이상과 같이 설명한 후, 그녀는 댄스 리터러시의 구성요소에 대하여 각각 설명한다. 그것들은 "무용을 실제로 수행하고, 안무하고, 해석하고, 올바른 반응을 보이는 것"(p. 6)이다. 보다 구체적으로 "운동기능적 영역, 안무적 영역, 비판적 영역"(kinesthetic, choreographic, critical domains)이다. 특히 이러한 자질은 무용수와 안무가는 물론이고 관람자에게도 동일하게 중요한 목적이다. 무용수가 자신이 지닌 모든 경험과 지식과 열정을 하나로 뭉쳐내서 현재 공연하는 작품을 이해하고 실행해내듯이, 관람자도 자신의 모든 지식과 태도와 경험이 작품을 이해하고 감상하는 데에 밑거름이 된다. 그러므로 댄스 리터러시의 수준이 높을수록 무용을 실행하는 것만이 아니라 비평가와 관람자의 역할을 제대로 하는 데에 결정적이 된다.

첫째, 운동기능적 영역에서의 댄스 리터러시 개발은 배우는 이의 다양한 무용 동작들의 언어, 구조, 문법, 기술에 대한 실천적 지식을 향상시키고 무용을 직접적으로 체험할 수 있는 능력을 키워주는 것을 말한다. 여러 형태의 무용동작이나 다양한 장르의 무용형식들에 대한 기술적인 체험과 기초지식적인 정보를 습득하는 것이다. 기능적 차원의 지식과 체험을 통하여 신체적 표현활동으로서의 무용의 어휘를 숙달하게 된다.

둘째, 안무적 영역에서의 댄스 리터러시 개발은 학생들이 무용을 "쓰는 능력"을 향상시키는 것을 말한다. 이 쓰는 능력은 무용을 만드는 창작적 과정을 체험하도록 함으로써 길러진다. 이 과정동안 학생들은 흐릿한 형태의 아이디어를 구체적으로 개념화시키고, 분명히하고, 세밀하게 재구성하고, 뚜렷한 모습을 부여하는 경험을 하게 된다. 그리고 무용을 만들어나가는 안무의 작업에 필요한 다양한 방법들과 기법들과 과정들을 활용하는 법을 배우게 된다. 아무 것도 없는 상태에서 하나의 작품을 생겨나게 만드는 창조의 과정을 온 몸과 마음으로 거쳐내는 능력이 생긴다.

셋째, 비판적 영역에서의 댄스 리터러시 개발은 무용의 실행자와 관람자의 양 입장에서 무용 텍스트를 해석해내는 것과 관련된 적극적인 의미구성의 과정을 이끌어갈 수 있는 능력을 개발하는 것을 말한다. 비판적 능력은 의미를 구성해내는 능력, 즉 무용 작품에 대해서 "되물어보는 능력"과 관련되어있다. 하나의 텍스트로서 무용작품에 담겨진 의도나 의미를 뒤쫓아 그것을 되물어보고, 텍스트가 만들어지고 펼쳐지는 과정에 대한 주체적인 해석을 통하여 자신의 의미구성을 해낼 수 있는 능력을 말한다.

Ann Dils, Brenda McCutcheon, Tina Hong 등이 소개하고 주장하는 댄스 리터러시의 개념은 제2절에서 다룬 무용교육의 기본 목적들이 충실히 반영되어 있다고 할 수 있다. 무용을 제대로 이해하고 올바로 실행할 수 있기 위해서 필요한 행하기, 만들기, 음미하기의 주요 코너스톤들이 적절히 다루어지고 있기 때문이다. "댄스 리터러시"는 이 같은 다양한 핵심 체험들이 하나로 종합되고 융합되어 배우는 이에게 갖추어졌을 때에 부르는 통합명칭이다. 이것은 마치 신체적, 인지적, 정의적 영역들이 하나로 통합된 상태를 "전인성"(wholeness)이라고 부르고, 그러한 상태의 사람을 "전인"(whole person)이라고 부르는 것과 마찬가지이다. 무용의 수행, 창작, 감상 측면들 즉 무용을 기능적으로 인지적으로 태도적으로 통합한 능력과 자질을 갖춘 상태를 댄스 리터러시, 그러한 사람을 "댄스 리터릿"(dance literate)이라고 부를 수 있는 것이다.

나는 무용교육의 목적이 "댄스 리터러시"가 되어야 한다고 생각한다. 특히, 무용교육이 문화예술교육으로서 자리매김하기 원한다면 더더욱 댄스 리터러시의 개념을 추구해야 한다고 믿는다. 무용교육의 지향점을 한 방향으로 집중시켜 몰입할 수 있는 의미 깊은 목적이라고 생각한다. 물론 이때의 댄스 리터러시는 기능, 지식, 태도가 통합된 자질과 능력으로서의 댄

제1부 무용교육의 목적

스 리터러시이다. 무용을 만들고 행하고 맛보는 기초소양으로서의 댄스 리터러시이다. 작품예술교육(순수예술교육)의 토대와 기초가 되면서, 문화예술을 스스로 실천하고 그 참맛을 느낄 수 있는 미각을 발달시키는 능력으로서의 댄스 리터러시다.

다음 절에서는 무용교육의 목적으로서 댄스 리터러시의 개념을 보다 정련화시키는 개인적 노력을 시도하겠다. 그 과정에서 댄스 리터러시라는 용어를 한국어로 옮기는 시도를 할 것이고, 댄스 리터러시의 구성요소들을 세분화시키고 그것들을 우리말화시켜보도록 하겠다. 이 노력은 제2절과 제3절에서 행한 무용교육의 목적과 댄스 리터러시의 개념에 기초하여 이루어진다.

IV. 문화예술교육의 목적으로서 무용소양과 그 구성요소

무용교육이 추구해야 하는 목적은 매우 다양하다. 학생들에게 기본 움직임을 훈련시키는 일에서부터 관련된 지식을 습득하는 일을 거쳐 마음속에 창의력을 키우는 일까지 매우 광범위한 영역에 걸쳐있다. 다양한 목적들을 길게 나열하는 것은 무용교육의 목적을 파악하는 일에 그다지 도움이 되지 못한다. 이 일은 이미 여러 사람들이 여러 기회에 시도한 바 있다. 본 절에서는 재고목록 리스트 식으로 나열하는 방식을 택하지 않고, 가장 중요하다고 생각되는 측면들을 중심으로 무용교육의 목적을 살펴보도록 한다.

우선, 무용교육에서 배우는 사람에게 최종적으로 키워내고자 하는 자질 혹은 능력은 통합적 성격을 지닌 의미에서의 "댄스 리터러시"라고 볼 수 있다. 나는 댄스 리터러시를 "무용소양"(舞踊素養)이라고 옮겨 부를 것이다. 이때에 말하는 리터러시는 문자를 읽고 쓰는 능력을 훨씬 벗어나는 의미에서의 리터러시이기 때문이다. 댄스 리터러시라고 부를 때에는 무용을 이해하고 해석하고 실행하고 창작해내는 총체적 능력을 일컫는다. 무용을 온전히 알고 제대로 하고 올바로 만드는 재능을 하나로 불러 지칭하는 명칭이다.

이런 의미에서 리터러시는 "소양"이라고 부를만하다. 그것은 몸으로 무엇인가를 실행해낼 수 있는 역량(competence)이나 능력(capacity)이나 재능(ability)의 의미도 지니고 있지만, 그것과 함께 마음속에 지니고 있는 성향(disposition)이나 심성(humanity)이나 태도(attitude)의 측면도 가지고 있기 때문이다. 소양이라는 표현에는 한 사람이 지닌 능력과 심성의 두 차원을 모두 고려하는 생각이 담겨져있다. 그리하여 "무용소양"은 "무용을 실제로 할 수 있고 마음으로 알고 있는 수준이나 상태"이다. 무용소양의 안에는 무용을 몸으로 행할 수 있고, 머리로 만들 수 있으며, 마음으로 느낄 수 있는 자질이 포함되어 있다.

앞에서 살펴보았듯이, 무용을 제대로 배웠다고 할 수 있기 위해서는 무용을 실제로 해보고, 스스로 만들어보고, 주체적으로 감상해보는 것이 필요하다. 이들 각각은 "수행하기"(performing), "창작하기"(creating), "감상하기"(appreciating)이다. 이런 활동들은 무용만이 아니라 예술의 다른 장르에서도 그대로 적용된다. 각각의 활동들은 그것이 최종적으로 이끌어내는 내면의 상태들이 있다. 통상적으로 우리는 그 내면의 상태를 배우는 이의 기능적, 인지적, 태도적 측면으로 나눈다. 나는 각각의 상태를 무용의 영역에 적용시켜 "무용능", "무용지", "무용심"이라는 이름을 지워주고자 한다. 이 세 가지는 각각 배우는 이의 신체적, 인지적, 정의적 영역에 해당하는 능력과 태도를 드러낸 것이다.

무용능(舞踊能, dance competence)은 무용의 기본 동작들과 기초 기술들을 활용하여 문화예술 작품을 스스로 실천해내는 신체적 능력과 기능적 재능을 말한다. 단순한 동작에서부터 복잡한 기예까지, 낱개의 자세에서부터 연속적인 동작까지, 기계적 동작에서부터 예술적 연기에 이르기까지 단순한 수준의 신체기술과 고난도 수준의 표현능력을 포함한다. 다양한 수준에서 신체적으로 동작을 발휘하고 표현할 수 있는 능력을 하나로 묶어서 지니고 있는 구성요소이다.

무용지(舞踊智, dance knowledge)는 무용에 관한 다양한 종류의 명제적 지식들을 이해하고 적용하는 인지적 능력과 지성적 자질을 말한다. 무용의 다양한 측면을 다룬 역사적, 철학적, 사회학적, 심리학적, 생리학적, 의학적, 역학적 지식들을 습득하고 이해하는 정도와 수준을 말한다. 이러한 명제적 지식을 무용의 다른 측면들, 특히 무용능의 측면에 적용하여 활용할 수 있는 능력까지도 포함한다. 머릿속에 명제적 형태로 지니고 있는 지식뿐만 아니라, 그것을 무용능의 영역으로 실천적 지식화시킬 수 있는 능력까지 포함하는 구성요소다.

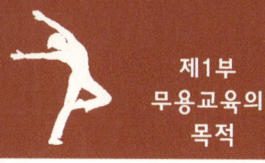

제1부 무용교육의 목적

　무용심(舞踊心, dance attitude)은 무용을 하는 사람이 가지고 있는 다양한 종류의 심성적 태도나 마음의 자질을 말한다. 무용에 대한 사랑, 열정, 인내 등 내면에서 무용을 올바로 이해하고 제대로 실행해낼 수 있도록 북돋우고 이끌어가는 내적 동인으로 작용하는 요인들이다. 무용에 대하여 사람이 가질 수 있는 온갖 정의적 상태, 즉 희노애락애오욕을 총체적으로 묶어서 부르는 명칭이다. 무용능과 무용지라는 두 마리 말이 이끄는 쌍두마차를 조정하는 마부의 역할을 하는 구성요소다.

　무용소양은 무용능, 무용지, 무용심 이 세 가지 자질들이 하나로 어우러져 만들어내는 마음의 바탕이며 몸의 능력이다. 무용소양을 지닌 사람(dance literate)은 무용에 관해서 지식적으로 알고 좋아하며, 신체적으로 무용하기를 좋아하며, 마음 속으로 무용에 대한 사랑이 넘쳐나는 특징을 지니고 있다. 무용이 기능적으로 뛰어나지 않아도 대단한 지식을 가지지 않아도 광적으로 미쳐있지 않아도 무용에 대하여 알고 싶어 하고 하고 싶어 하고 좋아하는 마음과 열의를 지니고 있으면 그이는 무용소양을 지닌 사람이라고 할 수 있다. 무용소양은 평생에 걸쳐 함양되는 자질이므로 지금 당장 어느 하나가 부족하더라도 지속적인 발전의 노력을 기울이면 된다.

　무용소양이 높아진다는 말은 두 가지 뜻을 지니고 있다. 한편으로는 무용능, 무용지, 무용심이 양적으로 높은 수준이 되어간다는 의미를 담고 있다. 기능이 매우 뛰어나게 되고, 지식이 많이 늘어나고, 열정이 훨씬 강력해진다. 다른 한편으로는 이 각각의 자질들이 그 연결성이 더욱 강해진다는 것을 의미한다. 무용 기술적 측면에 대하여 좀 더 학문적으로 알고 싶어지며 새로운 기술을 배우게 되면 곧바로 그와 관련된 과학적 지식을 찾게 된다. 보다 더 깊은 수준의 내용을 다룬 무용 지식을 알게 되면서 무용을 사랑하고 좋아하는 마음이 훨씬 더 강해지게 된다. 무용에 대한 애정과 존중심이 더욱 생겨나면서 기술과 지식에 대한 관심도 높아지게 된다. 무용소양을 높이는 것은 바로 이 세 가지 구성요소들이 서로 강한 연계성을 가지면서 통합적으로 강화되는 것이다.

　무용능, 무용지, 무용심이 조화롭게 균형 잡힌 올바른 무용소양을 지니기 위해서는 무용체험의 기본 활동들인 (예를 들어 맥컷천의 네 가지 코너스톤인) 수행하기, 창작하기, 감상하기, 공부하기 등의 활동들이 통합적으로 제공되어야 한다. 다시 말하면, 무용능을 기르기 위해서는 수행하기를 하고, 무용지를 기르기 위해서는 공부하기를 하며, 무용심을 기르기 위해서는 감상하기를 하는 것에 그쳐서는 안 된다. 무용능(무용지와 무용심과의 연결성이 강하게 이루어지는 전인적 무용능)이 함양되기 위해서는 수행하기, 창작하기, 감상하기, 공부하기가 한꺼번에 체험될 수 있도록 학습기회가 제공되어야만 한다. 이것은 통합적 자질로서의 무용소양이 올바로 길러지기 위한 필수적인 학습조처다(〈그림 2〉 참조).

　예를 들어, 어떤 하나의 기술동작(무용능)을 제대로 습득하기 위해서는 그 동작을 실제로 해보는 것, 그것에 대해서 명제적 지식을 공부하는 것, 그것을 적용해서 자기 나름대로 반성적인 연습방법을 만들어보는 것, 그리고 자신의 동작을 작품의 전체맥락에 비추어 성찰적으로 토론해보는 것이 한 번의 수업에서 제공되어야만 한다. 만약, 기능연습만 계속해서 반복적으로 시키도록 한다거나, 다른 시간에 이론적 내용을 학습하도록 한다거나, 집에 되돌아가서 자신의 연습을 생각해본다거나 하는 것과 같은 분절적이고 단절적인 학습활동으로는 무용지와 무용심이 하나로 자라나는 무용능의 학습이 이루어지길 기대하기 어렵다. 무용소양을 이루는 각자의 구성요소가 상호 강력한 연계 없이 따따로 독립되어 발달하게 되는 것이다. 통합적 무용소양이라는 관점에서 본다면, 이러한 발달은 바람직한 발달, 또는 아예 발달이라고조차 할 수 없다.

그림 2　무용소양의 세 가지 요소와 그 관계

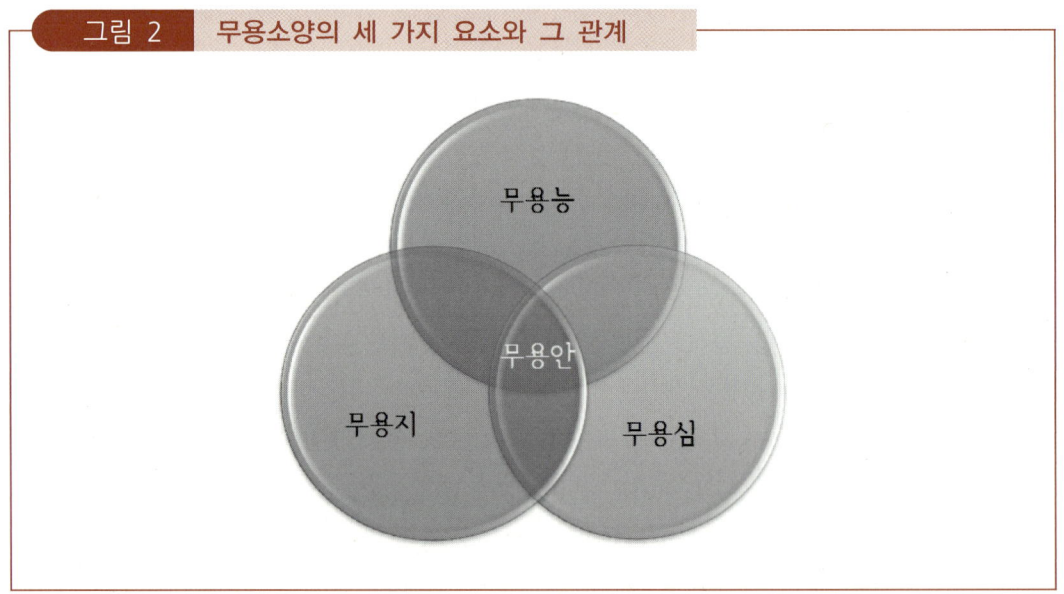

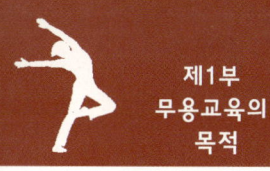

무용능과 무용지와 무용심이 가장 강력한 융합관계를 이루는 상태, 세 요소가 완전히 하나를 이루어 통합적으로 된 상태의 무용소양을, 나는 개인적으로, "무용안"(舞踊眼, dance phronesis)이라고 부르고자 한다. 자기가 지금 바라보고, 체험하고, 생각하는 무용에 대하여 독특한 자신만의 관점과 시각으로 이해하고 해석하고 실천하고 변화시킬 수 있는 안목과 자신감과 실력이 준비된 상태이다. 무용능, 무용지, 무용심의 통합이 최고조에 이르렀을 때의 무용소양을 무용안이라고 한다. 이런 점에서 댄스 리터러시 즉, 무용소양은 "무용안목"(舞踊眼目)이라고 불러도 무방할 것이다.[4] 무용안은 무용소양의 세 구성요소가 하나로 발휘되어 나타나는 양태를 말하기도 한다. 무용안이 높다는 것은 무용에 대한 능력과 지식과 심성의 통합수준이 높아서 실행하고 평가하고 말하고 만들 때에 자신 만의 스타일과 독특성과 창의적 방식으로 그 활동을 해낼 수 있다는 것을 말한다. 다시 말해서, 세 가지 구성요소를 평면적으로 병합했을 때의 무용교육의 목적은 무용소양이라고 표현하고, 세 가지 구성요소를 입체적으로 융합했을 때의 무용교육의 목적은 무용안목(무용안)이라고 부른다.

V. 결론 및 제언

> 앨리스가 물었다, "그럼, 여기서부터 어느 길로 가야만 하니? 제발 말해줘."
> 고양이가 말했다, "그건 네가 어디로 가고 싶은가에 달려있지."
> 앨리스가 답했다, "어디든 상관없어."
> 고양이가 말했다, "그래? 그럼 어느 길로 가도 상관없어."
> 〈루이스 캐롤, 이상한 나라의 앨리스〉

---

[4] Dils(2007b)와 Smith-Autard(2002)은 우연히도 무용 만들기, 행하기, 평하기 등의 활동을 종합적으로 펼쳐내는 자질과 능력을 "appreciation"이라는 하나의 단어로 표현하고 있다. "비평, 감상"이라는 종류의 활동이 다층적이고 복합적인 과정과 기능을 하나로 뭉쳐내어 수행하는 융합적 활동이라고 생각할 때, 이들이 공교롭게도 이 용어를 선택한 것은 우연이 아닐 것이다. Ann Dils는 아예 "dance appreciation as dance literacy"이라고 하면서, 이전에 쓰였던 appreciation이라는 용어를 literacy라는 용어로 대체하기를 주장한다. 나는 이런 다양한 재능과 자질이 현장의 상황에 맞춰져 발휘되어 나오는 능력을, 아리스토텔레스의 아이디어에 의존하여, "프로네시스"(실천적 판단력, 실천적 수행력, 안목)라고 부른다. 무용의 상황에서 발휘되는 이유로 "무용안목"이라고 한다.

앨리스는 하얀 토끼를 따라 이상한 나라, 새로운 세계로 들어가게 된다. 그곳에서 길을 잃고 자기가 가야할 곳을 찾지 못하게 된다. 이 때 만난 고양이에게 길을 묻지만, 어떤 막상 어디로 가야할지 모르는 상황에서 어떤 길로 가야하는지는 무의미하다는 답을 듣게 된다. 뚱뚱한 고양이로부터 우문현답을 얻게 된 것이다. 어떠한 길로 가야하는지는 목적지가 어디냐에 전적으로 의존한다. 교육의 내용과 방법은 교육의 목적에 의해 선택되는 것이다.

무용교육의 경우도 마찬가지라고 할 수 있다. 지난 수십 년간 무용에 대한 일반인의 관심이 저조한 가운데, 새로운 도약을 위한 무용교육의 패러다임 변화가 시급하다는 데에 의견이 모아졌다. 무용은 극소수의 전공자와 전문가의 소유물에 불과했다. 이러한 위기의식은 미술, 음악, 연극 등 타 예술분야에서도 감지되어 문제해결을 위한 공동의 노력을 경주하게 되었다. 문화예술교육은 바로 이러한 패러다임 전환의 집체적 노력이라고 할 수 있다. 전문예술과 순수예술을 일반예술과 생활예술의 차원으로 생각하고 창작하고 감상할 수 있도록 일반인과 예술인을 교육시키자는 것이다. 작품예술과 문화예술의 격차와 거리를 좁히거나 없애자는 노력이다. 생산자와 소비자, 작가와 관객의 차이를 줄이자는 것이다. 이것을 교육의 힘으로 가능토록 하자는 것이다.

무용분야에서도 이러한 시도를 교육적으로 실천해야하는 시기가 되었다. 학생, 시민, 부모, 직장인, 노인, 청소년, 유아 등 남녀노소를 불문하고 모든 사람들이 무용에 대한 기초적 소양을 지니고 무용을 삶과 생활 속에서 즐겁게 음미하고 실천할 수 있도록 무용교육의 방향과 방법을 새롭게 찾아나서야 할 때가 되었다. 문화예술교육으로서 무용교육의 전체적 모습을 새롭게 재검토해볼 필요성이 제기된다. 그동안 어느 정도의 연구는 있었으나, 목적의 재검토 차원에서 행해진 연구는 없었다. 본 연구는 문화예술교육으로서 무용교육의 목적으로 생각할 수 있는 몇 가지 아이디어들을 살펴보고 새로운 대안으로서 댄스 리터러시의 개념을 집중적으로 검토하였다. 그리고 댄스 리터러시 개념을 무용능, 무용지, 무용심으로 구성된 "무용소양"(무용안목)으로 재개념화하여 제시하였다.

문화예술교육의 한 분야로서 무용교육이 추구해야하는 종합적 목적으로서 무용소양(과 세 가지 구성요소들)은 몇 가지 장점을 지니고 있다. 우선, 무용이 그것을 수행하고 관람하는 사람에게 해줄 수 있는 일들은 수없이 많다. 자세교정에서부터 심신의 건강을 거쳐 창의력을 키워내는 것까지. 우리나라 고등학교 무용과 교육과정과 미국 NDEO 스탠더드를 잠깐 살펴

제1부 무용교육의 목적

보아도 바로 알 수 있다. 하지만, 이런 끝없는 상품나열식 목적(목표) 소개는 목적의 명확한 인식이라는 면에서 실질적 효과를 거두기 어렵다. 이 목적(목표)들이 집약적으로 가리키는 한 방향이 필요하다. 햇빛도 렌즈를 통해 모아져야만 광선이 되어 발화능력이 생기는 것이다. 무용소양은 바로 그러한 집점으로서의 역할을 해준다. 무용의 가치들을 하나로 모아서 무용의 파워를 발휘하게끔 한다.

또한, 무용교육이 전문가에게만 맡겨지는 관심사가 아니라는 사실을 깨닫도록 해준다. "소양"(素養)이란 표현 자체에 이미 누구나가 갖추어야 하는 교양, 기본 등의 의미가 강하게 들어있기 때문이다. 무용소양은 현대적 삶을 살아가는 생활인이라면 (적어도 보통의 삶을 사는 상식인이라면) 누구나가 갖추어야하는 교양의 필수적 한 부분이라는 것이다. "멀티플 리터러시"의 개념이 바로 이러한 일반적 교양의 차원에서 제기된 아이디어다. 복잡하고 다양한 현상과 지식과 활동들이 난무하는 삶 속에서 그것들을 현명하고 분별 있게 이해하고 판단하고 행동하기 위해서 필요한 최소한의 기초소양으로서 현대인은 멀티플 리터러시가 필요하다. 무용소양도 그 가운데 중요한 하나이다. 남녀노소 모두가 갖추어서 자신의 삶을 풍요롭게 만들 수 있는 필수자질이다.

그리고, 무용소양의 구성요소로서 무용능, 무용지, 무용심은 길러내야 하는 무용교육의 핵심요소들이 무엇인가를 적절하게 알려준다. 그리하여 무용교육의 궁극적 목적은 전인교육임을 알려준다. 무용소양은 기능과 지식과 태도를 하나로 합쳐 갖춘 상태를 말하며, 따라서 무용을 배우는 이의 육체와 정신과 영혼이 하나로 뭉쳐져야만 얻어지는 자질임을 보여준다. 무용학습자의 체력과 지력과 인성의 차원을 하나로 융합시켜서 그이를 보다 온전한 사람으로 성숙시키려는 노력이다. 무용능, 무용지, 무용심의 통합은 교육의 궁극적 목적인 전인교육에서 추구하는 지덕체, 지정의, 지인용의 통합과 다르지 않다. 전인교육이 무용을 매개로 하여 이루어지는 것이다. 무용소양이란 전인(whole person)이 지니고 있어야 하는 몸과 마음의 바탕에 다름 아니다.

무용소양에 관한 논의가 무용교육의 새로운 방향전환에 이러한 중요한 도움을 실질적으로 줄 수 있기 위해서는 몇 가지 시급한 (이론적, 연구적, 실천적) 후속조처들이 뒤따라야한다. 마지막으로 이를 위한 세 가지 사항을 제언하도록 한다. 첫째, 무용소양의 개념과 그 구성요소들에 대한 개념적 탐색이 보다 본격적으로 이루어져야 한다. 댄스 리터러시의 개념은 최근 들어서 소개되었고, 그것도 소수의 학자들에 의해서만 연구되고 있는 중이다. 국내에서는 아직까지 제대로 소개조차 되지 않았다. 무용교육의 나가야할 방향, 무용교육이 추구해야할 목적으로서 충분한 가치가 있음이 인정된 지금, 이 아이디어의 이론적 바탕과 개념적 특징을 정밀하고도 명료하게 만드는 학술적 작업이 진행되어야만 한다. 외국에서도 아직은 초기 단계이기 때문에 많은 연구가 이루어지지 않은 만큼, 창의적이고 진지한 연구의 여지가 많은 연구주제라고 할 수 있다. 특히, 무용소양이라는 한국적(동양적) 아이디어로 재개념화함으로써 연구의 주체가 우리 연구자가 될 수 있으며, 연구의 주도권을 우리가 잡을 수 있는 가능성도 가지게 된다. 예를 들어, Tina Hong(2000)이 제안하는 댄스 리터러시의 개념에 포함되지 않는 한국적(동양적) 관점에서 찾아지는 독특한 무용소양의 특징은 무엇인가? 서양적 댄스 리터러시의 개념에는 무용심의 요소가 포함되어 있는가? 무용심은 무용장르(한국무용, 발레, 현대무용)에 따라 다른가, 아니면 동일한가 등등.

둘째, 무용소양을 구성하는 무용능, 무용지, 무용심의 구체적 내용들에 대한 세밀한 연구작업이 이루어져야 한다. (연령별, 학년별로) 무용능에 속하는 기능과 능력의 세부적인 내용은 어떤 것들이 있으며, 무용지의 범주에 들어오는 명제적 지식과 실천적 지식의 내용은 무엇인지, 그리고 무용심에 포함되는 다양한 종류의 마음의 상태와 심성적 자질들은 어떤 것들인지를 자세하게 파악하는 연구가 진행되어야 한다. 무용소양 구성요소들의 세부적 하위내용들이 파악되어야만 현장에서 무용교육과 수업을 진행하는 데에 있어서 지도자와 교육자들이 방향성을 찾을 수 있기 때문이다. 예를 들어, 미국 NDEO에서 개발한 "스탠더드"(표준, 기준, standards)와 같은 수준의 상세한 자료가 개발되어야 할 것이다.[5] 이 스탠더드는 배우는 이들이 따라주어야 하는 기준이며, 최소한의 성취가 이루어져야 하는 표준으로 역할을 한다. 이 스탠더드에 근거하여 행정가는 교사와 학부모들에게 무용교육의 중요성을 알리며, 지도자는 연령에 적합한 무용소양에 대해서 이해하게 되며, 구체적 수업지도안을 작성하고, 학습활동을 구안하며, 학습성취도를 평가할 수 있게 된다. 그리고 배우는 아이들은 무엇을 왜 배워야 하는가에 대해서 스스로 납득할 수 있으며, 자기의 학습 진척 상태에 대하여 스스로 파악

---

5) 지금까지 4개 영역의 스탠더드가 개발되었다. 유아들을 위한 〈Standards for dance in early childhood〉(2007a), 학령기 청소년들을 위한 〈Standards for learning and teaching Dance in the arts; Ages 5-18〉(2007b), 무용교육자를 위한 〈Professional teaching standards for dance art〉(2009), 그리고 무용프로그램운영 기관을 위한 〈Standards for a K-12 model program: Opportunities to learn in dance arts education〉(2007c)이 있다.

제1부
무용교육의
목적

할 수 있으며, 무용에서 배운 것을 일상에서 적용시킬 수 있게 된다.

셋째, 매우 실질적으로 중요한 것으로서, 무용소양을 향상시킬 수 있는 구체적인 교육방안을 마련하고 적용해보아야 한다. 물론, 기존에도 효과를 보이던 교수방법들이 많이 있으며, 기왕에 시도되었던 새로운 교수모형들도 있다. 이것들도 무용소양이라는 새로운 개념틀에서 재해석해서 활용될 수 있다. 다만, 기존의 모형과 방법들은 대체적으로 무용소양을 통합적 관점에서 파악하고 통합적 방법으로 교육하려는 시도가 부족한 것으로 보인다. 본 연구에서 주장한 무용소양은 통합적 무용목적이다. 무용능과 무용지와 무용심이 하나로 뭉쳐져서 통합적으로 가르쳐져야만, 무용소양이 통합적으로 개발될 수 있다. 이를 위해서는 기능과 지식과 태도가 하나로 가르쳐지는 무용교육모형과 교수방법이 필요하다. 지덕체, 지정의를 하나로 통합시켜 길러낼 수 있는 무용교수법을 개발해야 한다. 수행하고 창작하고 감상하고 공부하는 일을 하나의 수업에서 하나로 해내도록 교육내용과 교수방법을 찾아내야만 한다. 예를 들어, 최근에 체육교육의 장면에서 사용되고 있는 하나로 수업 모형(최의창, 2010)은 이같이 전인적 자질 함양을 위한 통합적 교수학습 방법을 제공해준다. 좀 더 나아가 각각의 무용장르(한국무용, 발레, 현대무용 등)에 보다 효과적인 방법이 필요하다.

평범한 삶을 살던 앨리스는 흰 토끼를 따라가면서 새로운 원더랜드에 들어서게 된다. 처음에는 어리둥절하며 길도 잃고 위기도 겪게 되지만, 흥미로운 여행 끝에 결국 행복한 결말을 만들어낸다. 무용교육도 이러한 새로운 세계로의 여행이 요청되는 시점에 와있다. 문화예술교육이라는 철학은 그러한 신세계로 인도하는 무용교육의 흰 토끼가 될 수 있을 것이다. 그 여행이 해피 엔딩으로 마치기 위해서는 우리도 앨리스처럼 어디로 가야할 것인지를 분명히 물어야만 한다. 그리고 그 물음의 당사자는 무용교육인 자기 자신이어야 할 것이다. 왜냐하면, 무용교육의 원더랜드에서는 무용교육인 각자가 바로 앨리스이기 때문이다.

참고문헌

교육과학기술부(2007). *중학교교육과정해설Ⅳ: 체육, 음악, 미술*. 서울: 교육과학기술부.

김이경(2006). *문화예술 환경변화에 따른 무용전문인력 재교육 프로그램에 관한 연구*. 숙명여자대학교 대학원 박사학위논문.

김화숙(2009). 예술교과로서의 무용교육. *모드니예술, 2*, 13-17.

박은희(2008). *문화예술교육으로서 무용교육 전문인력양성을 위한 방안연구*. 경희대학교 대학원 박사학위논문.

박인배(2007). 문화예술교육 관점전환의 방향. *청소년문화포럼, 16*, 269-281.

신동희(2004). 과학교육의 변화: 과학적 소양의 추구. *국어교육학연구, 21*, 95-119.

신승환(2008). *문화예술교육의 철학적 지평*. 서울: 한길아트.

오세곤(2009). 진정한 문화예술교육의 정착을 바라며. *모드니예술, 2*, 37-42.

유미희(2009). 한국무용교육의 변천과 과제: 해방이후를 중심으로. *한국무용교육학회지, 20*(2), 1-27.

윤여각(2003). 문화, 예술 교육에 대한 재검토. *교육원리연구, 8*(1), 143-163.

이병민(2005). 리터러시 개념의 변화와 미국의 리터러시 교육. *국어교육, 117*, 134-175.

정연희(2008). 문화예술교육학 정립의 필요성. *모드니예술, 1*, 145-155.

정혜승(2008). 문식성 교육의 쟁점 탐구. *교육과정평가연구, 11*(1), 161-185.

최의창(2010). *인문적 체육교육과 하나로 수업*. 서울: 레인보우북스.

하진욱(2006). 문화예술교육의 재개념화. *예술연구, 12*, 99-112.

홍애령(2008). *무용교육과정 국제비교연구*. 서울대학교대학원 석사학위논문.

Bucek, L. (1998). Developing dance literacy: Integrating motif writing into theme-based children's dance classes. *Journal of Physical Education, Recreation & Dance, 69*(7), 29-32.

Dils, A. (2007a). Moving into dance: Dance appreciation as dance literacy. In Liora Bressler(Ed.), *International handbook of research in arts education*(pp. 569-580). New York: Springer.

Dils, A. (2007b). Why dance literacy? *Journal of the Canadian Association for Curriculum Studies, 5*(2), 95-113.

Hong, T. (2000). *Developing dance literacy in the postmodern: An approach to curriculum*. Paper presented at Dancing in the Millennium: An International Conference held in Washington DC.

제1부 무용교육의 목적

Hong, T. (2002). *Dance in the school curriculum of Aotearoa New Zealand*. UNESCO.

McCutchen, B. (2006). *Teaching dance as art in education*. Champaign, IL: Human Kinetics.

National Dance Education Organization(2009). *Professional teaching standards for dance art*. Silver Spring, MD: NDEO.

National Dance Education Organization(2007a). *Standards for dance in early childhood*. Silver Spring, MD: NDEO.

National Dance Education Organization(2007b). *Standards for learning and teaching dance in the arts; Ages 5-18*. Silver Spring, MD: NDEO.

National Dance Education Organization(2007c). *Standards for a K-12 model program*. Silver Spring, MD: NDEO.

Redfern, B. (1972). Dance as art, dance as education. Collected conference papers in Dance. ATCDE.

Smith-Autard, J. (2002). *The art of dance in education*(2nd ed.). A & C Black: London.

Smith, J. (1976). *Dance composition: A practical guide for teachers*. London: Lepus.

Stevens, S. (1992). Dance in the National Curriculum. In N. Armstrong(Ed.). *New directions in physical education: Vol. 2*(pp. 141-154). Champaign, IL: Human Kinetics.

연 구 문 제

1. 문화예술교육으로서의 무용교육의 목적으로 무용소양이 적합한지에 대해 비판적으로 검토해보고, 이것이 기존의 무용교육의 목적과 어떠한 차이점이 있는지에 대해 논의해보자.

2. 본 장에서 무용소양의 구성요소로 무용능, 무용지, 무용심을 제시하고 있는데, 이를 구성하는 구체적인 구성요소에 대해 생각해 보고 이에 대한 예시를 제시해보자.

3. 현장에서 무용소양을 향상시킬 수 있는 구체적인 교수방법을 비롯하여, 어떠한 여건이 마련되어야 하는지에 대해 토론해보자.

제2장 댄스 리터러시 개념의 이론적 고찰*

임 수 진

무용은 왜 가르치는가? 무용을 통해 무엇을 배우는가? 무용을 가르치고 배우는 목적에 대한 질문에 여러 가지로 대답할 수 있을 것이다. 이 질문에 대해 무용교육에서는 전통적으로 교육의 목적을 인지적, 정의적, 심동적 영역의 조화로운 발달을 추구하는 전인교육을 지향하는 거시적 측면과 무용 영역별로 세분화된 미시적 측면의 목적으로 각각 구분하여 제시해왔다. 이러한 무용교육은 21세기에 이르러 새로운 패러다임의 전환을 맞이하였다. 전통적인 무용교육에서 교육적 가치를 강조한 반면 21세기 무용교육에서는 교육적 가치를 실천할 수 있는 교육 방법론을 강조한다는 점에서 차이가 있다.

이에 한국문화예술교육진흥원(2013)의 무용교육표준에서는 문화예술교육으로서 무용교육의 목표로 "댄스 리터러시 계발"을 제시하였다. 댄스 리터러시란 "무용을 배움으로써 함양되는 여러 자질 혹은 능력을 종합하여 하나의 용어로 표현한 것"으로, 댄스 리터러시 함양을 위한 수업에서는 무용의 교육적 가치를 실천하기 위해 기존의 기술 습득 위주의 무용수업과는 다른 교육방법론을 제안한다. "댄스 리터러시 계발"이라는 교육목표를 이루어내려면 먼저 댄스 리터러시 개념과 의미가 극명해져야 한다. 그 이유는 15세기부터 존재해 온 무용보 관점의 댄스 리터러시와 21세기부터 논의되고 있는 교육학적 관점의 댄스 리터러시 의미가 상이하기 때문이다.

본장에서는 학자별로 다양하게 해석되고 있는 댄스 리터러시의 개념을 분석하여 하나로 합의될 수 있는 현대적 개념의 댄스 리터러시를 탐색한다. 이를 위해 첫째, 댄스 리터러시 개념의 추이과정을 살펴보고 과거의 댄스 리터러시와 현대의 댄스 리터러시 개념이 어떻게 다른지 파악한다. 둘째, 댄스 리터러시 개념에 대한 국내외 학자별 의견을 비교·분석하여 그들의 논의에 나타난 주요쟁점을 분석하여 하나로 합의될 수 있는 댄스 리터러시의 개념을 도출한다. 셋째, 최근 무용교육에서 논의되고 있는 댄스 리터러시의 필요성에 대한 논의와 후속연구의 방향성을 제시함으로써 댄스 리터러시와 관련된 후속연구를 위한 이론적 토대를 마련하고 '댄스 리터러시 계발'이라는 문화예술교육으로서 무용교육의 목표를 실천할 수 있는 실천방안과 방향성을 탐색할 수 있을 것이다.

---

* 임수진(2015). 댄스 리터러시 개념에 대한 이론적 고찰, 대한무용학회 73(3), 123-145.

I. 서론

우리나라에서 무용은 체육교과의 하위영역 중 하나로 공교육 안에서 일부 학교에 한정되어 이루어져 왔다. 이에 일반인이 무용을 경험할 기회는 흔하지 않았고, 주로 전공자를 위한 전문예술교육을 중심으로 발전해왔다. 다행히도 2005년 문화예술교육 지원법이 제정되면서 정부의 문화예술교육에 대한 관심과 지원이 적극적으로 이루어지고 있다. 제도적으로 문화예술교육은 학교문화예술교육과 사회문화예술교육으로 구분되고 예술장르에 따라 음악예술교육(음악, 국악), 미디어예술교육(영화, 만화, 애니메이션), 공연예술교육(무용, 연극), 시각예술교육(미술, 사진, 공예, 디자인), 전통예술교육(농악) 등으로 세분화된다(2012 문화예술정책백서, p 596)

문화예술교육으로서 무용교육은 2005년 학교 문화예술교육 지원 사업부터 시작되었고 이후 무용교육에 참여한 학교 수가 급격히 증가하고 있다. 2005년 문화예술교육 개설 당시 100개의 학교에서 무용교육이 시행되었는데 2012년에 이르러서는 1,467개의 학교에서 무용교육이 시행될 정도로 급격한 양적 팽창을 이루었다. 한편 2006년부터는 사회 문화예술교육 지원 사업에서도 무용교육이 시행되었고 대상별(노인, 장애인, 군 장병, 교정시절, 소년원 등)로 사업영역을 확대하는 등 지금까지 꾸준하게 확장되고 있다(2012 문화예술정책백서).

최근 이러한 문화예술교육의 양적 확장에 비해 질적 향상 속도는 부진하다는 지적이 제기되면서 양적 성장에 부합하고 문화예술교육의 취지에 맞으며 교육의 질적 향상을 높이기 위한 방안이 논의되고 있다(김정선, 2012; 손경년, 2013; 조현성, 2013). 또한 우리나라에서는 2000년대 중반부터 새로운 무용교육 패러다임에 대한 관심이 높아졌고 무용교육의 변화를 위한 노력들이 시도되고 있다(박은희, 2010). 대표적으로, 한국문화예술교육진흥원의 무용교육표준(2011)에서는 문화예술교육으로서 무용교육의 목표로 "댄스 리터러시 계발"을 제시하였다. 댄스 리터러시란 "무용의 전반을 이해하고 이를 다양한 방식으로 풀어내는 통합능력을 의미"(p. 39)하는 것으로, 무용을 직접 체험하고 무용을 탐구하고 확장하는 과정에서 동원되는 말하고, 쓰고, 보고, 읽는 종합적인 능력을 말한다(서예원, 조은숙, 문영, 김윤진, 2013).

이처럼 한국문화예술교육진흥원의 무용교육표준에서 문화예술교육으로서 무용교육의 목표

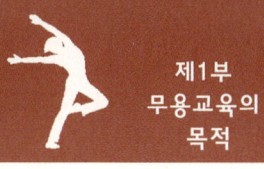

제1부 무용교육의 목적

로 댄스 리터러시 계발을 제시하고 있으나 이 목표는 우리나라 문화예술교육으로서의 무용교육이 2005년부터 본격적으로 시행되어 온 것에 비해 차후에 제시된 것으로, 댄스 리터러시에 대한 개념은 현장에서 문화예술교육을 실천하고 있는 예술 강사에게 조차 생소한 용어다. 물론 한국문화예술교육진흥원 및 지역문화재단은 예술 강사 연수를 통해 지속적으로 강사들의 역량을 강화하고 있다. 하지만 댄스 리터러시라는 용어는 여전히 문서상에 존재하는 그야말로 이름뿐인 목표라고 할 수 있다. 이처럼 댄스 리터러시에 대한 개념이 명확하지 않은 상태에서 "댄스 리터러시"라는 목표를 성취하기는 힘들며, 분명하게 인식되지 않은 개념을 가르치는 이가 잘 가르치는 것 또한 무리수다. 따라서 "댄스 리터러시 계발"이라는 교육 목표를 이루어내기 위해서는 먼저 댄스 리터러시 개념과 의미가 극명해져야 한다. 왜냐하면 댄스 리터러시는 완전히 새로운 것이 아니기 때문이다. 하지만 최근 논의되고 있는 댄스 리터러시는 기존 무용보 관점의 리터러시와는 상이한 의미를 지니는 교육학적 관점의 댄스 리터러시다. 이에 21세기 무용교육의 새로운 목표로 강조되고 있는 교육학적 관점의 댄스 리터러시 개념을 제대로 이해하기 위해서는 하나로 합의된 댄스 리터러시 개념이 필요하다.

선행연구로 교육학적 관점의 댄스 리터러시는 2000년에 뉴질랜드 무용교육학자인 티나 홍(Tina Hong)에 의해 처음으로 개념화되기 시작하였다. 홍(Hong)은 뉴질랜드 K-12교육에서의 전인교육을 위한 운동감각능력, 안무능력, 비평능력을 고루 함양하기 위한 이상적인 교육 모델로서 댄스 리터러시를 주장하였다. 브렌다 맥커첸(Brenda McCutchen)(2006)은 "무용에 대해 알고, 무용을 만들고, 무용을 수행하고, 무용에 반응하는"(p. 402) 네 가지 능력을 총칭하여 댄스 리터러시라고 불렀다. 앤 딜스(Ann Dils)(2007a, 2007b, 2009)는 미적 대상에 대한 질적 평가에 치중되어 있는 대학 교육과정 내 무용 감상 수업을 비판하고 대안으로, 감상 수업에서의 쓰기와 토론하기를 통해 비판적 사고를 함양하는 데 주안점을 두는 댄스 리터러시를 강조하였다. 한편 국내에서는 체육 교육학자 최의창(2011)에 의해 교육학적 관점의 댄스 리터러시가 처음으로 언급되었다. 그는 댄스 리터러시를 한국어로 "무용소양"(舞踊素養)이라고 번역하고 무용소양을 "무용을 실제로 할 수 있고 마음으로 알고 있는 수준이나 상태"(p. 153)로 정의하였으며 문화예술교육으로서 무용교육의 목적으로 무용소양을 강조하였다. 그러나 이들의 연구에서 댄스 리터러시 의미는 학자마다 강조하는 바가 조금씩 상이하다. 이 때문에 댄스 리터러시 개념에 대한 혼란이 가중되고 있다. 이에 서예원 외(2013)은

〈무용교육표준 개발 연구〉에서 여전히 모호한 댄스 리터러시의 개념과 방향성 정립의 시급함을 지적하고 후속연구의 필요성을 제안하였다(서예원 외, 2013, p. 33)

본 연구자는 여러 학자들이 주장하는 댄스 리터러시의 본질적인 의미를 탐색해보고자 한다. 이를 위해 첫째, 댄스 리터러시의 의미가 역사적으로 변화한 과정을 살펴보고 과거의 댄스 리터러시와 현대의 댄스 리터러시가 어떻게 다른지 파악한다. 둘째, 국내·외 선행연구를 바탕으로 댄스 리터러시 개념에 대한 학자별 의견을 비교·분석하여 그들의 논의에 나타난 주요 쟁점을 파악한다. 셋째, 최근 무용교육에서 논의되고 있는 댄스 리터러시의 필요성에 대해 논의하고 후속연구에 대한 제언을 한다.

본 연구는 21세기 문화예술교육으로서 무용교육의 새로운 목표로 강조되고 있는 댄스 리터러시 개념의 이론적 분석을 통하여 댄스 리터러시와 관련된 후속연구를 위한 이론적 토대를 마련하고자 한다. 이 연구는 문화예술교육으로서 무용교육의 목표인 "댄스 리터러시 계발"을 실천하기 위한 기초연구로, 향후 무용교육의 실천방안과 방향성을 탐색하는데 주요한 자료가 될 수 있을 것으로 판단된다.

Ⅱ. 리터러시의 개념

"리터러시"라는 용어는 우리말로 번역하여 "문식력"이나 "문해력", 또는 "소양" 등으로 사용한다. 하지만 최근 학계와 일상에서는 "Literacy"라는 원어발음 그대로 '리터러시'라고 사용하고 있다(김지숙, 2014). 이에 본 연구에서는 리터러시를 굳이 우리말로 번역하여 사용하지 않고, 리터러시 본래의 의미인 '뭔가를 해내는 능력'이라는 의미를 살리기 위해 '리터러시'라고 표기하고 사용하고자 한다.

리터러시(literacy)는 통상적으로 문자를 읽고 쓰는 능력으로 이해된다. 하지만 리터러시의 의미는 시대와 환경의 변화에 적응할 수 있는 능력으로 그 개념이 확대되고 있다. 과학과 정보통신의 발달 속에서 다양한 문명의 혜택을 받으며 살아가는 현대인들에게는 전통적 리터러시 이외에 또 다른 리터러시가 필요하다(한국교육정보원, 2006). 이에 현대의 정보화, 디지털

시대에서는 리터러시 개념을 활자에 한정짓지 않고 더 넓은 의미로 해석하고 있다. 본 연구에서는 리터러시를 전통적 리터러시와 현대적 리터러시로 구분하여 전통적 리터러시의 의미가 어떤 계기로 변화되기 시작하였고 시대와 환경에 따라 어떻게 변천되었으며 오늘날에는 어떠한 리터러시가 형성되고 있는지를 살펴보겠다.

1. 전통적 리터러시의 분류

전통적 리터러시는 문자적 리터러시와 기능적 리터러시로 구분된다. 리터러시는 19세기 중반에 등장한 용어로, 당시 리터러시의 의미는 활자화된 인쇄물을 통해 지식과 정보를 획득하고 이해할 수 있는 능력을 말한다. 19세기 이전에는 소리언어를 통해 의사소통이 이루어졌지만 19세기 산업사회에 이르러 소리언어가 활자화되고 인쇄가 가능해지자 리터러시라는 용어가 등장하였다. 이와 같이 리터러시는 읽기, 쓰기, 셈하기를 뜻하는 3Rs(Reading, wRiting, aRithmetic)에서 시작되었다(한국교육정보원, 2006). 이후 '리터러시'라는 용어가 통용되었다.

1947년 UNESCO에서는 읽기, 쓰기, 셈하기를 기초교육(Fundamental Education)으로 상정하고 3Rs을 교육의 주요 의제로 삼았다. 3Rs의 능력에 따라 리터러시의 유(literacy), 무(illiteracy)가 결정되었던 19세기에는 전 세계가 3Rs의 능력 배양을 위한 교육을 강조하였다(UNESCO, 1953). 이때의 리터러시 교육은 문자로 표현되고 있는 아이디어를 이해하는 능력을 함양하기 위한 교육을 의미한다.

이처럼 활자를 읽고 이해하기 위한 것을 목적으로 시작된 리터러시 교육은 1940년대에 이르러 전 세계적으로 교육의 목표가 되었다. 하지만 읽고 쓰고 셈하는 기초교육을 통해 리터러시 함양을 위한 교육이 시행되었음에도 불구하고 이러한 능력을 삶에서 적용하고 활용하는 실제적인 능력이 부족한 사람들이 있었다. 한 예로, 2차 세계대전 당시 군대에서 기본 군대 업무를 위한 교육지침의 내용을 읽을 수는 있으나 이해하지 못하고 실행에 옮기지 못하는 군인들이 나타났다. 이들은 읽고 쓰고 셈하는 방법을 배웠음에도 불구하고 배운 것을 실제 삶에서 발휘할 줄 모르는 기능적으로 해독력이 없는(functional illiteracy) 사람들로 간주되었다. 이를 계기로 기능적 리터러시(functional literacy)라는 개념이 대두되었고, 이것은 전통적인 리터러시인 3Rs을 삶 속에서 얼마나 실용적으로 사용할 수 있는지를 의미한다. UNESCO

에서는 이때부터 리터러시의 개념을 두 가지 수준, 즉 문자적 해독력과 기능적 해독력으로 구분하기 시작하였다(UNESCO, 2005). 문자적 해독력이란 읽고 쓰고 계산할 줄 아는 능력 자체를 의미하고, 기능적 해독력이란 실제 사회구성원이 사회의 정치, 경제, 문화생활을 향유하기 위해 필요한 능력으로, 이른바 생활기술(life-skill)로 표현되기도 한다.

이상의 논의는 초기의 리터러시에서는 문자 해독능력 자체가 중요시되었으나 리터러시가 사회적 의미와 결합됨에 따라 1970년대부터는 문자해독 자체보다는 이것을 실제 삶에서 얼마나 잘 활용할 수 있는지에 대한 수행능력이 중요시되었다는 것을 시사한다.

2. 전통적 리터러시에서 현대적 리터러시의 추이 과정

1980년대에 들어서면서 전통적 리터러시 개념의 변화를 요구하는 과도기적 리터러시로 뉴 리터러시가 등장하였고, 1990년대 중반에는 멀티 리터러시의 개념이 대두되었다. 먼저 1980년대 정보화, 디지털 시대가 본격적으로 열리면서 뉴 리터러시(new literacies)[1] 개념이 도래하였다. 뉴 리터러시는 디지털과 하이-테크 세계에서 리터러시를 묘사하는데 사용된 용어로, 뉴 리터러시에 대한 초기의 논의는 지(Gee)(1992)과 스트릿(Street)(1996)를 중심으로 구성된 뉴 리터러시 스터디(New Literacy Studies) 학파에 의해 시작되었다(Street, 1996). 리터러시를 사회문화적 관점으로 접근한 지(Gee)(1992)는 사고와 화술 능력을 강조하고, 리터러시는 하나 또는 그 이상의 주어진 사회 집단의 담론에 기능적으로 참여하는 능력이자 사회적 기술이며 개인이 속해있는 집단의 사회적 실천에서 존재하는 좋은 지식의 한 부분이라고 주장하면서 다음의 세 가지를 상정하였다. 첫째, 사고(thinking)와 화술(speaking)은 개인의 마음 혹은 정서적 기능이다. 둘째, 리터러시는 읽기 쓰기 능력과 관련된 개인의 정신적인 기술이다. 셋째, 개인의 지능, 지식, 적성은 개인적인 생각의 상태이다. Gee는 이 세 가지 가정이

---

[1] 뉴 리터러시(new literacy)는 일부 학자들에 의해 전통적 리터러시와 상반되는 의미로 21세기에 요구하는 리터러시를 통틀어 뉴 리터러시로 칭하는 경우가 있다(김지숙, 2014). 하지만 전통적 리터러시와 구분되는 현대적 리터러시가 도래되는 과정에서 이미 학자들에 의해 디지털 세계의 리터러시를 의미하는 '뉴 리터러시'(Albers & Harste, 2007; Kist, 2005; Lanskshear & Knobel, 2003)와 문화 다양성의 관점에서 리터러시를 설명하는 '멀티 리터러시'(Cope, Fairclough & Gee et al, 1996)라는 용어가 구분되어 사용되었다. 따라서 이 연구에서 언급하는 뉴 리터러시는 전통적 리터러시가 현대적 리터러시로 전환되는 과정에서 대두된 것으로, 전통적 리터러시의 개념을 사회적, 담론 분석적으로 선회한 것을 의미한다.

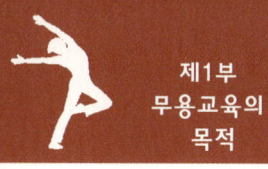

제1부 무용교육의 목적

리터러시에 대한 사회 문화적 접근을 대신한다고 보았다. 이러한 관점에서 뉴 리터러시는 전통적 리터러시의 개념으로부터 사회적, 담론분석적으로 선회한 것임을 알 수 있다. 스트릿(Street)(2003) 또한 리터러시를 사회적 실천으로 간주하고 다음과 같이 설명하였다.

> 리터러시는 단순한 기술이 아니라 사회적 실천이다. 즉 리터러시는 사회적으로 구조화된 인식론의 원칙들에 속해 있다. 리터러시는 사람들이 읽기 쓰기를 말할 때 지식, 정체성, 존재에 대한 개념에 뿌리를 두고 있는 지식이다. 또한 리터러시는 특정 직업 시장의 관습 또는 특정한 교육적 맥락의 관습과 사회적 관습에 속해 있고 학습효과에 내재된 특정한 소양은 특정한 맥락에 의존할 것이다(Street, 2003, pp. 77-78).

이 말을 재해석해보면 사람은 기술적으로 읽기와 쓰기를 할 때 자신의 경험과 지식을 바탕으로 의견을 표출하기 때문에 읽기 쓰기를 통한 리터러시에는 개인의 지식, 정체성, 존재감이 투영되기 마련이라는 의미를 내포하고 있다.

한편 바톤(Barton) 외(2005)에 의하면, 리터러시는 실제와 맥락을 같이 해야 하고, 이러한 리터러시는 사회적 목표와 문화적 실제를 내포하고 있어야 하며 역사적 상황까지 반영해야 한다. 따라서 생활의 여러 영역과 관련된 다양한 리터러시가 있으며, 새로운 리터러시는 학습, 교육, 훈련을 통해 습득되어진다.

이와 같이 여러 학자들에 의해 논의되어 온 뉴 리터러시의 개념은 변화(turn)와 확장(expansion)이라는 공통적인 특징을 가지고 있다. 여기서 '변화'는 새로운 시대와 환경의 변화에 따라 인간이 갖추어야 할 능력과 자질을 재고하여 그에 부합하는 새로운 리터러시가 필요하다는 것을 강조한다. 반면 '확장'은 리터러시의 범주를 문자를 읽고 쓰는 능력으로 개인적 차원에 국한시키지 않고 개인 상호간의 의사소통 능력을 강조하는 조직적 차원으로 그 논의를 넓혀야 한다는 것을 강조한다(김선경, 권정만, 2008). 다시 말해서 시대와 환경에 따라 실제와 맥락을 같이 하는 생활과 관련된 다양한 리터러시가 필요하기 때문에 현대의 리터러시 개념은 과거의 문자를 읽고 쓰는 능력에서 변화하여 현대 사회를 살아가기 위한 적응 및 대처능력으로 그 개념이 확대되고 있다.

뉴 리터러시에서는 리터러시를 사회적 실천(social practice)으로 간주하면서 새로운 리터러시에 대한 필요성을 강조하였다. 이에 다양성이 부각되기 시작하였고 뉴 런던 그룹(The New London Group: 미국, 영국과 오스트레일리아에서 온 교육가들의 집합)은 소통을 위한 수단의 다양성과 동시대 사회에서 증가하는 문화와 언어 다양성의 범위를 충족하기 위하여 더 넓은 의미의 리터러시 개념이 필요하다는 것을 주장하였다. 뉴 런던 그룹은 이러한 다양성의 관점에서 리터러시를 설명하기 위해 "멀티-리터러시(multi-literacies)"라는 용어를 만들었다. 멀티-리터러시의 개념은 동시대 사회에서의 다양한 언어적 문화적 차이를 극복하기 위한 대안이다. 멀티-리터러시란 다양한 리터러시를 가르치고 배우는 것을 의미하며, 언어와 문화의 다양성이 공존하는 사회에서 상호 간 협상이 이루어지기 위해서는 다양한 리터러시에 대한 이해가 필요하다는 것을 전제로 한다(Cope, Fairclough & Gee et al, 1996).

이상의 논의를 정리해면, 전통적 리터러시의 유형에서 뉴 리터러시와 멀티-리터러시로 논의가 확대되면서 현대에는 리터러시의 개념을 활자에 한정짓지 않고 현대의 삶을 제대로 살아가기 위한 기본적이고 다양한 능력을 의미하는 것으로 해석하고 있다.

3. 현대적 리터러시의 분류

19세기까지의 전통적 리터러시는 활자를 읽고 쓰고 이해하는 능력인 문자적 리터러시와 생활기술과 관련된 기능적 리터러시로 구분할 수 있다. 본 절에서는 현대적 리터러시가 세부적으로 어떻게 분류되고 있으며 각 분야의 리터러시는 어떻게 개념화되고 있는지 살펴보겠다.

타이너(Tyner)(1998)는 현대의 다양한 리터러시를 도구적 리터러시와 표상적 리터러시로 분류하였다. 도구적 리터러시(tool literacy)는 새로운 기술과 관련이 있는 리터러시로, 시대의 새로운 도구의 기능과 성능을 적절하게 사용할 수 있는 능력을 의미한다. 여기에는 컴퓨터 리터러시, 네트워크 리터러시, 테크놀로지 리터러시가 있다. 컴퓨터 리터러시는 컴퓨터 작동방식에 대한 일반적인 이해와 습득을 의미한다(김선경, 권정만, 2008; 안정임, 2002). 네트워크 리터러시는 네트워크 정보를 생성, 이용, 접근가능하게 하는 시스템에 대한 이해와 네트워크 정보가 일상생활의 문제해결에서 갖는 역할에 대한 이해로 정의된다. 테크놀로지 리터러시란 "사람, 과정, 아이디어, 도구, 조직 등을 포함하는 복합적이고 통합적인 모든 학습과정에 내재된 문제의 분석과 이에 대한 해결책의 제시, 실행, 평가, 조정 능력"(p. 15)을

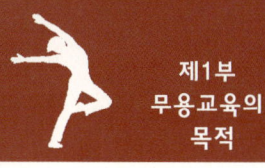

말한다(안정임, 2002).

　표상적 리터러시(literacies of representation)란 교육과 관련이 있는 리터러시로 그 어떤 것을 생각할 때 일어나는 감정이나 표현을 의미하고 어떤 것을 이미지화할 수 있는 능력을 의미한다. 여기에는 정보 리터러시, 미디어 리터러시, 비주얼 리터러시 등이 있다. 정보 리터러시는 개인적, 직업적 삶 또는 다양한 정보원으로부터의 정보를 검색, 분석, 평가, 통합, 활용하는 능력을 말한다(김선경, 권정만, 2008; 안정임, 2002). 미디어 리터러시는 미디어가 운용되는 방식, 의미 생산 방식, 현실의 조직과 구성방식을 이해하고 분석하고 창조할 수 있는 능력을 의미한다. 비주얼 리터러시란 다양한 미디어 속의 이미지를 이해(읽기)하고 활용(쓰기)할 수 있으며 이미지로 사고하고 학습할 수 있는 능력으로, 현대를 살아가는 사람들은 시각적 이미지에 대한 올바른 판단을 가지고 일상생활 속에서 전달되는 메시지들을 제대로 해석하고 이해할 수 있어야 한다(Burmark, 2002; Karabeg).

　그런데 2000년 대 디지털 리터러시(Digital Literacy)라는 용어의 등장으로 타이너(Tyner)(1998)가 제시한 이분법적 분류인 도구적 리터러시와 표상적 리터러시 구분이 무색해졌다. 디지털 리터러시를 도구적 리터러시에 포함시키는 연구자가 있는 반면 표상적 리터러시로 간주하는 연구자가 있었다(김선경, 권정만, 2008). 즉 디지털 리터러시는 기술사용 중심의 관점에서는 도구적 리터러시에, 기술사용을 위한 교육 중심의 관점에서는 표상적 리터러시에 포함되는 것으로 미디어 리터러시의 연장선상에 놓여 있는 개념으로, 컴퓨터 리터러시, 네트워크 리터러시, 정보 리터러시와 혼용되었다. 이 두 가지 관점을 종합해보면, 디지털 리터러시란 디지털 정보를 이해하고 사용하는 능력으로, 디지털 매체를 통해 정보를 발견하고 구성하며 이를 이용할 줄 아는 총체적인 능력을 말한다. 비록 디지털 리터러시의 등장은 리터러시의 이분법적 분류를 무색하게 만들었지만 이로 인해 리터러시가 교육 분야에서 논의되는 계기가 되었다.

　지금까지 논의한 리터러시의 시대별 의미 변화 과정을 정리해보면 다음과 같다(〈그림 1〉 참조).

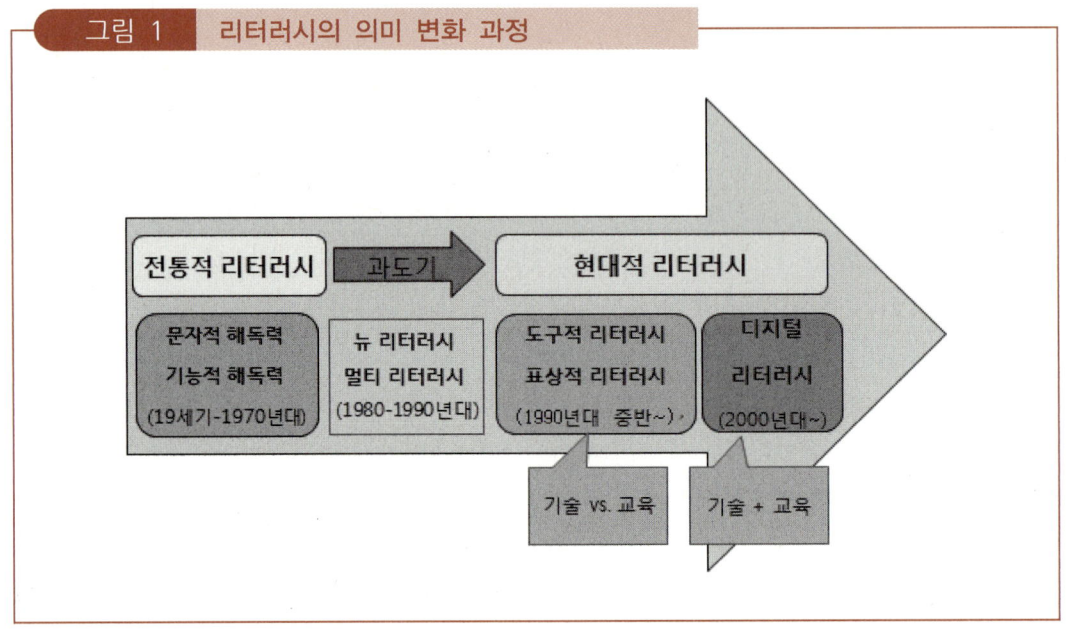

그림 1 리터러시의 의미 변화 과정

　이와 같이 각 시대별로 리터러시의 개념과 의미가 변화하고 확장되고 있다. 현대의 리터러시는 지식을 얻고 사용하고 그것을 표현할 줄 아는 능력으로 한 인간이 삶을 영위해나가는 데 필요한 다양한 능력을 의미한다(교육인적자원부·한국교육정보원, 2006). 현대적 리터러시는 최근에 각 교육영역에서 분야별 특유의 소양을 함양하기 위한 새로운 교육목표로 제안되고 있다. 교육 분야별로 과학적 소양(신동희, 2002; 이명제, 2009), 수학소양(주미경, 2002), 환경소양(박정해, 2008), 정보소양(곽승철, 편도원, 2003), 시각적 소양(Burmark, 2002), 미술소양(황연주, 2001), 신체소양(Whitehead, 2001), 운동소양(최의창, 2011), 무용소양(서예원 외, 2013; 임수진, 2015; 최의창, 2011) 등이 제안되고 있다(표 1 참조). 소양으로서 무용은 무용실기와 이론의 이원화 실태와 무용의 비대중성이 지적되면서 그 중요성이 강조되기 시작하였다(박순자, 2013; 박은희, 2010; 최의창, 2011). 이에 무용교육 콘텐츠의 확산과 방법론의 통합에 대한 연구가 활발하게 이루어지고 있다(김현주, 2009; 문영, 2012; 박미, 강인숙, 2015). 이러한 현상은 이제 학교는 물론이고 교육이 이루어지는 모든 장에서 다양한 리터러시 함양을 위한 교육이 필요한 시대가 되었음을 시사해준다.

제1부 무용교육의 목적

| 표 1 | 교육 분야별 현대적 리터러시의 개념

교육영역	교과영역	리터러시의 개념
주지교과	과학소양 (Scientific Literacy)	과학에 대한 일정 수준의 개념, 과학적 활동의 특성 이해, 사회와 문화에 대한 과학의 역할 등 세 요소에 대한 이해와 적용에 관련된 능력을 의미
	수학소양 (Mathematical Literacy)	한 개인이 한 사회 안에서 효율적으로 기능하기 위해 요구되는 수학적 기능의 획득과 의미를 공유함으로써 지식의 체계를 발전시켜 나갈 수 있는 지적 유희의 능력
비주지 교과	환경소양 (Environmental Literacy)	환경에 대해 올바르게 이해하고 환경 친화적 태도 및 가치관을 함양하고 환경보존을 실천하는 것을 의미
	정보소양 (Information Literacy)	정보기술을 이용하여 문제해결을 할 수 있는 능력으로 정보화에 따른 사회현상을 이해·평가하고 건전한 윤리의식으로 삶을 영위할 수 있는 능력을 포함한 개념
	시각적 소양 (Visual Literacy)	다양한 시각적 문화양식을 이해하고 그들과의 상호작용을 위해 필요한 능력으로 미술교육에서 접근이 가능
	신체소양 (Physical Literacy)	신체활동을 지속하기 위해 필요한 의욕, 자신감, 신체적 역량, 지식과 이해력을 의미
	운동소양 (Sport Literacy)	운동(신체활동)을 이해하고 해석하고 실행하고 만들어내는 총체적 능력과 심성을 의미
	무용소양 (Dance Literacy)	무용을 이해하고 활용하는 능력으로, 무용을 통해 길러지는 여러 자질 혹은 능력들을 종합하여 하나의 용어로 표현한 것

III. 댄스 리터러시의 개념

1. 댄스 리터러시의 개념화 과정

댄스 리터러시는 완전히 새로운 것은 아니다. 무용에서 리터러시는 15세기부터 다양한 무

용보(Dance Notation)의 시스템들로 존재해왔고 지금도 무용학의 하위 분야 중의 하나로 자리매김하고 있으며 다수의 학자 및 연구자들이 연구하고 있다. 하지만 '전통적 개념의 댄스 리터러시'는 댄스에서의 다양한 리터러시 중에서 무용동작을 기록하고 그 의미를 이해할 수 있는 능력, 즉 움직임의 기록체계를 읽어낼 수 있는 능력을 뜻하는 것으로 움직임과 관련된 국한된 능력을 의미한다(Bucek, 1998). 이처럼 과거에도 무용보 관점의 댄스 리터러시가 존재했고 그 명맥이 오늘날까지 이어지고 있기 때문에 최근 무용교육에서 논의되고 있는 페다고지 관점의 댄스 리터러시 개념 사이에 혼돈이 존재한다. 이를 감안하여 본 연구에서는 무용보 관점의 전통적 리터러시를 "댄스에서의 리터러시(Literacies in Dance: LD)"로 보고 이와는 다른 교육학 관점의 현대적 리터러시를 "댄스 리터러시(Dance Literacy: DL)"로 구분한다. 이에 본 절에서는 전통적 댄스 리터러시인 무용보가 존재했던 15세기부터 현대적 댄스 리터러시 개념이 대두된 21세기까지의 댄스 리터러시 개념화 과정을 간략히 살펴보겠다.

1) 전통적 개념의 댄스 리터러시

전통적 개념의 댄스에서의 리터러시(LD)는 무용보의 형태로 15세기부터 현재까지 시대별로 단어약어법(15-1세기), 진로도면법(17-18세기), 추상기호법(19세기 초), 막대기모양시스템(19세기 중엽), 음표법(19-20세기) 등 다양한 종류의 시스템을 구축하면서 존재해오고 있다(김말복, 조은숙, 2001). 과거에 라바노테이션과 관련하여 무브먼트 리터러시 혹은 댄스 리터러시라는 용어가 언급되었다. 한 예로 로렌 뷰섹(Loren E. Bucek)(1998)은 무용 기록법(dance notation)과 모티프 라이팅(motif writing)을 활용할 줄 아는 능력을 리터러시 맥락에서 해석하고, 모티프 라이팅에서 움직임의 상징기호를 쓰고 읽을 줄 아는 능력을 댄스 리터러시라고 언급하였다(Bucek, 1998). 하지만 엄밀히 말하자면, 뷰섹(Bucek)이 강조하고 있는 것은 댄스에서의 리터러시 능력이다. 이처럼 다양한 방법으로 무용 움직임을 기록하고 그것을 분석하는 작업은 일반적으로 무용을 쓰고 읽는다는 관점에서 댄스 리터러시로 비유되기도 하였다(Jeong, 2012). 이 때문에 혹자들은 최근에 논의되는 댄스 리터러시를 무용보와 동일한 것으로 생각하거나 그것과 혼동하고 있다. 그러나 이때의 댄스 리터러시는 무용보 관점에서 바라본 것으로 움직임을 기록, 분석, 해석하는 능력에 초점을 맞춘 것이다.

2) 현대적 개념의 댄스 리터러시

무용보 관점의 댄스에서의 리터러시(LD)와 다른 개념의 "댄스 리터러시(DL)"가 등장한 이유는 무용학의 학제 간 연구 접근과 관련이 있다. 1980년대에 학계 전반적으로 인문학이 부각되면서 무용학에서도 타 학문분야와 연계된 연구에 관심을 갖기 시작하였고 역사, 미학, 문학 등 인문학적 관점에서 무용을 해석하고자 하는 움직임이 활발해졌다(Dils, 2007a). 또한 2010년 이후 무용 교육학계에서는 무용을 음악, 미술, 연극 등의 타 예술장르와 연계한 예술통합교육 혹은 통합예술교육의 중요성을 강조하고 있다. 이와 같이 무용의 학제 간 연구와 통합적 접근은 무용을 가르치는 데에 있어서 새로운 교육내용과 방법을 요구한다.

이에 새롭게 제기되는 다양한 접근 중의 하나로 홍(Hong)(2000)은 댄스 리터러시 교육모델을 제안하였고 이후 이와 관련된 일련의 연구가 계속되었다. 이들의 연구는 기존 댄스에서의 리터러시와는 개념적, 방법론적으로 다른 차원의 무용교육을 주장하고 있기 때문에 홍(2000)의 댄스 리터러시 개념화를 시작으로 현대적 개념의 댄스 리터러시로 명확하게 구분할 수 있다. 따라서 본 연구에서는 무보법 관점의 댄스에서의 리터러시를 전통적 리터러시로, 페다고지 관점의 댄스 리터러시를 현대적 댄스 리터러시로 간주한다(〈그림 2〉 참조).

정리해보면, 현대적 리터러시 개념인 교육학적 관점의 댄스 리터러시는 무용을 통해 길러지는 여러 자질 및 능력을 종합하여 하나의 용어로 부르는 것으로, 이때의 무용은 세상을 바라보고 이해하는 렌즈가 된다. 즉 댄스 리터러시는 무용을 통해 사회적, 문화적, 역사적, 과학적, 기능적 원리 및 지식을 이해하고 그 과정에서 터득된 앎을 삶의 여러 상황에 반영할 줄 아는 능력을 의미한다.

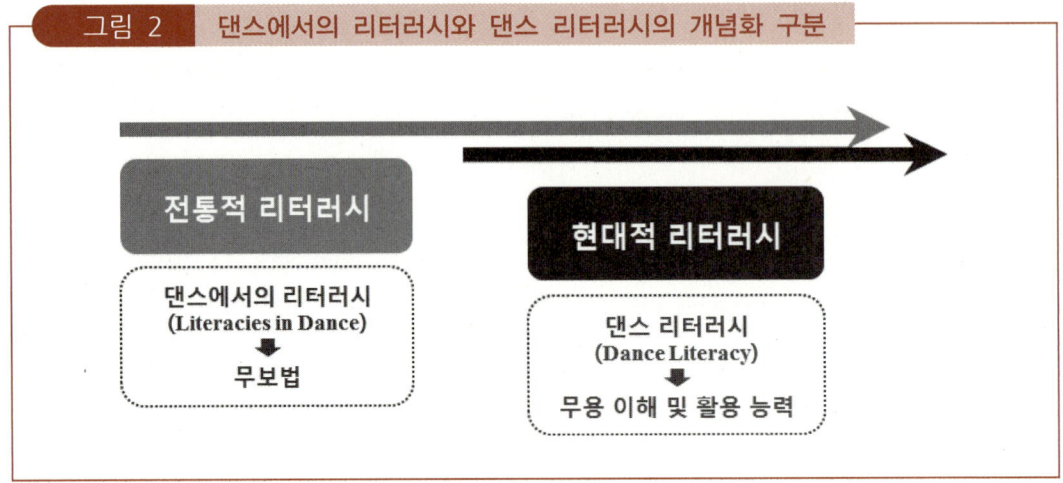

그림 2 댄스에서의 리터러시와 댄스 리터러시의 개념화 구분

2. 국외 댄스 리터러시 연구 경향

　본 절에서는 현대적 개념의 댄스 리터러시 국외 선행연구 중 교육학적 관점에서 댄스 리터러시를 개념화한 홍(2000)의 주장과 댄스 리터러시를 지속적으로 연구하고 있는 딜스의 입장을 중점적으로 살펴보겠다.

　티나 홍(Tina Hong)(2000)의 댄스 리터러시 모델은 헨리 지룩(Henry Giroux)(1992)이 주장한 확장된 리터러시의 의미와 뉴 런던 그룹(1996)이 제안한 멀티-리터러시라는 아이디어, 그리고 아이즈너(Eisner)(1998)가 강조한 학교에서의 리터러시 교육에서 착안한 것이다. 지룩(1992)이 제안한 확장된 리터러시란 민주주의 사회에서 읽고 쓰기를 배우는 것 외에 문화적 문맥을 배우는 것까지를 의미한다(Hong, 2000). 뉴 런던 그룹은 동시대 사회에서의 다양한 언어적 문화적 차이를 극복하기 위한 대안으로 다양한 리터러시에 대한 이해가 필요하다는 것을 제기하였다(Cope, Fairclough & Gee et al, 1996). 아이즈너(1998)는 리터러시를 표상(representation)의 형태로 간주하고 광범위한 리터러시 개념의 필요성을 강조하였다. 아이즈너는 "시, 방정식, 그림, 춤, 소설, 계약서 등을 읽어내는 능력을 독특한 형태의 리터러시"(p. 52)로 보았고 이러한 다양한 형태의 표상은 의미를 새롭게 찾아내는 방법이라고 주장하면서 학교에서의 다양한 리터러시 함양을 위한 교육을 강조하였다.

이러한 지룩, 아이즈너, 뉴 런던 그룹의 견해에 입각하여 홍(2000)은 다양한 리터러시는 표상의 한 형태로서 다양한 예술을 포함할 수 있다는 전제하에 뉴질랜드 초중등교육(K-12)에서의 무용교육의 방향성으로 댄스 리터러시를 제안하였다. 홍은 교사의 춤을 모방하거나 동작의 기술을 익히는 데에만 경도되었던 당시 학교 무용의 수업방식을 비판하고 이를 해결하기 위한 대안으로 K-12 무용 교육을 위한 댄스 리터러시 교육모델을 제시하였다.

홍이 제시한 댄스 리터러시는 학생이 "리터릿"(Being literate; 이하 "소양 함양"으로 표기함)되기 위한 K-12 무용교육의 새로운 학습방법이다. 홍에 따르면, 알파벳 리터러시에서 의미론적(semantic)이고 구문론적(syntactical) 과정을 요구하는 것과 마찬가지로 댄스 리터러시에서도 이러한 과정이 요구된다. 알파벳의 리터러시 습득이 읽고 쓰고 말하는 데 필요한 기술, 지식, 이해의 발달을 요구하듯이, 무용을 표현하고 해석하기 위해서는 운동감각 영역(kinesthetic domain), 안무 영역(choreographic domain), 비평 영역(critical domain)의 고른 발달을 도모하여야 한다. 다시 말해 춤을 읽고 쓰다는 것은 춤을 만들고 감상하고 비평하는 활동들을 의미한다.

홍(2000)은 학교에서 배우는 무용은 춤을 통해 자신, 타인, 문화 등을 알게 하고, 어떤 의미를 만드는 독특한 방법이어야 한다고 주장하였다. 소양 함양은 삶 구석구석에 배어있는 다른 형태의 묘사를 통해 가능하고, 무용, 드라마, 뮤지컬, 시각예술처럼 표상과 기호와 상징 시스템 형태인 예술은 삶의 경험을 내포하고 있으며 이러한 예술적 리터러시를 통해 삶을 이해할 수 있게 된다. 이러한 관점에서 홍은 리터러시로서의 무용은 재능 있는 학생뿐만 아니라 일반 학생들이 예술에 참여할 수 있는 기회를 부여하기 위해 학교에서 이루어져야 하고, K-12에서의 무용교육은 소양을 함양할 수 있는 교육으로 진행되어야 한다고 주장하였다(Hong, 2000).

이와 같이 홍은 학교에서 배우는 무용은 단지 '춤'의 기능만을 배우는 것이 아니라 그 춤이 지니는 개인적, 사회적, 문화적, 역사적 차원의 의미까지 깨닫게 해주어야 한다고 주장하고 이러한 소양 함양을 위한 무용수업을 "댄스 리터러시"라고 하였다. 그가 제안한 세 가지 댄스 리터러시 구성요소 중 비평영역은 소양 함양을 위한 무용수업을 실천하기 위한 아이디어라고 볼 수 있다.

앤 딜스(Ann Dils)(2007a)는 대학 교육에서의 댄스 리터러시를 제안하였다. 딜스는 미적 대상에 대한 질적 평가에 치중되어 있는 대학 교육과정 내 무용 감상 수업을 비판하고 대안으로 감상 수업에서의 쓰기와 토론하기를 강조하였다. 그는 감상수업의 목적은 감상 자체에 있는 것이 아니라 감상을 통한 감상자의 비판적 사고를 함양하는 데 주안점을 두어야 한다고 주장하였다. 또한 딜스는 댄스 리터러시라는 아이디어의 핵심은 무용실습과 관련된 운동학적, 공간적, 음악적 지능만을 양성하는 것이 아니라 무용의 간학문적 접근과 통합적 경험의 가치를 높이는 것이라고 피력하였다(Dils, 2009).

딜스는 무용의 간학문적 접근의 효율성을 높이기 위해 댄스 리터러시라는 새로운 개념이 필요하다고 주장하였다. 댄스 리터러시는 우리 살고 있는 세계에 엮여있는 많은 리터러시의 한 부분으로 우리 자신과 삶과 우리를 둘러싸고 있는 세계를 알게 해준다. 학습자들은 간학문적 접근을 통해 무용에 대한 지식을 높일 수 있고 사회, 문화적 정체성과 역사에 대한 지식을 향상시킬 수 있으며 설명, 해석, 비평적 사고 등 깊은 이해와 인지적 기술의 자각을 고양시킬 수 있다. 이러한 이유에서 기존의 무용 감상 수업에서 강조되지 않았던 여러 아이디어에 대한 토론이 필요하다고 주장하였다(Dils, 2007a).

이러한 맥락에서 딜스는 춤을 다양한 방법으로 배우는 것은 소양을 함양할 수 있다고 주장하였다. 즉 읽고 쓰고 대화하는 등의 학습방법으로 춤을 배우는 것은 실제 삶 속의 경험과 교육을 통해 이해의 망을 형성해 주는 소양 함양 방법이 된다. 이렇게 소양이 함양되는 과정에서 사람은 무용과 관련된 기술, 지식, 감수성 등의 감각을 발달시킬 수 있다. 바로 이러한 관점에서 딜스는 무용감상 대신 댄스 리터러시라는 용어를 선호하였다. 딜스(2007b)는 댄스 리터러시가 개인적, 역사적, 사회적, 문화적 경험에 대한 예술적이고 학문적인 탐구의 가능성을 제공해 줄 수 있다는 믿음을 갖고 댄스 리터러시가 무용에, 무용교육에, 그리고 무용학문에서 실천될 수 있도록 하기 위해 「Why Dance Literacy?」에서 댄스 리터러시의 당위성을 피력하였다.

… 어떤 청중 한 분이 내가 사용한 용어인 "리터러시"는 다소 딱딱한 느낌이 나며, 예술로부터 소원해지도록 만든다는 지적을 하였다. 언어와 읽기에 보다 더 친밀해지려고 한다는 것이다. 나의 의도는 전문 기술과 무용 만들기에 바탕을 둔 하나의 예술 활동으로서 무용을 버리

자는 것이 아니다. 내가 의도하는 바는 무용이 많은 가능성들을 제공하는 표현 시스템이자 몸화된 체험이라는 보다 더 넓은 관점을 수용하자는 것이다. 그리고 이 가능성들에는 개인적, 역사적, 사회적, 문화적 체험에 관한 예술적이며 학문적인 탐구가 포함된다(Dils, 2007b, p. 96).

딜스는 댄스 리터러시라는 아이디어는 무용교육학자인 토마스 해굿(Thomas Hagood)이 「A History of Dance in American Higher Education: Dance and the American University」에서 언급한 교육학과 관련된 무용의 가치와 장점[2]을 "수행"하는 것을 의미한다고 주장하였다(Dils, 2007b). 이것은 기존 무용에서 주장하는 무용교육의 가치에 대한 강조 자체를 넘어서 그 가치를 실천하려는 교육의 실질적인 변화를 촉구한다. 이러한 관점에서 볼 때 현대적 개념의 댄스 리터러시는 기존 무용교육에서 제시하는 이론적 수준의 무용교육이 아닌 실천적 차원의 무용교육을 구축하기 위한 핵심 아이디어인 것이다.

이외에 댄스 리터러시와 관련해서 맥커첸(McCutchen)(2006)과 티나 커레인(Tina Curran) 외 3인(2011)의 연구가 있다. 코너스톤 모형을 주장한 브렌다 맥커첸(Brenda McCutchen)(2006)은 〈Teaching Dance as Art in Education〉에서 "무용에 대해 알고, 무용을 만들고, 무용을 수행하고, 무용에 반응하는"(p. 402) 네 가지 능력을 총칭하여 댄스 리터러시라고 불렀다. 맥커첸의 연구는 "다양한 무용 활동을 통한 능력을 총칭"하여 댄스 리터러시라고 지칭한 점에서 페다고지 관점과 같은 맥락에 있지만 그녀가 주장하는 댄스 리터러시는 실천을 위한 구체적인 방법론을 제시하기 보다는 코너스톤 모형의 우수성을 뒷받침하기 위한 아이디어로 사용한 것으로 볼 수 있다.

비슷하게 티나 커레인(Tina Curran) 외 3인(2011)은 21세기 무용 교육을 위해 댄스 리터러시에 대한 다양한 정의를 제시하고 그에 따른 실천적 측면을 제안하고자 무용의 다양한 교육 내용을 종합하여 댄스 리터러시라고 표현하였다. 커레인은 댄스 리터러시를 페다고지 맥락에서 무용교육 이론의 근본적인 취지로 강조하였고, 진그라소(Gingrasso)는 기능적 리터러시

---

[2] "… 우리는 페다고지와 관련된 무용의 가치와 장점에 대한 개념을 확장시켜야 하고 다양한 문화적 감상과 이론적 탐색을 발달시켜야 한다. 무용교육의 탁월함은 전문적인 예술 표준뿐만 아니라 개인의 창의성, 문화적 이해, 이론적 감상, 그리고 지적이고 운동감각적 측면의 발달도 언급되어야 한다."(Hagood, 2000. p. 317-319; Dils, 2007a; 2009, 재인용).

의 개념으로 움직임의 상징적인 재현을 위한 모티브 노테이션을 주장하였다. 메길(Megil)은 무용 교육과정의 프로그램을 댄스 리터러시라고 표현하면서, 대학 교육과정의 무용테크닉을 포함한 무용 이론과 무용보의 학술적 연구를 통한 댄스 리터러시의 기초 작업을 강조하였다. 또한 하이랜드(Heiland)는 무용에 기반한 댄스 리터러시(dance-based dance literacies)라고 표현하면서 무용의 언어인 움직임을 표기하고 분석하는 능력을 K-12와 스튜디오에서의 교육에 활용해야 한다고 제안하였다(Curran, Gingrasso, et al, 2011).

이들의 연구에서는 과거 댄스에서의 리터러시와 최근 논의되고 있는 교육학적 맥락의 댄스 리터러시를 모두 언급하고 있지만, 전통적으로 이루어지고 있는 무용의 전반적인 교육내용 및 학습의 틀을 재구성하여 다시 댄스 리터러시라고 표현하고 있기 때문에 교육학적 관점의 댄스 리터러시와는 상이한 것이다. 다시 말해서 이들은 댄스 리터러시를 언급하고는 있지만 "교육학적" 관점의 댄스 리터러시를 "인간 능력"의 차원에서 의미 있게 다루는 것이 아니라 무용에서 이루어지는 "교육적" 측면의 교육과정을 종합하여 댄스 리터러시라고 부르고 있다.

이에 21세기 무용교육의 새로운 패러다임인 댄스 리터러시를 이해하기 위해서는 "교육학적"과 "교육적"이라는 것의 구분이 필요하다. 이 구분은 무용을 배우는 내용적인 측면에서는 별다른 차이가 없는 것처럼 들릴지도 모른다. 그러나 "교육학적"과 "교육적"이라는 것의 구분은 교육이 실천되는 방법론적인 측면에서 차이가 있다. 과거에도 우리는 이론적으로는 무용의 교육적 측면을 강조하면서 이론과 실제가 분리된 무용 교육을 해왔고 받아왔다. 하지만 최근 논의되고 있는 댄스 리터러시는 무용교육의 이론과 실제의 괴리를 좁히기 위해 강조되고 있는 "교육학적" 관점의 무용 교육 방법론을 의미한다. 교육학적 관점의 댄스 리터러시는 프로네시스(phronesis), 즉 실천적 지혜를 함양하기 위한 무용교육의 새로운 패러다임이다. 전통적으로 무용교육에서 주장해온 신체적, 인지적, 정의적 발달은 에피스테메(episteme), 즉 명제적, 이론적 지식인 반면, 현대의 댄스 리터러시는 프로네시스(phronesis)인 실천적 수행력 함양을 목표로 한다(Fred A. J. Korthagen et al.).

따라서, 현대적 개념의 댄스 리터러시 국외 선행연구로는 교육의 실천적 측면을 제안하고 있는 홍(2000)과 딜스(2007a; 2007b; 2009)의 연구가 대표적이라 할 수 있다. 두 학자 모두 페다고지 관점의 댄스 리터러시를 제안하면서 교육내용과 방법의 변화를 요구하고 있다. 홍이 K-12교육에서의 전인교육을 위한 이상적인 교육모델로서 댄스 리터러시를 제시하였다면

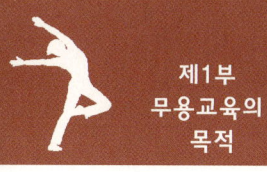

딜스는 대학 교육에서의 무용 감상 수업의 변화를 도모하기 위한 무용교육으로서 댄스 리터러시를 강조하였다.

3. 국내 댄스 리터러시 연구 경향

국내에서는 체육 교육학자인 최의창(2011)이 교육학적 관점에서 개념으로서의 댄스 리터러시를 처음으로 언급하였다. 그는 「댄스 리터러시 혹은 무용소양: 문화예술교육으로서 무용교육의 목적 재검토」에서 댄스 리터러시의 개념을 보다 정련하였다. 그는 댄스 리터러시를 한국어로 "무용소양"(舞踊素養)이라고 해석하고 댄스 리터러시의 구성요소들을 세분화하였다. 그는 무용소양을 "기능과 지식과 태도를 하나로 합쳐 갖춘 상태"(p.157)로 보고, 이것은 "전인(whole person)이 지니고 있어야 하는 몸과 마음의 바탕"(p. 157)이라고 주장하였다. 그가 주장하는 무용소양은 창작, 수행, 감상 등 무용체험을 통해 배우는 모든 것이 배우는 이에게 갖추어졌을 때 부르는 통합명칭이다. 그는 무용을 실제로 해보고 만들어보고 감상해 보는 활동들이 최종적으로 이끌어내는 내면의 상태가 있다고 보았다. 하는 것은 무용을 체험하는 한 가지 방식에 불과하다고 주장하고, 그는 무용소양의 구성요소를 무용능, 무용지, 무용심으로 구분하였다.

무용능(舞踊能, dance competence)이란 "무용의 기본 동작들과 기초 기술들을 활용하여 문화예술작품을 스스로 실천해내는 신체적 능력과 기능적 재능"(p. 153)으로 개인마다 다양한 수준의 신체적 동작을 발휘하고 표현하는 능력을 의미한다. 무용지(舞踊智, dance knowledge)는 "무용에 관한 다양한 종류의 명제적 지식들을 이해하고 적용하는 인지적 능력과 지성적 자질"(p. 154)을 의미하는 것으로 무용의 다양한 측면(생리학적, 의학적, 역학적, 역사적, 철학적, 사회학적, 문화학적, 심리학적, 인류학적 지식 등)을 다룬 지식들을 습득하고 이해하는 정도와 수준을 말한다. 무용심(舞踊心, dance disposition)이란 "무용에 대한 사랑, 열정, 인내 등 사람이 안쪽에서 무용을 올바로 이해하고 제대로 실행해낼 수 있도록 북돋우고 이끌어가는 요인들"(p. 154)로 다양한 종류의 심성적 태도나 마음의 자질을 의미한다.

최의창에 따르면, 이 세 가지는 무용을 배우는 사람의 "신체적, 인지적, 정의적 영역에 해당하는 능력과 태도를 드러낸 것"(p. 153)으로, 무용소양이 높아진다는 말은 세 가지 구성요소의 수준이 양적으로 높아지거나 각각의 자질들의 연결성이 강해지는 것을 의미한다. 따라서 통합적 자질로서 무용소양을 함양하기 위해서는 무용을 수행하고, 창작하고 감상하고 공부하는 등의 통합적인 체험을 해야 한다.

또한 최의창(2011)은 무용능, 무용지, 무용심이 융합되어 완전히 하나가 된 상태의 무용소양을 "무용안"(舞踊眼, dance phronesis)(p. 155)라고 명명하였다. 그는 무용을 만들고 행하고 평하는 등의 "다양한 재능과 자질이 현장의 상황에 맞춰져 발휘되어 나오는 능력을 아리스토텔레스의 아이디어에 의존하여 '프로네시스'(실천적 판단력, 실천적 수행력, 안목)"(p. 155)이라고 부르고 이것이 무용이라는 특수한 상황에서 발휘되기 때문에 무용안목이라고 하였다. 그는 이러한 무용안이 무용을 제대로 이해하고 바르게 해석하고 적극적으로 실천하고 다양하게 변화시킬 수 있는 안목과 자신감과 실력을 길러주는데 중요한 역할을 한다고 주장하였다.

서예원 외(2013)은 「무용교육표준 개발」에서 불분명한 댄스 리터러시의 개념을 지적하고 댄스 리터러시를 "무용의미를 분석, 이해, 감상, 비판하는 총체적인 '무용알기'개념"(p. 39)으로 제안하였다. 이 개념을 근간으로 하여 무용교육표준의 영역을 "실행"(하기), "창작"(만들기), "감상"(보기), "소통"(나누기)로 구분하였다. 그 중 소통의 영역은 지금까지 우리나라 무용교육과정에서 제시되지 않았던 영역으로 춤의 사회 문화적 맥락의 연계성에 중점을 두었다. 서예원 외는 춤을 통해 사회문화적 의미를 이해하고 타 영역 및 타인을 이해하고 소통하는 것은 현대사회에 중요한 의미를 부여한다고 강조하였다.

최근의 연구로 이해니(2014)의 「크리티컬 댄스 리터러시 함양을 위한 동화발레 프로그램 개발 연구」가 있다. 이해니는 티나 커레인(Tina Curran)의 관점을 바탕으로 댄스 리터러시의 개념을 무용교육학적 관점과 무용기보법적 관점으로 구분하였으나 여기서 제안되는 무용교육학적 관점은 페다고지 본래 의미의 '교육학적' 관점이 아닌 무용의 전반적인 교육내용 및 교육과정을 의미하는 것으로, 교육학적 관점의 댄스 리터러시와는 차이가 있다.

이상과 같이, 국내에서 이루어진 개념으로서의 댄스 리터러시 연구로는 최의창(2011)과 서예원 외 3인(2013)의 연구가 대표적이다. 이들의 연구에서는 댄스 리터러시를 무용의 다양한 핵심 체험이 하나로 융합되어 함양되는 자질로 정의하고 있으며 신체적, 인지적, 정의적 영

제1부 무용교육의 목적

역들이 하나로 통합된 상태를 전인성(wholeness)으로 그러한 상태의 사람을 전인(whole person)으로 간주하고 있다.

지금까지 댄스 리터러시와 관련된 국내·외 선행연구를 살펴본 결과, 2000년에 홍에 의해 개념으로서의 댄스 리터러시가 등장하였으나 이후 학자마다 댄스 리터러시에서 강조하는 내용은 동일하지 않음을 알 수 있다. 즉 댄스 리터러시 개념이 의미하는 바가 하나로 합의되지 않은 채 공공연히 쓰이고 있는 것이다. 이에 교육학적 관점의 댄스 리터러시를 주장하고 강조하는 학자들의 의견을 중심으로 댄스 리터러시의 개념과 의미를 분석·정리하면 다음과 같다(〈표 2〉 참조).

┃표 2┃ 학자 및 교육자별 주장하는 댄스 리터러시의 개념

학자	댄스 리터러시의 개념	강조점
Tina Hong (2000)	무용을 앎의 한 방식으로 이해하고 활용할 수 있는 기술과 지식 그리고 안목으로, 운동영역, 안무영역, 비평영역으로 구성됨	세계를 배우는 앎의 한 방식
Ann Dils (2007, 2009)	무용 관련 쓰기와 토론을 통해 비평적 사고를 함양하는 것	비평적 사고 함양
최의창 (2011)	무용을 이해하고 감상하고 실천할 수 있는 기본적 자질들을 말하며 무용능(기능), 무용지(지식), 무용심(태도)으로 구성됨	기본적·총체적 자질로서의 안목
서예원 외 (2013)	무용의 전반을 이해하고 이를 다양한 방식으로 풀어내는 능력, 무용을 예술적, 심미적, 문화적으로 이해하고 실행하는 능력, 무용의 현상을 타 예술, 인접 학문 등과 연계하여 사고하는 능력을 말함	소통으로서의 무용, 무용의 문화적 가치
임수진 (2015)	무용을 배움으로써 함양되는 여러 자질 혹은 능력들을 종합하여 하나의 용어로 표현한 것	무용의 교육학적 가치 및 교육방법론

Ⅳ. 댄스 리터러시 필요성에 대한 논의

리터러시는 시대와 환경 그리고 교육 분야에 따라 그 의미가 재개념화 되고 있다. 이에 각 분야에서는 소양 함양을 목표로 교육 분야별로 다양한 개념의 새로운 리터러시 용어가 등장하고 있다. 무용분야에서는 2000년 홍(Hong)에 의해 교육학적 관점에서 댄스 리터러시라는 용어가 처음으로 사용되었고, 우리나라에서는 한국문화예술교육진흥원(2013)의 무용교육표준에서 "댄스 리터러시 계발"을 문화예술교육으로서 무용교육의 목표로 제시한 이래 댄스 리터러시 용어가 통용되고 있다.

이 새로운 의미의 "댄스 리터러시"라는 용어의 의미는 무엇이고, 왜 필요한가? 본 연구자는 교육학적 관점의 댄스 리터러시에 대한 학자들의 개념과 강조점을 분석한 결과, 이들이 주장하는 댄스 리터러시는 무용을 배움으로써 길러지는 여러 자질 혹은 능력들을 하나로 총칭하는 것임을 알 수 있었다. 다시 말해서 댄스 리터러시는 무용에서 다루는 전반적인 교육내용의 종합을 의미하는 것이 아니라, 무용의 다양한 체험을 통해 함양되는 여러 자질들을 종합하여 하나의 용어로 칭하는 것, 그것이 댄스 리터러시임을 알 수 있다.

이러한 관점에서 무용교육표준에서는 "자질 혹은 능력"을 함양하는 것을 교육목표로 하는 댄스 리터러시를 강조하고 있다. 이러한 논리는 문화예술교육으로서 무용교육의 필요성에 대한 당위성을 확보해 주고, 무용이 단지 춤을 배우는 기능수업이 아닌 전인을 위한 교육으로 인식될 수 있는 계기를 마련해 줄 것이다. 따라서 "무용을 통해 무엇을 배우는가?"라는 질문에 우리는 "댄스 리터러시 함양"이라고 답하게 될 것이다.

다음으로 댄스 리터러시라는 용어가 굳이 왜 필요한가에 대해 논해 보자. 우리가 살아가는 사회에서는 시대 변화에 따라 새로운 현상들을 표현하기 위한 새로운 용어가 형성되고 사용된다. 예를 들어, 'BB 세대', '386 세대', '88만원 세대' 등의 신조어를 통해 우리는 한 시대의 사회상을 추측할 수 있다. 무엇보다 신조어의 사용은 모호하게 흩어져있는 사회현상이나 개념들을 명료하게 해준다. 이처럼 어떤 의미를 함축하고 있는 신조어의 사용은 상호 간의 소통이 원활하고 분명하게 이루어질 수 있게 해준다.

이런 관점에서 공교육으로서 무용교육의 필요성을 강조하기 위해서는 무용이 지니는 다양

한 교육적 효과 및 가치를 하나로 함축하여 부를 수 있는 용어가 필요하다. 이에 댄스 리터러시는 무용을 통해 함양되는 여러 세부자질들을 통합하여 하나의 용어로 개념화한 것이며, 이것은 현대적 개념의 교육학적 관점을 지향한다. 전통적인 무용교육에서는 무용에서 다루어져야 할 교육내용을 세분화하였다면, 현대적 개념의 댄스 리터러시에서는 그러한 여러 교육과정을 하나로 통합하여 실천할 수 있는 교육방법의 변화를 강조한다. 즉 댄스 리터러시에서는 무용의 기능이나 이론보다는 실제를 위한 교육내용과 방법의 방향성을 제시한다.

V. 결론 및 제언

우리나라에서는 2000년대 중반부터 문화예술교육이 부각되면서 새로운 무용교육 패러다임에 대한 관심이 높아졌고 무용교육의 변화를 위한 노력들이 시도되고 있다. 그 중 하나로 한국문화예술교육진흥원의 무용교육표준(2011)에서 "댄스 리터러시 계발"을 교육목표로 제시하였다(서예원 외, 2013). 이후 댄스 리터러시가 강조되고 있고 그에 대한 구체적인 논의가 진행되고 있지만 무용학이나 무용교육학에서 감지되는 댄스 리터러시의 개념은 여전히 모호하고 그에 대한 인식도 미흡하다. 본 연구는 문화예술교육으로서 무용교육의 목표인 "댄스 리터러시 계발"을 실천하기 위한 기초연구로, 최근 논의되고 있는 교육학적 관점의 댄스 리터러시 의미를 탐색하고자 하였다.

본 연구자는 댄스 리터러시의 본질적인 의미를 찾기 위해 댄스 리터러시 개념에 대한 다양한 스펙트럼을 분석·정리한 결과, 현대적 리터러시로서 댄스 리터러시는 다음과 같은 특징을 제안한다. 첫째, 최근 논의되고 있는 댄스 리터러시는 교육학적 관점의 댄스 리터러시를 의미한다. 15세기 경 부터 시작된 무용보(Dance Notation) 관점은 지금까지 학자들에 의해 지속적으로 연구되고 있는 분야인 반면 교육학적(pedagogical perspective) 관점은 21세기에 들어서 강조되기 시작하였다. 따라서 전자는 전통적 댄스 리터러시로 후자는 현대적 댄스 리터러시로 상정할 수 있다.

둘째, 교육학적 관점의 댄스 리터러시는 프로네시스(phronesis), 즉 실천적 지혜를 함양하기 위한 21세기 무용교육의 새로운 패러다임이다. 댄스 리터러시 계발은 전인교육의 맥락에서 신체적, 인지적, 정의적 발달을 지향하는 무용교육의 가치 및 효과와 일맥상통한다. 하지만 전통적인 주장은 명제적으로 일반화한 에피스테메(episteme), 즉 이론적 지식이 강조되는 반면, 현대의 댄스 리터러시는 프로네시스(phronesis)인 실천적 수행력 함양을 목표로 하고, 궁극적으로 무용을 통해 우리가 세상을 보는 안목이 변화되는 것을 강조한다.

셋째, 여러 학자들이 주장하는 댄스 리터러시 개념은 공통적으로 "무용을 이해하고 활용하는 능력"을 시사한다. 구체적으로 댄스 리터러시는 "무용을 통해 길러지는 여러 자질 혹은 능력들을 종합하여 하나의 용어로 표현한 것"이다. 국내·외 선행연구들을 분석한 결과 교육학적 관점의 댄스 리터러시는 공통적으로 무용을 통해 세상을 이해하고 무용을 활용하는 능력을 의미한다는 것을 알 수 있다. 학자별로 강조하는 상이한 내용을 살펴보면, 홍은 K-12 무용교육의 새로운 학습방법으로 비평적 사고 함양을 위한 무용교육을 강조하였고, 딜스는 비평적 사고 함양을 위해 대학에서의 무용 감상 수업 방법론으로 쓰기와 토론하기를 제안하였다. 한편 최의창은 다양한 무용활동이 이끌어내는 내면의 상태와 무용을 통한 안목형성을 강조하였고, 서예원 외 3인은 기존 무용교육에서 소홀히 다루었던 소통교육으로서의 무용과 무용의 문화적 가치에 중점을 두고 댄스 리터러시를 제안하였다.

본 연구결과를 토대로 향후 댄스 리터러시 연구에 대한 몇 가지 사항을 제언하면 다음과 같다. 첫째, 문화예술교육으로서 무용교육의 핵심목표인 댄스 리터러시의 개념 확산과 인식 제고를 위한 경험적인 연구가 요구된다. 둘째, 교육학적 관점의 댄스 리터러시 실천을 위한 방안 모색에 대한 연구가 필요하다. 셋째, 댄스 리터러시 함양을 위한 구체적인 교수-학습방법에 대한 연구가 필요하다. 본 연구는 21세기 무용교육의 새로운 목표로 강조되고 있는 댄스 리터러시 개념에 대한 학술적 차원의 연구로서, 댄스 리터러시와 관련된 향후 연구를 위한 이론적 토대를 제공하고 있다.

참고문헌

곽승철, 편도원(2003). 특수학교 교원의 정보소양 수준 및 교육정보화에 대한 인식. 특수교육논집, 7, 15-68.

교육인적자원부, 한국교육정보원(2006). 지식정보역량 개발 지원을 위한 디지털 리터러시 지수 개발 연구(CR 2006-13). 서울: 교육인적자원부.

김말복, 조은숙(2001). 무용보의 역사와 실제. 서울: 예전사.

김선경, 권정만(2008). 지식 리터러시 개념에 관한 탐색적 연구. 한국행정논집, 20(3), 815-837.

김정선(2012). 문화예술교육 교육표준 개발에 대한 소고. 문화예술교육연구, 7(1), 47-73.

문화체육관광부, 한국문화관광연구원(2012). 2012 문화예술교육정책백서. 서울: 문화체육관광부.

김지숙(2014). 뉴 리터러시 교육. 서울: 동인.

김현주(2009). 통합적 방법을 적용한 무용교육의 발전적 제안. 대한무용학회논문집, 59, 75-100.

문영(2012). 미디어를 활용한 무용교육 콘텐츠 사례 연구. 대한무용학회논문집, 70(5), 56-76.

박미, 강인숙(2015). 스마트러닝을 활용한 무용교육 콘텐츠 연구. 대한무용학회논문집, 73(1), 95-112.

박순자(2013). 무용예술의 발전을 위한 대학무용교육의 방향 제시. 대한무용학회논문집, 71(6), 83-110.

박은희(2010). 문화예술교육 정책에서의 무용교육 전문인력양성을 위한 방안 연구. 대한무용학회논문집, 63, 69-84.

박정해(2008). 주제가 있는 환경 일기 쓰기교육을 통한 환경소양 함양. 미간행 석사학위논문, 한국교원대학교 교육대학원, 충북.

서예원, 조은숙, 문영, 김윤진(2013). 무용교육표준 개발 연구. 무용예술학연구, 42(3), 21-49.

손경년(2013). 문화예술교육, 재도약을 위한 열쇠. 2013 문화예술교육 포럼 자료집. 42-51.

신동희(2002). 과학교육의 변화: 과학적 소양(scientific literacy)의 추구. 국어교육학연구, 21, 95-119.

안정임(2002). 디지털 커뮤니케이션과 미디어 리터러시: 의미와 연구방향의 모색. 교육정보방송연구, 8(3), 5-24.

이명제(2009). '과학적 소양'의 정의를 향하여. 초등과학교육, 28(4), 487-494.

이해니(2014), 크리티컬 댄스 리터러시 함양을 위한 동화발레 프로그램 개발 연구, 미간행 석사학위논문, 이화여자대학교, 서울.

조현성(2013). 문화예술교육, 10년을 되돌아보다: 문화예술교육, 성장과 변화. 2013 문화예술교육

포럼 자료집, 14-22.

주미경(2002). 수학적 소양(mathmatical literacy)에 대하여. 수학교육학연구, 12(2), 163-180.

최의창(2011). 댄스 리터러시 혹은 무용소양: 문화예술교육으로서 무용교육의 목적 재검토. 한국무용기록학회지, 21, 139-161.

황연주(2001). 영상 정보화 시대에 대처하는 미술교육에서의 '비주얼 리터러시(Visual Literacy)' 교육. 한국미술교육학회, 12, 137-156.

Albers, P., & Harste, J. (2007). The arts, new literacies, and multi-modality. *National Council of Teachers of English. 40*(1), 6-20.

Barton, D., Hamilton, M. and Ivanic, R. (2005). *Situated Literacies: Reading and Writing in Context*. Routledge: London.

McCutchen, B. (2006). *Teaching Dance as Art in Education*. Human Kinetics.

Bucek, L. E. (1998). Developing dance literacy: Integrating motif writing intotheme-based children's dance classes. *Journal of Physical Education, Recreation & Dance, 69*(7), 29-32.

Burmark, L. (2004). *The digital playground*. Retrieved June 10, 2014, from http://mat-tech.net/COTF%20CD/TheDigitalPlayground.pdf.

Cope, B. Fairclough & Gee et al., (1996). A Pedagogy of multiliteracies: Designing social futures. *Harvard Educational Review, 66*(1), 60-92.

Curran, T. Gingrasso, S. & Meill, B & Heiland, T. (2011). Forging mutual paths: Defining dance literacy in the 21st century. National Dance Education Organization 13th Annual Conference(2011), pp. 26-39.

Dils, A. H. (2007a). Moving into dance: Dance appreciation as dance literacy. In L. Bresler(Ed.), *International Handbook of Research in Arts Education, Part1*(pp. 569-580). Dordrecht: Springer.

Dils, A. H. (2007b). Why dance literacy? *Journal of the Canadian Association for Curriculum Studies, 5*(2), 95-113.

Dils, A. H. (2009). Why dance literacy? In C. Stock (Ed.), *Dance Dialogues: Conversations across cultures, artforms and practices*, Proceedings of the 2008 World Dance Alliance Global Summit, Brisbane, 13 – 18 July. On-line publication, QUT Creative Industries and Ausdance.

Eisner, E. W. (1998). *The kind of schools we need: Personal essays*. Portsmouth, NH: Heinemann.

Fred A. J. Korthagen et al(2001). *Linking Practice and Theory: The Pedagogy of Realistic Teacher Education*. 반성적 교사교육: 실제와 이론(조덕주, 곽덕주, 이지현, 장경윤, 진석언, 최은식, 최의창, 홍진곤, 역)(2007). 서울: 학지사.

Gee. J. (1992). Socio-cultural approaches to literacy(literacies). *Annual Review of Applied Linguistics, 12*, 31-48.

Hong, T. (2000). *Developing dance literacy in the postmodern: An approach to curriculum*. Paper presented at Dancing in the Millennium: An International Conference held in Washington DC.

Jeong, O. K. (2012). *Remembering and representing dance: Re-tracing the genealogy of nonfictional analog dance media in the formation of the north american dance field*. Unpublished doctoral dissertation, Temple University.

Karabeg, D. (2002). *Perspective of visual literacy*. Retrieved June 9, 2014, from http://folk.uio.no/dino/ID/Articles/PerspectiveVL.pdf

Kist, W. (2005). *New literacies in action: Teaching and learning in multiple media*. New York: Teachers College Press.

Lanskshear, C., & Knobel, M. (2003). *New literacies changing knowledge and classroom learning*. Philadelphia, PA: Open University Press.

Street, B. (1996). New literacies in theory and practice: What are the implications for language in education? *Linguistics and Education, 10*(1), 1-24.

Street, B. (2003). What's "new" in new literacy studies?: Critical approaches to literacy in theory and practice. *Comparative Education, 5*(2), 77-91.

Tyner, K. (1998). *Literacy in a digital world: Teaching and learning in the age of information*. New Jersey: Lawrence Erlbaum Ass.

UNESCO(1953). *Progress of literacy in various countries*. Paris: UNESCO.

UNESCO(2005). *UNESCO's international literacy statistics 1950-2000*. Paris: UNESCO.

Whitehead, M. E. (2001). The concept of physical literacy. *European Journal of Physical Education, 6*, 127-138.

 **연 구 문 제**

1. 전통적 리터러시와 현대적 리터러시의 개념을 비교하여 설명하고, 이러한 변화가 나타나게 된 사회적, 문화적 배경이 무엇인지 생각해보자.
2. 다양한 분야에서 활용되고 있는 리터러시의 개념을 조사해보고, 그 개념과 의미를 비교해보자.
3. 문화예술교육이 아닌 전문무용교육에 댄스 리터러시의 개념이 어떻게 활용될 수 있는지 생각해보자.

제3장 무용교육자의 댄스 리터러시 함양과정*

홍애령

　본 장은 무용교육자가 문화예술교육으로서 무용을 가르치기 위한 전문성 요소로서 무용소양의 개념 및 요소, 함양과정, 함양 방법에 대해 살펴보는 것을 목적으로 하였다. 질적 연구로서 전형적 사례 선택 기법(Miles & Huberman, 1994)과 이론적 표본 추출(Strauss & Corbin, 1998)을 통해 문화예술교육 무용교육자 6명의 연구 참여자를 선정하여 심층면담하였다. 자료의 분석은 현상학적 연구 및 교육기술지연구에서 활용하는 전사, 코딩, 범주화, 분석의 절차에 따랐으며, 연구의 진실성 및 윤리를 확보하기 위해 연구자의 성찰, 삼각검증법, 연구 참여자 검토, 동료 간 협의를 활용했다. 연구결과 첫째, 무용소양의 개념은 '무용 자체가 지닌 속성을 논리적, 분석적으로 인식하는 지식과 인지능력, 무용을 하는 데에 관여되는 무용 및 타 분야의 지식과 탐구능력, 이러한 지식과 능력을 상황에 따라 조절하고 통제하며 당면한 과제나 문제를 해결하는 데에 적절히 활용할 수 있는 지식과 융합능력의 총체'이며, 무용소양의 요소는 무용지(舞踊知)와 인지능(認知能)(무용실기소양, 舞踊實技素養), 인문지(人文知)와 탐구능(探究能)(무용이론소양, 舞踊理論素養), 실천지(實踐知)와 융합능(融合能)(무용통합소양, 舞踊統合素養)으로 구분되었다. 둘째, 무용소양의 함양과정은 무용소양의 암묵적 학습 단계, 선택적 지각 단계, 자발적 학습 단계로 구분되었다. 셋째, 무용소양의 함양 방법은 무용실기 연습, 무용이론 연구, 공동체 학습으로 나타났다. 이상의 결과를 바탕으로 무용교육자의 전문성 발달, 무용교육의 질적 향상 및 체계화, 무용전문인력 양성에 기여할 수 있을 것이다.

---

* 홍애령(2015), 문화예술교육 무용교육자의 전문성 요소로서 무용소양(Dance Literacy) 함양과정 탐색, 무용역사기록학, 37, 195-219.

I. 서론

예술이 특정 집단의 전유물이었던 시대가 있었다. 과거 예술적 영감과 기예가 뛰어난 전문 예술인이 탄생시킨 작품들은 예술계에서는 높은 가치를 인정받았지만, 일반인이 그 가치나 의미를 온전히 이해하기는 어려웠다. 이 때문에 예술가와 대중 사이에는 보이지 않는 간극이 존재해왔다. 그러나 과거가 무색할 만큼 21세기 들어 전 세계적으로 문화예술에 대한 관심이 뜨겁다. 이러한 현상은 단순한 관심을 넘어 전문예술인 버금가게 다양한 영역에서 종횡무진 하는 시민예술가, 즉 "작은 예술가"들을 만나게 하고 있다. 예술 활동을 취미로 행하고 이해하고 즐기며 삶 속에서 습관처럼 일삼는 사람들, 문화예술의 향유자들은 점차 늘어나고 있다. 이러한 향유자들의 증가와 더불어 한 나라의 문화예술수준이 경제적, 정치적, 사회적 지표와 어깨를 나란히 하는 또 다른 척도로 여겨지고 있다. 문화예술을 제대로 이해하고 행하고 실천하고 음미하는 활동은 하나의 "문화 현상"으로 가늠할 수 있는, 지극히 모두에게 가능하고 의미 있는 일이 된 것이다.

우리나라의 문화예술교육은 국가적 차원의 대대적인 지원 하에 2005년 문화예술교육진흥법 제정과 한국문화예술교육진흥원 설립을 중심으로 괄목할 만한 성과를 거두었다. 생소하게만 느껴졌던 예술이 소수의 사람들을 위한 독점의 대상이 아니라, 모든 이를 위한 향유의 대상이 되었으며, 전국적으로 많은 사람들을 대상으로 한 교육과 체험의 기회가 확대되었다.[1] 이에 따라 문화예술교육은 예술 영역을 넘어 교육과 사회 영역으로 확장되어 학습자의 창의성, 자존감, 소통, 사회통합이라는 다양한 가치를 부여받으며 그 위상이 날로 확대되고 있다.[2]

문화예술교육이 시행된 이후, 급격한 정책과 제도의 변화 속에서도 가장 중요하게 다루어진 것은 어떠한 이들에 의해 교육이 이루어져야 하는가하는 점이다.[3] 문화예술교육의 실행가인 예술강사의 선발, 교육, 파견은 현장에서 문화예술교육의 질을 좌우하는 가장 핵심적인

---

1) 신승환, 『문화예술교육의 철학적 지평』 (서울: 한길아트, 2008), 21쪽.
2) 문화체육관광부, 한국문화예술교육진흥원, 『문화예술교육사 자격증제도 설명회 자료집』 (서울: 문화체육관광부, 한국문화예술교육진흥원, 2012), 19쪽.
3) 박은희, 「문화예술교육으로서 무용교육 전문 인력양성을 위한 방안 연구」 (경희대학교 박사학위 논문, 2008), 3쪽.

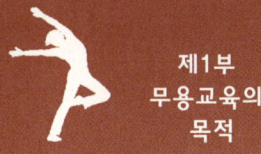

제1부 무용교육의 목적

사안이었다. 이에 따라 엄중한 기준을 거쳐 이들을 선발하고 교육하여 현장에 파견하는 것은 물론 이를 꾸준히 관리하여 양질의 문화예술교육이 뿌리내리도록 하는 것이 매우 중요하게 여겨졌다.

그럼에도 지난 몇 년간 주 5일 근무제의 시행, 한 부모 가정 증가, 다문화 가정의 확대 등에 따른 문화예술교육에 대한 수요는 급격히 늘었지만, 예술강사의 선발과 교육, 처우 및 환경 개선의 문제는 여전히 남아있었다. 현장에서는 문화예술교육자의 전문성에 대한 심도 깊고 실천적인 방안이 절실했고, 이에 부응하고자 최근 문화예술교육 전문 인력을 양성하기 위한 문화예술교육사 제도가 시행되었다.[4] 문화예술교육사는 문화예술의 전문성을 바탕으로 문화예술교육활동에 참여하는 전문 인력을 의미하며, 현장의 교육자들에게는 자신의 전문성을 발달시키는 또 하나의 필수조건이 되었다.

문화예술교육의 다른 분야와 마찬가지로 무용교육 역시 전문성을 지닌 교육자를 필요로 한다.[5] 무용은 인간의 근원적인 신체와 움직임을 통해 인지적, 정서적 표현을 가능하게 하는 창조적이면서도 통합적인 활동이므로, 문화예술교육이 지향하는 교육목적을 성취하기에 매우 뛰어난 영역이다. 문화예술교육의 교육목적이 예술을 문화현상이나 문화활동의 차원으로 이해하고 실천하여 자신의 일상생활로 포용할 수 있도록 하는 것이라면, 무용교육의 목적은 직접 춤추고 만들어보고 바라보는 활동을 통해 신체적, 인지적, 정서적으로 통합을 이룬 상태, 즉 "무용소양"(Dance Literacy)을 함양하는 것이다.[6] 무용소양을 통해 우리는 무용의 동작을 기능적으로 능숙하게 할 수 있는 것은 물론 마음속에 그렸던 감정과 정서를 몸으로 쉽사리 표현하고 새로운 가치를 창조하며, 무용실의 안과 밖에서 춤을 즐길 수 있게 된다.

무용소양은 "댄스 리터러시"(Dance Literacy)라는 명칭으로 2000년대 국내외에서 연구된 바 있다.[7] 이들 연구에서는 공통적으로 무용교육자가 무용을 가르치는 과정에서 주목하고 최종적

---

[4] 문화체육관광부, 한국문화예술교육진흥원, 『문화예술교육사 자격증제도 설명회 자료집』(서울: 문화체육관광부, 한국문화예술교육진흥원, 2012), 15쪽.
[5] 서예원, 「무용교육 지원사업의 현황 및 과제」, 『한국무용연구』 29(3), (한국무용연구학회, 2011), 158쪽.
[6] 최의창, 「댄스 리터러시 혹은 무용소양-문화예술교육으로서 무용교육의 목적 재검토」, 『한국무용기록학회지』 21, (한국무용기록학회, 2011), 141쪽.
[7] 최의창, 「댄스 리터러시 혹은 무용소양-문화예술교육으로서 무용교육의 목적 재검토」, 『한국무용기록학회지』 21권, (한국무용기록학회, 2011), 140쪽.; Dils, A., "Moving into dance: Dance appreciation as dance literacy", in Liora Bressler (Ed.), *International handbook of research in arts education* (New York: Springer, 2007),

으로 학생들에게 갖추도록 해야 하는 궁극적 목적으로서 무용소양에 주목하고 있다. Dils(2007)는 무용소양을 "무용을 다양한 방식으로 읽고 쓸 수 있는 능력이며, 무용에 대해 말하고 글을 쓰며, 무용을 만들고 관찰하는 과정을 통해서 길러지는 기술"이라고 정의했다.[8] 그녀는 기존에 많이 활용되던 종합적 무용능력으로 "감상"(Appreciation)이라는 표현보다는 "댄스 리터러시"가 보다 구체적인 개념이라고 주장했다. 코너스톤 모형(Cornerstones)을 주장한 McCutchen(2006)은 무용소양을 "무용에 관한 지식과 예술양식으로서 무용을 만들고, 행하고, 반응을 보일 수 있는 능력이 합쳐진 것"으로 보았다.[9] 구체적으로 네 가지 코너스톤(무용수행, 창작, 반응, 지식습득)을 잘 해내는 능력, 구체적으로 이해하고 표현해내는 능력, 만들고 실행하고 반응하는 과정을 제대로 할 수 있는 능력을 말한다. 그리고 댄스 리터러시가 높은 수준에 이르게 되면 "댄스 플루언시"(Dance Fluency)가 된다고 보았다. 무용교육의 맥락에서 댄스 리터러시의 개념을 가장 체계적으로 제시한 Hong(2000)은 초중 고등학생 및 일반인들에게 문화예술교육으로서 댄스 리터러시를 가르치기 위해서는 무용교육에서 "공연중심무용"(Performance Discourse)의 사고방식과 실천이 "참여중심무용"(Participation Discourse)의 사고방식과 실천으로 전환되어야 한다고 주장했다.[10]

국내에서는 최의창(2011)이 문화예술교육으로서 무용교육이 추구해야할 교육목적으로 댄스 리터러시의 개념에 주목하여 이를 무용소양으로 재개념화하였다. 구체적으로 무용소양은 "무용을 실제로 할 수 있고 마음으로 알고 있는 수준이나 상태"이며, 무용을 실제로 수행하고, 창작하고, 감상하는 등의 다양한 활동을 통해 함양할 수 있다. 무용소양의 필수적 요소로서 무용능, 무용지, 무용심을 제시했다. 무용능(舞踊能, Dance Competence)은 무용의 기본 동작들과 기초 기술들을 활용하여 문화예술 작품을 스스로 실천해내는 신체적 능력과 기능적 재

---

p.578; Dils, A., 「Why dance literacy?」, 『Journal of the Canadian Association for Curriculum Studies』 5(2), p.97; Hong, T., (2000). 「Developing dance literacy in the postmodern: An approach to curriculum」, Paper presented at Dancing in the Millennium: An International Conference held in Washington DC, p.1; Hong, T., 『Dance in the school curriculum of Aotearoa』(New Zealand: UNESCO, 2002), p.10; McCutchen, B., 『Teaching dance as art in education』(Champaign, IL: Human Kinetics, 2006), p.4.

8) Dils, A., 「Moving into dance: Dance appreciation as dance literacy」, In Liora Bressler(Ed.), 『International handbook of research in arts education』(New York: Springer, 2007), p.578.
9) McCutchen, B., 『Teaching dance as art in education』(Champaign, IL: Human Kinetics, 2006), p.402.
10) Hong, T., (2000). 「Developing dance literacy in the postmodern: An approach to curriculum」, Paper presented at Dancing in the Millennium: An International Conference held in Washington DC, p.1

제1부 무용교육의 목적

능이다. 무용지(舞踊智, Dance Knowledge)는 무용에 관한 다양한 종류의 명제적 지식들을 이해하고 적용하는 인지적 능력과 지성적 자질을 말한다. 무용심(舞踊心, Dance Disposition)은 무용을 하는 사람이 가지고 있는 다양한 종류의 심성적 태도나 마음의 자질을 말한다. 결국 무용소양은 무용능, 무용지, 무용심 이 세 가지 자질들이 하나로 어우러져 만들어내는 마음의 바탕이며 몸의 능력이다. 이러한 상태를 무용안(舞踊眼, Dance Phronesis)이라고 부르며 무용을 체험하고 느낀 자신만의 관점과 시각을 이해하고 해석하고 실천하고 변화시킬 수 있는 안목과 자신감과 실력이 준비된 상태라고 정의했다. 그의 논의는 무용교육의 관점에서 무용소양을 교육의 목적으로 구체화시키고 교육의 내용과 방법을 계획하고 실천하는 데에 적용할 수 있는 근거를 제공하였으며, 문화예술교육으로서 무용을 가르치기 위해 무용교육자가 갖추어야할 전문성의 핵심요소로 간주할 수 있는 계기가 되었다.

이처럼 많은 이들에게 문화현상이자 문화 활동으로서 춤을 추고 만들고 바라보는 일들이 가능해지고 익숙해지도록 하기 위해서는 가장 앞서서 무용을 지도하는 무용교육자가 무용소양을 어떻게 함양하고 있는지에 관해 살펴보아야 할 것이다. 또한 학생들이 무용소양을 함양하도록 하기 위해서는, 가장 먼저 교육자 자신이 이를 온전히 이해하고 내면화해야 할 것이다. 교육자의 모든 언어와 행동은 의식적으로나 무의식으로 학생들에게 가르침 그 자체가 되기 때문이다.[11] 그러나 문화예술교육의 초기에 무용교육의 목적과 내용, 방법을 고민하던 것과 마찬가지로 그것을 가르치는 무용교육자의 무용소양에 관해서는 아직 알려진 바가 많지 않다.

그리하여 그들이 무용교육자로서 지니고 있는, 그리고 지녀야 할 전문성 요소로서 무용소양의 개념과 구체적인 요소들이 무엇인지 교육현장과 밀접하게 탐색되어야 할 것이며, 무용교육자들이 어떠한 과정을 통해 그것을 함양하는지, 보다 효과적이고 통합적인 방법으로 함양할 수 있는 방안은 없는지 생각해보아야 할 것이다.

본 연구는 문화예술교육으로서 무용을 잘 가르치기 위해 요구되는 전문성은 어떠한 성격을 지니고 있는가를 탐색하고, 무용 속에 담긴 다양한 가치와 의미를 학생들에게 창의적이고 통

---

11) 박소현, 「초등 발레특기적성교육에의 인문적 접근: 하나로 수업의 실천 및 효과」 (건국대학교 석사학위 논문, 2009), 78쪽; 홍애령, 「뛰어난 발레교육자는 어떻게 성장하는가?: 발레교수전문성의 재개념화를 위한 발달과정 분석」 (서울대학교 박사학위 논문, 2013), 201쪽.

합적인 방법으로 가르치기 위한 전문성 요소로서 무용소양에 주목하였다. 학생들이 무용 속에 담긴 문화적, 예술적, 교육적 의미를 제대로 익히고 이해하며 수용하기 위해서는 그것을 가르치는 무용교육자에게 무용소양이 필수적으로 요청되기 때문이다.

구체적인 본 연구에서는 먼저, 무용교육자가 문화예술교육으로서 무용을 가르치기 위한 전문성 요소로서 무용소양은 어떠한 것인지 살펴본다(제3장 제1절). 다음으로, 무용교육자가 어떠한 과정을 통해 무용소양을 함양하는지 탐색한 후(제3장 제2절), 무용교육자가 무용소양을 함양하기 위한 바람직한 방법은 무엇인지 모색하였다(제3장 제3절).

II. 연구방법

1. 연구 설계

본 연구는 무용교육자로 활동하는 교육자들을 둘러싼 다양한 삶의 맥락을 고려하여 무용소양의 개념, 무용소양의 함양과정과 바람직한 함양 방법을 파악하기 위해 질적 연구 패러다임에 근거하여 연구를 진행하였다. 실제로 예술강사로 선발되어 현재 문화예술교육을 펼치고 있는 강사들은 어린 시절부터 무용을 전공하고 지원사업의 선발시험을 통과하여 연수를 받고 현재 수업을 하고 있는 등 매우 다양한 경험 속에서 활동하고 있다. 그 낱낱의 경험들을 심도 깊게 탐색하기 위해서는 질적 연구의 방법이 적합하다고 판단하였으며, 구체적으로 현상학적 연구와 교육기술지연구의 연구 논리와 기법에 기반을 두었다. 연구기간은 2013년 9월부터 2014년 8월까지 약 1년간 수행하였으며, 구체적인 연구수행일정은 〈그림 1〉과 같다.

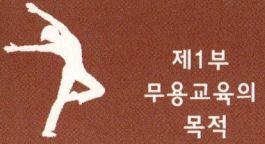

제1부 무용교육의 목적

| 그림 1 | 연구수행일정 |

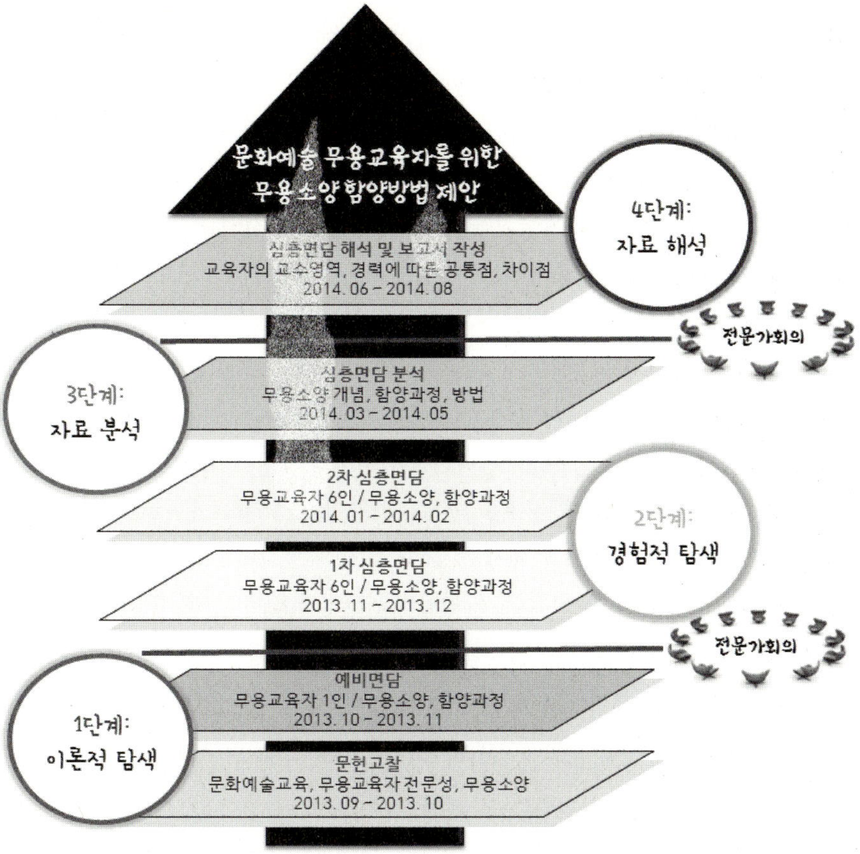

문화예술 무용교육자를 위한
무용소양 함양방법 제안

4단계: 자료 해석
심층면담 해석 및 보고서 작성
교육자의 교수영역, 경력에 따른 공통점, 차이점
2014. 06 - 2014. 08

전문가회의

3단계: 자료 분석
심층면담 분석
무용소양 개념, 함양과정, 방법
2014. 03 - 2014. 05

2차 심층면담
무용교육자 6인 / 무용소양, 함양과정
2014. 01 - 2014. 02

2단계: 경험적 탐색
1차 심층면담
무용교육자 6인 / 무용소양, 함양과정
2013. 11 - 2013. 12

전문가회의

예비면담
무용교육자 1인 / 무용소양, 함양과정
2013. 10 - 2013. 11

1단계: 이론적 탐색
문헌고찰
문화예술교육, 무용교육자 전문성, 무용소양
2013. 09 - 2013. 10

첫째, 무용교육자들이 경험하는 선발, 교육, 파견 등의 과정 속에서 전문성의 핵심요소로서 무용소양을 어떻게 함양하는가를 "있는 그대로" 바라보는 현상학적 연구이다. 무용교육자가 문화예술교육에 입문하기 전부터 지금까지의 삶을 보고하며 그 속에 담긴 문화적, 개인적, 제도적, 역사적 맥락을 반영한다는 점에서 생애사 연구, 전기 연구와 유사성을 띠고 있다.[12] 그러나 전문성 요소로서 "무용소양"이라는 하나의 개념을 중심으로 여러 개인들의 체험

을 다룬다는 점에서 현상학적 연구로 볼 수 있다.[13]

둘째, 무용교육자들의 삶 전반에서 경험한 다양한 체험들과 이를 통한 전문성 요소로서 무용소양의 함양을 살펴보는 교육기술지연구이다. 무용교육자의 전문성 요소로서 무용소양의 함양과 적용에 주목하는 본 연구는 궁극적으로 문화예술교육으로서 무용교육의 질적 향상과 이를 통한 학습자의 무용에 대한 인식, 나아가 삶의 긍정적인 변화를 추구한다. 이를 위해 문화예술교육으로서 무용 수업을 계획하고, 실행하는 능동적인 주체로서 무용교육자의 전문성에 주목할 것이며, 그들이 문화예술교육을 위한 무용교육자로 성장하고 선발되어 교육에 임하면서 습득할 수 있는 무용소양의 발달과정을 통해 보다 이상적이며 대안적인 무용소양의 함양방법을 파악할 수 있었다.

2. 연구 참여자

연구 참여자는 전형적 사례 선택 기법[14]과 이론적 표본 추출[15]을 통해 무용교육자로서의 전문성을 갖추고 있으며 연구목적에 적합한 대상을 선택하였다. 연구 참여자를 선정 과정에서 선택되는 주제보자로 인해 배제되는 사항은 없는지 확인하고 연구주제와 관련하여 생생한 증언을 해줄 수 있는 주제보자를 결정하기 위해 고려하였다.[16]

연구 참여자는 먼저 무용 경력 10년 이상, 교수 경력 5년 이상의 전문 교육자들을 중심으로, 동료 교육자, 학습자, 학부모에게 좋은 교육자를 추천받고, 우리나라에서 무용소양의 개념을

---

12) Cole, A. L., 「Doing life history research: In theory and in practice」, 『Paper presented at the annual meeting of the American Educational Research Association』(New Orleans, LA. 1994) p.3; Denzin, N. K., 『The research act: A theoretical introduction to sociological methods(3rd ed.)』(Englewood Cliffs, NJ: Prentice Hall, 1989), p.219.
13) Polkinghorne, D., 「Phenomenological research methods」, In R. S. Valle and S. Halling (Eds.), 『Existential phenomenological perspectives in psychology』(New York: Plenum, 1989), p.42.
14) Miles, M. B., and Huberman, A. M., 『Qualitative Data Analysis(2nd ed.)』(Thousand Oaks, CA: Sage, 1994), p.11.
15) Strauss, A. L., and Corbin, J. M., 『Basics of Qualitative Research: Techniques and Procedures for Developing Grounded Theory(2nd ed.)』(Thousand Oaks, CA: Sage, 1998), p.201.
16) Polkinghorne, D., 「Phenomenological research methods」, In R. S. Valle and S. Halling (Eds.), 『Existential phenomenological perspectives in psychology』(New York: Plenum, 1989), p.42.

최초로 주목한 최의창(2011)이 제시한 무용소양 세 가지 측면, 즉 무용능(舞踊能), 무용지(舞踊智), 무용심(舞踊心)[17]을 고려하여 우수한 교육자를 선택하였다. 또한 가르치는 영역(학교문화예술교육, 사회문화예술교육)과 경력을 중심으로 3년 이하의 초임 강사 2명, 3년 이상 5년 이하의 경력 강사 2명, 5년 이상의 전문 강사 2명으로 총 6명의 교육자를 선정하였다. 무용교육자의 경력 구분은 문화예술교육사 양성과정에서 급수를 결정하는 경력기간을 근거로 설정하였다. 현재 활동 중인 예술강사 중, 3년 이상의 경력자는 2급 문화예술교육사 자격, 이후 5년 이상의 경력자는 1급 자격을 부여받고 있기에 이에 준하는 경력의 강사들을 섭외하였다.

3. 자료 수집

본 연구는 크게 문헌고찰, 예비면담, 심층면담을 통해 자료를 수집하였다. 무용교육자의 전문성 요소로서 무용소양의 개념, 무용소양의 함양과정, 바람직한 무용소양의 함양 방법 등의 세 가지 연구문제를 해결하기 위해 복합적인 경로로 자료 수집이 이루어졌다.

1) 문헌고찰

본 연구의 시작은 문화예술교육, 무용교육자의 전문성, 무용소양과 관련된 문헌을 선행 고찰하는 것이다. 문화예술교육, 예술강사, 무용교육자, 무용소양, 댄스 리터러시 등을 주제어로 하여 전자도서관의 검색 시스템(RISS)과 학술지검색 서비스(KISS), 구글 학술검색을 통해 학위논문 및 학술지연구, 연구보고서 등의 문헌자료를 수집하였다.

2) 예비면담

문헌고찰을 통해 본격적인 심층면담에 앞서 문화예술교육 무용교육자 1명을 섭외하여 예비면담을 실시하였다. 무용교육자로서의 성장과정 속에 담긴 무용수행경험, 무용교수경험을 중심으로 무용소양의 개념에 관한 생각과 실제 교육현장에서 느낀 무용소양의 요소, 특성, 그리고 그것들을 어떻게 함양하였는지에 관한 의견을 묻고 이를 반영하여 면담질문을 수정 및 보완하였다.

---

17) 최의창, 「댄스 리터러시 혹은 무용소양: 문화예술교육으로서 무용교육의 목적 재검토」, 『한국무용기록학회지』 21권(한국무용기록학회, 2011), 153-154쪽.

3) 심층면담

본 연구에서는 교육기술지적 심층면담을 실시하여 무용교육자가 갖추어야 할 전문성 요소로서 무용소양의 개념 및 요소, 함양과정 및 방법을 살펴보았다. 면담대상은 현재 한국문화예술교육진흥원 및 서울문화재단에서 실시하고 있는 문화예술교육사업에 참여하는 무용교육자 총 6명이다. 구체적으로 교육자들이 활동하고 있는 교수영역을 학교문화예술교육과 사회문화예술교육으로 구분하고, 문화예술교육 무용교육자로서 재직한 경력에 따라 3년 이하의 초임 강사, 3년 이상 5년 이하의 경력 강사, 5년 이상의 전문 강사로 구분된다. 연구기간 중 약 4개월간에 걸쳐 2회 정도의 면담을 가졌으며, 첫 번째 면담 후 약 1개월간의 시간을 준 후, 다시 방문하여 두 번째 면담을 통해 내용을 보강하였다.

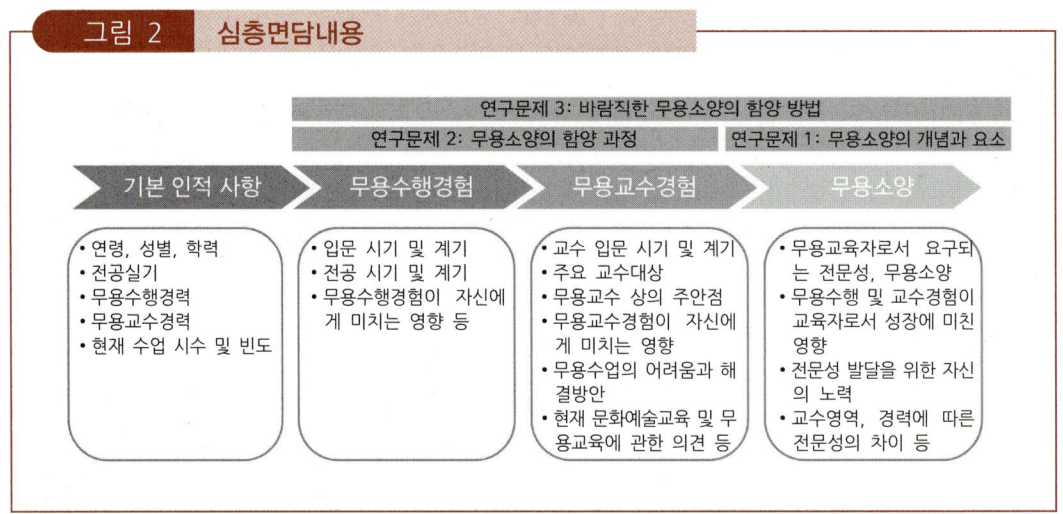

그림 2 심층면담내용

구체적인 면담 내용은 무용교육자로서 성장하는 과정에서 경험한 무용수행경험과 무용교수경험, 문화예술 무용교육자로서의 전문성을 중심으로 구성하였다(〈그림 2〉 참조). 특히 무용교육자로서 갖추어야할 전문성으로서 무용소양에 관해 어떠한 것들을 인식하고 있는지, 그 동안의 무용수행과 교수경험이 전문성 발달에 영향을 주었는지, 자신이 임하고 있는 교수영역(학교문화예술교육, 사회문화예술교육), 경력에 따라 전문성의 발달 정도를 인식하고 있는지 질문하였다. 이러한 질문 속에서 무용소양의 개념과 요소, 함양과정, 수업에서 어떻게 적

용하고 있는지를 간접적으로 파악하고 기존의 연구에서 제시된 문화예술교육으로서 무용을 가르치는 과정에서 무용소양의 중요성을 재확인하였다.

4) 자료 분석 및 해석

자료 분석 및 해석은 질적 연구의 기법을 활용하되, 현상학적 연구 및 교육기술지연구에서 활용하는 전사, 코딩, 범주화, 분석의 절차에 따랐다. 첫째, 스트라우스(Strauss)의 개방코딩(Open Coding), 축 코딩(Axial Coding), 선택코딩(Selective Coding), 조건 매트릭스(Conditional Matrix)의 과정을 거쳐 자료를 체계화했다.[18] 무용교육자들의 경험 속에서 드러난 전문성 요소, 특히 무용소양의 개념과 이것이 함양되는 과정, 자신의 수업이나 교육상황에서 어떻게 발현되었는지를 살펴보기 위해 각 교육자들의 면담내용을 전사처리한 후, 개방코딩을 통해 초기 범주를 구분하였다. 무용소양의 함양과정에서 어떠한 특성과 요인이 전문성 발달과 무용소양 함양에 영향을 미치는지 축코딩과 선택코딩을 통해 구분하였다. 종합적으로 무용교육자들이 무용소양을 함양하는 과정에 작용한 사회적, 교육적 맥락을 파악하여 조건 매트릭스를 도식화하였다.

둘째, 스프레들리(Spradley)의 영역분석(Domain Analysis), 분류분석(Taxonomic Analysis), 성분분석(Componental Analysis)을 활용하여 자료를 분석하였다.[19] 질적 연구에서 주로 활용되는 귀납적 범주 분석(Inductive Categorical System)을 기본으로 문헌고찰 및 심층면담을 통해 수집된 자료들을 범주화하였다. 무용교육자의 전문성, 무용소양과 관련된 단어 혹은 소주제 중심에서 점차 중주제, 대주제로 범주를 확대시켜 특성을 발견하고 범주별로 연관성을 파악하였다.

5) 연구의 진실성 및 윤리

연구의 진실성 및 윤리를 확보하기 위해, 첫째, 연구자의 성찰을 통해 연구과정을 반성하고, 수시로 연구내용의 기술과 연구기법의 활용을 확인하였다.[20] 연구의 전 과정에 걸쳐 성심을 다하고 연구자가 성찰일지를 작성하며 반성의 과정을 거쳤다. 또한 면담에 참여하는 교육

---

18) Strauss, A., 『Qualitative analysis for social scientists』(New York: Cambridge University Press, 1987), p.55.
19) Spradley, J., 『The ethnographic interview』(New York: Holt, Rinehart, & Winston, 1979), p.195.
20) Lincoln, Y. S., and Guba, E. G., 『Naturalistic Inquiry』(Newbury Park, CA: Sage Publications, 1985), p.313.

자들에게 면담 및 관찰 동의서, 녹음 및 촬영 허가를 받았다. 무엇보다 계획한 연구의 절차 및 단계를 준수하며, 현장에 몸담고 있는 전문 무용교육자들의 답변을 왜곡하지 않고 있는 그대로 귀담아 듣는 자세로 연구에 임하였다.

둘째, 덴진(Denzin)이 제시한 삼각검증법(Triangulation)을 통해 무용교육자의 무용소양 함양과정 및 교육에의 적용과정을 다각적으로 살펴봄으로써 자료의 진실성과 신뢰성을 확보하였다.[21] 각 예술강사들이 생각하는 전문성 요소로서 무용소양의 개념과 강사 개인이 체험한 무용소양의 의미를 해석하고 이를 조직적으로 기술, 분석, 해석하는 과정에서 귀납적 범주분석에 근거하여 다각적인 측면에서 살펴보았다.

셋째, 연구 참여자 검토(Member Checks)를 통해 수집된 정보와 도출된 해석을 참여자에게 다시 점검하여 자료 수집의 적합성을 판단하는 근거로 활용하였다.[22] 연구 참여자들에게 면담 전에 미리 대략적인 면담 질문을 제공하여 충분히 답변을 생각한 시간을 제공한 뒤, 연구자가 답변을 이해하는 데에 오해가 없는지 수시로 확인하였다. 추후 전사된 면담내용을 교육자들에게 이메일을 통해 전달하여 그들의 의도 및 상황과 다르게 전사된 내용은 없는지 확인하고 왜곡과 오류의 가능성을 최대한 배제하도록 노력하였다.

넷째, 동료 간 협의(Peer Debriefing)를 통해 자료 수집 및 분석 등 전 과정에 걸쳐 연구자의 독단적인 주관성을 배제하도록 노력하였다. 무용관련 문화예술교육분야의 교수 1명, 스포츠교육학분야의 교수 2명, 무용교육전공의 석·박사과정 5명으로 구성된 전문가 회의를 실시하여 연구에 관한 객관적인 평가와 의견을 교환하고, 조언을 반영하여 자료의 분석과 해석상의 독단적인 처리가 없도록 하였다.

---

21) Denzin, N. K., 『The research act: A theoretical introduction to sociological methods(3rd ed.)』(Englewood Cliffs, NJ: Prentice Hall, 1989), p.297.
22) Guba, E. G., 「Criteria for assessing the trustworthiness of naturalistic inquiries」, 『Educational Communication and Technology』 29(2), (ECT, 1981), p.85.

제1부 무용교육의 목적

Ⅲ. 무용소양의 개념 및 요소

1. 개념

문화예술교육으로서 무용을 가르치는 교육자들은 무용소양의 중요성을 매우 강조했다. 특히 한국문화예술교육진흥원과 각 지역 문화재단의 문화예술교육지원사업의 강사로 활동하고 있는 이들에게 무용소양은 학생들을 가르치기 위한 교육내용이자 방법이 되는 독특한 특징을 지니고 있었다. 그러나 본 연구에서 논하는 무용소양과 유사한 개념의 중요성은 인지하면서도, 이것의 개념을 쉽사리 대답하기 힘들어했다. 그 이유는 그들이 교육자로 활동하는 과정 혹은 그 이전까지도 이 개념에 관해 정의를 내리거나 집중적으로 논의해본 경험이 거의 없었기 때문이다. 이러한 점 때문에 이들의 답변은 무용의 매우 미시적인 부분에 주목하는 개념부터 무용에 관한 거의 모든 활동, 즉 창작, 수행, 감상을 위한 포괄적인 부분에 주목하는 개념까지 다양하게 나타났다.

사전적인 정의에서 "소양"은 "어떠한 분야에 대해 평소에 닦고 쌓아 바탕이 된 교양"을 의미한다.[23] 본 연구 참여자들은 각자의 학습경험, 교수경험 속에서 무용소양을 쌓아온 과정들을 돌이켜보며 다음과 같이 세 가지 특성에 따라 무용소양의 개념의 정의를 내렸다.

첫째, 무용 자체가 지닌 속성을 논리적, 분석적으로 인식하는 지식과 인지능력이다. 무용교육자뿐만 아니라 무용을 전공한 모든 사람이 이러한 능력을 가져야 함에도 교육자에게 이러한 무용소양이 첫 번째로 요구되는 것은 이러한 것들에 관한 교육자의 인식이 선행되어야 학생들을 위한 지도와 피드백 제공이 가능하기 때문이다.

> 움직임, 무용을 보고 동작의 이름이나 어떻게 해야 하는지를 아는 것부터 시작해서 그 속에 어떤 의미가 있는 것인지 알아볼 수 있는 능력(참여자 1, 2014.1.20. 2차 면담)

무용은 기계적인 움직임의 나열이 아닌 움직임의 흐름, 시간적, 공간적 구성을 고려한 질

---

[23] 고려대 한국어대사전(2009). [2015.02.28. 검색] 〈http://dic.daum.net/index.do?dic=kor〉

적인 속성을 지니고 있기 때문에 이를 학생의 수준에 맞게 지도하기 위해서는 무용, 그 자체를 잘 알고 있어야 한다.

둘째, 무용을 하는 데에 관여되는 무용 및 타 분야의 지식과 탐구능력이다. 무용교육자는 궁극적으로 학생들이 무용을 잘할 수 있도록 해야 한다. 잘 할 수 있도록 하기 위해서는 잘 알고 춤출 수 있도록 해야 하는데 이 과정에서 무용뿐만 아니라 인접 분야의 지식을 알아야 하며, 이를 꿰뚫어볼 수 있는 능력이 요청된다.

> 리터러시가 읽는다는 뜻도 있지만, 문화예술교육에서 말하는 리터러시는 조금 더 확장된 개념이거든요. 단순히 알아보고 구분하는 것만이 아니라 그 속의 예술적 가치를 파악하고 발전해온 역사와 나아갈 미래를 타진해볼 수 있는 비전, 통찰력, 그리고 그것을 평소에, 곳곳에서 즐기는 것까지 해당되는 거죠(참여자 6, 2014.1.20. 2차 면담).

> 움직임의 요소를 이해하고 직접 내 몸으로 움직여볼 수 있도록 연결하는 능력(참여자 3, 2013.11.30. 1차 면담)

셋째, 무용 자체의 속성과 무용을 하는 데에 관여되는 지식과 능력을 상황에 따라 조절하고 통제하며, 당면한 과제나 문제를 해결하는 데에 적절히 활용할 수 있는 지식과 융합능력이다. 무용은 매우 복합적인 활동이다. 흔히 무용의 정의에서 '종합예술'이라는 표현을 사용하는 것처럼 무용을 연습하고 수행하고 창작하고 감상하는 일련의 활동들 속에 관여되는 지식과 능력은 매우 광범위하다. 그러므로 학생들을 지도하는 교육자로서는 이러한 다양한 무용 상황에 적합한 지식과 능력을 활용하는 것, 즉 실천적 지식이 요구된다. 이미 알고 있는 지식과 습득된 능력을 적재적소에 활용하기 위해서는 교육자 자신의 표현성, 해석력, 감수성 등도 관여된다.

> 요즘 말하는 역량, 융합적 사고, 창의성, 문제해결력, 인성이 다 해당된다고 생각해요. 무용과 관련된, 무용을 통해서 얻을 수 있는 이러한 지식? 능력? 특성? (참여자 3, 2014. 2.2. 2차 면담)

지금까지의 내용을 정리하면, 무용교육자의 전문성 요소로서 무용소양의 개념은 "무용 자체가 지닌 속성을 논리적, 분석적으로 인식하는 지식과 인지능력, 무용을 하는 데에 관여되는 무용 및 타 분야의 지식과 탐구능력, 이러한 지식과 능력을 상황에 따라 조절하고 통제하며 당면한 과제나 문제를 해결하는 데에 적절히 활용할 수 있는 지식과 융합능력의 총체"라고 정의할 수 있다.

그러므로 무용소양은 무용에 대해 인지적으로 알고 배우고 익히며 얻게 되는 다양한 지식과 경험뿐만 아니라 감각적으로 느끼고 익히고 익숙해지며 내면화하는 지식과 경험 등을 포괄한다. 학생들은 배우고 춤추고 공연하고 가르치고 즉흥적으로 움직이고 춤을 만들고 연구하고 쓰는 모든 과정에서 모든 춤을 포용할 수 있게 된다. 무용교육자 역시 춤추는 것 이외에 다양한 예술 활동을 실천함으로써 춤을 바라보는 넓은 시각을 갖게 되는 것이다.[24]

2. 요소

무용소양의 개념 정의는 곧 무용 속성을 논리적, 분석적으로 인식하는 지식과 인지능력(무용지와 인지능), 무용을 하는 데에 관여되는 무용 및 타 분야의 지식과 탐구능력(인문지와 탐구능), 이러한 지식과 능력을 상황에 따라 조절하고 통제하며 당면한 과제나 문제를 해결하는 데에 적절히 활용할 수 있는 지식과 융합능력(실천지와 융합능)과 같은 요소들을 포함하고 있다.

첫째, 무용지(舞踊知)와 인지능(認知能)은 무용을 가르치는 데에 있어 필수적인 신체에 관련된 특징, 근육과 관절의 쓰임, 움직임과 테크닉의 원리에 관한 지식과 이를 논리적, 분석적으로 관찰하고 인지하는 능력이 포함한다. 주로 실기 수업에서 발현되기 쉬운 특성을 지니고 있어 무용실기소양(舞踊實技素養)이라고 할 수 있다.

둘째, 인문지(人文知)와 탐구능(探究能)은 무용과 관련된 역사, 철학, 문화, 사회 전반에 대한 지식과 이를 다양한 경험을 통해 심층적으로 탐구하는 능력을 포함한다. 주로 이론 수업에서 발현되기 쉬운 특성을 지니고 있어 무용이론소양(舞踊理論素養)이라고 할 수 있다. 그

---

[24] Kerr-Berry, J. A., 『Dance educator as dancer and artist』, 『Journal of Dance Education』 7(1), (NDEO, 2007), p.5.

러나 이 개념은 좁게는 대학의 무용전공 학생들이 배우는 무용의 역사, 철학, 의상의 변천, 작품의 탄생 배경, 안무가와 무용수의 일대기 등에서 시작하여 넓게는 무용과 밀접한 관련을 맺고 있는 역사, 철학, 문화, 사회, 문학 등의 영역에 대한 광범위한 지식과 경험을 아우르는 것이다. 무용교육자들이 갖고 있는 인문적 지식은 의도적이든 비의도적이든 학생들에게 전해지고 무용을 단지 동작을 하는 것에 그치지 않고, 무용이라는 하나의 문화와 전통 속에 입문하도록 도와준다.[25] 뿐만 아니라 동작 속에 담긴 역사적, 문화적 의미를 곱씹어 보며 무용교육을 예술교육으로 인식하도록 한다.[26]

> 직접 공연을 보거나 작품 비디오를 보거나 이것이 어떤 안무가가 어떻게 만들었고 무슨 생각에서 만들었고 원래 작품과 어떻게 다르고 다 알아야 해요. 그래야 설명을 해주고 시범도 보이고 애들에게 어떻게 하라 지도할 수 있잖아요(참여자 4, 2014.1.25. 2차 면담).

> 인문학에서 다루는 철학, 심리학, 역사학, 이런 것들이 창작 수업을 하거나 통합수업을 할 때 아이들에게 도입 부분에 이야기할 거리들을 많이 줄 수 있게 하죠. 선생님이 많이 알수록 아이들은 더 재밌게 더 풍부하게 배우고 자기가 할 수 있는 것들을 더욱 자유롭게 할 수 있는 것 같아요(참여자 5, 2014.2.2. 2차 면담).

셋째, 실천지(實踐知)와 융합능(融合能)은 무용을 예술로서 완숙하게 표현하기 위해 기존에 지니고 있던 지식과 능력을 상황에 따라 조절하고 통제하며 당면한 과제나 문제를 해결하는 데에 적절히 활용할 수 있는 중요한 요소이다. 특히 무용이 예술이라는 점에서는 무용 연습과 공연, 창작, 감상 등 다양한 무용 상황에서 자연스럽게 드러나는 무용교육자의 표현성, 해석력, 감수성 등과 관련된 실천적 지식과 융합능력을 포함한다. 이러한 측면의 소양은 무용수업의 특정한 장면에서 발현될 수 있는 것이 아니며, 앞선 두 가지 소양이 어우러지고 조화를 이룰 수 있도록 하므로, 무용통합소양(舞踊統合素養)이라고 할 수 있다.

---

[25] 홍은숙, 『교육의 개념: 실천전통에의 입문으로서의 교육』(서울: 교육과학사, 2007), 114쪽.
[26] McCutchen, B., 『Teaching dance as art in education』(Champaign, IL: Human Kinetics, 2006), p.4; McFee, G., 『The concept of dance education』(London: Routledge, 1994), p.41;Smith-Autard, J. M., 『The art of dance in education』(London: A&C Black, 2002), p.23.

제1부 무용교육의 목적

> 무용은 흔히 종합예술이라고 하잖아요. 특히 문화예술교육으로 통합교육이 강조되고 있는 상황에서 다른 예술 분야나 국어, 영어, 수학, 과학 모든 과목이 무용과 어떻게 연결될 수 있는지 고민해보지 않는다면 수업이 정말 어렵죠(참여자 2, 2014.1.13. 2차 면담).

이러한 무용소양의 요소는 가네(Gagné)가 제시한 학습된 능력(Learned Capabilities)의 범주를 모두 포함하고 있다. 학습된 능력이란 학습의 결과로 얻어지는 것, 또는 학습 목표를 말하며, 언어 정보(Verbal Information), 지적 기능(Intellectual Skills), 인지 전략(Cognitive Strategies), 운동 기능(Motor Skills), 태도(Attitudes)의 다섯 가지로 분류된다. 무용실기소양, 무용이론소양, 무용통합소양은 이 다섯 가지 학습된 능력을 각각 포함하고 있으며, 그 내용에 있어서도 유사하게 나타났다. 이러한 점을 통해 문화예술교육 무용교육자의 전문성으로서 무용소양 역시 학습을 통해 얻어질 수 있다는 점을 확인할 수 있다.

선행연구인 최의창(2011)의 무용소양 요소인 무용능, 무용지, 무용심과 비교해보았을 때, 보다 문화예술교육 무용 수업에서 발휘될 수 있는 구체적인 전문성 요소로 세분화되었다는 점을 확인할 수 있다.[27] 가장 최근 임수진(2014)의 연구에서는 무용소양의 요소를 신체성, 인지성, 감수성, 사회성, 정신성으로 구분하였는데, 이 연구는 문화예술교육으로서 무용교육의 목표로서 무용소양을 간주하고 대학교수, 강사, 예술강사 등 광범위한 무용교육자를 대상으로 하고 있어, 무용교육자의 전문성요소로 무용소양에 주목한 본 연구와 개념 및 접근방식, 대상에서 차이가 있다.[28]

---

[27] 최의창, 「댄스 리터러시 혹은 무용소양: 문화예술교육으로서 무용교육의 목적 재검토」, 『한국무용기록학회지』 21권(한국무용기록학회, 2011), 153-154쪽.
[28] 임수진, 「댄스 리터러시 개념 및 교수방법 탐색: 문화예술교육으로서 무용교육의 개념틀 구성을 위한 기초연구」 (서울대학교 박사학위 논문), 109쪽.

Ⅳ. 무용소양의 함양과정

본 연구의 참여자들이 경험한 자신의 무용소양 함양과정은 크게 무용소양의 암묵적 학습단계, 선택적 지각 단계, 자발적 학습 단계로 구분되었다. 첫째, 암묵적 학습단계는 무용교육자들의 의도나 자각 없이 무용을 배우고 익히는 과정에서 저절로 습득되어지는 과정을 의미한다. 여기에서 암묵적 학습(Implicit Learning)은 1967년 레버(Reber)에 의해 처음으로 사용된 용어로 넓은 의미에서 자각 없이 학습하는 것을 말한다. 이러한 과정은 주어진 환경에서 특정한 규칙성을 찾고, 그 규칙성에 대해 민감하게 반응하는 처리과정이라고 할 수 있다.[29] 암묵적 학습은 주어진 자극에서 규칙성을 학습하고자 하는 자의적인 노력이 없고, 주어진 자극 속에서 자신도 모르게 규칙성을 학습하고 있다는 사실을 인지하지 못해야 하며, 암묵적 학습으로 얻어지는 지식을 자신이 그것을 배웠는지 자각하지 못한 상태에서 학습하는 것을 의미한다.[30]

둘째, 선택적 지각 단계는 무용교육자들이 자신이 학생들을 가르치는 데에 필요하다고 생각한 무용소양의 요소들을 필요에 따라 단기적으로 학습하기 시작하는 과정을 의미한다. 가네(Gagné)가 수업 사태에서 언급한 학습의 단계 중 선택적 지각 단계는 중요한 자극 및 특징을 작동적(단기) 기억 속에 일시적으로 저장하는 학습 과정이다. 무용교육자들이 가장 먼저 선택적으로 경험하게 되는 무용소양은 주로 무용실기소양이었다. 자신이 접해보지 못한 움직임, 창작 등의 수업을 맡게 되었을 때, 관련된 자료집이나 동영상을 참조하고, 선배 교육자에게 도움을 구하는 등 주로 초임 교육자들에게 이러한 단계가 많이 나타났다.

셋째, 자발적 학습 단계는 무용교육자들이 무용소양의 중요성을 인식하고 보다 적극적인 형태로 학습하기 시작하는 단계이다. 이때야 비로소 단기적인 기억에 머물렀던 지식과 능력들이 교육자에게 습득되기 시작하며, 자신 고유의 실천적 지식의 형태로 발달된다. 이러한 자발적 학습 단계는 교육자에 따라 차이가 있었지만, 본 연구의 3년 이상 무용교육자들에게 공통적으로 나타난 단계였다. 이러한 사실은 교직 경력에 따라 다소간의 차이는 있지만, 현

---

[29] Reber, A. S., 『Implicit learning of artificial grammars』, 『Journal of Verbal Learning and Verbal Behavior』, (JVLVB, 1967), 5, pp.855-863.
[30] Cleeremans, A., and Dienes, Z., 『Computational models of implicit learning』, In R. Sun (Ed.), 『Cambridge Handbook of Computational Psychology』, p.396.

재 실행되고 있는 문화예술교육 지원사업의 특성상 교사연수 및 문화예술교육사 자격 제도를 통해 무용교육자의 전문성 개발이 이루어지고 있고, 이에 대한 중요성도 인식하고 있다는 것을 의미한다.

V. 바람직한 무용소양의 함양 방법

문화예술교육 무용교육자들이 제안한 바람직한 무용소양의 함양 방법은 무용실기 연습, 무용이론 연구, 공동체 학습으로 나타났으며 구체적인 방법은 다음과 같다. 첫째, 무용실기 연습에서는 무용 동작의 창작, 연습 및 공연, 감상이 이루어져야 한다. 이를 위해서는 예비 무용교육자들에게 무용소양을 강조한 이론과 실기 학습 및 교육이 필수적이다. 예를 들어 실기 연습에서 단순한 동작의 반복연습이나 교사의 일방적인 주도가 이루어지는 수업에 익숙해진 예비 무용교육자들은 자신이 교육자로서 성장한 이후에도 이러한 수업을 답습하는 경우가 많다. 대신에 무용 동작을 창작하고 연습하고 감상하는 각 교과목의 수업에서 보다 감각적인 수업방식을 도입한다면, 이들의 창의성과 감수성을 개발하는 데에 도움이 될 것이다.[31] 무용 동작의 숙련을 위해 집중적인 연습은 필수적이지만 오감을 통한 체험, 기존 작품과 자신들의 작품에 대한 비평적 감상을 통해 무용실기소양을 더욱 강화할 수 있다.[32]

둘째, 무용이론 연구에서는 무용인문학, 무용교육학, 타학문분야의 연구가 이루어져야 한다. 흔히 무용이론에는 대학 무용학과의 교육과정에 제시된 무용사, 무용철학, 무용교육론 등을 떠올린다. 그러나 기존에 제시된 교과목의 내용은 현장의 무용교육자들이 활용할 수 있는 실제적인 이론보다는 각 교과목의 주된 내용을 담고 있다. 또한 학부, 대학원의 매우 한정적인 시수 동안 다루어지는 교육내용은 무용교육자에게 특화되어 있기 어렵다.[33] 그러므로

---

31) 문영, 「미디어를 활용한 무용교육 콘텐츠 사례 연구」, 『대한무용학회지』 70(5) (대한무용학회, 2012), 72쪽.
32) Smith-Autard, J. M., 『The art of dance in education』(London: A&C Black, 2002), pp.30-33.
33) 홍수민, 「발레 교수학습과정의 문제점 및 대안적 교육모형 탐색: 예술계 고등학교를 중심으로」 (서울대학교 석사학위 논문, 2010), 101쪽.

무용교육자들은 자신의 수업을 보다 발전시키고 자신의 교수전문성을 발달시키기 위해 무용과 인접한 다양한 학문과 분야에 대한 연구에 힘써야 한다. 학생들에게 실기를 지도하건 이론을 지도하건 공통적으로 알고 있어야 하는 무용동작의 정확한 명칭, 원리, 역사적 배경, 예술적 특성 등은 물론, 이를 어떠한 교육과정, 교수법, 학습이론을 적용하여 가르칠 것인지, 무용을 감상하기 위해 주목해야할 다양한 예술적 사조와 장치, 이미지를 어떻게 이해해야 하는지에 관해 알아야한다는 것이다. 이러한 과정이 실현된다면 가장 먼저 무용이론소양을 강화하는 데에 기여할 수 있다.

셋째, 공동체 학습에서는 이론과 실기의 통합, 실천적 지식의 공유, 집단지성의 활용이 이루어져야 한다. 기존의 무용교육자들은 무용소양의 함양을 위한 효율적인 방법으로 공동체 학습을 강조하였다. 공동체학습에서는 공부, 수업연구 등의 모임을 통해 자발적인 자기반성, 토론, 비평이 이루어지며 이 과정에서 무용교육에서 늘 강조되어왔던 이론과 실기의 통합을 추구할 수 있을 것이라 기대하고 있었다. 특히 사제지간, 동료간 의사소통을 통해 각 전문교육자들이 가지고 있는 무용소양이 자연스럽게 서로에게 전달되어 장시간의 학습을 통해 내면화될 것이라 보았다. 이러한 적극적인 학습활동을 통해 집단지성의 발달이 극대화되고 이를 현장의 수업 개선에 활용하도록 하는 것이 이 방법의 핵심적인 내용이었다.

이와 같은 무용소양의 함양 방법은 렌줄리(Renzulli)의 심화학습 3단계 모형(Enrichment Triad Model)과 유사성을 띠고 있다.[34] 이 모형은 그 동안의 영재교육 발전을 저해하던 문제점들을 개선하고 소수 영재들만을 대상으로 하던 영재교육 개념에서 벗어나 대다수의 학생들을 대상으로 학교 전체 교육의 질 향상을 도모하고 있다는 점에서 높이 평가되고 있으며, 여러 영재교육과정 모형 중 가장 널리 활용되고 있다. 이 모형은 학생 개개인의 흥미 개발 기회 부여, 학습 선택의 자율권 존중, 개별화된 교수-학습 환경의 제공 등을 기본 원리로 하고 있다.

심화학습 3단계 모형은 1단계 심화: 일반적인 탐색 활동(General Exploratory Activities), 2단계 심화: 그룹 훈련 활동(Group Training Activities), 3단계 심화: 개인 또는 소집단의 실제 문제 해결 및 연구 활동(Individual & Small Group Investigations of Real Problems)으로 구성된다.[35] 1단계 심화: 일반적인 탐색 활동 단계에서는 전문 서적, 잡지, 비디오테이프 등

---

34) Renzulli, J. S., 『The enrichment triad model: A guide for developing defensible programs for the gifted and talented』(Mansfield Center, CT: Creative Learning Press, 1977), p.13.

제1부 무용교육의 목적

여러 가지 학습 자료의 활용이 장려되고 있으며, 특히 단순히 보고 듣는 차원을 넘어서 학생들이 직접 전문 분야를 경험하고 관련 활동들의 적극적인 체험이 강조되고 있다. 이러한 활동은 무용실기 연습에서 다양한 방법을 통해 무용 동작을 직접 해보며 여러 가지 시행착오를 겪고, 다양한 방식으로 만들어보고 이를 관찰, 분석하는 활동과 매우 유사하다.

2단계 심화: 그룹 훈련 활동 단계는 사고력, 창의력, 문제해결력을 발달시키기 위한 연구 기능(청취, 관찰, 인터뷰, 설문, 자료 분석 및 해석 등)과 참고 자료 활용 기능이 강조된다. 이러한 활동은 무용이론 연구에서 무용 및 무용과 관련된 타 학문과 분야를 탐구하는 것과 유사하다. 연구의 과정에는 기본적인 자료의 관찰과 분석, 해석, 활용 능력이 요청된다.

3단계 심화: 개인 또는 소집단 단위의 문제 해결 및 연구 활동은 상당한 수준의 창의력, 지적 능력, 그리고 과제 집착력이 요구되며, 기존 지식을 재생산하거나 소비하기보다는 새로운 지식을 창출하도록 유도한다. 이 단계에서는 교육자 자신들이 습득한 지식과 기능을 적용하여 일상생활 또는 주변에서 발견되는 문제나 자신의 관심사를 주도적으로 정하고 이를 해결하는 실질적인 연구원이 되거나 새로운 예술 작품을 생산해내는 예술가가 된다. 이러한 활동은 공동체 학습에서 개인별 혹은 소집단별 활동을 통해 이론과 실기를 통합하고, 실천적 지식을 공유하며, 자신들의 집단지성을 발전시키는 과정과 유사하다.

중요한 것은 전문 무용교육자들이 바람직하다고 제시한 무용소양의 함양 방법이 마치 무용을 처음 배우는 학생, 무용을 전공한 학생들이 경험해야할 과정과 그 내용에 있어서는 매우 유사하다는 점이다. 이들은 공통적으로 학생에 앞서 지식, 기술, 경험을 보유하고 있으면서도 꾸준한 연습, 연구, 학습이 자신들의 교수전문성, 무용소양을 함양하는 기본적인 방법이라고 생각하고 있었다. 이러한 의견들은 그들이 가지고 있는 무용소양에 대한 태도를 엿볼 수 있게 하는 부분이다. 즉 문화예술교육 무용교육자들은 자신들의 무용교수전문성을 개발해나가는 것, 그 중에서도 무용소양을 함양해나가는 것을 자신들의 신념이자 의무로 여기는 심성을 지니고 있다는 점이다.

---

35) Renzulli, J. S., 『The enrichment triad model: A guide for developing defensible programs for the gifted and talented』(Mansfield Center, CT: Creative Learning Press, 1977), p.14.

VI. 결론 및 제언

　지금까지 문화예술교육으로서 무용을 잘 가르치기 위해 요구되는 전문성은 어떠한 성격을 지니고 있는가를 탐색하고, 무용 속에 담긴 다양한 가치와 의미를 학생들에게 창의적이고 통합적인 방법으로 가르치기 위한 전문성 요소로서 무용소양에 관한 현장 무용교육자들의 의견을 들을 수 있었다. 그 결과, 무용소양의 개념은 "무용 자체가 지닌 속성을 논리적, 분석적으로 인식하는 지식과 인지능력, 무용을 하는 데에 관여되는 무용 및 타 분야의 지식과 탐구능력, 이러한 지식과 능력을 상황에 따라 조절하고 통제하며 당면한 과제나 문제를 해결하는 데에 적절히 활용할 수 있는 지식과 융합능력의 총체"로 정의하였다. 또한 무용소양의 요소로는 무용 속성을 논리적, 분석적으로 인식하는 지식과 인지능력(무용지와 인지능), 무용을 하는 데에 관여되는 무용 및 타 분야의 지식과 탐구능력(인문지와 탐구능), 이러한 지식과 능력을 상황에 따라 조절하고 통제하며 당면한 과제나 문제를 해결하는 데에 적절히 활용할 수 있는 지식과 융합능력(실천지와 융합능)이 구분되었다. 본 연구의 참여자들이 경험한 무용소양 함양과정은 크게 무용소양의 암묵적 학습 단계, 선택적 지각 단계, 자발적 학습 단계로 구분되었으며, 이들이 제안한 바람직한 무용소양의 함양 방법은 무용실기 연습(창작, 연습 및 공연, 감상), 무용이론 연구(무용인문학, 무용교육학, 타학문분야의 연구), 공동체 학습(이론과 실기의 통합, 실천적 지식의 공유, 집단지성의 활용)으로 나타났다.

　본 연구를 통해 문화예술교육 분야에서 기대되는 무용의 효과와 활용방안은 다음과 같다. 첫째, 무용 분야의 다양한 교육자, 즉 예술강사 및 문화예술교육사의 전문성 향상을 위한 구체적인 근거를 제시할 수 있다. 무용소양은 문화예술교육으로서 무용을 가르치기 위한 목적이 될 수 있으며, 이를 구체적으로 가르치기 위한 교육자 역시 무용소양을 갖추고 있는 안목이 요구된다. 그러므로 무용실기소양, 무용이론소양, 무용통합소양의 세 가지 요소를 두루 갖춘 무용교육자를 양성하고 그들의 전문성을 보다 구체적이고 가시적으로 드러내어 선발, 판별, 교육하기 위한 근거가 될 수 있다. 타 분야의 교육자가 갖추어야 할 전문성과 차별화되는 독특한 무용 분야 문화예술교육자들의 전문성요소로서 무용소양을 위한 교육기준과 교사양성 프로그램, 무용교육자의 선발과 연구, 교육을 위한 핵심 개념으로 삼을 수 있다.

제1부
무용교육의
목적

둘째, 문화예술교육으로서 무용교육의 질적 향상을 추구할 수 있다. 문화예술교육의 가치는 예술을 통해 느낄 수 있는 인지적, 정의적, 사회적 측면의 의미를 더욱 극대화시켜 인간의 삶을 풍요롭게 새롭게 바라볼 수 있는 안목을 지니는 데에 있다.[36] 이 점에서 문화예술교육으로서 무용교육을 위한 구체적인 교육목적으로서 무용소양을 함양하고 이를 위한 구체적인 내용과 활동들을 통해 개인이 체험할 수 있는 경험의 폭과 깊이를 넓고 깊게 할 수 있을 것이다.

셋째, 문화예술교육으로서 무용교육의 철학, 목표, 내용, 방법을 체계화시킬 수 있다. 본 연구를 통해 탐색할 무용소양은 무용교육자가 갖추어야 할 전문성 요소일 뿐만 아니라 문화예술교육으로서 무용교육을 행하고 습득해야 할 중요한 교육목적이 될 수 있다. 그러므로 무용교육자가 수업과 교육을 통해 발현하는, 발현해야 하는 무용소양의 내용과 방법을 구체화하여 문화예술교육으로서 무용교육을 보다 체계적으로 가르칠 수 있는 밑거름이 될 것이다. 특히 통합적인 관점을 제시하는 무용소양을 필두로 하여 문화예술교육으로서 무용교육을 위한 철학, 목표, 내용, 방법을 연계하여 실제적인 교수학습프로그램을 개발할 수 있으며, 궁극적으로 문화예술교육으로서 무용을 가르치는 목적과 결과를 일치시키는 데에 기여할 수 있을 것이다.

넷째, 무용소양의 개념을 전문무용교육 영역으로 확대하여 무용에 관한 통합적인 시각을 갖춘 잠재적 무용 전문 인력을 양성할 수 있다. 기존의 무용교육자들은 전문 무용수 양성을 추구하는 교육목표에 걸맞게 성장하여 문화예술교육으로서 무용을 가르치는 데에서 많은 시행착오와 혼란을 경험했다. 무용기능을 중심으로 한 기존의 전문무용교육은 다양한 대상에 적합한 교육내용을 선정하고 조직하여 수업에서 다채로운 방법으로 구현해내는 것에 대한 고려가 부족했기 때문에 무용교육자를 양성하는 고등교육기관으로서의 역할을 충분히 수행하지 못했다.[37] 그러므로 무용소양의 개념을 전문무용교육 영역으로 확장시켜 예비 무용교육자들을 위한 안목을 넓히고 전문 교육자로서의 교육과 경험을 충분히 제공한다면 문화예술교육으로서 무용교육은 더욱 다양하고 풍요롭게 이루어질 수 있을 것이다.

---

36) 박은희, 「문화예술교육으로서 무용교육 전문 인력양성을 위한 방안 연구」 (경희대학교 박사학위 논문, 2008), 4쪽.
37) 홍애령, 「무용교육자 전문성의 핵심 차원으로서 심성적 자질의 조명과 함양 방안」, 『한국스포츠교육학회지』 19(1) (한국스포츠교육학회, 2012), 23쪽.

참고문헌

고려대 한국어대사전(2009). [2015.02.28. 검색] <http://dic.daum.net/index.do?dic=kor>

문영(2012). 미디어를 활용한 무용교육 콘텐츠 사례 연구. 대한무용학회지, 70(5), 57-76.

문화체육관광부, 한국문화예술교육진흥원(2012). 문화예술교육사 자격증제도 설명회 자료집. 서울: 문화체육관광부, 한국문화예술교육진흥원.

박소현(2009). 초등 발레특기적성교육에의 인문적 접근: 하나로 수업의 실천 및 효과. 건국대학교 석사학위 논문.

박은희(2008). 문화예술교육으로서 무용교육 전문 인력양성을 위한 방안 연구. 경희대학교 박사학위 논문.

서예원(2011). 무용교육 지원사업의 현황 및 과제. 한국무용연구, 29(3), 147-171.

신승환(2008). 문화예술교육의 철학적 지평. 서울: 한길아트.

임수진(2015). 댄스 리터러시 개념 및 교수방법 탐색: 문화예술교육으로서 무용교육의 개념틀 구성을 위한 기초연구. 서울대학교 박사학위 논문.

최의창(2011). 댄스 리터러시 혹은 무용소양-문화예술교육으로서 무용교육의 목적 재검토. 한국무용기록학회지, 21, 139-161.

홍수민(2010). 발레 교수학습과정의 문제점 및 대안적 교육모형 탐색: 예술계 고등학교를 중심으로. 서울대학교 석사학위 논문.

홍애령(2012). 무용교육자 전문성의 핵심 차원으로서 심성적 자질의 조명과 함양 방안. 한국스포츠교육학회지, 19(1), 23-42.

홍애령(2013). 뛰어난 발레교육자는 어떻게 성장하는가?: 발레교수전문성의 재개념화를 위한 발달과정 분석. 서울대학교 박사학위 논문.

홍은숙(2007). 교육의 개념: 실천전통에의 입문으로서의 교육. 서울: 교육과학사.

Cleeremans, A., and Dienes, Z.(2008). Computational models of implicit learning. In R. Sun (Ed.), *Cambridge Handbook of Computational Psychology*. Cambridge University Press, pp.396-421.

Cole, A. L.(1994). Doing life history research: In theory and in practice. *Paper presented at the annual meeting of the American Educational Research Association*, New Orleans,

LA.

Denzin, N. K.(1989). *The research act: A theoretical introduction to sociological methods*(3rd ed.). Englewood Cliffs, NJ: Prentice Hall.

Dils, A.(2007a). Moving into dance: Dance appreciation as dance literacy. In Liora Bressler(Ed.), *International handbook of research in arts education*(pp.569-580). New York: Springer.

Dils, A.(2007b). Why dance literacy? *Journal of the Canadian Association for Curriculum Studies, 5*(2), 95-113.

Guba, E. G.(1981) Criteria for assessing the trustworthiness of naturalistic inquiries. *A Journal of Theory, Research, and Development, 29*(2), 75-91.

Hong, T.(2000). *Developing dance literacy in the postmodern: An approach to curriculum*. Paper presented at Dancing in the Millennium: An International Conference held in Washington DC.

Hong, T.(2002). *Dance in the school curriculum of Aotearoa*. New Zealand: UNESCO.

Kerr-Berry, J. A.(2007). Dance educator as dancer and artist. *Journal of Dance Education, 7*(1), 5-6.

Lincoln, Y. S., and Guba, E. G.(1985). *Naturalistic inquiry*. Newbury Park, CA: Sage Publications.

McCutchen, B.(2006). *Teaching dance as art in education*. Champaign, IL: Human Kinetics.

McFee, G.(1994). *The concept of dance education*. London: Routledge.

Miles, M. B., and Huberman, A. M.(1994). *Qualitative data analysis*(2nd ed.). Thousand Oaks, CA: Sage.

Polkinghorne, D.(1989). Phenomenological research methods. In R. S. Valle & S. Halling (Eds.), *Existential phenomenological perspectives in psychology*(pp. 41-60). New York: Plenum.

Reber, A. S.(1967). Implicit learning of artificial grammars. *Journal of Verbal Learning and Verbal Behavior, 5*, 855-863.

Renzulli, J. S.(1977). *The enrichment triad model: A guide for developing defensible programs for the gifted and talented*. Mansfield Center, CT: Creative Learning Press.

Smith-Autard, J. M.(2002). *The art of dance in education*. London: A&C Black.

Spradley, J.(1979). *The ethnographic interview*. New York: Holt, Rinehart, & Winston.

Strauss, A. L., and Corbin, J. M.(1998). *Basics of qualitative research: Techniques and procedures for developing grounded theory*(2nd ed.). Thousand Oaks, CA: Sage.

Strauss, A.(1987). *Qualitative analysis for social scientists*. New York: Cambridge University Press.

 연 구 문 제

1. 전통적인 댄스 리터러시와 무용교육자의 전문성 요소로서 댄스 리터러시의 개념과 요소를 비교하여 설명해보자.
2. 무용소양의 함양과정을 무용전공 대학생, 예술 강사 등의 실제 사례에 적용하여 생각해보자.
3. 무용소양의 함양 방법을 체계적이고 효율적으로 실행할 수 있는 방안을 제안해보자.

제2부 무용교육의 내용

제2부에서는 무용을 가르칠 때에 가르쳐지는 내용이 무엇인가에 대해서 검토해본다. 겉으로 드러나는 내용과 안으로 감춰진 내용을 구분하여 밝혀내고 무용기능이나 테크닉에 몰두하는 현재의 교육풍토에 질문을 제기한다. 문화예술로서의 무용은 기능의 차원과 정신의 차원이 있음을 구분한다(제6장). 이것은 발레나 한국무용이나 구분이 없다. 다만, 형식성이 보다 덜한 한국무용에 정신의 차원이 보다 더 강조된 것은 사실이다. 하지만, 발레도 여전히 정신의 차원이 존재한다. 발레정신(제4장)과 한국무용정신(제5장)의 개념과 구체적인 구성요소들이 무엇이 있는지를 상세히 찾아낸다. 그리고 무용의 정신적 차원을 제대로 가르치는 무용교육은 곧바로 인성교육(심성교육)이 됨을 알려준다(제7장).

제2부
무용교육의
내용

제4장

발레교육의 내용으로서 발레정신의 개념과 구성요소*

최의창 · 홍애령 · 김나이

> 한국의 발레는 국제무대에서 활약하는 무용수들을 통해 세계적으로 인정받고 있으며, 문화예술에 관한 관심이 높아지면서 일반인에게도 큰 인기를 얻고 있다. 하지만 발레교육 현장에서는 기능중심 교육에 대한 우려의 목소리가 높다. 외모가 아름답고 기교에는 능숙하지만, 예술적 표현력과 창조적 상상력은 결여된 무용수를 길러내는 데에 그치고 있다는 것이다. 예술교육으로서 발레교육의 본모습을 되찾기 위해 기능적 측면뿐만 아니라 정신적 측면에 대한 주목이 필요하다. 본 장에서는 발레의 핵심교육내용으로서 발레정신의 개념과 구성요소를 확인하고, 교육내용으로서 이론적 준거를 마련하는 데에 목적이 있다. 질적 연구방법에 근거하여 문헌분석, 예비조사, 심층면담, 개방형설문을 활용하였다. 연구결과, 첫째, 발레정신은 오랜 시간동안 발레를 체험하면서 습득하게 되는 내면적 측면이다. 둘째, 발레정신은 그 내용과 목적에 따라 신체적, 인지적, 감성적, 영성적 차원의 네 가지 구성요소로 이루어져 있다. 신체적 차원은 자신의 신체를 인식하고 발레 포지션과 테크닉, 과학적, 해부학적 지식을 적용하는 것이다. 인지적 차원은 발레를 둘러싼 역사, 철학, 문화에 대해 이해하는 것이다. 감성적 차원은 발레동작과 음악에 대한 자신의 해석과 탐구를 바탕으로 감정을 표현하는 것이다. 영성적 차원은 발레를 통해 궁극적으로 성취해야 하는 이상향을 추구하고 이를 제대로 하기 위한 마음가짐이다. 마지막으로 구체적인 발레정신의 교육방법과 교육 프로그램의 개발을 제언한다.

---

* 최의창, 홍애령, 김나이(2012). 발레교육의 내용으로서 "발레정신"의 개념과 구성요소. 한국스포츠교육학회지, 19(3), 47-67.

I. 서론 : 한국 발레의 명암

"아름답다!, 정말로, 멋지다." 좋은 발레 공연을 보면서 느끼는 대다수 관객들의 생각이다. 발레는 관람하는 이로 하여금, 비록 춤에 문외한이라고 할지라도, 미적 감탄을 절로 불러일으키는 손꼽히는 무용장르다. 무용에서 심미적 아름다움에 관한 한 발레를 따라올 분야는 거의 없다. 무용수들의 조각한 듯이 완벽한 몸매와 세련된 무대와 의상, 그리고 무엇보다도, 회전과 점프 등의 기술적 현란함은 보는 이의 온 정신을 빼앗아버릴 정도이다. 이러한 미적 세련됨이 국내 발레가 현재와 같은 인기를 얻게 된 주된 이유라고 할 수 있다.

발레리나의 슬플 정도로 가늘고 기다란 팔과 다리는 보는 이의 두 눈을 사로잡는다. 발레리노의 탄탄하고 멋진 몸매는 같은 남자들도 부러워할 정도다. 이런 신체적 조건을 지닌 무용수들이 펼쳐내는 무대 위의 공연은, 그야말로, 신들의 잔치라고 할 만하다. 최고의 훈련을 거친 최상의 연기자들이 보여주는 천상의 연기라고 할 수 있다. 플리에, 피루엣, 샹주망, 주떼, 글리자드, 쏘테 등을 자유자재로 발휘하여 앞으로 날아가고 위로 솟구치며 옆으로 미끄러진다. 사람이 신체로 보여줄 수 있는 아름다움의 최고 경지를 목격할 수 있다.

이렇듯 발레는 무용 장르 가운데에서도 기능적 측면을 매우 중시하며, 보는 이에게도 기술적인 면이 가장 두드러지게 드러나는 무용이라고 할 수 있다(신은경, 1995; 황규자, 2008). 우리나라는 세계 콩쿨대회에서 수상하는 사례나 세계 무용단에서 활약하는 무용수의 숫자만을 보더라도 이미 기술적으로는 세계적 수준에 올라있다고 인정받고 있다. 발레가 도입된 역사가 상대적으로 짧은 관계로 국제발레계의 선진국으로는 인정받지 못하고 있지만, 무용수들이 발휘하는 기술의 내용과 수준만큼은 발레강국이라는 인정을 받고 있다. 최근에는 일본 등 우리가 배워온 나라들에서 우리나라에 발레를 배우러오는 사례가 증가하고 있는 것이 그 한 가지 증거라고 할 수 있다.

문화예술선진국으로서의 도약을 꿈꾸는 우리나라 발레계로서는 매우 반가운 현상이 아닐 수 없다. 그런데 반면에, 발레계 일부에서는 우려의 목소리도 점차로 높아지고 있다. 지나친 기능위주의 무용교육과 공연에 대한 걱정을 쏟아내고 있다(최성은, 2004; 홍수민, 2010). 이들은 지금 우리 발레리나들(이하 남녀발레무용수 모두를 포함하여 지칭)은 고난도 무용기술

은 갖추었지만, 예술로서의 발레를 위한 상상력, 창의력, 감수성 등은 극히 부족하다는 진단을 내리고 있다(박중길, 2007; 황인주, 2001). 무대 위의 공연을 위한 바디 테크닉은 가득하지만, 그것이 예술작품으로서 인정받기에 필요한 소울 스피릿은 텅비어있다는 것이다.

> 서양의 고전발레 형식을 따르다보니까 기능적인 부분만을 떼어내서 강조했던 것 같아요. 우리나라는 사회적으로 외모지상주의가 만연되어 있듯이 발레에서도 획일화된 절대미, 절대선을 향해 가고 있죠. 고전예술자체가 정형적이고 기교를 바탕으로 하기 때문에 기능적인 것이 강조되는 면이 있지만, 본래 발레는 분명히 그것보다는 깊은 정신적인 것들을 갖고 있는데 말이에요. (춤비평)

물론, 지나친 우려, 혹은 잘못된 걱정일 수도 있을 것이다. 하지만, 이러한 판단은 우리나라에서 유독 발레계에만 가해지는 것은 아니다. 음악, 미술, 연극, 사진 등 우리나라 문화예술계 전반에 걸쳐 나타나는 징후이다. 문제는, 그렇기는 해도, 무용계에 특히 그러한 징조가 더 강하게 드러난다는 지적이다. 그리고 그 선두에 발레무용이 서있다. 이것은 고정된 기술들을 끝없이 반복적으로 훈련에 훈련을 거듭하는 발레무용의 특성에 기인하기 때문이다(김채현, 2004; Clippinger, 2007; Deckert & Wilson, 2008). 정해진 기술들이 있고 그것을 중심으로 고정된 작품을 공연하는 다소 (다른 장르들에 비하여 상대적으로) 정형화된 발레의 특성이 장점이자 단점으로 작용한다는 것이다. 외형적으로 보여주기 위한 기술의 반복훈련이 지나쳐서 예술가로서의 창의력과 감수성이 발달되지 못한 채 시들어버린다는 것이다(Kassing & Jay, 2003; Laban, 1963; Smith-Autard, 2002).

이러한 우려가 생겨나는 가장 근원적 이유는 발레교육에 있을 것이다. 아장거리며 겨우 바를 손으로 잡던 어린아이가 시간이 지난 후 발레리나가 되도록 만드는 활동이 바로 발레교육이다. 발레리나가 예술가로서 본격적 공연을 시작할 수 있도록 준비시키는 노력이 바로 발레교육이다. 한국의 발레가 외양중심의 무대공연화되어가는 경향의 근원지는 바로 발레교육이라고 할 수 있다. 화려한 몸놀림을 펼치는 공연기술이 아니라, 삶을 드러내는 공연예술로서의 발레로 우뚝 서고, 예술가로서 발레리나로 인정받기 위해서는, 우리의 발레교육에 대해서 다시 한 번 돌아보고 무엇이 잘 되고 잘 못되었는가를 깊게 파헤쳐보아야만 한다. 본 연구는 무용문화대국으로 성장하고 발레선진국으로 발돋움하기 위한 한국 발레교육의 재검토라는 거시적 맥락에서 이루어지는 하나의 작은 시도이다.

Ⅱ. 이론적 배경

일반 교육 분야에서 교육내용으로서의 정신·안목의 측면에 주목하고, 이를 체계적으로 가르치는 방법에 대한 연구들이 행해지고 있다. 우선 교육철학 분야에서 정신적인 측면을 강조하기 위해서, 교육을 바라보는 관점의 전환이 선행되어야 함을 주장하고 있다. 많은 교육학자들은 교육을 '인류의 정신적 유산', '가치 있는 삶의 한 형식', '실천전통(a practice)'으로 바라보아야 한다고 말한다(홍은숙, 2007; MacIntyre, 1984; Oakeshott, 1967; Peters, 1966). 이들은 교육내용에 두 가지 층위가 있음을 밝히고, 표층적 차원이 아닌 심층적 차원으로 눈을 돌려야 할 것을 강조하고 있다. 교육의 안쪽 차원에 있는 것, 즉 '전통적 지식'(Oakeshott, 1967), '정신세계'(Dilthey, 1883), '정신'(MacIntyre, 1984) 등이 교육의 핵심내용이 되어야 한다는 것이다. 이것은 Oakeshott의 표현을 빌리자면 기법적 지식, 기능의 껍데기 속에 들어 있는 교육내용의 알맹이인 것이다(최의창, 2002). 이러한 관점에서 정신적 측면을 주요 교과로 다루어야 한다는 주장이 대두되고 있다. 가정 교과에서는 내재적 측면에 대한 고찰을 통해 가시적이며 기능적인 교육내용을 탈피하고(홍은정, 2009), 역사 교과에서는 역사적 안목을 중요한 교육내용으로 개념화하여, 이에 대한 방법적 측면의 연구를 행하고 있다(박종천, 2002).

체육교육 분야에서도 교육내용과 방법의 두 가지 차원에 관한 고민들이 구체적으로 다루어졌다. 최의창(2002)은 체육활동을 문화적 차원으로 바라보고, 그것의 내면적 차원의 핵심 존재로 전통·정신·안목을 가르쳐야 한다고 보았다. 운동의 안목적 차원으로의 입문은 학생으로 하여금 운동이 가진 생김과 넓이·깊이를 보다 잘 보도록 해주고, 운동의 참됨·옳음·아름다움으로 학생을 인도하게 한다고 말하며, 안목·정신적 차원의 가르침을 강조했다. 김선희(2004)는 대학체육교양수업 내에서 안목습득을 위한 구체적인 수업사례를 제안하고, 다양한

제2부
무용교육의 내용

체육수업장면에서 정신·안목을 기르기 위한 교수방법을 연구하였다. 정신적 측면이 강조되는 무도 종목에서는 '정신성'에 대한 개념화 작업이 활발히 이루어지고 있다(류병관, 2006; 송형석, 2012; 황옥철, 양광규, 1998).

무용교육 분야에서도 내면적 측면에 초점을 둔 교육내용에 대한 연구가 있어 왔다. 하지만 다수의 연구가 지극히 창의성, 감성, 표현성 등의 특정 요소(김윤진, 2003; 박현정, 2008; 오레지나, 2006)에만 집중되어 있고, 이에 따른 기능적인 교수방법에 대한 연구가 대부분이었다. 무용의 전통·정신·안목의 다양한 측면을 바라보지 못하고, 지엽적인 부분에만 초점을 두었던 것이다. 물론 '정신성'이라는 포괄적인 개념에서 무용 정신성(한혜리, 2000), 한국춤의 정신적 측면(이애경, 1992; 정병호, 2004; 채희완, 2000; 황경숙, 2002) 등 내면적 측면을 바라보려는 노력이 있었다. 하지만 이들 연구는 교육적 맥락에서 이루어진 것이 아니라, 예술적·미학적 측면에서 행해진 연구이기에 교육적 상황에 대한 고려와 적용에 있어 한계가 있다. 또한 한국춤에 관한 연구가 대부분이었다.

발레교육 분야에서는 주로 체계적이고 과학적인 방법으로 발레기능을 지도하는 방법에 대해 연구가 이루어졌고(정미자, 2001), 오랜 전통을 지닌 외국의 발레 교수법(바가노바, RAD, 체케티 메소드 등), 유명 발레단과 부속 아카데미(문의숙, 2009), 예술 중·고등학교의 교육현황(윤정민, 2005)을 다루는 데에 초점을 두고 있었다. 이러한 연구들은 발레를 통해 감성, 창의성, 인성 등의 요소들이 함양될 수 있다는 점을 언급하고는 있지만, 발레의 기능적인 측면에 보다 비중으로 두고 있다.

그럼에도 불구하고, 최근 교육적 맥락에서 춤의 내재적인 측면, 정신과 관련된 연구가 다소 이루어진 바 있다. 오현주(2008)는 한국 전통춤의 내면적 측면을 가르치기 위한 교수법에 대해 연구하였으나, 그 초점이 교수법에 맞추어져 정신의 실체에 대해서는 직접적으로 다루지 않았다. 홍정효(2008)는 한국무용교육에서의 심(心)적인 측면의 요인에 대해 연구하였지만, 교육의 대상이 유아로 한정되어 있고, 교육내용으로서의 심도 있는 논의가 미약하여 보완 연구가 필요하다고 할 수 있다. 이러한 가운데 유창경(2009)의 연구는 한국무용교육 내용으로서의 한국무용정신의 본질에 대해서 조망하고, 그것을 가르치고 배우는 과정에 대해 살펴보고자 한 점에서 괄목할만하다. 발레와 관련하여 최성은(2004)은 교육학적 측면에서 발레정신의 중요성과 개념, 이를 가르치기 위한 방법을 살펴보았다. 특히 '정신'을 발레교육의 중요한 교육내용으로 주목하고, 그 교육방법에 대해 알아보고자 하였다는 점, 그리고 장르별로 정신의 구조가 다를 수 있음을 암시하였다는 점에서 의미가 있다.

이와 같이 교육, 체육, 무용 분야에서 교육의 내재적인 측면, 정신과 관련된 선행연구를 살펴본 결과, 발레가 지닌 기능적인 측면과 정신적인 측면을 통합적으로 가르치기 위해 그동안 조명하지 못했던 교육내용으로서의 "발레정신"에 대한 본격적인 탐색의 필요성을 알 수 있었다. 그러므로 본 연구에서는 첫째, 발레정신의 개념을 이론적으로 규명한다. 발레정신에는 다양한 측면들이 내재되어 있음에도 불구하고, 특정 측면들만이 부각되어 이에 누락된 부분들이 사장될 가능성이 있기 때문이다. 또한 전통·안목 등 정신과 유사한 개념들이 혼재하여, 정확한 개념 공유가 이루어지지 않기 때문이다. 둘째, 발레정신의 구조 분석을 위해 구성요소를 파악한다. 발레정신은 발레를 하나의 실천전통, 문화로 바라보는 관점에서 부각된 측면이기 때문에, 발레가 지닌 문화적 전통이 중시되어야 할 것이다.

Ⅲ. 연구방법

본 연구는 무용정신의 개념과 구성요소를 이론적, 경험적으로 탐색하고 무용정신의 교수·학습방법에 대해 조사한 후, 이를 토대로 무용정신의 교수를 위한 통합적 교육프로그램과 매뉴얼을 개발하는 3차년의 연구 중 발레 장르에 관한 1차년 연구로 진행되었다. 본 연구는 발레의 교육내용으로서 기능적 차원과 다른 차원을 통합하는 발레정신의 개념과 구성요소를 확인하기 위한 이론적, 경험적 고찰을 시도하고 '발레정신'의 이론적 준거를 마련하는 데 그 목적이 있다.

이러한 연구 목적을 달성하기 위해, 현상을 보다 심층적으로 들여다보고, 본질적으로 재검토하기 위한 가장 적절한 방법으로 질적 연구방법론을 채택하였다. Glaser와 Strauss(1967)는 질적 연구는 '발견'을 중시하며, Creswell(1998)은 주제가 탐색될 필요가 있을 때, 즉 이론들이 개발될 필요가 있고 주제에 대한 구체적인 시각을 제시할 필요가 있을 때 질적 연구를 수행하는 이유가 된다고 언급하였다(조용환, 1999, 재인용).

1. 연구 참여자

1) 예비조사

예비조사 대상자로 전형적 사례 표본추출(typical case sampling)(Creswell, 2007)을 활용하여 발레교육전문가 5명을 섭외하여 2010년 3월 예비조사를 실시하였다. 이들은 교수 경력이 10년 이상 되는 발레교육자로서, 높은 교육열과 강한 수업개선의지를 가지고 교육 분야에서 활발하게 활동하고 있다. 예비조사를 실시하기 전, 본 연구의 목적을 명확히 전달하여 연구 참여 동의를 얻었으며, 연구 참여자 1명 당 연구자 2명이 면담을 실시하였고, 면담이 실시되는 동안 면담 내용의 충실도와 신뢰성을 확보하기 위해 모든 면담 내용을 녹음하였다.

2) 심층면담

심층면담 대상자는 명성적 사례선택방법(reputational case selection)(Goetz & LeCompte, 1984)을 통해 발레교육경력 20년 이상, 40, 50대의 저명한 발레교육자 8명을 선정하여 2010년 4월부터 7월까지 반구조화된 심층면담을 실시하였다(표 1 참조). 연구 참여자 1명 당 연구자 2명이 면담을 실시하였고, 면담은 평균 90분 정도 진행되었다. 면담 내용의 충실도와 신뢰성을 확보하기 위해 모든 면담 내용을 녹음하였다. 심층면담 참여자의 특성은 다음 〈표 1〉과 같다.

｜표 1｜ 심층면담 참여자 특성

구분	참여자	교육경력	현직
1	신고전	24년	교수, 발레단 단장
2	낭만파	25년	교수, 발레단 예술감독, 안무가
3	명해석	21년	교수, 안무가
4	표현성	21년	교수, 발레단 예술감독
5	절제미	20년	교수, 발레단 예술감독
6	의미한	23년	교수, 발레단 단장
7	춤비평	26년	강사, 무용 전문지 편집장
8	심우아	30년	발레단 단장

3) 개방형 설문

개방형 설문의 대상자는 전형적 사례 표본추출을 활용하여 현재 교육현장에서 활발히 활동하고 있는 발레 분야 7명의 교육자를 선택하였다. 이들의 평균 발레경력은 19.5년, 교육경력은 4.5년이었다. 명성적 사례선택방법으로 추출된 심층면담 연구 참여자들에 의한 면담 결과는 차세대 무용교육 현장의 소리가 배제된 경향이 있음을 확인하고, 이를 수정·보완하기 위해 현재 새로운 무용교육 환경에서 활동·연구하고 있는 무용교육자들을 선정하였다. 설문지의 질문은 심층면담에서 언급된 내용의 가장 핵심적이라고 여겨지는 부분들을 질문으로 추출하여 구성하였고, 질문지 파일은 이메일에 첨부하여 발송한 후 수집하였다.

2. 자료 수집

1) 문헌분석

심층면담에 앞서 기초적인 자료를 수집과 이론적 준거 틀을 마련하기 위한 문헌고찰을 실시하였다. 문헌 분석 과정은 교육전반 혹은 기타 교과 영역에서 '정신'과 유사한 개념인 전통, 안목, 철학, 사상, 정서 등의 개념을 탐색하고, 그 개념의 구성요소로 추출된 역사, 철학, 전통, 양식, 문화 등을 고찰하였다. 그와 동시에, 더욱 구체적이고 세부적인 영역으로 그 범위를 좁혀 체육교육 혹은 무용교육 영역에서의 정신 개념과 그 개념을 토대로 한 하위 구성요소들을 연구한 문헌들을 조사하였다.

2) 예비조사

문헌 조사와 연구진회의를 통해 구성된 비구조화된 면담은 발레학습경험(내용 및 방법, 개선점 등), 발레교수경험(교수내용 및 방법, 교육철학 등), 발레교육의 목적과 내용 및 방법에 대한 견해, 마지막으로 발레정신의 정의 등에 대한 질문과 답변으로 주로 이뤄졌다. 면담내용의 충실도와 신뢰성을 확보하기 위해 모든 내용은 녹음하였으며, 녹음된 내용은 모두 전사하여 기록하였다. 예비조사 결과는 연구진 검토를 통해 분석되어 심층면담을 계획하는 데 활용되었고, 연구에 필요한 기초적인 자료로 활용하였다. 또한 예비조사 참여자의 의견을 참조하여 질문의 타당성, 일관성, 통일성 등을 고려하여 질문의 구성과 내용을 보완하였다.

제2부
무용교육의
내용

3) 심층면담

예비조사 결과를 토대로 면담 질문지의 적합성을 높이기 위한 연구진 회의와 질적 연구 및 연구주제에 관한 다수의 연구경력을 지닌 전문가의 검토를 통해 수정·보완 작업이 이루어졌다. 그 이후, 심층면담을 위한 최종 질문지를 완성하였다. 무용학습경험, 무용교수경험, 발레정신 인식, 장르별 발레정신 인식의 네 영역으로 분류하였고, 의미의 중복성과 모호성을 감환시키는 노력을 기하였다. 연구의 취지를 벗어나지 않는 범위 내에서 발레, 교육에 대한 자유로운 견해를 구술하도록 하였고, 구술 과정에서 본 연구와 관련이 깊은 무용의 정신적인 부분에 대한 언급을 더욱 구체적이고 심층적으로 확장시켜 면담을 진행하였다. 면담의 주된 질문 내용은 다음과 같다.

| 표 2 | 면담 내용

영역	면담 내용
발레수행 및 학습경험	- 발레수행 입문시기 - 발레전공결정시기 및 기간 - 기억에 남는 발레학습상황 및 지도방식
발레교수경험	- 발레교수기간 및 형태(전문무용, 학교무용, 생활무용) - 발레교수 유형(설명, 시범, 언어사용, 교재활용 등) - 발레교수 시 주안점 - 발레교수경험이 현재 자신에게 미치는 영향 등
발레교육에 대한 인식	- 한국 발레교육 내용, 방법의 문제점 - 발레교육자의 자질 - 한국 발레교육자의 문제점 - 현재 발레교육에 대한 의견
발레정신 인식	- 다른 무용장르와 차별화된 특징 - 발레가 지닌 정신적 측면 - 정신적 측면의 표현과 그 지도방법 - 교수에 활용될 수 있는 다른 분야의 요소 - 직접적 경험과 간접적 경험

4) 개방형 설문

　심층면담 실시 후, 분석 과정에서 내용의 타당성 및 적합성을 확고히 하기 위한 목적으로 심층면담에서 가장 핵심적인 사항이라고 여겨지는 몇 가지 소주제들을 추출하여 개방형 설문지를 작성하였다. 개방형 설문의 답변을 통해 심층면담 참여자들과 개방형 설문지 참여자들의 문제의식과 이상적인 무용교육의 모습에 대한 견해가 많은 부분에서 일치함을 볼 수 있었다. 그러한 분석을 바탕으로, 심층면담에서 분류된 개념과 구성요소를 더욱 명확히 범주화시키고 특징화시킬 수 있었다.

3. 자료 분석

　본 연구의 자료 분석은 수집된 자료들을 사실적으로 기록한 후 귀납적 범주 분석방법(content analysis)(Patton, 1990)을 활용하였다. 추출한 원자료의 중요성, 관련성, 계열성을 고려하여 범주화한 결과 네 가지 차원으로 분리되었으며, 각 범주의 개념과 구성요소를 지속적으로 탐색하여 하위범주를 구성하였다. 또한, 범주 내 혹은 범주 간 의미 체계를 반복적으로 검토하면서 수정하고 보완하는 작업을 실시하였다. 본 연구의 연구진들은 분석하는 과정에서 연구의 진실성과 타당성을 높이기 위해 지속적인 연구진 회의와 전문가 검증의 기회를 가졌으며, 연구의 윤리적인 문제도 고려하였다(Glesne & Peshkin, 1992).

　문헌자료 고찰은 이론적 준거 틀을 마련하는 기초자료를 제공하였으며, 심층면담 시 연구의 통일성과 일관성을 유지시켜주는데 좋은 참고자료가 되었다. 이 자료의 토대 위에서 심층면담 자료를 장르별로 부호화시켜 내용 분석을 실시하고 연구문제와 관련된 핵심 구성요소들을 도출하였고, 전체적인 연구의 맥락을 파악하여 기술할 내용과 인용문을 선정하였다. 부호화한 자료는 범주화되었으며, 분류에서 제외된 내용들은 재검토를 거쳐 재분류작업이 이루어졌다.

제2부
무용교육의
내용

Ⅳ. 발레정신의 개념

"정신"이란 무엇인가? 최근 편찬된 동아새국어사전을 살펴보면, 첫째, 감정과 행동을 조절하는 인간의 마음, 둘째, 물질적인 것을 넘어서는 영적인 존재, 셋째, 사물을 대하는 마음가짐, 그리고 넷째, 어떤 것의 근본이 되는 의의나 목적을 가리키고 있다. 첫 번째 의미는 가장 상식적인 의미에서 사람의 안쪽에 들어있는 마음을 가리킨다. 두 번째 의미는 안쪽에 들어있는 것 중에서도 보다 더 깊은 곳에 자리하고 있는 것에 대해서 이야기하고 있다. 첫 번째와 두 번째 의미로서의 정신은 어떤 것의 내면에 위치하면서 중요한 것과 덜 중요한 것이 무엇인가를 판별할 수 있도록 해준다.

발레정신에 대하여서는 세 번째와 네 번째 의미가 보다 더 직접적인 관련성을 갖는다. 이 두 가지에서 정신이란 어떤 것의 안쪽에 존재하면서 그것의 존재성을 규정하는 가장 핵심적이고 중요한 것을 의미한다. 우선, 사람에게 해당될 경우에는 세 번째 의미로 쓰인다. 예를 들어, 기사도정신이란 기사로서 지녀야 하는 마음가짐을 말한다. 장인정신은 무엇을 만드는 사람이 반드시 구현해내고 따라야 하는 마음의 자세를 뜻한다. 필하모닉 오케스트라의 유명한 팀파니스트였던 Saul Goodman보다 "정신"의 개념을 가장 명료하고도 감동 깊게 소개한 사람은 없을 것이다.

> 살아나가며 우리가 행하는 모든 일에 있어서 가장 중요한 요소는, 그것이 행해질 때 품는 마음, 즉 정신spirit이다. 정신은 우리가 하는 일 속에 들어있는 에너지가 변환됨으로써 만들어진다. 우리가 정신을 의식적으로 쏟아 부음으로써 열정이 생겨나게 되며 현재하는 일에 완전한 몰입이 가능하게 된다. 테크닉이나 결과에만 정신을 쏟게 되면, 우리의 활동은 기계적이며 생명이 없는 일이 되어버린다. 정신을 표출하는 하나의 도구로서 테크닉을 활용하고 그것을 사용하는 과정을 즐길 때에만, 우리가 하는 일은, 그것이 무엇이던 간에, 우리로 하여금 스스로가 살아있고 행복하며 기쁜 마음을 느낄 수 있도록 해준다.

어떤 사물에 정신의 개념이 적용될 경우에는 네 번째의 의미(근본이 되는 의의나 목적)로 쓰인다. 체육의 정신은 체육의 가장 근본이 되는 의의나 목적을 지칭하기 위하여 사용한다.

"무용의 정신"도 이와 같은 맥락에서 생각할 수 있다. 무용의 정신은 무용에서 가장 중요한 것, 무용을 (다른 어떤 것이 아니라) 무용이 되도록 만드는 핵심적인 것을 가리킨다. 무용의 정신은 무용의 정수(精髓, essence)를 말한다. 발레정신도 이와 상통하는 개념으로 이해할 수 있다.

최의창(2006)은 수영의 사례를 들어 스포츠의 정신을 규정하였다. "수영의 정신은 수영의 규칙, 의례, 게임 등에 담겨진 수영만의 독특한 철학, 목적, 느낌이다. 이것은 수영을 오랫동안 실천하고 공부함으로써 깨달을 수 있게 된다"(p. 100). 수영 안에 들어있으면서 수영의 존재 의의를 확고히 해주는 것이다. 이창후(2007)는 정신이란 "행위규범이나 마음의 자세"이며, 태권도정신을 "태권도인에게 윤리적으로 요구되는 행위규범을 지키고자 하는 마음의 자세"(p. 109)라고 규정한다. 스포츠와 무도의 장면에서 각각 이야기 했지만, 이 둘 모두에게서는 정신이란 어떤 사물과 사람의 가치를 결정지어주는 가장 중요한 내면의 무엇임이 공통적으로 보인다.

발레교육자들과의 심층면담에서도 비록 발레정신에 관한 정의를 내리기에는 어려움을 표하였지만, 다음과 같은 특성들을 언급해주었다. 이들의 답법은 분명 발레를 하나의 문화적 양식으로 간주하고, 기능 속에 담겨진 심층적인 측면이 발레의 핵심적인 차원이라는 점을 상기시켜준다.

> 발레라는 문화 속에 담긴 의식이나 체계, 발레를 왜 하는지에 대한 명확한 인식과 그것을 통해서 추구하는 메시지가 무엇인지와 관련된 내적인 속성 (표현성)

> 발레를 대한 태도, 의식, 내적 감수성, 발레의 정수 (의미한)

따라서 발레정신은 "발레의 핵심을 이루며 발레의 존재를 결정지어주는 가장 중요한 내적 가치"로 정리될 수 있다. 발레는 가장 포괄적인 수준에서 발레정신과 발레기능으로 구성된다(최의창, 1995). 신체활동을 매개로 하는 예술로서 발레는 이미 오랫동안 개발해온 신체적 기술의 영역이 있다. 다양한 발레장르와 그 안의 세부적인 기법들로 구성된다. 하지만, 기술만이라면 발레는 예술이 되지 못했을 것이다. 발레에는 정신의 영역이 있고 그것을 구현함으

제2부
무용교육의
내용

로써 발레는 예술의 차원으로 승화되는 것이다. 그러므로 발레정신 없이 발레기능만이 전달되는 교육은 진정한 예술교육이라고 할 수 없다. 발레교육에서는 발레기능과 발레정신이 모두 제대로, 훌륭하게 전달되고 전수되어야 하는 것이다.

V. 발레정신의 구성요소

발레를 한다는 것은 무엇을 의미하는가? 발레를 하는 것은 겉으로 보기에 발레의 동작을 익히고 기능적으로 능숙해지는 것을 추구하는 것처럼 보이지만, 실제로 발레 속에 담겨진 문화와 관습, 전통을 익히는 것을 목표로 한다. 발레 활동에 '입문'하는 것이 발레 기능을 '습득'하는 것이라면, 발레 활동을 '체험'하는 것은 발레 정신을 '체화'하는 것이다. 그러므로 발레 활동의 입문은 발레 기능의 습득과 함께 소양을 기르는 것이며 이것이 나아가 체험의 단계에 이르기 위해서는 발레 기능, 발레 소양과 더불어 발레 정신을 인식하고 오랜 연습 과정 속에서 몸에 배도록 하는 것이 중요하다. 발레의 정신적인 측면은 발레를 통해 발레 속에 담겨져 있는 삶의 형식을 배우고 발레의 전통, 정신, 안목을 체험하는 것이다(최성은, 2004; 최의창, 2002). 이는 곧 춤을 추는 끊임없는 과정 속에서 자신의 내면세계를 들여다볼 수 있는 춤의 참 의미를 발견하고 그것의 중층적 요소들을 다양하게 경험하는 것이다(오현주, 2008).

발레기능이 여러 요소들로 구성되듯이, 발레정신을 구성하는 구체적인 내용들이 있다. 이것들은 진, 선, 미, 성 등의 가치적 영역에서 찾아지는 것들로서 교육내용으로서의 발레정신을 구성하는 요소들이다. 본 연구에서는 발레정신이 신체적 차원, 인지적 차원, 감성적 차원, 그리고 영성적 차원으로 구성되어있음을 발견하였다. 교육내용으로서 발레정신을 제대로 가르치기 위해서는 이 네 가지 차원들이 모두 고려되어야만 하는 것이다. 발레교육자는, 만약 무용을 올바로 가르치기를 원한다면, 이 네 가지 차원을 모두 교육내용으로 전달해야만 한다. 이 구성요소들을 제대로 학습하고 내면화하는 것이야말로 발레를 가르치고 배우는 활동이 교육적 활동이 될 수 있도록 해주기 때문이다. 기능만이 전달되면 그것은 발레교육이 아니라 발레훈련의 수준에 머무를 뿐이다.

발레정신은 내용에 따라 신체적인 측면과 정신적인 측면으로 구분할 수 있다(최의창, 2006). 신체적인 측면은 '춤을 잘 추는 것'(기법적인 측면)과 관련이 있다. 정신적인 측면은 '춤을 잘 알고, 느끼는 것'(심법적인 측면)과 관련이 있다. 그리고 이것은 다시 기술성과 예술성으로 그 목적을 달리한다. 기술성은 기능적, 표면적으로 이해하고, 수행하는 차원을 말하며, 예술성은 예술적, 심층적으로 입문되고, 체화된 차원을 말한다. 그러므로 발레정신은 신체적인 측면과 정신적인 측면이 존재하며 그것이 추구하는 바가 기술성인가, 예술성인가에 따라 네 가지 성향을 지닌다. 즉, 발레정신은 내용과 목적에 따라 신체적, 인지적, 감성적, 영성적 차원의 네 가지 차원으로 구성되어 있다.

│표 3│ 발레정신의 구성요소

목적 \ 내용	신체적인 측면	정신적인 측면
기술성	(기술관련) 포지션, 테크닉, 기교 (신체관련) 신체 인식, 과학적, 해부학적 지식	(문화관련) 역사, 철학, 고전예술양식
	신체적 차원	인지적 차원
예술성	(동작관련) 해석력, 표현력(감정, 정서 표현) (음악관련) 음악성	(태도관련) 인내, 절제, 예의, 배려, 성실 (이상관련) 자아실현, 이상향, 절대미, 삶과 문화로서 발레하기
	감성적 차원	영성적 차원

첫째, 발레정신의 신체적 차원은 자신의 신체와 동작의 원리에 대한 이해와 적용의 차원을 말한다. 발레에서는 특히 정형화된 발레 포지션, 테크닉 속에 담겨진 원리를 이해하고 자신의 신체를 인식하면서 이를 잘 운용할 수 있도록 하는 것과 관련된 정신이다.

> 발레는 놈(norm), 규준이 있어서 그것을 꼭 지키고 가르쳐야 하죠. 신체를 심미적으로 운용할 수 있는 능력을 기르기 위해 꾸준한 연습을 하면서 내 몸을 정렬시키고, 내게 맞는 것이 무엇인지 찾는 것이 중요한 부분을 차지해요. 발레 하는 사람이 그것을 지키려고 하는 것이 발레정신이지요. (표현성)

제2부
무용교육의
내용

발레는 신체 자체가 예술적 표현의 수단이 되는 장르(조주현, 2007)이자 신체를 최대한 활용하여 아름답게 감동적으로 표현하는 예술(Fishman, 2004)이므로 표현에 적합한 신체조건, 뛰어난 테크닉, 움직임 수용력이 요구된다. 이것은 다른 무용 장르와 차별화된 특징이라고도 볼 수 있는 측면으로, 자연스러움과 호흡을 중시하는 한국무용과는 확연한 특성차를 보인다. 서양에서 태동한 이래 체계적, 과학적 체제를 지닌 춤이라는 평가를 받고 있는 발레는 엄격하게 정해진 포지션을 고수하면서 고도의 테크닉을 선보여야 한다는 점 때문에 기능적 측면의 교육이 중시되고 있다. 신체의 기술적 측면을 강조하면서도 신체를 정신과 함께 구현하는 내면적인 승화현상(김정은, 신현군, 2003)이 강한 발레는 신체의 체화(embodied)가 더욱 강조되는 무용 장르이다. 이러한 점에서 다소 발레기능과 밀접하게 관련되어 있는 신체적 차원은 가장 기본적인 정신 요소로 거론되었다.

> 발레 작품 속에 담겨있는 테크닉을 이해하는 것을 정신이라고 볼 수 있죠. 이미 그 속에 모든 것이 녹아들어가 있을 거예요. 일반 사람들은 발을 똑바로 앞으로 걷는데 우리는 옆으로 걷고 이런 것 안에도, 중력을 극복하고 발끝으로 서고 올라가려는 동작 속에서도 정신이 들어 있죠. (명해석)

신체적 차원의 정신은 단지 발레 동작을 '잘 하는 것'에 국한된 것이 아니다. 발레동작을 행하면서 자신의 신체에 대한 운동감각적 지각을 얻고 그에 대해 인지적으로 사고하는 과정, 그리고 이를 제대로 이해하기 위한 과학적, 해부학적 지식을 탐구하는 과정 역시 신체적 차원과 관여되는 활동이다.

일찍이 Metheny(1975)는 체육활동 속에 담겨져 있는 의미를 찾는 경로에 관심을 갖으며, '운동감각적 지각'과 '인지적 사고'에 주목하였다(최의창, 2002, 2010 재인용). 운동감각적 지각을 통하여 체육활동에 본래적으로 들어 있는 의미를 찾고 일종의 인지적 사고과정을 통해 자신의 신체를 명확하게 인지하게 된다. 이 두 가지 요인은 하나처럼 긴밀하게 연결되어 인간의 신체와 정신, 즉 몸과 마음이 하나로 뭉쳐진 일원적 존재라는 점을 상기시켜준다. 발레 교육자들 역시 발레를 통한 신체훈련을 통해 건강한 정신을 수양할 수 있다는 점에 주목하고 있었다.

> 제가 무용을 해서 참 다행이라고 느끼는 것은 잘 훈련된(well trained) 몸을 갖게 된 것이에요. 잘 훈련된 몸을 통해 정신적인 균형을 갖게 되는 것이 제가 발레를 통해 얻은 것이에요. '공부'의 기원인 중국의 쿵푸도 그런 의미겠죠. 춤을 춘 사람은 몸과 마음을 조절할 수 있어요. (춤비평)

이와 같이 발레정신의 신체적 차원은 발레 기능과 긴밀하게 연관된 발레 포지션과 테크닉, 다양한 기교, 원리를 적용하고, 무용수의 운동감각적 지각, 과학적, 해부학적 지식을 담아내어 움직이도록 하는 정신이다.

둘째, 발레정신의 인지적 차원은 무용을 둘러싼 문화적인 요소들의 통찰적 차원이다. 발레에서는 발레를 둘러싼 서양 철학, 역사, 문화, 고전예술양식에 대한 지식을 쌓고, 이에 대한 이해를 넓히는 것과 관련된 정신이다. 이러한 차원의 정신은 발레와 관련된, 혹은 발레의 문화적인 요소들이 발레 동작을 직접해보는 것에서는 체험할 수 없었던 다양하고 심도 깊은 측면을 발견하는 데에 도움이 된다는 주장을 지지해준다. 쉽게 말해 발레 기능과 테크닉의 화려한 외양에 감추어져 이면으로 밀려나 있던 발레의 문화적 측면에 주목하는 정신이다.

학생들은 인지적 차원의 정신을 통해 발레를 보다 깊이 이해할 수 있고 발레의 동작 속에 담겨진 의미를 새롭게 조명할 수 있는 계기를 가지게 된다. 특히 발레작품은 전통적으로 문학적인 이야기구조, 발레곡 형태로 작곡된 클래식 음악, 극의 흐름과 인물의 성격을 보여줄 수 있는 각종 미술적인 요소들이 총체적으로 결합된 형태를 보인다(문애령, 1995; 박경숙, 2004).

> 발레는 태생 자체가 스토리텔링을 기반으로 하고 있기 때문에 가르치는 사람이나 배우는 사람이나 그것을 살려야 한다고 생각해요. (낭만파)

> 발레는 이미 레퍼토리가 된 작품이 많고 버전에 따라 해석이 다르기 때문에 문학적인 깊이와 해석의 차이가 존재하잖아요. 그런 것들을 제대로 이해하려면 문학적인 것, 음악적인 것, 미술적인 것, 그 밖에 다양한 문화적인 것들도 함께 알고 있어야 할 것 같아요. (표현성)

제2부 무용교육의 내용

발레기능에 비해 부수적이라고 생각할 수 있는 역사, 철학, 문학, 예술 양식 등은 우리가 알지 못하는 사이에 발레에 포함되어 있는 것이다. 서구 예술사에 있어 모든 예술은 고대문명, 종교와 결부되어 당시의 예술 양식이 공통적으로 해석되는 경향을 보여준다(한혜리, 2003). 고전발레작품의 면면을 살펴보면 문학, 신화, 설화, 동화 등의 등장인물과 줄거리, 갈등구조 등이 고스란히 담겨있는 경우가 많다. 또한 발레가 인기 있는 예술 장르로 성행했던 시기의 사회적 분위기와 문화 등을 통해 발레의 어떠한 요소가 당 시대에 풍미했던 철학 사조, 타 예술 장르와 어떠한 관계를 맺고 있는지 알 수 있다(김채현, 2004; 신길수, 1998). 이러한 정신은 구체적으로 발레의 사조별, 국가별, 안무가, 무용수에 따라 다양하게 나타나는 작품의 동작을 능숙하게 할 수 있을 뿐만 아니라, 풍부한 감정표현과 메시지 전달을 가능하도록 도와주는 역할을 한다.

> 저는 서양 미술을 보면서 발레에서 원하는 자세와 아름다움을 깨달았어요. 그 당시의 음악을 들으면서 발레의 원형, 그 이전 바로크 시대 등을 이해하는 데에 도움이 되었어요. 그래서 제가 하는 수업에서 영감을 받은 그림이나 음악들을 소개해주죠. (춤비평)

> 저는 학생들에게 24시간 내내 테크닉만 생각하고, 이것 아니면 못한다는 생활은 하지 말라고 해요. 음악, 미술, 책보는 것이 중요하다고 이야기하고 있어요. (심우아)

> 외국의 발레학교에서는 굉장히 책을 많이 읽게 하고 공부를 많이 하도록 하더라고요. 어려서부터 서양의 고전부터 섭렵하고 다양한 서적을 읽고 예술작품을 감상하면서 연습을 하니까 그런 데에서 예술적인 것이 나오는 거죠. (낭만파)

이와 같이 발레정신의 인지적 차원은 간접체험을 통해 역사, 철학, 문화, 예술 양식 등 발레와 밀접한 관계를 지닌 문화적 요소들을 깊이 이해하여 무용소양을 지니도록 하는 정신이다.
셋째, 발레정신의 감성적 차원은 발레에 대한 주관적인 해석과 탐구의 차원이다. 발레 동작과 음악에 담긴 의미를 무용수 자신의 주관적인 해석을 바탕으로 움직이는 것과 관련되어 있다. 발레는 포지션과 테크닉이 엄격히 정해져있고, 발레 레퍼토리 작품 속에서 기교를 선보이는 독무인 베리에이션(variation)은 그 순서와 동작의 구성이 비교적 고정되어 있다(권윤방 외, 2003; 김순정, 2010). 자칫 동작의 순서를 그대로 외워 반복적으로 연습하다보면 학생들은 기능 자체에 주목한 나머지 자신의 해석을 놓치고 만다. 교육자들은 학생들이 궁극적으로 발레를 잘하기 위해서는 동작에 대한 자신의 독자적인 해석을 통해 동일한 작품 속에서 독창적인 동작과 분위기, 이미지를 구현할 수 있다고 보았다(김채현, 2004). 발레 동작의 해석과 표현을 중요하게 생각한 의미한은 다음과 같이 설명했다.

> 라반의 책에 "발레와 같이 고도로 유형화된 것들을 고도의 훈련을 하다 보니 애초의 느낌들이 많이 소실되기도 한다"는 구절이 있어요. 발레에 아주 유형적인 특징만 있는 것은 아니에요. 그런데 대개의 발레전공자들이 형태적으로만 접근하기 때문에 그렇게 보이는 것이죠. 동작에 대한 학생들의 해석이 반드시 필요하죠. 표현의 방식, 형태의 수준을 달리하는 연습을 해야 해요. (의미한)

또한 음악을 그저 박자와 선율로 이루어진 발레의 부차적 요소로 생각하지 않고, 이를 충분히 이해하여 같은 음악 속에서 여유로우면서도 동작과 적절한 조화를 이룰 수 있어야 한다고 주장했다. 음악성은 리듬과 음률을 신체에 내재할 수 있는 능력으로 움직임을 통해 음악의 리듬과 선율을 느낄 수 있는 것(조주현, 2007)과 그것을 동작과 일치시키는 것을 포함한다(김은수, 1996; 우광혁, 2004; 이소연, 2009). 이러한 측면의 정신은 학생들에게 발레 동작에 대한 해석력과 음악성, 자신의 감정을 표현하는 다양한 방식을 스스로 탐구할 수 있게 해준다. 한 발레교육자는 다음과 같이 작품 〈백조의 호수〉를 예로 들어 동작 해석에 관한 정신을 설명하였다.

> 발레 동작마다 의미가 다 있어요. 그런 것을 학생들이 찾도록 하는 부분이 필요하죠. 요즘 학생들은 그런 느낌이 하나도 안나요. '백조의 호수'에서 흑조가 왕자를 홀리면서 확 돌자나요. 일종의 희열이나 사람을 홀리는 의미로 하는 것인데 다리만 딱딱 90도씩 정확하게 하지, 느낌이 하나도 안나요. 그런 것을 알고 하는 사람은 눈빛부터 달라지고 발끝부터 하는 걸음부터 달라지고 하는 것이죠. 동작 속에서 어떤 의미를 찾는 것, 그것이 해석 능력이고 발레 정신이죠. (춤비평)

제2부
무용교육의
내용

발레 동작과 음악에 대한 해석뿐만 아니라 감성적 측면의 정신 속에는 무용수 내면의 감정과 정서를 표현하는 것도 포함되어 있다. 발레가 자신의 사고와 철학을 몸을 통해 표현하는 구조의 예술(김태원, 노수연, 2000; 신길수, 1998)이라는 점을 감안할 때, 발레 정신은 인간의 사상과 감정을 표현하는 것이며, 이것이 발레, 무용의 목적이 될 수 있다.

> 무용의 목적은 표현이고, 중요한 것은 관점이 있어야 된다는 점이지요. 흔히 '표현'이라고 하면 기능적으로 잘하는 표현을 생각하는데, 감정이나 내면에 있는 것을 끌어내는 표현이 중요해요. 감수성, 미학적인 것들이 움직임에 농축돼서 자신이 표출하고자 하는 것을 정확하게 표현하는 거죠. 피루엣을 열 바퀴 돌아도 메시지가 없다면 무용이 아니지요. 발레의 정신은 표현이라고 생각해요. (표현성)

국내 유수의 무용수들을 배출하고 있는 한 교육자는, 저마다의 테크닉 경쟁과 콩쿠르 입상이 매우 중요한 전문무용수의 세계에서도 감성적 차원의 정신이 진정 '뛰어난 무용수'가 될 수 있는 요소라는 점을 상기시켜주었다.

> 뛰어난 무용수들은 굳이 말하지 않아도 자기 나름대로 해석을 해요. 무용수 각자의 해석이 다르고 느낌이 달라요. 음악에 대한 적응과 조화라고 할까요. (중략) 강수진씨는 자신의 내면적인 정신, 철학적인 것을 오네긴에 집어넣을 수 있고 줄리엣에도 집어넣을 수 있죠. 자기 나름대로 해석을 하기 때문에 감동을 줄 수 있고, 거기에 연륜도 엄청나고 그만큼 그것을 표현할 수 있는 신체적인 능력, 경험과 재능이 있기 때문인 것 같아요. 철학적인 요소, 정신이 빠져버리면 안된다고 생각해요. (신고전)

한 교육자는 국제 콩쿠르의 심사위원에 위촉되었던 경험을 되살리며 "느낌 없이 인형 같은" 무용수들에 대한 안타까움을 표하였다. 발레학교와 같이 지속적으로 발레에 대한 탐구를 할 수 있는 교육기관의 필요성과 함께 발레정신은 오랜 시간 교사와 학생 간의 대화, 상호작용을 통해 길러질 수 있는 것임을 확인해주었다.

> 요즘은 테크닉을 분석적으로 가르치기 때문에 잘 돌고 잘 뛰기는 하는데 와 닿는 것이 없어요. 느낌이 없고 인형 같은 무용가들이 많아서 너무 비슷하고 개성이 없어요. 배워야 할 것은 못 배우고 테크닉만 하는 거죠. 그래서 정신이 스며들어갈 여지가 없는 거예요. 이런 정신은 선생과 오랜 시간 대화를 하면서 자연스럽게 들어가야 하는 거죠. 강의 몇 번, 특강 들어서 습득되는 것이 아니고, 살면서 자기가 깨닫고 실천하고 실수하고 다시 해보는 과정을 통해 얻어지는 것이기 때문이죠. (의미한)

이와 같이 발레정신의 감성적 차원은 무용수가 발레 동작과 음악에 대한 자신의 해석과 탐구를 바탕으로 자신의 내면적인 감정을 표현하여 발레 기능을 보다 숙련되게 하도록 하는 정신이다.

넷째, 발레정신의 영성적 차원은 발레를 통한 체험의 경지와 이를 제대로 하기 위한 마음 가짐의 차원이다. 발레를 하기 위해 요구되는 인내, 절제, 예의, 배려, 성실, 극복과 같은 덕목들과 함께 발레를 통해 궁극적으로 성취해야 할 자아실현, 이상향, 절대미, 삶과 문화로서 발레를 하는 것과 관련되어 있다. 특히 대부분의 교육자들은 발레를 하는 사람들이 꼭 갖추어야 할 정신으로 자신을 다스리고 남을 돌보는 인성, 성품, 태도를 제시하였다. 이러한 것들이 발레에서 추구하는 아름다움의 경지에 다다를 수 있도록 도와주는 덕목이며, 동시에 무용수 개인이 성장할 수 있는 자아실현의 계기를 제공한다고 보았다. 발레 동작을 익히고 연습하고, 발레와 관련된 여러 요소들을 경험하면서 자신의 삶과 발레를 하는 활동이 따로 떨어진 것이 아니라 점차 일치되어 같다는 점에 공감하고 있었다.

니체 사상 중에서 '위버멘쉬'(Uebermensch)는 인간이 자기 극복을 통해 스스로가 신의 경지에 다다르고자 한다는 데에서 맥락을 같이 하고 있다(박미영, 2008). 발레는 특히 고도의 테크닉을 성공해야 한다는 신체적인 부담과 정신적 스트레스가 많기 때문에 무용수에게 초인적인 정신으로서 인내, 절제, 성실 등이 더욱 강조됨을 알 수 있다.

> 마인드 컨트롤, 자기 자신을 다스릴 줄 아는 법, 자기 자신을 들여다 볼 수 있는 눈이 제일 중요한 것 같아요. 발레정신은 자신을 찾는 과정, 자기와의 싸움이 아닐까요? (명해석)

제2부 무용교육의 내용

몸공부를 하는 사람은 정신적인 측면, 마음공부도 고루 해야 하죠. 그러기 위해서는 자제력이 필요해요. 자신을 조절할 줄 알아야 진정한 춤이 되니까요. (심우아)

사람은 자아실현을 위해 사는데, 내가 살아있다는 것을 극명하게 느끼도록 해주는 것으로 춤만한 것이 없죠. 내 존재를 모두 던져서 할 수 있다는 것이 너무나 굉장한 거죠. 그래서 발레의 정신은 살아있음, 온 존재를 표현하고, 드러내고 거기서 기쁨을 느끼는 데에 있는 것이 아닌가해요. (낭만파)

이와 같이 발레정신의 영성적 차원은 발레를 제대로 하기 위한 마음가짐과 이를 통해 최종적으로 성취해야 하는 이상적인 경지를 포함하며, 발레정신이 체화되는 것과 관련되어 있다. 무용수의 개인적, 주관적인 의미에서 이상 실현뿐만 아니라 발레가 추구하는 공적이고, 객관적인 의미를 성취하는 것과 관련된 정신이다.

지금까지 논의한 발레정신의 네 가지 차원은 각각이 독립적으로 존재하여 덧붙여지고 합해지는 것이 아니라, 각 차원 간이 상호적이며 유기적인 관계를 맺고 있다. 발레기능과 발레정신을 사실적으로 따로 떼어 생각할 수 없듯이, 발레정신의 각 구성요소 또한 마찬가지이다. 발레교육자들은 이에 대해 이미 실감하고 있었으며, 발레정신을 인식하고 이를 가르치는 것이 발레에 대한 통합적 안목을 지닌 예술가로서의 무용수, 안무가, 교육자를 기르는 것이라고 보았다.

무용을 하는 사람은 자기 신체에 대해 잘 이해하고 그것을 다룰 수 있는 방법을 알고, 어떻게 표현할 것인가 하는 방법, 그것을 동기유발을 할 수 있는 내적 감수성, 그것에 대한 지식을 총괄적으로 알고 있어야 하죠. 그것을 갖추는 것이 예술가로서의 무용수, 무용가, 실현하는 사람, 창작하는 사람을 길러낼 수 있는 방법이라고 생각하거든요. (의미한)

VI. 결론 및 제언

1. 결론

본 연구는 발레정신의 개념과 구성요소를 이론적, 경험적으로 탐구함으로써 진정한 예술교육으로서 발레교육의 목적과 의미를 충족시키기 위한 교육내용은 무엇인가를 살펴보았다. 그 결과, 발레정신은 "발레의 핵심을 이루며 발레의 존재를 결정지어주는 가장 중요한 내적 가치"로, 신체적, 인지적, 감성적, 영성적 차원의 네 가지 구성요소로 이루어져 있고, 발레기능과 떼려야 뗄 수 없는 관계이면서도 기능중심의 교육만으로는 학생들이 온전히 체험할 수 없는 부분이라는 사실을 발견하였다. 그렇다면, 눈에 보이지도 않고 어떠한 것인지 설명조차 힘든 발레정신을 교육내용으로 드러내어 생각해보는 것은 어떠한 의미를 지니는가?

첫째, 발레정신은 발레 그 자체에 대한 통합적 시각을 제공해준다. 발레정신에 대한 명확한 인식과 철저한 논의 없이는 겉으로 보이는 발레기능만을 발레 그 자체, 전부라고 오인할 소지가 있다. 부분을 전체로, 혹은 겉모습을 참모습이라고 오해하는 것이다. 그러나 발레는 아름다운 선과 능수능란한 동작으로는 설명할 수 없는 본질적이고 내면적인 측면이 존재한다. 발레정신의 개념과 그것을 이루는 구성요소를 확인하고 각 무용 장르별로 세부적으로 드러나는 차이점에 주목하여 본다 발레가 지닌 특성과 가치를 통합적이고 총체적으로 파악해 볼 수 있는 계기를 제공한다.

둘째, 발레정신은 예술교육으로서 발레교육의 지향점을 제시해준다. 단순한 기능의 반복적 연습은 기술훈련에 그칠 뿐, 철학과 사상과 감정을 표현할 수 있는 내면과 정서를 갈고닦는 예술교육이라 말할 수 없다. 발레교육이 예능교육이 아니라 예술교육의 높은 수준에서 실천되고 인정받기 위해서는 신체적 기예와 기교적 몸짓을 훨씬 더 넘어서는 정신의 세계를 활짝 열어주어야만 한다. 이러한 교육을 펼쳐낼 수 있도록 하는 철학적 근거와 개념적 이론을 동시에 제공해주는 것이 바로 발레정신이다. 그리고 그것을 구체적 현장에서 실천할 수 있도록 하는 교육내용의 핵심활동들의 원천이 되는 것이 바로 발레정신의 구성요소들이라고 할 수 있다.

셋째, 발레정신은 발레교육의 내용과 방법에 대한 인식의 전환을 가능하게 한다. 기존의 발레교육은 동작의 시범과 설명, 연습을 통해 기능을 숙련시키고 이것이 오랜 시간동안 지속

제2부
무용교육의
내용

되면서 발레정신이 자연스럽게, 혹은 저절로 체화되는 수순을 밟고 있었다. 이러한 과정은 발레의 핵심이자 그 존재를 결정하는 발레정신을 단순히 발레기능에 실어 우연적으로 길러질 수도 있고, 길러지지 않을 수도 있는 상황에 놓이도록 만드는 것이었다. 발레정신에 주목하고 이를 교육의 내용과 방법에 적용하여 생각해보는 것은 학생들이 동작을 일회적으로 경험하고 마는 것이 아니라, 자신의 삶 속에서 "실천전통"(최의창, 2009)으로서 경험하게 할 수 있다.

2. 제언

이토록 발레의 정체성과 존재 그 자체를 증명해주는 발레정신에 대한 관심과 연구가 발레가 행해진지 몇 세기가 지난 지금, 그리고 발레연구가 시작된 지 한 세기가 흘러버린 지금에서야 주목받게 된 계기는 무엇인가? 그동안 많은 교육자, 연구자들이 어느 정도 필요성을 인식하고 있었음에도 현실적인 어려움이 많았기 때문일 것이다. 즉 발레정신이라는 개념을 구체적으로 가르치고 배워본 적도 없을뿐더러, 이러한 것이 왜 필요한지조차 경험하지 못한 채, 무용경험을 마치게 되는 경우가 다반사였기 때문일 것이다.

> 아마 발레를 오랫동안 해왔던 분들은 공감하는 바일 겁니다. 구조화되서 잘 표현이 안 될 뿐이지요. (의미한)

실제로 본 연구의 과정 속에서도 이러한 어려움을 경험하기도 했다. 오랜 시간 춤을 추어본 무용가와 안무가, 나름의 테크닉과 비법으로 학생들을 가르쳐 왔던 교육가들 역시 발레정신이 어떠한 것인지, 그것이 중요한 것임을 인식하고는 있었지만, 그것을 언어화하여 표현하기에 어려움을 표했으며, 개인의 경험과 인식에 근거한 답변을 통해 공통점을 추출해내는 데에 어려움을 겪었다. 연구방법 상에 면담 내용에 대한 코딩과 범주화, 해석의 과정에서 심도 깊은 논의가 필요했으며, 실제 심층면담에 앞서 '정신'과 관련된 문헌분석 및 예비조사가 있었기에 언어적 표현의 한계를 조금이라도 감소시켜줄 수 있는 문항들을 추출할 수 있었다.

발레정신과 발레기능의 관계는 건물의 안과 밖과 같다. 발레기능은 벽으로 보이는 밖을 만들어 건물의 형체를 이루는 반면, 발레정신은 그 안에서 사는 사람들이 누리는 삶의 모습으로 비유될 수 있다. 발레기능은, 비록 매우 중요하기는 하지만, 여전히 발레의 겉모습일 뿐이다. 진정한 교육은 겉모습만 배우는 것이 아니라, 그것을 통해 마침내 알맹이를 섭취하도록 도와주는 노력이다. 화려한 건물 그 자체보다 더욱 중요한 것은 그 안에서 살아지는 삶의 모습과 질이다. 그런데 이 알맹이는 육안으로는 보이지 않는다. 그것은 본 연구의 참여자들이 증언했듯이, 심안 즉 마음의 눈으로만 파악되는 존재이다. 그리고 그 마음의 눈은 오랫동안의 노력과 수련을 통해서만 열리는 귀중한 열매다. 발레교육자는 그러한 소중한 학습결과를 맺을 수 있도록 학생들의 마음에 올바른 발레정신을 키워주어야 할 것이다.

마지막으로 본 연구를 통해 향후 지속되어야 할 핵심적인 사안을 세 가지 제시한다. 첫째, 본 연구에서 살펴 본 발레정신의 개념과 구성요소에 입각하여 이를 실제 교육현장에서 가르칠 수 있는 교육방법에 대한 연구가 필요하다. 구체적으로 현재의 교육 현장에 일반화되어 있는 교육방법에 대한 고찰과 현장 교육자 및 학습자들의 비판과 제안에 대한 수용이 필요하다. 다양한 영역(학교무용, 전문무용, 생활무용 등)에서 현실화할 수 있는 교육방법에 대한 구체적인 아이디어의 제시와 이것이 발레정신을 효율적, 효과적으로 가르칠 수 있는 것인지에 대한 반성적 성찰이 요구된다.

둘째, 발레기능과 더불어 발레정신을 가르칠 수 있는 실제 교육 프로그램에 대한 연구가 필요하다. 그간 언어화, 실용화하기 힘들었던 발레정신의 각 덕목들을 교육내용으로 가시화시켜 학생들의 수준과 요구에 적절한 형태로 프로그램을 개발해야 할 것이다.

셋째, 발레정신을 가르칠 수 있는 교육자를 양성할 수 있는 교육과정 및 프로그램에 관한 연구가 필요하다. 발레기능에 관한 부분은 세계 유수의 교육자와 학자들에 의해 체계화되어 있는 반면, 발레정신에 관한 부분은 가시적으로 정리되어 있지 못하다. 이에 대한 체계적인 탐구와 인식을 바탕으로 수업 속에서 기능과 더불어 정신을 전수할 수 있는 교육자들을 양성할 수 있는 지도자 양성 프로그램 및 연수제도가 마련되어야 할 것이다. 앞서 제시한 후속연구들을 통하여 발레정신이 교육현장에서 직접적, 간접적으로 학생들에게 경험될 수 있는 환경을 제공하고, 이를 주체적, 적극적으로 가르칠 수 있는 교사의 양성과 교육, 학습이 가능해질 것이다.

제2부
무용교육의
내용

참고문헌

권윤방 외(2003). 무용학개론. 서울: 대한미디어.

김선희(2004). 안목의 습득을 위한 대학교양체육: 수업사례연구. 한국스포츠교육학회지, 11(2), 105-120.

김윤진(2003). 무용성격의 본질에 관한 연구. 미간행 박사학위논문, 이화여자대학교대학원.

김은수(1996). 무용음악의 이해. 서울: 도서출판 삼신각.

김정은, 신현군(2003). 발레무용수의 신체현상학-Gabriel Marcel의 실존-현상학적 신체관을 중심으로. 한국체육철학회지, 11(1), 317-350.

김태원, 노수연 역(2000). 발레 창작 핸드북. 서울: 현대미학사.

류병관(2006). 동양무도의 정신성 고찰. 대한무도학회지, 8(2), 41-61.

문애령(1995). 서양무용사. 서울: 눈빛.

문의숙(2009). 러시아 발레학교의 교육적 체계에 관한 연구: 바가노바 발레학교를 중심으로. 미간행 석사학위논문, 한양대학교대학원.

박경숙(2004). 발레역사의 시대별 고찰을 통한 발레테크닉과 발레의상의 상관관계. 한국무용사학회지, 3, 81-104.

박미영(2008). 니체 사상에서의 한국무용의 의미. 한국체육철학회지, 16(3), 163-179.

박종천(2002). 역사 수업에서 어떻게 가르쳐야 역사적 안목을 길러 줄 수 있을 것인가? 역사교육논집, 28, 43-82.

박중길(2007). 인문학적 무용교육: 비판적 사고와 문제해결능력. 2007 한국예술교육학회 학술대회, 23-44.

박현정(2008). 무용수의 정서표현성 본질에 관한 경험적 탐색. 무용학회논문집, 57, 101-118.

송형석(2012). 태권도 정신에 관한 연구. 한국체육철학회지, 20(1), 181-195.

신은경(1995). 학문-기반 예술교육(Dbae)이론에 기초한 중학교 무용교육과정 모형 개발에 관한 연구. 한국체육학회 96국제스포츠과학 학술대회, 121-131.

오레지나(2005). 무용창의성의 본질에 대한 이론적, 경험적 탐색. 미간행 박사학위논문, 이화여자대학교대학원.

오현주(2008). 한국 전통춤 교수법의 인문적 접근 탐색. 미간행 박사학위논문, 건국대학교대학원.

우광혁(2004). 무용의 동작과 리듬. 서울: 예솔.

유창경(2009). 한국무용정신 가르치고 배우기: 무용교사의 실천과 전공학생의 인식 분석. 미간행 석사학위논문, 건국대학교대학원.

윤정민(2005). 직업 발레단의 효율적 운영방안에 관한 연구: 국립발레단과 뉴욕시티발레단을 중심으로. 미간행 석사학위논문, 이화여자대학교대학원.

이소연(2009). 무용 동작과 음악 요소의 일치감에 관한 연구. 종합예술과 음악학회지, 3(2), 21-53.

이애경(1992). 한국춤의 본질에 관한 소고. 한국체육학회 92국제스포츠과학 학술대회, 548-552.

이창후(2007). 태권도의 철학과 사상, 그리고 정신. 태권도 문화 연대 편(2007). 태권도학 연구 1(pp. 101-120) 서울: 상아 기획.

정미자(2001). 발레 수업의 효율적 운영 방법에 관한 연구. 한국무용교육학회지, 12(2), 51-64.

정병호(2004). 한국무용의 미학. 서울: 집문당.

조용환(1999). 질적 연구 방법과 사례. 서울: 교육과학사.

조주현(2007). 발레영재성 구성 요인의 탐색과 상대적중요도 산출. 한국스포츠심리학회지, 18(1), 15-31.

채희완(2000). 한국춤의 정신은 무엇인가. 서울: 명경.

최성은(2004). 발레의 정신을 가르치기 위한 무용 지도방법 분석. 미간행 석사학위논문, 건국대학교대학원.

최의창(1995). 두 가지 내용과 두 가지 방법. 서울대학교 체육연구소논집, 16(1), 105-116.

최의창(2002). 인문적 체육교육. 서울: 무지개사.

최의창(2006). 가지 않은 길. 서울: 무지개사.

최의창(2010). 인문적 체육교육과 하나로 수업. 서울: 레인보우북스.

한혜리(2000). 무용과 정신성의 관계형성에 관한 연구. 한국무용교육학회지, 11(2), 29-43.

한혜리(2003). 예술정신을 근거로 한 한국 무용의 양식 연구. 한국무용교육학회지, 14(1), 115-131.

홍수민(2010). 발레 교수학습과정의 문제점 및 대안적 교육모형 탐색: 예술계 고등학교를 중심으로. 미간행 석사학위논문, 서울대학교대학원.

홍은숙(2007). 교육의 개념: 실천전통에의 입문으로서의 교육. 서울: 교육과학사.

홍은정(2009). 지식교육의 관점에서 본 가정과교육의 의의. 미간행 박사학위논문, 중앙대학교대학원.

홍정효(2008). 유아의 심(心), 기(氣), 신(身) 교육으로서의 한국무용. 유아교육논총, 17(2), 71-88.

제2부 무용교육의 내용

황경숙(2002). 한국 전통춤에 내재된 사상과 의미. *한국체육철학회지,* 10(1), 289-310.

황규자(2008). *발레 교수법*. 서울: 금광미디어.

황옥철, 양광규(1998). 무도(武道)의 정신(精神)과 스포츠. *한국체육철학회지,* 6(1), 35-48.

황인주(2001). 기능적 관점에 따른 무용교육의 문제점과 발전방향 분석. *한국체육학회지,* 40(4), 539-548.

Glesne, C. & Peshkin, A. (1992). *Becoming qualitative researchers: An introduction*. White Plains, NY: Longman.

Goetz, J. P. & LeCompte, M. D. (1984). *Ethnography and qualitative design in educational research*. Orlando, EUA: Academic Press.

Patton, M. Q. (1990). *Qualitative evaluation and research methods*. California: Sage Publications, Inc.

Au, S. (2002). *Ballet and modern dance*. Thames & Hudson. 김채현 역(2004). 발레와 현대무용. 서울: 시공사.

Blasis, C. (1820). *Traite elementaire, theorique et pratique d'art de la danse*. Milan: Joseph Beati et Antoine Tenenti. 김순정 역(2010). 발레의 기초이론과 실기. 서울: 써네스트.

Clippinger, K. (2007). *Dance anatomy and kinesiology*: Principles and exercise for improving technique and avoiding common injures. Champaign, IL.: Human Kinetics.

Creswell, J. (2007). *Qualitative inquiry & research design: choosing among five approaches* (2nd ed.). London: Sage Publications.

Deckert, J. & Wilson, M. (2008). *Development of a dance science program*. In R. Solomon & J. Solomon (Eds.), Abstracts of the 18th Meeting of the International Association for Dance Medicine & Science(p. 65). Cleveland, OH: International Association for Dance Medicine & Science.

Dilthey, W. (1883). The methods of the human sciences. In R. A. Makkreel & F. Rodi (Eds.), *Wilhelm Dilthey selected works (Vol.1): Introduction to the human sciences* (pp. 438-440). Princeton, NJ: Princeton University Press.

Fishman, K. D. (2004). *Attitude!: Eight young dancers come of age at the ailey school*, Penguin Group(USA) Inc.

Judith, A. G. (1989). *Dance instruction: Science applied to the art of movement*. Champaign,

IL: Human Kinetics.

Kassing, G. & Jay, D. M. (2003). *Dance teaching methods and curriculum design*. Champaign, IL: Human Kinetics.

Laban, R. V. (1974). *Modern educational dance*. London: Macdonald & Evans. 김주자 역(1993). 현대의 무용교육. 서울: 현대미학사.

MacIntyre, A. C. (1984). *After virtue: A study in moral theory*(2nd ed.). Notre Dame: University of Notre Dame Press.

Oakeshott, M. (1966). *Rationalism in politics and other essays*. London: Metheuns.

Peters, R. S. (1966). *Ethics and education*. London: Allen & Unwin. 이홍우 역(1980). 윤리학과 교육. 서울: 교육과학사.

Smith-Autard, J. M. (2002). *The art of dance in education*. London: A&C Black.

Sorell, W. (1986). *Dance in its time*. New York: Columbia University Press. 신길수 역(1998). 서양무용사상사. 서울: 예전사.

연구문제

1. 발레정신의 개념에 주목하는 것이 현재 발레교육에 어떠한 영향을 줄 수 있는지 생각해보자.
2. 발레정신의 각 차원은 어떠한 특징을 지니고 있으며, 어떠한 관계에 놓여있는지 생각해보자.
3. 발레정신을 가르치기 위한 수업의 내용과 방법을 생각해보고, 각자의 아이디어를 기반으로 교수학습지도안을 작성해보자.

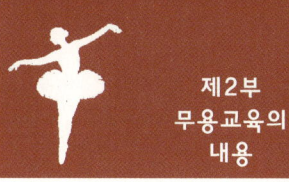

제2부
무용교육의
내용

한국무용 교육내용으로서 한국무용정신의 구성요소*

최의창 · 박혜연 · 신주경

최근 한국무용 교육의 본질에 대한 관심이 높아지고 있다. 그동안 한국무용을 가르치고 배우는 과정이 기능적 차원에 지나치게 편중되어 있다는 점이 많이 지적되었다. 무용교육이 진정한 예술교육이 되기 위해서는 기술위주의 동작교육에서 벗어나야 한다. 예술교육으로서 한국무용교육을 실현하기 위해서 교육내용과 교육방법의 성격을 파악하는 것이 선행되어야 한다. 본 연구는 한국무용교육의 핵심적 교육내용으로서 무용정신의 개념과 구성요소를 알아본다. 심층면접을 활용한 질적 연구방법론을 채택하여 명성적 사례 표본 추출방법으로 한국무용과 교육에 대한 전반적인 지식, 경험, 안목을 갖춘 주참여자 8인을 선정하였다. 주참여자들의 의견을 분석한 결과, 한국무용 교수과정에서 핵심적으로 가르쳐야할 내용으로서의 정신은 신체적 차원, 인지적 차원, 감성적 차원, 영성적 차원으로 나뉜다. 첫째, 한국무용정신의 신체적 차원은 총체적 성질의 신체와 자연스러운 호흡 중심으로 이루어진 동작의 원리에 대한 이해와 적용의 차원이다. 둘째, 한국무용정신의 인지적 차원은 한국무용을 둘러싼 철학, 역사, 예술 등의 문화적인 요소들에 대한 통찰의 차원을 뜻한다. 셋째, 한국무용정신의 감성적 차원은 무용 동작이나 음악에 내재된 한, 흥, 절제 등의 다양한 감정에 대해 주관적으로 해석하고 탐구하는 차원을 의미한다. 넷째, 한국무용정신의 영성적 차원은 무용을 통한 신명, 황홀경, 무아지경 등의 경지를 체험하고, 이를 제대로 하기 위한 예도 등의 마음가짐을 갖는 차원을 말한다. 마지막으로 한국무용정신의 구성요소들이 어떻게 학습되어지고 가르쳐지는지를 상세히 탐구하는 연구와 무용정신을 올바로 가르치는 교수방법과 통합적 프로그램에 대한 연구가 필요함을 제언한다.

---

* 최의창, 박혜연, 신주경(2012). 껍데기와 알맹이: 교육내용으로서 한국무용정신의 구성요소 탐색. 한국무용기록학회지, 26, 135-161.

I. 문제의식: 한국무용의 겉과 속

무용은 오래전부터 음악, 미술과 함께 대표적인 예술의 장르로서 인정받아왔다. 사회 구성원들도 무용을 예술로 인정하고 있으며, 정책적 지원도 예술의 한 분야로서 받고 있다. 그런데, 무용은 정말로 예술인가? 물론, 무용은 예술이다. 무용은 신체적 움직임을 통해서 내면의 감정과 생각을 표현해내는 예술이다(Briggs, 1974; Griss, 1998; Purcell, 1994). 무용은 연극, 마임 등과 같이 신체를 표현도구로 사용하는 신체예술이다. 회전, 도약, 손동작, 어깨사위, 발끝움직임 등을 무용수의 느낌과 직관을 드러내는 통로로서 활용하는 신체적 움직임의 예술인 것이다.

한국무용은 예술인가? 한국적인 것을 한국적인 방식으로 표현하는 신체적 움직임이라는 범주 내에서 예술이라고 할 수 있다. 예술로서 한국무용은 표현하는 바가 있어야 할 것이다. 한국무용은 한국적인 내용을 자신의 신체적 움직임을 통해서 드러내야만 하는 것이다(박보민, 2011). 그리고 그 신체적 움직임은 한국적인 특색을 띤 방식으로 실행되어야만 한다. 신체적 움직임이 수행되는 내용과 방식의 조건이 충족되었을 경우, 한국무용의 예술성은 확보가 된다고 할 수 있다.

최근 한국무용의 예술성에 대한 의문이 제기되고 있다. 화려한 궁중무용에서부터 검소한 민속무용에 이르기까지, 한국무용은 과연 예능과 기예를 넘어서는 예술의 수준까지 도달한 무용장르인지를 묻는 사례가 증가하고 있다. 이것은 사실 타당한 의문제기라고 볼 수 있다. 어떤 예술 분야이던 높은 수준으로 발전하기 위해서는 끊임없는 자기부정과 자기긍정의 과정을 거쳐야만 한다. 늘씬한 신체와 화려한 의상으로 기술적으로는 멋드러진 동작발휘가 이루어지지만, 그 기다란 손의 휘두름과 날씬한 발의 내젖음에서 도대체 무엇이 표현되는지, 도대체 무엇을 찾을 수 있는지, 만족하지 못하는 사람들이 늘고 있는 것이다.

물론, 신체예술로서 한국무용은 기술이 중요하다. 기능이 뛰어나지 않고는 표현이 제대로 이루어지지 않는다. 동작이 굼뜬 무용가란 있을 수 없는 것이다. 예술에 있어서 기능은 표현을 위한 선결조건이다. 그런데, 기능숙달과 기능발휘에 함몰되면, 표현되어져야 하는 것이 소실되거나 소외되는 경우가 발생한다. 표현되어져야 하는 것이 오로지 기능 그 자체 밖에

제2부
무용교육의
내용

남지 않게 되는 것이다. 눈요기 거리를 찾는다면, 이것은 부족한 것이 아니다. 하지만, 예술을 찾는다면, 기능에는 반드시 내면적인 것이 묻어나와야만, 드러내어져야만 한다. 뛰고 돌고 뻗고 치고 하는 기술들은 서커스 공연에서 훨씬 더 재미있고 고난도로 관람할 수 있다.

예술에는 기술과 정신이 함께 보여져야만 하는 것이다. 한국무용의 예술성에 대한 질문은 결국 한국무용을 펼칠 때에 기술의 구사와 함께 정신의 표현이 드러나는지를 물어보는 것이다. 기술과 정신의 복합적 움직임으로서 손동작 발동작이 구사되고 있는가를 알아보는 것이다. 그동안 한국무용의 교육장면에서는 이 점이 중요시되지 못했다. 기능적 측면이 강조되고 정신적 측면이 함께 가르쳐지지 못한 것이다(박혜연, 2012; 오현주, 2008; 유창경, 2009). 그러므로 한국무용의 예술성에 대한 근본원인 규명은 한국무용을 가르치고 배우는 과정, 즉 한국무용의 교육방식에 대한 근원적 물음을 던지는 것과 동일하다고 보아야만 한다.

한국무용교육의 핵심이 되어야 하는 내용은 무엇인가? 굴신, 디딤, 감기 등과 같은 기술인가, 아니면 한, 흥, 멋, 음양, 신명 등으로 불리는 정신인가? 물론, 이 질문에 대한 대답은 "두 가지 모두 다"가 정답일 것이다. 예술로서의 한국무용을 제대로 가르치기 위해서는 기술도 중요하고 정신도 중요하다. 기술이 없으면 정신은 밖으로 표현될 수 없고, 정신이 빠지면 기술은 공허한 몸놀림에 불과해질 뿐이다. 한국무용교육에서는 이 두 가지 차원이 모두 중요하게 고려되어야 한다. "기능(技能)"의 차원과 "안목(眼目)"의 차원이 모두 고려되어야 하는 것이다(최의창, 2010).

> 한국무용을 배운다는 것은 승무, 궁중무 등 다양한 장르의 무용기법을 마스터한다는 것에 그치는 것이 아니라, 인류의 문화유산으로서 무용을 간주하고 그것이 가진 전통적 차원의 지식에 몸과 마음을 돌리는 것이다. 그리하여 한국무용의 알맹이를 이루는 올바른 의례와 격식으로부터 우리 민족의 정서와 신념까지 한국무용을 이루는 정신세계를 맛보도록 하는 것이다 (최의창, 2010: 111).

그런데, 한국무용교육의 현장은 그동안 어느 한 쪽에 집중되어 왔다. 이것은 국내외 무용교육계에 있어서 공히 동일한 현상이며, 타 장르의 무용교육도 사정이 다르지 않다(장명주, 2011; 최의창, 홍애령, 김나이, 2012; 홍수민, 2010). 무용교육에서는 무용의 기술적 차원에 대하여 집중하고 그것을 어떻게 잘 가르칠 것인가에 관심을 쏟아왔다(Clippinger, 2007; Deckert & Wilson, 2008; Dunn, 1990). 특히, 우리나라의 경우는 그 편향성이 더욱 가중되어 기술위주의 무용교육에 대한 문제점이 오랫동안 지적되어왔다(박중길, 2007; 최의창, 2011; 황인주, 2001, 2008). 무용전공 학생들의 무용 기능은 상당 수준에 올라있으나, 그 기능 안에 무엇을 왜 담아야 하는지에 대한 인식은 매우 낮은 수준에 있다는 것이다.

그러나, 무용이 예술의 한 장르가 되고, 무용교육이 예술교육의 한 분야로 인정받기 위해서는, 기술과 기술교육의 차원에 머물러서는 안 될 것이다. 기능 안에 담겨진 것이 아무 것도 없거나 그 수준이 낮을 때 그것은 기술에 그치고, 그것을 가르치는 일은 기술훈련에 멈추게 된다. 무용은 기술을 넘어서는 예술이며, 무용교육은 기술훈련을 뛰어넘는 예술교육이다.

한국무용의 기능 안쪽에 들어있는 차원에 대한 관심이 요구되는 시점이다. 한국무용의 핵심 중의 핵심, 정수중의 정수에 해당하는 "한국무용의 정신"에 대한 새로운 교육적 관심이 절실히 요청된다. 그동안 한국무용의 기능적 차원에 대한 교육적 관심은 많이 있어왔다. 한국무용을 '잘 추기' 위한 기능적 차원의 교육내용은 무엇이고 그것들을 구체적으로 어떻게 가르칠 것인지에 대한 다양한 서적들이 출판되었고(안춘자, 2009; 양선희, 2010), 다양한 모형들이 개발되었다(김영희, 1997; 배정혜, 2004; 이혜경, 2010). 하지만, 한국무용정신의 구체적 모습과 그것이 가르쳐지는 구체적인 방식에 대한 본격적인 관심과 연구는 그다지 활발하지 못했다.

교육 분야에서는 오래 전부터 정신적 차원의 교육내용을 중요하게 다루어 왔다. 많은 교육학자들은 교육 내용에 두 가지 층위, 즉 기능적 차원과 정신적 차원이 있음을 밝히고, 정신적 차원에 눈을 돌려야 할 것을 강조하고 있다. 즉, '전통적 지식'(Oakeshott, 1966), '정신세계'(Dilthey, 1883), '정신'(MacIntyre, 1984) 등이 핵심적 교육 내용이 되어야 함을 주장하는 것이다. 그리고 정신적 차원을 구성하는 주 요소로 '감정, 정서, 상상, 전망, 사고, 신념, 관념, 이해, 활동, 규범, 의식, 절차' 등을 제안한다. 이러한 맥락에서 체육 분야에서도 체육의 정신적, 안목적 차원을 구현하려는 시도(최의창, 2010)와 이를 구체적으로 가르치기 위한 교수방법 연구가 행해졌다(김선희, 2004). 특히 정신적 측면이 강조되는 '무도' 종목에서 '정신성'에 대한 개념화 작업이 활발히 이루어지고 있는 실정이다(류병환, 2006; 류병관, 지치환, 2007; 송형석, 2012; 이창후, 2007; 황옥철, 양광규, 1998).

제2부
무용교육의
내용

물론, 한국무용 분야에서도 정신적 차원을 탐색하려는 연구가 미약하게나마 있어 왔다(성기숙, 2010; 이애경, 1992; 정병호, 2004; 채희완, 2000; 황경숙, 2002). 한국춤에 나타나는 전반적인 정신적 특성을 포괄적으로 살펴보는 연구가 있었으며, 특정 사상(음양오행, 태극, 삼재 사상 등)과 감정(한, 흥, 신명 등)을 집중적으로 살펴보는 연구가 있었다(김선영, 1995; 김지희, 2003; 유미희, 1989; 이유진, 2008; 이종숙, 1997). 하지만 위의 연구들은 예술적·미학적 관점에서 행해진 연구이기 때문에 교육적 상황에 적용하는데 제한이 있으며, 특정 사상과 감정 혹은 특정 작품의 정신적 차원에 대한 연구가 대부분이어서 다양한 한국무용 교육에 적용하는데 한계가 있다고 할 수 있다(박혜연, 2012).

한편, 무용의 정신적 차원을 교육적인 맥락에서 바라보려는 연구가 있었다. 홍정효(2008)는 유아를 대상으로 한 한국무용교육에서의 심(心)적인 측면의 요인에 대해 연구하였지만, 교육의 대상이 유아로 한정되어 있고, 교육내용으로서의 심도 있는 논의가 미약하며, 오현주(2003, 2008)는 한국 전통춤의 내면적 측면을 가르치기 위한 교수법에 대해 연구 하였으나, 그 초점이 교수법에 맞추어져 있을 뿐 정신의 실체 분석은 다루지 않았다. 유창경(2009)의 연구는 한국무용교육 내용으로서의 한국무용정신을 분석했다는 측면에서 괄목할만하나, 심도 있는 논의가 부족하다. 박혜연(2012)은 한국무용의 교육내용으로서 두 가지 차원을 논의하였으나, 이를 뒷받침할 만 한 경험적 연구가 절대적으로 필요한 시점이라고 할 수 있다. 한국무용이 수준 높은 예술로서 평가받고 발레처럼 세계 수준에서 인정받는 무용가를 교육시키기 위해서는 무용정신에 대한 논의를 본격화시켜야만 한다. 본 연구는 한국무용의 정신에 대한 연구이다. 한국무용의 정신은 무엇을 의미하며, 그것을 구성하는 세부 요소들은 어떤 것인가를 한국무용전문교육자들을 대상으로 심층적으로 파악하고자 한다.

II. 연구방법

본 연구는 교육내용으로서의 한국무용정신의 구성요소를 알아보고자 하는데 목적이 있다. 이는 한국무용교육이 이뤄지는 그 현상 속에 존재하는, 그 바탕이 되는 고유의 차원을 최대한

'있는 그대로' 보려는 노력이므로, 미세한 현상을 포착하도록 돕는 질적 연구방법론을 적용하였다(조용환, 1999). 이 방법론은 하나의 프로그램, 사건, 인물, 기관, 혹은 사회단체와 같은 특정 현상을 그 맥락 안에서 심층적으로 분석할 때 유용하다(Creswell, 2007). 또한, 본 연구는 Creswell(2007)이 분류한 질적 연구방법 중 하나인 '문화기술지,' 그 중에서도 심층면담 기법을 중심으로 진행하였다. 문화기술적 심층면담은 낯선 문화에 대한 끊임없는 의문들을 면담의 형태로 풀어갈 수 있도록 도우며(조용환, 1999: 119), 정보나 의견, 신념에 대한 연구 참여자의 관점을 표현하도록 유도하는 과정으로, 본 연구에 적절한 연구기법이라고 할 수 있다.

1. 연구 참여자

1) 예비조사

예비조사 참여자는 '전형적 사례 표본추출(typical case selection)' (Goetz & LeCompte, 1984)을 활용하여 한국무용 전공자 5명을 섭외하고 2010년 3월에 예비조사를 실시하였다. 이들은 공연단체, 고등학교, 대학교, 사설기관 등에서 무용교수 경력이 10년 이상 되는 한국무용교육자들로서, 교육에 대한 강한 애착과 열정을 가지고 수업의 질적 향상을 위하여 꾸준히 노력하고 있다. 예비조사를 실시하기 전, 본 연구의 목적과 방법에 대하여 참여자들에게 전화와 이메일을 통하여 알렸으며 동의를 얻을 수 있었다. 조사의 확실성을 위하여 연구 참여자 1명 당 연구자 2명이 반구조화된 면담을 실시하였고, 면담의 충실성과 신뢰성 확보를 위하여 면담의 처음부터 끝까지 녹취하였다.

2) 심층면담

심층면담 참여자는 '명성적 사례선택방법(reputational case selection)' (Goetz & LeCompte, 1984)으로 선택된 공연경력 혹은 교수경력 20년 이상의 40, 50대 저명한 한국무용교육자 8명으로 구성되었으며, 2010년 4월부터 7월까지 비구조화된 심층면담을 실시하였다. 면담의 신뢰성을 확고히 하고자 연구 참여자 1명 당 연구자 2명이 평균 약 60분간 면담을 2차 내지 3차 실시하였다. 또한 녹취로 담을 수 없는 현장의 분위기, 참여자의 감정 상태 등을 기록노트에 기록하였다. 심층면담 참여자의 기본정보는 다음 〈표 1〉과 같으며, 가명을 활용하였다.

제2부
무용교육의
내용

| 표 1 | 심층면담 참여자 기본정보

순서	참여자	직업	교육경력
1	김사상	교수	29년
2	김신명	안무가	14년
3	오정서	공연예술학과 교수	20년
4	윤감성	전 예술고등학교 전임교사	16년
5	이철학	무용과 교수	48년
6	최경지	극장장	15년
7	홍전통	무용단 예술감독	29년
8	홍이상	전 예술단 단장	27년

2. 자료수집

본 연구의 자료수집은 다음과 같이 진행되었다. '한국무용의 정신'의 개념을 탐색하기 위하여, 여러 분야의 '정신'과 관련된 개념들을 언급한 문헌들을 조사하였다. 또한, 심층면담의 진실성과 타당성의 확보를 위해 반구조화된 예비조사를 실시하여 면담 질문의 구성과 내용을 보완하였다. 심층면담은 예비조사 결과를 토대로 실시함으로써, 연구의 목적에서 벗어나지 않으면서도 참여자의 경험적이고 주관적인 관점과 해석을 이끌어낼 수 있었다. 그 구체적 과정은 다음과 같다.

1) 문헌분석

본 연구의 이론적 준거의 틀을 마련하기 위한 문헌분석을 실시하였다. 먼저, 교육전반 혹은 기타 영역에서 '정신'과 유사한 개념인 전통, 안목, 철학, 사상, 정서 등의 개념을 탐색하고, 그 개념의 구성요소로 추출된 역사, 철학, 전통, 양식, 문화 등을 고찰하였다. 다음으로, 더욱 구체적이고 관련성이 높은 영역으로 그 범위를 좁혀 체육교육 혹은 무용교육 영역에서의 정신 개념과 그 개념을 이루는 구성요소들을 연구한 문헌을 조사하였다.

2) 예비조사

심층면담의 구체화를 위하여 '반구조화된 면담'을 통해 예비조사를 실시하였다. 반구조화된 면담은 연구 목적에 따라 미리 구성된 일련의 질문체계를 가지고 질문하여 조사 참여자들의 질문에 대한 생각을 들을 수 있는 기법으로 일관성을 가질 수 있다는 장점이 있다. 문헌조사와 연구진회의를 통해 구성된 반구조화된 면담은 무용학습경험(내용 및 방법, 개선점 등), 무용교수경험(교수내용 및 방법, 교육철학 등), 해당 전공 교육의 목적과 내용 및 방법에 대한 견해, 마지막으로 무용정신의 정의 등에 대한 질문으로 이루어져 있다. 면담내용의 충실도와 신뢰성 확보를 위해 모든 면담내용은 녹취하였고, 전사를 실시하였다. 이러한 예비조사 결과를 통해 질문에 대한 일련의 일관성을 가진 개념들을 추출해 낼 수 있었으며, 연구자들이 심층면담에 필요한 경험과 기술을 확보하는 데 활용되었다. 또한 예비조사 참여자의 답변을 토대로 질문의 객관성, 타당성, 통일성 등을 고려하여 일부 질문의 구성과 내용을 수정하였다.

3) 심층면담

심층면담은 '비구조화된 면담'으로 실시되었다. 비구조화된 면담이란 연구자가 질문 사항들을 머릿속에 간직한 채 질문과 답변의 형태가 아닌 대화 형식으로 면담을 진행시키는 방법이다(이용숙, 김영천, 1998). 연구자는 이러한 과정에서 낯선 문화에 대해 끊임없이 물음들을 갖게 되고, 관찰 현장에서 그 물음들을 면담의 통해 풀어가기 때문에(조용환, 1999), 심층면담은 질적 연구의 핵심적인 연구방법이다. 면담의 내용은 무용수행 및 학습경험, 무용교수경험, 한국무용교육의 문제점 인식, 한국무용정신 인식의 네 영역으로 분류하였고, 의미의 중복성과 모호성을 줄이기 위하여 전문가 회의를 통해 핵심 의미를 추출하려는 노력을 기하였다. 〈표 2〉의 면담 문항들을 미리 숙지하고 심층면담에 임하여, 연구의 본 취지를 벗어나지 않는 범위 내에서 참여자의 무용 그리고 교육 혹은 예술에 대한 주관적인 견해를 자유롭게 구술할 수 있도록 하였다. 또한 참여자가 '정신'과 관련된 부분을 언급하는 경우, 생각의 확장을 위해 질문을 함으로써 더욱 구체적인 대화를 가능케 했다.

제2부
무용교육의
내용

|표 2| 면담 내용

영역	면담 내용
무용수행 및 학습경험	- 무용수행 입문시기 - 무용전공결정시기 및 기간 - 기억에 남는 무용학습상황 및 지도방식
무용교수경험	- 무용교수기간 및 형태(전문무용, 학교무용, 생활무용) - 무용교수 유형(설명, 시범, 언어사용, 교재활용 등) - 무용교수시 주안점 - 무용교수경험이 현재 자신에게 미치는 영향 등
한국무용교육의 문제점 인식	- 한국무용 교육 내용의 문제점 - 한국무용 교육 방법의 문제점 - 한국무용 교육자의 문제점 - 현 무용교육에 대한 의견
한국무용정신 인식	- 다른 무용장르와 차별화된 특징 - 한국무용의 정신 - 정신적 부분의 표현과 그 지도방법 - 한국무용정신에 대한 직접적 경험, 간접적 경험

3. 자료 분석 및 해석

수집된 자료의 분석 및 해석은 '현상의 구조를 파악하는 작업(조용환, 1999)'으로, 질적 연구에서 가장 중요한 부분이라고 할 수 있다. 또한, 수집된 자료에 일련의 질서, 체계, 의미를 부여하는 과정이다(Marshall & Rossman, 1989). 양적연구에서의 자료 분석과는 달리 자료수집과 분석이 동시에 일어나는 과정이며, 이 과정들은 회귀적이고 반복이며 역동적이다(김윤옥, 2001). 즉, 수집된 자료가 분석 결과에만 영향을 미치는 것이 아니라, 각 자료들이 순차적 또는 동시적, 혹은 역순으로 서로에게 영향을 미친다는 것이다. 이에 본 연구는 이용숙과 김영천(1998)이 분류한 전사, 코딩(주제별 약호화), 주제의 발견이라는 3가지 과정으로 분류하여 진행하였다.

본 연구에서는 추출한 원자료의 중요성, 관련성, 계열성을 고려하여 범주화한 결과, 4가지 차원으로 분류되었으며, 각 차원의 하위범주는 문헌고찰로 밝혀진 '정신'의 개념과 면담을 통해 새롭게 구성된 의미들을 지속적으로 탐색하는 과정 중에 발견되었다. 또한, 차원 내 구성요소간의 관계 혹은 차원 간의 의미 체계를 탐색하여 각 차원들이 복합적인 관계를 가지고 얽혀있으며 함께 작용하는 것을 알 수 있었다. 본 연구자들은 이러한 전 과정에서 연구의 진실성과 타당성을 높이기 위해 지속적인 연구진 회의와 전문가 검증의 기회를 가졌으며, 연구의 윤리적인 문제도 고려하였다(Glesne & Peshkin, 1992).

문헌 자료 고찰을 통해 이론적 준거 틀을 마련할 수 있었고, 이러한 자료의 토대 위에서 심층면담 자료를 부호화시켜 범주화하였으며, 분류에서 제외된 내용들은 재검토를 거쳐 재분류하였다.

III. 한국무용정신의 구성요소

한국무용 교수과정에서 핵심적으로 가르쳐야할 내용으로서의 정신은 신체적 차원, 인지적 차원, 감성적 차원, 영성적 차원으로 구성된다. 한국무용정신의 4가지 차원에 대해서 구체적으로 살펴보면 다음과 같다.

1. 신체적 차원

한국무용의 정신에는 신체적 차원이 존재한다. 신체적 차원이란, '자신의 신체와 동작의 원리에 대한 이해와 적용의 차원'을 말한다. 동양의 무용에서는 분석된 신체의 움직임, 춤의 기교를 가르치는 경우가 없고, 그것이 가능할 수 있도록 하는 마음의 상태를 가르치는 것을 주 교육 내용으로 한다(한혜리, 2000). 하지만 면담을 통해 대부분의 참여자들이 한국무용에서 신체와 동작을 한국무용정신의 일부분으로 바라보고 있음을 알 수 있다. 신체적 차원을 한국무용정신의 일부분으로 보는 것에는 '기술의 정신성' 때문이라고 말한다. 한국무용에서의 신체와 기술은 태생적으로 정신과 떼려야 뗄 수 없는 불가분성을 지닌 총체적 성질의 것이라는 입장이다. 또한 한국무용정신의 일부분으로서의 신체적 차원이란 우리가 일상적으로 생

제2부 무용교육의 내용

│표 3│ 한국무용정신의 구성요소

목적 \ 내용	신체적인 측면			정신적인 측면	
	(기술관련) 호흡, 원리 (신체관련) 총체적 신체 인식			(문화관련) 역사, 철학, 예술, 종교 (예술관련) 음악, 본식, 건축, 서화	
기술성	총체적 성질의 신체와 자연스러운 호흡 중심으로 이루어진 동작의 원리를 이해하고 적용하는 차원	신체적 차원	1 2 인지적 차원		한국무용을 둘러싸고 있는 철학, 역사, 종교, 풍습, 그리고 다양한 예술 등 문화적인 측면을 관통하고 있는 본질을 꿰뚫어 볼 수 있는 안목적 차원
예술성	한국무용 동작이나 음악에 내재된 한, 흥, 절제 등을 포함한 다양한 감정과 정서를 주관적으로 해석하고 탐구하며 표현하는 차원	감성적 차원	3 4 영성적 차원		한국무용을 통한 황홀경, 무아지경, 신명, 선 등의 경지를 체험하고, 이를 제대로 하기 위한 예도 등의 마음가짐을 갖는 차원
	(동작관련) 한, 흥, 절제 (음악관련) 한, 흥, 절제			(태도관련) 예도, 인내, 절제, 배려, 성실 (이상관련) 신명, 황홀경, 소요유, 무아지경	

각하는, 정신적인 차원이 결여된 협의적 의미의 기술이 아닌 정신성을 내포한 광의적 의미의 기술이라고 말한다.

  굉장히 홀리스틱 한 것인데 이미 이것을 분리시켜서 본다는 것 자체가 사실 상당히 어렵지. 일번 가설, 무용의 정신은 기술을 통해서 드러난다. 두 번째, 무용의 정신은 기술을 통해서 드러나는 것이 아니라 이미 정신은 기술 안에 내재되어 있어서 그것은 분리할 수 없다. 이런 두 관점은 다른 이야기거든? 출발선이. 근데 나는 사실은 내가 체험한 경험은 후자야(김신명, 100408, 2차면담).

  정신적인 것, 함양적인, 성격적인 것이 아니라 이런 것까지도 기술, 더 큰 의미의 확장된 기술, 우리가 생각하는 협의의 기술이 이런 테크닉이라면 말하자면 정신까지도 표현한 게 정말 그게 기술이에요(김신명, 100408, 2차면담).

신체적 차원에서 기본적으로 중시되는 것이 신체, 즉 몸을 바라보고 이해하는 관점이라고 말하고 있다. 특히 한국무용의 경우는 위에서도 언급하였듯이 정신과 유리된 물리적 존재로서 신체를 이해하는 것이 아니라, 정신을 담고 있는 존재로서 즉 정신이 반영된 총체적 존재로서 신체를 이해하는 것이 중요하다고 말한다. 이러한 신체를 이해하는 방식이 결국 핵심적인 정신이며, 이것이 선행되어야 춤의 원리를 제대로 이해할 수 있으며, 자연스럽게 행해질 수 있다고 한다. 전통을 계승하기 위해서는 몸을 이해하는 방식이 필요하다고 역설하고 있다.

> 한국춤을 하면서 몸을 이해하는 방식, 자연을 이해하는 방식, 춤을 이해하는 방식이 하나의 일련의 방식이라는 것을 알게 되었지. 원리에 기초한 몸을 이해하는 방식, 미의식 안에서 자연스럽게 나오는 거야. 그것이 변질이 안 되는 것이 전통을 계승하는 것이라고 생각해. 전통을 계승한다는 것은 순서를 계승하는 것이 아니라, 그 핵심을 보고 있어야 하는 것이야. 핵심적인 가치를 보려고 해야지, 아니면 그것은 의미가 없어(오정서, 100409, 1차면담).

무용이란 결국 신체를 이해하는 방식을 바탕으로 미적인 움직임을 펼쳐내는 것이다. 무용의 장르마다 미적인 움직임 형태가 있고, 미적인 움직임을 운용케 하는 규칙이 있다. 그것을 움직임의 원리(原理)라고 한다(Kassing & Jay, 2003; Laban, 1974). 연구 참여자들은 한국무용에서는 특정하고 명확한 미적인 움직임 형태가 없기 때문에 원리를 더 강조해야 함을 주지한다. 한국무용 동작의 원리는 형식이 없는 것, 그것이 원리이며 가시적인 동작과 기술이 아닌 정신적인 측면이 드러나야 하는 것이 핵심적인 원리라고 말하고 있다.

> 한국무용은 단순히 동작을 형식에 맞춰 가르쳐서는 안돼요. 그 동작을 하게 되는 원리가 무엇인지를 강조하는 것이 중요해요(윤감성, 100406, 1차면담).

> 한국춤은 테크닉이 없는 것이 테크닉이야. 한국무용은 정신적인 것을 하는 것이 테크닉이야. 한국춤은 무형식의 형식, 우린 직접적으로 거기로 가는 거야(윤감성, 100411, 2차면담).

한국무용에서는 동작을 운용케 하는 핵심적인 원리로서 호흡을 강조한다(김영희, 1997; 양

제2부
무용교육의
내용

선희, 2010; 임학선, 1998, 2003). 참여자들 또한 호흡이 한국무용의 정신을 담아내는 중요한 원리임을 언급한다. 표면적인 기술과 동작, 그리고 내면적 정신인 정서를 이어주는 매개체로서 호흡이 중요한 역할을 한다고 말한다. 특히 한국무용은 기교적인 부분, 특정한 기술적 측면이 크지 않기 때문에 호흡의 원리에 심혈을 기울이는 것이 중요하며, 호흡을 할 때 그 안에 담겨진 정서가 자연스럽게 묻어나올 수 있도록 하는 것이 중요함을 역설하고 있다.

> 호흡이 중요하다는 것은 나뿐만 아니라 한국춤을 추는 모든 사람이 동감할거에요. 한국춤은 특히 항상 정중동 이런 말 굉장히 많이 말하기는 하지만, 사실 그 이면에는 호흡의 원리가 있죠. 호흡이라는 것은, 곧 감정인 것 같아요. 호흡이 정신을 담아내는 방법이에요. 보이지 않는 음까지 호흡을 하도록 가르쳐요. 그것이 한국춤의 정서인 것 같아요. 한국춤은 기교적인 부분이 크지는 않아요. 호흡을 아래위로 호흡하면서, 길게 짧게 하는 것이 대부분이죠. 다리 힘과 자세, 호흡, 정서가 묻어나올 수 있게 하는 것이 중요한 것 같아요(김사상, 100507, 2차면담).

요컨대, 한국무용정신의 신체적 차원이란 '총체적 성질의 신체와 자연스러운 호흡 중심으로 이루어진 동작의 원리를 이해하고 적용하는 차원'을 말한다는 것을 알 수 있다. 이러한 연구결과는 홍정효(2008)가 '신(身)', 즉 신체를 한국춤의 주요한 정신으로 간주하고, 몸짓과 호흡을 한국춤의 핵심적 정신이 담겨있는 것으로 바라본 것과 일맥상통한다. 또한 정병호(2004)와 채희완(2000)이 한국무용의 핵심적 정신으로 수족상응, 정중동, 호흡 등의 동작 원리를 꼽은 것과도 같은 맥락이라 할 수 있다. 한국무용정신이란 눈에 보이지 않는 비가시적인 것뿐만 아니라 정신이 발현된 가시적인 신체적 측면까지를 포함하는 개념으로 바라볼 수 있다는 것을 알 수 있다.

또한 신체적 차원의 정신은 '기술적 차원'의 정신이라고 할 수 있다. 무용을 실현하는데 있어서 기술성의 차원과 예술성의 차원이 공존해야 한다(Carr, 1997). 무용이 하나의 예술로 존재하기 위해서는 그 장르만의 독특한 기술적 차원이 필연적이라고 할 수 있다. 정신성이 내재되어 있는 불가분적인 특성을 지닌 신체를 이해하고, 무형식의 원리 그리고 자연스러운 호흡 중심으로 이루어진 원리를 이해하고 움직임에 적용할 수 있는 능력을 함양한다면 예술적 차원의 무용을 할 수 있는 발판을 마련할 수 있을 것이다.

2. 인지적 차원

한국무용의 정신에는 인지적 차원이 존재한다. 인지적 차원이란, '무용을 둘러싼 문화적인 요소들에 대한 통찰의 차원'을 말한다. 단 하나의 개체 혹은 사람을 이해하기 위해서는 그것을 둘러싸고 있는 맥락에 대한 이해가 선행되어야 한다(조용환, 1999). 주변에 대한 맥락적 이해 없이는 그 대상을 명확하게 이해했다고 할 수 없다. 이것은 모든 것이 절대 독립적으로 존재하는 것이 아니라, 주변의 상황과 환경에 영향을 받는다는 명제적인 사실 때문이다. 참여자들은 한국무용정신의 주요한 차원으로 한국무용을 둘러싸고 있고 뿌리 깊이 박혀 있는 문화적인 측면을 꿰뚫어 볼 수 있는 안목이 필요함을 말하고 있다. 한국 문화를 관통하고 있는 본질에 대한 이해 없이 단편적인 동작과 기능만으로는 온전하게 한국무용을 아는 것이라 말할 수 없다고 단언한다.

> 한국무용의 정신은 한국인의 정서와 맞닿아 있어요. 그것이 예술에 반영된 것이죠. 기본적인 정신의 맥락은 한국이라는 거대한 땅덩어리에서 살고 있는 한국인의 통용된 정신에서 가지를 친다면 그것은 이해가 되요(윤감성, 100411, 2차면담).

> 우리나라의 전통을 생각했을 때, 문화가 가지고 있는 정신이 한국무용의 정신이라고 생각해. 한국학이라든지 한국문화를 안다면 한국무용의 정신은 당연히 아는 게 아닐까?(홍이상, 100418, 2차면담)

> 형만으로는 해결이 안 되지. 형이라는 것은 그것이 갖고 있는 동작적 의미, 철학적 구조에서 나오는 것이지. 그것은 문화며, 뿌리인 것이지. 뿌리에 대한 이해 없이 맛이 나오지 않지 (오정서, 100416, 2차면담).

그렇다면 한국무용을 둘러싸고 있는 문화적 요소란 무엇을 말할까? 참여자들은 철학, 역사, 종교, 풍습, 그리고 다양한 예술이 바로 그것이라 말하고 있다. 한국무용을 둘러싸고 있는 철학, 역사, 종교, 풍습, 그리고 다양한 예술 등 문화적인 측면을 관통하고 있는 본질을 내다볼 수 있는 안목이 필요함을 강조한다. 우선 한국무용은 대한민국이라는 지리적 사회적인 환경

제2부
무용교육의 내용

속에서 발생한 것이기 때문에, 한국철학에 대한 이해가 중요하다고 말한다. 유교, 불교, 도교, 성리학 등의 한국철학에 대한 이해는 한국무용을 다른 차원으로 바라볼 수 있는 안목을 갖게 해주며, 핵심적으로 담아내야 할 정신이 무엇인지를 일깨워 주는 중요한 요인이 된다고 한다.

> 한국철학이 바탕이 되어야 한다는 것을 깨닫게 되었지. 춤을 철학적인 시각, 다른 차원에서 볼 수 있게 해주었지. 그렇다면 핵심이 무엇이지? 이런 고민을 하게 되었어(오정서, 100416, 2차면담).

철학과 함께 역사를 주요한 문화적 요소로 꼽고 있다. 특히 한국무용의 각각의 작품은 서로 다른 역사적인 상황 속에서 만들어졌다(성기숙, 2005; 이영란, 2011; 정병호, 1999). 각 작품마다 상이한 역사적 배경을 가지고 있기 때문에, 그 춤이 발생한 역사적인 맥락을 이해하는 것은 춤에 대한 이해와 깊은 의미 및 감정 등을 표현하는데 중요하다고 말한다. 역사적 지식을 단편적으로 얕게 아는 것이 아니라, 역사적 상황이 춤과 어떠한 관련을 맺고 있는지, 본질을 깨달을 수 있는 깊은 차원의 이해가 필요함을 역설한다.

> 역사성을 아는 것이 중요해요. 역사성을 갖지 않고 그냥 막연하게 하게 되면, 본연의 깊이를 알 수가 없어요. 살풀이춤을 춘다면, 살풀이춤이 시작된 것은 권번시절에 기방에서 추어졌던 춤으로만 알아요. 살풀이춤이 추어질 때는 음악, 춤추는 사람, 감정, 발생된 뿌리 특히 역사를 깊이 이해해야 그 냄새를 풍기고 그 동작을 할 수 있는데, 단지 '기방에서 추어지고, 정중동이 중요하다' 이런 것만으로는 안 된다는 것이죠(이철학, 100515, 1차면담).

또한 중요한 문화적 요인으로 민속 신앙과 풍습을 말하고 있다. 한국무용은 분류학적 계통으로 보았을 때 '순수무용'이 아닌, '민속무용'에 속한다(정병호, 1991; 허영일, 1999). 이는 민속적인 특징이 깊이 반영된 춤이라는 뜻을 내포한다. 한국의 다른 기타 예술도 물론 그러하겠지만, 한국무용의 경우 민속 신앙과 깊게 맞닿아있다. 민속 신앙에서 지향하고 있는 이상향과 그 안에 담긴 정서가 춤에 고스란히 반영되는 것이다. 또한 지역의 다양한 풍습이 한국무용 춤사위에 많은 영향을 미친다고 말한다. 한국무용의 경우 전라도, 경상도 등의 각 지역별 춤사위가 독특한 색채를 나타낸다(정병호, 1999). 춤사위의 독특한 색체를 드러내기 위해서는 춤을 둘러싼 민속 신앙과 그 지역의 풍습에 대해 깊이 통찰해야 함을 강조하고 있다.

> 우리나라의 민속적인 신앙에 의해 춤사위가 달라진 것에 대해 연구하길 바랍니다. 한국무용을 한다면, 이것이 종합예술이라서, 민속적, 국문학적, 사학적인 것도 해야 해요(이철학, 100515, 1차면담).

> 민속무용은 전라도 지방의 춤사위, 경상도의 춤사위가 지역별로 춤사위가 달라요. 또 전라도 지방의 춤사위 안에서도 다 달라요. 그 지역의 풍습(속)에 따라서 생각하는 게 다르고, 그에 따라서 춤사위가 달라져요. 그래서 그 지역의 풍습을 깊게 이해하는 것이 너무 중요하죠(이철학, 100515, 1차면담).

철학, 역사, 민속 신앙과 풍습뿐 아니라 한국예술에 대한 통찰도 중요함을 강조한다. 특히 우리나라의 경우 가무악(歌舞樂)이 일치된 형태의 예술이 많이 행해졌기 때문에, 무용과 음악은 매우 밀접한 관계가 있었다(정병호, 2004). 그것은 비단 한국무용 장르만에 국한 된 것이 아니다. 음악예술에 대한 이해는 춤에 대한 이해를 깊게 해주는 좋은 통로가 된다고 말한다(우광혁, 2000). 또한 무용은 사람이 예술의 주요한 매개체이기 때문에 예술의 주 매체인 사람이 복식을 갖춰 입게 된다. 각각의 한국무용 작품마다 그에 맞는 다른 의상을 갖추게 된다. 그렇기 때문에 한국복식에 대한 이해와 통찰이 중요한 부분이라고 말한다. 무용과 실제적으로 깊게 관련 있는 음악과 복식뿐 아니라, 서화, 조각, 공예 등의 한국미술, 그리고 한국의 복식과 건축까지 공통적으로 관통하는 '대한민국'이라는 맥을 깊게 이해하는 것이 한국무용을 이해하는데 매우 도움이 된다고 말한다.

> 한국무용 자체는 정재만 보더라도 가무악이 일체되어 행해졌기 때문에, 거기서 음악만, 무용만 하나로 따로 떼어서 생각한다는 것이 있을 수 없는 것이지. 그러다보니 티칭을 할 때도, 어떻게 하면 한국무용을 잘 가르칠 수가 있을까를 생각해보면, 한국의 복식, 건축, 서화, 조각, 공예, 음악 등을 알아야 하는 것이야. 이러한 게 모두 한 통으로 연결되고 전승되어온 것이지(홍이상, 100418, 2차면담).

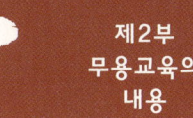

제2부
무용교육의
내용

요컨대, 한국무용정신의 인지적 차원이란 '한국무용을 둘러싸고 있는 철학, 역사, 종교, 풍습, 그리고 다양한 예술 등 문화적인 측면을 관통하고 있는 본질을 꿰뚫어 볼 수 있는 안목적 차원'을 말한다는 것을 알 수 있다. 이들은 모두 한국문화라는 측면에서 공통점을 지닌다고 할 수 있다. 한국무용도 결국 한국이라는 지역적, 사회적, 시간적 환경에서 형성된 하나의 문화이다(김말복, 2010; 우실하, 2007). 한국문화의 하나인 한국무용을 이해하기 위해서는 공통적 특성을 지닌 다양한 문화를 통합적이고 맥락적으로 바라봄으로써, 한국무용을 더 깊이 이해하기 위한 안목을 갖추는 것이 중요한 것이다.

홍은숙(2007)이 말한 바에 따르면 이들은 모두 실천전통에 해당한다고 볼 수 있다. 오랜 시간 동안 깊이 쌓여온 하나의 전통으로서 한국무용을 이해하고, 수행하기 위해서는 이러한 한국의 실천전통들에 대한 깊은 성찰이 필요하다고 할 수 있다.

3. 감성적 차원

한국무용의 정신에는 감성적 차원이 존재한다. 감성적 차원이란, '무용에 대한 주관적인 해석과 탐구의 차원'을 말한다. 무용예술은 다양한 감정과 사상을 미적인 움직임으로 표현하는 예술이다(김화숙, 2010; 문영, 1997; Gray, 1989; Koff, 2000; McFee, 1994). 이를 위해서는 무용에 있어서 그 안에 담겨 있는 감정들을 치밀하게 읽어내고 해석하여, 풍부하게 표현해내는 것이 중요하다. 무용작품이 아무리 많은 감정들을 담고 있다 하더라도, 결국 그것을 깊이 있게 연구하여 표현하지 않으면 박물관에 박제된 그림에 불과할 것이다. 대부분의 참여자들은 한국무용이 그 안에 담긴 정서와 사상, 감정들이 배제되고 있는 현 상황에 대해서 깊은 우려를 표명한다. 순서와 동작에만 집중하고, 그 안에 담겨진 것들에 대해 탐구하고 깊이 표현하려고 하지 않는 현 세태를 비판하고 있다.

> 지금 와서는 우리의 정서는 다 사라졌죠. 보여지는 것만 남았죠. 그 때의 사상은 다 사라지고, 지금은 겉에 있는 껍데기만 남아있는 것이죠(윤감성, 100411, 2차면담).

참여자들은 이러한 문제점의 대안으로 한국무용의 작품과 동작에서 담아내고 있는 감정과 주제를 읽어내야 한다고 말하고 있다. 특히 한, 홍, 절제 등의 다양한 감정과 춤이 표현하고자 하는 주제들을 명확히 해석해 내는 것이 필요하다는 것이다. 이러한 한국무용에 내재된 감정과 표현하려는 주제는 '한국인, 한국문화'와 밀접한 관련을 맺고 있다고 한다. 다시 말해 작품 안에 담겨진 한국문화권 안에서 살고 있는 사람들의 일반적인 감성, 그리고 그것들을 표현한 주제들이 한국무용정신의 중요한 부분이라고 주장한다고 할 수 있다.

　　우리 춤의 정신은 한, 홍, 멋, 태로 나눌 수 있어요. 우리의 정서, 한, 홍, 멋, 태, 혹은 무용인들이 가져야 하는 기본적인 심성, 이런 것들이 바탕이 된다면 한국무용의 정신이라고 할 수 있죠(윤감성, 100406, 1차면담).

　　그동안의 살아온 수 천 년 역사에 녹아있는 우리가 가지고 있는 성향, 성품, 성격, 이런 것이 한국인의 정서지. 유교정신, 종교, 남존여비 사상. 거기에서 표현하고 싶은 여인네의 한이 발생할 수밖에 없지(윤감성, 100411, 2차면담).

　　한국무용의 작품은 다양한 감정들을 담아낸다. 각 작품마다 표현하려는 감정이 다른 것이다. 한국무용은 궁중무용, 민속무용, 종교무용 등으로 분류된다(정병호, 1999). 참여자들은 각 분류에 해당하는 춤이 행해지는 장소, 목적, 시기 등에 따라서 그것이 표현하고자 하는 감정이 매우 상이하다고 말하고 있다. 또한 작품이 본래적으로 담고 있는 의미가 있지만, 그것이 매우 중층적이기 때문에 해석하는 사람에 의해서 충분히 변화될 수 있는 여지가 있음을 강조한다. 다시 말해 한국무용의 분류에 따라, 세부적으로는 그 작품에 따라 담고 있는 사상과 감정이 다르고, 춤추는 사람이 깊이 탐구 하고 다양한 차원으로 읽어내는 것이 중요함을 주장한다.

　　정재는 왕에게 모두 받치는 것이기 때문에, 나를 버리게 하는 것이 중요하죠. 감정을 절제하고, 예를 갖추고, 자세도 바르고, 정정당당하고, 정직한 모습을 표현하는 것이 중요하죠. 민속무용은 정재와 달라요. 나를 보여주는 것이죠(이철학, 100515, 2차면담).

　　춤마다 다 다르다고 봐. 살풀이가 씻김굿에서부터 나온 것이기 때문에 역으로 들어가서 망

제2부 무용교육의 내용

자의 혼이 한일 수 있고, 살아가는 사람들의 삶이라는 현장 그 자체가 한일 수 있잖아. 그 한도 어느 각도에서 보느냐에 따라 다르잖아. 하나의 의미가 아닌 것이야. 너무도 많은 중층적인 의미를 가지고 있어. 그러한 복잡한 한국인이 갖고 있는 정서, 문화, 바로 그것을 담아서 풀어내는 것이 춤인 것 같아. 정해져 있는 것은 없어(홍전통, 100503, 2차면담).

한국무용 작품에 담긴 다양한 감정과 정서를 그냥 '아는' 차원에서 머무르는 것이 아니라 그것에 완전히 '동요되어 합일되는' 것을 강조한다. 이를 위해서는 '탐구하고 해석하는' 활동이 필요함을 주장한다. 깊이 탐구하고 해석하여 춤에 담긴 깊은 차원을 알지 못한다면 춤으로 온전하게 표현할 수 없다는 것이다. 감성적 차원의 정신을 발휘하였을 때에는 단순한 신체적 움직임만을 행했을 때보다 질적으로 절대적인 차이가 난다고 말한다.

　　표현을 할 때 정서가 충분히 녹아들어가야 해요. 과거의 감정, 정서를 생각하고, 그것을 대입하여 춤 출 수 있도록 했어요. 내 학생들은 굉장히 춤을 잘 췄어요. 그 춤을 이해했거든요. 그 음악에는 그 동작밖에 안 나오게 해야 해요. 춤에 자기 자신이 녹아날 수 있도록 했어요(윤감성, 100411, 2차면담).

　　그 춤을 추면서 충분히 감정이입이 될 수 있게끔, 이 사위는 왜 하며, 수건은 왜 들었는지 알아야하고, 그 수건 자체는 나의 분신이면서 한의 덩어리라 생각하라고 말하죠. 그래서 그것을 버릴 수도 없고, 단순히 던져놓고 다시 되돌아와서 그것을 보고 어르면서 다시 짚죠. 그렇지만 그것을 왜 다시 짚는지 생각 없이 짚는 사람이 많죠. 그것에 대해서 분명히 알아야 합니다(최경지, 100506, 2차면담).

　　무용수 자신이 그걸 느껴야 해요. 살풀이 수건을 떨어뜨릴 때 그렇다면 자기 마음이 떨어지는 것 같이 하는 것이 중요해요. 그 마음이 떨어지는 느낌, 그 안에 담긴 느낌 자체는 개개인마다 다 다른 것이지. 그러나 마음이 함께 추는 것과 몸으로만 추는 것은 차원이 다른 것이에요(홍전통, 100503, 2차면담).

또한 참여자들은 한국무용에 담겨져 있는 다양한 감정과 의미들은 음악을 통해서도 읽어낼 수 있다고 말한다. 음악에 한국무용의 정신이 담겨 있는 것이다. 음악의 흐름, 선율, 내포되어 있는 감성과 감정을 탐구하고 해석하며 온 몸으로 느끼는 것이 중요하다고 언급한다. 무용은 종합예술이다. 그 중에서도 특히 음악예술과 밀접한 관련을 맺는다(김은수, 1996; 황준연, 1994). 대부분의 무용이 음악과 함께 작업이 이루어지며, 특히 한국무용의 경우에는 전통적으로 가무악(歌舞樂)이 혼합된 형태로 무용이 행해져 음악과 더욱 깊은 관련성을 지니기에 다음과 같이 언급하는 것으로 사료된다. 또한 다수의 한국무용 작품이 음악이 먼저 만들어진 음악에 맞추어 안무된 것이기 때문에 음악의 감수성을 탐구하고 해석하는 것이 중요하다고 말한다.

> 춤추는 사람도 음악을 연구해야 해요. 음악의 흐름을 알아야 해요. 음악마다 흐름, 선율, 내포되어 있는 감성과 감정이 달라요. 타령이라고 한다면 타령이 어떠한 감수성을 가지고 있는지를 느껴야 해요(이철학, 100524, 2차면담).

> 전통춤은 음악에 그 정신이 어느 정도 담겨 있어. 음악의 선율과 전혀 무관하지 않아. 창작품은 조금 다르지. 전통춤은 거의 서민 음악에서 끄집어 낸 것, 아니면, 궁중 무용도 음악이 먼저 있잖아. 수재천도 음악이 먼저 있은 다음에 춤이 나왔잖아. 특별히 어떤 춤을 위해서 음악이 만들 진 경우는 그리 많지 않아. 승무도 진양, 도드리, 염불도 이미 있는 것을 빼내서 만든 것이라 그것에 맞게 추는 것이 첫 번째지(홍전통, 100503, 2차면담).

요컨대, 한국무용정신의 감성적 차원이란 '한국무용 동작이나 음악에 내재된 한, 흥, 절제 등을 포함한 다양한 감정과 정서를 주관적으로 해석하고 탐구하며 표현하는 차원'을 말한다고 할 수 있다. 한국무용의 정신에 대해 오랜 시간 동안 연구해 온 정병호(2004)과 채희완(2000) 또한 한국무용 안에 내재된 신명, 자유, 흥 등의 다채로운 감정들을 주요한 정신으로 바라보고 있다. 이들이 제시한 한국무용의 감정은 본 연구의 결과와 비교였을 때, 한국이라는 문화적인 맥락 안에서 발생한 주요한 감성이라는 점에서 공통점을 지닌다. 이러한 점에 의거하여 한국무용 안에 담겨진 한국인의 다양한 감정과 정서를 입체적으로 읽어내는 것이 한국무용의 정신을 이해하는데 매우 중요한 부분임을 알 수 있다.

무용이란 결국 기술(craft)이 아닌 예술(art)이다. 기술을 예술의 차원으로 이끌어주는 것이

제2부 무용교육의 내용

바로 감성적 차원이다(Hjort & Laver, 1997). 무용이 가지고 있는 객관적인 기술성의 차원을 한 차원 높게 승화시키기 위해서는 그것에 내재된 다양한 감정들을 읽어내고, 내면화하여, 움직임으로 표현하는 것이 중요하다.

4. 영성적 차원

한국무용의 정신에는 영성적 차원이 존재한다. 영성적 차원이란 '무용을 통한 체험의 경지와 이를 제대로 수행하기 위한 마음가짐의 차원'을 말한다. 대부분의 참여자들은 무용을 통해 높은 경지의 체험을 하는 정신적 차원이 한국무용의 주요한 정신임을 주장한다. 황홀경(恍惚境), 무아지경(無我之境) 등이 바로 그것이다. 현실을 벗어나 다른 차원의 세계에 있는 것과 같은 체험, 혹은 내가 들고 있는 소도구와 내가 일치되는 것과 같은 체험을 한다. 다시 말해, 춤에 깊이 몰입되어 현실과 이상, 소도구와 나, 이것과 저것의 경계와 구분이 없는 경지에 도달하게 된다고 말할 수 있다.

> 내 개인적으로는 그랬을 때 몸의 상태는 내 몸을 내가 지각하는 수준이 초 지각으로 초 신체자각의 상태로 들어가는 것이지. 그걸 황홀경이니, 엑스터시니 이렇게 표현하잖아. 그런 상태가 무용의 정신이야. 나는 어릴 때 수업 시간에 그 세계에 빨려 들어가는 황홀 체험을 해서, 하고 나오면 나는 애들하고 조금 다른 영역에, 공간에 있다는 것을 확신했어(김신명, 100408, 2차면담).

> 살풀이 수건을 출 때도 나랑 살풀이 수건이 다른 게 아니라, 수건이 곧 내가 되어야 하는 거잖아. 단지 내 손에 들려 있다 뿐이지. 그게 곧 나여서 그게 뿌려지고 그것으로 감싸고 하는 것이지. 부채가 곧 나여야 하고, 장구가 곧 나, 내가 곧 장구가 되어서 같이 움직이는 경지에 다다라야 해(홍전통, 100503, 2차면담).

황홀경, 무아지경과 유사한 개념으로 신명의 경지를 언급한다. 여기서 말하는 신명이란 상투적으로 해석되는 협의적 개념의 신명이 아니다. 다양한 스펙트럼의 신명을 말한다. 한국무용에서 신명이라 함은 일반적으로 가슴 속에 응어리진 한이나 왜곡되고 억압된 것을 지워버리는 카타르시스적 기능이 포함되어 있다(심혜경, 2000; 조동일, 1997). 여기서 한 걸음 나아가 면담자들은 신명을 자신 안으로 깊이 집중한 고요한 상태, 자신의 마음자리를 되돌아보며 내재된 문제와 감정들을 해소하는 상태, 이로써 온전히 자신의 목소리를 낼 수 있는 힘을 갖게 되는 상태 등의 의미로 포괄적으로 바라보고 있다. 신명의 성격은 그것을 경험하는 이들마다 매우 다르게 나타날 수 있다고 말한다. 하지만 초 지각 상태로 접어들어 다른 차원의 세계를 경험한다는 의미에서 볼 때 황홀경, 무아지경과 유사한 측면이 있다고 할 수 있다.

나는 신명이 가장 중요하다고 생각해. 나는 신명체험을 내 안에 '한'풀이가 되어야 신명이 된다고 생각해. 살을 풀려면, 나한테 있는 문제가 무엇인지를 들여다보게 되는 것이야. 장단을 타면서 자기 안에 집중하는 거야. 그것을 통해 내 안에 있는 '한과 액'들이 풀려나가면, 그제 서야 '내(나)'가 보이면서 신이 나는 것이야. 그렇기 때문에 결국, 예술교육, 신명체험을 통해서, '자기'로 서게 되는 것이야. '나'를 말할 수 있는 상태가 되는 것이지(오정서, 100409, 1차면담).

한국무용의 정신은 신명이지. 말로 표현하면, 신명이 담고 있는 색깔이 무엇이냐는 것이지. 어떤 사람은 뒤집고 엎어져야 신명이 나고 어떤 사람은 기도하는 속에서 깊이 가서 침묵할 때 신명이 날 수도 있는 것이야. 구조가 다른 것이야. 사람마다 다른 거야. 나의 신명은 기도일 수도 있을 것 같아. 그건 사실 신명이라기보다는 그것보다 더 엄청난 것이지(홍이상, 100410, 1차면담).

이것은 흡사 종교에서 다다르고자 하는 이상향의 차원과도 맞닿아 있다고 말한다. 종교라는 것이 결국 이상적으로 추구하는 선의 경지에 도달하고자 하는 것을 목적으로 한 활동이라고 보았을 때, 자신을 수양하고 최고의 선에 이르고자 하는 한국무용의 이상과 어느 정도 상통한다고 할 수 있다. 이는 우리나라가 삼국시대부터 한나라에서 유불도 사상을 받아들여 생활과 다양한 분야에 적용하고자 한 역사적 맥락과 관련이 있는 것으로 사료된다(최준식, 2002; 허영일, 2011).

다르지 않다고 생각해요, 정점은 같다고 생각해요. 종교도 그렇잖아요. 형식은 다르죠. 그

제2부
무용교육의
내용

렇지만 궁극적으로 만나는 것은 똑같죠. 착실하고 선을 향해서 나아가야 하고...우리 예술도 하는 방식과 형식은 다르지만, 추구하는 것은 똑같아요(최경지, 100506, 2차면담) .

황홀경, 무아지경, 신명, 선 등의 높은 차원의 경지를 체험하기 위해서는 이를 위한 마음가짐이 필요하다고 말한다. 특히 한국무용을 하는 사람의 기본적인 마음가짐으로 예도(禮度)를 꼽는다. 예도란 예의와 법도를 아우르는 말로, 무용을 하는 사람으로서 지켜야 할 예의와 기본적인 원칙을 말한다고 할 수 있다. 이는 뛰어난 무용가에게 요구되는 내적요인으로 간주되는 '무용성격, 무용태도'(김윤진, 2004; 오레지나, 2005)와 밀접한 연관이 있다. 면담자들은 선생님과 동료를 예의 있게, 배려를 가지고 대하는 마음뿐 아니라 무용소품과 의상까지 소중히 대하는 마음에 이르기까지 다양한 차원의 예도의 마음가짐을 내면화 하는 것이 선행되어야 함을 강조하고 있다. 이러한 마음가짐이 있어야만 뛰어난 수행을 할 수 있을 뿐 아니라, 위에서 언급한 높은 차원의 경지를 체험할 수 있게 된다고 말한다.

> 춤을 추는 마음을 강조해요. 기본적으로 자세, 심성을 강조해요. 예와 도가 있어야, 진정한 무용가로 성장할 수 있다고 생각해요. 예와 도를 스스로 갈고 닦는 게 기본이 되면, 그 다음부터는 테크닉을 했죠. 동작, 호흡, 정서를 강조했죠. 동작, 순서는 한 달이면 되요. 그것은 중요하지 않아요. 그거보다 더 중요한 것은 무용을 받아들이는 자세, 옆 사람을 이해하는 마음, 내 감정을 표현해 낼 수 있는지, 내가 나를 들여다 볼 수 있는지, 그 동안에 살아 온 환경, 집안 사정, 그것을 뛰어 넘으려고 하는 의지, 이런 것이 없으면 무용 할 자격이 없다고 생각했어요(오정서, 100416, 2차면담).

> 연습할 때 연습복은 사실 굉장히 중요해요. 다림질 하나 하면서, 소매 선이라든가, 고쟁이 하나를 놓고 다림질을 하면서 이미 긴장하는 거죠. 연습을 하기 위한 마음의 준비죠. 그런 거 하나하나, 말끔히 챙겨서 입었을 때는 올바르게 받아들일 자세가 준비가 되는 것이죠. 악기를 통해서 나를 대변하는 건데, 그런 소도구를... 결국은 그 모든 게 밑거름이 되는 것이죠. 그래야 단전에 힘이 들어가고 동작이 나올 수 있는 것이죠(최경지, 100506, 2차면담).

이러한 한국무용정신의 영성적 차원은 보는 이로 하여금 최고 경지의 무용을 느끼게 해준다. 화려한 기술이 아니라, 춤추는 이가 춤에 완전히 몰입하여 합일이 되는 경지를 보여줌으로써 관객들로 하여금 순수한 춤의 정신을 맛볼 수 있게 해주는 것이다.

> 영혼이 없는 춤을 추는 것이에요. 추는 사람 스스로 그 춤에 대한 정신을 모르고, 그 춤을 왜 추는지 인지 못하는데 관객들한테 춤이 전달될까요? 죽어있는 춤이죠. 아무리 공중부양을 해서 높이 뛰면 뭐해요. 이유 없이 뛰고 도는 것은 느껴질 수가 없는 것이에요. 김천흥 선생님이 춘앵전을 추실 때, 그것을 보고 있으면 후들 거리는 다리로 춤을 추시지만, 우리는 왜 그것을 볼까요? 그 분의 정신이 있기 때문에 보는 거죠. 평생을 추면서 거기서 내는 춘앵전의 참맛, 왕 앞에서 했던 그 의식이나 그 정신이 거기에 녹아있기 때문에 마니아들은 보는 거죠(최경지, 100428, 1차면담).

요컨대, 한국무용정신의 영성적 차원이란 '한국무용을 통한 황홀경, 무아지경, 신명, 선 등의 경지를 체험하고, 이를 제대로 하기 위한 예도 등의 마음가짐을 갖는 차원'을 말한다고 할 수 있다. 우선 한국무용을 통해 지극한 몰입에 다다름으로써 감정이 해제, 정화되고, 자신을 규정하고 있는 개념들로부터 자유로워지는 경지를 주요한 정신적 차원으로 바라보고 있다. 이는 서양의 카타르시스(박선영, 이승범, 2010; 조동일, 1997), 엑스터시(한혜리, 2004)와도 상통하는 개념이며, 동양의 신명(조동일, 1997; 한양명, 2002)과도 유사한 맥락이라 볼 수 있다. 한편 '예도(禮道)' 등의 마음가짐을 강조하는 것은 유교적인 한국문화에서 비롯된 것이라 판단된다(정병호, 2004). 한국인의 사고방식이나 생활철학은 유교에서 절대적인 영향을 받아왔다. 유교가 들어와서 삼강오륜, 상종지법, 칠거지악 등을 제도화하였고 인내와 순종의 미덕을 강요하였으며 조선시대의 윤리도를 지배하였다. 이러한 생활철학은 민속에 지대한 영향을 주어 민속의 기저관념을 이루었으며(임동권, 1983), 이는 한국춤에서 예도 정신을 담기게 하는데 영향을 미쳤을 것이다. 또한 동양권에서는 예술이 예, 즉 도와 밀접한 관련이 있다고 말한다(조남권, 2005). 즉 예술의 미적 극치를 도의 경지에서 바라보았다. 이와 같은 맥락에서 한국춤의 미학이 내면적 정신의 미, 즉 인격미를 강조하기 때문에 일상에서의 인격, 삶의 자세를 강조하는 것이 아닐까 사료된다.

이러한 한국무용정신의 영성적 차원은 최고의 예술성이라고 말할 수 있다. 무용의 정신과

제2부
무용교육의
내용

합일하고 내면화하기 위해 요구되는 태도를 갖추고, 이를 바탕으로 완전히 몰입하여 다른 차원의 경지를 체험하는 것은 기술을 뛰어넘어 예술을 가능케 해주는 발판이라고 할 수 있다.

Ⅳ. 논 의

1. 한국무용정신과 구성요소의 중요성 인정

본 연구에 참여한 한국무용 교육자들은 무용정신의 존재와 그 안에 담겨져 있는 4가지 차원의 구성요소에 대해서 인정하고 있다. 다만, 이러한 인정은 "막연한 정도"에서부터 "명확한 정도"까지 매우 그 분포범위가 넓다. 이들은 한국무용정신의 구체적 특징과 세부적 구성내용에 대한 인식과 이해의 정도가 많이 다르다. 무용을 배우고 가르친 세월이 30, 40여년이 되었지만, "한국무용정신"(또는 그와 비슷한 개념)에 대해서 공개적이고도 명확하게 배운 적이 없었던 것이 가장 큰 이유이다. 한국무용의 핵심에 대한 이해를 주로 (또는 거의 전적으로) 자신의 개인적 경험과 체험, 그리고 제한된 지식습득의 한계 내에서 한국무용정신에 대한 존재를 인식하고 있었다.

물론, 무용교육자들은 본 연구에서와 같이 "한국무용정신"이라는 고유명사를 사용하지는 않았다. 이들은 대신에 자신의 전공 장르별로 매우 다양하고도 복잡한 표현과 용어로서 무용정신의 범위에 포함되는 내용을 이야기하고 있었다. 자신이 무용을 하면서 가장 중요하게 생각했던 것, 가장 핵심이라고 생각했던 것, 반드시 가르쳐야만 하는 것, 절대로 배워야만 하는 것 등등 포괄적으로 표현하면 이러한 방식으로 불리 울 수 있는 내용들을 한국무용 교육자들은 머릿속에 떠올리고, 그것을 자신의 용어로서 번안해서 부르며, "한국무용정신"을 묻는 연구자들의 면담에 답해주었다. 그리하여 이들은 모두, 한국무용에는 한국무용정신에 해당하는 "정수", "핵심"이 존재하며, 무용을 가르치고 배우는 과정에 있어서는 이것이 전달되고 전수되어야만 한다는 데에 의견을 같이하고 있다.

그리고, 이들이 생각하는 다채로운 모습의 한국무용정신의 다양한 특징들을 분석한 결과,

놀랍게도 어떠한 "구조"가 발견되었다. 한국무용 교육자들이 인식한 한국무용정신은 "구성요소"라고 불리는 몇 가지 세부적 차원들로 이루어져있다. 한국무용 교육자들은 명시적 또는 묵시적으로 한국무용정신은 신체적, 인지적, 감성적, 영성적인 4가지 차원에 의해서 이루어져 있음을 말하고 있었다. 한국무용정신의 구성요소들이 중요한 이유는, 한국무용교육의 핵심내용으로서 한국무용정신을 깊이 깨닫기 위한 구체적인 노력의 초점이 무엇에 맞추어져야 하는가를 알 수 있도록 하기 때문이다.

물론, 현장에서는 신체적 차원 혹은 감성적 차원에 한정된 교육을 하는 것이 일반적이고, 4차원의 한국무용정신 교육을 실현하는 데에 물론 한계와 어려움이 있다고 입을 모아 말한다. 하지만 한국무용 교육자들 모두 인지적, 영성적 차원의 교육에 대한 필요성을 느끼고, 이를 개선할 필요가 있음을 절감하고 있다. 제대로 된 교육, 총체적인 무용을 가르치는 교육이 되기 위해서는 어느 하나의 차원도 소홀히 해서는 안 된다는 사실을 직시하도록 돕는다.

2. 한국무용정신 구성요소의 중요도 상대적 인식

한국무용정신의 4가지 차원 각각에 대하여 연구 참여자들은 서로 다른 무게를 두고 있다. 한국무용정신에 4차원이 모두 담겨져 있는 것에 대해서는 동의하나, 교육자들마다 각 차원의 중요도를 달리하고 있다.

먼저, 한국무용 교육자들은 다른 3가지 차원의 정신과 비교하였을 때, 신체적 차원에 대해서 상대적으로 무게를 덜 두고 있다. 신체적 차원에 대하여 인지적, 감성적, 영성적 차원보다 덜 중요하게 생각하고 있다. 이는 발레처럼 특정하게 정형화된 테크닉이 거의 없고, 내면의 정신적 측면이 강조되는 한국무용의 특성(정병호, 2004)에서 비롯된 것이라 생각할 수 있다. 한국무용은 기초적인 춤사위나 몸짓이 있으나 이것들 또한 지나치게 정해진 형태나 방식의 테크닉으로서 강조하지 않는다. 대략적이고 원리적인 수준에서 동작의 중요성을 강조하며, 그 안에 어떤 마음과 정신을 담는가에 대해 주의를 기울이는 장르적 특징(유창경, 2009; 은은희, 2004; 표진경, 1996) 때문에 이와 같은 결과가 나왔을 것이라 사료된다.

다만, 한국무용교육자는 각자 개인적인 수준에서 주력하는 특정한 정신적 차원이 있다. 예컨대, 연구 참여자 김신명의 경우 한국무용정신의 영성적 차원을 중시하고 있으며, 이철학은

제2부
무용교육의
내용

인지적 차원에 크게 무게를 두고 있음을 알 수 있다. 이러한 현상은 한국무용의 비정형성(김말복, 2010; 정병호, 1999, 2004)이 낳은 긍정적이면서도 부정적인 결과라고 할 수 있다. 부정적인 면은 한국무용정신의 핵심에 대하여 일치된 관점이 부재 한다는 점이다. 한국무용정신에 대한 대략적 합의는 이루어졌지만, 구성요소의 중요도에 대한 공공연한 합의가 이루어지지 않았기 때문에 일관되며, 체계적인 한국무용교육이 시행되기에는 어려움이 있다는 위험성을 지닌다. 하지만 긍정적인 점은 한국무용 교육자들이 핵심적 교육내용의 중요성에 대해서 나름의 비판적이며 성찰적인 의견이 존재하기 때문에, 한국무용교육이 창의적이며, 다채롭게 이루어질 수 있다는 것이다. 또한 한국무용은 신체적 차원은 등한시하고 영성적 차원에만 초점을 집중한다는 편견이 있는데, 이를 반박하는 증거가 되기도 한다. 교육자들의 이 같은 인식은 한국무용에서는 다양한 차원들이 폭넓게 강조되고 가르쳐질 수 있음을 시사한다.

V. 요약 및 제언

본 연구는 한국무용의 핵심적 교육내용으로서의 '한국무용정신'의 구성요소를 이론적, 경험적으로 살펴보았다. 그 결과 한국무용정신은 신체적 차원, 인지적 차원, 감성적 차원, 영성적 차원의 4가지 차원으로 구성됨을 확인할 수 있다. 첫째, 한국무용정신의 신체적 차원이란 '총체적 성질의 신체와 자연스러운 호흡 중심으로 이루어진 동작의 원리를 이해하고 적용하는 차원'을 말한다. 둘째, 한국무용정신의 인지적 차원이란 '한국무용을 둘러싸고 있는 철학, 역사, 종교, 풍습, 그리고 다양한 예술 등 문화적인 측면을 관통하고 있는 본질을 꿰뚫어 볼 수 있는 안목적 차원'을 말한다. 셋째, 한국무용정신의 감성적 차원이란 '한국무용 동작이나 음악에 내재된 한, 흥, 절제 등을 포함한 다양한 감정과 정서를 주관적으로 해석하고 탐구하며 표현하는 차원'을 말한다. 마지막으로 한국무용정신의 영성적 차원이란 '한국무용을 통한 황홀경, 무아지경, 신명, 선 등의 경지를 체험하고, 이를 제대로 하기 위한 예도 등의 마음가짐을 갖는 차원'을 말한다.

한국무용정신은 무용 그 자체에 대한 통합적 시각을 제공해준다. 한국무용정신에 대한 명확한 인식과 철저한 논의 없이는 겉으로 보이는 무용기능만을 무용 그 자체, 무용의 전부라고 오인할 소지가 있다. 부분을 전체로, 혹은 겉모습을 참모습이라고 오해하는 것이다. 그러나 무용은 아름다운 선과 능수능란한 동작으로는 설명할 수 없는 본질적이고 내면적인 측면이 존재한다. 한국무용정신을 이루는 구성요소를 확인해 봄으로써 한국무용이 지닌 특성과 가치를 통합적이고 총체적으로 파악해볼 수 있는 계기가 될 수 있었다.

본 연구를 통해 향후 지속되어야 할 핵심적인 사안을 세 가지 제시하면서 마치도록 하겠다. 첫째, 본 연구에서 살펴 본 한국무용정신의 구성요소에 입각하여 이를 실제 교육현장에서 가르칠 수 있는 교육방법에 대한 연구가 필요하다. 이를 위해서 현재 한국무용교육 현장에 일반화되어 있는 교육방법을 살펴보고, 현장 교육자와 학습자들의 비판과 제안의 목소리에 귀 기울일 필요가 있다. 한국무용교육 현장에서는 한국무용정신을 암묵적으로 가르치고 있다. 오랜 교수 경험과 연륜을 바탕으로 하여 나름의 교육방법을 가지고 있는 것이다. 어떠한 과정에 의해 한국무용정신을 가르치고 학습되고 있는지를 역추적하여, 흙 속의 진주와도 같은 교육방법을 발견해 내는 작업이 이루어져야 한다. 더불어 한국무용정신을 가르치고 있는 대표적인, 성공적인 교육사례를 찾아봄으로써, 교육방법에 대한 보다 구체적인 아이디어를 얻을 수 있다. 물론 이것이 한국무용정신을 효율적, 효과적으로 가르칠 수 있는 것인지에 대해서 반성적 성찰이 이루어져야 할 것이다.

둘째, 한국무용정신을 가르칠 수 있는 실제 교육 프로그램과 메뉴얼을 개발하여 체계적인 교육을 시행하여야 한다. 그간 언어화, 실용화하기 힘들었던 한국무용정신의 각 덕목들을 교육내용으로 가시화시켜 학생들의 수준과 요구에 적절한 형태로 프로그램을 개발해야 한다. 특히나 한국무용교육은 그것이 펼쳐지는 교육현장의 성격에 따라서 달라져야 한다. 한국무용교육 현장(전문무용, 학교무용, 생활무용)의 특성을 분석하고, 이에 적합한 프로그램을 개발하는 것이 중요하다. 또한 프로그램의 명확한 목표, 구체적인 내용, 다양한 교육방법을 담은 교수 매뉴얼을 제공함으로써, 교수자로 하여금 구체적인 교육 청사진을 그릴 수 있도록 해야 한다. 이러한 한국무용정신 교육 프로그램과 교수 메뉴얼은 추상적인 개념에 머무를 수 있는 '한국무용정신'을 가르치는 현실적인 방안을 제시함으로써, 의도적이고 체계적인 한국무용정신 교육을 가능케 하는데 큰 힘이 될 것이다.

제2부
무용교육의
내용

셋째, 한국무용정신 교육을 위한 교사교육이 행해져야 한다. 본 연구를 통해서 간접적으로 드러난 바, 한국무용정신을 인식하고 있는 교수자도 적었으며, 이를 의도적으로 가르치고자 하는 교수자도 소수에 불과했다. 한국무용정신 교육이 이루어지기 위해서는 명확한 교육방법의 체계화, 다양한 교육 프로그램의 제공도 중요하지만, 그 무엇보다 교육을 실행하는 주체인 교수자가 가장 중요하다. 따라서 한국무용정신이 왜 중요한지에 대해 깊이 공감하고, 이는 무엇으로 구성되어 있는지에 대한 명확한 그림을 가질 수 있도록 체계적인 교사교육이 이루어져야 한다. 특히 한국무용정신을 가르친다는 것은 교수자의 철학적 패러다임의 전환을 요구한다. 자신이 습관적으로 행해왔던 교육을 성찰하는 기회를 충분히 제공하고 자신의 교육철학을 재정립할 수 있도록 돕는다면, 한국무용정신을 주체적, 적극적으로 가르칠 수 있는 교사의 양성이 가능해질 것이다.

참고문헌

김말복(2010). 춤과 몸. 서울: 이화여자대학교출반부.

김선영(1995). 한국 춤에 내재된 태극사상의 연구. 숙명여자대학교 석사학위 논문.

김선희(2004). 안목의 습득을 위한 대학교양체육: 수업사례연구. 한국스포츠교육학회지, 11(2), 105-120.

김영희(1997). 호흡기본. 서울: 현대미학사.

김윤옥(2001). 교육연구를 위한 질적연구방법과 설계. 서울: 문음사.

김윤진(2004). 무용성격의 본질에 관한 연구. 이화여자대학교 박사학위 논문.

김은수(1996). 무용음악의 이해: 서양편. 서울: 삼신각.

김지희(2003). 한국 전통춤에 내재된 음양오행 분석을 통한 한국적 춤교육 방안 모색. 숙명여자대학교 박사학위 논문.

김화숙(2010). 무용과 예술교육. 무용교육발전추진위원회(편). 무용교육의 힘, 91-110. 서울: 댄스뷰

류병관(2006). 동양무도의 정신성 고찰. 대한무도학회지, 8(2), 41-61.

류병관, 지치환(2007). 태권도 수련의 정신화 과정. 대한무도학회지, 9(2), 81-96.

문영(1997). 무용동작의 기술성에 관한 심리학적 분석. 이화여자대학교 박사학위 논문.

박보민(2011). 한국춤의 내용과 표현형식의 관계성 분석. 성균관대학교 석사학위 논문.

박선영, 이승범(2010). 무용 활동을 통한 개인의 카타르시스 경험에 관한 연구: 홀리즘의 영성 개념을 중심으로. 홀리스틱교육연구, 14(2), 145-162.

박중길(2007). 인문학적 무용교육: 비판적 사고와 문제해결능력. 한국예술교육학회 학술대회, 23-44.

박혜연(2012). 한국무용의 교육내용은 무엇인가?: 기능의 차원과 정신의 차원. 한국무용기록학회지, 24, 59-74.

배정혜(2004). 배정혜의 7일간 춤 여행. 서울: 청아출판사.

성기숙(2005). 한국춤의 역사와 문화재. 서울: 민속원.

성기숙(2010). 춤의 전통과 정신. 서울: 민속원.

송형석(2012). 태권도 정신에 관한 연구. 움직임의 철학: 한국체육철학회지, 20(1), 181-195.

심혜경(2000). 기적 활용을 통한 춤의 신명적 체험에 관한 연구. 체육학논문집, 28, 137-147.

양선희(2010). 몸 다스림. 서울: 대한미디어.

제2부 무용교육의 내용

양춘자(2009). 한국춤 기본동작. 서울: 한국춤.

오레지나(2005). 무용창의성의 본질에 대한 이론적, 경험적 탐색. 이화여자대학교 박사학위 논문.

오현주(2003). 살풀이 춤 지도법에 관한 사례연구. 건국대학교 석사학위 논문.

오현주(2008). 한국 전통춤 교수법의 인문적 접근 탐색. 건국대학교 박사학위 논문.

우광혁(2000). 무용과 음악이 만날 때. 서울: 예솔.

우실하(2007). 전통 문화의 구성 원리. 서울: 소나무.

유미희(1989). 한국 춤에 나타난 신명에 대한 연구: 민속춤을 중심으로. 이화여자대학교 석사학위 논문.

유창경(2009). 한국무용정신 가르치고 배우기: 무용교사의 실천과 전공학생의 인식 분석. 건국대학교 석사학위 논문.

은은희(2004). 좋은 무용수업: 무용지도강사와 무용전공학생의 인식에 관한 질적 연구. 건국대학교 교육대학원 석사학위 논문.

이애경(1992). 한국춤의 본질에 관한 소고. 한국체육학회 92국제스포츠과학 학술대회, 548-552.

이영란(2011). 역사의 흐름을 통한 한국무용사. 서울: 스포츠북스.

이용숙, 김영천(1998). 교육에서의 질적 연구. 서울: 교육과학사.

이유진(2008). 한영숙의 예술론과 살풀이춤의 삼재사상 연구. 한국예술종합학교 석사학위 논문.

이종숙(1997). 한국 전통 춤과 한(恨)의 관계 연구. 한국체육철학회지, 5(2), 271-300.

이창후(2007). 태권도의 철학과 사상, 그리고 정신. 태권도 문화 연대 편. 태권도학 연구, 1, 101-120. 서울: 상아 기획.

이혜경(2010). 한국무용 기교발현을 위한 호흡기법 훈련 모형. 세종대학교 박사학위 논문.

임동권(1983). 한국민속문화집. 서울: 집문당.

임학선(1998). 춤 표기법에 관한 연구: 호흡 표기법을 중심으로. 대한무용학회, 23, 298-317.

임학선(2003). 한국춤의 호흡구조에 따른 호흡유형 및 특성연구. 대한무용학회, 34, 139-152.

장명주(2011). 현대무용 잘 가르치기: 창작지향 무용교수의 어려움과 가능성 탐색. 서울대학교 석사학위 논문.

정병호(1991). 한국의 민속춤. 서울: 삼성출판사.

정병호(1999). 한국의 전통춤. 서울: 집문당.

정병호(2004). 한국무용의 미학. 서울: 집문당.

조남권(2005). 악기. 서울: 민속원.

조동일(1997). 카타르시스, 라사, 신명풀이. 서울: 지식산업사.

조용환(1999). 질적 연구 방법과 사례. 서울: 교육과학사.

채희완(2000). 한국춤의 정신은 무엇인가. 서울: 명경.

최의창(2010). 인문적 체육교육과 하나로 수업. 서울: 레인보우북스.

최의창(2011). 댄스 리터러시 혹은 무용소양: 문화예술교육으로서 무용교육의 목적 재검토. 한국무용기록학회지, 21, 139-161.

최의창, 홍애령, 김나이(2012). 발레교육의 내용으로서 발레정신의 개념과 구성요소. 한국스포츠교육학회지, 19(3), 47-68.

최준식(2002). 한국의 종교 문화로 읽는다. 서울: 사계절출판사.

표진경(1996). 전문 무용수 육성을 위한 지도방법에 관한 연구. 한양대학교대학원 석사학위 논문.

한양명(2002). 민속예술을 통해 본 신명풀이의 존재양상과 성격. 비교민속학, 22, 275-319.

한혜리(2000). 무용과 정신성의 관계형성에 관한 연구. 한국무용교육학회지, 11(2), 29-43.

한혜리(2004). 무용에서 ecstasy의 기능과 개념에 대한 연구. 한국무용교육학회지, 15(1), 131-147.

허영일(1999). 민족무용학. 서울: 시공사.

허영일(2011). 춤과 문화. 서울: 민속원.

홍수민(2010). 발레 교수학습과정의 문제점 및 대안적 교육모형 탐색: 예술계 고등학교를 중심으로. 서울대학교 석사학위 논문.

홍은숙(2007). 교육의 개념: 실천전통에의 입문으로서의 교육. 서울: 교육과학사.

홍정효(2008). 유아의 심(心), 기(氣), 신(身) 교육으로서의 한국무용. 유아교육논총, 17(2), 71-88.

황경숙(2002). 한국 전통춤에 내재된 사상과 의미. 한국체육철학회지, 10(1), 289-310.

황옥철, 양광규(1998). 무도(武道)의 정신(精神)과 스포츠. 한국체육철학회지, 6(1), 35-48.

황인주(2001). 기능적 관점에 따른 무용교육의 문제점과 발전방향 분석. 한국체육학회지, 40(4), 539-548.

황인주(2008). 미적 경험의 특성에 따른 무용교육과정에 관한 연구. 대한무용학회논문집, 57, 269-287.

황준연(1994). 한국 무용과 음악의 합일성. 교수아카데미총서, 7(1), 310-316.

Briggs, M.(1974). *Movement Education*. London: Mcdonald & Evans LTD.

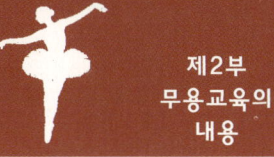

제2부 무용교육의 내용

Carr, D.(1997). Meaning in Dance. *British Journal of Aesthetic, 37*(4), 349-366.

Clippinger, K.(2007). *Dance anatomy and kinesiology: Principles and exercise for improving technique and avoiding common injures*. NE: Human Kinetics.

Creswell, J. W.(2007). *Qualitative Inquiry & Research Design: Choosing Among Five Approches*. (2nd ed.). London: Sage. 조흥식, 정선욱, 김진숙, 권지성(공역)(2010). 질적 연구방법론: 다섯 가지 접근. 서울: 학지사.

Deckert, J., and M. Wilson(2008). Development of a dance science program, in R. Solomon & J. Solomon (Eds.). *Abstracts of the 18th Meeting of the International Association for Dance Medicine & Science, 65*. Cleveland, OH: International Association for Dance Medicine & Science.

Dilthey, W.(1883). *Einleitung in die Geisteswissenschaften: Versuch einer Grundlegung fur das Studium der Gesellschaft und der Geschichte*. Gottingen: Vandenhoeck & Ruprecht. 송석랑(역)(2009). 정신과학 입문. 서울: 지식을만드는지식.

Dunn, J. (Ed).(1990). Dance science. *Journal of Physical Education, Recreation & Dance, 61*(9), 25-40.

Glesne, C., and A. Peshkin(1992). *Becoming qualitative researchers: An introduction*. White Plains, NY: Longman.

Goetz, J., and M. LeCompte(1984). *Ethnography and Qualitative Design in Educational Research*. New York: Academic Press.

Gray, J. A.(1989). *Dance Instruction: Science Applied to the Art of Movement*. Champaign, IL: Human Kinetics.

Griss, S.(1998). *Minds in Motion: A Kinesthetic Approach to Teaching Elementary Curriculum*. Portsmouth, New Hampshire: Heinemann.

Hjort, M., and S. Laver(1997). *Emotion and the Arts*. New York: Oxford University Press.

Kassing, G., and D. M. Jay(2003). *Dance teaching methods and curricuium design*. Champaign, IL: Human Kineties.

Koff, S. R.(2000). Toward a Definition of Dance Education. *Childhood Education, 77*(1), 27-31.

Laban, R. V.(1974). *Modern educational dance*. London: Macdonald & Evans. 김주자(역)(1993). 현대의 무용교육. 서울: 현대미학사.

MacIntyre, A. C.(1984). *After virtue: A study in moral theory*(2nd ed.). Notre Dame: University of Notre Dame Press.

Marshall, C., and G. Rossman(1989). *Designing qualitative research*. Newbury Park: Sage.

McFee, G.(1994). *The Concept of Dance Education*. London and New York: Routledge.

Oakeshott, M.(1966). *Rationalism in politics and other essays*. London: Metheuns.

Purcell, T. M.(1994). *Teaching children dance*. Champaign, IL: Human Kinetics.

연 구 문 제

1. 본 장에서 제시된 교육내용으로서의 한국무용정신은 한국무용기능과 어떠한 관련이 있는지에 대해 생각해보자.

2. 본 장에서 제시된 한국무용정신 구성요소의 구분과 구체적인 세부요소 이외에, 핵심적으로 가르쳐야할 한국무용정신에는 어떠한 것이 있는지에 대해 구체적으로 생각해보자.

3. 현장에서 한국무용정신을 가르치는데 있어서 어떠한 어려움이 있을 것으로 예상되며, 이를 해결하기 위해 교사는 어떠한 노력을 기울여야 할지, 어떠한 자질이 필요한지에 대해 토론해보자.

제2부
무용교육의
내용

한국무용 교육내용의 두 가지 차원*
- 기능의 차원과 정신의 차원

박 혜 연

    한국무용교육의 교육내용은 무엇인가? 한국무용교육내용에는 '기능적 차원'과 '정신적 차원'이 있으나, 그동안 기능적 차원만이 주된 교육내용으로 주목받았다. 그러나 정신적 차원은 기능적 차원만큼이나 중요한 가치를 지니며, 핵심적이고 본질적인 가치라고 할 수 있다. 한국무용이 예술의 한 장르가 되고, 한국무용교육이 예술교육의 한 분야로 인정받기 위해서는 기능과 기능교육의 차원에서 머물러서는 안 될 것이다. 본 장에서는 한국무용의 교육내용에는 두 층위가 있음을 드러내 보려고 한다. 그리하여 한국무용교육에서는 정신적 차원에 대한 새롭고 높은 관심과 조처가 취해져야 한다는 점을 강조한다. 이를 위하여 우선 한국무용교육내용과 관련된 연구들을 전반적으로 살펴본다. 2절에서는 한국무용교육내용의 지배적인 차원인 기능에 관하여 좀 더 자세히 알아보고, 그것의 문제점을 검토한다. 3절에서는 교육내용에는 기능적 차원과 정신적 차원이 관여된다는 점을 살펴보고, 4절에서는 정신적 차원의 교육내용은 무엇을 의미하는지 구체적으로 탐색해본다. 마지막으로 정신적 차원의 교수를 가능하게 하는 핵심적 요인이 바로 무용교사임을 강조하면서, 교수법을 포함한 다양한 측면에서의 노력이 요청됨을 제안한다.

---

* 박혜연(2012). 한국무용의 교육내용은 무엇인가?: 기능의 차원과 정신의 차원. 한국무용기록학회지 24, 59-74.

I. 서 론

한국무용을 배운다는 것은 승무, 궁중무 등 다양한 장르의 무용기법을 마스터한다는 것에 그치는 것이 아니라, 인류의 문화유산으로서 무용을 간주하고 그것이 가진 전통적 차원의 지식에 몸과 마음을 돌리는 것이다. 그리하여 한국무용의 알맹이를 이루는 올바른 의례와 격식으로부터 우리 민족의 정서와 신념까지 한국무용을 이루는 정신세계를 맛보도록 하는 것이다 (최의창, 2010b: 111).

한국무용은 무엇인가? 한국무용을 가르친다는 것은 무엇인가? 한국무용을 가르친다면 무엇을 가르쳐야 하는가? 흥겨운 어깨춤, 고운 자태를 쉽게 떠올릴 수 있다. 혹은 부채춤, 승무, 살풀이, 그리고 탈춤 등의 작품들이 뇌리를 스친다. 한국무용을 가르치고 배운다고 했을 때 동작, 형태 그리고 다양한 작품을 생각하는 것이 일반적이다. 하지만 기술을 유려하게 해내고 특정 작품의 순서를 정확하게 외우는 것만이 최상의 목표일까? 외면적이고 가시적으로 드러나는 차원만이 한국무용의 유일무이한 핵심적 교육내용일까? 그 이면에 또 다른 차원의 교육내용이 숨겨져 있는 것은 아닐까?

한국무용의 교육현장에서는 기능, 기술 중심의 교육이 행해지고 있다. 한국무용의 특정 기능을 연마하고, 많은 레파토리를 숙달하는 것을 최적의 지향점으로 인식하고 있다(박중길, 2007; 황인주, 2001, 2008). 정확하고 수월하게 동작을 해내고, 전통무용과 신무용 작품, 그리고 파생되는 다양한 류파의 서로 다른 순서를 외우는 것을 목적으로 삼는 것이다. 이는 비단 한국무용교육의 문제만은 아니며, 발레와 현대무용교육에도 공히 동일한 현상이 나타나고 있다(장명주, 2011; 홍수민, 2010). 또한 전문 무용가를 양성하는 전문무용교육에서뿐 아니라, 공교육으로 행해지는 초·중등의 학교무용교육, 그리고 일반인을 대상으로 공공기관과 사설기관에서 행해지는 생활무용교육 장면에서도 이러한 문제를 쉽게 확인할 수 있다(오미라, 2005). 물론 한국무용에 담겨진 감정, 정서, 철학 등의 내면적인 측면을 전하려는 지도자들도 있다. 하지만 내면적 차원의 중요성을 인식하고 있는 지도자는 소수에 불구하고, 이들 또한 명확한 그림과 체계가 없이 일회적으로 행하는 경우가 대부분이다. 앞으로도 한국무용의 교육내용에 대한 철저한 반성과 체계적인 연구 없이 습관적인 교육이 반복된다면, 예술교

제2부 무용교육의 내용

육으로서의 의미는 잃어가고 단순한 기능교육에 그치는 한계에 다다르게 될 것이다(김지원, 2003; 장윤정, 박중길, 2005).

한국무용교육계의 내적 요구뿐 아니라, 외적 요구도 한국무용 교육내용에 대한 철저한 반성과 연구를 촉구한다. 2007 개정 초·중등 체육과 교육과정에서는 종목 중심, 기능중심의 체육교육(무용교육)을 지양하고, 가치 중심의 체육교육으로 패러다임의 전환을 요구한다(유정애, 2008). 그 동안 기술과 전술 등의 표면적인 차원에 대해서만 주목했던 것을 비판하며, 신체활동에 담겨진 다양한 의미들을 발견하고 내면적인 차원들을 학습하는 것을 강조하는 것이다. 특히 한국무용이 포함되어 있는 '전통표현'과 '예술표현' 영역의 경우, 전통의식과 예절 등 다양한 정의적인 차원을 핵심적 교육내용으로 상정하고 있다. 또한 역사와 문화 등 내면적인 차원에 대한 학습을 필수적으로 장려하고 있다. 즉 최의창(1995)의 용어를 빌려, '기능(技能)'의 차원뿐 아니라, '안목(眼目)', '정신(精神)'의 차원을 강조하고 있는 것이다. 공교육 내에서 한국무용을 가르치기 위해서는 한국무용의 안쪽에 담겨진 정신적 차원에 대한 분명한 인식과 체계가 요구된다고 할 수 있다.

한국무용기능의 안쪽 차원, 즉 정신에 대한 관심이 요구되는 때이다. 한국무용교육내용에 대한 새로운 관점의 교육적 관심이 절실히 요구되는 시점이다. 하지만 그동안의 한국무용교육내용에 대한 연구는 매우 제한적이었다. 기능적 차원에 대한 교육적 관심이 지배적이었다. 한국무용의 동작은 어떻게 구성되어 있으며, 그것을 어떻게 가르칠 것인지에 대한 다양한 서적과 연구물이 출판되었다(김건수, 백현순, 1998; 배정혜, 2004; 안춘자, 2009; 태혜신, 2005; 허순선, 1991, 2005). 또한 한국무용의 기능적 원리를 일원화하고 체계화하려는 학자들의 노력도 엿보였다(김영희, 1999; 배정혜, 2004; 임학선, 1999, 2003). 하지만 그 이면에 담겨진 한국무용의 정신적 차원의 모습을 드러내는 연구는 극히 미비하였다.

물론 한국무용의 정신적 차원을 살펴보려는 연구가 있었다(이애경, 1992; 정병호, 2004; 채희완, 2000; 황경숙, 2002). 음양오행 사상, 태극 사상, 삼재 사상, 불교 사상 등 한국무용에 내포된 철학과 사상을 살펴본 연구(기연정, 2003; 김선영, 1995; 김지희, 2003; 이유진, 2008), 한(恨), 신명 등 한국무용에 담겨진 감성과 감정을 탐색하고자 한 연구(유미희, 1989; 이미영, 2010; 이종숙, 1997)가 바로 그것이다. 하지만 이들은 교육적 맥락에서 이루어진 것이 아닌 예술적·미학적 관점에서 행해진 것이기 때문에, 교육적 상황에 적용하는데 있어 한계가 있다. 또한 특정 사상과 감정 혹은 특정 작품의 정신적 차원에 대한 연구가 대부분이어서, 다양한 춤 장르의 교육이 실시되는 현 상황을 감안할 때 정신적 차원의 연구는 여전히 부족하다고 할 수 있다.

한편 한국춤의 정신적 차원을 교육적인 맥락에서 바라보려는 연구가 미약하게나마 행해졌다(오현주, 2008; 유창경, 2009; 홍정효, 2008). 이들 연구는 한국 전통춤의 내면적 차원을 핵심적 교육내용으로 제안하고, 이를 가르치기 위한 교수법을 알아보고자한 점에서 매우 괄목할만한 연구라 할 수 있다. 하지만 정신적 차원이 중요한 부분임을 이미 가정하고 이를 가르치기 위한 방법을 모색하는데 중점을 둔 경험적 연구이기 때문에, 한국무용교육내용이 무엇인지에 대한 심도 있는 논의가 미약하다(차수정, 2005). 더불어 이들 연구도 한국무용 교육내용 중 기술과 정신, 어느 한쪽에 치우친 연구라 할 수 있다. 이에 한국무용 교육내용의 중층성에 대해서 총체적인 관점에서 심도 있게 조망하는 이론적인 연구가 필요하다고 할 수 있다.

본 논문은 교육내용으로서의 '한국무용'에는 두 층위가 있음을 드러내 보려고 한다. 한국무용교육내용에는 기능적 차원과 정신적 차원이 있으나, 그동안 한국무용교육 장면에서는 기능만이 주된 교육내용으로 주목받았다. 그러나 정신적 차원도 교육내용으로서 기능적 차원만큼이나 중요한 가치를 지니며, 핵심적이고 본질적인 가치라고 할 수 있다. 그리하여 무용교육에서는 정신적 차원에 대한 새롭고 높은 관심과 조처가 취해져야 한다는 점을 강조한다. 이를 위하여 2절에서는 무용교육내용의 지배적인 차원인 기능에 관하여 좀 더 자세히 알아보고, 그것의 문제점을 검토한다. 3절에서는 교육내용에는 기능적 차원과 정신적 차원이 관여된다는 점을 살펴보고, 4절에서는 정신적 차원의 교육내용은 무엇을 의미하는지 구체적으로 탐색해본다. 마지막으로, 이러한 논의가 무용수업과 무용교사교육의 실제에 던져주는 시사점을 알아본다.

제2부
무용교육의
내용

II. 교육내용의 기능적 차원

한국무용교육 장면에서 기능적 차원의 교육내용을 핵심적 교육내용으로 간주한 사람들이 다수를 차지한다. 이들이 채택하는 교육내용으로서의 기능을 살펴보면 크게 3가지로 분류된다.

첫째, 신체이다. 한국무용 교육자들은 주로 형(形), 태(態), 그리고 선(線)을 형상화 하는 것을 주요한 교육내용으로 삼는다. 한국무용을 가르친다고 하였을 때, 학생들로 하여금 신체를 통한 곡선의 아름다움과 다양한 신체 형상을 만들어 낼 수 있도록 열과 성을 다하는 것이다. 또한 신체의 호흡을 강력한 교육내용으로 간주한다. 어떠한 신체 활동이든 움직임을 발생케 하는 호흡은 매우 중요한 부분으로 여겨진다. 무용교육에서도 마찬가지이다. 하지만 한국무용에서 특히나 호흡을 매우 주요한 교육내용으로 강조한다. 기본적인 3단 호흡(맺기, 풀기, 어르기의 호흡)과 단전호흡(하단전, 중단전, 상단전의 호흡)에서부터 시작하여 무용가들에 의해 개발된 전문적인 호흡 체계까지(김영희, 1999; 배정혜, 2004; 임학선, 2003), 다양한 호흡(법)을 한국무용 수업에서 핵심적인 교육내용으로 가르치고 있다. 신체적인 측면에서 다양한 자세와 힘을 갖추는 것을 중요하게 생각하고 이를 가르치기도 하지만, 타 무용장르에 비해 한국무용에서는 호흡을 중시하고 집중적으로 가르치는 것을 쉽게 발견할 수 있다.

둘째, 동작이다. 기능적 차원을 강조하는 대부분의 지도자의 경우, 한국무용의 다양한 동작을 교육내용으로 삼는다. 한국무용에서는 특별히 장르적 독특성을 감안하여 '사위'라는 표현을 사용하는데, 기본적인 아랫몸, 윗몸, 온몸사위 뿐 아니라(박금슬, 1982), 복잡하고 복합적인 다양한 동작을 핵심적으로 가르친다. 낱낱의 동작을 교육내용으로 삼기도 하지만 단편적인 동작을 일련의 순서로 묶어내어('한국무용 기본'이라는 명칭으로) 가르치기도 한다. 뿐만 아니라, 동작의 원리를 주 교육내용으로 하는 경우도 있다. 한국무용의 동작을 가능케 하는 이치와 이론을 가르치는 것이다. 곡선, 정중동(靜中動), 수족상응(手足相應), 답지저앙(踏地低仰), 족정팔정(足定八丁) 등의 한국무용의 동작적 원리를 습득하고, 수행할 수 있도록 한다(허순선, 2005). 하지만 이러한 동작적 원리는 기능적 차원에 제한된다는 한계를 지닌다.

셋째, 작품이다. 한국무용은 기본적으로 궁중무용, 민속무용, 의식무용, 신무용으로 분류한다(이미영, 2007). 대부분의 교육자들이 각 장르, 그리고 이에 해당하는 다수의 작품, 즉 레파토리를 주요한 교육내용으로 삼는다. 또한 각 작품은 또 지역별 혹은 대표적인 예술가에 의해 다양한 '류파'로 세분화된다. 예컨대, 한국무용의 대표적인 작품인 살풀이춤의 경우 경기와 호남 지역의 살풀이춤이 다르며, 한영숙 류, 이매방 류, 김숙자 류 등으로 살풀이춤이 특성화되어 달리 나타난다. 이렇듯 다양한 장르에 다양한 작품, 그리고 다양한 류파의 레파토리를 주요한 교육내용으로 간주하고, 순서를 암기하고, 습득하며, 수행해 내도록 강조한다(김경숙, 2009; 김지희, 2003).

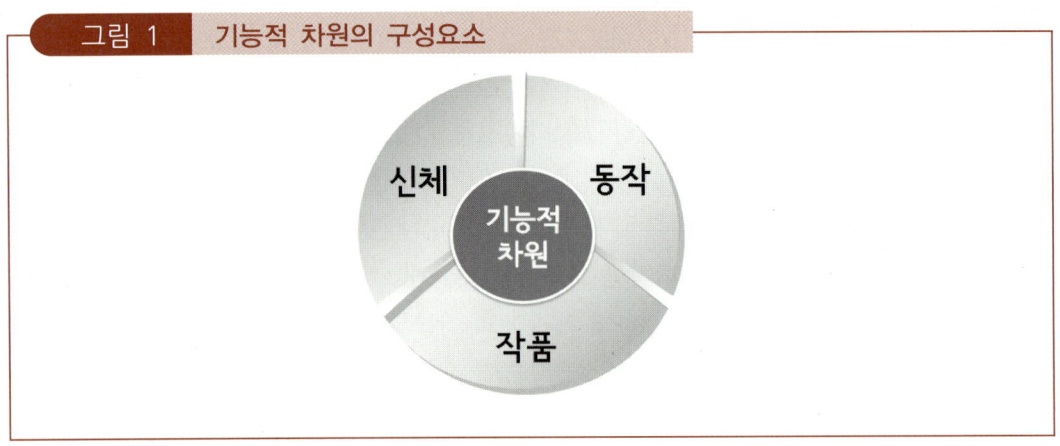

그림 1 기능적 차원의 구성요소

국가수준의 교육과정과 교과서를 비롯한 다양한 국내 교재를 통해 현 무용교육에서 기능적 차원을 강조하고 있음을 쉽게 알 수 있다. 국가수준의 교육과정과 이에 준하여 구성된 교과서는 한국무용의 기본동작과 특정한 작품을 교육내용으로 제시하고, 이를 가르치도록 공적으로 강조하고 있다. 이러한 현상은 타 장르와 국외의 무용교육에서도 동일하게 목격되며, 무용교육 내용과 방법을 구조화한 교육모형에서도 엿볼 수 있다. 전문무용교육에서 주로 사용하는 전문적 모형, 그리고 학교무용교육 및 일반인을 대상으로 하는 무용교육 장면에서 활용되는 교육적 모형, 그리고 새롭게 제안되고 있는 절충적 모형(Smith-Autard, 2002), 코너스톤 모형(McCutcheon, 2006), National Dance Education Organization 모형(NDEO, 2007)을 살펴보면, 기능(technique), 레파토리(repertory), 신체의 움직임 요소 등을 주 교육내용으로

제2부
무용교육의
내용

제시하고 있다. 요컨대 한국무용교육 뿐 아니라 다양한 장르의 무용교육, 그리고 외국의 무용교육기관에서도 기능적 차원의 교육내용을 강조하고 있는 것이다.

　기능적 차원의 교육내용을 주된 교육내용으로 간주하는 주장은 교육활동으로서의 한국무용을 편협하게 바라보는 관점에서 기인한다. 이 관점은 한국무용에서 가시적이고 명시적으로 드러나는 신체, 동작, 작품을 지나치게 강조함으로써, 한국무용교육내용의 '중층성'을 제대로 파악할 수 없게 만든다(최의창, 1995). 한국무용 교육내용을 기능적인 차원으로만 한정시키는 것은 교육내용을 왜곡시키며, 다른 차원의 교육내용을 배제시킨다. 이것은 한국무용 안에 담긴 깊은 차원의 의미를 맛볼 수 없게 한다. 겹겹이 쌓여있는 다양한 의미를 바라볼 수 있는 시각을 닫게 한다.

　기능에 한정된 편협한 시각은 과정적 문제와 결과적 문제를 내포한다고 할 수 있다. 먼저 무용을 이해하는 과정에서 발생한 오류이다. 기능적 차원을 주된 교육내용으로 간주하는 사람들은 무용을 '문화'이자, '실천 전통'으로 바라보지 않는다고 할 수 있다. 한국무용은 한국의 문화와 정체성이 고스란히 반영되어 있다. 오랜 시간 동안 한국이라는 문화 안에서 구성된 산물이며, 한국무용은 그 자체로 문화와 동격의 의미를 부여받는다(김춘미, 1997). 한국무용에는 한국의 문화적 규칙과 원리, 문법이 내재되어 있는 것이다. 그렇기 때문에 한국무용을 이해하기 위해서는 한국무용을 둘러싸고 있는 다양한 문화적, 맥락적 이해가 필수적이다. 한국무용을 발생케 한 역사적, 철학적, 환경적 맥락을 이해하지 못한다면 문화적 산물로서 한국무용을 배울 수 없게 될 것이다. 또한 한국무용은 많은 사람들이 행해왔고 오랜 시간 동안 특정한 방식으로 행해진 행위양식, 즉 '실천전통'이다(최의창, 2010a; 홍은숙, 2007). 긴 기간 동안 실천되어 지면서 특정한 정형화된 방식, 다양한 스타일을 갖게 된 것이다. 문화이자 실천전통으로서 한국무용을 배우기 위해서는 그 안에 새겨진 다양한 코드와 중층적 의미를 해석하고 발견해야 한다. 한국무용을 맥락이 배제된 기능적 차원으로만 바라본다면 그것은 반쪽짜리의 온전치 못한 시각인 것이다.

　또한 한국무용 교육내용에 대한 치우친 시각은 종국에 한국무용교육을 예술교육이 아닌 기능교육, 기능훈련에 그치게 하는 위험을 내포한다. 기능적 차원을 주된 교육내용으로 간주하는 사람들은 한국무용교육의 궁극적 목적을 '잘 추는 것'으로 생각한다. 즉 한국무용의 동작과 작품을 잘 수행해내며, 기능적으로 최상의 경지에 다다르는 것을 지향점으로 삼는다.

이는 한국무용의 교육적 영향력을 제한하는 것이다. 기능만을 가르치고 기능 안에 담겨진 것을 잘 알고, 잘 느끼는 것에 전혀 관심을 두지 않는다면, 그것은 기술에 그치고 그것을 가르치는 일은 기술훈련에 멈추게 된다. 하지만 한국무용은 기술을 넘어서는 예술이며, 한국무용교육은 기술훈련을 뛰어넘는 예술교육이 되어야 한다(서예원, 2000). 이를 위해 한국무용교육은 정신적 차원을 강조하며, 의도된 하나의 방향으로 수동적인 학습이 이루어지는 '훈육'과 '훈련'이 아닌, 다양한 측면의 변화와 총체적인 조화를 도모하는 '교육'적 활동의 일환이 되어야 한다.

III. 교육내용의 두 층위

교사는 무엇을 가르쳐야 하는가? 많은 교육학자들은 교육내용에 대한 철학적인 논의를 펼쳐왔다(Bruner, 1950; Henderson, 1961; Peters, 1966). 특히 전통주의 교육학자들의 교육내용에 대한 논의에 주목하고자 한다. 이들은 학습자에 초점을 주는 진보주의 교육학자들에 비해, 교과의 내면적 측면에 대해 관심을 더 기울이기 때문이다. 그중 Oakeshott(1967)는 교육내용이 갖는 두 가지 차원에 대한 괄목할만한 아이디어를 제공한다. 그는 교육내용으로서의 지식은 '정보(精報)'와 '판단(判斷)'의 두 가지 측면이 공존하고 있다고 말한다. 정보는 '지식의 표면에 드러나는 것'이며, 사전과 교과서 등에서 구할 수 있는 사실에 해당하는 것이라고 한다. Oakeshott에 따르면 정보는 우리가 알고 있는 것의 전부가 아님을 지적한다. 판단은 '지식의 묵시적 부분, 즉 지식의 밑바닥에 들어 있어서 표면에 드러나지 않는 부분'을 가리킨다. 정보는 사실, 규칙 등의 명제적 특성을 지니는 반면, 판단은 명제로 언어화하기가 불가능한 특성을 지닌다. 하지만 '판단이야 말로 우리가 물려받아야 할 유산의 진정한 핵심'이라고 말하면서 학생이 배워야할 교육내용의 두 가지 측면 가운데 판단의 중요성을 강력히 주장한다(김안중, 1988; 최의창, 1995).

이와 같은 맥락에서 이홍우(2006)도 교육내용을 두 가지 차원으로 분류한다. '사실(事實)'

제2부
무용교육의
내용

과 '원리(原理)'가 바로 그것이다. 그에 의하면 사실은 '자신의 눈으로 보거나 자기 마음으로 생각할 필요가 전혀 없는 것'이라면, 원리라는 것은 '자신의 마음으로 생각하고, 자신의 눈으로 보아야만 하는 것', 즉 사실을 '보는 방법'이라고 한다. Oakeshott의 아이디어에 비추어 보면, 사실은 정보의 차원과 원리는 판단의 차원과 맞닿아 있다고 할 수 있다. 이홍우도 교육내용이 단순히 사실 수준에 그쳐서는 안 되고, 내면적인 측면을 볼 수 있는 안목인 원리 수준에서 가르쳐야 할 것을 강력히 주장한다.

체육교육 분야에서도 위와 같은 교육내용에 대한 철학적인 논의가 진행되었다. 표면적인 수준의 교육내용이 지배적인 것에 대한 자성의 목소리가 제기되면서, 다른 차원의 교육내용에 대한 관심을 촉구하는 움직임이 일고 있다. 최의창(1995)은 운동도 정보와 판단, 사실과 원리의 차원에 상응하는 두 가지 차원이 있다고 언급한다. '기능(技能)'의 차원과 '안목(眼目)'의 차원이 바로 그것이다. 그는 운동은 능숙하게 수행하기 위해 반드시 필요한 기능적 차원만이 모든 것이 아니라, 운동에 담겨진 안목적 차원이 존재한다고 말한다. 안목적 차원이란 '그 운동에 담겨진 사고방식, 또는 세계관'을 말하는 것으로, 단편적인 운동 기능이 아닌 운동에 담겨진 세상을 바라보는 눈과 시각, 생각의 틀을 말한다. 그리고 이것은 Oakeshott가 말한 판단과 동일한 방식으로 구사된다고 한다.

위의 교육학자들이 교육내용을 중층적으로 간주하는 것은 교육을 바라보는 관점에서 기인한 것이다. 이들은 지식을 '인류의 정신적 유산', '가치 있는 삶의 한 형식', '실천전통(a practice)'으로 바라보고 있다(최의창, 2010a; 홍은숙, 2007; MacIntyre, 1984; Oakeshott, 1967; Peters, 1966). 교과목은 공유하는 집단에게 가치 있는 것으로 오랜 세월 동안 형성된 문화유산이며, 교과목의 안쪽에는 다양한 가치로운 것들이 내재되어 있다고 보는 관점이다. 이러한 맥락에서 교육 내용에 두 가지 층위가 있으며, 표면적 차원이 아닌 심층적 차원으로 눈을 돌려야 할 것을 강조하고 있다. 교육의 안 쪽 차원에 있는 것이 진정으로 의미 있는 교육내용이며, 이것은 Oakeshott의 표현을 빌리자면 기법적 지식, 기능의 껍데기 속에 들어 있는 교육내용의 알맹이인 것이다(최의창, 2010a: 244). 그리고 이것은 앞에서 언급한 '판단', '원리', 그리고 '안목'이며, Dilthey(1883)의 '정신세계', MacIntyre(1984)의 '정신'과 상응하는 개념이라 할 수 있다.

이상으로 교육내용의 중층성에 대해 살펴봤다. 이로써 교육내용이 어떻게 이루어져 있느

나에 대한 대답의 방향성을 갖게 되었다. 그 중 하나는 기능적 차원이며, 다른 하나는 안목적 차원일 것이다. 전자는 표면에 드러나는 것으로 학습자의 몸과 마음이 관여될 필요가 없는 차원을 말하며, 후자는 묵시적이며, 비가시적인 것으로 학습자의 몸과 마음이 전적으로 관여해야 보이는 사고방식과 세계관의 차원이라 할 수 있다. 교육내용으로서의 지식을 두 가지 차원으로 구분하는 교육학자들의 논의는 교육내용으로서의 한국무용내용을 이해하는데 분명한 이해를 갖도록 도움을 준다. 최의창(1995)의 용어와 MacIntyre(1984)의 용어를 빌려, 한국무용교육내용의 두 가지 차원을 '기능(技能)'과 '정신(精神)'으로 부를 수 있을 것이다. 그리고 기능으로서의 한국무용은 정보와 사실, 그리고 정신으로서의 한국무용은 판단과 원리에 해당하는 개념이라 할 수 있다.

지금까지의 한국무용교육은 지나치게 기능적 차원의 교육내용에만 치중해왔다. 신체의 아름다운 형태와 선, 호흡, 동작을 정확하고 유려하게 해내는 것, 그리고 많은 작품의 순서를 외우고 수행하는 것에만 집중해 왔다. 눈에 보이는 가시적이고 표현적인 것을 '잘 해내는 것'에 초점을 맞춰온 것이다. 학습자가 몸과 마음을 관여하여 치열하게 그 안에 담겨진 방법과 이치, 세계관을 '주체적'으로 보려고 하는 것이 아니라, 단순히 보이는 것을 '수동적'으로 받아들이고 수행하는 것에만 힘을 쏟았다(유창경, 2009).

하지만 한국무용에는 기능적 차원만 존재하는 것이 아니다. 정신적 차원의 한국무용이 있다. 눈에 보이지는 않지만 한국무용의 동작과 작품 안에 담겨진 한국무용만의 사고방식과 세계관이 바로 그것이다. 이것은 학습자의 몸과 마음이 온전히 관여되어야만 볼 수 있는 세계이다. 기능 안에 숨겨진 핵심이자, 한국무용의 정수이다. 정신적 차원의 한국무용을 학습한 사람은 한국무용의 정서와 신념 등의 깊은 차원을 맛볼 수 있게 된다. 한국무용적인 안목을 내면화할 수 있게 된다. 그리고 한국무용의 안목으로 자신의 삶과 세상을 바라볼 수 있게 되고, 행동할 수 있게 된다.

물론 기능적 차원의 교육내용만으로 한국무용교육이 가능하다. 아름다운 신체의 선을 만들어 내고, 최상의 동작을 수행해 냄으로써 미적 쾌감을 맛보고, 충족감과 즐거움을 느낄 수 있다. 많은 류파의 다수의 작품을 해냄으로써 자기극복의 만족감과 우월감을 느낄 수 있다. 하지만 심리적, 신체적 느낌만을 맛볼 수 있게 하는 것만으로 끝난다면 교육적 활동으로서의 한국무용은 정당성을 확보하기 힘들 것이다. 한국무용이 교육적 활동으로서 공헌하기 위해서

제2부
무용교육의
내용

는 심리적, 신체적 만족감을 주는데 그쳐서는 안 된다. 한국무용이 교육적 의미를 갖기 위해서는 학습자의 생각과 삶을 변화시켜, 긍정적인 방향으로 발전시켜 나가는데 공헌해야 한다. 한국무용에 오랜 시간 축적되어 온 정신세계를 전수함으로써 교육적 의미를 확보할 수 있다. 한국무용에는 그만의 세계관, 사상과 감정, 풍습과 전통이 내재되어 있기 때문에, 이를 전수해 줌으로써 학습자는 세상을 바라보는 새로운 관점과 생각의 틀을 갖게 될 것이다. 뿐만 아니라, 이들은 한국무용 세계에 입문하게 되면서 서로 같은 전통을 공유하며 내적 결속력을 강화하는 동류의식을 가질 수 있게 된다.

IV. 교육내용의 정신적 차원

지금까지 교육내용으로서의 한국무용에는 기능적 차원과 정신적 차원이 있음을 살펴보았다. 그 중 한국무용의 정신적 차원에 대한 이해를 구체화하기 위해 Oakeshott(1967, 1991)의 개념과 이홍우(1988)의 생각을 살펴보는 것이 도움이 될 것이다. Oakeshott는 교육이란 '학생을 인류 공동의 업적인 정신세계에 입문시키는 활동'이라 말하며, 그 정신세계는 바로 '감정, 정서, 상상, 전망, 사고, 신념, 관념, 이해, 활동, 행위의 규범과 준칙, 의식, 절차, 미술 작품, 생활용구 등'의 문화유산이라고 언급한다. 또한 이홍우는 국민정신이란 '한 나라에서 생활하는 국민이 그 생활을 통하여 자연적으로 습득하는 자질'이며, 국민정신교육은 '바람직한 것으로 상정된 국민정신을 국민 개개인에게 내면화시키는 것'이라고 말하며, 국민정신교육을 통해 사회화되어야 함을 주장한다. 그리고 이것은 '인간관, 사회관, 생사관, 자연관, 우주관'의 내용으로 구성된다고 기술한다. 즉 이홍우에 따르면 정신이란 어떠한 것을 통해 자연스럽게 습득되는 것이며, 개개인에게 내면화시켜야 할 핵심적인 것임을 유추할 수 있다.

Oakeshott의 정신세계에 대한 개념과 이홍우의 국민정신에 대한 개념은 한국무용의 정신적 차원에 대한 생각을 구체화시켜 준다. 정신세계와 국민정신은 특정한 활동에 내재된 핵심적인 사항이다. 활동 자체가 그 모습을 띠게끔 하는 원동력이다. 가시적으로 드러나는 모습을 형상화시켜주는 원초적인 힘이자 핵심인 것이다. 한국무용에 입문한다고 하였을 때, 한국무용에 필요한 신체를 만들고, 화려한 동작과 많은 작품을 해내는 것만이 전부가 아니다. 동작과 작품을 존재하게 한 본질에 다가서는 것이다. 한국무용이 가진 정신세계에 가까이 가는 것이다. 또한 두 학자들이 제시한 정신적 요소와 한국무용의 특성을 고려하였을 때, 한국무용의 정신적 요소는 다양한 사상과 철학, 감정과 미의식, 태도와 경지 등이 있음을 미루어 짐작할 수 있다. 결국 한국무용 세계에 입문한다는 것은 한국무용이라는 세계가 기반을 둔 인간관, 사회관, 생사관, 자연관, 우주관의 사고방식을 이해하는 것이다(이홍우, 1988). 나아가 한국무용 안에 내재된 다양한 감정과 정서, 미의식을 맛보고, 의식과 절차를 내면화하며, 최상의 경지를 체험하는 것이라 말할 수 있다.

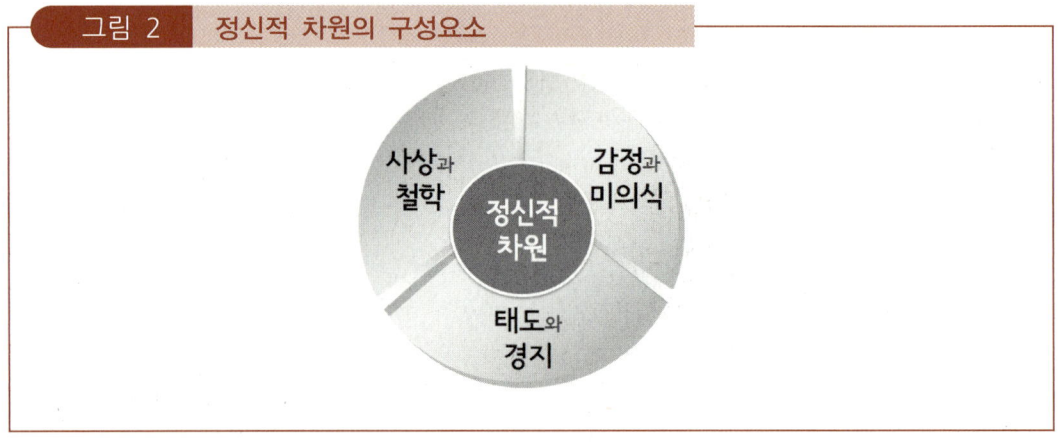

그림 2   정신적 차원의 구성요소

예컨대 살풀이춤을 배운다고 하였을 때, 살풀이춤의 호흡과 다양한 사위, 그리고 각 류파에 해당하는 다양한 순서를 외우는 것이 전부가 아니다. 살풀이춤을 발생케 한 문화, 역사, 철학적 맥락을 알고, 그 안에 내재되어 있는 다양한 한과 흥의 감정을 느끼고 여백과 관조의 미를 표현하여, 한의 감정이 승화, 정화되어 나와 수건, 슬픔과 기쁨의 경계가 없어지는 최상의 경지에 다다를 때 비로소 살풀이춤을 배웠다고 말할 수 있을 것이다. 나아가 살풀이춤의 사고방식으로 자신의 삶을 살아가고 세상을 관조할 때, 살풀이춤의 정신을 내면화하고 살풀

제2부
무용교육의
내용

이춤에 온전하게 입문했다고 말할 수 있다.

지식은 많은 학자들이 언급했듯이 '인류의 정신적 유산', '가치 있는 삶의 한 형식', '실천전통(a practice)'이다. 즉 오랜 시간 축적된, 인류이자 보고인 문화를 전수하는 것이 교육의 본질이다. 인류의 문화적 유산으로서의 한국무용을 가르치기 위해서는 표면적 차원이 아닌 심층적 차원에 눈을 돌려야 한다. 기능의 껍데기 속에 담겨진 깊고 넓은 정신의 세계를 맛볼 수 있게끔 의도하며, 계획해야 한다.

V. 무용수업과 무용교사

그렇다면, 한국무용의 정신적 차원을 어떻게 가르칠 수 있을까? 한국무용의 정신을 가르치기 위해서는 이를 가르치기 위한 교육방법, 이를 위한 교사의 자질에 대한 논의가 따라와야 한다. 우선 학생들을 한국무용의 정신세계에 입문시키기 위해서 어떻게 해야 할까?

교육철학자들은 정신적 차원의 중요성을 인식하고 이에 대한 체계적인 교수방법에 대해 고민하였다. 특히 Oakeshott(1967)는 내면적 측면에 대한 전수를 위해서는 기존의 기능, 지식, 정보를 전달할 때와는 상이한 차원의 교수방법이 필요함을 역설하였다. 내면적 측면에 대한 교육을 위해서는 교사의 설명, 시범 등의 직접적 '전달'이 아닌, 교사의 표정·유머·말투 등을 통한 간접적 '전수'가 필요하다고 한다. 즉 기존의 교수방법에서 배제되었던 교사의 인성이 하나의 체계적인 교수방법으로 그 중요성이 재조명된 것이다. 이와 동일한 맥락에서 이홍우(2006)는 정신·안목 등의 내면적 측면을 가르치기 위해서는, '일러주기'가 아닌 '보도록 하기'의 교수방법이 중요함을 피력하였다.

위의 교육학적 연구들과 동일 선상에서, 정신적 차원의 교육방법에 대한 고민들이 무용교육의 인접분야인 체육교육에서도 구체적으로 이루어지고 있다. 특히 최의창(1995)은 내면적 차원의 핵심존재로인 전통·정신·안목을 가르치기 위한 방법적 측면에 있어서 기존의 설명, 시범에 국한된 '보여주기'식의 직접교수행동의 한계를 지적하며, 정신·안목 등의 내면적 측면의 교육을 위해서는 유머·표정 등의 간접교수행동을 통한 '보도록 하기'의 방식을 강조하고 있다.

이러한 일련의 논의는 한국무용의 정신적 차원을 가르치기 위해서 간접적 전수, 보도록 하기의 방법이 필요함을 알려준다. 특정한 신체 형태, 동작, 작품을 학습하기 위해서는 춤사위에 대한 직접적인 설명을 듣거나 시범을 통해 학습할 수 있지만, 그 안에 담겨진 다양한 감정, 정서, 역사, 철학, 전통, 의식을 학습하기 위해서는 직접적인 설명과 시범에 국한된 보여주기 식의 교육방법만으로는 불가능할 것이다. 그도 그럴 것이 앞에서도 언급한 바, 정신적 차원은 학습자의 몸과 마음의 전적인 관여 없이는 볼 수 없는 세계이기 때문이다. 따라서 학생들에게 세계를 보여주는 직접교수방법보다, 자기 자신 스스로가 세계를 볼 수 있도록 하는 간접교수방법이 필요하다. 한국무용과 관련된 공연을 관람하고, 한국 역사, 철학, 종교 등의 책을 읽거나, 다양한 한국문화를 체험하면서 스스로 한국무용의 정신세계를 감지할 수 있을 것이다. 또한 한국무용의 정신세계가 몸과 마음에 내면화되어 있는 교수자의 말과 행동, 표정과 분위기를 통해, 한국무용의 정신세계를 느낄 수 있도록 하는 방법이 적합할 것이다(오현주, 2008; 유창경, 2009).

정신적 차원을 가르치기 위한 한국무용교사는 어떠한 사람이어야 할까? 지금까지는 훌륭한 무용교사와 기능적 차원을 잘 가르치는 교사가 동의어처럼 인식되어왔다. 한국무용의 기능적 차원, 즉 호흡과 동작을 정확하게 수행하며, 많은 류파의 레파토리를 효과적으로 가르치는 교사가 최상의 교사였다. 정확한 시범과 구체적인 동작 설명, 효율적으로 수업을 진행하고 관리할 수 있는 무용 교사를 우대하였다. 하지만 이것은 한국무용의 교육내용을 기능적 차원으로만 국한한데에서 비롯된 그릇된 교사상이라 할 수 있다. 그렇다면 정신적 차원을 가르치기 위해서 교사는 어떠한 자질을 가져야 할까?

우선 한국무용의 "교육내용"에 대한 깊은 이해가 선행된 사람이어야 한다. 한국무용은 기능과 정신이라는 중층적 교육내용을 내포하고 있으며, 정신적 차원이 핵심적 교육내용이자 정수이다. 한국무용 교사는 한국무용 속에 담겨진 정신적 차원이 중요함을 통감하고 확신에 찬 사람이어야 하며, 정신적 차원을 구성하고 있는 요소에 대한 깊이 있고 체계적인 이해를 가진 자이어야 한다. 교사가 정신적 차원에 확신이 없고 명확한 그림이 없다면, 학생들을 결코 한국무용 정신세계에 입문시킬 수 없다. 일반적인 수준에서 한국무용의 정신적 차원에 대

한 이해뿐 아니라, 구체적인 수준에서 각 장르, 각 작품, 나아가 각 류파에 내재되어 있는 정신적 차원이 어떻게 다른지에 대한 깊은 성찰과 명료한 안목이 있어야 한다.

또한 "교육자의 역할"에 대한 깊은 이해가 있는 사람이어야 한다. 교과의 내용을 정신과 안목으로 보는 관점에서 한국무용교사는 '인류문명의 대리인이자 학습자'(최의창, 1995; Oakeshott, 1991)이어야 한다. Oakeshott는 교사는 '인류가 공들여 추구하고 만들어온 인류의 유산을 보호하고 전승하는 사람'이라고 하였으며, 이러한 맥락에서 최의창은 대리인인 동시에 '기능으로 구현되어 나타나는 인류문화의 의미를 스스로 탐구해나가고 발견해 나가는 사람', 즉 학습자가 되어야 한다고 말한다. 한국무용 교사도 인류문화의 대리인이자 동시에 학습자가 되어야 한다. 한국무용의 작품과 동작에 담겨진 문화적 의미가 무엇인지를 계속적으로 탐구하는 실천적 연구자이자, 그것을 학생들에게 온전하게 전수하는 인류문화의 대리인이 되어야 한다.

이러한 내용과 역할에 대한 이해를 바탕으로, 학생들에게 기능 안에 담겨진 가치 있는 것을 "전수 할 수 있는 자질"을 갖추어야 한다. 앞서 말했듯 한국무용에 담긴 정신적 차원은 직접적인 전달이 아닌 간접적인 전수, 즉 보여주기 식의 방법이 아닌 보도록 하기식의 방법을 통해 전해진다. 한국무용 교사의 태도와 어조, 행동과 표정, 그리고 그가 들려주는 일상적인 이야기와 경험담에 의해서 학생들은 한국무용의 정신을 보게 되며, 체득하게 된다. 오랜 시간 동안 한국무용을 추어오며, 아름다운 정신이 내면화되어 있는 교사를 통해 한국무용의 정신을 간접적으로 감지하게 되는 것이다. 그렇기 때문에 한국무용 교사는 어느 활동에서도 그러한 성품이 자연스럽게 묻어나올 수 있도록 한국무용의 정신을 내면화하여, 학생들이 자연스럽게 느낄 수 있도록 해야 할 것이다. 특히 한국무용에서는 겸손과 여유, 배려와 비움 등의 정서와 미의식을 담고 있기 때문에, 교사의 언행과 모든 모습에서 이러한 측면들이 목격되어야 할 것이다.

Ⅵ. 결론 및 제언

　많은 교육학자들은 교육내용에 담긴 내면적이며, 심층적인 측면에 몸과 마음을 돌릴 것을 주장한다. 한국무용교육은 지금껏 신체의 형태, 낱낱의 동작, 특정 작품의 순서를 가르치는 것을 최고의 지향점으로 삼아왔다. 신체 기술에 초점을 맞추고, 이를 잘하기 위한 실천적인 지식들을 주요한 교육내용으로 위시해온 것이다. 하지만 무용이라는 활동은 인류의 정신적 유산이자, 오랜 시간 동안 축적된 실천 전통이다. 표면적인 동작과 기능을 발현하게 하는 내면의 깊은 차원의 의미가 숨어 있다. 한국무용에는 가시적이고, 명시적인 기능으로는 설명될 수 없는, 비가시적이고, 암묵적인 정신적 차원이 중층적으로 존재하는 것이다. 이것이 한국무용의 핵심이며, 정수이다. 한국무용을 배운다고 했을 때 이 두 가지의 차원을 모두 배워야 하며, 한국무용의 정신세계를 맛보고 내면화했을 때야 비로소 한국무용에 입문했다고 할 수 있다.

　교사라면 자신이 가르치는 교육내용이 무엇인지 분명히 알아야 한다. 그것이 교사라는 직업의 태생적 의무이자, 본분이다. 무용교사도 예외일 수는 없다. 무용교사는 가르쳐야 할 내용에 대해 분명하게 알고, 체계적인 노력을 기울여야 할 것이다. 즉 한국무용 교육내용이 기능과 정신의 중층적 구조를 띠는 것을 인식해야 하며, 정신적 차원의 중요성을 통감하고 이에 대한 깊이 있는 이해가 선행되어야 한다. 또한 한국무용 교사는 한국의 문화유산으로서의 한국무용에 대한 지속적인 연구를 기반으로 하여, 후손들에게 오롯이 전달할 수 있어야 한다. 한국무용정신을 내면화하여 간접적으로 학생들에게 스며들 수 있게 하는 방법의 중요성도 잊지 말아야 할 것이다.

　향후의 연구와 관련하여 세 가지를 제안한다. 첫째, 이론적 논의이다. 본 연구에서는 교육내용으로서 기능과 정신의 중층적으로 존재하며, 이에 대한 관심의 촉구를 제안하는 수준에서 논의가 그쳤다. 앞으로 한국무용의 정신의 개념과 구성요소, 그리고 각 장르와 작품에 해당하는 정신적 차원의 모습에 대해 철학적 수준에서 논의가 후행되어야 한다. 둘째, 실천적 모형이다. 한국무용의 정신적 차원을 가르치기 위한 구체적인 모습이 그려져야 한다. 목표와 내용, 방법과 평가에 걸친 일원화된 체계, 즉 수업 모형이 바로 그것이다. 온전한 한국무용을

제2부
무용교육의
내용

교육을 실현하기 위한 체계적인 실천시스템을 구축할 수 있도록 지속적인 노력을 기울여야 한다. 셋째, 경험적 연구이다. 이론적 논의와 실천적 모형이 타당성을 확보하기 위해 경험적 연구가 지속적으로 뒷받침되어야 한다. 현장의 지속적인 실천과 반성을 통해, 이론과 모형이 객관성과 신뢰성을 얻을 수 있도록 많은 실행연구가 이루어져야 할 것이다.

참고문헌

기연정(2003). 불교사상에 따른 천수바라춤 연구. 이화여자대학교 석사학위 논문.
김건수, 백현순(1998). 한국춤 사상과 움직임의 기법에 관한 연구. 한국체육과학회지, 7(2), 579-588.
김경숙(2009). 전통 승무의 정체성과 전통춤 교육의 재구성. 한양대학교 박사학위 논문.
김선영(1995). 한국 춤에 내재된 태극사상의 연구. 숙명여자대학교 석사학위 논문.
김안중(1988). 학교교육의 철학적 기초: 오우크쇼트의 '학습과 교수' 리뷰. 이용걸(편). 학교수업탐구. 서울: 교육과학사.
김영희(1999). 호흡창작기본. 서울: 현대미학사.
김지원(2003). 무용이론교과의 역할에 기초한 우리춤 교수법연구. 대한무용학회지, 37, 60-77.
김지희(2003). 한국 전통춤에 내재된 음양오행 분석을 통한 한국적 춤교육 방안 모색. 숙명여자대학교 박사학위 논문.
김춘미(1997). 한국 예술학으로 가는 길. 서울: 시공사.
박금슬(1982). 춤동작. 서울: 일지사.
박중길(2007). 인문학적 무용교육: 비판적 사고와 문제해결능력. 2007 한국예술교육학회 학술대회, 23-44.
배정혜(2004). (배정혜의) 7일간 춤여행. 서울: 청아.
서예원(2000). 예술교육으로서의 무용교육과정 연구. 청주교육대학교 논문집, 27, 245-257.
안춘자(2009). 한국 춤 기본동작: 배우기 쉽고 알기 쉽게. 서울: 한국춤.
오미라(2005). 사설무용학원 강습의 교육효과에 관한 연구. 숙명여자대학교 석사학위 논문.
오현주(2003). 살풀이춤 지도법에 관한 사례연구: 이매방류 살풀이춤의 기법과 심법을 중심으로. 건국대학교 석사학위 논문.
오현주(2008). 한국 전통춤 교수법의 인문적 접근 탐색. 건국대학교 박사학위 논문.
유미희(1989). 한국 춤에 나타난 신명에 대한 연구: 민속춤을 중심으로. 이화여자대학교 석사학위 논문.
유정애(2008). 체육과 교육과정 총론. 서울: 대한미디어.
유창경(2009). 한국무용정신 가르치고 배우기: 무용교사의 실천과 전공학생의 인식 분석. 건국대학교 석사학위 논문.
이미영(2007). 한국 춤 연구. 서울: 민속원.
이미영(2010). 전통춤 신명연구. 한국무용사학, 11, 7-29.

제2부 무용교육의 내용

이애경(1992). 한국춤의 본질에 관한 소고. 한국체육학회 92 국제스포츠과학 학술대회, 548-552.
이유진(2008). 한영숙의 예술론과 살풀이춤의 삼재사상 연구. 한국예술종합학교 석사학위 논문.
이종숙(1997). 한국 전통 춤과 한(恨)의 관계 연구. 한국체육철학회지, 5(2), 271-300.
이홍우(1988). 한국적 사고의 원형: 그 원천과 흐름. 서울: 한국정신문화연구원.
이홍우(2006). 지식의 구조와 교과. 서울: 교육과학사.
임학선(1999). 여유와 극복의 춤새김질: 굿에서 태극구조의 기본춤까지. 서울: 현대미학사.
임학선(2003). 한국춤의 호흡구조에 따른 호흡유형 및 특성 연구. 무용학회논문집, 35, 139-152.
장명주(2011). 현대무용 잘 가르치기: 창작지향 무용교수의 어려움과 가능성 탐색. 서울대학교 석사학위 논문.
장윤정, 박중길(2005). 국내무용교육학 연구동향과 과제. 한국체육학회지, 22(5), 801-811.
정병호(2004). 한국무용의 미학. 서울: 집문당.
차수정(2005). 한국 전통춤 기초 교육과정 프로그램 개발. 숙명여자대학교 박사학위 논문.
채희완(2000). 한국춤의 정신은 무엇인가. 서울: 명경.
최의창(1995). 두 가지 내용과 두 가지 방법: 체육교육내용과 교육방법의 재음미. 체육연구소, 16(1), 105-118.
최의창(2010a). 가지 않은 길2. 서울: 무지개사.
최의창(2010b). 인문적 체육교육과 하나로 수업. 서울: 무지개사.
태혜신(2005). 한국무용 3단디딤걸음체 동작의 역학적 분석. 이화여자대학교 석사학위 논문.
허순선(1991). 한국의 전통춤사위: 이론과 용어해설 및 도해. 서울: 형설출판사.
허순선(2005). (한국의)춤사위와 무보틀. 서울: 형성출판사.
홍수민(2010). 발레 교수학습과정의 문제점 및 대안적 교육모형 탐색: 예술계 고등학교를 중심으로. 서울대학교 석사학위 논문.
홍은숙(2007). 교육의 개념: 실천전통에의 입문으로서의 교육. 서울: 교육과학사.
홍정효(2008). 유아의 심(心), 기(氣), 신(身) 교육으로서의 한국무용. 유아교육논총, 17(2), 71-88.
황경숙(2002). 한국 전통춤에 내재된 사상과 의미. 한국체육철학회지, 10(1), 289-310.
황인주(2001). 기능적 관점에 따른 무용교육의 문제점과 발전방향 분석. 한국체육학회지, 40(4), 539-548.
황인주(2008). 미적 경험의 특성에 따른 무용교육과정에 관한 연구. 대한무용학회논문집, 57, 269-287.
Bruner, J.(1950). *The process of education*. Boston: Harvard University.
Dilthey, W.(1883). *Einleitung in die Geisteswissenschaften: Versuch einer Grundlegung fur das*

Studium der Gesellschaft und der Geschichte. Gottingen: Vandenhoeck & Ruprecht. 송석랑(역)(2009). 정신과학 입문. 서울: 지식을 만드는 지식.

Henderson, K.(1961). Uses of subject matter. In Smith, B., & Ennis, R. (Eds.), *Language and concepts in education*. Chicago: Rand McNally.

McCutchen, B.(2006). *Teaching dance as art in education*. Champaign, IL: Human Kinetics.

MacIntyre, A. C.(1984). *After virtue: A study in moral theory*(2nd ed.). Notre Dame: University of Notre Dame Press.

National Dance Education Organization(2007a). *Standards for dance in early childhood*. Silver Spring, MD: NDEO.

Oakeshott, M.(1967). Learning and Teaching. R. S. Peters(Ed.). *The concept of education*, 156-176. London: Routledge & Kegan Paul.

Oakeshott, M.(1991). *Rationalism in politics and other essays*(new and expanded ed.). Indianapolis: Liberty Press.

Peters, R. S.(1966). *Ethics and education*. London: Allen & Unwin. 이홍우(역)(1980). 윤리학과 교육. 서울: 교육과학사.

Smith-Autard, J. M.(2002). *The art of dance in education*. London: A&C Black.

연구문제

1. 한국무용의 교육내용을 두 가지의 차원, 즉 기능과 정신으로 구분한 것이 적절한지에 대해 토론해보자.
2. 한국무용의 교육내용으로서 한국무용정신을 구성하는 요소에는 무엇이 있는지에 대해 구체적으로 생각해보고, 이에 대해 논의해보자.
3. 현장에서 한국무용의 중요한 교육내용으로서 정신을 가르치고 배웠던 사례가 있다면 이야기 해보고, 이러한 사례가 많지 않은 이유는 무엇인지에 대해 생각해보자.

제2부
무용교육의 내용

심성교육을 위한 한국무용 교육내용의 구조화*

박 혜 연

　우리 사회는 '마음(心)'과 관련된 다양한 문제로 얼룩져 있으며, 이는 교과교육을 통한 심성교육을 요청한다. 본 연구는 심성교육을 위한 한국무용 교육내용을 탐색하고 구조화 함으로써, 한국무용을 통한 심성교육을 실현하는데 궁극적인 목적이 있다. 질적연구방법에 근거하여, 궁중·종교·민속무용 영역의 교수자 9명과 학습자 9명을 대상으로 연구를 실시하였다. 자료 수집을 위해 문헌분석, 심층면담, 비참여관찰의 방법을 활용하였다. 그 결과 심성교육을 위한 한국무용의 교육내용은 크게 지성, 감성, 덕성, 영성적 차원으로 범주화되며, 각 차원에는 2가지 내용요소, 그리고 이를 이루는 세부내용요소가 포함되는 것으로 나타났다. 첫째, 지성적 차원은 '춤을 관통하는 사상관과 심미관을 이해하고, 나아가 이러한 관점으로 다양한 현상을 이해하고 판단하는 것'과 관련된 것으로, '사상관(思想觀)'과 '심미관(審美觀)'의 교육내용으로 세분화된다. 둘째, 감성적 차원은 '춤을 출 때 자신의 감정을 감지하고 다스리며, 나아가 삶에서 자신의 감정을 감지하고 다스릴 수 있는 것'과 관련된 것으로, '유정(有情)'과 '무정(無情)'의 교육내용으로 세분화된다. 셋째, 덕성적 차원은 '춤에서 지향하는 사덕과 공덕을 내면화하고, 나아가 인간적인 삶의 문제에서 이러한 태도를 견지하는 것'과 관련된 것으로 '사덕(私德)'과 '공덕(公德)'의 교육내용으로 세분화된다. 넷째, 영성적 차원은 '모든 것을 초월하고 자신만의 춤을 추며, 나아가 삶에서 자유를 만끽하고 자신의 참 모습을 드러내는 것'과 관련된 것으로 '초월(超越)'과 '실현(實現)'의 교육내용으로 세분화된다. 이는 한국무용을 통한 심성교육의 구체적인 방향성을 제공하며, 장르와 작품에 따라서 교육내용이 선정되어야 함을 시사한다. 나아가 한국무용을 통한 심성교육의 가능성을 엿볼 수 있게 해준다

---

* 박혜연(2013). 심성교육을 위한 한국무용 교육내용의 구조화. 한국스포츠교육학회지, 20(4), 1-20.

I. 서 론

 매일 아침 크고 작은 각종 사회문제가 신문과 인터넷의 일면을 장식하고 있다. 하루가 멀다 하고 벌어지는 극악무도한 폭력, 작은 말싸움에서 비롯한 살인 뉴스에도 이제는 무뎌질 정도이다. 뿐만 아니다. 작게는 가치관의 미확립으로 인해 판단력이 상실되고 있으며, 감정적 불균형으로 인한 폭행과 극단적인 선택이 난무하고 있다. 예의범절을 논하는 것이 무색한 지 오래고, 기본적인 인간관계에 어려움을 느끼는 사람들도 쉽사리 볼 수 있다. 또한 자존감 하락과 자기애의 실종으로 인한 자살에 이르기까지 우리 사회는 '마음(心)'과 관련된 다양한 문제로 얼룩져 있다.

 이러한 가운데, 2009 개정 교육과정에서는 전 교과를 통한 '인성교육'을 강조하고 있다(교육과학기술부, 2011). 물론 오랜 기간 전인교육을 표방하며 인성교육을 지향해 왔지만, 이번 교육과정에서는 특별히 인성의 함양을 핵심적인 목적으로 전면에 내세웠다는 점에서 고무적이다. 이는 '인성은 도덕교과에서, 창의성은 예술교과에서' 라는 '교과목 사이의 분업'(홍은숙, 2007)이 공공연하게 이루어져왔던 이전의 교과관에 반하는 것이라 할 수 있다. 인성을 강조하는 도덕·윤리과에서 뿐 아니라, 모든 교과목을 통해 인성 함양의 기회가 주어져야 한다는 것이다. 구체적으로 각 교과에서 전반적으로 담지하고 있는, 혹은 특정 단원과 연결되는 인성적 차원을 학습하고, 이를 통해 총체적인 인성교육을 지향한다. 여기에는 많은 이유가 있겠지만, 인성의 타락으로 몸살을 앓고 있는 사회의 요구와 기대가 반영되었을 것이다. 물론 인간은 모자이크처럼 연결된 분체가 아니라, 모든 측면이 유기적으로 연결된 총체적인 존재임을 고려했을 때 이와 같은 논리는 응당 당연한 일이지만 말이다.

 이는 한국무용을 비롯하여 무용이 포함되어 있는 체육교과에서도 예외가 아니다. 체육과 교육과정에서는 각 신체활동에서 요구하는, 혹은 관련 있는 특정 인성요소로 선정하고, 이를 핵심적인 내용요소로 명시하고 있다(유정애, 2012). 특히 한국무용이 포함된 전통표현활동에서는 '다문화 존중의식'이라는 내용요소를 가르칠 것을 공적으로 제안하고 있다(교육과학기술부, 2011). 하지만 이는 매우 단편적이며, 포괄적이라 할 수 있다. 다문화 존중의식이라는 단일의, 다소 모호한 정의적 요소가 제시되어 있을 뿐, 한국무용이 인성의 다양한 측면들과

**제2부
무용교육의
내용**

어떻게 연계되어 가르칠 수 있는지에 대한 자세한 청사진이 마련되어 있지 않은 실정이다(박혜연, 2012; 최의창, 박혜연, 신주경, 2012). 특히나, 학교교육을 벗어나 전문교육과 사회교육 현장에서는 정해진 교육과정과 교육내용이 없기 때문에, 교수자들이 인성교육의 필요성에 대해 공감하고 가르치고자 하는 열정이 있어도 막연하기만 할 뿐이다.

한편, 무용과 인성과의 관계는 오래 전부터 언급되어 왔다. 특히, '인성(人性)' 뿐 아니라, '심성(心性)'과 깊은 관련이 있음이 공중되어 왔다. 인성은 도덕성과 사회성 등에 국한된 개념이라면(박정준, 2011), 심성은 지성, 감성, 덕성, 영성을 포함하는 포괄적 개념이다(최의창, 2010, 2011). 무용에 오래 동안 몸을 담은 교수자와 학습자들은 무용이 인성, 즉 덕성적 측면 뿐 아니라, 감성적, 영성적 측면이 관여되어 있음을 경험을 통해 확신하고 있다. 무용이 개인의 사상과 감정을 표출하는 예술임을 고려하였을 때, 이는 어렵지 않게 짐작할 수 있다. 무용은 독창성, 상상력, 비판적 사고력 등의 창의성 발달과 관련이 있으며(김화숙, 2007; Chappell, 2006, 2007; Gilbert, 1992; Warburton, 2008), 정서순화를 가능케 할 뿐 아니라 미적감성을 풍부히 한다(정희자, 2000; Hanna, 1995; H' Doubler, 1957). 또한 자기통제, 예의, 협동 등의 개인적, 사회적 인성과 깊이 연계되며(강병재, 2005; 이숙재, 신종철, 2008; Brinson, 1991; NDEO, 2007), 몰입, 자아실현, 행복 등의 깊은 차원에도 영향을 미친다는 것을 이론적, 경험적 연구를 통해 알 수 있다(이루지, 2005; 조영주, 2010; Harris, 2009; Snowber, 2007). 이는 무용을 통해 어떠한 심성적 측면을 가르칠 수 있는지를 가늠할 수 있게 해준다.

한국무용과 심성과의 연관성 또한 언급되어 왔다. 하지만 이들 대부분 철학, 미학, 심리학적인 관점에서 논의가 이루어졌으며(정병호, 2011; 채희완, 2000; 황경숙, 2002), 교육학적인 관점의 연구는 미비했다. 그 가운데 교육학적 관점에서 한국무용교육과 심성의 관계를 살피려는 몇몇의 연구가 있었다. 그러나 특정 작품에 대한 교육적 효과를 탐색하거나(차옥수, 2003), 단편적인 심성의 측면과의 관련성을 진단하는 등(이종만, 1996; 최선, 2010), 주제가 매우 제한적으로 다루어졌다. 심성교육을 위한 한국무용의 교육내용을 체계화하려는 직접적인 노력은 거의 이루어지지 않았다. 교육학적 관점에서, 한국무용의 심성교육적 내용을 총체적으로 조망하고 이를 체계화하는 기초적인 연구가 필연적인 시점이라 할 수 있다.

본 연구에서는 "한국무용을 통한 심성교육을 시행하기 위해, 교육내용을 어떻게 체계화할 수 있을까?"라는 문제의식에서 시작되었다. 그동안 한국무용이 학습자의 심성 가다듬음에 영향을 미친다는 경험적 확신이 있었고, 사회적으로도 한국무용을 통한 심성교육이 요구되고 있지만, 이를 위해 대체 '무엇을' 가르쳐야 하는지에 대해 진지하게 고민이 이루어진 적이 없다. 한국무용의 심성교육적 내용을 탐색하고 이를 구조화해 봄으로써, 한국무용을 통한 심성교육의 기틀을 다지는데 단초를 제시하고자 한다. 이 같은 노력은 한국무용을 통한 심성교육을 실행하고자 하는 다양한 분야의 교육자들에게 구체적인 방향성을 제공할 것이며, 나아가 한국무용교육의 정당성을 확보하는데 귀중한 자료가 될 것이다. 이를 위해 오랜 시간 한국무용을 가르치고 배우는 일에 몸담은 교수자와 학습자를 대상으로 심층면담과 비참여관찰 등을 실시한다(제2절). 그 결과 심성교육을 위한 한국무용의 교육내용에는 4가지 차원과 8개의 내용요소가 있음을 발견한다(제3절). 마지막으로 연구 결과에서 도출된 논의점을 제시하고(제4절), 시사점을 도출한다(제5절).

II. 연구방법

본 연구에서는 한국무용을 통한 심성교육을 위한 교육내용을 탐색하는데 그 목적이 있다. 이러한 연구 목적을 달성하기 위해, 심층적인 현상을 이해하는 데에 적합한 질적연구방법론을 기반으로 하였다.

1. 연구 참여자

한국무용 분야는 크게 궁중무용, 종교무용 민속무용으로 분류된다(정병호, 1999; 이병옥, 2000). 각 영역을 고려한 '할당 선택 방법'에 기인하여(Goetz & LeCompte, 1984), 총 교수자 9명과 학습자 9명을 선정하였다. 특히 교수자의 경우, 훌륭한 교육자의 자질로 제안되고 있는 '능(能), 지(知), 심(心)'을 고려하였다(최의창, 2011). 한국무용, 교육에 대한 '지식(知)', 풍부한 '경험(能)', 그리고 깊은 '안목(心)'을 지닌 교수자를 연구 참여자로 최종 선별하였다(표

 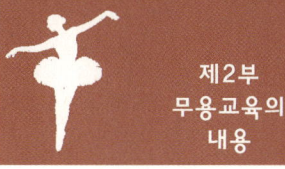  

제2부 무용교육의 내용

1). 각 분류 당 한 명씩을 주제보자로 설정하고, 그들에 대해서는 집중적인 비참여관찰을 실시하였다.

표 1 연구 참여 교수자에 관한 정보

순	분류	구분	이름	성별	특성	경력
1	궁중무용	주제보자	김예도	여	P대학 재직, 정재 전문가(연구, 공연, 교육)	무용경력 41년, 지도경력 약22년
2		부제보자	손한얼	여	K대학 재직, 전통춤 전문가(공연, 교육)	무용경력 36년, 지도경력 약22년,
3		부제보자	이안목	남	전 K대학 교수, 전 예술감독, 인간문화재, 정재 전문가(연구, 교육)	무용경력 52년, 지도경력 약37년
4	종교무용	주제보자	김중화	남	스님, 전문인 지도, 불교춤 전문가(공연, 교육)	무용경력 19년, 지도경력 약12년
5		부제보자	이무심	여	전문인 지도, 유교춤 전문가(공연, 교육)	무용경력 35년, 지도경력 약20년
6		부제보자	박자연	여	전문인·비전문인 지도, 무속춤 전문가(공연, 교육)	무용경력 26년, 지도경력 약12년
7	민속무용	주제보자	김무아	여	전문인·비전문인 지도, 전통춤·개인춤 전문가(공연, 교육)	무용경력 40년, 지도경력 약33년
8		부제보자	김지경	여	전문인·비전문인 지도, 예능춤 전문가(공연, 교육)	무용경력 36년, 지도경력 약19년
9		부제보자	정신명	남	전문인·비전문인 지도, 대동춤 전문가(공연, 교육)	무용경력 38년, 지도경력 약21년

한편, 학습자는 주제보자들로 선정된 교수자들이 자신들에게 교육을 받고 있는 자들 중에서 적합한 자를 각각 4명씩 12명을 추천받았다. 또한 전문가 회의에서 추천받은 자, 그리고 적합성을 고려하여 연구자가 추천한 자, 6명을 목록화하였다. 2배수인 18명을 후보에 두고, 적합성을 고려하여 학습경력 15년 이상의 학습자 9명을 최종 선정하였다(표 2).

표 2 연구 참여 학습자에 관한 정보

순	분류	이름	성별	경력	순	분류	이름	성별	경력	순	분류	이름	성별	경력
1	궁중무용	박버선	여	27년	4	종교무용	임푸름	남	22년	7	민속무용	서진양	여	24년
2		이장삼	여	22년	5		우하얀	남	20년	8		성장단	여	23년
3		손비녀	여	20년	6		이초록	여	18년	9		김타령	남	18년

2. 자료 수집

1) 문헌분석

연구를 위한 자료 수집으로 문헌 자료 수집이 1차적으로 이루어졌으며, 선행연구와 서적 기반으로 수집되었다. 심성교육, 예술과 심성교육, 한국무용과 심성교육의 영역을 설정하고 이와 관련된 이론적·경험적 연구를 분석함으로써, 한국무용을 통한 심성교육의 내용에 대한 이론적 토대를 마련고자 하였다.

2) 심층면담

2011년 10월부터 2012년 7월까지, 연구 참여 교수자와 학습자를 대상으로 각 2회의 공식적 면담과 다수의 비공식적 면담을 실시하였다. 참여자가 자유롭게 자신의 생각을 이야기 할 수 있도록 비구조화된 면담과 반구조화된 면담으로 실시하였다. 한국무용을 통한 심성교육의 효과에 대해 묻고, 이를 통해 핵심적으로 구조화 될 수 있는 심성교육의 내용을 추론하는 방식으로 면담을 이끌어나갔다. 물론 문헌분석에 근거한 심성교육을 위한 내용(지성, 감성, 덕성, 영성)을 질문범주로 활용하였다. 하지만 지나치게 구체적으로 진술된 일련의 질문들을 피함으로써 비교적 자유롭게 연상하며 이야기 할 수 있도록 유연성과 융통성을 발휘하였다. 또한 포괄적인 논의를 이끌어내기 위한 '서술적 질문', 주제와 내용에 대한 구체적인 생각을 묻는 '구조적 질문', 그리고 참여자가 경험한 특정한 현상, 관점과 생각을 명확하게 드러내기 위한 '대조적 질문' 등의 기법을 활용하였다(Spradley, 1980).

3) 비참여 관찰

주제보자로 선정된 3명의 교수자의 수업에 대한 비참여관찰을 각 10회씩 시행하였다. Spradley(1980)가 제시한 3단계의 절차에 기반하여 실시하였다. 1단계, '서술관찰'에서는 한국무용을 통한 심성교육의 내용을 교수자가 어떻게 인식하고 있는지를 있는 그대로, 가능한 한 시간의 순서에 따라 매우 세밀하고 구체적으로 시술하였다. 2단계, '집중관찰'에서는 심성교육내용의 영역을 추출하고 이를 집중적으로 관찰하면서 하부의 요인들에는 어떠한 것들이 있으며, 이들이 어떠한 관계를 지니는지, 구조를 파악하려고 노력하였다. 3단계, '선별관찰'에서는 집중관찰까지의 과정에서 발견된 구조 중 모호한 부분, 하위요소간의 차이점과 공통점을 집중적으로 선별하여 관찰하도록 하였다. 사전에 동의를 얻고 사진 및 동영상 촬영을 하였다. 또한 현장노트(field note)와 현장일기(field diary)를 작성하였다.

3. 자료 분석

본 연구에서는 심층면담, 참여관찰 등의 다양한 자료를 전사 작업을 통해 기록하였다. 기록한 내용은 녹음, 녹화된 내용과 일치하는지 재확인 작업을 거쳤으며, 최대한 자세하게 기술하는 사례기록을 실시하였다. 이를 분석하기 위해 Spradley(1980)의 문화연구 분석방법을 사용하였다.

첫째, 영역분석은 다양한 영역이나 범주들 중에서 의미론적인 관계가 성립되는 총괄적인 핵심범주를 찾아내는 작업이다. 가장 거시적인 차원에서 이론적 토대에 근거하여 심성교육의 4가지 차원의 교육내용을 추출하였다. 둘째, 분류분석은 총괄적인 핵심범주에서 공통적으로 성립될 수 있는 관계를 하위주제로 나누는 작업이다. 앞서 범주된 교육내용을 구체적으로 분석하여, 하위의 내용요소를 찾고자 하였다. 셋째, 성분분석은 하위범주들 사이에서 공통으로 공유 될 수 있는 문화적 특성을 체계화하여 상위주제로 나누는 작업이다. 이를 통해 발견된 심성교육의 내용요소들 간의 유사점과 차이점을 검토해봄으로써, 각 교육내용요소의 개념과 분류를 명확히 하는 작업을 실시하였다.

자료를 분석하는 과정에서 연구의 진실성과 타당성을 높이기 위해 지속적인 지속적으로 전문가 회의와 동료간 협의를 거쳤다.

III. 심성교육을 위한 한국무용 교육내용

한국무용의 심성교육적 내용요소는 어떻게 구조화될 수 있을까? 연구 참여자들과의 심층면담과 비참여 관찰 등을 통해 심성교육이 가능한 한국무용교육 내용요소를 추출할 수 있었다. 심성교육을 위한 한국무용의 교육내용은 크게 지성적 차원, 감성적 차원, 덕성적 차원, 영성적 차원으로 범주화되며, 4가지 차원 내에 각각 두 가지 내용요소, 그리고 이를 이루는 세부내용요소로 구조화되었다(표 3). 구체적으로 살펴보면 다음과 같다.

표 3 심성교육을 위한 한국무용 교육내용

	지성 (view, to understand)		감성 (emotion, to feel)		덕성 (virtue, to act)		영성 (spirituality, to be)	
차원	춤을 관통하는 사상관과 심미관을 이해하고, 나아가 이러한 관점으로 자신, 세계, 인생을 바라보고 판단하는 차원		춤을 통해 자신의 감정을 감지하고 다스리며, 나아가 삶에서 자신의 감정을 감지하고 다스릴 수 있는 차원		춤에서 지향하는 사덕과 공덕을 내면화하고, 나아가 인간적인 삶의 문제에서 이러한 태도를 견지하는 차원		모든 것을 초월하고 자신만의 춤을 추며, 나아가 삶에서 자유를 만끽하고 자신의 참 모습을 드러내는 차원	
내용	사상관 (思想觀)	심미관 (審美觀)	유정 (有情)	무정 (無情)	사덕 (私德)	공덕 (公德)	초월 (超越)	실현 (實現)
세부 내용	철학 사상	여백미 절제미	기쁨 슬픔	중도 온화	인내 무욕	배려 겸손	무념무상 소요유	수용 실현

1. 지성적 차원

첫째, 지성적 차원이다. 이는 '춤을 관통하는 사상관과 심미관을 이해하고, 나아가 이러한 관점으로 다양한 현상을 이해하고 판단하는 것'과 관련된 교육내용을 말한다. 이는 현상을 바라보고 생각하는 근본적인 태도, 관점, 안목인 '사상관', 그리고 아름다움을 바라보고 생각하는 근본적인 태도, 관점, 안목인 '심미관'의 내용으로 세분화된다.

제2부
무용교육의
내용

1) 사상관

사상관(思想觀)이란 '현상을 바라보고 생각하는 근본적인 태도, 관점, 안목'을 의미한다. 연구 참여자들은 한국무용을 둘러싸고 있는 다양한 철학과 사상을 이해하는 것이 중요하고, 이를 통해 한국무용의 기저에 자리 잡고 있는 근본적인 관점을 이해할 수 있는 눈을 갖게 된다고 말한다. 나아가 이것은 자신, 세계, 인생을 바라보고 판단하는 관점으로 자리 잡게 됨을 이야기한다. 사상관의 구체적인 세부내용요소인 '철학'과 '사상'에 대해 자세히 살펴보면 다음과 같다.

(1) 철학: "유·불·도의 사고방식 이해하기"

한국무용은 동양철학과 한국철학에 기반을 두고 있다. 이것은 한국무용이 지리적, 사회적으로 동양, 그리고 한국이라는 환경에서 발생된 문화적 산물이기 때문이다. 한국무용을 표면적으로만이 아닌, 심층적으로 이해하기 위해서는 한국무용에 내재되어 있는 사상적 기반을 이해하는 것이 필요할 것이다. 특히 한국무용은 유가, 불가, 도가, 그리고 성리학과 깊은 관련을 맺고 있다(성기숙, 1999). 한국무용을 가르치는 교수자들은 이러한 철학적 맥락을 이해하고 나름의 시각을 갖는 것이 중요하다고 말한다. 특히 궁중무용은 조선시대에 성행한 춤이며, 조선시대의 국교가 유교이기 때문에 유가철학에 사상적 기반을 두고 있다(성기숙, 2005). 교수자 김예도는 궁중무용이 유가를 근간으로 한 춤이기 때문에 정재를 깊이 이해하면, '유학적 사고방식, 공자의 사고관'을 깨달을 수 있으며, 이를 통해 '세상의 다양한 일들을 이러한 관점에서 이해할 수 있는 안목'을 갖게 된다고 말한다.

> "정재가 공자의 사고관과 유학 정신, 즉 중도, 중화, 중 등을 표현하는 춤이기 때문에, 유학의 깊은 의미와 원리를 이해하는 것이 중요합니다. 이를 통해 유학적 사고방식을 깨닫게 되죠. 이것이 의미 있는 것은 내 삶을 이러한 관점에서 바라볼 수 있게 되기 때문이죠." (교수자 김예도-궁중-I-12.06.16)

(2) 사상: "태극·음양·풍류·정기신의 시각 견지하기"

한국무용은 유, 불, 도의 철학 뿐 아니라, 여기에서 파생되는 다양한 사상들이 깊게 반영되어 있다(정병호, 2004). 문화라는 것이 한 민족과 사회의 전반적인 측면이 '文', 즉 '새겨진' 것임을 감안했을 때(조용환, 2008), 한국의 다양한 사상이 한국무용 구석구석에 연관 지어져 있는 것은 어찌 보면 당연한 일일 것이다. 연구 참여자들은 한국무용을 바라보는 생각의 관점을 정립하는데 있어서 관련된 사상을 깊게 이해하고, 그것을 통해 한국무용을 바라보는 시각을 갖는 것이 중요함을 주장한다. 이들은 그 중에서도 태극, 음양, 풍류, 정기신의 사상[1]을 이해하는 것이 핵심적이라고 말한다. 특히 학습자 손비녀는 음양의 눈으로 한국무용을 바라보게 된 경험을 잘 설명하고 있다. 오랜 시간 동안 한국무용을 행하면서 한국무용 뿐 아니라 한국적인 문화에 음양의 원리가 내재되어 있음을 꿰뚫어 보는 안목을 가질 수 있었으며, 삶의 많은 일들을 바라보고 음양의 시각으로 이해하게 되었다고 말한다.

"오랜 시간을 춤을 춰오면서 춤의 많은 면에 음양이 반영되어 있다는 것을 알게 되었죠. 궁중춤은 대형, 춤사위에도 우주의 운행원리, 음양의 원리가 모두 들어가 있어요. 한국적인 문화가 모두 이러한 원리죠. 그것이 가장 표면적으로 드러나는 것이 바로 정재죠. 그 후로는 음양의 눈으로 보게 되었죠. 나쁜 일이 있으면 좋은 일이 있으리라 생각해요. 흥미롭죠." (학습자 손비녀-궁중-I-12.07.07)

2) 심미관

심미관(審美觀)이란 '아름다움을 바라보고 생각하는 근본적인 태도, 관점, 안목'을 의미한다. 연구 참여자들은 한국무용에서 추구하는 미의 세계, 즉 여백미, 절제미 등을 이해하는 것이 중요하며, 이를 통해 한국무용을 심층적으로 바라볼 수 있는 눈이 생기게 되었다고 말한다. 나아가 이것은 자신, 세계, 인생을 바라보고 판단하는 관점으로 자리 잡게 됨을 이야기

---

1) 태극(太極)은 겉으로 보이는 형상은 변하지만 이는 결국 하나로 연결되어 있는 연속적인 것을 의미한다. 음양(陰陽)은 세상의 모든 것은 음과 양의 두 가지의 면을 가지고 있음을 의미한다. 또한 풍류(風流)는 바람이 불고 물이 흐르는 듯 하는 자연스러움을 의미한다. 마지막으로 정기신(精氣神)은 정과 기와 신이 각각 따로 존재하는 어떠한 고정된 대상이 아님을 의미한다.

한다. 심미관의 대표적인 세부내용요소인 '여백미'와 '자연미'에 대해 자세히 살펴보면 다음과 같다.

(1) 여백미: "불완전한 아름다움 감지하기"

예술은 미적활동이다. 미(美), 아름다움을 추구하는 활동이다. 어떠한 예술이든, 분야와 장르를 막론하고 나름의 아름다움을 추구한다. 물론 예술마다 추구하는 미의 세계, 지향하는 미의 성격은 다르지만 말이다(유중하, 2012). 한국무용이 추구하는 대표적인 아름다움은 바로 여백미, 자연미, 절제미, 해학미이다(이애주, 2001; 정병호, 2004; 채희완, 2000). 특히 교수자 김무아는 한국무용에서 추구하는 여백의 아름다움을 제대로 이해하는 것이 중요하다고 한다. 여백은 단순히 '춤을 덜 추는 것'이 아니라고 힘주어 말한다. 여백미란 '존재하는 것만으로도 충분하다, 부족할 게 없다.'를 의미하는 것이라고 한다. 그리고 이를 이해하면 삶에서도 이러한 자세를 견지할 수 있게 된다고 말한다.

> "한국춤에서 보여 져야 하는 미감이 있죠. '원래부터 온전했다, 존재하는 것만으로도 기쁘다' 이런 느낌 있잖아요. 이런 것이 여백미죠. 여백미이라는 것은 '부족할 게 없다'라는 것이죠. 이러한 여백미의 시각을 이해하면, 삶에서도 이러한 미감과 삶의 자세를 갖게 되죠." (교수자 김무아-민속-I-12.06.19)

(2) 절제미: "쉼의 아름다움 깨닫기"

한국무용을 본 적이 있는 사람이라면 누구나 쉽게 발견하는 아름다움으로 절제미를 꼽는다(정병호, 2004). 그들은 특정한 과하지 않은 정제된 움직임에서 오는 아름다움, 감정을 밖으로 드러내지 않는데서 오는 아름다움에 감동을 느낀다고 입을 모아 말한다. 학습자 이초록은 절제미에 대한 자신의 관점을 설명하며, 절제미에 대한 '분명한 인식과 그것을 보는 눈'이 중요함을 피력한다. 그녀는 절제미에 단순히 '감정을 숨기는 것'이 아니라, '감정을 극단적으로 드러내지 않고, 생각과 감정을 조화롭게 조절하는 것'이라고 말한다. 이를 이해하면서 춤 뿐 아니라, 자신, 삶을 바라보는 시각도 변화하였다고 말한다.

"한국춤에서는 절제미가 극치를 이루죠. 단순히 감정을 숨기는 것이 아니라, 나의 감정을 조화롭게 조절하는 데에서, 잠시 쉬면서 역설적으로 극치를 뽐내는 것이 절제미라고 생각합니다. 절제미를 깊이 이해하면서 춤과 나를 보는 시각이 달라졌어요. 삶에 대한 가치관도..."
(학습자 이초록-종교-I-12.06.06)

2. 감성적 차원

둘째, 감성적 차원이다. 이는 '춤을 출 때 자신의 감정을 감지하고 다스리며, 나아가 삶에서 자신의 감정을 감지하고 다스릴 수 있는 것'과 관련된 교육내용을 말한다. 정의 함양은 자신의 희노애락애오욕의 감정 상태인 '유정', 그리고 극단에 치우치지 않는 중립적인 감정 상태인 '무정'의 내용으로 세분화된다.

1) 유정

유정(有情)이란 '희노애락애오욕의 감정 상태'를 의미한다. 연구 참여자들은 한국무용에서 희노애락애오욕의 감정, 특히 애환과 한의 슬픔과 충만함과 환희심의 기쁨을 감지하는 것이 중요하다고 말한다. 또한 이를 통해 삶에서 갖게 되는 다양한 감정을 감지할 수 있게 됨을 이야기 한다. 유정의 세부내용요소인 '슬픔'과 '기쁨'에 대해 자세히 살펴보면 다음과 같다.

(1) 슬픔: "애환과 마주하기"

예술은 생각과 감정을 다양한 양식을 활용하여 표현하는 행위를 일컫는다. 예술의 본질은 본디 감정을 표출하여 드러내는데 있는 것이다. 무용예술인 한국무용에서도 인간의 다양한 감정, 희노애락애오욕을 전통적인 몸짓과 형식 안에서 형상화하고 있다(정병호, 2004). 많은 한국무용 학습자와 교수자들은 한국무용을 통해서 희노애락애오욕의 인간의 감정을 밖으로 드러내는 경험을 하게 된다고 증언한다. 학습자 박버선은 한국무용에서의 감정 표현이 단순히 춤에서 표현하는 감정을 표현하는데 의의가 있는 것이 아니라, 자신의 감정을 '반추하고', '내다보고', '알게' 한다는 점에서 의미가 있다고 말한다. 특히 한국무용에서 주로 표현하는 감정의 주제인 한의 정서를 표현함으로써 '자신에게 깊숙이 내재되어 있던' 감정들을 발견하고, 드러내며, 해소할 수 있는 기회를 갖게 된다고 말한다.

제2부
무용교육의
내용

> "인간의 희노애락(喜怒哀樂)을 표현하는 것이 전통춤이죠. 표현해야 하는 감정을 통해 나의 감정을 내다보고, 반추하게 되죠. 특히 한의 정서를 주로 표현하는 전통춤을 통해, 나도 몰랐던 슬픔을 마주하게 되죠. 춤을 추면서 응어리졌던 감정들이 씻겨 내려가면서 홀연하게 정화된 느낌이 들게 되죠." (학습자 박버선-궁중-I-12.06.19)

(2) 기쁨: "환희심 만끽하기"

한국무용의 또 다른 대표적인 정서로 '흥(興)'을 든다. 흥은 즐거움과 기쁨의 감정이다. 한국무용을 하다보면 감정적으로 흥이 일어나고, 즐거움이 가득 차게 된다(신봉희, 정지혜, 2011). 연구 참여자들은 즐거움과 기쁨의 감정이 한국춤의 핵심적인 감정이며, 이를 통해 춤에서도 삶에서도 즐거움을 만끽할 수 있게 된다고 말한다. 학습자 임푸름은 한국춤에서 표현하는 기쁨이 다양한 색채이지만, 특히 불교무용에서는 이것이 환희심에 가깝다고 말한다. 불교무용에서 표현하는 '생명'에 대한 기쁨, 즉 환희심을 이해하게 되면, 삶의 즐거움과 기쁨, 감사함까지 느낄 수 있게 된다고 말한다. 이는 한국무용을 통한 교육효과가 일상생활에까지 전이될 수 있는 가능성을 보여주는 중요한 대목이다.

> "나비춤은 찬탄공양입니다. 살아있는 것 자체에 대한 환희스러운 마음이에요. 나비춤의 정신을 이해하고 나면, 삶의 즐거움, 기쁨, 감사함까지 가질 수 있게 됩니다." (학습자 임푸름-종교-I-12.06.25)

2) 무정

무정(無情)이란 '극단에 치우치지 않는 중립적인 감정 상태'를 의미한다. 연구 참여자들은 한국무용에서 감정의 극단에 치우치지 않는 중도의 마음을 갖는 것이 중요하다고 말한다. 또한 이를 통해 삶에서 극단에 치우치지 않는 중립적인 감정을 유지할 수 있게 되었다고 이야기 한다. 무정의 세부내용요소인 '중도'와 '온화'에 대해 자세히 살펴보면 다음과 같다.

(1) 중도: "극단에 치우치지 않기"

예로부터 동양권의 움직임은 심신을 수련하는 것을 목적으로 하였다. 무술, 택견, 그리고 요가도 심신의 수련을 목적으로 한다(정용하, 2011; 차주환, 2007). 이들은 몸을 수련하는 것도 중요하지만, 마음의 수련도 매우 중시하였다. 한국무용도 동양 문화권에 속하는 신체 움직임이자, 예술의 일환으로 춤추는 사람의 마음 다스림을 중요한 부분으로 바라보고 있음을 알 수 있다. 대부분의 연구 참여자들은 한국무용에서 감정을 다스리는 것이 매우 중요하다고 말한다. 이들은 한국무용을 통해서 '감정 다스리기, 감정 가라앉기'를 경험하였다고 한다. 이것은 교수자 김중화의 표현을 빌리자면, '극단에 치우치지 않는 것'을 의미한다. 그는 한국무용을 통해 특정한 감정에 치우치지 않고, 감정이 일어나지도 않는 힘을 갖게 되었다고 말한다.

"한국춤은 극단에 치우치지 않는 감정 상태를 표현하죠. 한국춤을 추다보면 자연스럽게 마음이 가라앉게 되고, 감정이 일지 않게 되요. 어지러웠던 감정을 다스리게 하는 힘이 있죠." (교수자 김중화-종교-I-12.06.14)

(2) 온화: "평온하게 유지하기"

온화함이란 '성격과 태도가 온순하고 부드러운 것'을 의미한다. 이는 성격과 태도 측면에서 극단적으로 치우쳐지지 않음을 뜻하며, 부드럽게 넘길 수 있는 융통성과도 상응하는 개념이다. 이러한 측면에서 온화함은 위에서 논의했던 중도, 중용의 마음과도 그 맥락을 함께한다. 많은 교수자들은 한국춤에서 평온한 마음 상태를 유지하는 것이 중요하다고 말한다. 특히 교수자 이안목은 궁중무용인 정재에서 이러한 상태가 상대적으로 강조됨을 언급한다. 정재가 '임금 앞에서 추는 일종의 의식무'인 관계로, 개인의 '능력과 감정을 표현될 필요가 없는 춤'이기 때문이라는 것이다. 그리고 이를 오래하면 일상에서도 평온한 마음을 유지할 수 있게 된다고 말한다.

"정재를 하는 사람들은 굉장히 온화한 마음을 가져야 해요. 왜냐하면 임금 앞에서 추는 춤이기 때문이죠. 따라서 개인의 능력과 감정이 표현될 필요가 없죠. 정재를 오래하면 마음의 평온이 찾아오죠." (교수자 이안목-궁중-I-12.05.18)

 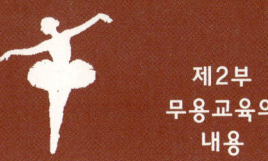  

3. 덕성적 차원

셋째, 덕성적 차원이다. 이는 '춤에서 지향하는 사덕과 공덕을 내면화하고, 나아가 인간적인 삶의 문제에서 이러한 태도를 견지하는 것'과 관련된 교육내용을 말한다. 덕의 수양은 개인의 인격도야와 관련된 '사덕', 사회 안에서 바람직한 행위를 가능케 하는 '공덕'의 내용으로 세분화된다.

1) 사덕

사덕(私德)이란 '사적인 영역에서 발휘되는 덕으로, 개인의 인격도야와 관련된 덕'을 의미한다. 연구 참여자들은 한국무용에서 참고 견디며, 정도에 넘지 않도록 알맞게 조절하는 덕이 중요하다고 말한다. 또한 이를 통해 삶에서 크게 욕심내지 않으며, 넘치는 욕심을 갖지 않게 되었음을 이야기 한다. 사덕의 대표적인 세부내용요소인 '인내'와 '무욕'에 대해 구체적으로 살펴보면 다음과 같다.

(1) 인내: "참고 기다리기"

개인의 사적인 영역에서 발휘되는 중요한 덕목으로 인내가 있다. 인내의 덕목은 한 사람의 인품을 가늠할 때 중요한 기준으로 작용한다. 동양의 정서와 분위기 자체가 느리고, 이는 기다림과 인내를 수반한다(채희완, 2000). 한국무용도 이러한 동양의 문화에서 비롯된 춤이다. 많은 연구 참여자들이 한국무용을 하기 위해서는 '인내하는 마음, 기다리는 마음'이 요구되며, 춤을 통해서 이러한 덕목을 내면화할 수 있게 된다고 말한다. 교수자 김지경는 한국무용을 통한 인내의 수양에 대해 말한다. 그녀는 한국무용을 통해 인내하고 기다리는 법을 배울 수 있다고 한다. 이는 한국무용이 느린 동작으로 이루어지며, 오랜 시간의 수련이 필요하다는 본질적인 특성 때문이라고 분석한다.

> "우리춤은 기다리고 인내하는 방법을 배우게 도와줍니다. 그것은 한국춤의 특징 때문이지요. 한국춤은 대부분 느리죠. 또한 오랜 시간 곰삭아야 무르익는 춤이지요. 오랜 기다림이 필요하기 때문에 인내를 배울 수 있게 됩니다." (교수자 김지경-민속-I-12.06.05)

(2) 무욕: "욕심 내려놓기"

무욕(無慾)은 '욕심을 부리지 않는 것을 의미하는 것으로, 분수에 넘치게 무엇을 탐내거나 누리고자 하는 마음'을 뜻한다(오강남, 1995). 이는 전통적인 사회에서 강조되는 덕목이었다(강봉수, 2006). 많은 연구 참여자들은 한국무용 자체가 무욕의 정신세계를 표현하는 춤이기 때문에 이러한 태도를 견지하는 것이 중요하다고 말한다. 또한 한국무용을 통해서 자신에게 주어진 것에 만족하며 지나치게 바라지 않는 무욕의 마음을 갖게 된다고 말한다. 학습자 우하얀도 한국무용 학습 경험을 통해 무욕의 덕목을 자연스럽게 내면화할 수 있게 되었다고 말한다. 그녀는 '자신의 형편을 넘어선 것에 욕심을 내지 않게' 되었다고 한다. 그리고 춤에서 뿐 아니라, 일상에서도 이러한 덕목을 실천할 수 있게 됨을 고백한다.

"한국춤은 무욕의 마음을 표현하고, 이를 통해 욕심 없는 마음을 배우게 하죠. 오랜 수련을 통해서 춤에 대해서도 욕심을 갖지 않게 되죠. 일상에서도 저의 형편을 넘어선 것을 욕심내지 않게 됐죠." (학습자 우하얀-종교-I-12.06.19)

2) 공덕

공덕(公德)이란 '공적인 영역에서 발휘되는 덕으로, 사회 안에서 개인이 바람직한 행위를 가능하게 하는 덕'을 의미한다. 연구 참여자들은 한국무용에서 타인과의 전체적인 조화를 지향하고, 배려를 베푸는 자세가 중요하다고 말한다. 또한 이를 통해 삶에서 자신의 몸을 낮추어 겸손하고, 타인을 존중하며, 정성을 다하는 덕을 가를 수 있게 되었음을 이야기 한다. 공덕의 대표적인 세부내용요소인 '배려'와 '겸손'에 대해 구체적으로 살펴보면 다음과 같다.

(1) 배려: "양보와 아량 베풀기"

배려란 남을 도와주고 보살펴주려는 마음을 말한다. 연구 참여자들은 한국무용에서는 배려의 정신이 중요하며, 춤을 통해 일상 장면에서도 배려를 실천할 수 있게 되었다고 이야기한다. 한국무용을 통한 배려의 함양이 가능한 이유로 한국무용의 인적구성 특징을 꼽는다. 한국무용은 혼자 하는 '독무'도 많지만, 함께 하는 '군무'로 이루어지는 경우가 대부분이다. 군

제2부
무용교육의
내용

무는 동작, 구성뿐 아니라, 분위기를 맞추지 않고서는 하나의 완성된 작품을 보여주기 어렵기 때문에, 서로에 대한 배려와 양보가 필수적이라고 할 수 있다. 따라서 군무를 하게 되면 타인을 의식하고, 자연스럽게 배려하는 마음을 가질 수 있게 된다는 것이다. 학습자 우하얀은 한국무용 군무 연습을 통한 배려의 경험을 이야기 한다. 함께 하는 군무를 통해 '타인의 마음을 읽고', 자연스럽게 배려하는 법을 배우며 실천할 수 있게 되었다고 자신의 경험을 풀어 놓는다.

"전통춤은 대부분 공동으로 이루어집니다. 혼자 하는 춤도 있지만 군무로 이루어지는 경우가 대부분이죠. 이것이 서로 배려하는 마음을 갖게 도와줍니다. 한국춤을 하시는 분들은 타인의 마음을 읽으려고 하고, 자연스럽게 배려와 아량의 마음을 배우게 되죠. 이것은 한국춤의 정신이기도 하죠." (학습자 우하얀-종교-I-12.06.19)

(2) 겸손: "나를 낮추기"

우리나라는 관습적으로 타인과의 관계 속에서 예(禮)의 덕목을 매우 중요하게 여겨왔다. 이러한 예의 정신은 우리나라 문화 곳곳에 다양한 형태로 반영되어 있다(박병기, 2009). 이는 한국무용도 예외가 아니다. 특히 연구 참여자들은 한국무용에는 예의 구체적인 덕목이라고 할 수 있는 겸손의 자세가 내재되어 있다고 말하며, 한국무용을 통해 겸손의 미덕을 배울 수 있다고 말한다. 특히 학습자 이초록은 그 이유가 한국무용의 본질에 있다고 분석한다. 한국무용은 본질적으로 겸손함을 가질 수밖에 없는 춤이라는 것이다. 궁중무용은 '왕에게 공경'을 표하는 의미가 있기 때문에 춤추는 자로서 자신을 낮추어야 하며, 종교무용 또한 '신에게 경배'를 하고 공양을 드리는 목적으로 이루어지는 것이기 때문에 겸손한 마음이 필연적이라는 분석이다. 또한 민속무용도 자신을 직시하며, '부족한 부분을 인정'하는 미의식을 가지고 있기 때문에 태생적으로 겸손의 자세가 수반되는 춤이라고 해석한다.

"한국춤을 추면 겸손함이 온 몸을 감돌죠. 한국춤의 본질에는 겸손함이 있습니다. 나를 낮추고 왕을 받들거나, 나를 낮추고 신에게 경배하거나, 혹은 민속춤에는 나를 있는 그대로 바라보고 부족한 것을 인정하는 것이 어찌 보면 겸손이죠. 한국춤에서 깃들어진, 익숙해진 겸손의 마음은 일상에서도 내가 내 자신을 바라볼 때, 타인을 대할 때도 자연스럽게 연결이 됩니다." (학습자 이초록-종교-I-12.06.06)

4. 영성적 차원

넷째, 영성적 차원이다. 이는 '모든 것을 초월하고 자신만의 춤을 추며, 나아가 삶에서 자유를 만끽하고 자신의 참 모습을 드러내는 것'과 관련된 교육내용을 말한다. 영의 성숙은 어떠한 분별도 하지 않고 자유롭게 넘나드는 '초월', 그리고 있는 그대로를 받아들이고 자신의 참 모습을 드러내는 '실현'으로 세분화된다.

1) 초월

초월(超越)이란 '어떠한 분별도 하지 않고, 자유롭게 넘나드는 것'을 의미한다. 연구 참여자들은 한국무용을 통해 일체의 상념이 끊어진 무념무상(無念無想)과 자유롭게 넘나드는 소요유(逍遙流)의 초월 상태에 도달하는 것이 중요하다고 말한다. 또한 이를 통해 삶에서도 이러한 경지에 미약하게나마 도달할 수 있게 되었음을 이야기 한다. 초월의 세부내용요소인 '무념무상'과 '소요유'의 경지에 대해 구체적으로 살펴보면 다음과 같다.

(1) 무념무상: "일체의 상념 끊기"

예술을 통해 흔히 '카타르시스'(조동일, 1997), '몰입'(Csikszentmihalyi, 1991) 등을 경험한다고 한다. 한국무용을 오랜 기간 접해온 연구 참여자들은 이러한 경지를 자신만의 언어를 활용하여 다채롭게 표현한다. 이들 대부분은 한국무용을 통해 무념무상(無念無想), 즉 일체의 잡념과 생각이 사라지게 되는 상태에 도달하는 것이 중요하다고 입을 모아 이야기 한다. 물론 추상적인 무념무상의 경지를 표현하는 것이 쉽지는 않지만, 학습자 성장단은 '아무 생각과 감정이 일어나지 않는 상태', 혹은 '생각과 감정이 끼어들지 않는 상태'라고 설명한다. 그녀는 한국무용이 움직임을 통해 내면을 향하게 하는 '기도의 성격'을 지니기 때문에 이러한 현상이 나타나는 것이 아닐까 추측한다.

제2부
무용교육의
내용

"한국춤은 무념의 상태, 무아, 무상의 경지를 추구합니다. 한국춤에 깊게 몰입하게 되면 생각이 끊어지는 상태, 근심걱정이 없어진 상태, 생각과 감정이 끼어들지 않는 상태, 자기 자신이 사라지는 상태가 되죠. 밖을 향한 마음을 하나로 모으는 기도의 성격 때문이죠." (학습자 성장단-민속-I-12.06.05)

(2) 소요유: "자유롭게 넘나들기"

오랜 시간 한국무용을 수행해온 연구 참여자들은 한국무용을 할 때, 이러한 생각과 감정에서 훤칠하게 벗어나서 자유롭게 되는 소요유(逍遙遊)의 경지를 체험하고 이를 내면화하는 것이 중요하다고 말한다. 소요유란 〈장자〉에 나온 개념으로 '마음 가는대로 유유자적하며 노닐 듯 살아가는 것'을 뜻한다(신정근, 강효석, 김선창, 2013). 어떠한 현상에 대해서 마음의 거스름 없이 자연스럽게 받아들이고, 자유롭게 살아가는 것을 뜻한다. 교수자 김무아는 특별히 이 부분에 대해서 구체적으로 언급한다. 그녀는 한국무용에서 다다르게 되는 소요유의 경지란 자기 자신, 타인, 환경들과 '대면, 상호교섭'을 하면서도 모든 것을 자연스럽게 받아들이고, 크게 마음이 동요되지 않는 상태라고 말한다. 그리고 이를 내면화되면 일상에서도 이러한 심정적 상태를 유지할 수 있게 된다고 말한다.

"한국춤을 오래 하면 대면을 하는데 따라가지도 외면하지도 않은 상태가 됩니다. 그래서 조화로운 상태가 되죠. 상호교섭이 끊임없이 일어나면서도 딸려가지도 않고 당겨 오지도 않는 상태가 됩니다. 이것이 안 되면, 칭찬받으면 막 들떴다가 혼내면 막 기죽게 되죠. 다른 사람과 비교하기도 하죠. 그러나 사고가 단전에 있으면 이러한 것에 영향을 받지 않게 됩니다." (교수자 김무아-민속-P(Rd)-12.05.22)

2) 실현

실현(實現)이란 '있는 그대로를 받아들이고, 자신의 참 모습을 드러냄'을 의미한다. 연구 참여자들은 한국무용을 통해 있는 자신의 모든 점을 인정하는 수용과 있는 그대로의 참나(眞我)의 모습을 드러내는 실현의 상태에 도달하는 것이 중요하다고 말한다. 또한 이를 통해 삶에서도 이러한 경지에 미약하게나마 도달할 수 있게 되었음을 이야기 한다. 실현의 세부내용요소인 '수용'과 '실현'의 경지에 대해 구체적으로 살펴보면 다음과 같다.

(1) 수용: "나를 인정하기"

많은 연구 참여자들이 한국무용을 통해 자신을 있는 그대로 인정하고, 받아들이는 것이 중요하다고 이야기 한다. 그들은 오랜 시간 한국무용을 해오면서, '나 자체를' 수용하게 되었음을 고백한다. 특히 학습자 성장단은 한국무용의 본질이 자기수용에 있기 때문에 이것이 가능하다고 말한다. 한국무용 자체가 굉장히 '다양한 모습'을 띠고 있으며, 그 자체가 다양성을 상징하며, 이를 인정하고 지향하는 춤이라는 것이다. 그리고 이러한 한국무용의 핵심은 춤추는 이로 하여금 자신을 수용하고, 있는 그대로의 모습을 드러낼 수 있게 해준다고 분석한다.

"한국춤의 심성은 다양성. 그냥 생긴 것 그 자체죠. 전통춤도 너무 다양하죠. 평온한 정재, 성찰적인 종교무용, 힘껏 뛰어 자신을 펼치는 민속춤까지 너무나 다양하죠. 이 모든 것이 다 한국적인 것이죠. 춤을 추면서 나의 모든 것을 인정하게 되었어요. 자기를 부정하지 말고 인정하고 사랑할 때 자기만의 색깔을 펼칠 수도 있죠. 생긴 것 그 자체로 나를 받아들이게 되었죠." (학습자 성장단-민속-I-12.06.05)

(2) 실현: "참나 찾기"

인간이 삶을 영위해 나가는데 있어서 자신이 목적한 이상을 실현하는 것은 매우 중요한 일이다. 이는 개인에게 매우 의미 있는 경험임과 동시에, 삶의 원동력이 된다(정범모, 1997). 많은 연구 참여자들은 한국무용을 통해 자아를 실현하는 것이 중요하며, 실제로 춤을 수행하는 과정에서 점차 자아실현을 경험할 수 있게 되었다고 말한다. 여기서의 자아실현이란 일반적인 개념이 아니라, '참 자아를 찾는 것'을 의미한다. 교수자 김지경은 한국무용이 본디 춤추는 이의 자연스러움을 표현하는 춤이기 때문에 이것이 가능하다고 말한다. 이러한 특성 때문에 그녀도 자신의 본래 모습, 자신의 자연스러운 모습을 찾으려고 애쓰게 되었고, 이것은 '진정한 나(眞我)'를 찾는 과정이 되었다고 말한다.

제2부
무용교육의
내용

> "한국춤에서 최종의 목표는 굉장히 노련하게 잘하는 것이 아니라, 자신만의 춤을 추는 자연스러움이죠. 선생님은 각자에게 자연스러운, 가장 자기다운 춤을 추라고 하셨죠. 저도 제 춤 속에서 나라는 사람 자체를 성찰하고, 나만의 색깔, 진정한 참 나를 발견하게 되었죠." (교수자 김지경-민속-I-12.06.05)

Ⅳ. 논의

지금까지 심성교육을 위한 한국무용 교육내용에 대해 살펴보았다. 한국무용의 심성교육적 내용은 관계적인 측면, 효과적인 측면에서 몇 가지 논의점을 발견할 수 있다. 첫째, 지성, 감성, 덕성, 영성적 차원은 평면적으로 존재하는 네 가지의 차원이 아님을 알 수 있다. 동일선상에 존재하는 차원이 아니라는 것이다. 상대적으로 지성적 차원은 표층적인 교육내용이라면, 영성적 차원은 상대적으로 심층적인 교육내용이라 할 수 있다. 즉, 지성, 감성, 덕성, 영성 모두 심성의 측면이지만, 지성, 감성, 덕성의 차원보다 영성적 차원이 상대적으로 형이상학적이며, 추상적인 특성을 지닌다. 영성에 대한 그간의 논의를 살펴보면 영성을 지성, 감성, 덕성과 같은 심성적 측면의 하나지만, 더 깊고 본질적인 측면으로 바라보고 있다(김경재, 1992; 정강길, 2006). 이러한 관점은 본 연구 결과와 일맥상통한다고 할 수 있다. 따라서 실제로 현장에서 교육내용을 구성할 때에는, 영성적 차원의 교육내용을 수업의 후반부에 배치하는 것이 효과적일 것이라 사료된다. 이러한 교육과정의 구성은 다음 차원의 교육내용에 대한 학습을 실현하는데 힘을 실어줄 수 있을 것이라 생각된다. 예컨대 춤에 대한 이해와 안목이 초월의 경지와 자아실현의 경험을 이끄는데 도움을 줄 수 있을 것이다.

둘째, 심성교육의 내용은 춤추는 이의 다층적인 심성에 영향을 미치는 것을 알 수 있다. 심성교육을 위한 한국무용 교육내용을 탐색하는 가운데, 이것이 실제로 학습자의 총체적 심성에 영향을 미침을 면담을 통해 유추할 수 있었다. 그들은 한국무용은 춤을 추는 장면에서의 일시적이며 표면적인 심성뿐 아니라, 일상과 삶에서의 지속적이며 심층적인 심성에까지 영향을 미친다고 말한다. 이를 '내층심성(內層心性)'과 '심층심성(深層心性)'이라고 일컬을 수 있다. 내층심성은 춤을 추는 장면에서 발휘되는 심성을 말한다. 심층심성은 삶의 장면에서 발휘되는 심성을 말한다. 내층 심성이 자기 자신, 그리고 일상생활까지 적용되고, 확대되고, 심화되며, 실천되는 것이 바로 심층 심성이다. 내층 심성이 이해되고 감지된 심성이라면, 심층 심성은 체화된 심성이라고 할 수 있다. 내층 심성은 사람의 의도, 의지, 의식이 요구되는 심성이라면, 심층 심성은 무의식의 상태에서 자연스럽게 이루어지는 심성이라 할 수 있다. 물론 내층 심성이 심층 심성으로 심화되고 확장되기 위해서는 교수자와 학습자의 의도적인 노력이 필연적이며, 많은 환경적 조건이 요구된다. 특히 학습자의 내면을 들여다보는 '성찰'과, 세상과 삶으로 시선을 확대하는 '통찰'이 필수적일 것이다. 심층심성은 본질적인 변화와 다양한 상황으로의 적용을 의미한다는 점에서 '체화된 지식(embodied knowledge)'(Bresler, 2004)과 유사한 개념이라 할 수 있다. 또한 일상에서 구현할 수 있는 구체적인 기술, 예컨대 "수용, 즉 나를 인정하기"로 전환될 수 있다는 면에서 '라이프 스킬(life skill)'(Gould & Carson, 2008)과도 일맥상통한다. 진정한 심성교육을 실현하기 위해서는 학습자의 내층심성 뿐 아니라, 심층심성, 즉 삶이 변화될 수 있도록 노력해야 할 것이다.

V. 요약 및 시사점

본 연구는 "심성교육을 위한 한국무용의 교육내용을 어떻게 구조화할 수 있을까?"에 대한 답을 찾기 위해 경험적인 연구를 시행하였다. 한국무용에 오래 동안 몸담은 교수자와 학습자를 대상으로 그들의 지식, 경험, 안목에 근거하여 심성교육을 위한 한국무용의 교육내용을 구조화할 수 있었다. 그 결과, 한국무용의 심성교육적 내용은 지성, 감성, 덕성, 영성적 차원으로 범주화되며, 4가지 차원 내에 각각 두 가지 내용요소, 그리고 이를 이루는 세부내용요소로 구조화됨을 알 수 있었다.

본 연구의 결과와 논의를 통해 다음과 같은 시사점을 도출할 수 있다. 첫째, 한국무용교육이 지향해야 하는 지점에 대한 프레임 워크를 제공한다. 본 연구는 심성교육을 위한 한국무

제2부
무용교육의
내용

용교육을 실현하기 위해, 구체적으로 풀어낼 수 있는 방향성을 제시했다는 점에서 의미가 있다. 어떤 일을 하든지 그 일을 수행하기 위해서는 목적과 목표, 그리고 이를 보다 구체적인 수준으로 표현한 내용 있어야 한다. 교육은 이상적인 방향으로의 변화를 꾀하는 의도적인 활동이기에 더욱 그러하다(이홍우, 2003). 교육과정 개발에 있어, 교육 목표와 목적이 설정된 후 바로 교육 내용에 대한 논의가 이루어지는 것도 이 때문이다. 한국무용 교수자들은 심성교육이 중요하다는 것에 대해 많은 공감을 하고 있지만, 어떠한 심성을 길러내야 하는지에 대한 막막함으로 인해 심성교육이 불가능하다는 결론에까지 이르게 된다. 심성교육을 위한 교육내용의 구조화는 이러한 막막함을 조금이나마 잠식시키는데 도움이 될 수 있을 것이라 기대된다. 한국무용이 기여할 수 있는 심성의 범주를 인지할 수 있도록 도우며, 지향해야 하는 심성교육의 세부 내용을 제안함으로써 그 갈급함을 해갈해줄 수 있으리라 생각된다.

둘째, 한국무용의 장르와 작품에 따라서 교육내용이 선정되어야 함을 시사한다. 본 연구 결과는 한국무용에서 가르칠 수 있는 심성교육적 내용을 모은 것이다. 한국무용의 세부 장르를 막론하고, 심성교육을 위한 한국무용 교육내용을 총체적으로 정리한 것이다. 따라서 장르마다 심성교육적 차원과 세부 요소가 다소 다를 수 있다. 실제로 심층 면담과 비참여 관찰을 통해 각 장르마다 강조되는 심성교육적 차원이 있으며, 세부 요소에 있어서도 차이가 있는 것을 알 수 있다. 예컨대, 궁중무용과 종교무용은 감성적 차원의 무정이, 덕성적 차원의 사덕의 측면이 강조되고 있다. 상대적으로 민속무용은 감성적 차원의 유정, 덕성적 차원의 공덕의 측면이 강조되고 있음을 알 수 있다. 따라서 교수자들은 심성교육을 시행할 때, 이를 고려하여 세부 교육내용을 선정해야 한다. 세부장르에 해당하는 구체적인 작품을 가르칠 때는 각 차원에서 강조되는 세부차원과 세부내용요소를 선택하도록 한다. 가령 궁중무용의 춘앵무를 가르친다고 하였을 때, 지성적 차원의 유가철학과 여백미, 감성적 차원의 온화, 덕성적 차원의 겸손, 영성적 차원의 무념무상 등의 세부 요소를 교육내용으로 선정할 수 있을 것이다. 이를 위해서는 교수자의 작품에 대한 해박한 지식을 바탕으로, 깊은 해석과 안목이 필연적으로 수반되어야 할 것이다(최의창, 박혜연, 2013).

셋째, 한국무용을 통한 심성교육의 가능성을 엿볼 수 있다. 본 연구는 한국무용의 심성교육적 내용을 탐색한 연구로, 면담 과정 중에 심성교육의 효과를 간접적으로 유추할 수 있었다. 지금껏 이루어졌던 이론적·경험적 연구는 한국무용이 심성 함양에 긍정적인 역할을 할 수 있다는 것을 추측할 수 있게 해주였다. 하지만 이들 연구는 대부분 철학적·미학적 관점의 논의거나, 심성의 특정한 세부 측면에 대한 효과를 살펴본 연구로, 총체적이며 심성 함양에 긍정적이라는 결론을 내리기에는 다소 부족했다(류분순, 2000; 황경숙, 2002). 하지만 본 연구를 통해 한국무용이 지성, 감성, 덕성, 영성, 즉 총체적 심성에 긍정적인 역할을 함을 알 수 있다. 특히나 지금까지는 무용교육의 효과로 감성적 측면이 주로 부각되었는데, 다소 소외되었던 덕성과 영성의 효과 발견으로 한국무용의 가치를 확대시킨 것이 아닐까 생각한다. 이론적인 연구를 통해 한국무용을 통한 심성교육의 가능성을 기대할 수 있었고, 특정 심성에 관한 경험적 연구를 통해서 심성교육의 가능성을 어느 정도 유추할 수 있었다면, 본 연구가 그 가능성에 대해 보다 깊은 공감을 얻어내는데 일조할 수 있을 것으로 기대한다. 물론 본 연구는 한국무용을 통한 심성교육의 효과를 과학적으로 증명한 것이 아니다. 교수자와 학습자의 회상과 성찰에 의거하여, 한국무용의 심성교육으로서의 가능성을 가늠해 본 정도라 할 수 있다. 가능성이 확실성이 되기 위해서는 종단적이며, 과학적인 연구가 후행되어야 할 것이다. 나아가 한국무용을 통한 심성교육 실현을 위해서는 교육방법 및 교육모형 등에 대한 방법론적인 연구가 이어져야 할 것이다.

 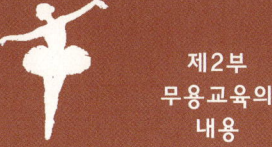  

제2부 무용교육의 내용

참고문헌

교육과학기술부(2011). 2009 개정 체육과 교육과정. 서울: 교육과학기술부.

강병재(2005). 한국 민속 무용과 발레가 유아 사회성 발달에 미치는 효과. 미래유아교육학회, 12(2), 405-435.

강봉수(2006). 한국 전통 도덕교육론. 서울: (주)한국학술정보.

김경재(1992). 종교다원시대의 기독교 영성. 서울: 다산글방.

김화숙(2007). 창의성과 즉흥무용 교육의 관계 탐색. 한국무용교육학회지, 18(2), 1-20.

류분순(2000). 무용, 동작치료학. 서울: 민중사.

박병기(2009). 동양 도덕교육론의 현대적 해석. 서울: 인간사랑.

박정준(2011). 통합적 스포츠맨십 교육 프로그램의 개발과 적용. 서울대학교 대학원 박사학위논문.

박혜연(2012). 한국무용의 교육내용은 무엇인가?: 기능의 차원과 정신의 차원. 한국무용기록학회지 24, 59-74.

박혜연(2013). 한국무용에서 심성 가르치기: 한국무용의 심성교육적 차원 탐색. 서울대학교 대학원 박사학위논문.

성기숙(1999). 한국 전통춤 연구. 서울: 현대미학사.

성기숙(2005). 정재의 예악론과 공연미학. 서울: 민속원.

신봉희, 정지혜(2011). 한국 춤에서의 흥에 대한 경험지각 탐색. 한국여성체육학회지, 25(4), 55-68.

신정근, 강효석, 김선창(2013). 소요유 장자의 미학. 서울: 성균관대학교출판부.

오강남 역(1996). 도덕경. 서울: 현암사.

유정애(2012). 체육과 교육과정 총론. 서울: 대한미디어.

유중하 역(2012). 동양과 서양 그리고 미학. 서울: 푸른숲.

이루지(2005). 생활무용참여자들의 자아존중감에 따른 몰입행동 및 심리적 행복감. 한국스포츠리서치, 16(2), 357-365.

이병옥(2003). 한국무용민속학개론. 용인: 노리.

이숙재, 신종철(2008). 무용전공 고등학생의 목표성향, 자기효능감 및 학습동기 관계 검증. 한국체육학회, 47(6), 621-632.

이애주(2001). 우리춤의 미의식 체계: 한국춤의 아름다움. 한국정신문화연구원 제11회 한국학 국제학술대회논문집, 197-207.

이종만(1996). 한국 장단 및 춤사위 학습이 아동의 무용 표현력 발달에 미치는 효과. 한국초등무용학회지, 1(1), 77-90.

이홍우(2003). 교육과정이론. 서울: 교육과학사.

정강길(2006). 화이트헤드와 새로운 민중신학. 서울: 한국기독교연구소.

정범모(1997). 인간의 자아실현. 서울: 나남.

정병호(1999). 한국의 전통춤. 서울: 집문당.

정병호(2004). 한국무용의 미학. 서울: 집문당.

정병호(2011). 한국 전통춤의 원형과 재창조. 서울: 민속원.

정용하(2011). 동양인은 왜 몸을 닦는가. 서울: 한국학술정보.

정희자(2000). 무용과 정서 지능의 하위요인별 분석 연구. 한국무용교육학회지, 11(1), 125-138.

조동일(1997). 카타르시스, 라사, 신명풀이. 서울: 지식산업사.

조영주(2010). 무용몰입의 개념구조 탐색 및 척도 개발. 창원대학교 대학원 박사학위논문.

조용환(2008). 질적 연구: 방법과 사례. 서울; 교육과학사.

차옥수(2003). 진주검무의 무용학적 이해와 교육적 의미. 한국체육철학회지, 11(1), 223-246.

차주환(2007). 동양심신수련법. 서울: 한국학술정보.

채희완(2000). 한국춤의 정신은 무엇인가. 서울: 명경.

최선(2010). 한국무용프로그램이 시설 노인의 대인관계에 미치는 영향의 효과성 검증연구. 한국무용교육학회, 21(1), 129-143.

최의창(2010). 인문적 체육교육과 하나로 수업: 통합적 체육수업의 이론과 실제. 서울: 레인보우북스.

최의창(2011). 체육전문인 전문성의 재검토: 심성적 차원의 역할과 그 교육. 한국스포츠교육학회지, 18(2), 1-25.

최의창, 박혜연, 신주경(2012). 껍데기와 알맹이: 교육내용으로서 한국무용정신의 구성요소 탐색. 한국무용기록학회지, 26, 135-161.

최의창, 박혜연(2013). 한국무용 잘 가르치기: 무용정신의 교수방법 탐색. 한국스포츠교육학회지, 20(1), 45-67.

홍은숙(2007). 교육의 개념: 실천전통에의 입문으로서의 교육. 서울: 교육과학사.

황경숙(2002). 한국 전통춤에 내재된 사상과 의미. 한국체육철학회지, 10(1), 289-310.

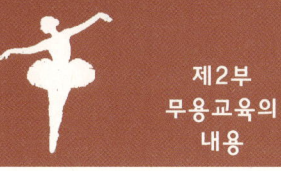

제2부
무용교육의
내용

Bresler, L. (Ed.). (2004). *Knowing bodies, moving minds: Towards embodied teaching and learning*. Dordrecht, the Netherlands: Kluwer.

Brinson, M. (1991). *Dance as Education Towards a National Dance Culture*. London: The Falmer Press.

Chappell, L. (2006). *Creativity within late primary age dance education: Unlocking expert specialist dance teachers conceptions and approaches*. PhD thesis., London: Laban, degree validated by university of Kent.

Chappell, L. (2007). Creativity in primary level dance education: Moving beyond assumption. *Research in Dance education, 8*(1), 27-52.

Csikszentmihalyi, M. (1991). Flow: The Psychology of Optimal Experience. Harper Perennial. 최인수 역(2004). *몰입: 미치도록 행복한 나를 만나다*. 서울: 한울림.

Gilbert, A. G. (1992). *Creative Dance*. Reston: AAHPERD.

Goetz, J., & LeCompte, M. (1984). *Ethnography and Qualitative Design in Educational Research*. New York: Academin Press.

Gould, D., & Carson, S. (2008). Life skills development through sport: Current status and future directions. *International review of sport and exercise psychology, 1*(1), 58-78.

Hanna, J. L. (1995). The power of dance: Health and healing. *The Journal of Alternative and Complementary Medicine, 1*(4), 323-331.

Harris, M. (2009). *Dance of the Spirit: The Seven Stages of Women's Spirituality*. New York: Bantam.

H' Doubler, M. N. (1957). Dance: A Creative Art Experience. Wisconsin: University Press. 59.

National Dance Education Organization (2007). *Standards for K-12 model program*. Silver Spring, MD: NDEO.

Snowber, C. N. (2007). The soul moves: dance and spirituality in educative practice. In L. Brelser(ed.), *International handbook of research in arts education* (pp. 1449-1458). Dordrecht, NL: Springer.

Spradley, J. P. (1980). Participant observation. New York: Holt, Rinehart & Winston. 이희봉 역(1988). *문화탐구를 위한 참여관찰 방법*. 서울: 대한교과서주식회사. 신재영 역(2006). *참여관찰법*. 서울: 시그마프레스.

연 구 문 제

1. 심성교육을 위한 한국무용의 교육내용을 다음과 같이 구분하는 것에는 어떠한 장점이 있으며, 그 구분과 세부 구성요소가 적절한지에 대해 생각해보자.

2. 현재 국가수준의 교육과정문서에서 무용을 포함한 표현활동 영역에서 핵심적으로 가르쳐야 할 교육내용요소를 제시하고 있는데, 심성관련 교육내용요소로 무엇을 제시하고 있으며 이것이 적합한지 대해 논의해보자.

3. 본 장에서 제시된 심성교육을 위한 한국무용의 교육내용을 현장에서 가르치는데 있어서 어떠한 어려움이 있으며, 어떠한 교육방법이 필요한지에 대해 생각해보자.

제3부 무용교육의 방법

　제3부에서는 무용의 정신적 차원을 제대로 가르치는 방법에 대해서 살펴본다. 무용의 테크닉을 가르치는 방법은 널리 알려져 있다. 학원이나 예술학교에서 잘 가르쳐 준다. 하지만, 무용의 정신적 차원을 어떻게 배울 수 있는지 잘 알려져 있지 않고, 사람마다 말하는 것이 다르다. 여기에서는 무용의 정신적 차원은 직접적이기보다는 간접적으로 가르쳐진다는 점에 주목하였다. 발레(제8장)이건 한국무용(제9장)이건 관계없이 올바른 무용지도는 "간접교수방법"이라고 부르는 방식으로 잘 전달된다는 점을 확인한다. 가르치는 이의 말투, 표정, 행실, 열정, 눈빛, 용모 등을 통해서 전수되는 것을 간접교수라고 부른다. 특히, 인성을 강조하는 한국무용에서 활용되는 직접교수방법과 간접교수방법들을 구체적으로 알아본다(제10장). 간접교수를 잘 해내기 위해서 무용교육자는 지도기술보다는 마음결, 마음바탕, 즉 "심성"을 가다듬어야 함을 살펴보고 있다(제11장).

제3부
무용교육의 방법

제8장 발레교육에서의 간접교수방법*

최의창 · 임수진

발레의 핵심을 가장 잘 가르칠 수 있는 교수방법은 무엇인가? 모든 발레교육자들이 알고 싶어하는 대답일 것이다. 예술로서 발레는 기술적 측면과 정신적 측면이 조화를 이루어야 하는데, 기술의 지도방법에 대한 합의는 어느 정도 이루어진 상태이다. 반면, 정신을 교육시키는 방법에 대한 이해는 매우 부족하다. 본 장에서는 발레정신의 구성요소에 대한 1차 연구를 바탕으로 발레의 교육내용으로서 발레정신을 가르치기 위한 교수방법 중 간접교수방법에 초점을 맞춘다. 이에 따라 본 장의 목적은 발레정신 지도에서의 간접교수방법의 유형 및 교육적 효과를 살펴보고 그 역할이 무엇인지 이해하는 것이다. 간접교수방법이란 교수행동(교수자의 열정, 사랑, 유머, 말투, 표정, 태도 등)과 간접전달(개인의 사상과 삶이 일치되도록 하려는 교육방법)을 사용하는 교수방법을 의미한다. 질적 연구방법론을 활용하여 문헌분석, 예비조사, 심층면담, 비참여관찰, 개방형 설문지, 전문가회의를 통해 자료를 수집하였으며, 수집된 자료는 Spradley(1980)의 문화연구 분석방법, 개별코딩분석을 이용하여 분석하였다. 연구의 진실성을 확보하기 위해서 삼각검증법, 참여자브리핑, 구성원간체크를 실시하였다. 연구결과는 다음과 같다. 첫째, 발레정신을 지도하는데 사용되는 간접교수방법은 체험권유, 음악감지, 성찰자극, 환경조성, 인성전이의 유형으로 분류된다. 둘째, 발레교육에서 간접교수방법의 사용은 신체와 움직임에 대한 이해 향상 및 학습내용의 내면화를 통해 학습자에게 자기성찰의 기회를 제공할 뿐만 아니라 인성을 함양시키는 교육적 효과를 지닌다. 셋째, 교수자의 간접교수행동은 전인교육을 실현할 수 있는 잠재적 교육과정으로서의 역할을 한다. 예술교육으로서 발레교육을 실행할 때에는 발레정신이 강조될 수밖에 없다는 점을 감안한다면, 본 연구의 결과는 발레교육자가 간접교수방법을 효과적으로 발휘할 수 있도록 교육받아야 한다는 점을 알려준다.

---

* 최의창, 임수진(2013). 발레정신 지도에 있어서 간접교수방법의 유형과 역할, 한국무용기록학회, 30(28), 219-243.

I. 서론

최근 세계경제 변화에 따라 창의성이 "교육"의 중요한 화두로 떠오르면서 전 세계적으로 예술교육의 필요성이 강조되고 있다. 미국의 경우 오바마정부는 예술과 인문학에 관한 대통령자문위원회(PCAH: President's Committee on the Arts and the Humanities)를 결성하여 예술교육을 강력하게 옹호하는 정책을 펼치고 있다(이미경, 2011). 우리나라에서는 제7차 교육과정부터 음악교과를 통해 예술교육을 보다 의미 있게 다루게 되었고, 최근 몇 년 전부터 창의·인성이라는 교육강령 하에 예술교육에 대한 지원이 확장되고 급증하고 있다(이미경, 2011). 이에 각 예술분야는 교육적이면서 창의적인 예술경험을 강조하고 있다(홍애령, 2008).

예술교육의 중요성이 새삼 강조되고 있음에도 불구하고 학교교육에서는 창의력을 키우는 예술교육이 일어나지 못하고 있다(송종건, 2010). 이러한 상황에서 무용교육이 진정한 예술교육으로 도약하기 위해서는 무엇을 가르치고 무엇이 학습되어야 하는지에 대한 검토가 필요하다. 무용교육은 교육의 목적이 인간을 보다 완전한 인간으로 만드는 것을 뜻하는 '이상적인 인간'으로 완성시키는 것임에도 불구하고 사실상 무용은 오랫동안 기능중심의 기술습득에만 편중되어 교육되어졌다(육완순, 이희선, 2010; 장명주, 2011; 홍수민, 2010). 이는 무용이 신체를 매개로 하는 예술장르라는 점에서 기인한 것으로 볼 수 있다. 발레의 경우, 기술 중심 교육을 통해 한국발레의 국제적 위상을 향상시키는 긍정적 결과를 가져오기는 하였지만, 기술적 측면과 정신적 측면이 조화를 이루어야 하는 발레교육에서 정신을 교육시키는 방법에 대한 이해는 여전히 매우 부족한 상황이다(최의창, 박혜연, 신주경, 2012; 최의창, 홍애령, 김나이, 2012).

지금까지 무용수업 또는 발레수업과 관련된 연구는 대부분 학습자의 정의적 영역(정서 및 심리)과 관련된 연구(이현아, 2010), 수업 실태조사(박아영, 2005; 박희원, 2009), 수업만족도에 대한 연구(민향숙, 2012; 유영주, 2011; 조진영, 2010) 등이 주로 이루어졌고 학습자의 인성이나 심성에 영향을 미치는 교수자의 간접적인 활동과 비가시적인 수업환경에 대해서는 간과되어왔다(최의창, 2012). 다시 말해서, 기존 연구들은 주로 눈에 보이는 교육상황과 교육효과에 초점을 두었다. 하지만 발레교육이 예술로서의 무용이 아닌 "예술교육으로서의 무용"

제3부
무용교육의
방법

이 되기 위해서는 먼저 무용이 추구하는 교육목적에 대한 논의가 이루어져야 하고(최의창, 2011), 이와 함께 기능중심이 아닌 다른 관점에서 무용 교수학습방법에 대한 고민이 필요하다. 즉, 예술교육으로서 무용교육은 기술훈련을 뛰어넘는 예술교육이 되어야 하고, 이러한 예술교육을 위해서는 무용을 어떻게 가르쳐야 하는지에 대한 숙고가 먼저 이루어져야 한다.

최의창(2010b)은 "무용의 정신은 가르쳐질 수 있는가"라고 물으며, 기존의 기술중심 무용교육에 대한 문제점을 지적하고 무용의 정신을 개념화하였으며 무용의 정신을 가르치기 위한 교수학습방법을 제시하였다. 무용의 정신을 가르칠 수 있는 교수방법으로 직접교수방법과 간접교수방법을 제안하고 그 중 지금까지 무용교육현장에서 많이 간과되어왔던 간접교수방법의 중요성과 필요성을 부각시켰다. 간접교수방법이란 의도적·비의도적으로 보여주는 교수자의 열정, 사랑, 유머, 말투, 표정, 태도 등을 포함하는 교수행동과 개인의 사상과 삶이 일치되도록 하려는 교육방법을 사용하는 교수방법을 의미한다(정현우, 2010; 최의창 2010a). 국내에서 이루어진 무용교육의 간접교수방법에 관한 선행연구로는 한국무용 정신의 지도를 직접 지도법과 간접 지도법으로 구분하여 분석한 연구(유창경, 2009), 심성교육방법을 한국무용정신을 주요 교육내용으로 하고 교수방법을 탐색한 연구(박혜연, 2013), 발레의 정신을 가르치기 위한 무용 지도방법을 분석한 연구(최성은, 2004) 등으로 관련연구가 미비한 실정이다. 최성은(2004)은 그의 연구에서 발레의 정신을 '아름다움', '자기표현', '자기극복'등 세 가지 항목으로 분류하고 그에 따른 지도방법으로 직접전달법과 간접전달법을 제시하였다. 그가 제시한 직접전달법에는 지시설명법과 상상자극법이 있고, 간접전달법에는 체험전이법과 특성감지법이 있다. 그의 연구결과, 발레의 동작기술과 지식을 전달하는 과정에서 드러나는 교수자의 간접교수방법은 학습자에게 중요한 교육적 효과를 미치고, 간접교수방법을 발레교육에서 적극적으로 활용해야 함을 주지한다. 하지만 최성은의 연구는 발레교육에서 거의 이루어지지 않는 간접교수방법과 관련된 초기 연구로서 의미가 있지만, 연구에서 다루어진 지도방법의 분류가 너무 단순하게 구분되어 정의되고 있다.

"가르치는 일"은 단순한 활동이 아니다. 그것은 중층적 성격을 띠기 때문에 가르치는 일과 관련된 지도방법(이하 문맥에 따라 교수방법, 교수법, 교수활동 등과 혼용)은 보다 자세하고 구체적으로 범주화되어야 할 필요가 있다(최의창, 2012). 특히 신체를 매개로 교육이 이루어지는 수업(체육이나 무용 등)은 동작의 숙달을 위한 기능과 기술향상만을 목적으로 가르쳐서는 안 된다. 정신적 차원이 고려되지 않은 무용교육은 교육이기 보다는 훈련에 불과하고 기능과 기술만을 발휘하는 무용은 예술로 인정받기 어렵다(Carr, 1984). 따라서 무용 수업에서는 교육내용으로서 기능적 차원과 함께 보이지 않는 안목적 차원(심성, 인격, 마음 등)이 다루어져야 한다(최의창, 2010b). 이러한 관점에서 볼 때, 발레교육은 신체의 기능적인 측면과 함께 사람의 내재적인 측면을 향상시켜 줄 수 있는 교육이 되어야 하며 이것은 가르치는 교수자의 교수방법에 의해서 실현가능하다. 발레 동작기술에 대한 교수자의 설명과 함께 그것을 전달하는 과정에서 드러나는 교수자의 표정, 말투, 어조, 제스처 등이 수업분위기를 만들고 그 속에서 학생들은 즐거움이나 두려움, 또는 긴장감을 갖게 된다. 그리고 그들이 경험하는 수업은 곧 그들의 삶에 긍정적으로 또는 부정적으로 영향을 미칠 수 있다(정현우, 2010).

훌륭한 무용수라고 해서 무용을 잘 가르칠 수 있는 건 아니다. 아메리칸 발레학교에서 1972년부터 종신 교수로 학생들을 지도하고 있는 수키 소럴은 훌륭한 무용수와 훌륭한 무용선생에 대해 다음과 같이 말한다(Bill, 1994).

> 훌륭한 무용수가 되려면, 자기 자신에게 초점을 맞춰야 [합니다.] 재능, 노력, 열정 등이 분명 필요하지만, 정말이지 일상의 모든 걸 쏟아 부어 최고의 무용수가 되기 위해 할 수 있는 한 최선의 노력을 해야 [합니다.] 반면 가르칠 때는, 초점이 모두 학생에게 맞춰집니다. 학생 한 사람 한 사람이 가진 능력을 다 발휘할 수 있도록, 성장할 수 있도록 도와줘야 합니다… 좋은 교사가 되려면 모든 관심을 학생에게 쏟아야 합니다… 학생이 성장할 수 있도록 돌봐주고 춤에 관한 열정과 사랑을 키워 나가도록 격려해줘야 해요.

이처럼 훌륭한 무용수와 교사의 기준과 전제조건은 다르다. 훌륭한 무용수가 되기 위해서는 관찰하고, 듣고, 연습하고, 완성하고, 수행해야 하지만, 훌륭한 교수자가 되기 위해서는 생각하고, 느끼고, 탐구하고, 이해하는 무용수가 되는 것이 전제조건이다(양정수, 신은경, 김운미, 2005). 그렇다면 이러한 과정을 거쳐 양성된 훌륭한 발레 교수자는 수업시간에 어떠한 교육학적 사고와 자세로 학생들을 가르쳐야 하는가? 교수자는 어떠한 목적과 내용을 가지고, 어떠한 방식으로 학생들을 가르쳐야 하는가? 발레 수업시간의 교육적 가치는 무엇인가? 학생들은 발레 기술 이외에 다른 무엇을 배우는 것일까? 발레 수업시간은 교육을 하기 위한 시간인가, 테크닉을 훈련시키기 위한 시간인가에 대한 진지한 고민이 이루어져야 한다.

제3부
무용교육의
방법

우리나라 학교교육의 목표가 전인교육을 추구(이홍우, 1996; 정현우, 2010)하는 것처럼 외국(러시아, 미국 영국 등)의 전문발레학교에서는 발레를 통해 지·덕·체의 균형적인 조화를 지향하는 전인교육과 기술훈련이 함께 이루어진다(문의숙, 2009). 하지만 우리나라의 경우, 발레교육을 받는 학생들은 정규 학교 교육과정을 배우면서 전문 학원이나 기관에서 별개로 발레를 배우며 기술을 익히게 된다. 상황이 이렇다보니, 학생들이 접하게 되는 교수자의 자질이나 인성은 다양하고 학생들은 자연스럽게 자신이 배우는 교수자의 영향을 받아 교육되며, 대개 학교는 교육받는 곳이고 학원은 기술을 훈련하는 곳이라는 인식이 일반적이다. 여기서 우리는 그동안 발레교육장면(특히 무용학원)에서 간과되어왔던 간접교수방법의 중요성에 대해 반성해 볼 필요가 있다. 무용 수업에서 교수자는 학생들에게 시범과 설명만으로 동작의 기술이나 기능, 즉 기법적 측면만을 전달하는 존재가 아니다. 시범이나 설명을 통해 드러나는 교수자의 간접적인 행동은 교육내용만큼이나 학습자에게 중요한 교육이 될 수 있으므로 교수자는 간접교수행동이 교육내용의 중핵적인 활동이 될 수 있음을 인식해야 한다(정현우, 2010). 즉, 학습자를 대하거나 피드백을 줄 때 교수자의 반응과 얼굴표정 또는 제스처 등과 같은 비언어적 소통의 중요성을 알아야 한다. '예술로서의 무용'이 아닌 '예술교육으로서의 무용'이 교육현장에서 이루어지기 위해서는 기술습득 위주의 교수법이 아닌 무용의 정신과 간접교수방법이 더욱 강조되어야 한다.

최근 국외 무용분야의 연구에서는 기존의 테크닉 훈련 중심의 교사중심 관점을 비판하면서 학생중심 관점의 교육이 학생들의 자아감과 내적 방향 및 자부심을 발달시켜주고, 이것들은 예술가가 창의적인 협동가가 되기 위해 필요한 자질들로 교육에서 강조되어야 함이 제기되고 있다(Daniels, 2009). 무용현장에서 흔히 볼 수 있는 기존의 권위적인 교수법의 병폐를 비판하는 데 있어서 강압적이고 모욕적인 수업 분위기, 교수자와 학습자간의 퇴행적이고 비민주적인 관계형성, 교육적으로 불합리한 교수행동 등을 지적하고 있다. 이러한 수업분위기와 교수행동들은 무용수들에게 공포, 불안, 스트레스를 준다는 것을 밝혔다(Lakes, 2010). 또한 테크닉과 안무수업에서 무용교사행동의 특징을 언어와 비언어 행동의 비율, 교수 접근의 직접성 또는 간접성, 지배적인 교수패턴으로 구성 탐색한 연구에서는 간접교수행동이 학생들의 참여를 촉진하면서 수업시간 행동의 자유를 확장해준다는 결과를 얻었다(Lord, 1981). 이러한 연구 결과들은 무용 교수자들에게 그들의 교수방법에 있어서 교육학적 사고와 자세가 더 요구됨을 피력하고 있다.

최의창은 "가르치는 일은 과학이자 예술"(2012)이라는 표현을 서양적 사고에서 나온 것으로 보고, 이를 동양적인 표현으로 "기법과 심법"(2012)이라고 정의하였다. 그는 기법을 가르치는 일의 테크닉적인 측면으로, 심법을 간접적으로 전달되는 교수의 암시적 측면으로 본다. 심법은 마음의 다양한 영역들이 관여되어 영향을 미치는 것으로, 수업 시 가르치는 이와 배우는 이들의 마음 안 차원 모두를 포함하는 통합적 용어이다. 그는 가르치는 것이 무엇이든 (어떤 교과이든) 잘 가르치고 학생을 잘 지도하는 교육적 맥락에서 기법만의 교수방법은 교육적으로 큰 효과를 발휘하기 어렵고, 기법만의 교수방법을 사용하는 교수자는 마음 안 차원의 깊은 내면을 다루지 못하는 교사에 불과하다.

이런 관점에서 볼 때, 무용교육이 진정한 예술교육이 되기 위해서는 무용의 기능적 측면(기법)과 함께 안목적 측면(심법)이 강조되는 교육이 이루어져야 하며 이러한 관점에서 간접교수방법에 대한 연구가 더 활발히 이루어져야 한다. 본 연구는 무용(한국무용, 발레)의 정신에 대한 개념, 구성요소, 교수방법을 탐색한 후, 이를 토대로 무용의 정신을 강조하는 통합적 교육프로그램과 매뉴얼을 개발하는 총 3차년 연구 중 2차년 연구에 해당된다.

1차년 연구에서 발레교육의 핵심 교육내용으로서 "발레정신"의 개념과 구성요소를 탐색하였다. "발레정신"의 개념은 발레의 핵심을 이루며 발레의 존재를 결정지어주는 가장 중요한 내적가치를 의미한다. 발레정신의 구성요소는 신체적, 인지적, 감성적, 영성적 차원이 존재하는 것이 밝혀졌다(최의창, 2011). 첫째, 신체적 차원이란 신체와 동작의 원리를 이해하고 이를 통합적으로 운용하기 위해서 해부학적, 기능학적 지식을 적용하는 것을 의미한다. 둘째, 인지적 차원이란 무용을 둘러싸고 있는 철학, 역사, 종교, 풍습, 예술 등 문화적인 측면을 관통하고 있는 본질을 꿰뚫어 볼 수 있는 안목적 차원을 의미한다. 셋째, 감성적 차원이란 무용 동작이나 음악에 내재된 다양한 감정과 정서를 주관적으로 해석하고 탐구하며 표현하는 것(희, 로, 애, 락 등의 감정과 다양한 감정적 분위기를 읽어내고 움직임으로 표현해 내는 것 등)을 의미한다. 마지막으로, 영성적 차원은 무용을 통한 최상의 경지를 체험하고 이를 제대로 하기 위한 마음가짐을 의미한다. 이러한 네 가지 차원의 발레정신을 가르치기 위한 방법은 크게 직접교수방법과 간접교수방법으로 나뉜다. 1차년 연구 결과를 바탕으로 본 연구에서는 발레교육에서 사용되는 직접교수방법과 구분되는 간접교수방법의 유형을 살펴보고 그 교

제3부
무용교육의
방법

육적 효과를 파악함으로써, 발레교육에서 간접교수방법의 역할을 탐색하고자 한다. 본 연구는 간접교수방법의 역할 탐색을 통해 기술습득에 치중된 현재 발레교육에 어떤 변화가 필요하고 좋은 발레교수자가 되기 위해서는 어떤 자질이 요구되는지를 파악함으로써 보다 질적인 발레교육을 권고하는데 의의가 있다.

II. 연구방법

본 연구는 발레정신의 개념과 구성요소를 이론적, 경험적으로 탐색(1차년 연구)하고 그에 따른 발레정신의 교수·학습방법을 파악(2차년 연구)한 후, 그에 준거한 발레정신의 통합적 교육프로그램과 매뉴얼을 개발하는 3차년 연구 중 2차년 연구에 해당한다. 2010년 12월부터 2011년 8월까지 9개월간 연구가 진행되었으며, 문헌분석, 예비조사, 심층면담, 비참여관찰, 개방형 설문지, 전문가회의를 통해 발레정신의 교수 방법(유형, 특성, 문제점, 개선점)을 탐색하고 발레교육현장의 실태를 조사하였다.

본 연구에서는 1차년 연구결과(발레교육의 핵심 교육내용)를 바탕으로 발레정신의 교수방법을 분석하고 간접교수방법의 중요성을 탐색하는데 그 목적이 있다. 이러한 연구 목적을 달성하기 위해서 현상을 상세하게 이해하는 데 가장 적합한 질적 연구방법론을 채택하였다.

1. 연구참여자

1) 예비조사 참여자

예비조사 참여자 선정은 전형적 사례 표본추출(typical case selection)(Creswell, 2007)을 활용하여, 현재 교육현장에서 활동 중인 발레교육경력 10년 이상의 무용교수자 5명을 선정하였다. 예비조사 시행 전에, 참여자들에게 전화와 이메일을 통해 본 연구의 목적과 방법에 대해 전달한 후에 참여 동의를 얻었다. 심도 있는 면담이 이루어질 수 있도록 연구 참여자 1명

당 연구자 2명이 함께 반구조화된 면담을 실시하였고, 참여자의 동의하에 모든 면담내용은 녹음하였다.

2) 심층면담 참여자

심층면담 참여자 선정은 명성적 사례선택방법(reputational case selection)(Miles & Huberman, 1994)을 활용하여, 발레교수경력 15년 이상의 발레교수자 9명과 발레학습자 6명을 선별하였다. 심층면담 참여자의 특성은 〈표 1〉과 같다.

2. 자료수집

자료 수집은 문헌분석, 발레교수자 5명을 대상으로 한 예비조사, 무용교수자 9명과 학습자 6명을 대상으로 한 심층면담(반구조화된 면담), 발레교수자 4명의 실제 수업을 관찰한 총 12회의 비참여관찰(사진 및 동영상 촬영), 266개의 개방형 설문지(교수자용 54개, 학습자용 212개), 4명의 무용전문위원으로 구성된 3회의 전문가회의를 통하여 이루어졌다. 구체적인 내용은 다음과 같다.

표 1 심층면담 참여자 특성

	참여자	현직	발레교육 및 발레학습경력
교수자	김청춘	교사	20년
	백의지	교사, 무용부장	32년
	안순수	교사	24년
	이정열	교사	16년
	오경지	강사, 무용학원 원장	20년
	이옥임	강사	15년
	김인문	강사	15년
	박교양	강사	15년
	오소양	강사	16년
학습자	강실비	대학생	13년
	박동큐	대학생	15년

제3부
무용교육의
방법

참여자	현직	발레교육 및 발레학습경력
이파키	대학생	17년
권문화	교육관련 사무직	3년
김사설	중학교 국어교사	2년
이취미	국어교육전공, 대학원생	3년

1) 문헌분석

심층면담에 앞서 본 연구의 이론적 준거 틀을 마련하기 위한 문헌분석을 실시하였다. 이를 위해 교육전반 혹은 체육교육과 무용교육 영역에서의 간접교수방법과 간접교수행동을 연구한 문헌들을 조사하였다.

2) 예비조사

예비조사는 발레교수자 5명을 대상으로 반구조화된 면담을 진행하였다. 발레학습경험(내용 및 방법과 개선점 등), 발레교수경험(교수내용 및 방법과 교육철학 등), 발레교육의 목적과 내용 및 방법에 대한 견해 등에 대한 내용으로 구성하였다. 면담내용의 충실도와 신뢰성을 확보하기 위해 모든 면담 내용을 녹음한 후 전사하여 기록하였다. 이러한 과정을 통해 얻어진 예비조사의 결과를 심층면담 계획 수립에 적용하고 질문의 타당성, 일관성, 통일성 등을 고려하면서 질문의 구성과 내용을 수정 및 보완하였다.

3) 심층면담

심층면담은 연구자와 참여자의 대화 형식으로 이루어지는 반구조화된 면담으로 진행하였다. 이러한 대화 형식의 면담을 통해 교수자들은 본 연구의 취지 범위 안에서 그들의 교육에 대한 철학 및 견해를 자유롭게 밝힐 수 있었다.

심층면담의 내용은 무용학습경험, 무용교수경험, 발레교육에 대한 인식, 발레정신에 대한 인식의 네 영역으로 구분하였고, 의미의 중복성을 제거하고 모호성을 분명하게 하기 위해서 전문가 회의를 거쳐 의미하는 바를 구체화하였다. 본 연구에서는 간접교수방법의 교육적 효과를 파악하기 위해 심층면담 내용 중 연구 참여자들이 경험한 간접교수행동과 그에 대한 인식과 관련된 내용만을 추출하여 사용하였다. 면담의 주된 질문 내용은 〈표 2〉와 같다.

표 2 심층면담 내용

영역	면담 내용(요약)
발레학습경험	- 발레수행 입문시기 - 발레전공결정시기 및 기간 - 기억에 남는 발레학습 상황 및 지도방식
발레교수경험	- 발레교수기간 및 형태(전문무용, 학교무용, 생활무용) - 발레교수 유형(설명, 시범, 언어사용, 교재활용 등) - 발레교수시 주안점 - 발레교수경험이 현재 자신에게 미치는 영향 등
발레교육의 문제점 인식	- 한국 발레교육 내용의 문제점 - 한국 발레교육 방법의 문제점과 무용지도자의 자질 - 발레교육자의 문제점 - 현 발레교육에 대한 의견
발레정신 인식	- 발레가 다른 무용장르와 차별화된 특징 - 발레의 정신 - 정신적 부분의 표현과 그 지도방법 - 교수에 활용될 수 있는 다른 분야의 요소 - 직접 경험과 간접 경험

* 본 연구에서는 간접교수방법의 교육적 효과를 파악하기 위해 심층면담 내용 중 연구 참여자들이 경험한 간접교수행동과 그에 대한 인식과 관련된 내용만을 추출하여 사용함.

4) 비참여관찰

비참여관찰의 참여자는 저명한 전문무용 영역의 발레교수자 4명을 선정하였다. 이들은 현재 예술 중·고등학교와 대학교에서 활발히 교육활동을 하고 있는 무용교수경력 20년 이상의 저명한 발레교수자들이다. 비참여관찰 시, 사후 분석을 위해 사진 및 동영상으로 촬영하였다. 비참여관찰 참여자의 특성은 〈표 3〉과 같다.

제3부
무용교육의 방법

│표 3│ 비참여관찰 참여자 특성

대상	소속	이름	성별	교육경력
예술 중·고등학교	매화예중	박소박	여	17년
	백합예고	안순수	여	24년
대학교	감성대	김열정	여	30년
	창의대	박예의	남	7년

5) 설문조사

설문조사는 심층면담과 비참여관찰로부터 얻은 결과를 발레교육현장의 교수방법으로 일반화시키는 오류를 피하고 내용의 타당성 및 적합성을 확고히 하기 위해 개방형 설문을 실시하였다. 개방형 설문의 내용은 심층면담의 내용에서 가장 핵심적인 부분들을 추출하여 〈표 4〉와 같이 구성하였다. 설문지는 직접 방문하여 배포와 수거를 하였고 추가적으로 이메일과 우편도 이용하여 발송·수집하였다.

│표 4│ 개방형 설문 내용

영역	설문 내용(요약)
발레학습경험	- 발레교수 입문시기와 전공결정 계기
	- 교육받아온 발레 교수방법
발레교수경험	- 발레교수상의 주안점
	- '발레를 잘 가르친다'라는 의미에 대한 인식
	- 발레를 '잘' 가르치기 위한 방법론
발레교육에 대한 인식	- 현 발레교수방법에 대한 비판적인 의견 및 견해
발레정신의 인식	- 발레가 가지고 있는 핵심적인 특징 혹은 부분
	- 발레교육에서 핵심적인 부분을 가르칠 수 있는 방법
	- 발레의 정신을 가르치기 위한 교육자의 자질
	- 자신이 생각하는 '발레의 정신' 개념

* 본 연구에서는 간접교수방법의 교육적 효과를 파악하기 위해 개방형 설문 내용 중 연구 참여자들이 경험한 간접교수행동과 그에 대한 인식과 관련된 내용만을 추출하여 사용함.

3. 자료분석

자료 분석은 Spradley(1980)의 문화연구 분석방법(영역, 분류, 성분 분석)을 이용하였다. 영역분석은 다양한 영역이나 범주들 중 의미 있는 관계가 성립되는 총괄적인 핵심범주를 찾아내는 영역으로서, 먼저 거시적인 차원에서 '발레정신'으로 성립되는 네 가지 차원(신체적, 인지적, 감성적, 영성적)의 교수방법을 추출하였다. 분류분석은 총괄적인 핵심범주에서 공통적으로 성립되는 관계를 하위주제로 나누는 작업이다. 영역분석에서 범주화된 교수방법을 더 구체적으로 분석하기 위해 각 차원의 교수방법을 직접교수방법과 간접교수방법으로 범주화하였다. 성분분석은 하위범주들 사이에서 공통적으로 성립되는 문화적 특성을 체계화하여 상위주제로 나누는 작업이다. 이 과정에서 분류된 교수 방법의 유사점과 차이점을 파악하여 묶은 교수방법을 재분류하고 재검토하면서, 각 교수방법의 개념과 분류를 명확히 하였다. 마지막으로, 분석에 사용된 설문지는 교수자용 54개, 학습자용 212개, 총 266개로 교수자 설문은 개별코딩분석을 사용하고, 학습자 설문은 기술 분석을 실시하여 SPSS Windows 12.0을 이용하여 분석하였다. 기술 분석을 통해 학습자가 인식하고 있는 무용 교수방법의 실태를 분석하고 의미 있는 변인을 추출하여 교차분석을 실시하였다. 이러한 과정을 통해 분석된 자료는 발레정신 교수방법을 이해하고, 간접교수방법의 지도 방법과 교육적 효과를 살펴보는 데 사용되었다.

III. 발레교육에서의 간접교수방법

발레교육에서 무용의 정신은 어떻게 가르쳐지고 있는가? 본 연구 결과, 발레교육에서 발레정신을 가르치는데 있어 직접교수방법과 간접교수방법이 모두 혼용되고 있음이 밝혀졌다(표 5 참조). 직접교수방법으로는 직접교정(直接矯正), 문답설명(問答說明), 상상유도(想像誘導), 적극시범(積極示範), 집중연습(集中練習)이 사용되고 있었다. 직접교정은 교수자가 신체를 접촉하여 직접적으로 학습자의 신체와 동작을 교정해주는 방법이다. 문답설명은 교수자가 언어적인 설명과 학습자와의 대화, 질문과 응답을 활용하는 방법을 의미한다. 상상유도는 학습

제3부
무용교육의
방법

자가 머릿속에 이미지를 떠올릴 수 있도록 상황을 제시하거나 경험을 반추하도록 유도하는 방법을 말한다. 적극시범은 교수자가 학습자가 지켜보는 가운데 적극적으로 시연을 선보이는 방법을 말한다. 집중연습은 학습자들이 반복적으로 연습할 수 있도록 하는 방법을 의미한다. 발레정신을 지도하는데 사용되는 간접교수방법은 체험권유(體驗勸諭), 음악감지(音樂感知), 성찰자극(省察刺戟), 환경조성(環境造成), 인성전이(人性轉移)의 유형으로 분류된다. 체험권유는 읽기, 쓰기, 듣기, 보기 등의 다각적인 체험을 할 수 있도록 권장하는 방법이다. 음악감지는 음악을 느끼고 해석하고 무용에 적용할 수 있도록 간접적으로 자극하는 방법이다. 성찰자극은 학습자가 스스로, 혹은 교수자의 언어적 비언어적인 자극을 통해 자신을 반성적으로 되돌아 볼 수 있도록 돕는 방법이다. 환경조성은 교수자가 학습자와의 심리적인 유대감을 형성함으로써 긴밀한 관계를 유지하고 학습자들끼리 긍정적인 관계와 분위기를 형성할 수 있도록 독려하는 방법이다. 인성전이는 교수자의 올곧은 인성과 인품, 즉 열정, 배려, 사랑, 예의 등을 보여줌으로써 학습자에게 자연스럽게 전이될 수 있도록 하는 방법을 말한다.

┃표 5┃ 발레정신의 교수방법

범주	교수방법	설명
직접교수방법	직접교정	직접 신체를 접촉하여 학습자의 신체와 동작을 지적해주는 방법
	문답설명	언어적인 설명과 학습자와의 대화, 질의를 활용하는 방법
	상상유도	이미지 연상을 위해 학습자에게 상황을 제시하거나 경험을 반추하도록 유도하는 방법
	적극시범	교수자가 학습자에게 적극적으로 시연을 보여주는 방법
	집중연습	학습자가 반복적으로 연습할 수 있도록 하는 방법
간접교수방법	체험권유	읽기, 쓰기, 듣기, 보기 등의 다각적인 체험을 하도록 권장하는 방법
	음악감지	음악을 느끼고 해석하고 무용에 적용할 수 있도록 간접적으로 자극하는 방법
	성찰자극	학습자 스스로 또는 교수자의 자극을 통해 자신을 반성적으로 되돌아 볼 수 있도록 돕는 방법
	환경조성	교수자와 학습자와의 긴밀한 관계 형성과, 학습자들 간의 긍정적인 관계 형성을 독려하는 방법
	인성전이	교수자가 바른 인성과 인품을 보여줌으로써 자연스럽게 학습자에게 전이될 수 있도록 하는 방법

1. 간접교수방법의 유형 및 교육적 효과

발레교육에서 발레정신을 가르치기 위해 사용되는 간접교수방법에는 체험권유, 성찰자극, 음악감지, 환경조성, 인성전이가 활용되고 있다. 이러한 발레정신의 간접교수방법은 발레정신의 네 가지 차원인 신체적, 인지적, 감성적, 영성적 차원의 각 특성에 따라 강조되는 교수방법이 다소 다르게 활용되고 있었다. 첫째, 신체적 차원에서는 직접교수방법이 주로 사용되고 있었고, 그 중 직접교정의 방법이 많이 활용되고 있었다. 둘째, 인지적 차원에서는 간접교수방법 중 체험권유가 주로 사용되고 있었고, 셋째, 감성적 차원에서는 간접교수방법이 다양하게 활용되고 있었는데, 그 중 음악감지의 방법이 주로 사용되고 있었다. 마지막으로 영성적 차원에서는 간접교수방법 중 인성전이의 방법이 강조되어 활용되고 있었다. 발레에서 사용되는 간접교수방법은 〈표 6〉처럼 발레정신의 네 가지 차원에 따라 강조되는 간접교수방법의 양상이 다르게 나타났다. 중요한 것은 발레를 가르치고 배우는 데 있어, 동작을 익히고 음악에 맞추어 자신을 표현하는 과정 속에서 발레정신의 네 가지 차원이 고루 어우러져 가르쳐지고 있다는 것이다.

│표 6│ 발레정신의 간접교수방법의 유형

방법 차원	발레정신의 간접교수방법				
	체험권유	음악감지	성찰자극	환경조성	인성전이
신체적 차원	▲	△	▲	△	△
인지적 차원	●	△	▲	△	△
감성적 차원	▲	●	▲	▲	△
영성적 차원	▲	△	▲	▲	●

● 주로 사용된 교수유형   ▲ 조금 사용된 교수유형   △ 거의 사용되지 않는 교수유형

첫째, 체험권유의 방법은 다양한 간접체험(책, 영화, 교수자의 체험 전달, 공연관람 등)을 하는 것은 언어로 이해하기 힘든 부분을 보고, 읽고, 듣는 경험을 통해 직감적으로 느낄 수 있도록 한다. 신체적 차원에서 체험권유의 방법으로 교수자들은 학습자의 다양한 체험을 위해서 신체와 움직임의 원리를 다룬 책을 읽게 하거나 동작을 제대로 구사하는 무용수의 영상

제3부 무용교육의 방법

을 반복 재생하여 살펴보게 한다. 이러한 과정을 통해서 학습자의 신체와 움직임의 이해를 향상시킨다.

> 해부학과 기능학적인 면에서 가능한 많은 지식을 가져오려고 노력해요. 책이나 특강들을 통해 해부학적, 기능학적 지식을 조금씩 쌓아가려고 노력해요. 거기서 얻어 온 것들을 학생들이 이해할 수 있도록 구체적인 물체를 가지고 실험을 해 줌으로써 반짝하고 느껴서 몸으로 조금이라도 가져갈 수 있도록 하고 있어요(BPT-AHN-20110131).

> 지도를 위해서는 유명 무용수의 비디오를 보여주기도 하고, 학생의 동작을 촬영해서 보여주면서 자신의 모습을 다시 체크하게 해요(BPT-BACK-20110120).

감성적 차원에서 교수자는 되도록 많은 음악을 듣고 쉽게 접할 수 있는 발레 작품의 원작 소설이나 인접 예술 장르인 연극, 영화를 보도록 권유하면서 체험권유의 방법을 사용하고 있었다.

> 자기가 생각하지 못했던 것을 구하거나, 내가 생각했던 것과 같은 생각을 하거나, 보다 풍부하게 해주는 것을 찾으려면 공감되는 것을 찾아야 해요. 공감할 수 있는 소설, 발레작품, 연극, 뮤지컬, 영화 다 보고 찾아야 해요. 그런 것들이 여러분의 생각을 살찌울 뿐만 아니라 여러분의 공연을 가치 있게 하죠(BPT-PARK-20110503).

영성적 차원에서도 체험권유의 방법은 태도와 가치, 목적들을 일깨워줄 수 있는 간접적인 체험을 위해 사용되고 있었다.

> 명언집 같은 것들, 수업 시간에 얘기했던 것과 관련된 좋은 소설이 나오거나 하면 지나가는 말로 한번 읽어보자고 그러죠. 당장은 제가 검사하는 것도 아니니 읽지는 않겠지만 어느새 보면 조금씩 변해있는 것을 보니 효과가 있나 싶기도 해요(BPT-LEE-20110119).

둘째, 성찰자극의 방법은 학습자 자신의 내면적 성찰을 위한 방법으로 교수자의 시범, 설명, 교정 등을 회상하며 스스로 반성해보도록 하는 것이다. 성찰자극의 방법에는 학습자의 자문자답을 통해 지식을 탐구하고 발견할 수 있도록 하는 방법과 대화, 분위기 조성, 면담을 통해 성찰자극의 교수방법을 활용할 수 있다. 학습자가 자신을 반성적으로 되돌아보고 생각해보게 하는 것은 학습내용을 내면화하고 자기화하는데 큰 도움을 준다.

교 수 자 : 왜 무용을 하니?, 이것이 숙명이야?
학습자 1 : 예
학습자 2 : 좋아서 해요.
교 수 자 : 그렇지, 그래서 하는 거지. 좋은 걸 좋게 하기 위해서 몸을 조금 더 릴렉스 하자, 너무 비장한 표정 짓지 말자, 몸을 천천히 움직이면서 왜 이것이 네 숙명이 되었는지도 생각해봐. 앞으로 네 시간 동안 몸을 잘 움직이기 위해서는 내 몸을 어떻게 써야 하는지, 어떤 상태인지 잘 알아야 해. 지금 스트레치 하면서 몸속에 있는 근육들을 잘 조절하고 느끼면서 해야 해(BPT-AHN(O)-20110708).

대부분 발레수업에서는 제한된 수업시간에 많은 동작의 훈련과 연습이 이루어지기 때문에 늘 수업시간이 빠듯하다. 이러한 시간적 여유의 부족, 혹은 교수자의 주의 부족으로 학습자들은 음악을 듣고 느끼면서, 이 음악과 동작으로 내가 무엇을 어떻게 표현할 것인지에 대한 진지한 고민이나 해석의 시간 없이 그저 '따라하기'에 급급한 실정이다. 발레가 자신의 사고와 철학을 몸으로 표현하는 구조의 예술이라는 점을 감안할 때(김태원, 노수연, 2000), 동작뿐만 아니라 음악을 타고 감정을 표출하는 것마저 따라하는 학습자는 진정한 '발레리나'라고 부를 수 없을 것이다. 이 때문에 한 교수자는 학습자 스스로 이러한 것들을 찾을 수 있도록 도와야 한다고 강하게 주장했다.

표현력 같은 경우, 저는 아이들 마음대로 하라고 해요. '하고 싶은 대로 해. 아닌 것은 내가 잘라줄게' 이렇게 해요. 내가 끌어내기는 너무 힘든 거예요. 끌어내야 하는 애들은 일단 만들죠. 얘는 도저히 안 되겠다 싶으면 몸을 이만큼 숙이고 이 포즈를 할 때도 이렇게 만들어라

제3부
무용교육의
방법

> 하지만, 아이들한테 그랑 아다지오 같은 것은 너네하고 싶은 대로 하라고, 오버 좀 해보라고 그럴 때, 자기 것이 오케이 되었을 때는 자신감이 붙는데 선생님이 시킨 대로 "야 그거 아니야, 이거라니까!" 이랬을 때는 애들이 춤을 못 추는 거예요(BPT-KIM-20110128).

위와 같이, 표현에 대한 부분을 학습자에게 온전히 일임하였을 때, 학습자는 스스로의 것을 찾으려 노력하고 도전하는 과정 속에서 자신감을 얻게 되고 자신만의 예술적 표현을 찾는 여정을 시작하게 된다. 발레 수업에서 자발적 학습이 필요한 부분은 바로 동작의 표현이나 해석과 관련된 감성적 차원이다.

영성적 차원에서 성찰자극의 방법은 필수적으로 요구된다. 학습자는 그동안 자신이 발레를 하면서 겪었던 여러 가지 일들을 통해 자신의 내면을 성찰할 시간을 가져야 한다. 한 가지 구체적인 방법으로 명상이 있다.

> 가끔은 산에 데리고 나가서 환기시키기도 해요. 가서 둘러앉아 "눈을 감고 공기를 느껴라", "나뭇잎 스치는 소리를 들어봐라", "멀리서, 중간에서, 가까운 데에서 들리는 소리를 들어봐라"라고 말한 뒤, 말하지 않는 시간을 갖게 해요. 그리고 눈을 뜨고 말하는 시간을 가져요(BPT-AHN-20110131).

명상을 통해 내면의 목소리에 귀를 기울이고 평소 깊게 생각해보지 못한 것들에 눈을 돌리도록 한다. 주변 환경에 대한 감각을 일깨우고 그동안 자신이 느낌 없이, 감정 없이, 감흥 없이 살아왔다는 점을 반성하고 깨닫도록 할 수 있다.

셋째, 음악감지의 방법은 학습자가 음악을 얼마나 제대로 파악하여 듣고 있는지와 자신의 느낌을 악보음계 속에 녹여내어 표현할 수 있도록 지도하는 방법이다. 음악을 어떻게 해석하고 사용하는지에 따라 춤의 깊이, 즉 춤의 감성과 감정이 다르게 표현되기 때문에 음악과의 조화와 음악의 감성을 읽어내는 것은 중요하다(서정록, 2002; 최은옥, 1996).

> 음악을 녹음해서 많이 들어보라고 해요. 발레를 열심히 하다보면 아이들이 반 박자씩 늦어져요. 뭔가를 느리게 하는 것을 잘한다고 생각하더라고요. 저는 절대 용납 못해요. 음악은 칼 같이 맞추기(BPT-KIM-20110128).

이를 보다 명확하게 지도하기 위해 음악에 대한 민감성을 길러주는 무용음악, 피아노 반주를 통한 실기 수업에 대해 적극적으로 찬성하고 있었다.

> 음악성을 위해 무용음악수업을 최대한 활용해요. 거기서는 음악을 분석해서 들을 수 있는 기회를 제공하고 음악의 뉘앙스나 선율에 대해서 경험해보게 해요. 아이들은 항상 움직임에만 몰두 하다 보니까 음악을 그저 듣기만 해요. 많은 경우, 자기의 뛰어난 음악적 감수성을 깨우치지 못하고 움직임에만 몰두해요. 그래서 자신의 음악적 감수성을 깨우칠 수 있도록 무용음악수업에서 피아노 실기를 해보죠. 예를 들어, 한 친구는 플리에(plie) 동작을 구상하고 다른 친구는 그 음악에 곡을 맞춰 반주를 해보는 등(BPT-AHN-20110131).

> 동작의 악센트 같은 것을 변형시켜서. 쉽게 말하면 아웃(out)에 악센트를 줬다가, 인(in)에 악센트를 주는 식으로 아니면, 텀(term)을 줬다가 악센트를 준다거나. 이런 것은 반주선생님과 코웍(co-work)이 맞았을 때 쉽게 이루어졌거든요. 그것이 굉장히 중요한 것 같아요(BPT-LEE-20110119).

음악감지 방법은 특히 감성적 차원을 가르치는 주된 방법으로, 박자나 리듬감 같은 음악에 대한 이해는 기본이며 뉘앙스와 선율을 넘나들며 감수성을 일깨워줄 수 있는 기회가 제공되어야 한다(박소연, 2006). 실제 발레 공연에서 오케스트라와 협연하듯 실기 수업에서도 CD 플레이어가 아닌 피아니스트의 반주에 몸을 싣고, 매번 다른 변주와 호흡의 민감성을 기르는 것도 좋은 방법이다.

넷째, 환경조성의 방법은 마음가짐을 함양하고, 고도로 집중하는 상태를 체험하기 위해서 환경을 조성해주는 방법이다. 대학 및 예술중고등학교에서는 환경조성을 위해 무용실 벽에 유명한 무용수의 사진이나 포스터 등을 걸어두기도 한다(〈그림 1〉 참조). 또한 환경조성을 위해서 교수자가 가까이에서 분위기를 이끌어 내어 극에 몰입하도록 해주는 방법을 사용하기도 한다. 학습자는 상황적 여건이 만족되었을 때 내면과 깊이 만날 수 있고 몰입할 수 있기 때문에 교수자와 학습자간의 관계 형성과 공간의 분위기 형성은 중요한 교수방법이 된다(김현진, 1997; 조진희, 2007).

제3부
무용교육의
방법

다섯째, 인성전이의 방법은 영성적 차원의 고유한 교수방법이다. 학습자들은 수업을 통해 교수자의 모든 것을 관찰한다. 교수자의 의도적인 시범과 설명뿐만 아니라, 교수자가 무의식적으로 보여주는 몸짓, 태도, 말투, 표정, 눈짓, 열정, 사랑, 유머까지 보고 느끼고 배우게 된다(정현우, 2010; 최성은, 2004; 홍수민, 2010). 이처럼 교수자 그 자체가 학습자에게 가르침을 주게 된다(유창경, 2009). 무용은 움직임을 통한 의사소통으로 교육이 이루어지기 때문에 교수자와 학습자간의 인성전이가 보다 활발하게 이루어진다(고동완, 2004).

| 그림 1 | 발레연습을 고무시키는 환경조성의 사례 |

수업시간에 선배나 선생님들을 보면서 배웠어요. 주변 사람들의 영향이 크다고 생각하는데. 어린 아이들은 어떤 상황에서 어떤 태도를 해야 하는지 잘 모를 수 있잖아요. 그런데, 그런 것을 압박해서 가르치면 안 되고, 다른 사람들을 보면서 배워야 할 것 같아요 (BPS-2PARK-20110208).

면담 결과, 인성전이와 같은 비가식적인 교육의 효과에 대해서 교수자들은 대체로 인식하지 못하는 반면, 학습자들은 다른 교수방법에 비해 그 효과성을 인정하고 있었다. 결국 교수자가 보여주는 모든 것이 학습자에게는 발레 그 자체를 대변해주는 것이다.

마음이 예뻐야 몸이 예뻐지는 것 같아요. 짜증내면서 무섭게 얼어서 가르치는 선생님은 별로에

제8장 발레교육에서의 간접교수방법

요. 잔뜩 얼어서 할 수 있는 동작도 제대로 못 하고 그러거든요. 공연 앞두면 선생님들이 굉장히 예민해지면서 소리도 막 지르시는 데 정말 깜짝 놀랐어요(BLS-2KIM-20110120).

무용 실력도 중요하겠지만, 제가 바라는 선생님은 좀 따뜻했으면 좋겠어요. 학생이 실수했을 때 너무 질책하지 말고 보듬어 줄 수 있는 선생님이요(BPS-2PARK-20110208).

2. 간접교수방법의 역할

앞에서 살펴본 다섯 가지 유형의 간접교수방법은 학생들에게 발레를 가르치는 데 있어서 다양한 체험을 경험하게 하고 내면을 들여다보게 해준다. 이러한 경험이 발레를 배우는 학생들에게 어떠한 의미가 있을까? 본 연구결과의 분석과 해석을 통해 간접교수방법의 역할은 다음과 같이 도출되었다. 첫째, 발레 정신의 간접교수방법은 교수자들이 놓치기 쉬운 차원의 교수방법 즉, 심법적 차원의 교수방법을 강조함으로써 학생들의 인지적, 사회적, 정서적 발달에 긍정적인 효과를 가져다준다(최의창, 2010b; 최의창, 홍애령, 김나이, 2012).

교사부터 무용인으로서 아름다운 마음자세, 바른 태도를 솔선수범하고 학생들에게 지적하고 얘기해줘야 한다고 생각[합니다.] 요즘은 학생들이 수업을 배우는 것이 아니라 '교사를 배운다.'고 [합니다.] 그만큼 교사인 나부터 인성과 아름다운 자세, 태도, 말투를 행하고 늘 학생들에게 일깨워주는 것이 중요하다고 생각[합니다.](OQ-P-TC8Y).

이러한 교수자의 간접교수행동은 학습자가 교수자나 교육상황에 대한 게슈탈트를 갖는데 큰 역할을 한다. 한 예로, 강인한 의지와 피나는 노력으로 세계적인 발레리나가 된 강수진이 만나고 가르침을 받아온 그녀의 스승들의 모습은 좋은 게슈탈트 형성의 예가 된다. 강수진은 중학교 2학년 때 만난 외국인 교사, 캐서린 베스트의 분위기를 "용모와 심성이 너무도 고운 분"(한기홍, 2013)으로 기억하고 있다. 베스트 교사에 대한 비가시적인 게슈탈트의 형성은 자신이 진정 발레를 해야 하는 것인지를 고민했던 강수진을 발레에 몰입하도록 만든 계기가 되었다. 강수진의 경험처럼 '좋은 스승'은 그 모습 자체로 학생들에게 각성과 영감을 선물하기도 한다.

제3부 무용교육의 방법

둘째, 간접교수방법은 그 자체가 핵심적인 교육내용이 된다. 교육내용은 근본적으로 "능력과 심성"으로, 교육방법은 원칙적으로 "직접전달과 간접전수"로 나뉜다. 이 두 가지 내용은 두 가지 방법에 의해서 가르쳐진다. 즉 능력과 심성이 전달되고 전수되는 네 가지 방식이 존재한다. 그 중 심성적 차원의 내용을 간접적 방식으로 전달하는 가르침인 간접교수방법은 가장 쉬운 방법이면서 가장 어려운 방법이다. 이것은 교수자와 학생들의 가르침과 배움의 과정에서 교수자가 무엇을 어떻게 전해야겠다고 의도하지 않아도 학생들은 선별적으로 그것들을 인지해내거나 감지해낸다. 이런 점에서 교사의 생각과 행동과 태도 자체가 가르치는 내용이자 방법이 된다.

연구에 참여한 한 교수자는 "발레정신을 가르쳐야 할까요?"라는 질문에 "그럼 당연하지. 어떻게 껍데기만 가르쳐. 당연히 그런 것들을 가르쳐야 무용이고 춤이지(박소박, 전문무용 교수자)."라고 단언했다. 그의 직접적인 대답 안에는 교육의 핵심과 그것의 중요성이 내포되어 있음을 알 수 있다. 또한 연구에 참여한 다른 전문무용 교수자는 '발레정신의 네 가지 차원을 배운 학생과 배우지 않은 학생과는 어떤 차이점이 있을까요?'라는 질문에 다음과 같이 답하면서 발레정신이 교육내용으로서 필요한 이유를 설명해주었다.

> 춤이 달라지겠죠. 몸만 단련 받은 사람은 감동을 주기 힘들고 예술적 깊이가 깊지 [않겠죠.] 하지만 모든 게 (속까지) 다 키워진 아이는 테크닉이 조금 부족하더라도 다른 사람들에게 감동을 주는 춤을 출 것이고, 박수 뿐 만 아니라, 눈물을 흘리게 하는 사람이 될 것이고… 전 그걸 철저하게 믿어요. 그건 공연자가 될 때도 그렇지만, 특히나 교육자가 될 때, 그리고 부모가 될 때 정말 중요한 일이죠. 그런 것까지 생각하기 때문에 이것은 반드시 해야 되는 내용인 거죠… 전 발레만 가르치는 사람이 아니라, 선생이기 때문에 그 연령의 사람을 바람직하게 변화시키는 역할을 하는 사람이죠. 도구가 발레일 뿐이죠(BPT-AHN-20110131).

이와 같이 발레교육에서 간접교수방법은 학습자가 '교육은 삶을 위한 것이고 삶과 분리될 수 없다'는 것을 경험하게 해준다. 즉, 발레라는 신체활동을 통해서 가치 있는 삶을 살도록 해준다.

셋째, 간접교수방법은 잠재적 교육과정이 된다. 잠재적 교육과정이란 "가르치지 않은 가르침"(untaught lessons)으로 교수방법의 보이지 않는 차원이다. 즉, 이것은 교수방법의 심법적 차원을 강조하는 교수활동을 말한다(최의창, 2012).

외국 대부분의 발레학교에서는 발레를 통한 인간의 전면적 발달을 돕는 교육이 이루어지고 있다(정매주, 1995). 이와는 달리, 우리나라에서 발레교육을 받는 학생들은 정규 학교 교육과정을 배우면서 전문 학원이나 기관에서 별개로 발레를 배우며 기술을 익히게 된다. 상황이 이렇다보니, 발레 수업에서 교수자는 학생들에게 기법적 측면만을 전달하는 존재가 아님에도 불구하고 현실에서는 기능과 기술 습득에 치중된 교육을 하는 경우가 비일비재하다. 하지만 교수자는 무용 수업에서 시범이나 설명을 통해 드러나는 교수자의 간접적인 교수행동이 학습자에게 잠재적 교육과정이 될 수 있다는 것을 염두에 두어야 한다. 아래의 면담내용은 간접교수방법이 긍정적으로, 또는 부정적으로 잠재적 교육과정이 될 수 있음을 시사해준다.

선생님이 레오타드를 갖춰 입고 직접 하나씩 보여주면 더 좋을 것 같아요. 우리는 그 몸과 움직임 보는 것 자체가 신기하고 공부하는 거니까요. 그런데 그런 분들이 거의 없더라고요 (BLS-2KIM-20110120).

무용 수업에서 연습복을 제대로 갖추지 않은 채 말 위주로 수업을 진행하거나 일상복을 착용한 채 시범을 보이는 교수자는 학습자에게 실망감을 안겨준다. 또한 이러한 분위기에서의 학습자는 자신이 교수자가 되었을 때 자신이 보고 배운 그대로, 교수자로서의 적합한 복장을 착용하지 않은 채 수업에 임하게 될 확률이 높다. 따라서 교수자는 학생들을 가르칠 때에 자신의 복장이나 태도와 같은 간접적인 교수행동 또한, 학습자에게 정적·부적으로 영향을 미칠 수 있는 잠재적 교육방법임을 염두에 두고 그 중요성을 인식해야 할 것이다.

Ⅳ. 논 의

지금까지의 연구결과를 통해 간접교수방법을 통해 발레를 배우는 학생들은 다양한 체험을 경험할 수 있고 내면을 들여다 볼 수 있다. 이러한 경험들은 학생의 심성에 영향을 미치게 되고 결과적으로 학생들의 마음과 내면을 변모시키는 힘이 된다. 이러한 발레교육은 학생들의 사고의 틀인 가치관과 인생관, 그리고 세계관 확립에 영향을 줄 수 있다.

본 연구의 목적은 발레정신을 가르치는 데 사용되는 간접교수방법의 유형을 파악한 후, 그 교육적 효과를 살펴봄으로써 발레교육에서 간접교수방법의 역할을 탐색하는데 있다. 본 연구에서 도출된 결과를 관련 연구들과 비교하여 논의하면 다음과 같다. 첫째, 본 연구결과에서 밝혀진 간접교수방법의 다섯 가지 유형(체험권유, 음악감지, 성찰자극, 환경조성, 인성전이)은 발레교수자들이 놓치기 쉬운 심법적 차원의 교수방법이 지배적으로 사용되고 있지는 않더라도 소수 "페다고지"적 의식이 있는 교수자에 의해 발레 교육현장에서 활용되고 있음을 알 수 있었다. "페다고지"적 사고와 자세는 형식적인 교육과정을 통해서는 배울 수 없는 '어떤 것'이 있는데, 이것은 개인의 마음 속 깊이 내면화된 교육적 사려심으로 볼 수 있다(Van Manen, 1991). 내면화된 교육적 사려심은 다른 사람들과의 관계 속에 들어 있기 때문에 정감적인 성격을 갖고 이러한 정감적 차원에서 진행되는 교수행위는 교사가 지니고 있는 태도, 생각, 열정이 몸과 마음에 담겨져 있다가, 수업의 과정 속에서 다양한 방식으로 학생들에게 전달되는 것으로 학생들은 이것을 가슴 속에 담아두게 된다. 이러한 간접교수방법과 관련하여 최성은(2004)은 발레 정신의 지도방법을 직접 전달법과 간접 전달법으로 구분하고, 간접 전달법으로 체험전이법과 특성감지법 두 가지만을 제안하였다. 하지만 "가르치는 일"은 중층적 성격을 띠기 때문에 가르치는 일과 관련된 지도방법은 보다 자세하고 구체적으로 범주화되어야 할 필요가 있다. 본 연구에서는 간접교수방법을 체험권유, 음악감지, 성찰자극, 환경조성, 인성전이 등 다섯 가지로 보다 더 세분화시켰다. 이는 발레 교수자들이 발레정신을 인식하고, 기법과 심법을 함께 가르칠 수 있는 체계적인 지도방법의 중요성을 이해함으로써, 방법론적 측면에 있어 교수방법을 구체화하는 데 도움이 된다.

둘째, 발레교육에서의 간접교수방법은 교육을 통해 반드시 배워야 하는 발레정신을 배울 수 있게 해준다는 것이 드러났다. 테크닉 훈련을 위한 발레교육에서 발레정신을 가르친다는 것은 오랜 시간 동안 소외되어졌다. 일반적으로 무용교수자들은 무용의 정신을 가르치는 것을 어렵게 생각하고 있지만, 본 연구 결과 그들은 은연중에 다양한 방법으로 발레정신의 네 가지 차원(신체적, 인지적, 감성적, 영성적 차원)의 정신을 직접적 또는 간접적으로 교수하고 있음을 알 수 있었다. 직접교수방법과 간접교수방법은 교육철학자 Oakeshott(1967)의 아이디어와 맥락을 함께 하는데, 그는 교육 내용에는 두 가지의 차원 즉, "정보"와 "판단"이 존재하는 것으로 본다. "정보"는 표면적으로 드러나는 가시적 수준의 지식을 말하며, "판단"은 정보의 이면에 담겨져 있는 심층적이고 비가시적인 원리를 의미한다. 즉 정보는 설명, 시범 등의 방법을 통해 "전달"되는 직접적인 교수방법인 반면, 판단은 표정, 어투, 몸짓, 유머 등의 방법을 통해 은연중에 "전수"되는 간접적인 교수방법이다. Oakeshott(1976)의 "정보"와 "판단"이론을 발레교육에 적용해보면, 발레의 동작기술과 지식을 전달하는 과정에서 드러나는 교수자의 간접교수방법은 학습자에게 중요한 교육적 효과를 미친다는 결론에 이른다. 따라서 신체 움직임이 도구로 사용되는 발레교육에서 발레정신을 가르치기 위해서는 교수자의 간접교수방법이 더욱 강조되어야 하고, 의도적이고 체계적인 간접교수방법의 방법론에 대한 연구가 필요하다.

셋째, 간접교수방법을 통해 학습자들은 가르치는 이의 성품, 가치관, 태도, 행위 등을 직접 봄으로써, 교수자를 동일시하고 내면화하면서 학습되는 것으로 밝혀졌다. 간접교수방법을 통해 발레 교수자의 표정, 어투, 몸짓, 유머 등의 간접교수행동이 학습자에게 은연중에 "전수"된다는 오우크쇼트의 이론에서와 같이 "솔선수범"의 교육적 효과는 강조되어야 할 것이다. 한 예로, 앞에서 언급한 무용 교수자의 적절한 복장착용은 그 자체가 교육이 될 수 있다. 이는 교사의 스타일이 학생에게 무엇인가를 가르치고 있다(Hansen, 1993)는 연구결과와 일맥상통한다. 문제는 발레교육현장에서 적절한 복장을 착용하는 교수자를 보기 쉽지 않다는 것이다. 하지만 교수자가 학습자에게 보여지는 모든 것이 발레 그 자체를 대변하는 것이고, 학습자는 발레의 기본과 함께 교수자로부터 기본적인 태도도 배우고 있다는 것을 중요하게 인식해야 한다. 이에 교수자는 무용인으로서 아름다운 마음자세와 바른 태도로 솔선수범하는 롤모델이 되어야 한다. 신체를 통한 교육, 무용 수업에서 학습자는 수업을 통해 배우는 것이 아니라, 교사를 통해 배운다는 것을 교수자는 상시 명심하고 있어야 한다. 이런 점에서 간접교수방법

제3부
무용교육의
방법

은 중요한 교수활동으로 간과되어서는 안 되며 이것이 바로 잠재적 교육과정과 같은 원리로 작용되어야 할 것이다.

V. 요약 및 제언

전문발레학교에서 발레를 통해 전인교육을 실현하는 외국(러시아, 영국 등)과는 달리, 우리나라에서는 발레를 정규교육과정이 아닌 전문학원이나 사설기관에서 별개로 배우고 기술을 익히기 때문에 기능과 기술 습득에 치중된 교육이 주도적으로 이루어지고 있다. 하지만, "교수는 인지적 활동이면서 도덕적 활동"이라는 것을 인식해 볼 때, 교수활동은 "온 몸과 마음이 하나로 관여하는 융합적 행위"가 되어야 한다. 따라서 진정한 전인교육의 실현을 위해서 발레 교수자는 기법적 측면과 심법적 측면을 동시에 강조해야 한다.

본 연구에서는 발레교육에서 사용되는 발레의 정신을 가르치기 위한 간접교수방법의 유형을 파악한 후, 그 교육적 효과를 살펴봄으로써 간접교수방법의 역할을 탐색하였다. 연구 결과, 첫째, 발레교육에서 교수자가 발레정신을 지도하는 데 사용하는 간접교수방법은 체험권유, 음악감지, 성찰자극, 환경조성, 인성전이의 유형으로 나뉜다. 둘째, 이러한 간접교수방법은 학습자의 신체와 움직임에 대한 이해를 향상시키는 데에 교육적 효과를 지닐 뿐만 아니라, 학습내용의 내면화를 통해 학습자가 자기성찰의 기회를 갖고 인성을 함양시킬 수 있도록 돕는다. 셋째, 발레교육에서의 간접교수방법은 그 자체가 핵심적인 교육내용이며, 학습자가 인지적, 사회적, 정서적으로 조화롭게 발달할 수 있도록 전인교육을 실현할 수 있는 잠재적 교육과정으로서의 역할을 지닌다.

본 연구결과를 토대로 후속 연구 및 실천에 대한 제언은 다음과 같다. 첫째, 간접교수방법의 중요성을 재인식할 수 있도록 발레교수자들의 교육 및 재교육이 필요하다. 발레교육현장에 있는 교수자들은 이미 자신이 그동안 배워왔고, 가르쳐왔던 방식과 스타일에 익숙해져 있다. 따라서 그들에게는 간접교수방법이 학습자들에게 어떠한 영향을 미치는지에 대해 되돌아볼 계기가 필요하다. 그러므로 간접교수방법의 중요성에 대한 교육 및 재교육을 통해 교수자의 간접교수행동이 발레수업에 적극적으로 활용될 수 있도록 독려되어야 한다. 또한 반성적 태도는 교수자 자신의 인성함양에서 시작되므로, 교수자를 대상으로 지속적인 인성교육이 함께 실시되어야 한다. 발레교수자들의 간접교수방법 교육과 인성교육을 바탕으로 하여 발레교육이 이루어진다면 기존의 일방적, 독재적, 강압적인 발레의 수업 분위기 보다는 학습자들이 즐겁고, 활기차게, 적극적으로 수업에 임하는 수업 분위기가 형성될 수 있을 것이다.

둘째, 발레정신의 간접교수방법을 "어떻게 가르칠 수 있는지"에 대한 체계적인 연구가 요구된다. 간접교수방법의 활용은 발레 교육에서 인문적이고, 서사적인 측면을 강조하는 수업을 가능하게 한다. 이러한 수업이 활발히 진행되기 위해서는 우선 교수자의 높은 수준의 개인적 소양이 요구되며, 간접교수방법을 활용할 수 있는 체계적인 교육내용과 방법이 필요하다. 간접교수방법을 활용한 발레수업을 실천할 수 있는 구체적인 방법을 교수자들이 인식하고 지도할 때, 학습자들은 그러한 수업을 통해 다양한 체험을 경험할 수 있다.

한 가지 방법과 경험만으로 하나의 앎을 터득할 수는 없다. 간접교수방법을 통한 다양한 경험들은 학습자의 마음과 내면에 변화를 가져올 수 있고 그렇게 될 때 진정한 예술교육으로서의 발레교육을 실현할 수 있게 된다. 기존의 기능 및 기술습득에 치중되었던 발레교육에서 벗어나 학습자의 전인적 성장을 도모하는 발레교육을 실천하기 위해서는 실제 수업에 활용 가능한 간접교수방법의 구체적이고 체계적인 교육내용 및 방법이 후속연구를 통해 제시되어야 할 것이다.

제3부
무용교육의
방법

참고문헌

고동완(2004). 비행청소년의 인성발달을 위한 무용 프로그램 효과연구. 한국무용교육학회지, 15(2), 181-204.
김현진(1997). 쾌적한 무용 연습 공간을 위한 구조 및 시설에 관한 연구. 이화여자대학교 석사학위 논문.
문의숙(2009). 러시아 발레학교의 교육적 체계에 관한 연구: 바가노바 발레학교를 중심으로. 한양대학교 석사학위 논문.
민향숙(2012). 무용전공 여대생들의 성취목표성향이 내적동기와 수업만족도에 미치는 영향. 한국무용학회지, 12(1), 37-49.
박소연(2006). 리듬감 향상을 위한 춤곡 적용 수업지도방안 연구: 중학교 3학년을 중심으로. 성신여자대학교 석사학위 논문.
박아영(2005). 사설무용학원의 성인 발레교육에 대한 실태 조사연구. 이화여자대학교 석사학위 논문.
박혜연(2013). 한국무용에서 심성 가르치기: 한국무용 교수학습과정의 심성교육적 차원 탐색. 서울대학교 박사학위 논문.
박희원(2009). 문화센터 성인발레수업 실태조사연구: 수요자와 공급자의 욕구중심으로. 경성대학교 교육대학원 석사학위 논문.
서정록(2002). 17세기 프랑스 궁정 무용 분석을 통한 춤과 음악의 관계 연구. 한국예술종합학교 석사학위 논문.
송종건(2010). 무용학원론. 서울: 안단테.
양정수, 신은경, 김운미(2005). 무용교수법과 교육과정 설계. 서울: 대한미디어.
유영주(2011). 협동학습 유형 교양무용 수강학생의 학습태도가 교우관계와 수업만족도에 미치는 영향. 한국무용과학회지, 25, 71-86.
유창경(2009). 한국무용정신 가르치고 배우기: 무용교사의 실천과 전공학생의 인식 분석. 건국대학교 석사학위 논문.
육완순, 이희선(2010). 무용교육과정. 서울: 스포츠북스.
이미경(2011). 미국의 예술통합교육과 한국교육에의 시사점. 한국교육, 38(3), 33-52.
이현아(2010). 발레 수업이 초등학생의 정서발달에 미치는 영향. 성신여자대학교 석사학위 논문.
이홍우(1996). 전인교육론. 도덕교육연구, 8, 1-21.
장명주(2011). 현대무용 잘 가르치기: 창작지향 무용교수의 어려움과 가능성 탐색. 서울대학교 석사학위 논문.

정매주(1995). 로얄 발레학교의 교육과정에 나타난 특이성. 세종대학교 33회 학술발표회 논문집, 67-69.

정현우(2010). 체육교사 간접교수행동의 교육적 효과. 서울대학교 석사학위 논문.

조진영(2010). 중·고등학생의 학교 무용수업이 신체적 자기효능감과 무용활동만족 및 무용추구행동에 미치는 영향. 단국대학교 석사학위 논문.

조진희(2007). 무용연습 환경과 스트레스, 무용성취 및 학과적응의 관계. 한국무용과학회지, 15, 1-11.

최성은(2004). 발레의 정신을 가르치기 위한 무용 지도방법 분석. 건국대학교 교육대학원 석사학위 논문.

최의창(2010a). 인문적체육교육과 하나로 수업. 서울: 무지개사

　　　(2010b). 무용의 정신은 가르칠 수 있는가. 2009년도 기초연구과제지원사업 1차년 미간행 보고서. 한국연구재단.

　　　(2011). 댄스 리터러시 혹은 무용소양: 문화예술교육으로서 무용교육의 목적 재검토. 한국무용기록학회지, 21, 139-161.

　　　(2012). 기법과 심법: 교수방법의 잃어버린 차원을 찾아서. 한국교육철학학회 춘계학술대회 자료집, 93-116.

최의창, 박혜연, 신주경(2012). 껍데기와 알맹이-교육내용으로서 한국무용정신의 구성요소 탐색. 한국무용기록학회, 26, 135-161.

최의창, 홍애령, 김나이(2012). 발레교육의 내용으로서 발레정신의 개념과 구성요소. 한국스포츠교육학회지, 19(3), 47-68.

최은옥(1996). 대학 무용과에서의 음악교육의 필요성. 숙명여자대학교 석사학위 논문.

한기홍(2013). 우리시대의 거장, 스승을 말하다. 월간중앙, 5, 232-239.

홍수민(2010). 발레 교수학습과정의 문제점 및 대안적 교육모형 탐색: 예술계 고등학교를 중심으로. 서울대학교 석사학위 논문.

홍애령(2008). 무용교육과정 국제비교연구. 서울대학교 석사학위 논문.

Bill, N.(1994). *Conversations with great teachers*. Indiana University Press, 노상미(역)(2011). 가르친다는 것은. 서울: 이매진.

Carr, D.(1984). Dance education, skill, and behavioral objectives. *Journal of Aesthetic Education, 18*(4), 67-76.

Creswell, W. J.(2007). *Qualitative inquiry and research design* (2nd Ed.). London: Sage Publications.

제3부
무용교육의
방법

Daniels, K.(2009). Teaching to the whole dancer: Synthesizing pedagogy, anatomy, and psychology. *International Association for Dance Medicine & Science*. The IADMS Bulletin for Teachers, 1(1), 8-10.

Hansen, D. T. (1993). The moral importance of the teacher's style. *Journal of Curriculum Studies, 25*(5), 397-421.

Lakes, R.(2010). The messages behind the methods: The authoritarian pedagogical legacy in Western concert dance technique training and rehearsals. *Arts Education Policy Review, 106*(5), 3-18.

Lawson, J.(1991). *A ballet maker's handbook: Sources, vocabulary, styles*. A&C Black Publishers Ltd, 김태원, 노수연(역)(2000). 발레 창작 핸드북. 서울: 현대미학사.

Lord, M.(1981). A characterization of dance teacher behaviors in technique and choreography classes. *Dance Research Journal, 14*(1/2), 15-24.

Miles, M. B., and A. M. Huberman(1994). *Qualitative data analysis: A Sourcebook of New Methods* (2nd ed.). Thousand Oaks, CA: Sage Publications.

Oakeshott, M.(1967). Learning and teaching. In R. S. Peters (ed.), *The Concept of Education*, 156-176. London: Routledge & Kegan Paul.

Spradley, J. P.(1980). *Participant observation*. NY: Holt, Rinehart & Winston.

Van Manen, M.(1991). *The tact of teaching: The meaning of pedagogical thoughtfulness*. Canada: The Althouse Press.

연 구 문 제

1. 발레정신 지도의 직접교수방법과 간접교수방법의 장점과 단점에 대해 토론해보자.
2. 기능중심의 발레교육이 발레정신을 강조하는 발레교육으로 전환되기 위해서 무용지도자가 갖추어야 하는 지식, 기능, 성품 등에 관해서 구체적으로 생각해보자.
3. 이 장에서 제시된 발레정신 지도의 간접교수방법들 이외의 다른 방법들에 대해 고민해보고, 그것들을 활용할 수 있는 방안들을 생각해보자.

제3부
무용교육의
방법

제9장 한국무용정신의 교수방법*

최의창 · 박혜연

> 최근 한국문화에 대한 관심이 높아지고 있다. 한국의 다양한 문화를 재조명하고, 그 가치를 발견할 때이다. 한국무용은 우리민족의 깊은 정신이 담긴 문화유산임에도 불구하고, 겉으로 보이는 측면만이 부각되어 왔다. 한국무용에 내재된 핵심적이며 본질적 측면인, '한국무용정신'에 관심을 가지고 이를 잘 가르치기 위해 노력을 기울여야 한다. 본 장에서 한국무용정신을 핵심적 교육내용으로 바라보고, 이를 위한 교수방법을 탐색하고자 한다. 질적연구방법에 근거하여, 학교, 전문, 생활 무용 영역의 교수자와 학습자를 대상으로 연구를 실시하였다. 자료 수집을 위해 문헌분석, 예비조사, 심층면담, 설문조사의 방법을 활용하였다. 연구 참여자들의 의견을 분석한 결과, 첫째, 한국무용정신을 가르치기 위해 직접교수방법과 간접교수방법이 혼용되고 있는 것으로 나타났다. 직접교수방법에는 직접교정, 문답설명, 상상유도, 적극시범, 집중연습의 방법이 있으며, 간접교수방법에는 체험권유, 음악감지, 성찰자극, 환경조성, 인성전이의 방법이 있다. 둘째, 한국무용정신의 각 차원, 즉 신체적, 인지적, 감성적, 영성적 차원에 따라 독특하게 발견되는 교수방법이 있는 것으로 나타났다. 신체적 차원에는 직접교정, 인지적 차원에는 문답설명, 감성적 차원에는 음악감지, 영성적 차원에는 환경조성과 인성전이의 방법이 활용되고 있다. 셋째, 각 차원에 따라 교수방법의 비중이 다소 차이가 있는 것으로 나타났다. 신체적, 인지적, 감성적 차원의 교수를 위해서는 문답설명의 방법이 많이 활용되며, 영성적 차원의 교수를 위해서는 적극시범의 방법이 주로 활용되고 있다. 마지막으로 한국무용정신의 교수방법에 대한 비판적 검토와 성찰, 다양한 교육 프로그램의 개발, 양질의 교사교육 프로그램의 마련이 필요함을 제언한다.

* 최의창, 박혜연(2013). 한국무용 잘 가르치기: 무용정신의 교수방법 탐색. 한국스포츠교육학회지, 20(1), 45-67

I. 서론

전 세계가 한류 열풍으로 들썩이고 있다. 아시아뿐 아니라, 유럽, 그리고 그 이름이 생경한 지역에서까지 한국의 문화에 관심을 가지고, 이를 즐기고 배우려는 인구가 급증하고 있다. 한국의 문화는 이미 우리나라의 문화만이 아닌, 세계가 즐기는 세계의 문화가 되어가고 있다. 한국인으로서 우리 문화에 대해 관심을 가지고, 그 가치를 다시금 재발견해야 할 때이다. 한국 문화 중 하나가 바로 한국무용이다. 한국무용은 한국의 전통무용으로서 우리 민족의 얼이 담겨진 귀중한 문화유산이다. 그간에는 화려하게 드러나는 한국무용의 작품에 관심을 가져왔다. 상대적으로 이를 가르치는 것에는 관심이 적었다. 한국무용이 한류의 바람을 타고 전 세계인들이 즐길 수 있는 문화로 자리 잡기 위해서는, 가르치고 배우는 것 자체에 관심을 가져야 한다.

한국무용은 어떻게 가르쳐야만 하는가? 특히, 예술로서의 무용은 어떻게 가르쳐야 하는가? 생각과 감정과 느낌을 예술적으로 표현하는 매체로서의 무용을 제대로 가르치는 방법은 무엇인가? 다른 모든 예술 장르와 마찬가지로, 무용을 어떻게 가르쳐야 하는지는 무용분야에서도 매우 중요한 문제로 간주되어왔다(황인주, 2001). 예술로서 무용의 교육목적을 성취하기 위한 가장 적절하고도 적합한 교육방법은 무엇인가?

어떻게 가르쳐야 하는가의 문제는 가르쳐야 할 내용이 무엇인가에 의존한다. 교육내용의 성격이 교육방법의 성격에 영향을 미치는 것이다. 교육방법의 종류는 교육내용의 특성에 좌우된다(이홍우, 2003). 무엇을 전달할 것인가에 따라서 어떻게 전달할 것인지가 결정되는 것이다. 비유적으로 말하면, 배달해주어야 할 물품의 내용물이 무엇인가에 따라서, 전달해주는 방식이 달라지는 것이다. 그리하여 어떻게 가르칠 것인가에 대한 구체적인 생각에 들어가기 전에, 가르칠 내용이 무엇인가에 대한 명료한 생각이 우선되어야만 하는 것이다.

예술교육으로서 한국무용교육을 이해하는 입장에서는 무용의 교육내용을 크게 두 가지 요소로 구성된 것으로 본다. 무용은 기능적 부분과 정신적 부분으로 이루어져있다(박혜연, 2012; 유창경, 2009; 최성은, 2004; 최의창, 박혜연, 신주경, 2012; 최의창, 홍애령, 김나이, 2012). 내면의 생각과 감정과 느낌을 몸과 동작으로 표현해내는 무용예술의 특성상 이 두 가

제3부
무용교육의
방법

지는 서로 구분되는 핵심적인 교육내용이다. 그동안 무용교육 내용으로서 기술과 기능에 대해서는 어떻게 가르치는지 많은 논의가 있어왔다(Kassing & Jay, 2003). 어떤 방법으로 가르치는 것이 보다 효과적인 지도를 가져다주는가에 대한 다양한 의견이 제시되어왔다(McCutchen, 2006). 특히, 지난 이십여 년 간 대학에서의 무용교육이 활발해지면서 무용지도법에 대한 관심이 높아짐으로써(박중길, 2004), 무용의 기능적 내용들을 어떻게 효과적으로 가르칠 수 있는지에 대한 수업교재들이 발간되었다.

하지만, 예술로서 무용을 지도하기 위해서는 교육내용으로서 무용의 정신적 차원에 대한 고려가 반드시 주어져야만 한다. 기술로서 표현하려고 하는 생각, 마음, 느낌, 정서 등을 어떻게 가르칠 것인지에 대해서도 신중한 고려가 주어져야만 한다. 이러한 정신적 차원이 고려되지 않은 무용교육은 교육이기보다는 훈련이나 연습의 수준에 불과하기 때문이다. 무용은 현란한 기능 실행만으로는 예술의 수준으로 인정받기 어렵다(Carr, 1984). 무용수가 보여주는 능숙한 몸놀림의 안쪽에서 발현되는 감성, 화려한 의상의 광채를 뚫고 보여지는 영혼의 내면 등과 같은 정신적 차원이 배워져야만 한다. 그리고 이러한 정신적 차원의 교육내용은 기술적 차원의 교육내용을 가르치는 방법과는 다른 종류의 교육방법을 요청한다. 눈에 잘 보이지 않고 말로 잘 전해지지 않는 성격을 지니고 있기 때문이다(최의창, 2010).

본 연구에서는 교육내용과 교육방법의 이 같은 관계성에 기초하여 한국무용정신의 교수방법에 대하여 알아보았다. 한국무용교육의 핵심 교육내용으로서 "한국무용의 정신"이 무엇인지, 그것의 주요 구성요소들은 무엇인지를 파악하였다. 한국무용의 정신은 무용이 예술로서 무용이 되도록 만드는 핵심적인 것, 즉 무용의 정수를 의미한다. 보다 구체적으로 "한국무용정신은 무용의 핵심을 이루며 무용의 존재를 결정지어주는 가장 중요한 내적 가치이다"(최의창, 2010, p. 27). 한국무용정신은 신체적, 인지적, 감성적, 영성적 차원의 4가지 구성요소의 통합으로 이루어져 있다.

그런데, 사실 무용의 핵심 교육내용으로서 무용정신은 실체가 명확하지 않고 모습이 뚜렷하지 않은 특징을 띠고 있다. 예술로서 무용을 체험하는 이의 주관적, 개인적, 인격적 특성이 강렬하게 반영되기 때문에 타인이 공통적으로 이해하고 확인할 수 있는 특성이 매우 희박하다. 무용정신이 겉으로 드러나는 외적 가치가 아니라 내면적으로 파악할 수 있는 "내적 가치"라는 점이 바로 그러한 특성을 말해준다. 무용의 정신은 무용을 행하는 사람의 내면에서 감지하고 느낄 수 있는 성격을 지닌 것이다(황경숙, 2002). 그것이 무엇인지, 어떻게 생겼는지를 타인과 공유하려고 자신의 바깥으로 드러내놓는 바로 그 순간, 허공 속으로 녹아 흩어져버리게 되는 것이다.

이런 특성으로 인해서, 한국무용정신을 가르치는 효과적 방법들에 대한 분명하고도 명확한 의견이 제기되지 못하였다. 한국무용교육자가 자신이 전달하려고 하는 한국무용정신을 가르치는 방법들에 대해서 공개적인 의견의 교환이 이루어지지 못하게 된 것이다(홍수민, 2010). 각자 자신이 이해하고 믿고 있는 무용의 정신(과 그 구체적 내용들)에 대하여 공통되는 합의 자체가 이루어지기 힘들고, 그러한 합의가 없이는 그것들을 가르치는 공통의 일반화된 방법에 대해서 논의하는 것 자체가 어려워지기 때문이다(장명주, 2011). 한국무용교육자 개인 각자는 한국무용정신의 내용과 그 지도방법에 대한 나름대로의 "노홧"(know what)과 "노하우"(know how)를 가지고 있지만, 그것은 순전히 개인적 수준에서의 사적 소유에 그치고 마는 것이다(오현주, 2008). 효과적 무용정신 지도방법의 "공론"(公論)과 "공유"(公有)가 어려운 이유다.

이것은 한국무용만이 아니라 모든 장르의 예술 교육 장면에서 공통적으로 당면하는 어려움이다. 하지만, 이러한 어려움을 극복하고 핵심적 교육내용을 올바로 전수하는 효과적인 교육방법을 가시화시키고 함께 나누어갖는 노력을 하지 않는다면, 예술교육의 세계는 끊임없이 소수의 개인들에 의해서 신비롭게 이루어지는 교육적 탐구의 치외법권 지역이라는 인식에서 벗어나지 못할 것이다(강은영, 2009). 그러면, 지금까지와 마찬가지로, 학문적으로나 제도적으로 정당한 교육적 대우를 받지 못하게 될 가능성이 크다. 우선 학교에서는 예능교과로 불리우면서 그저 마지못해 장식용으로 가르쳐지는 교과목으로 치부되게 된다(김말복, 2003). 제대로 배우려면 학원이나 전수자에게 배워야 하는 장르로 간주하게 된다. 일반인들에게도 선생에게서 도제식으로만 배워야 하는, 그래서 가르치는 데로 묵묵히 따라해야만 하는 비밀스러운 과정으로 여겨지게 된다.

물론, 한국무용의 정신이라는 보이지 않는 가치로운 교육내용은 손쉽게 짧은 시간에 아무에게서나 배울 수 있는 것이 아니다. 예술로서의 무용을 제대로 해낼 수 있을 정도의 수준으로 무용교육을 받기 위해서는, 특히 한국무용정신을 제대로 전수받기 위해서는 도제식 교육이 필수불가결할 것이다. 이것은 예술 장르에만 국한된 이야기가 아니다. 모든 분야에서는

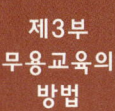

제3부
무용교육의
방법

그것의 정수를 제대로 배우려면, 위대한 스승님 밑에서 도제식으로 오랫동안 교육받는 것이 가장 효과적인 방법이다. 그러나 현대 사회와 교육제도 내에서 도제식 교육에만 의존하는 것은 무리가 따른다. 교육에 대한 변화된 학부모의 인식과 배움에 대한 학생의 사고방식 등이 예전 방식의 무조건적 수용을 허용하지 않는다(정연희, 2003).

본 연구는 한국무용정신의 개념과 구성요소를 탐색하고, 한국무용정신의 교수방법에 대해 조사한 후, 이를 토대로 한국무용정신의 교수를 위한 통합적 교육프로그램과 매뉴얼을 개발하는 총 3차년의 연구 중 2차년 연구에 해당한다. 그 중, 1차년 연구에서 한국무용정신의 구성요소를 탐색한 결과, 신체적, 인지적, 감성적, 영성적 차원이 존재하는 것으로 드러났다. 첫째, 신체적 차원은 '자신의 신체와 동작의 원리에 대한 이해와 적용의 차원'을 말한다. 둘째, 인지적 차원은 '한국무용을 둘러싼 문화적인 요소들의 통찰의 차원'을 말한다. 셋째, 감성적 차원은 '한국무용에 대한 주관적인 해석과 탐구의 차원'을 말한다. 마지막으로, 영성적 차원은 '한국무용을 통한 체험의 경지와 이를 제대로 하기 위한 마음가짐의 차원'을 말한다(최의창, 박혜연, 신주경, 2012).

위의 1년차 연구 결과를 바탕으로 본 연구에서는 "한국무용정신은 실제로 어떻게 가르쳐지고 있는가?"를 자세히 살펴보고자 하였다. 그동안 거의 전적으로 교육자 개인의 성향과 스타일에 의존해서 이루어진 한국무용정신 가르치기에서 공통적 경향이나 방식을 찾아내고자 노력한다. 이 같은 노력은 한국무용교육의 실천과정을 덮고 있던 신비의 베일을 벗기고 그 구체적 모습을 자세하게 대면할 수 있도록 하는 기회를 제공할 것이다. 이를 위해 그간에 이루어진 한국무용 교수방법에 대한 연구를 분석하고(제2절), 오랜 시간 한국무용을 가르치는 일에 몸담은 교수자와 학습자를 대상으로 심층면담과 비참여관찰 등을 실시한다(제3절). 그 결과 한국무용정신의 교수방법에는 직접교수방법과 간접교수방법이 있음을 발견 발견한다(제4절). 마지막으로 한국무용정신 교육과 향후 연구를 위한 제언을 제안한다(제5절).

Ⅱ. 한국무용의 교수방법에 관한 연구

그동안 한국무용을 어떻게 가르쳐 왔는가? 특히 한국무용의 정신적 측면을 가르치기 위해, 현장의 교수자들은 어떠한 방법들을 활용해 왔는가? 한국무용 교수방법에 대한 총괄적이며, 맥락적인 이해를 위해, 일반 교육, 체육 교육, 예술 교육, 무용 교육 분야의 교수방법을 총체적으로 살펴보았다.

먼저 일반 교육 분야에서 교육내용으로서의 정신·안목의 측면을 어떻게 가르쳐야 하는지에 대해 오랜 시간 논의가 이루어졌다. 특히 Oakeshott(1967)는 학습을 크게 두 차원의 지식체계로 분류하였으며 교수방법 또한 각각 다른 성격으로 보았다. 교육내용으로서 '정보'와 '판단' 그리고 교육방법으로는 '교수'와 '전수'로 시사했다. 전자를 단순 지식 전달, 직접교수방법으로 교사의 설명으로 의존되는 방법이라 할 수 있겠다. 후자는 정신·안목 측면인 교육의 내면적 가치를 선사하는 간접교수방법으로서 교사의 다양한 행위로부터 인성과 안목적 차원이 전달되는 방법이다. 이러한 관점에 의거하여 교사의 인성적 자질과 태도는 총체적인 교육 목적을 달성하는데 있어 매우 중요한 역할이라고 볼 수 있다. 아울러 학습방법 또한 직접학습방법과 함께 간접학습방법이 공존한다. 이러한 학습방법에 대한 연구들이 다양한 교과목에서 다루어지고 있다. 가령 사회 교과에서는 조별 활동으로 배심원 토론, 연극을 통한 역할놀이, 멀티미디어, 인터넷 학습 등 단순 지식 전달을 벗어난 학습방법이 있다(정윤희, 2006). 가시적이며 기능적인 교육내용이 불러오는 부정적인 수학학습을 탈피하고자 간접학습으로 글쓰기, 말하기, 표상하기를 함께한 학습방법에 대한 연구들이 있으며 이는 수학의 내면적 가치를 깨우치는 활동이라 볼 수 있겠다(김병무, 2001; 배숙희, 박민구, 2008).

체육 교육 분야에서도 교육내용과 방법에 대한 두 가지 차원의 진지한 고민들이 구체적으로 이루어졌다. 정신적 차원의 교육내용의 중요성을 인식하여, 그 교육방법에 대해 다각적인 연구를 실천하고 있는 것이다. 특히 최의창(2010)은 체육활동을 '문화적 차원'으로 바라보고, 그것의 내면적 차원의 핵심존재로인 전통·정신·안목을 가르쳐야 한다고 말하고 있다. 이 같은 교수방법을 달성하기 위해 구체적으로 '하나로 수업 모형'을 제시한다. 이를 토대로 하나로 수업 모형을 체육 수업에 적용한 연구들이 있다. 인문적, 서사적, 통합적 접근으로 전인교

제3부
무용교육의
방법

육의 목적으로 직접학습방법으로 하기, 그리고 간접학습방법으로 쓰기, 읽기, 보기, 듣기 등으로 수업진행이 이루어진다(김낭규, 2010; 유태균, 2008; 정현우, 2010). 이러한 맥락에서 정신적 차원의 교육방법에 대한 연구가 다양한 대상과 종목에서 이루어지고 있다. 김선희(2004)는 대학교양체육수업 내에서 개인 활동으로는 '글쓰기'(시, 에세이, 노래), 그룹 활동으로는 '생활 속에서 배드민턴 찾기'(동호회, 용품회사, 탐방) 등을 통한 다양한 간접체험 활동을 활용할 수 있음을 보여준다. 또 체육의 정신이라 불릴 수 있는 스포츠맨십 연구도 이루어지고 있으며, 이 안에서도 유사한 학습방법으로 직접과 간접체험활동을 부각되고 있다(박정준, 2011; 박종률, 2008).

예술교육 분야에서도 교수방법에 대한 연구가 행해져왔다. 미술교육 분야에서는 구성주의 학습 이론이 대두 되었으며 학습 방법으로서는 탐구적 비평과 문제 중심 학습방법을 제시하고 있다(김창식, 2002; 이영희, 2002; 이재영, 2009). 지식 습득과 암기위주인 학습 방법을 경험과 이해중심적인 학습 방법으로 미술의 내면적인 측면을 바라보려는 노력이다. 또한 반성적 사고 학습 방법을 통해서 내용을 보다 깊이 이해할 수 있음을 주장한다(백경미, 2005). 이러한 연구들은 미술교육의 새로운 패러다임으로 변화해야한다는 주장을 일축하며, 좀 더 총체적인 미술 교육을 시행해야 함을 강조한다. 음악교육 영역에서도 구성주의 이론에 근거하여 음악 감상을 하나의 중요한 학습방법으로 제안하고 있다(김일진, 2003) 이와 함께 심미적 음악교육, 창작 음악교육을 제안하며, 음악 활동을 단순히 '하는' 활동에서 벗어나 여러 측면들을 통합적으로 가르치고자 하는 방법이 제시되고 있다(김현아, 2010; 서미숙, 2004). 연극교육 분야에서도 내재적인 가치를 찾기 위해 많은 연구들이 이루어지고 있다. 특히 경험적, 비판적, 창의적인 학습 방법을 유도하는 교수방법들이 권장되고 있다(김지영, 2005; 오판진, 2003; 한규용, 1999).

무용 분야에서도 정신적 측면의 교육내용을, 어떻게 가르쳐야 하는지에 대한 연구가 미약하게나마 시작되고 있다. 최성은(2004)은 서양무용의 대표적인 장르인 발레의 정신을 가르치기 위한 방법으로, 직접교수방법의 '지시설명'과 '상상자극', 간접교수방법의 '체험전이'와 '특성감지'를 제안하고 있다. 교수자의 풍부한 설명과 상상력을 유도하는 언행이 아름다움과 자기표현을 내면화할 수 있도록 도우며, 다양한 간접적인 체험과 교수자가 보여주는 품성이 자기극복의 발레정신을 학습을 가능케 한다고 말한다. 한국무용의 정신적 측면의 교수방법을 탐색한 연구에서도 이와 유사한 연구 결과가 나타났다(오현주, 2008). 그 외에 유창경(2009)은 '몰입경험'을 유도하는 직접교수방법과 '자기성찰'을 독려하는 간접교수방법이 추가적으로 활용될 수 있음을 제안한다. 한국무용정신을 가르치기 위한 교수방법에 대한 연구가 많이 이루어지지는 않았지만, 이에 관심은 참으로 고무적이라 할 수 있다.

III. 연구방법

본 연구에서는 '한국무용정신'의 개념과 구성요소들을 이론적, 경험적으로 탐색한 1차년 연구를 바탕으로, 한국무용정신의 교수방법을 분석·탐색하는데 그 목적이 있다. 이러한 연구 목적을 달성하기 위해, 심층적인 현상을 이해하는 데에 적합한 질적 연구방법론을 기반으로 하였다.

1. 연구 참여자

1) 예비조사

예비조사는 전형적 사례 표본추출(typical case sampling)을 활용(Creswell, 2007)하였고, 예비조사 참여자는 높은 교육열과 강한 수업개선의지를 가지고 있으며 현재 교육현장에서 활동 중인 경력 5년 이상의 교수자 3명을 대상으로 하였다. 이들은 교수 경력이 10년 이상 되는 교육자로서, 높은 교육열과 강한 수업개선의지를 가지고 교육 분야에서 활발하게 활동하고 있다.

2) 심층면담

심층면담 대상자는 명성적 사례선택방법(reputational case selection)을 활용(Miles & Huberman, 1994)하였다. 심층면담 참여자는 교수자의 경우, 교수경력 최저 5년에서 최고 15년 이상의 저명한 한자로, 오랜 경험을 통해 체계적인 수업운영과 교육신념을 가지고 있다고

제3부
무용교육의
방법

판정된 8명을 최종 선정하였다. 또한 학습자는, 학습자들의 한국무용학습경력 1년에서 5년 이상인 자로, 6명을 최종 선정하였다.

│표 1│ 심층면담 참여자 특성

영역	교수자	학습자
전문무용	이고름 박버선 이명주	김마음 함안목
학교무용	김비녀 이무아 신지경	박무심 박희열
생활무용	이장단 강타령	김신명 이황홀

3) 비참여관찰

비참여관찰의 대상자는 저명한 전문무용 영역의 교수자 3인을 선정하였다. 이들은 수업에 대한 전문성을 인정받은 저명한 한국무용교수자로, 최저 10년에서 최고 20년 이상의 교수경력을 가지고 있다. 현재 예술 중·고등학교와 대학교에서 교육활동을 활발히 하고 있다.

│표 2│ 비참여관찰 참여자 특성

대상	이름	소속
예술 중·고등학교	김태평	장미예고
	박버선	국화예중
대학교	황승무	인성대

4) 설문조사

설문조사는 현재 한국무용교육현장에서 활발히 활동하고 있는 한국무용 교수자와 학습자를 대상으로 실시하였다. 한국무용의 영역별로 나누어 교수자 60개, 학습자용 132, 총 192명을 대상으로 하였다. 전문무용과 학교무용 영역에서는 서울·경기지역에 거주하는 교수자와 학습자, 생활무용 영역에서는 서울·인천에 거주하는 교수자와 학습자가 참여하였다.

표 3 설문조사 참여자 특성

대상	장르	교수자	학습자
전문무용	예술중·고	10	40
	대학 무용전공	10	15
학교무용	초등학교	10	12
	중등학교	10	10
생활무용	공공기관	10	35
	사설기관	10	20
계		60	132

2. 자료 수집

1) 문헌분석

연구를 위한 자료 수집으로 문헌 자료 수집이 1차적으로 이루어졌으며, 선행연구와 서적 기반으로 수집되었다. 문헌 분석 과정은 먼저 인접 분야(교육, 예술, 체육)의 교수방법과 각 영역별 무용(전문무용, 학교무용, 생활무용)분야 교수방법을 살펴보고, 더욱 구체적이고 세부적인 조사로 한국무용 교수방법을 탐색하였다.

2) 예비조사

1차년도 연구의 결과와 본 연구의 문헌 조사 토대로 심층면담를 구상하였고 면담지를 작성하였다. 예비조사는 교수자 대상으로만 이루어졌으며 면담지 구성은 한국무용학습경험(목표, 내용 및 방법, 문제점, 개선점 등), 한국무용교수경험(교수내용 및 방법, 교육철학 등), 그리고 한국무용정신의 교수방법(신체적, 인지적, 감성적, 영성적 차원)에 대한 질문과 답변으로 이루어졌다. 예비조사 시행에 앞서, 참여자들에게 연락을 취하여 본 연구의 목적을 명확히 전달하고 동의를 얻었다. 참여자의 동의하에 모든 면담 내용은 모두 녹음하였으며, 이를 모두 전사하여 기록하였다.

3) 심층면담

예비조사 이후, 심층면담을 위한 최종 질문지를 교수자용과 학습자용으로 구분하여 완성하였다. 한국무용정신의 교수·학습방법을 보다 구체적으로 탐색하기 위해, 한국무용정신의 각 차원별로 질문을 구성되었다. 면담질문지를 바탕으로 참여자가 자유롭게 이야기 할 수 있도록 반구조화된 면담을 실시하였다. 연구의 본 취지를 벗어나지 않는 범위 내에서 자유롭게 대화를 이끌어 나갔으며, 본 연구와 관련이 깊은 한국무용의 정신 부분에 대한 언급을 더욱 구체적이고 심층적으로 확장시키는 방향으로 면담을 진행하였다.

4) 비참여관찰

선정된 참여자의 학교를 방문해 무용 실기실에서 이루어진 수업을 연구자 1명 또는 2명이 관찰하였다. 수업관찰은 면담 내용에서 파악 되었던 교수자의 교수방법과 학생들의 학습과정, 반응을 관찰 할 수 있었다. 이에 대해 연구원은 필드 노트를 작성하였으며 관찰 후 필드 노트를 연구 목적에 맞게 재구성하여 기록을 하고 반성일지를 작성하였다. 사전에 동의를 얻고 수업에서 '한국무용정신' 교수방법을 사진 및 동영상으로 촬영을 하였다. 현장에서 수집되는 각종 문헌자료도 확보하였다.

5) 설문조사

심층면담과 비참여관찰 결과로 한국무용교육현장의 전반적인 실태를 파악하는 것이 미흡하다고 판단되어, 다수의 교수자와 학습자를 대상으로 설문을 실시하였다. 심층면담에서 가장 핵심적인 사항이라고 여겨지는 몇 가지 소주제들을 추출하여, 교수자용 '개방형 설문지'와 학습자용 '선택형 설문지'를 작성하였다. 교수자는 보다 구체적이고 심층적인 답변을 얻고자 개방형 설문을 택하였고 학습자는 중학생부터 대학생까지로 대상으로 하기 때문에, 학습자의 연령을 고려하여 선택형 설문을 택하였다. 설문은 직접 방문하여 배포와 수거를 하기도 하고 이메일과 우편도 이용하였다.

3. 자료 분석

본 연구에서 질적 연구 방법으로 심층면담, 참여관찰 그리고 교수자 개방형 설문지는 전사 작업을 통해 기록하였다. 기록한 내용은 녹음, 녹화된 내용과 일치하는지 재확인 작업을 거쳤으며 최대한 자세하게 기술하는 사례기록을 실시하였다. 이를 분석을 하기 위해 Spradley(1980)의 문화연구 분석방법(영역, 분류, 성분 분석)을 사용하였다.

첫째, 영역분석은 다양한 영역이나 범주들 중에서 의미론적인 관계가 성립되는 총괄적인 핵심범주를 찾아내는 작업이다. 가장 거시적인 차원에서 '한국무용정신'(신체적, 인지적, 감성적, 영성적)으로 성립되는 4가지 차원의 교수방법을 추출하였다. 둘째, 분류분석은 총괄적인 핵심범주에서 공통적으로 성립될 수 있는 관계를 하위주제로 나누는 작업이다. 앞서 범주된 교수방법을 더 구체적으로 분석하기 위해 각 차원의 교수방법을 크게 직접교수방법과 간접교수방법으로 범주화하였다. 셋째, 성분분석은 하위범주들 사이에서 공통으로 공유 될 수 있는 문화적 특성을 체계화하여 상위주제로 나누는 작업이다. 이를 통해 분류된 교수방법의 유사점과 차이점을 찾아 교수방법을 재검토하고 관계를 검증해봄으로써 각 교수방법의 개념과 분류를 명확히 하는 작업을 실시하였다.

마지막으로, 학습자 선택형 설문지는 SPSS Windows 12.0을 이용하여 분석하였다. 기술분석을 실시하여 학습자가 인식하고 있는 한국무용정신 교수방법의 실태를 분석하였으며, 의미 있는 변인을 중심으로 상관분석을 실시하였다. 본 연구의 연구진들은 분석하는 과정에서 연구의 진실성과 타당성을 높이기 위해 지속적인 연구진 회의와 전문가 검증의 기회를 가졌다.

IV. 한국무용정신 교수방법

한국무용의 정신은 어떻게 가르칠 수 있을까? 한국무용정신의 교수방법은 크게 직접교수방법(直接敎授方法)과 간접교수방법(間接敎授方法)으로 구분된다. 직접교수방법은 직접교정, 문답설명, 상상유도, 적극시범, 집중연습이 있으며, 간접교수방법에는 체험권유, 음악감지,

제3부
무용교육의
방법

성찰자극, 환경조성, 인성전이의 방법이 있다.

먼저 직접교수방법의 '직접교정(直接敎正)'은 교수자가 신체를 접촉하여 직접적으로 학습자의 신체와 동작을 정확히 고쳐주는 방법이다. '문답설명(問答說明)'은 교수자가 언어적인 설명과 학습자와의 대화, 질문과 응답을 활용하는 방법을 의미한다. '상상유도(想像誘導)'는 학습자가 머릿속에 이미지를 떠올릴 수 있도록 상황을 제시하거나 경험을 반추하도록 유도하는 방법을 말한다. '적극시범(積極示範)'은 교수자가 학습자가 지켜보는 가운데 적극적으로 시연을 선보이는 방법을 말한다. '집중연습(集中練習)'은 학습자들이 반복적으로 연습할 수 있도록 하는 방법을 의미한다.

한편 간접교수방법의 '체험권유(體驗勸誘)'는 읽기, 쓰기, 듣기, 보기 등의 다각적인 체험을 할 수 있도록 권장하는 방법이다. '음악감지(音樂感知)'는 음악을 느끼고 해석하고 무용에 적용할 수 있도록 간접적으로 자극하는 방법이다. '성찰자극(省察刺戟)'은 학습자가 스스로, 혹은 교수자의 언어적 비언어적인 자극을 통해 자신을 반성적으로 되돌아 볼 수 있도록 돕는 방법이다. '환경조성(環境造成)'은 교수자가 학습자와의 심리적인 유대감을 형성함으로써 긴밀한 관계를 유지하고 학습자들끼리 긍정적인 관계와 분위기를 형성할 수 있도록 독려하는 방법이다. '인성전이(人性轉移)'는 교수자의 올곧은 인성과 인품, 즉 열정, 배려, 사랑, 예의 등을 보여줌으로써 학습자에게 자연스럽게 전이될 수 있도록 하는 방법을 말한다.

각 차원의 교수방법을 구체적으로 살펴보면 다음과 같다. 첫째, 한국무용정신의 신체적 차원은 직접교정, 집중연습, 적극시범, 문답설명, 상상유도의 직접교수방법과 성찰자극의 간접교수방법이 활용되고 있다. 둘째, 인지적 차원은 문답설명, 상상유도의 직접교수방법과 체험권유, 성찰자극의 간접교수방법이 활용되고 있다. 셋째, 감성적 차원은 적극시범, 문답설명, 상상유도의 직접교수방법과 체험권유, 음악감지, 성찰자극의 간접교수방법이 활용되고 있다. 넷째, 영성적 차원은 집중연습, 적극시범, 상상유도의 직접교수방법과 성찰자극, 환경조성, 인성전이의 간접교수방법이 활용되고 있다.

한국무용정신의 교수방법은 대체로 신체적, 인지적, 감성적, 영성적 차원으로 심화되어 갈수록 직접교수방법에서 간접교수방법으로 이동하는 경향을 보이며, 4가지 차원을 가르칠 수 있는 방법으로 적극시범, 문답설명, 상상유도, 성찰자극의 방법이 눈에 띈다. 이는 한국무용

| 표 4 | 한국무용정신 교수방법

범주	방법	설명
직접 교수 방법	직접교정	신체를 접촉하여 직접적으로 학습자의 신체와 동작을 정확히 고쳐주는 방법
	문답설명	언어적인 설명과 학습자와의 대화, 질문과 응답을 활용하는 방법
	상상유도	학습자가 머릿속에 이미지를 떠올릴 수 있도록 상황을 제시하거나 경험을 반추하도록 유도하는 방법
	적극시범	학습자가 지켜보는 가운데 적극적으로 시연을 선보이는 방법
	집중연습	학습자들이 반복적으로 연습할 수 있도록 하는 방법
간접 교수 방법	체험권유	읽기, 쓰기, 듣기, 보기 등의 다각적인 체험을 할 수 있도록 권장하는 방법
	음악감지	음악을 느끼고 해석하고 무용에 적용할 수 있도록 간접적으로 자극하는 방법
	성찰자극	학습자가 스스로, 혹은 교수자의 자극을 통해 자신을 반성적으로 되돌아 볼 수 있도록 돕는 방법
	환경조성	학습자와의 긴밀한 관계를 유지하고, 학습자 간에 긍정적인 관계를 형성할 수 있도록 독려하는 방법
	인성전이	올곧은 인성과 인품을 보여줌으로써 학습자에게 자연스럽게 전이될 수 있도록 하는 방법

정신을 지도하기 위해서는 교수자가 적극적으로 선보이는 시연과 교수자의 언어적 설명, 대화, 질문과 응답이 중요하며, 구체적이고 사실적인 설명과 더불어 묘사적이고 상상적인 언어의 사용과 자신의 내적인 상태에 귀를 기울이는 성찰과 반성의 활동이 필요하다고 해석할 수 있다.

또한 각 차원은 보다 집중적으로 가르칠 수 있는 교수방법도 찾아볼 수 있다. 신체적 차원은 직접교정을, 인지적 차원은 체험권유를, 감성적 차원은 음악감지를, 영성적 차원은 환경조성과 인성전이의 방법을 통해 가르침을 심화할 수 있다는 것이다. 한 가지 특이점은 감성적 차원과 더불어 영성적 차원이 중시되는 한국무용에서 성찰자극의 간접교수 방법이 공통적으로 중요하게 활용되고 있음을 알 수 있다. 이는 자신의 감성과 감정을 표현하고 최상의 몰입의 경지를 체험하기 위해서는 자신의 내면을 지속적으로 반추하는 반성적인 태도를 길러주는 것이 중요하다는 것을 알 수 있다. 이것은 다른 장르에 비해 내면적인 성찰에서 비롯된 인격미를 강조하는 한국무용의 장르적 특성에서 기인한 것으로 판단된다. 감성적 차원과 영성적 차원의 학습을 위해서는 단순 기능 연습과 달리 여러 가지 방법을 통해 자신의 내부

를 바라보고, 인식하며, 반성하고, 대화하는 과정을 자극하는 것이 중요할 것이다. 각 차원별 교수방법을 구체적으로 살펴보면 다음과 같다.

1. 신체적 차원의 교수방법

한국무용정신의 신체적 차원이란, '총체적 성질의 신체와 자연스러운 호흡 중심으로 이루어진 동작의 원리를 이해하고 적용하는 차원'을 말한다(최의창, 박혜연, 신주경, 2012). 정신을 담고 있는 총체적 특성을 가진 신체를 이해하고, 자연적이며, 무형식적인 호흡으로 운용되는 동작의 원리를 인지적으로 이해하고 실천할 수 있는 것을 의미하는 것이다. 이러한 신체적 차원을 가르치기 위한 직접교수방법에는 직접교정, 집중연습, 적극시범, 문답설명, 상상유도가 있으며, 간접교수방법에는 성찰자극이 있다.

이중 신체적 차원에서 독특하게 활용되는 교수방법이 바로 직접교수방법의 '직접교정'이다. 그동안 다양한 신체활동을 교육하는 장면에서 학습자의 동작을 수정해주는 교수방법은 많이 활용되어왔다(Metzler, 2005). 다양한 움직임을 효과적으로 만들어내는 원리를 깨닫게 하기 위해, 교수자가 신체를 직접적으로 접촉하면서 교정해주는 방법을 취해왔던 것이다. 교수자가 신체와 동작의 원리를 언어적인 설명을 활용할 수도 있지만 신체의 움직임을 직접적으로 잡아주는 비언어적인 교수방법이 효용적 가치를 지닌다고 판단했던 것이다. 체육 분야에서 뿐 아니라 예술교육 장면에서도 이와 같은 교수방법이 활용되었다(김한미, 2009). 교수자와 학습자의 일대일 훈습, 도제식 교육으로 이루어지는 예술교육의 경우, 동작과 기능을 전수하는데 있어서 언어적인 설명을 사용하기도 하지만 직접적인 교정의 방법을 통해 학습자의 이해와 능력의 향상을 꾀하고 있다. 무용은 신체를 주요 매개로 하여 아름다운 동작을 형상화하는 예술이다. 교수자는 학습자가 신체의 구성 원리를 깨닫고 움직임을 만들어내는 근본적인 이치를 깨닫게 하기 위해 직접교정의 방법을 주로 사용하고 있음을 알 수 있다.

학생들에게 몸의 원리나 동작의 원리를 가르칠 때 학생들의 몸을 터치하는 방법을 많이 활용해요. 말로 설명하는 것도 좋지만 몸을 통해서 직접 가르칠 때 더 잘 알아듣는 경우를 많이 보아왔거든요. 때로는 학습자가 나의 몸을 만지게 해서 어떻게 움직이게 되는 건지를

파악을 할 수 있게 해요. (이무아, 학교무용 교수자, 110111)

학습자의 신체를 교정해 줌으로써 동작의 원리와 효율적인 움직임을 깨닫게 하기도 하지만, 교수자의 신체를 직접 만져보게 하는 방법도 사용하고 있음을 알 수 있다. 교수자의 경우 완벽하지는 않지만 가르치고자 하는 움직임의 원리를 반영하여 동작을 수행한다. 이러한 교수자의 신체 움직임을 시각적으로 보고 원리를 파악할 수도 있지만, 촉각을 통해 학습자들이 동작의 원리를 직접적으로 지각하고 인지할 수 있도록 도모하고 있음을 알 수 있다.

학습자 또한 교수자의 직접교정의 교수방법을 매우 긍정적으로 받아들이고 있었다. 언어적 교수방법인 설명도 신체와 동작의 원리 학습을 이끄는 좋은 방법이지만 교수자의 일대일식 직접교정 방법은 신체와 동작의 원리를 보다 구체적으로 파악하는데 큰 도움이 된다고 진술하고 있다.

처음에는 설명을 많이 해주셨어요. 소규모로 배울 때는 한 명씩 몸을 터치하면서 잡아주셨어요. 소규모 수업 때 선생님이 몸을 잡아주시면서 가르쳐주시니깐 훨씬 이해가 잘 되었고, 정확하게 알 수 없었던 미세한 부분을 육감적으로 느낄 수 있어서 좋았어요. (함안목, 전문무용 학습자, 110319)

설명은 어떠한 현상에 대한 생각을 교수자의 언어로 전환하여 전달하는 방식이다. 이 같은 설명의 태생적 본질 때문에 언어 능력에 따라서 교수자의 가르침, 생각이 학습자에게 명확하게 전달되지 않을 수가 있다. 이에 반해 직접교정의 경우 교수자의 생각이 신체라는 직접적인 수단으로 학생에게 전달되기 때문에 교수자가 전달하고자 하는 바가 명확하게, 비약이나 오류 없이 잘 전달될 수 있는 가능성이 매우 크다. 직접교정이 가진 이러한 특성이 학습자로 하여금 신체와 동작의 원리를 이해하고 적용하는데 긍정적으로 작용했을 것으로 사료된다.

한편, 학습자들을 대상으로 한 설문에서는 신체적 차원을 배운 주된 교수방법으로 직접교수방법의 '문답설명'이 전체의 62%를 차지해 압도적인 우위를 보여주었다. 다음으로 무용자료(22%), 탐방 및 체험과제 제시(13%)가 뒤를 잇고 있어 현재까지 신체적 차원의 지도는 주로 교수자가 전하는 언어적인 설명이 절대적으로 활용되고 있음을 알 수 있다. 그만큼 교수

제3부
무용교육의
방법

자는 구체적이고 체계적인 설명을 통해 학습자가 신체와 움직임의 원리에 대한 이해의 폭을 확장시키는데 도움을 주어야 할 것이다.

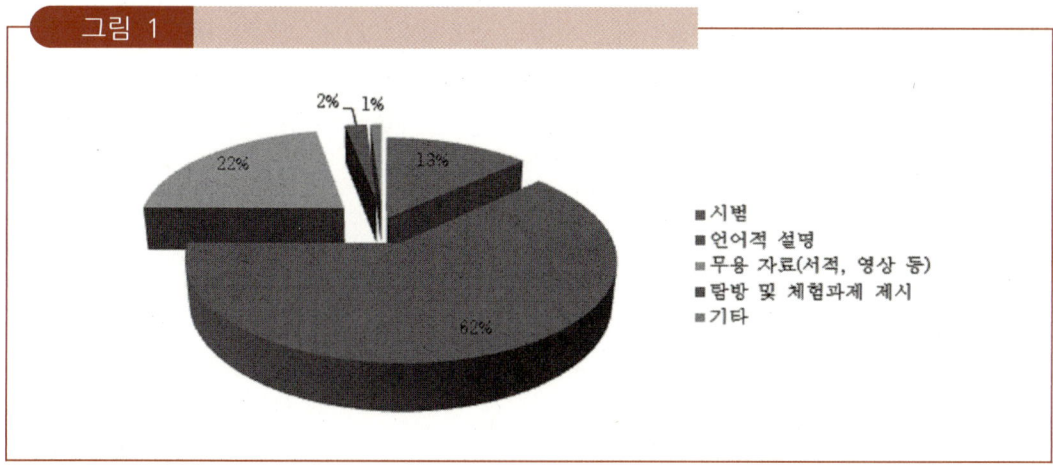

그림 1

- 시범
- 언어적 설명
- 무용 자료(서적, 영상 등)
- 탐방 및 체험과제 제시
- 기타

2. 인지적 차원의 교수방법

한국무용정신의 인지적 차원이란, '한국무용을 둘러싸고 있는 철학, 역사, 종교, 풍습, 그리고 다양한 예술 등 문화적인 측면을 관통하고 있는 본질을 꿰뚫어 볼 수 있는 안목적 차원'을 말한다(최의창, 박혜연, 신주경, 2012). 한국무용을 둘러싸고 있고 뿌리 깊이 박혀 있는 문화적인 측면, 즉 신체, 사람, 자연에 관한 동양철학적 사상과 우리나라의 역사, 그리고 종교, 음악, 복식, 건축, 서화 등을 이해하는 것을 의미하는 것이다. 이러한 인지적 차원을 가르치기 위한 직접교수방법에는 문답설명, 상상유도가 있으며, 간접교수방법에는 체험권유, 성찰자극이 있다.

이중 인지적 차원에서 독특하게 활용되는 교수방법이 바로 간접교수방법의 '체험권유'이다. 교육 장면에서 인지적 수준의 '앎'은 강력하고 지속적인 깨달음을 주기 힘들다. 하지만 오감을 통한 서정적, 정감적인 체험은 앎을 깊고 넓게 해주는 힘이 있다(최의창, 2010). 무용의 인지적인 차원을 가르치는데 있어서 간접적인 체험을 권유하는 것도 바로 이와 같은 맥락에서 제안된 교육방법이다. 무용에 담겨진 철학, 역사, 문화적인 요소들을 이해하고 통찰하는 차원의 수준 높은 앎을 유도하기 위해서는 서정적이고 정감적인 체험이 필요하다는 견해이다. 보고, 듣고, 쓰고, 읽는 체험은 학습자에게 다양한 각도의 관점을 선사하고, 이를 통한 앎은 강력한 힘을 지닌다. 한국무용의 역사, 철학, 문화적인 맥락에 대한 통찰을 갖게 하기 위해서 많은 교육자들이 이러한 통합적인 체험을 권유하고 있음을 면담을 통해 확인할 수 있다. 특히 '보기' 체험을 권유하고 있었다. 특정 한국무용 작품을 배울 때, 그와 관련된 사진, 그림, 영상을 비롯한 다양한 자료들을 감상함으로써 그 작품의 역사와 문화적인 측면들을 알 수 있게 된다고 말하고 있다.

> 많이 보고 느끼라고 하는 편이에요. 진도북춤을 한다면, 북에 관한 그림들, 영상들, 인터넷에 있는 자료들을 많이 보라고 하는 편이에요. 진도북춤을 추려면 관련된 제반 지식들을 많이 보고 듣고 경험해야 한다고 생각하거든요. 자세히 살펴보고 우리가 추게 될 진도북춤의 역사, 그리고 관련된 문화에는 어떠한 것들이 있는지 감상하게 하죠. (박버선, 전문무용 교수자, 110207)

직접 춤을 추는 영상을 보는 체험도 한국무용의 인지적 차원을 학습하는데 큰 도움이 된다고 언급한다. 한국무용의 문화적인 특성을 서술적인 설명을 통해 아는 것 보다, 그것이 내재된 춤을 직접 시각적으로 접함으로써 더 잘 알 수 있게 된다고 한다. 특히 인간문화재가 직접 춤을 추는 모습을 통해서 지방색이 있고, 비정형성이 존재하는 한국무용의 특성을 깊이 알 수 있다고 한다. 인간문화재급의 전문가는 한국무용의 핵심 즉 다양한 정신적 차원을 통찰하고 이를 펼쳐내는 능력을 가졌기 때문에, 학습자로 하여금 한국무용에 내재된 역사, 철학 등의 문화적인 요소를 느낄 수 있게 되는 것이 아닐까 사료된다.

> 영상을 보면서 소고 춤 역사를 배웠고요, 또 인간문화재 소고 춤 추시는 분 영상 보면서 소고춤에 대해서 깊이 배울 수 있게 된 것 같아요. 그리고 또 전통무용 같은 건 지방마다 다르고, 정형화된 것이 없다는 것을 선생님이 수업 중에 말해 주신 적이 있었는데요. 영상을 보면서 말씀해 주셨던 한국춤의 그러한 문화적인 특성을 더 잘 알 수 있게 되었어요. (박무심, 학교무용 학습자, 110302)

한편, 학습자들을 대상으로 한 설문에서는 인지적 차원을 배운 주된 교수방법으로 직접교수방법의 '문답설명'이 전체의 52%를 차지해 압도적인 우위를 보여주었다. 다음으로 무용자료(20%)와 탐방 및 체험과제 제시(20%)가 뒤를 잇고 있어 현재까지 인지적 차원의 지도는 신체적 차원과 마찬가지로 교수자가 전하는 언어적인 설명이 절대적으로 활용되고 있음을 알 수 있다. 그만큼 교수자는 구체적이고 체계적인 설명을 통해 학습자가 무용과 관련된 문화적인 측면을 통찰할 수 있도록 하는데 도움을 주어야 할 것이다.

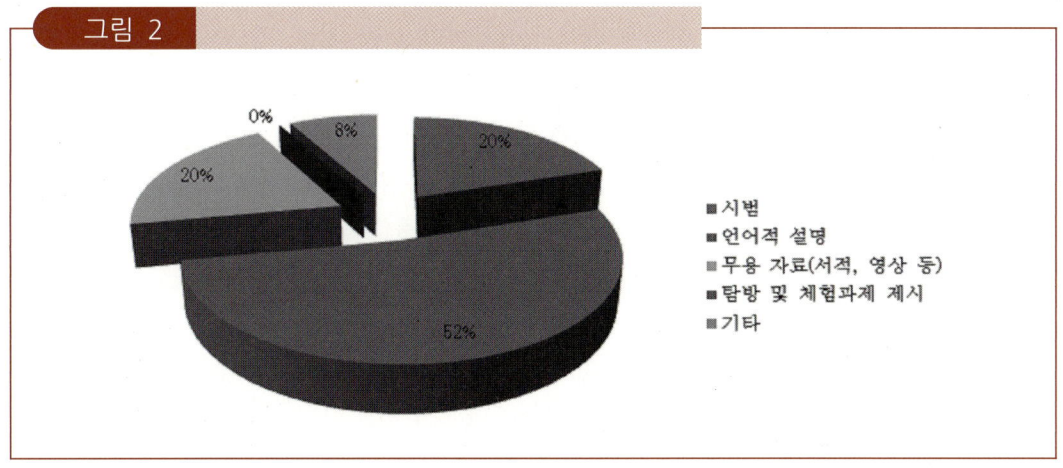

그림 2

3. 감성적 차원의 교수방법

한국무용정신의 감성적 차원이란, '한국무용 동작이나 음악에 내재된 다양한 감정과 정서를 주관적으로 해석하고 탐구하며 표현하는 차원'을 말한다(최의창, 박혜연, 신주경, 2012). 한국무용에 내재된 희, 노, 애, 락 등의 감정과 다양한 감성적 분위기를 읽어내고 움직임으로 표현해 내는 것을 의미한다. 이러한 감성적 차원을 가르치기 위한 방법은 직접교수방법에는 적극시범, 문답설명, 상상유도가 있으며, 간접교수방법에는 체험권유, 음악감지, 성찰자극이 있다.

이중 감성적 차원에서 독특하게 활용되는 교수방법이 바로 간접교수방법의 '음악감지'이다. 기능적 차원과 정신적 차원을 막론하고 무용을 가르치는데 있어서 음악을 사용하는 방법은 오랜 시간 동안 많은 교육자들에게 주요한 교수방법으로 여겨져 왔다. 무용은 음악, 의상, 무대 등을 포함하는 종합예술이고, 특히 한국무용은 악가무(樂歌舞) 통합된 형태로 이루어지기 때문이다(정병호, 2011). 또한 동양과 서양의 무용 대부분 음악이 작곡되고 난 후에 그 음악에 맞는 춤이 안무되기 때문일 것이다(김은수, 1996; 황준연, 1994). 음악의 감성과 정서는 무용의 그것과 밀접하게 연관되어 있을 수밖에 없는 것이다. 음악은 무용과는 뗄레야 뗄 수 없는 긴밀한 관계이다. 그 중 한국무용은 장단이라는 한국음악체계를 주요 음악으로 사용한다. 많은 교수자들과의 면담을 통해 한국무용의 감성과 감정을 장단을 활용하여 가르치고 있음을 알 수 있다. 음악, 장단을 어떻게 해석하느냐 따라 춤의 깊이, 즉 춤의 감성과 감정이 다르게 표현된다는 것이다. 춤의 감성과 감정을 직접적으로 가르칠 수도 있지만, 춤과 음악이 밀접한 관련을 갖기 때문에 음악과 장단의 감성을 느끼고 읽어내는 것을 중요하게 다루고 있는 것을 확인할 수 있다. 음악을 통해 자연스럽게 흥을 비롯하여 춤이 가진 다양한 감정을 자연스럽게 이끌어 낼 수 있다고 말하고 있다. 이러한 연유 때문에 학습자가 북과 장구 등의 한국 악기를 배우고 장단을 학습하는 것이 매우 중요함을 강조한다.

> 한국춤은 음악을 어떻게 해석하느냐에 따라 춤의 깊이가 달라져요. 감성과 맛이 달라지죠. 장단을 들을 수 있는 능력의 차원에 따라서 춤의 깊이가 달라지는 것을 느끼죠. (강타령, 생활무용 교수자, 110227)

> 장단은 정말 중요하다고 생각하는 데요. 아무래도 무용수의 흥을 자연스럽게 이끄는 데 가장 필요한 것 같아요. 몸과 마음에 많이 영향을 미친다고 생각해요. 장구를 치는 수업을 고집하고, 학생들에게 장구나 북 장단은 꾸준히 배워야 한다고 강조하고 있어요. 한국무용은 특히 장단이 중요하죠. (박버선, 전문무용 교수자, 110207)

장단은 빠르기와 리듬에 따라서 다양하게 분류된다. 굿거리, 자진모리, 휘모리 등이 바로 이에 해당한다. 이에 따라 장단에서 느껴지는 느낌 또한 물론 상이하다. 교수자들은 현장에서 장단에 따른 느낌을 인지하고 춤으로 표현하게 하고 있었다. 어떠한 장단에서 춤을 추느냐에 따라 춤이 표현하고자 하는 감정이 달라질 수 있기 때문일 것이다. 따라서 춤의 감정을

제3부 무용교육의 방법

직접적으로 가르치는 것이 아니라, 춤의 배경이 되는 장단의 느낌을 인지하게 한 후 그것을 춤으로 표현하도록 하는 방법을 취하게 하는 것이다.

> 음악은 감정을 가르칠 때 너무 중요한 매개가 되죠. 예를 들어 자진모리에서 휘모리로 장단이 넘어갈 때 음악을 들으면서 그 전환되는 느낌을 느끼게 하고, 춤으로 표현하게 해요. 음악의 느낌과 춤의 느낌이 비슷하거든요. 대상에 따라 다르기는 한데, 동작을 직접 준다던지, 반대로 기본 동작을 주고 다른 장단을 준다던지 해서 경험하는 방법을 다양하게 주는 편이에요. (신지경, 학교무용 교수자, 110121)

장단은 한국무용의 감성과 감정을 담고 있다. 장단을 직접 연주함으로써 학습자들의 감성을 이끌어 낼 수도 있지만 교수자의 음성을 활용한 구음도 훌륭한 교수방법이 될 수 있음을 알 수 있다. 교수자의 육성을 통한 구음은 동작과 춤이 가진 감성을 은연중에 담고 있기 때문일 것으로 사료된다.

> 한국무용에서의 장단은 춤을 다양하게 변화시키고 정신을 내포하고 있어요. 특히, 선생님이 지도할 때 "덩!"과 같은 구음이 이를 표현하는 데에 큰 도움을 줘요. (이명주, 전문무용 교수자, 110213)

한편, 학습자들을 대상으로 한 설문에서는 감성적 차원을 배운 주된 교수방법으로 직접교수방법의 '문답설명'이 전체의 39%를 차지해 우위를 보여주었다. 다음으로 시범(31%), 연기로 표현해보기(21%)가 뒤를 잇고 있어 현재까지 감성적 차원의 지도 또한 교수자가 전하는 언어적인 설명이 주로 활용되고 있음을 알 수 있다. 그만큼 교수자는 다양한 형태의 설명을 활용하여 한국무용 이면에 담겨진 감성과 감정을 이해하고 적용할 수 있도록 하는데 도움을 주어야 할 것이다.

그림 3

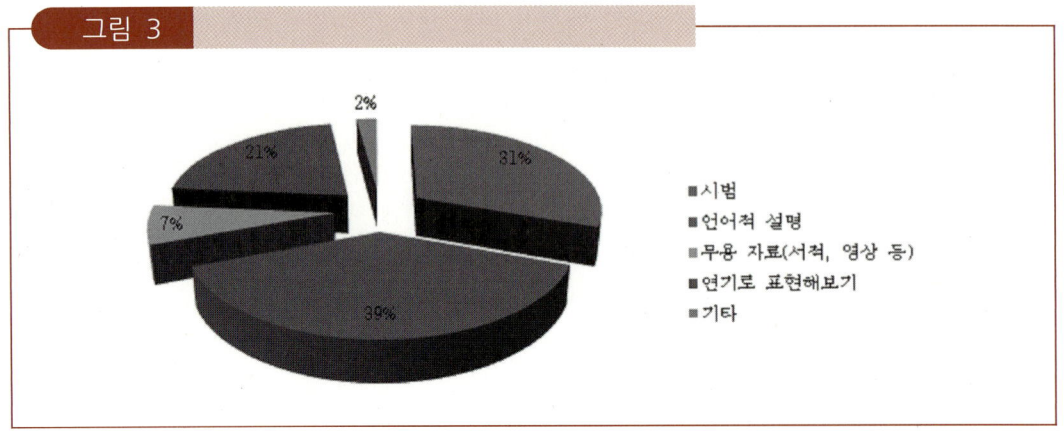

4. 영성적 차원의 교수방법

한국무용정신의 영성적 차원이란, '한국무용을 통한 최상의 경지를 체험하고, 이를 제대로 하기 위한 마음가짐을 갖는 차원'을 말한다(최의창, 박혜연, 신주경, 2012). 황홀경, 무아지경, 신명, 선 등의 경계와 구분이 없는 몰입의 경지를 체험하고, 비움, 예도 등의 태도를 갖게 되는 것을 의미한다. 이러한 영성적 차원을 가르치기 위한 방법은 직접교수방법에는 집중연습, 적극시범, 상상유도가 있으며, 간접교수방법에는 성찰자극, 환경조성, 인성전이가 있다.

이중 영성적 차원에서 독특하게 활용되는 교수방법이 바로 간접교수방법의 '환경조성'과 '인성전이'이다. 먼저 마음가짐을 함양하고 고도로 집중하는 상태를 체험하기 위해서는 환경의 조성이 중요하다. 상황적 여건이 만족되었을 때 내면과 깊이 만날 수 있고 몰입할 수 있기 때문이다(백민경, 유진, 2011; Csikszentmihalyi, 1991). 영성적 차원을 체험하도록 만드는 환경은 크게 두 가지로 나타난다. 우선 교수자와 학습자 간에 깊은 관계를 형성하는 것이다. 최상의 경지를 소개하는 것도, 이렇게 하면 경지를 체험할 수 있다고 설명하는 것보다 분위기를 조성해주는 것이 중요하다는 입장이다. 교수자와 학습자, 그리고 학습자 간의 관계가 긴밀하게 형성되거나 심리적 유대감이 형성되었을 때 최상의 경지를 체험할 가능성이 높아진다는 것이다. 독무의 경우 교수자와 학습자의 긴밀한 관계에서 비롯된 편안한 분위기에서 학습자가 영성적 차원을 경험하기가 쉬울 것이다. 또한 한국무용의 대표적인 경지, 신명은

제3부
무용교육의
방법

다수의 인원이 함께 하는 작품에서 체험할 수 있다. 군무로 이루어지는 작품의 경우 함께 하는 동료들과의 관계와 분위기가 학습자들의 몰입도에 많은 영향을 미칠 것으로 사료된다.

> 인위적으로 "이러한 경지가 있는데, 신나게 추면 잘 할 수 있어."라고 다가가지는 않는 것 같아요. 반복이 중요하지는 않고요. 선생님과 학생의 관계, 학생들끼리의 관계와 분위기가 되었을 때, 그것이 나오는 것이지 반복한다고 나오지는 않는 것 같아요. 환경을 만들어주는 것이 중요해요. (김비녀, 학교무용 교수자, 110303)

> 교사와 학생간의 긴밀한 유대감이 형성되는 것이 중요하다. (개방형 설문, 여, 30대, 무용경력 27년, 교육경력 11년, 한국무용 교사)

교수자가 학습자에게 심리적인 안정감을 제공하는 것이 중요함을 알 수 있다. 부담과 욕심을 버리고 최선을 다하는 태도를 가질 수 있도록 분위기를 형성해 주는 것이 중요하다. 부담을 덜어주는 조언은 학습자로 하여금 '놀아보자, 즐기자'라는 편안한 마음가짐을 갖게 한다. 이 가운데 최상의 실력을 발휘할 수 있고 최상의 경지를 체험할 수 있게 되는 것이다. 또한 교수자가 긍정적 피드백을 제공하는 것은 학습자가 최상의 경지를 체험하는데 도움을 주는 것으로 확인되었다. 학습자의 능력에 대한 믿음을 담은 말은 학습자의 심리적 부담감을 덜어주고 자신감을 가질 수 있게 된다. 심리적으로 안정된 상태를 갖게 되는 것이다. 이로써 부담을 비롯한 어떠한 생각도 없이 편안한 상태에서 몰입의 경지를 체험할 수 있게 된다고 말한다. 영성적 차원을 학습하기 위해서는 조언과 칭찬 등의 교수자의 긍정적인 태도가 중요한 요인으로 작용할 수 있음을 유추할 수 있다.

> 춤에 100%이상 몰입할 수 있었던 때는 욕심을 버릴 때 가능했던 것 같아요. 너무 긴장을 하거나 너무 잘하려고 하지 않고, 욕심을 버리고 '놀아보자'라는 마음을 먹을 때 몰입이 되더라구요. (중략) 선생님은 "즐기세요. 할 수 있어요. 넌 최고야."라는 말을 해주셨죠. 최고로 긴장하고 있는 순간에 해주는 이러한 말들이 저를 깊게 몰입할 수 있게 해주었던 것 같아요. (김마음, 전문무용 학습자, 110228)

> 긍정적인 피드백을 사용하여 잘 이루어지고 있는 부분에 대한 칭찬과 격려를 한다. (개방형 설문, 여, 20대, 무용경력 15년, 교육경력 5년, 한국무용 교사)

하지만 학교에서 한국무용을 가르치는 한 교수자의 경우, 이러한 분위기를 교수자가 언행을 통해 의도적으로 만들지는 않는다고 말한다. 학습자가 스스로 느낄 수 있도록, 편안한 마음과 태도를 가질 수 있도록 분위기를 조성할 뿐이라고 말하고 있다.

> 일반학생들에게 말을 통해 강조하기보다는 스스로 느낄 수 있게 하는 편이에요. 자연적으로 학생들이 좋아하고 즐기게 되면 자연스럽게 느낄 수 있는 부분이지 강요하지는 않아요. (이무아, 학교무용 교수자, 110110)

한편 인성전이의 독특한 방법이 활용되고 있음을 알 수 있다. 한국무용의 영성적 차원에는 한국무용인으로서 갖추어야 할 마음가짐이 있다. 인내, 절제, 예의, 배려, 성실 등의 마음가짐을 말한다. 한국무용 수업을 통해서 이러한 인성적 자질, 덕성적 측면을 가르치기란 쉽지 않다. 하지만 전문, 학교, 생활 무용교육 장면에서 때로는 가시적으로, 때로는 비가시적으로, 그리고 때로는 의도적으로, 때로는 비의도적으로 인성적 자질을 가르치고 있는 것으로 나타났다. 한국무용에서 요구되는 마음가짐을 가르치는 방법으로는 교수자가 솔선수범을 하는 모습을 보이거나, 일상 속에서 소소한 약속을 정하는 전략을 사용하고 있음을 알 수 있다. 학생들은 교수자의 행동에서 드러나는 인성을 통해 그리고 약속을 지키는 습관을 통해 한국무용에서 요청하는 인성적 자질을 배울 수 있게 되었다고 말하고 있다. 수업 내에서 뿐 아니라 수업 외의 일상적 생활에서 드러나는 교수자의 인성이 학습자에게 은연중에 전이될 수 있음을 알 수 있다.

> 선생님께서는 항상 성실과 친절을 몸소 보여주셨어요. 각 학생에 대한 배려도요. 저희에게 수업시간에 돌아가면서 물을 준비하라고도 하셨죠. 나중에 뒤돌아보니까 이러한 수업 안에서 뿐 아니라 일상 속에서 선생님의 모습을 통해 한국무용을 하는 사람이 갖추어야 할 태도를 배울 수 있었던 것 같아요. 생활 속에 가르쳐주셨던 것 같아요. (김마음, 전문무용 학습자, 110228)

오랜 시간 한국무용을 가르쳐 온 교수자의 경우 여러 번의 시행착오를 거치면서 약속을

제3부
무용교육의
방법

정하는 등의 강제적인 방법을 동원해서 마음가짐을 가르치는 것은 효과적이지 않다는 것을 느꼈다고 한다. 특정한 자세와 규칙을 강요하는 것보다 교수자가 일상 속에서 보여주는 행동과 마음 씀씀이가 가치 있음을 알 수 있다. 교수자가 보이는 인성을 통해 학습자가 스스로 느끼고 마음에서 우러나오게 하는 것이 교육적으로 효과가 있음을 유추할 수 있다.

> 춤추는 환경에서 제한을 많이 안 두려고 하는 편이에요. 제가 처음 교사를 할 때는 엄격하게, 약속을 두고 특정 자세를 요구했어요. 그런데 교사 생활이 오래되면서, 학생들이 자세 정렬과 눈빛을 보여준다고 해서 진짜 그런 것이 아닐뿐더러 제가 강요하는 것이 오히려 방해가 된다고 느껴졌어요. 그래서 제가 수업 속에서, 혹은 평소의 모습 속에서 보여주려고 노력했어요. 그리고 열정적으로 시범하고 가르치면서 학생들이 자연스럽게 배울 수 있도록 했어요. (신지경, 학교무용 교수자, 110121)

한편, 학습자들을 대상으로 한 설문에서는 영성적 차원을 배운 주된 교수방법으로 직접교수방법의 '적극시범'이 전체의 39%를 차지해 우위를 차지하였다. 다음으로 언어적 설명(33%)과 학생들 간의 토론과 대화(14%)가 뒤를 잇고 있어 영성적 차원의 지도는 주로 교수자 주도 하에 이루어지는 시범이 절대적으로 활용되고 있음을 알 수 있다. 그만큼 학습자들에게 교수자의 시범은 영성적 차원을 가르치는데 가장 빈번하게 사용되는 교수방법이므로, 최상의 노력을 기울여 시범하는 노력이 필요할 것이다.

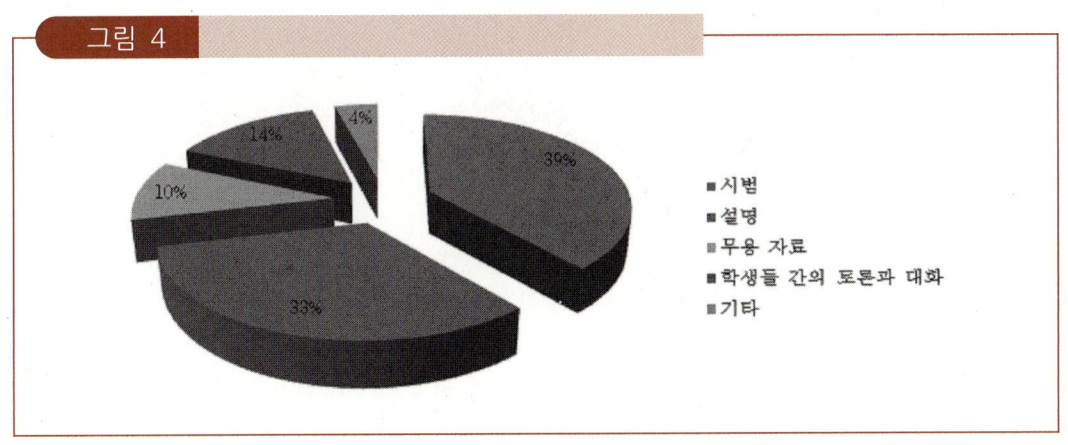

그림 4

V. 결론 및 제언

본 연구는 무용의 핵심 교육내용인 '한국무용정신은 실제로 어떻게 가르쳐지고 있는가?'에 대한 답을 찾기 위해 이론적 분석과 경험적 탐구를 진행했다. 한국무용을 가르치는 다양한 영역의 교수자들과 그들에 의해 가르침을 받아왔던 학습자들을 접하면서 저마다의 지식과 경험이 축적된 교수방법에 대한 의견을 들을 수 있었고, 각자의 주관적, 개인적, 인격적 특성이 반영된 교수방법들에서 한국무용정신과 관련된 공통 사항들을 추출하였다. 그 결과, 한국무용정신은 신체적, 인지적, 감성적, 영성적 차원에 따라 직접적, 간접적 교수방법으로 지도되고 있었으며 각 차원에 따라 다소간의 방법과 비중의 차이가 있었다. 현재로서는 한국무용정신을 가르치는 교수방법이 어떠한 공통된 합의나 기준 없이 각 교수자의 개인적인 노력과 인식을 통해 활용되고 있음을 확인할 수 있었다.

한국무용정신의 교수방법은 직접적 교수방법과 간접적 교수방법으로 나누어졌다. 교수자의 몸짓과 언어로 표출되는 직접적 교수방법으로 직접교정, 집중연습, 적극시범, 문답설명, 상상유도가 있었으며 학습자가 교수자의 행동, 말씨, 유머, 표정 등으로 은연중에 느끼게 되는 간접적 교수방법으로 체험권유, 음악감지, 성찰자극, 환경조성, 인성전이가 있었다. 이러한 연구 결과는 다음과 같은 의미를 지닌다.

첫째, 한국무용정신의 교수방법은 기존의 무용교육의 내용과 방법에 대한 인식의 전환을 가능하게 한다. 기존의 한국무용교육은 교수자에 의한 무용동작의 시범과 설명, 기능 숙련을 위한 반복 연습을 통해 한국무용기능을 익히는 교수방법 중심으로 이루어졌다. 이로써 무용기능을 가르치고 배우는 과정 속에서 한국무용정신은 아예 간과되거나, 자연스럽게, 혹은 저절로 체화되는 것이라는 인식이 강했다. 이러한 과정은 한국무용의 핵심이자 한국무용의 존재를 결정하는 한국무용정신을 단순히 무용기능에 실어 우연적으로 길러질 수도 있고, 길러지지 않을 수도 있는 상황에 놓이도록 만드는 것이었다. 한국무용교육의 내용을 단지 무용기능이라는 일부로 축소시킨 것이다. 또한 기존의 교수방법은 한국무용정신을 의도적, 체계적으로 가르치는 것에 대한 구체적인 방법을 제시하지 못했다. 기능을 가르치기 위한 연습법과 교수법에 대한 연구와 실천은 다수 있었으나 정신을 가르치는 구체적인 내용과 방법에 대한

제3부
무용교육의
방법

논의는 전무했다. 이에 교육내용으로서 한국무용정신의 중요성에 주목하고 이를 교육할 수 있는 방법에 다각도로 접근함으로써 학습자들은 무용 동작을 일회적으로 경험하고 마는 것이 아니라, 자신의 삶 속에서 "실천전통"(최의창, 2009; 홍은숙, 2007)으로서 무용을 경험하게 할 수 있다.

둘째, 한국무용정신의 교수방법은 진정한 예술교육으로서 한국무용교육의 목적을 성취하도록 한다. 현대의 무용교육은 예술교육과 동작교육 사이에서 딜레마에 빠져있다. 표면적으로는 인간의 철학과 사상, 감정을 표현하는 예술교육을 자부하는 반면, 실제의 교육 양태는 동작교육과 다르지 않은 것이다. 추구하고자 하는 목적과 실천하고 있는 활동 사이의 괴리는 한국무용교육의 목적이 무엇인지에 대해 의문을 품게 한다. 예술교육을 지향하는 현재의 목적에 부합하자면, 신체단련을 위한 기능 연습을 추구해서는 안 된다. 어느 영역에서든 그 이상을 추구해야 한다. 물론 전문무용 영역에서는 뛰어난 기량을 갈고 닦기 위한 집중연습이 필요하겠으나, 그 자체에 목적을 두어서는 안 된다. 만약 그 자체를 목적으로 한다면, 한국무용교육은 철학과 사상, 감정을 표현하는 내면과 정서를 갈고닦는 예술교육이라 말할 수 없다. 오히려 예능교육이라 이르는 것이 나을 것이다.

한국무용교육이 예능교육이 아니라 예술교육의 높은 수준에서 실천되고 인정받기 위해서는 신체적 기예와 기교적 몸짓을 훨씬 더 넘어서는 정신의 세계를 활짝 열어주어야만 한다. 이러한 교육을 펼쳐낼 수 있도록 하는 철학적 근거와 개념적 이론을 동시에 제공해주는 것이 바로 한국무용정신이다. 한국무용정신의 4가지 차원은 이를 구체적으로 드러내주는 요소들이며 이를 가르치는 직접적, 간접적 교수방법은 무용을 가르치고 배우려는 교수자, 학습자의 다양한 요구와 기호를 만족시키면서 이들을 자연스럽게 예술교육으로 이끌어줄 수 있는 길을 제시할 것이다. 전문무용수를 지향하는 이들에게는 표현성과 예술성, 예술인으로서의 소양을 함양할 수 있는 예술감각적 교육방법으로, 학교와 생활 전반에서 무용을 접하는 이들에게는 창의적인 사고와 건강한 몸과 마음을 기를 수 있는 문화소양적 교육방법으로 적용할 수 있다.

셋째, 한국무용정신의 교수방법에 대한 교육전문가들의 관점을 제시해준다. 그동안 한국무용교육 현장에서는 한국무용정신에 대한 명확한 인식과 철저한 논의 없이 겉으로 보이는 기능만을 한국무용 그 자체, 한국무용의 전부라고 오인하여 기능을 가르치기 위한 교육방법을 향상시키려는 노력에 안주해왔다. 이러한 노력은 물론 무용기능을 가르치는 기술적인 측면에서는 비약적인 발전을 이끌었지만, 한국무용의 일부분, 반쪽만을 가르치는 방법에만 몰두한 셈이었다. 겉모습을 가꾸는 데에 몰입하여 참모습을 발견하는 데에 여력이 없었던 것이다. 연구결과를 토대로 유추해본다면, 대다수 교수자들의 교수방법은 직접적 교수방법의 초기 단계에 집중되어 있다.

그러나 현장에서 열정과 사랑을 지닌 교육전문가들은 본인이 인식하지 못하는 사이에 한국무용정신의 중요성을 인식하고 이를 가르치려는 시도를 하고 있었으며, 그 결과는 학습자에게 전달되어 그들의 내면을 성숙하게 하는 데에 밑거름이 되었다. 연구를 통해 현장에서 고군분투하는 무용교육가들의 다양한 교수방법을 확인할 수 있었다. 한국무용은 아름다운 선과 능수능란한 동작으로는 설명할 수 없는 본질적이고 내면적인 측면이 존재한다. 한국무용정신을 가르치는 방법을 구체적으로 드러내어 분석한 결과를 바탕으로 본디 한국무용이 지닌 특성과 가치를 발현하기 위한 통합적이고 총체적인 방법을 모색하는 계기가 될 수 있다. 특히 그동안 드러내어 가르치지 않은 탓에 음지에서 잠재적으로 가르쳐지던 한국무용정신의 교수방법에 대한 교육전문가들의 의견을 수렴하여 공통적인 견해를 추출하였다는 점에서 의미가 있다.

본 연구를 통해 향후 지속되어야 할 핵심적인 사안을 3가지로 요약해 제시하면서 마치도록 하겠다. 첫째, 본 연구에서 살펴 본 한국무용정신의 교수방법을 토대로 이를 의도적, 체계적으로 가르칠 수 있는 교육방법에 대한 연구가 필요하다. 연구를 통해 현재 무용교육 현장에 일반화되어 있는 교육방법에 대해 실태를 파악했다면, 이를 보다 구체적으로 드러내어 가르칠 수 있는 교육방법에 대한 합의와 노력이 필요하다. 한국무용정신을 가르치는 방법을 구체적으로 설계한 모형, 특히 다양한 무용교육의 영역(학교무용, 전문무용, 생활무용 등)에서 현실화할 수 있는 교육방법에 대한 세부적인 아이디어의 제시와 이것이 한국무용정신을 효율적, 효과적으로 가르칠 수 있는 것인지에 대한 반성적 성찰이 요구된다. 한국무용교육자를 중심으로 구성된 학회와 교수진, 교육자들의 모임과의 협업을 통해 교육방법에 대한 연구와 검토를 시행할 수 있다.

둘째, 한국무용기능과 더불어 정신을 가르칠 수 있는 실제 교육 프로그램에 대한 연구가 필요하다. 그동안 언어화, 실용화하기 힘들었던 한국무용정신의 각 덕목들을 교육내용으로

제3부
무용교육의
방법

가시화시키고 직접적, 간접적 교수방법을 적절하게 적용하여 프로그램을 개발해야 할 것이다. 다양한 영역에서 각기 다른 학습자들의 수준과 요구에 부합할 수 있도록 개발한 교육프로그램을 시험적으로 적용한 후, 이를 보완, 수정하여 다양한 영역에서 한국무용정신이 직접적, 간접적으로 학습자들에게 경험될 수 있는 환경을 제공할 수 있다.

셋째, 한국무용정신을 주체적, 적극적으로 가르칠 수 있는 한국무용교육자 교육프로그램에 대한 연구가 필요하다. 현재까지 2년 동안의 연구를 계기로 무용교육의 개선과 발전을 향한 교육자들의 열의와 노력을 느낄 수 있었다. 한국무용정신이라 일컫지 않았던 추상적이고 모호한 개념이 수면 위로 떠올랐을 때, 대부분의 교육자들은 기능과 더불어 정신적 측면의 중요성을 새삼 깨달았으며, 이를 구체적으로 가르치는 것에 대한 문제의식을 갖게 되었다. 보다 구체적으로 이를 가르칠 수 있는 교육자용 매뉴얼, 교육지침을 개발하고 현장에서 활용할 수 있는 교수법, 교육자료 개발을 위한 연수를 통해 다양한 영역에서 한국무용정신을 주체적으로 가르칠 수 있는 전문인을 양성할 수 있다.

참고문헌

강은영(2009). 예술기반 교육연구 방법론에 관한 고찰. 예술교육연구, 7(1), 45-59.
김낭규(2010). 하나로 수업 모형 적용을 통한 반응 변화 탐색. 한국스포츠교육학회, 17(4), 67-81.
김말복(2003). 무용교과 독립을 위한 방안. 무용예술학연구, 11, 1-15.
김병무(2001). 대학수학에서 글쓰기를 통한 호의적인 태도변화 모색. 수학교육논문집, 12, 411-422
김선희(2004). 안목의 습득을 위한 대학교양체육: 수업사례연구. 한국스포츠교육학회지, 11(2), 105-120.
김은수(1996). 무용음악의 이해: 서양편. 서울: 삼신각.
김일진(2003). 7차 교육 과정에 의한 중학교 음악 감상 교수-학습 방법 연구: 구성주의를 토대로 한 멀티미디어 학습. 연세대학교 교육대학원 석사학위논문.
김지영(2005). 교육연극을 활용한 희곡교육의 학습전략 연구. 연세대학교 대학원 석사학위논문.
김창식(2002). 교사중심의 구성주의 미술감상 교육: 듀이의 탐구적 비평 방법과 문제중심 학습 방법(PBL)을 중심으로. 미술과 교육, 3, 105-121.
김한미(2009). 도제식 교수-학습의 방법과 구조에 관한 질적 연구: 성악 레슨을 중심으로. 서울대학교 대학원 박사학위논문.
김현아(2010). 심미적 음악교육철학을 통한 교수-학습 방법 연구: B. Reimer의 음악교육철학을 중심으로. 원광대학교 대학원 석사학위논문.
박정준(2011). 통합적 스포츠맨십 교육 프로그램의 개발과 적용. 서울대학교 대학원 박사학위논문.
박종률(2008). 스포츠맨십 가치 학습을 위한 실천 가능한 체육 교수 전략 탐색. 한국스포츠교육학회지, 15(3), 1-23.
박중길(2004). 무용교육에서의 질적 연구. 한국체육학회지, 43(4), 745-758.
박혜연(2012). 한국무용의 교육내용은 무엇인가?: 기능의 차원과 정신의 차원. 한국무용기록학회지 24, 59-74.
배숙희, 박민구(2008). 초등수학에서 상호글쓰기를 통한 학습이 수학적 의사소통 능력 및 수학적 성향에 미치는 영향. 한국초등수학교육학회지, 12(2), 165-183.
백경미(2005). 미술교육에서의 패러다임 변화와 교사교육의 역할. 미술과 교육, 6(2), 39-54.
백민경, 유진(2011). 한국무용 신명경험 구조화. 한국체육학회, 50(2), 269-284.

서미숙(2004). 나선형 교육과정의 표현방식을 적용한 음악 창작 학습방법이 중학생의 작곡활동에 미치는 효과. 공주대학교 대학원 석사학위논문.

오현주(2003). 살풀이춤 지도법에 관한 사례연구: 이매방류 살풀이춤의 기법과 심법을 중심으로. 건국대학교 대학원 석사학위논문.

오현주(2008). 한국 전통춤 교수법의 인문적 접근 탐색: 기존 교수법 분석과 하나로 수업의 적용. 건국대학교 대학원 박사학위논문.

오판진(2003). 비판적 사고교육을 위한 연극적 교수-학습 방법에 관한 시론. 문학교육학, 11, 401-431.

유창경(2009). 한국무용정신 가르치고 배우기: 무용교사의 실천과 전공학생의 인식 분석. 건국대학교 대학원 석사학위논문.

유태균(2008). 하나로 수업모형을 적용한 농구수업의 안과 밖의 모습에 관한 연구. 한국체육철학회지, 16(2), 215-231.

이영희(2002). 탐구활동을 통한 미술지도 방법 탐색과 방안 연구 : 듀이의 탐구 학습을 중심으로. 대구교육대학교 교육대학원. 석사학위논문.

이홍우(2003). 교육과정이론. 서울: 교육과학사.

이재영(2009). 탐구중심 미술교육: 비평적 사고와 비평적 교수법. 미술과 교육, 10(2), 59-77

장명주(2011). 현대무용 잘 가르치기: 창작지향 무용교수의 어려움과 가능성 탐색. 서울대학교 대학원 석사학위논문.

정병호(2011). 한국 전통춤의 원형과 재창조. 서울: 민속원.

정연희(2003). 상황학습에 근거한 미술과 교수·학습방법 연구. 미술교육학회지, 17, 263-287.

정윤희(2006). 열린교육의 실현에 효과적인 사회과 교수-학습 방법: 수업 참여도 신장을 중심으로. 고려대학교 석사학위논문.

정현우(2010). 체육교사 간접교수 행동의 교육적 효과. 서울대학교 대학원 석사학위논문.

최성은(2004). 발레의 정신을 가르치기 위한 무용 지도방법 분석. 건국대학교 교육대학원 석사학위논문.

최의창(2009). 전인지향적 체육교육론으로서의 인문적 체육교육: 탐색적 분석. 한국체육학회지, 48(6), 243-260.

최의창(2010). 인문적 체육교육과 하나로 수업: 통합적 체육수업의 이론과 실제. 서울: 레인보우북스.

최의창(2011). 댄스 리터러시 혹은 무용소양: 문화예술교육으로서 무용교육의 목적 재검토. 한국무용기록학회지, 21, 139-158.

최의창, 박혜연, 신주경(2012). 껍데기와 알맹이: 교육내용으로서 한국무용정신의 구성요소 탐색. *한국무용기록학회지, 26*, 135-161.

최의창, 홍애령, 김나이(2012). 발레교육의 내용으로서 발레정신의 개념과 구성요소. *한국스포츠교육학회지, 19*(3), 47-68.

한규용(1999). 교육연극에 나타난 경험적 학습방법에 대한 연구. *디자인연구, 7*, 1-24.

홍수민(2010). 발레 교수학습과정의 문제점 및 대안적 교육모형 탐색: 예술계 고등학교를 중심으로. 서울대학교 대학원 석사학위논문.

홍은숙(2007). *교육의 개념: 실천전통에의 입문으로서의 교육*. 서울: 교육과학사.

황경숙(2002). 한국 전통춤에 내재된 사상과 의미. *한국체육철학회지, 10*(1), 289-310.

황인주(2001). 기능적 관점에 따른 무용교육의 문제점과 발전방향 분석. *한국체육학회지, 40*(4), 539-548.

황준연(1994). 한국 무용과 음악의 合一性. *교수아카데미총서, 7*(1). 310-316.

Carr, D. (1984). Dance Education, Skill, and Behavioral Objectives. *Journal of Aesthetic Education, 18*(4), 67-76.

Csikszentmihalyi, M. (1991). Flow: The Psychology of Optimal Experience. Harper Perennial. 최인수 역(2004). *몰입: 미치도록 행복한 나를 만나다*. 서울: 한울림.

Creswell, J. (2007). *Qualitative Inquiry & Reserach Design: Choosing Among Five Approaches* (2nd ed.). London: Sage Publications.

Kassing, G., Jay, D. M. (2003). *Dance teaching methods and curriculum design*. Champaign, IL : Human Kinetics.

McCutchen, B. (2006). *Teaching dance as art in education*. Champaign, IL: Human Kinetics.

Miles, M. B., & Huberman, A. M. (1994). *Qualitative Data Analysis: A Sourcebook of New Methods* (2nd ed.). Thousand Oaks, CA: Sage.

Metzler, M. W. (2005). *Instructional models for physical education*. Holcomb Hathaway.

Oakeshott, M. (1967). *Learning and Teaching. R. S. Peters* (ed). The Concept of Education. London: Routledge & Kegan Paul. 156-176.

Spradely, J. P. (1980). *Participant Observation*. Holt, Rinehart and Winston.

제3부
무용교육의
방법

 연 구 문 제

1. 무용기능을 가르치는 교수방법에는 무엇이 있으며, 본 장에서 제시된 무용정신을 가르치는 교수방법과 어떠한 차이점이 있는지에 대해 생각해보자.
2. 본 장에서 한국무용정신의 각 차원을 가르치기 위해서 동원되는 교수방법에는 다소 차이가 있다고 분석하고 있는데, 그 이유는 무엇인지 생각해보자.
3. 한국무용교육이 이루어지는 각 교육장면, 즉 학교무용, 전문무용, 생활무용에서 한국무용정신의 교수방법을 적용하는데 어떠한 어려움이 있을지에 대해 생각해보자. 또한 교사들이 한국무용정신의 교수방법을 학습하기 위해서 무용교사교육 프로그램은 어떻게 변화해야 하는지에 대해 논의해보자.

제3부
무용교육의
방법

제10장 한국무용에서의 두 가지 인성지도 방식*

박 혜 연

> 본 장은 인성교육을 위한 한국무용 교수방법을 탐색함으로써, 한국무용을 통한 인성교육을 실현하는데 궁극적인 목적이 있다. 질적연구방법에 근거하여 교수자 9명과 학습자 9명을 대상으로 연구를 실시하였다. 자료 수집을 위해 문헌분석, 심층면담, 비참여관찰의 방법을 활용하였다. 그 결과 인성교육을 위한 한국무용 교수방법은 직접교수방법과 간접교수방법으로 분류되었다. 첫째, 직접교수방법은 한국무용을 직접적으로 가르치는 시간 내에서 이루어지는 교수방법으로, 내층인성(內層人性: 춤을 추는 장면에서 발현되는 인성)을 가르치는 방법을 말하며, '인성강조, 해석설명, '체험장려, 환경조성, 즉흥시범, 호흡집중, 음악감지, 반복연습'의 방법이 발견되었다. 둘째, 간접교수방법은 한국무용을 직접적으로 가르치는 시간 외에서 이루어지는 교수방법으로, 심층인성(深層人性: 삶의 장면에서 발현되는 인성)을 가르치는 방법을 말하며, '실천권유, 직시직언, 통찰대화, 성찰유도, 철학노출, 모범실천, 관계형성'의 방법이 발견되었다. 이는 한국무용을 통한 인성교육의 구체적인 방법을 제공하며, 향후 연구를 위해 이론적 논의, 프로그램 개발, 실행 연구 등을 제안한다.

---

* 박혜연(2015). 한국무용에서는 인성을 어떻게 가르치는가?: 무용인성지도의 두 가지 방식 탐색. 한국체육학회지, 54(4), 245-256.

I. 서론

'한국무용'이라고 하면 고루하기 만한, 이 시대와는 괴리된 예술로 여겨져 왔던 것이 사실이다. 하지만 최근 한국무용은 대중적 진화를 꿈꾸며 다양한 형태의 공연으로 관객들에게 찬사를 받고 있으며, 대중매체를 통해 일반인들에게 친숙하게 다가가고 있다. 공연뿐만이 아니다. 국내의 여러 콩쿠르와 무용단이 생기면서 우수한 기량을 가진 한국무용수들이 배출되고 있으며, 이들을 양성하기 위한 전문무용교육기관에서 체계적인 교육을 시행하고 있다. 또한 학교무용과 생활무용에 이르기까지 한국무용을 배우고 즐기는 인구가 확산되고 있는 실정이다. 분명 한국무용교육은 다양한 장면에서 행해지고 있으며, 높은 수준에 이르렀다. 하지만 일각에서는 이러한 양적인 발전에 대해 우려를 표명하고 있다(박혜연, 2012, 2013). 한국무용교육의 진정한 목적이 무엇인지에 대한 철저한 반성 없이, 한국무용의 기능적 차원에만 몰두한 것이 아니냐는 자성의 목소리가 제기되고 있다.

지금까지 한국무용을 비롯한 무용교육은 무용의 기술적 차원에 집중하고, 관심을 쏟아왔다(박혜연, 2014; 최의창, 박혜연, 신주경, 2012; 황인주, 2001). 무용기능의 내용이 무엇이며, 이를 어떻게 가르칠지에 대한 서적들이 출판되고, 모형이 개발되어 왔다(Clippinger, 2007; Kassing, 2003). 이에 대안적인 목표로 제시된 것이 바로 창의성교육이다. 교육 분야 각 처에서는 무용을 비롯한 표현활동이 창의성을 기를 수 있는 최적의 영역이라고 생각하는 분위기가 지배적이다(Chappell, 2007; Gilbert, 1992). 하지만 한국무용을 비롯한 무용이 기여할 수 있는 부분이 창의성 개발뿐일까? 무용교육, 한국무용교육의 목적은 지나치게 경직되고 제한되어 있다(김명회, 2014). 한국무용이 이룰 수 있는 교육적 가능성은 무궁무진하다(박혜연, 2013, 2014). 사회적 요구를 수렴하고, 내부의 자성의 목소리에 귀 기울여 한국무용교육이 지향해야 하는 거시적인 목표에 대한 논의가 필요할 때이다.

한편, 2009 개정 교육과정은 '전 교과를 통한 인성함양'을 공적으로 제시하고 있으며, 이러한 방향성은 2015 개정 교육과정에서도 이어질 전망이다. 이는 한국무용이 신체활동 예시로 포함되어 있는 체육과도 예외가 아니다. 물론 교육과정의 목표로 인성교육의 제시가 새로운 일은 아니다. 하지만 전인교육이라는 추상적인 목적에서 창의·인성이라는 핵심적 목표를

제3부
무용교육의
방법

제시하고, 윤리·도덕 교과에서만 이루어지는 편협적인 인성교육이 아닌 전 교과목을 통한 인성교육을 강조하고 있다는 점은 상당히 고무적인 일이다. 또한 최근 교육부에서 제시한 인성교육 강화방안에 따르면, 실천적 인성 중심의 학교문화를 개선하는 것을 제 1의 방안으로 제시하고 있다(교육과학기술부, 2014). 그 중 '학교 체육예술교육의 활성화'를 통한 인성강화 방안을 주요한 방침으로 제안하고 있다. 이론적이고 개념적인 인성교육에 한계가 있음을 인식하고, 학습자들이 직접 겪어보고 체득할 수 있는 체육예술 중심으로 인성교육을 강화하기로 방침을 정한 것이다. 이는 실천중심의 체육예술교과가 인성교육으로서 잠재력이 있음을 인정하는 것이며, 한국무용교육의 목적으로 인성교육이 논의되어야 하는 당위성을 제공한다.

그 동안 한국무용을 통한 인성교육에 대해 전혀 무관심했던 것은 아니다. 한국무용이 신체활동예시로 포함되어 있는 초등학교 민속표현 영역과, 중학교 전통표현 영역을 살펴보면, 핵심 내용요소로 '다양성', '다문화존중' 등을 제시하며 인성적 측면을 가르쳐야 함을 공적으로 명시하고 있다. 하지만 인성교육을 실천하기 위한 "교수방법" 제시는 매우 미흡하다. 교육과정 문서에서는 한 가지 예로, '공평'이라는 인성적 요소를 가르치기 위해 '창작 무용 발표 시 주인공 맡을 사람에 대해 토론하기'의 교수방법이 활용될 수 있음을 제시하고 있다(교육과학기술부, 2011). 하지만 구체적인 교수방법에 대한 안내가 부족한 실정이어서, 일선의 교사들은 창의인성교육을 실천하는 데에 상당한 어려움을 겪고 있다(박혜연, 2014; 이현주, 박혜연, 2014). 이는 연구에서도 마찬가지다. 인성교육과 관련하여 무용과 인성, 한국무용과 인성이 어떠한 상관관계를 보이는지를 심리학적인 관점에서 살펴본 것이 대부분을 차지한다(박혜연, 2013, 2014). 또한 인성 함양을 위한 교수방법이 논의된 바 있지만 기존 타 분야의 방법과 모형을 적용하고 효과를 검증하거나(고동완, 2004; 오현주, 2008), 특정 작품을 가르치기 위한 단편적인 지도방법이 제시되는 등(김경숙, 2012), 매우 제한적으로 이루어지고 있으며 그 수 또한 소수에 불과하다(오현주, 2008; 최의창, 박혜연, 2013).

교육목표와 내용에 따라 교수방법의 선정은 매우 중요하다(이홍우, 2003). 인성의 내용요소를 가르치기 위해서는 이에 적합한 교수방법이 필연적이다. 특히나 교육학자 Oakeshott(1967)는 교육내용을 가르치는 방법에 있어서 '직접교수방법'과 '간접교수방법'이 모두 중요함을 역설한다. 그는 교육내용을 전달하는 교수자의 직접적인 설명, 시범 등도 중요하지만, 교육내용을 전수하는 교수자의 간접적인 성품, 언행 또한 필연적임을 강조한다. 최근 움직임을 통한 인성교육에 있어서 교수자의 말투, 성품과 같은 간접교수방법이 효과적이며, 공적인 교수방법으로 재조명되어야 한다는 목소리가 높다(정현우, 2010; 최의창, 2010a, 2014). 인성교육의 구체적인 내용이라고 할 수 있는 인성요소를 가르치는데 있어서 어떠한 교수방법이 필요한지 그 다양한 스펙트럼을 드러내는 것이 중요하다. 전통적으로 직접교수방법이 비교적 정형화되어 있어 핵심적 교수방법으로 인정받고 있지만, 인성교육에서 중요한 축으로 인정받고 있는 간접교수방법 또한 포괄적으로 탐색함으로써 인성함양을 위한 한국무용 교수방법을 다각적, 총체적으로 검토하는 작업이 필요하다.

본 연구에서는 "한국무용에서 인성을 가르치기 위한 교수방법은 무엇일까?"라는 문제의식에서 시작되었다. 그동안 사회적으로도 한국무용을 통한 인성교육이 요구되고 있지만, 이를 위해 대체 '어떻게' 가르쳐야 하는지에 대해 진지하게 고민이 이루어진 적이 없다. 한국무용에서 인성을 가르치기 위한 교수방법을 탐색하고 이를 구조함으로써, 한국무용을 통한 인성교육방법론의 기틀을 다지는데 단초를 제시하고자 한다. 이 같은 노력은 한국무용을 통한 인성교육을 실행하고자 하는 교육자들에게 구체적인 방법론을 제공할 것이며, 나아가 무용을 통한 인성교육의 정당성을 확보하는데 귀중한 자료가 될 것이다.

II. 연구방법

1. 연구참여자

본 연구에서는 궁극적으로 학교무용교육에서의 인성교육방법 도출을 목적으로 하지만, 보다 다각적이며 심층적인 방법을 발견하기 위해 전문무용교육의 교수자와 학습자들 또한 연구참여자에 포함시켰다.

교수자의 경우 비전문인, 전문인을 가르치는 사람으로, 한국무용 교육에 대한 '지식, 경험, 안목'을 지닌 교수경력자 9명을 최종 선별하였다. 그중 한국무용을 통한 인성교육에 가장 심혈을 기울이고 있다고 판단되는 3명의 교수자를 주제보자로 선정하였다. 주제보자 김예도

(女), 김중화(男), 김무아(女)는 약 20년 이상의 한국무용 수행 경력을 지닌 자로서, 대내외적으로 그 능력을 인정받고 있다. 또한 약 10년 이상 전문무용과 학교무용교육 장면에서 다양한 형태의 교육을 시행하고 있으며, 전공자 뿐 아니라 비전공자도 가르치고 있다. 특히 이들은 한국무용의 세부분류인 궁중무용, 종교무용, 민속무용을 골고루 가르치고 있어서, 한국무용을 통한 인성교육방법의 폭 넓은 탐색이 가능하였다. 한편, 학습자는 교수자들에게 교육을 받은 자와 전문가 회의에서 추천받은 자들 중 10년 이상의 학습경력을 지닌 9명을 최종 선정하였다.

2. 자료수집

첫째, 문헌분석을 실시하였다. 전통적인 인성교육방법을 토대로, 예술분야의 인성교육방법, 그리고 무용분야의 인성교육방법과 관련된 이론적·경험적 연구를 분석함으로써, 한국무용을 통한 인성교육의 방법에 대한 이론적 토대를 마련고자 하였다. 둘째, 심층면담을 실시하였다. 연구 참여 교수자와 학습자를 대상으로 각 2회(약 2시간/회)의 공식적 면담과 다수의 비공식적 면담을 실시하였다. 참여자가 자유롭게 자신의 생각을 이야기 할 수 있도록 비구조화된 면담과 반구조화된 면담으로 실시하였다. 문헌분석에 근거하여, 직접교수방법과 간접교수방법의 질문범주를 활용하여 포괄적으로 질문하였으며, 이를 통해 핵심적으로 구조화될 수 있는 인성교육의 방법을 추론하는 방식으로 면담을 이끌어나갔다. 셋째, 비참여관찰을 실시하였다. 주제보자로 선정된 3명의 교수자의 수업에 대한 비참여관찰을 각 10회씩 시행하였다. Spradley(1980)가 제시한 서술관찰, 집중관찰, 선별관찰의 단계를 고려하였다. 사전에 동의를 얻고 수업을 녹취 및 영상 촬영 하였으며, 현장노트와 현장일기를 작성하였다.

3. 자료분석

본 연구에서는 심층면담 자료와 비참여관찰 시 녹취한 내용에 대해 전사작업을 실시하였다. 기록한 내용은 녹음, 녹화된 내용과 일치하는지 재확인 작업을 거쳤으며, 최대한 자세하게 기술하는 사례기록을 실시하였다. 이를 분석하기 위해 Spradley(1980)의 다음의 문화연구 분석방법을 사용하였다. 첫째, 영역분석에서는 발견된 교수방법들을 포괄할 수 있는 가장 상위의 범주가 무엇인지를 발견하였다. 특히 이론적 토대에 근거하여 교수방법을 직접교수방법과 간접교수방법의 범주로 분류하였으며, 전통적인 개념이 아닌 본 연구에서 의미하는 직접교수방법과 간접교수방법은 무엇인지를 개념화하였다. 둘째, 분류분석에서는 수집된 자료에 기반하여, 두 가지의 범주 내에 어떠한 구체적인 교육방법이 존재하는지를 분석하였다. 셋째, 성분분석에서는 분류분석 시 발견된 교수방법 간의 유사점과 차이점을 검토해봄으로써, 각 교수방법의 개념과 분류를 명확히 하는 작업을 실시하였다. 나아가, 연구의 진실성과 타당성을 높이기 위해 지속적인 지속적으로 전문가 회의와 동료간 협의를 거쳤다.

Ⅲ. 인성지도의 두 방식

한국무용에서 인성을 어떻게 가르칠 수 있는가? 심층 면담과 비참여 관찰을 통해 현재 한국무용교육현장에서 활용하고 있는 다양한 인성교육방법을 발견할 수 있었다. 한국무용의 인성을 가르치기 위해서 무용을 배우는 시간뿐 아니라, 그 시간 외적으로도 다양한 방법을 동원하고 있는 것으로 나타났다. 한국무용인성을 가르치는 방법은 크게 '직접교수방법(直接敎授方法)'과 '간접교수방법(間接敎授方法)'으로 분류될 수 있다(표 1). 전통적으로 직접교수방법은 교육내용을 직접적으로 '전달'하는 교수방법으로, 의도적, 구체적, 가시적 행위를 말한다. 설명, 질문, 대화, 토론, 칭찬 등의 언어적 방법뿐 아니라, 시범, 연습 등의 행동을 말한다. 또한 간접교수방법은 교육내용을 간접적으로 '전수'하는 교수방법으로, 비의도적, 추상적, 비가시적인 행위를 말한다. 언어와 행동뿐 아니라, 표정, 몸짓, 말투, 표정, 분위기 등을 말한다(최의창, 2010b; Oakeshott, 1967). 특히 본 연구에서는 이러한 본래의 의미를 확장한다. 두 가지 범주를 구분하는데 있어, 교수방법의 대상이 되는 '교육내용'의 특성을 중요한 축으로 삼는다. '직접교수방법'이란 '내층인성(內層人性: 춤을 추는 장면에서 발현되는 인성)'을 가르치는 것으로, 주로 한국무용을 직접적으로 가르치는 시간 내에서 이루어진다. 또한 '간접교수방법'이란 '심층인성(深層人性: 삶의 장면에서 발현되는 인성)'을 가르치는 것으로, 주로 한국무용을 직접적으로 가르치는 시간 외에서 이루어지는 진다. 즉, 춤의 인성을 삶으로 확대

제3부
무용교육의
방법

되도록 하는데 동원되는 가르치는 교수방법을 의미한다. 한국무용인성을 가르치는 교수방법은 직접교수방법과 간접교수방법이 각각 8개씩 존재하며, 각 세부 교수방법을 자세히 살펴보면 위와 같다(표 1).

표 1 한국무용인성 교수방법

범주		교수방법	설명
직접교수방법	1	인성강조(人性强調)	수업의 핵심적인 목표와 내용으로서 인성을 지속적으로 상기시키는 방법을 말한다.
	2	해석설명(解釋說明)	춤에 담긴 인성적 측면을 분석, 해석하고 비교, 비유, 예시 등을 활용하여 설명하는 방법을 말한다.
	3	체험장려(體驗獎勵)	춤뿐 아니라, 보고, 읽고, 쓰는 체험, 나아가 인생의 다양한 경험을 권장하는 방법을 말한다.
	4	환경조성(環境造成)	학습자의 잠재력과 장점을 인정·독려하며, 수업의 구조를 최적화하는 방법을 말한다.
	5	즉흥시범(卽興示範)	적극적으로 시연을 하며, 즉흥적으로 춤을 선보이는 방법을 말한다.
	6	호흡집중(呼吸集中)	호흡에 집중하고 인지할 수 있도록 유도하는 방법을 말한다.
	7	음악감지(音樂感知)	자연스럽게 음악을 느끼고 인지할 수 있도록 유도하는 방법을 말한다.
	8	반복연습(反復演習)	반복적으로 연습을 행하도록 하는 방법을 말한다.
간접교수방법	1	실천권유(實踐勸諭)	춤과 삶의 관련성 강조하고, 삶 속에서의 실천을 권장하는 방법을 말한다.
	2	상황연계(狀況連繫)	춤에 담긴 인성적 측면을 학습자의 상황과 연계하여 설명하는 방법을 말한다.
	3	직시직언(直視直言)	학습자의 생각, 감정, 상황 등을 직관적으로 바라보고, 묘사와 조언을 해주는 방법을 말한다.
	4	통찰대화(洞察對話)	학습자의 생각, 감정, 상황, 기질 등을 꿰뚫어보고, 대화를 나누는 방법을 말한다.
	5	성찰유도(省察誘導)	질문, 토론, 과제제시 등을 통해 자발적인 사고와 성찰을 이끌어내는 방법을 말한다.
	6	철학노출(哲學露出)	교수자의 춤과 삶에 대한 신념, 가치관 등을 언어와 행동을 통해 드러내는 방법을 말한다.
	7	모범실천(模範實踐)	일상에서 모범적으로 실천하는 방법을 말한다.
	8	관계형성(關係形成)	열정과 관심으로 대하고, 교사와 학습자, 혹은 학습자 간의 관계와 신뢰를 형성하는 방법을 말한다.

1. 직접교수방법

1) 인성강조

첫째, 인성강조(人性强調)의 교수방법이다. 이는 '수업의 핵심적인 목표와 내용으로서 인성을 지속적으로 상기시키는 방법'을 말한다. 교수자들은 인성교육을 실천하기 위한 방법으로 한국무용에서 가장 중요한 것이 인성의 가다듬에 있음을 계속적으로 강조하는 방법을 활용하고 있었다. 물론 교수자들은 한국무용을 오랜 기간 하다보면 자연스럽게 평온한 감정상태 등의 인성을 함양할 수 있게 된다고 말한다. 하지만 대부분의 학습자의 경우 동작, 형태, 순서 등의 기능적 측면 향상에 목적을 두고 수업에 임한다. 따라서 학습자들이 인성의 중요성을 인지하고 효율적인 학습을 도모하기 위해, 교육목표로서 인성을 강조하며 구체적인 내용으로서 어떠한 인성적 요소를 내면화해야 하는지를 의식적으로 강조하는 것을 알 수 있다.

"궁중무용을 가르칠 때에는 늘 음양의 조화, 즉 중(中)을 강조합니다. 중(中)이란 어느 곳에도 치우치지 않는 마음이죠. 춤을 오랜 시간 하는 과정에서 중도의 마음가짐과 행동이 자연스럽게 다듬어지죠. 하지만 기능에만 신경을 쓰는 학습자들이 많기에 마음의 중요성을 늘 강조합니다." (교수자 김예도-I-12.06.16)

2) 해석설명

둘째, 해석설명(解釋說明)의 교수방법이다. '춤에 담긴 인성적 측면을 분석, 해석하고 비교, 비유, 예시 등을 활용하여 설명하는 방법'을 말한다. 한국무용은 특정한 인간의 감정적 상태를 요구하고, 이를 표현한다. 하지만 학습자들은 한국무용에 담긴 인성적 측면을 인지하고, 이해하기란 쉽지 않다. 이를 위해 교수자들은 한국무용에서 추구하는 감정, 덕목 등에 대한 설명이 담긴 글귀, 서적 등을 활용하여 구체적으로 설명하고 있었다. 특히 각 작품에 담긴 '마음의 차원'을 표면적으로 설명해주는데 그치는 것이 아니라, 교수자의 안목과 관점을 반영하여 다각적으로 해석해줌으로써 학습자들의 입체적인 이해를 돕는 것을 알 수 있다.

제3부
무용교육의
방법

"저는 예기의 글을 제시하고, 하나씩 해석하면서 이론적인 수업을 해요. 그리고 그것이 춤에서 어떠한 마음을 표현하려는 지를 설명합니다. 예기의 모든 부분을 평면적으로 설명하는 것이 아니라, 특정 부분을 집어서 설명함으로써 춤에 담긴 마음의 차원을 읽게 해주죠." (교수자 손한얼-I-12.05.18)

3) 체험장려

셋째, 체험장려(體驗獎勵)의 교수방법이다. 이는 '춤뿐 아니라, 보고, 읽고, 쓰는 체험, 나아가 인생의 다양한 경험을 권장하는 방법'을 말한다. 교수자들은 한국무용에서 인성을 가르치는 방법으로 춤추기의 방법 이외에, 다양한 간접체험을 강조하고 있었다. 즉, 한국무용에서 표현하고자 하는 중도, 예의, 조화 등의 마음의 상태를 알고, 느낄 수 있도록 다양한 작품을 보고, 서적을 탐독하는 방법을 권장한다. 특히 한국무용의 사상과 철학을 반영한 동양철학책에 대한 독서 경험이 춤에서 추구하는 인성적 차원을 이해하는 것 뿐 아니라, 세상과 현상을 바라보는 관점까지 형성하는데 도움을 주었다고 학습자 성장단은 이야기 한다. 또한 삶에서 다각적인 경험이 한국무용의 인성적 차원을 깨닫고 실천하는 중요한 교육적 방법이 된다고 말한다. 이는 상대적으로 감지하기 어려운 한국무용의 인성적 측면을 느끼고 깨달을 수 있도록, 다양한 각도의 체험을 권장하는 것이 중요함을 시사한다.

"불교서적, 철학 등의 책을 권유하셨어요. 인생에서 다양한 경험도 하라고 하셨죠. 당장에는 도움이 안 되었어요. 그 때는 무슨 말인지 잘 몰랐죠. 어느 순간 깨닫게 되었죠. 시간이 지나면서 춤에 담긴 마음의 원리와, 세상과 현상을 바라보는 원리까지 꿰뚫게 되었죠." (학습자 성장단-I-12.06.05)

4) 환경조성

넷째, 환경조성(環境造成)의 교수방법이다. 이는 '학습자의 잠재력과 장점을 인정·독려하며, 수업의 구조를 최적화하는 방법'을 말한다. 교수자들은 한국무용을 통한 인성을 가르치는 방법으로 학습자가 지니고 있는 신체적, 기능적 잠재력 뿐 아니라 감정적 장점들을 언어적으로 언급하며 인정하고, 수업에 몰입할 수 있도록 기본적인 환경을 만드는데 집중하고 있었다. 또한 이를 바탕으로, 인성을 학습할 수 있는 최적의 시간적, 공간적 상태를 마련하는 방법을 활용하고 있다. 예컨대 궁중무용인 궁중무용의 경우, 감정이 치우지지 않는 평온함을 추구하는데 이를 쉽게 느끼고 체험할 수 있도록 상대적으로 차분한 분위기인 오전 시간을 활용한다던지, 다양한 작품을 연습할 때 연습의 순서를 의도적으로 조정하는 방법을 취하고 있다. 이는 교수자가 각 작품에서 추구하는 인성적 차원을 잘 파악하고, 그에 적합한 심리적, 시공간적 환경을 조성해주는 것이 중요함을 의미한다.

"궁중무용은 평온한 마음의 상태를 지향하죠. 이것을 느낄 수 있는 환경을 만들어주는 것이 중요합니다. 아침에 궁중무용 음악을 틀면 마음이 탁 가라앉으면서 마음이 정화됨을 느껴요. 궁중무용부터 해서 마음을 다스린 다음에, 민속을 하고, 마지막에 타악을 하죠." (학습자 이장삼-I-12.06.28)

5) 즉흥시범

다섯째, 즉흥시범(卽興示範)의 교수방법이다. 이는 '적극적으로 시연을 하며, 즉흥적으로 춤을 선보이는 방법'을 말한다. 교수자들은 춤에 담긴 인성적 측면, 예의, 공경, 비움, 조화 등을 가르치기 위해서 전통적으로 활용되는 시범의 방법을 활용하고 있었다. 특히 교수자가 내면화된 인성이 드러나게 시범하는 것이 중요하며, 이를 통해 학습자들이 춤에서 추구하는 마음의 상태를 감지할 수 있다고 말한다. 학습자들은 교수자가 언어적으로 춤에서 추구하는 덕목을 설명하는 것도 중요하지만, 직접 시각적으로 보여주었을 때 강렬한 느낌과 깨달음을 얻을 수 있게 된다고 입을 모아 이야기 한다. 이는 인성교육을 위해 다양한 감각을 자극하는 방법이 동원되어야 함을 시사하며, 시범이 단지 기능만을 가르치는 제한된 방법이 아닌 내면의 인성을 가르치는 방법이 될 수 있음을 암시한다.

"선생님은 춤에서 표현하려는 예의 정신이 춤에 어떻게 반영되는지 분석해 주시죠. 또한 자신이 마음으로 추는 것을 시각적으로 직접 시연해 주시죠. 그것이 저에게 큰 가르침을 주어요. 백 마디의 말보다 효과적일 때가 많습니다." (학습자 김타령-I-12.05.22)

제3부
무용교육의
방법

6) 호흡집중

　여섯째, 호흡집중(呼吸集中)의 교수방법이다. 이는 '호흡에 집중하고 인지할 수 있도록 유도하는 방법'을 말한다. 호흡은 한국무용을 하는데 있어서 핵심적인 원리로 작용한다. 교수자들은 호흡에 집중할 수 있도록 독려하는 방법을 통해 인성을 가르치고 있었다. (이들은 호흡이 마음과 몸을 연결하는 매개이자 가교역할을 한다고 말한다.) 즉, 호흡이 마음, 즉 심리적, 심정적 상태와 깊은 연관이 있음을 강조하며, 학습자들이 호흡을 인식하고 조정할 수 있도록 하는 것이 인성을 가르치는 핵심적인 방법이 될 수 있다고 주장한다. 학습자 우하얀도 호흡에 집중하도록 독려하는 교수자의 교수법을 통해 다신의 감정을 조절하고, 평온한 상태를 만들 수 있게 되었다고 경험담을 언급한다. 이는 몸과 마음을 이해하는 동양철학적 방식, 즉 심신일원론의 시각이 반영된 것으로 해석할 수 있다.

　　"선생님은 언제나 호흡을 강조하셨죠. 호흡이 마음과 연결되어 있죠. 성질나면 호흡이 몰아지고, 호흡을 가라앉히면 마음의 감정도 가라앉죠. 호흡에 집중을 하게 되면서 감정을 다스릴 수 있게 되었어요. 마음이 하나로 모아지죠." (학습자 우하얀-I-12.06.19)

7) 음악감지

　일곱째, 음악감지(音樂感知)의 교수방법이다. 이는 '자연스럽게 음악을 느끼고 인지할 수 있도록 유도하는 방법'을 말한다. 무용에서 음악은 필수적인 요소이다. 교수자들은 한국무용에서 인성을 가르치는 방법으로 이러한 음악을 활용한다고 공통적으로 이야기 한다. 춤에서 표현하려는 감정적 혹은 심정적 상태가 바로 음악의 속도, 분위기와 맞물려 있기 때문에, 음악에 집중하게 되면 춤에서 추구하는 마음가짐을 자연스럽게 느끼고 내면화할 수 있게 된다고 말한다. 교수자 김예도는 음악감지의 방법을 활용한 구체적인 예를 설명한다. 학생들에게 느린 속도의 음악에 집중하고 이를 감지하게 함으로써, 한국춤에서 추구하는 '끈기와 비움' 등의 마음의 상태에 도달하도록 돕고 있다.

　　"저는 소리, 음악에 몸을 실으라고 합니다. 학생들은 염불, 굉장히 느린 가락에 승무를 추어

내면서, 승무에서 요구하는 끈기와 기다림, 비움 등의 자세가 온 몸에 깃들게 되죠." (교수자 김예도-I-12.06.16)

8) 반복연습

여덟째, 반복연습(反復演習)의 교수방법이다. 이는 '반복적으로 연습을 행하도록 하는 방법'을 말한다. 반복적인 연습은 흔히 신체활동의 기능향상을 위해 활용되고 있는 전통적인 방법이다. 하지만 인성이라는 내면적 차원을 교수하는데 있어서도 반복연습이 주요한 방법 중 하나라고 한국무용 교수자와 학습자들은 이야기한다. 교수자의 설명을 통해 의식적으로 인성적 차원을 배울 수도 있지만, 무한적인 반복을 통해 '저절로', 자연스럽게 한국춤에서 추구하는 마음의 경지에 도달할 수 있다고 주장한다. 이는 상대적으로 교수자가 개입이 덜한 방법으로, 학습자의 주체적인 학습과 깨달음을 강조하는 교수방법으로 볼 수 있다. 물론 반복연습의 방법을 통해 모든 학생이 인성적 차원을 감지하고 학습할 수는 없겠지만, 반복연습이 인성교수방법의 중요한 방법이 될 수 있음을 시사한다.

"무한연습이 중요하죠. 반복을 통해서 '이러한 마음을 가져야해, 이렇게 하라고 했어.' 라는 개념 자체가 없어질 만큼, 즉 몸이 알아서 저절로 돼서, 몸이 스스로 길을 알아서 가게 되고 생각이 없어지는 경지를 만들어 주는 것이죠." (교수자 박자연-I-12.05.15)

2. 간접교수방법

1) 실천권유

첫째, 실천권유(實踐勸諭)의 교수방법이다. 이는 '춤과 삶의 관련성 강조하고, 삶 속에서의 실천을 권장하는 방법'을 말한다. 교수자들은 한국무용이 올바른 인성의 표현을 중시하며, 이를 위해서는 춤을 출 때뿐 아니라 삶에서도 한국무용을 통해 인성을 가르치기 위해서는 일상에서의 인성 가다듬음이 필연적이라고 입을 모아 말한다. 한국무용은 내적 상태, 감정 상태를 포함한 인성적 측면을 드러내는 것이 핵심이기 때문에, 이를 위해서는 평소의 삶에서 춤에서 지향하는 마음가짐과 태도를 실천하는 것이 중요하다는 것이다. 그래서 교수자 박자연

은 춤과 삶의 깊은 관련성을 언급하고, 일상에서 감정을 조절하는 등의 실천을 독려하고 있음을 이야기한다. 이를 통해 한국무용 교수자들이 단순히 춤에서 인성을 학습하고 실천하는 일차원적인 교육에서 벗어나, 이것이 삶으로 확대될 수 있도록 심층적인 교육을 행하고 있음을 알 수 있다.

> "한국무용은 생활부터, 감정조절이 잘돼야 하죠. 내적인 춤이기 때문에 그것이 되어야 표현이 되죠. 그렇기 때문에 삶에서의 실천을 강조하죠. 한국춤에서 지향하는 감정 상태, 일상에서도 자신의 감정을 잘 감지하고 다스릴 수 있어야 한다고 늘 말하죠." (교수자 박자연-I-12.05.15)

2) 상황연계

둘째, 상황연계(狀況連繫)의 교수방법이다. 이는 '춤에 담긴 인성적 측면을 학습자의 상황과 연계하여 설명하는 방법'을 말한다. 한국무용 교수자들은 한국무용을 통해 인성적 측면을 가르치고, 나아가 삶으로 전이될 수 있도록 하기 위해 이것이 일상에서 적용될 수 있는 구체적인 상황을 연계하는 방법을 취하고 있다. 예컨대 한국무용에서는 '무욕(無慾)'이라는 생각, 혹은 욕심 등의 감정에서 벗어난 상태를 추구하는데 이것은 일상에서 행복을 누리는데 중요한 마음가짐이며 삶에 적용될 수 있는 덕목임을 간접적으로 설명하는 것이다. 이를 통해 실천을 직접적으로 권유할 수도 있지만, 연계 설명을 통해 학습자들이 춤에서 추구하는 인성적 측면이 삶으로 확대될 수 있음을 깨닫고 동기화될 수 있도록 자극하는 방법 또한 있음을 알 수 있다.

> "춤에서의 무욕의 마음을 일상에서 적용할 수 있죠. 살면서도 그냥 삶이 있음으로써 가득 찬 행복을 느끼죠. 생각이 다 끊어지고, 바램이 없어져야, 내가 행복하다는 것을 알게 되자나요. '성형해서 예뻐지면 행복할 거야, 문화재가 되면 행복할 거야.'라고 생각하는 동안 그 사람은 행복할 수 없다고 말하죠." (교수자 김무아-P(Rd)-12.06.19)

3) 직시직언

셋째, 직시직언(直視直言)의 교수방법이다. 이는 '학습자의 생각, 감정, 상황 등을 직관적으로 바라보고, 묘사와 조언을 해주는 방법'을 말한다. 교수자들은 인성을 가르치기 위해 학습자 스스로를 성찰할 수 있도록 독려하는 방법을 주요하게 활용하고 있었다. 특히 자신의 생각, 감정 등의 내면적 상태를 감지할 수 있도록 교수자가 학습자의 상태를 면밀히 파악하고 이를 설명하며 조언을 해주고 있었다. 학습자 서진양은 자신이 춤을 추는 장면에서나 일상에서 생각과 감정 등이 복잡할 때, 선생님이 자신의 상태를 직시하고 성찰을 권유함으로써 스스로 인지하고 이를 조절할 수 있게 되었다고 말한다. 이는 인성의 내면화를 위해서 학습자 스스로 자신의 내면적 상태를 느끼고 인지하는 등의 성찰이 중요하며, 이를 돕는 교수자의 판단과 안목, 설명과 조언 등의 교육적 조처가 중요함을 암시한다.

"제가 어떤 일이 생기면 흔들리고, 감정에 사로 잡혀서 헤어 나오지 못할 때가 많아요. 선생님은 내가 허상에 잡혀 있거나, 인정받고 싶어 할 때, 선생님은 "너의 마음은 욕심의 감정들이 가득 찼다. 너 보기를 먼저 해라."고 말해요. 나를 뒤돌아보고 성찰하는 것이 습관이 되었어요." (학습자 서진양-I-12.05.15)

4) 통찰대화

넷째, 통찰대화(洞察對話)의 교수방법이다. 이는 '학습자의 생각, 감정, 상황, 기질 등을 꿰뚫어보고, 대화를 나누는 방법'을 말한다. 위의 직시직언의 교수방법처럼, 학습자의 내면적 상태를 파악하고 직접적인 조언을 하는 방법 이외에, '대화'의 방법을 시도하여 상대적으로 우회적으로 학습자들이 자신의 내면을 성찰하도록 독려하는 방법 또한 활용되고 있었다. 교수자들은 학습자의 생각, 감정 등을 감지하고 이를 학습자가 인지할 수 있게끔 자연스럽게 대화를 시도하고, 이를 통해 학습자들은 자신의 감정 등을 직시하고 조절할 수 있게 되었다고 말한다. 특히 김타령은 이러한 통찰대화의 방법에서 가장 중요한 것은 학생의 상태를 감지하는 교수자의 안목이며, 이 방법은 학습자로 하여금 강렬한 자기직시와 내면적 변화를 이끌어낼 수 있음을 간접적으로 이야기한다.

제3부
무용교육의
방법

"제가 스트레스가 많았어요. 눌러놓았던 부분이 있었는데, 선생님이 제 마음을 읽고 자연스러운 대화로 그것을 터뜨려주셨어요. 선생님은 사람의 감정을 꿰뚫어보는 심미안이 있으세요. 그래서 어떤 때에는 눈물이 흐르기도 했어요." (학습자 김타령-I-12.05.22)

5) 성찰유도

다섯째, 성찰유도(省察誘導)의 교수방법이다. 이는 '질문, 토론, 과제제시 등을 통해 자발적인 사고와 성찰을 이끌어내는 방법'을 말한다. 한국무용 교수자들은 삶으로 확대된 인성을 가르치기 위해 학습자의 사고와 성찰을 중시하고 있으며, 이를 위해 교수자의 직간접적인 언급 뿐 아니라, '질문, 토론, 과제제시' 등의 다양한 방법을 활용하고 있었다. 학생들이 자신의 내면적 상태를 인지적으로 생각해보거나 반성해볼 수 있도록 하는 발문을 하고, 학생들끼리 토론을 할 수 있도록 화두를 던지며, 간혹 이를 글로 쓰게 하는 등의 다각적인 방법이 동원되고 있음을 알 수 있다. 교수자 김무아는 특히 질문의 방법을 적극적으로 활용하고 있었다. 특히 학습자들이 춤과 삶의 관계성, 춤에서 추구하는 마음의 상태가 삶과 어떻게 연관될 수 있는지를 성찰할 수 있도록 질문을 통해 자극하고 있다. 이는 삶으로 확장된 인성을 가르치는데 설명, 대화 뿐 아니라 질문, 토론 등의 다양한 언어적 방법 등이 활용될 수 있음을 시사한다.

"춤을 잘 추면 뭐해요? 춤이 여러분들에게 무엇인가요? 여러분들은 여기에 길들여져서 거울보고 기능이 잘되면 기분 좋아하는데, 그게 무슨 의미죠? 마음이 죽 끓듯이 하는데… 밤에 잠도 안자고 나와서 이렇게 연습할 필요가 없죠. 춤에서 표현하는 중도의 마음이 우리의 삶에 의미하는 바를 깊이 생각해 보길 바랍니다." (교수자 김무아-P(Rd)-12.07.03)

6) 철학노출

여섯째, 철학노출(哲學露出)의 교수방법이다. 이는 '교수자의 춤과 삶에 대한 신념, 가치관 등을 언어와 행동을 통해 드러내는 방법'을 말한다. 교수자들은 춤에서의 인성적 학습을 위해, 혹은 춤의 인성적 학습의 삶으로의 전이를 위해 춤과 삶에 대한 자신의 철학을 언어적 혹은 비언어적 행동을 드러냄으로써 가르치고 있었다. 한국춤은 기능적 측면이 아닌 마음의 내면적 측면이 중요한 춤이며, 특히나 이를 위해서 일상에서의 마음가짐과 실천이 중요함을 말과 몸을 통해 총체적으로 보여주는 방법을 취한다. 학습자 교수자는 자신의 신념과 가치관이 반영된 성실, 최선 등의 인성적 요소가 강조된 '수업방칙'을 적극적으로 활용함으로써, 학습자들이 인성적 측면의 중요성과 실천이 중요함을 느낄 수 있도록 하는 구체적인 방법을 활용하고 있다.

"저의 학습자들을 가르칠 때 저의 철학과 이상을 음으로 양으로 드러내죠. 나의 철학을 드러냄으로써 성실과 최선의 마음을 가르칩니다. 춤에서 마음이 중요하다는 것, 성실함, 예의가 중요하다는 저의 생각을 드러내죠. 학습자들의 출결석, 성실도를 중시하는 것도 그의 일종입니다." (교수자 김지경-I-12.06.05)

7) 모범실천

일곱째, 모범실천(模範實踐)의 교수방법이다. 이는 '일상에서 모범적으로 실천하는 방법'을 말한다. 한국무용 교수자들은 한국무용에서 추구하는 인성적 차원을 삶에서 실천하는 모습을 선보이는 간접적인 방법을 통해 인성을 가르칠 수 있다고 입을 모아 말한다. 언어적으로 혹은 직접적으로 특정 덕목과 실천의 방법을 강조할 수도 있지만, 자신이 직접 실천하는 모습을 드러냄으로써 학습자 스스로 감지하고 깨달을 수 있도록 독려하는 것이다. 학습자 성장단은 특히 자신의 선생님이 삶에서 직면하는 문제를 대하는 태도와 방식 등이 자신의 춤 뿐 아니라, 삶에도 큰 영향을 주었다고 자신의 경험담을 이야기 한다. 이는 교수자가 보여주는 실천이 천 마디의 말보다 지대한 영향을 미칠 수 있음을 시사하며, 설명, 시범 등의 의도적이며 직접적인 방법 뿐 아니라, 비의도적이며 간접적인 방법 또한 중요한 교수방법임을 다시금 알려준다.

"선생님은 춤에서 필요한 태도와 마음가짐을 강요하지 않으세요. 일상생활에서 몸소 실천하시면서 보여주시죠. 선생님의 삶을 대하는 태도, 삶의 문제를 해결해 나가는 방식과 태도가 저의 춤과 삶에 많은 영향을 주게 되었어요." (학습자 성장단-I-12.06.05)

제3부
무용교육의
방법

8) 관계형성

여덟째, 관계형성(關係形成)의 교수방법이다. 이는 '열정과 관심으로 대하고, 교사와 학습자, 혹은 학습자 간의 관계와 신뢰를 형성하는 방법'을 말한다. 한국무용 교수자들은 춤을 통해 일상으로 확대된 인성을 가르치는 방법으로 지속적으로 교수자들의 모범적인 언행과 실천을 강조하고 있다. 교사들이 일상에서도 춤에서 추구하는 마음가짐을 보여줌으로써, 학습자들이 자연스럽게 인성을 내면화할 수 있게 된다는 것이다. 이들은 학습자가 교수자의 삶의 문제를 대하는 모습을 들여다보고 영향을 받기 위해서는 긴밀한 관계형성이 필연적이라고 말한다. 교사가 애정을 가지고 학습자들을 교육하고, 깊은 관계가 형성되었을 때 학습자들의 인성학습이 자연스럽게 깊어진다고 말한다. 또한 학습자들 간의 관계가 형성될 수 있게 도와줌으로써, 서로에게 영향을 받고 인성을 실천할 수 있는 장을 마련하게 하는 것도 중요하다고 이야기한다. 이는 인성을 가르치는 가장 간접적인 방법이며, 다른 교수방법의 실천을 전제하고, 그 효과를 극대화하는데 기반이 되는 교수방법으로 볼 수 있다.

"궁중무용은 특히 선생님과 밀접해야 한다고 생각해서 관계를 가깝게 하죠. 그래야 깊이 있게 배울 수 있죠. 선생님의 삶도 들여다보고, 내 삶도 되돌아 볼 수 있죠. 무용실에서만 만나서 시간 정해서 봐서는 배움이 깊어질 수 없어요. 그리고 서로간의 배우는 것도 중요하죠. 서로 친밀감을 쌓으면서 서로에게 영향을 받을 수 있고, 그 마음을 서로에게 실천하면서 성장할 수 있죠." (교수자 손한얼-I-12.05.18)

IV. 한국무용과 인성지도

첫째, 한국무용에서 인성을 가르치기 위해서는 대체로 직접적인 교수방법이 활용되고 있음을 알 수 있다. 인성교수를 위해 사용되는 방법의 빈도를 살펴보면, 직접교수방법은 '인성강조와 해석설명'이, 간접교수방법은 '상황연계와 직시직언'의 방법이 상대적으로 많이 활용되고 있는 것으로 확인되었다. 이들은 내층인성과 심층인성을 가르치는 방법들 중 비교적 직접적이며, 언어적인, 가시적인 방법이라 할 수 있다. 현재 한국무용 교육장면에서는 한국무용의 인성이라는 것이 부각되어지지 않고 있으며, 그만큼 교육적 고려가 이루어지지 않고 있다(박혜연, 2013, 2014). 이러한 상황을 고려하였을 때, 학습자들에게는 다소 생경할 수 있는 인성을 가르치기 위해서 비교적 명확한 교수자의 지시가 주로 활용되는 것이 아닐까 사료된다.

둘째, 한국무용을 통한 인성교육을 위해서는 보다 다각적인 교수방법의 접근이 이루어져야 함을 알 수 있다. 최근 무용교육 분야에서는 내면적, 정신적 측면의 교수방법에 대한 연구가 이루어지고 있다. 내면적 측면을 전달하기 위해서 직접적 혹은 비유적 설명과 연습 등의 직접교수방법과, 간접적인 체험을 권유하고 언행 자체를 드러내는 간접교수방법이 필요한 것으로 드러났다(오현주, 2008; 최의창, 박혜연, 2013; 최의창, 임수진, 2013). 이는 본 연구에서 관찰된 인성교육방법과 상당히 일치하는 부분이 많다. 특히 직접적 혹은 비유적 설명은 '해석설명'의 인성교육방법과 일맥상통하며, 몰입을 돕는 연습방법은 '반복연습'의 인성교육방법과 상통하는 개념으로 볼 수 있다. 또한 간접적인 체험의 권유는 본 연구의 '체험장려'의 방법과 일치하며, 교수자가 펼치는 생각과 행동 전체를 말하는 내면전이의 방법은 본 연구의 '간접교수방법 전반'과 유사한 개념이라고 볼 수 있다.

하지만, 본 연구에서는 기존의 내면적 측면을 가르치기 위한 교육방법을 보다 확장시켰다는 점에서 차이점이 있다. 설명과 연습 등의 비교적 소수의 직접교수방법이 제안되었던 것에 비해, 본 연구에서는 구체적인 수준에서 다양한 교수방법이 제시되었다고 볼 수 있다. 또한 기존의 연구는 한국무용의 내면적 교육내용 자체를 가르치기 위한 교육방법에 초점을 두었다면, 본 연구는 이를 내면화하여 자신의 삶으로 확장, 전이시킬 수 있는 방향으로 나아가기 위해서 어떠한 방법이 필요한지까지를 포괄적으로 살펴보았다. 그 결과 비교적 다양한 간접교수방법을 발견할 수 있었다. 본 연구에서 드러난 세부적이며 구체적인 간접교수방법의 활용을 통해 보다 삶으로 전이되는 심층적인 내면적 변화를 꾀할 수 있지 않을까 기대한다. 하지만 본 연구가 인성교육 교수방법의 다양한 스펙트럼을 도출하기 위해 전문무용교육자들의 의견 또한 반영하였다. 따라서 학교현장의 무용교육자들이 다각적인 교수방법을 활용하기 위해서는 이에 대한 사용방법을 보다 구체적으로 매뉴얼화하고, 체계적인 교사교육이 후행되어야 할 것이다.

셋째, 한국무용에서 인성을 가르치기 위해서는 교과의 특성을 고려한 교수방법을 활용해야 함을 암시한다. 인성교육에서는 오래 동안 간접교수방법이 중요시 여겨졌다(임병덕, 2009). 특히 동양의 인성교육전통을 살펴보면 계율준수, 경전공부, 암송 등의 타율적이며, 직접적인 방법을 사용하기도 하지만, 참선, 서사, 토론 등의 자율적이며, 간접적인 학습을 강조하고, 교수자가 솔선수범하는 간접교수가 필연적임을 알 수 있다(강봉수, 2006; 박병기, 2009; 이미종, 2009). 한국무용을 통한 인성교육을 위해 계율준수와 같은 매우 직접적인 교수방법을 사용하는 것은 아니지만, '실천권유' 등의 방법을 통해 일상에서의 실행을 유도하는 교수방법이 필요한 것으로 나타났다. 또한 참선과 같이 극단적으로 간접적인 방법은 아니지만, 개인의 자발적 사고, 성찰, 사색 등을 유도하는 '통찰대화', '성찰유도'의 방법을 활용하고 있음을 알 수 있다. 나아가 교수자가 일상의 다양한 상황을 연계하며 설명하는 '상황연계'의 방법은 인성교육 및 도덕교육의 방법으로 제안되고 있는 서사적 접근(박재주, 2012; 이왕주, 2003)으로 해석될 수 있으며, '철학노출', '모범실천' 등의 간접교수방법은 전통적인 인성교육에서 강조하는 교수자의 모범, 솔선수범(금교영, 2014)의 교수방법으로 해석될 수 있다.

이를 통해 한국무용을 통한 인성교육방법은 그간의 동양적 인성교육방법과 상당부분 일치하지만, 비교적 덜 직접적이며, 덜 간접적인 방법이 사용되고 있다고 할 수 있다. 이는 한국무용이 인성 그 자체만을 목적으로 하는 활동이 아니고, 예술성과 같은 다양한 지향점을 갖기 때문일 것이다. 도덕, 종교와 같이 인성 자체가 유일한 교육내용이자 목적인 교과가 아니기에 상대적으로 덜 직접적인 방법이 활용되고 있으며, 한국무용의 인성교육적 차원을 감지하고 내면화하기 위해서는 어느 정도의 안내와 도움이 필요하기 때문에 상대적으로 덜 간접적인 방법이 활용되고 있는 것으로 사료된다. 또한 일반인성교육방법과는 달리 '반복연습', '호흡집중'과 같은 독특한 교수방법이 활용되고 있다. 즉 이들은 한국무용이라는 교과적 특성에 부합한 교수방법이라 할 수 있다. 이점은 각 교과의 인성교육을 실행할 때, 그 교과내용을 고려한 교수방법이 활용되어야 함을 시사한다.

V. 제언

　본 연구의 결과와 논의를 바탕으로 향후 연구와 관련된 몇 가지 사항을 다음과 같이 제안한다. 첫째, 한국무용교육에서 인성의 개념, 내용, 방법에 대한 보다 심도 있는 '이론적 논의'가 이루어져야 한다. 한국무용을 통한 인성교육과 관련된 연구는 초기 단계에 있다고 할 수 있다. 본 연구는 매우 기초적인 연구로, 한국무용에서의 인성교육과 관련하여 밑그림을 그리는 작업이었다고 생각한다. 따라서 보다 많은 전문가들과 함께 인성교육과 관련된 전반적인 사항들에 대해 세부적인 수준에서 심도 있게 논의가 이루어져야 할 것이다. 특히 본 연구는 비교적 인성교육에 중요성을 공감하는 소수의 교수자와 학습자를 대상으로 이루어졌으며, 연구의 기간도 제한이 있었다. 전문가 회의를 거쳤지만 가치와 효용성을 충분히 검증받았다고 할 수 없다. 또한 미처 발견하지 못한 교수방법도 물론 존재할 것이다. 따라서 전문가들과의 이론적 논의를 통해 인성교육의 방법에 대한 연구 결과를 검토하고, 내용을 확대하는 작업이 이루어져야 할 것이다.

　둘째, 한국무용 교육장면별, 장르별로 인성교육을 위한 구체적인 '프로그램 개발'이 필요하다. 실제적으로 인성교육이 이루어지기 위해서는 프로그램의 개발이 필수적이다. 본 연구에서는 인성교육방법을 제안하는데 그쳤다. 본 연구 결과를 토대로, 현장에서 적용 가능한 다양한 프로그램의 방향성을 모색하고 개발하는 작업이 이루어져야 할 것이다. 먼저 교육장면별로 프로그램이 다양화될 수 있다. 일반적으로 한국무용 교육장면은 전문무용, 학교무용, 생활무용으로 구분된다. 가르치는 장면에 따라, 교육의 목적, 내용, 방법, 수준이 달라질 수 있다. 따라서 각 교육장면의 특성과 상황을 고려하여, 그에 맞는 구체적이며 실현가능한 프로그램이 개발되어야 할 것이다. 또한 궁중무용, 종교무용, 민속무용에 따라 다양하게 프로그램이 개발되어야 한다. 본 연구에서도 미약하게나마 각 장르별로 방법에 있어서 다소 차이가 있음을 알 수 있었다. 따라서 각 장르의 특성을 고려하여 프로그램을 고안해야 할 것이다. 나아가 더 구체적인 수준에서 작품별로 프로그램이 만들어진다면, 현장의 교수자들이 유용하게 활용할 수 있을 것이라 생각된다.

　셋째, 현장 적용가능성의 검토와 이상적 방향의 모색을 위해 '실행연구'가 이루어져야 한

제3부
무용교육의
방법

다. 타당성과 실효성을 검토받기 위해서는 현장에서의 적용과 실천이 필수적이다. 다양한 교육장면에서 실제적으로 교육을 행함으로써 현장에서의 적용 가능성을 검토할 수 있을 것이다. 예컨대, 제안된 교수방법 중에는 실행 가능한 것도 있지만, 실행 불가능한 방법이 존재할 수 있다. 현장에서의 실천과 비판적인 검증 과정을 통해 연구의 실효성을 검증받을 수 있을 것이라 사료된다. 또한 실행연구는 보다 이상적인 방향의 인성교육을 모색하는 데에도 큰 도움을 줄 것이라 생각한다. 교수자들은 주어진 여건 내에서 최적의 교수방법을 취하거나, 자신만의 스타일을 반영하여 수정, 변형하는 융통성을 발휘할 것이다. 이러한 과정 속에서 좋은 교수방법을 발견하고, 인성교육을 위한 구체적인 방안이 모색될 수 있을 것이다.

참고문헌

강봉수(2006). 한국 전통 도덕교육론. 서울: (주)한국학술정보.
고동완(2004). 비행청소년의 인성발달을 위한 무용 프로그램 효과연구. 한국무용교육학회지, 15(2), 181-204.
교육과학기술부(2011). 2009 개정 체육과 교육과정. 서울: 교육과학기술부.
교육과학기술부(2014). 2014년도 인성교육 강화 기본계획. 서울: 교육과학기술부.
김경숙(2012). 청소년기 인성교육을 위한 궁중춤 지도방안: 처용무를 중심으로. 한국무용연구, 30(3), 1-22.
김명회(2014). 한국 무용교육의 시대적 동향과 과제 연구. 한국무용교육학회지, 25(1), 23-39.
금교영(2014). 인격전형과 인성교육 연구: 인격전형의 인성교육 모델효과. 동서철학연구, 72, 439-461.
박병기(2009). 동양 도덕교육론의 현대적 해석. 서울: 인간사랑.
박재주(2012). 인격 함양의 도덕교육. 서울: 철학과현실사.
박혜연(2012). 한국무용의 교육내용은 무엇인가?: 기능의 차원과 정신의 차원. 한국무용기록학회지 24, 59-74.
박혜연(2013). 심성교육을 위한 한국무용 교육내용의 구조화. 한국스포츠교육학회지, 20(4), 1-20.
박혜연(2014). 무용을 통한 심성교육: 문헌분석에 기반한 가능성과 과제 탐색. 무용역사기록학회, 34, 91-115.
오현주(2008). 한국 전통춤 교육에의 하나로 수업모형 적용. 한국스포츠교육학회지, 15(3), 25-42.
이미종(2009). 심성함양의 방법적 원리로서의 불교수행론. 도덕교육연구, 20(2), 123-145.
이왕주(2003). 서사와 도덕교육. 부산: 부산대학교출판부.
이현주, 박혜연(2014). 표현활동에서 창의성 가르치기: 중학교 표현활동 지도의 어려움 및 통합적 지도방안 탐색. 한국여성체육학회지, 28(3), 167-180.
이홍우(2003). 교육과정이론. 서울: 교육과학사.
임병덕(2009). 키에르케고르와 비트겐슈타인: 심성함양의 방법. 도덕교육연구, 20(2), 27-48.
정현우(2010). 체육교사 간접교수행동의 교육적 효과. 미간행 석사학위논문. 서울대학교 대학원, 서울.
최의창(2010a). 스포츠맨십은 가르칠 수 있는가?: 체육수업에서의 정의적 영역 지도의 어려움과 가능성. 한국스포츠교육학회지, 17(1), 1-24.
최의창(2010b). 인문적 체육교육과 하나로 수업: 통합적 체육수업의 이론과 실제. 서울: 레인보우북스.
최의창(2014). 기법과 심법: 교수방법의 잃어버린 차원을 찾아서. 교육철학, 36(3), 127-156.

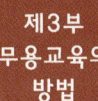

제3부
무용교육의
방법

최의창, 박혜연(2013). 한국무용 잘 가르치기: 무용정신의 교수방법 탐색. 한국스포츠교육학회지, 20(1), 45-67.

최의창, 박혜연, 신주경(2012). 껍데기와 알맹이: 교육내용으로서 한국무용정신의 구성요소 탐색. 한국무용기록학회지, 26, 135-161.

최의창, 임수진(2013). 발레정신 지도에 있어서 간접교수방법의 유형과 역할. 한국무용기록학회, 30, 219-243.

황인주(2001). 기능적 관점에 따른 무용교육의 문제점과 발전방향 분석. 한국체육학회지, 40(4), 539-548.

Chappell, L. (2007). Creativity in primary level dance education: Moving beyond assumption. *Research in Dance education, 8*(1), 27-52.

Clippinger, K.(2007). *Dance anatomy and kinesiology: Principles and exercise for improving technique and avoiding common injures*. NE: Human Kinetics.

Gilbert, A. G. (1992). *Creative Dance*. Reston: AAHPERD.

Kassing, G., Jay, D. M. (2003). *Dance teaching methods and curriculum design*. Champaign, IL : Human Kinetics.

Oakeshott, M. (1967). *Learning and Teaching. R. S. Peters* (ed). The Concept of Education. London: Routledge & Kegan Paul. 156-176.

Spradley, J. P. (1980). Participant observation. New York: Holt, Rinehart & Winston. 신재영 역(2006). 참여관찰법. 서울: 시그마프레스.

연구문제

1. 기능교육을 위한 한국무용 교수방법과 인성교육을 위한 한국무용 교수방법에는 어떠한 차이점이 있는지 비교해보자.
2. 한국무용을 통해 인성을 가르치기 위해서, 교수자의 인성은 왜 중요하며, 어떠한 인성을 갖추어야 하는지 생각해보자.
3. 한국무용을 통해 배운 인성을 내면화하여 삶의 장면에서도 실천할 수 있도록 하기 위해, 교수자들은 어떠한 노력을 기울여야 하는지 생각해보자.

제3부
무용교육의
방법

제11장 무용교육자의 심성적 자질과 함양*

홍애령

> 최근의 무용교육은 창의성과 감성, 인성 함양을 위한 문화예술교육으로서 대중적인 관심과 양적인 증대를 실현했다. 그러나 내실을 들여다보면 무용교육의 핵심이 되는 교육목적과 내용, 무용교육자의 전문성에 대해 공적으로 합의된 바가 부족하다. 이에 무용교육은 어떠한 성격의 활동이며, 특히 이를 가르치는 교육자는 어떠한 전문성을 지녀야 하는지 심층적으로 탐색해야 할 필요성이 있다. 본 장에서는 무용교육자의 전문성에 관한 기초연구로서 문헌연구를 통해 기존의 관점을 파악하고, 전문성의 두 가지 차원 중 상대적으로 간과하였으나 중요한 차원인 심성적 자질을 재조명한다. 먼저, '무용을 기술적으로 잘하는 방식'과 관련된 무용기능을 가르치는 교육, 공연 기예로서 무용에 접근하는 관점을 반성하고, '무용을 예술적으로 잘하는 방식'과 관련된 무용정신을 가르치는 교육, 공연 예술로서 무용에 접근하는 관점을 지향한다. 다음으로 국내외 무용교육관련 협회에서 요구하는 교육자의 자격표준과 윤리강령의 사례를 통해 실제 현장에서 요구하는 심성적 자질은 구체적으로 어떠한 것인지 파악하고, 이를 함양할 수 있는 몇 가지 방안을 제안한다.

---

* 홍애령(2012). 무용교육자 전문성의 핵심 차원으로서 심성적 자질의 재조명과 함양 방안. 한국스포츠교육학회지, 19(1), 23-42.

I. 무용교육의 명과 암

바야흐로 무용의 시대이다. 최근처럼 학교 운동장, 시청 앞 야외공원, 심지어 지하철 역사에서까지 무용을 빈번히 접하던 때가 있었을까? 고구려 벽화에 흔적을 남겼던 한국무용, 르네상스 시대 이탈리아 메디치 가문에 의해 뿌리를 내렸던 발레를 비롯하여, 현대무용, 재즈댄스, 댄스스포츠에 이르기까지 다양한 장르의 춤들이 행해지고 있다. 과거 귀족들의 고급예술이자 교양 있는 시민들의 전유물이었던 무용은 이제 일반 대중에게는 문화예술로, 어린 학생들에게는 표현활동으로, 소수의 재능 있는 자들에게는 영재교육으로 널리 전해지고 있다. 전국 유수의 예술 중·고등학교, 대학에서 무용전공자들이 매년 배출되고 있고, 어린 발레무용수들의 해외 콩쿠르 입상과 왕성한 활동 소식이 빈번히 전해지고 있다. 전공자들뿐만 아니라, 무용을 배우고 싶어 하는 일반인들의 욕구를 반영하듯 각종 문화센터와 학원에서 무용 강좌가 인기리에 개설되어 있다. 우후죽순처럼 무용을 배울 곳이 많아지니, 보다 나은 교육을 제공하는 곳은 어디인지 고민하게 된다. 이는 자연스레 '어떠한 사람이 무용을 가르치는가?'라는 질문으로 이어진다. 이왕이면 제대로 능력을 갖춘 교육자, 전문성을 지닌 교육자에게 지도받기 원하는 것은 당연한 일일 것이다. 이처럼 무용 참여 인구의 증가와 수준 높은 교육에 대한 요구는 무용교육자의 전문성에 대한 새로운 시각을 요청하고 있다(강미선, 1998; 김명주, 2004).

2000년대 문화예술교육의 발달과 더불어 창의성, 감수성, 인성을 가르칠 수 있는 전인교육의 한 교과로서 무용에 대한 관심은 그 어느 때보다 뜨겁다(김재은, 2007; 박은희, 2008). 실제 한국문화예술교육진흥원을 비롯하여 서울문화재단, 한국문화예술위원회 등 예술을 다양한 대상과 계층에게 보급하고 교육하는 것을 목적으로 삼는 기관에서는 교육프로그램 및 운영에 관한 프로젝트와 연구가 분수령을 이루고 있다. 한국문화예술교육진흥원(www.arte.or.kr)은 초·중등학교의 정규교과 및 재량활동을 통한 무용중심의 예술통합교육을 시행하고 매 학기 의무적인 강사연수를 진행하고 있으며, 서울문화재단(www.sfac.or.kr)도 전문예술교육가(TA) 양성과정을 통해 배출한 교육가들을 초·중등학교에 파견하는 지원사업과 서울창의예술학교 교육프로그램을 운영 중이다.

제3부
무용교육의
방법

이러한 사회적, 문화적 관심에도 불구하고, 무용교육의 중책을 맡고 있는 무용학계에서는 무용교육자에 대한 집중적, 체계적 접근이 부족했다. 무용학, 그 중에서도 무용교육학은 독자적인 학문 체계를 이루지 못했을 뿐더러, 현장의 무용교육에 대한 지속적인 관심을 보여주지 못했다. 특히 실용적인 프로그램이나 모형 개발에 앞서 무용교육의 철학이나 목적에 대한 본질적인 논의가 부족하여 겉으로 드러나는 무용 기능의 발달에 주목하고 있다(황인주, 2001). 뿐만 아니라 현장의 실기교육은 학생을 가르치는 교육임에도 불구하고 교육학적 지식이나 이론과 동떨어져 실행되고 있다. 이러한 현상은 무용교육 및 교육자에 대한 연구가 이루어진 배경을 통해 그 원인을 찾아볼 수 있다.

무용교육연구는 일반적인 교육연구에 비해 상당히 늦은 1980년대에 증가하기 시작했으며, 그 중에서 무용교육자에 대한 연구는 1990년대에 이르러서야 본격적으로 이루어졌다(강미선, 1998). 이들 연구는 연구내용상 교육자, 학부모의 인식, 영향에 편중되거나(이원주, 2007; 정원정, 2005), 연구방법상 양적 연구 위주(배진모, 2003; 이은경·이종철·김지성, 2000)였기에, 수업 속에서 교육자와 학생 간에 긴밀히 이루어지는 상호작용이나 이를 통해 요구되는 전문성에 대한 구체적인 논의가 부족했다. 더욱이 철학적 근거와 원론적인 고민보다는 교육 현장에 바로 적용하기 위한 실용 위주의 연구들이 대부분이어서 근본적으로 무용교육은 어떠한 성격의 활동인지, 그것을 가르치는 교육자는 어떠한 능력을 지닌 사람인지에 대해 뚜렷하게 밝혀진 바가 없다(김명주, 2004; 신지혜·정지혜, 2010).

최근까지도 무용교육연구는 다른 무용학 연구에 비해 연구의 주제나 관심사가 분산적이며(김채원, 2008), 한 분야에 대한 집중적인 연구보다는 단기적인 프로그램 개발과 시기적으로 관심 받는 주제에 대한 연구가 대부분이었다(박중길·장선애, 2004). 1990년대에 이루어진 소수의 무용교육자연구 또한 실제 그들에게 어떠한 방식으로 도움이 될 수 있는지에 대해서는 다소 회의적이었다. 대부분의 연구가 무용교육자가 어떠한 능력을 갖추어야 하며, 어떠한 자질을 갖추어야 하는지에 대한 구체적인 방향과 방안을 제시하지 못하였으며, 단지 현장에서 일어나는 교수현상에 초점을 두고 있었기 때문이다. 이러한 현상에 문제의식을 지닌 연구자들은 2000년대에 들어 무용교육자의 '자질', '전문성'을 연구하기 시작했다(김명주, 2004; 박중길·장선애, 2004; 신지혜·정지혜, 2010). 이들은 모두 무용교육자의 전문성에 대한 보다 구체적인 연구의 필요성을 제기하고 무용교육자는 어떠한 자질을 지닌 사람이며, 이를 개발하기 위해서는 어떠한 노력이 필요한지에 대해 심도 있는 논의를 요구하고 있다. 본 연구의 목적은 무용교육자의 전문성에 대한 지배적인 관점을 파악하고, 전문성의 두 가지 차원이 있음을 드러내며, 상대적으로 간과하였으나 매우 중요한 차원인 심성적 자질에 대하여 재조명하도록 하는 것이다.

II. 전문성에 대한 지배적인 관점

1. 무용교육자와 전문성의 개념

논의에 앞서 '무용교육자'라는 용어의 의미를 살펴본다. 현재 무용교육자를 일컫는 용어는 일관적이지 않고, 그들이 어떠한 활동을 하는지에 대해 교육적 차원에서 명백히 밝혀진 바가 없다. 일반적으로 '무용을 가르치는 선생님'을 의미하는 단어들로 무용교사(dance teacher)(한국무용교사협회, www.danceteacher.or.kr), 강사(dance instructor)(한국문화예술교육진흥원, www.arte.or.kr), 지도자(dance leader)(김은영, 2008) 등이 혼용되고 있다.

그러나 객관적으로 그 의미를 살펴보았을 때, 무용은 학교교육의 정규 교과가 아니며 학교 외의 다양한 영역에서 교육이 이루어지고 있기 때문에 '교사'라는 표현은 공식적인 용어로 부적합하다. '강사'는 비정규적인 직업, 직책을 의미하고, 최근 빈번히 사용하는 '지도자'도 가르치는 사람이라는 의미 외에 리더, 책임자와 같은 의미를 부각시켜 능력적인 역량에 초점을 둔 표현이다. 그러므로 여기에서는 다소 포괄적인 의미로 무용을 가르치는 사람의 전문성을 다루고자, '무용교육자'(dance educator)라는 용어를 사용한다. 무용교육자는 무용교사의 의미를 포괄하며, 다양한 분야에서 일방적인 방식으로 무용을 가르치는 전달자가 아닌 학생의 잠재력을 이끌어내는 전수자로서의 의미를 지닌다. 이들은 학생에게 무용기능뿐만 아니라 홀리스틱 매너(holistic manner)를 가르치고, 통합적이고 다양한 방법으로 이들이 삶 속에서 표현성을 충분히 발현할 수 있도록 한다(Koff, 2004).

일반적인 영역과 마찬가지로 무용 분야의 전문성을 논할 때, 비교되는 몇 가지 개념들이

있다. 재능(talent)(유진·조경아, 2006), 능력(ability)(김현남, 2010), 역량(competence)(김정숙·이병준, 2009), 리더십(김은영, 2008), 임파워먼트(최소빈, 2003), 창의성(조보경·이상돈·이범진, 2005)이 그것이다. 일반 교육학(소경희, 2007), 과학(서혜애·박경희, 2010; 허명, 2006), 의학(박보영, 2008), 수학(방정숙, 2003; 최수일, 2009), 도덕(신현우·조석환, 2010), 체육(유정애, 2000)에서도 교육자의 전문성에 대한 논의는 위와 같은 개념들을 통해 가능했다.

무용교육자의 전문성은 교육을 수행할 수 있는 능력뿐만 아니라 학생을 대하는 인간관계, 교사로서의 인성, 교사역할을 위한 적응능력 등 다양한 측면을 지니고 있다. 그러한 점에서 위의 용어들은 교육자가 지녀야 할 능력적인 측면은 표현할 수 있을지 몰라도 심성적인 측면을 담아내기에는 역부족이다(최의창, 2011a). 특히 교육자로서 학생을 대하는 데에 결정적인 영향을 미치는 심성(disposition), 인성(humanity), 태도(attitude)에 대한 논의가 부족하다. 그러므로 무용교육자의 전문성에 대한 재개념화와 동시에 능력적 자질과 심성적 자질의 두 차원이 존재한다는 것을 인식할 필요성이 있다. 그리고 이 논의는 "무용교육을 잘 하는 것"이 어떤 의미인지 재검토하는 것부터 선행되어야 한다.

2. 전문성의 두 차원

무용교육자는 자신의 일이 어떠한 성격의 활동인지 분명히 이해하고 교육에 임할 때 비로소 전문성을 발휘할 수 있다. 무용교육자의 일은 무용교육의 목적, 내용과 방법이 무엇인가와 연관되어 있다. 즉, 좋은 무용교육자가 되기 위해서는 무용교육을 왜 하는지, 교육에 담아낼 교육내용은 무엇인지, 이를 어떠한 방법으로 가르쳐야 학생들이 무용을 제대로 배울 수 있는 것인지에 대한 고민과 탐구가 필요한 것이다(McCutchen, 2006). 이 절에서는 전문성의 두 차원에 대해 살펴본다.

최의창(2002, 2009, 2010, 2011a)은 체육교사가 갖추어야 하는 전문성을 기법적 전문성과 심법적 전문성의 두 가지 차원으로 구분하였다. 이 두 차원은 체육교육이 단순히 학생에게 기능과 지식을 전달하고 습득하는 일에 그치지 않고, 학생의 내면과 삶에서의 변화를 이끌어낸다는 사실에 근거한다. 체육교사가 학생의 기능증진만이 아니라 심성함양도 이루어내기 위해서는 기법적 전문성뿐만 아니라 심법적 전문성이 필요하다. 즉 체육교사는 운동의 기능, 전술, 규칙을 가르치는 일을 통해서 학생의 마음과 태도와 정신을 변화시키는 것이다. Pascual(2006)도 체육교사의 전문성을 규정하면서 그동안 능력적 측면(the professional)에 편향되어왔음을 인식하고, 인성적 측면(the personal)이 함께 중요시되어야 한다고 주장했다. Hoffman(2009)은 체육전문인의 전문성으로 기능적, 시장지향적 전문성(mechanical, market-driven professionalism)과 사회적, 시민지향적 전문성(social trustee, civic professionalism)을 제시하여 능력적 차원의 유능함과 심성적 차원의 사람됨이 중요한 요소임을 입증해주었다. Sergiovanni(1995)는 좋은 교사(good teacher)와 탁월한 교사(excellent teacher)의 차이점에 주목했다. 좋은 교사는 학교 경영, 인간관계, 수업 운영 등에서 유능하지만, 그 능력을 자신의 삶과 교육활동에 구현하기에는 부족한 점이 있다. 그러므로 교사는 교실과 학교에서 자신의 목적을 명확하게 깨닫고, 이를 자신의 말과 행동으로 실천하는 탁월한 교사가 되어야 한다(허영주, 2010). 그의 표현에 의하면 탁월한 교사가 되기 위해서는 내면의 깨달음을 통해 영적인 성숙을 이루어야 한다.

이러한 논의는 비단 체육뿐 아니라 과학, 수학, 의학, 간호학 분야에서도 제기되어 왔다. 교육자는 내용학과 교육학, 교과교육학, 교양과 더불어 태도 및 사명감, 인격 및 성품을 지녀야 하기 때문에 예비교사들에게도 이러한 부분의 교육이 이루어져야 된다(허명, 2006). 본 연구에서는 무용교육자의 전문성을 규명함에 있어 최의창(2002, 2009, 2010, 2011a)의 구분을 참고하여 능력적 자질과 심성적 자질로 구분한다. 무용과 관련된 전문적 지식과 기능, 구체적으로 무용교육과정과 교수법에 대한 이해, 교육내용과 방법에 있어서의 능수능란함은 능력적 자질과 관련되어 있다. 무용 속에 깊이 잠재된 무용의 핵심이자 본질을 바라볼 수 있는 안목을 지니는 것은 심성적 자질과 관련되어 있다. 다음 장에서는 무용을 잘 하는 두 가지 방식을 대비하여 논하고, 이를 전문성의 두 차원과 연관 지어 살펴보겠다.

제3부
무용교육의
방법

Ⅲ. 무용을 잘하는 두 가지 방식

1. 기술적 합리성에 근거한 무용 잘하기

무용을 잘 하는 사람이란 턴을 잘 돌고, 점프를 높이 뛰는 사람인가? 그렇다면, 무용을 잘 가르치는 교육자는 학생을 출중한 테크닉을 지닌 무용수로 성장시킨 사람일 것이다. 그러나 그것만으로 온전히 무용을 잘한다고 볼 수 있는가? 무용은 오랫동안 인간 문화의 한 부분이었고(홍은숙, 2007) 그것을 가르치고 배우는 과정 또한 오랫동안 행해져왔기 때문에(오현주, 2008; 최성은, 2004) 그 속에 담긴 역사, 철학, 문화, 전통 속에 무용의 가치 있는 핵심들이 녹아들어 있음을 짐작할 수 있다. 무용교육은 인간형성과 밀접한 관계를 지니고 있으므로(김경숙·함지선, 2001; 신지혜·정지혜, 2010), 이러한 부분들은 차치한 채, 무용의 기술, 테크닉의 완숙만으로 온전히 무용을 익혔다고 할 수 없다.

만약 이러한 관점으로 무용교육을 바라본다면, 이는 그동안 전 사회에 걸쳐 팽배했던 기술적 합리성에 근거한 관점에 사로잡힌 것이다. 즉, 단순한 무용 기능의 발달, 기능훈련의 무용교육, 무용의 기술, 지식에만 초점을 둔 교육만이 무용교육의 전부라고 생각하는 관점이다. 이러한 관점을 고수한다면, 현장의 무용교육자들이 그토록 지적해왔던 기능중심 무용교육으로 회귀하는 결론밖에 도달하지 않는다(장명주, 2011; 홍수민, 2010; 홍애령·최의창·박혜연·임수진·김나이, 2011). 무용기능을 가르치고 배우는 것은 무용의 진정한 의미를 찾고 참된 예술 활동에 입문하기 위한 초기 단계에 불과하다. 초기 단계에만 집중하여 학습자를 교육하고, 교육자를 양성해왔던 것이다. 이러한 상황은 국외도 비슷하다. 영국의 국제댄스교사협회(IDTA, www.idta.co.uk)와 황실댄스교사협회(ISTD, www.istd.org)는 무용교육자 자격시험에서 동작의 숙련도를 판가름하는 실기평가와 학생 지도 방법에 대한 간단한 구술평가만으로 자격을 부여한다. 캐나다의 무용교육자 표준(Canadian Dance Teaching Standards) 역시 무용교수이론, 실습경험, 응급처치 및 상해 방지 등을 교육하는 워크숍의 이수를 기준으로 자격을 부여하고 있어 무용기능, 지식 외의 다른 활동과 경험에 대한 언급은 찾아볼 수 없었다.

무용기능만을 반복 연습하여 테크닉적으로 뛰어난 실력을 보여주는 것을 '기술적으로 무용 잘하기'라고 부른다면, 이는 무용을 '무대 공연'으로서 행하는 것이며 일종의 '공연 기예'를 선보이는 것에 지나지 않는다. 기예로서 무용을 행한다면 서커스나 아크로바틱 등 재주를 겨루는 행위와 다를 바가 없으므로 예술로서 무용의 의미를 찾고자하는 학계와 대중의 기대를 저버리는 결과를 낳을 것이다. 일반적으로 기술적 합리성은 기능적으로 뛰어남을 지향하기 위해 과학적, 합리적 근거와 이론을 도입하는 것을 의미하지만, 이를 무용교육과 같은 예술 영역에 비판의식 없이 적용할 경우, 무용 속에 내재된 철학, 가치, 태도, 역사, 문화, 전통 등은 등한시한 채 테크닉과 기술 연마를 위한 동작 연습으로 전락시킬 위험이 있다(장명주, 2011; 홍수민, 2010; Carr, 1984).

2. 실천적 합리성에 근거한 무용 잘하기

MacIntyre(1984)의 '실천전통'(a practice)에 근거하면 무용은 '문화적으로 가치로운 인간의 실천활동'(a culturally valued human practice)이다(최의창, 2003; Arnold, 1997). 실천전통의 관점에서 무용을 잘 하는 것은, 기술적 합리성에 근거한 '기술적으로 무용 잘하기'와 대비되는 '예술적으로 무용 잘하기'라 할 수 있다. 즉 무용기능과 더불어 무용정신을 체득하여 예술적인 감수성, 심미적 표현성을 실현하고 이를 삶으로 전이시키는 것이다(한혜리, 2000; 황인주, 2008). 무용기능 속에 담겨진 의미를 찾고 동작 속에 내포된 참맛을 알아가는 것이야말로 진정한 예술 활동으로서 무용을 잘 가르치고 배운 것이라고 할 수 있다(유창경, 2009; 최성은, 2004; Choi, Hong & Hong, 2010). 실천전통을 근거로 한 무용교육철학은 기술적 합리성과 대비시켜 실천적 합리성으로 간주할 수 있다. 과학적, 체계적으로 합리화된 방식으로 무용교육을 추구하는 것과 달리 실천적, 문화적으로 합리화된 방식의 무용교육을 추구하는 것이기 때문이다.

'예술적으로 무용 잘하기'는 무용을 통한 인간의 심성배양, 정신체득의 무용교육이라고 할 수 있다. 이것은 무용의 전통, 역사, 철학, 정신, 안목에 초점을 둔 교육으로 인간의 삶을 풍요롭고 가치 있게 구현하기 위한 한 가지 활동으로서 무용을 인식하도록 도와준다(홍은숙, 2007; Oakeshott, 1967). 즉, 삶의 일부, 혹은 '실천전통으로서 무용'에 입문할 수 있도록 하는 것이다. 또한 무용공연은 단순 기예의 경연이 아닌 무용 속에 담긴 인간의 감정, 사고, 철학을 관객에게 전달하는 '공연 예술'로 승화할 수 있도록 해준다. 학생들이 무용을 예술적으

제3부 무용교육의 방법

로 잘하도록 하기 위해서는 무용이 교육적으로 지닌 내재적 가치를 전달하여 동작 속에 담긴 역사적, 문화적 의미를 곱씹어 보며 예술교육으로서 무용을 인식하도록 해야 한다(Arnold, 1988; McCutchen, 2006; McFee, 1994; Smith-Autard, 2002).

│표 1│ 무용을 잘하는 두 가지 방식

철학적 근거	교육목적	교육내용	교육방식	교육결과
기술적 합리성	무대공연으로서의 무용	무용기능, 지식	기술적으로 무용 잘하기	공연 기예
실천적 합리성	실천전통으로서의 무용	무용정신, 심성	예술적으로 무용 잘하기	공연 예술

IV. 무용교육자의 심성적 자질과 함양 방법

1. 심성적 자질의 재발견

교육자들은 교직에 임하는 동안 가치, 신념, 태도, 관점(이윤식, 2001; Gregorc, 1973) 등의 양적, 질적 발달을 이루게 된다. 흔히 교육자의 전문성을 지식, 기술, 문제해결과 같은 일반적 전문성과 동일하게 바라본다면, 이는 능력적 자질에만 주목한 것이다. 이 절에서는 무용교육자가 갖추어야 할 심성적 자질을 제시한 선행연구와 무용관련 협회의 교육표준 및 윤리강령을 살펴보겠다.

교육자가 지녀야 할 덕목으로 교육사상가 Bennett(1993)는 자기수양(self-discipline), 동정(compassion), 책임감(responsibility), 우정(friendship), 용기(courage), 인내(perseverance), 정직(honesty), 충성심(loyalty), 신념(faith)의 10가지에 주목했고, 긍정심리학자 Seligman(2002)은 지혜와 지식(wisdom and knowledge), 용기(courage), 사랑과 인정(love and humanity), 정의(justice), 절제(temperance), 영성(transcendence)의 6가지를 제시했다(Stinson, 2004). Sergiovanni(1995)는 영적으로 성숙한 교사를 탁월한 교사라고 칭하며 그들은 학생들의 잠재된

자질과 품성을 읽을 수 있으며, 말과 행동에서 보이는 의미 이면의 또 다른 의미를 이해할 수 있다고 보았다(한영란, 2004). 무용과 긴밀한 관련을 맺어온 체육 분야에서 최의창(2010, 2011a)은 체육교사의 심성적 자질로 지성, 감성, 덕성, 영성의 4가지 자질에 주목했다. 이러한 관점은 동양철학의 4덕(인, 의, 예, 지)과 더불어 체육교육학자인 Arnold(1997), 교육철학자 MacIntyre(1984)의 실천전통적 관점과 일맥상통한다.

지금까지 논의를 바탕으로 본다면, 무용교육자는 학생들의 기능적인 성취뿐만 아니라 삶 속에서 이를 실천하고 그것이 지닌 전통, 문화, 의미를 되새기도록 한다. 그들의 능력적 자질이 학생들의 무용에 대한 감각을 일깨워준다면, 심성적 자질은 무용이 주는 의미를 예술과 삶으로서 체화하도록 한다. 그러므로 무용교육자는 다른 교과의 교육자와 마찬가지로 인간적이고 도덕적인 품성을 갖추는 것이 필수적이다(진연심, 2002; Kassing & Jay, 2003). 이는 학생에 대한 애정, 배려, 자신의 교육관을 실천하는 것, 학생들의 긍정적인 변화에 대한 신념, 태도로 구체화될 수 있다. 신념과 태도는 교육자가 교육활동에 대해 진지하게 고민하고 그에 맞게 행동하는 정의적 특성을 의미한다. 자신의 교육철학과 예술세계에 대한 믿음, 나아가 무용교육을 바라보는 사회적 가치에 대한 믿음은 Bereiter와 Scardamalia(1993)가 제시한 '확신(promisingness)'의 개념과 유사하다. 이러한 요소들은 한 분야의 전문가로서 성장하는 데에 있어 핵심적인 내적 요소이며(홍애령·석지혜·임정신·오헌석, 2011), 예술가이자 교육자로서 무용교육자에게 매우 중요한 심성적 자질인 것이다(오현주, 2008; 유창경, 2009).

국내외 무용관련 협회에서 제시하는 교육표준 및 윤리강령에서도 심성적 자질을 확인할 수 있다. 미국무용교육협회(National Dance Education Organization)(2007a, 2007b, 2007c)는 〈Standards of Dance in Early Childhood〉, 〈Standards for Learning and Teaching Dance in the Arts: Ages 5-18〉, 〈Standards for a K-12 Model Program〉 등과 같이 K-12 무용교육을 위한 교수학습표준을 제시하고 있다. 그 중 교육자를 대상으로 지녀야 할 몇 가지 지침을 다룬 〈Professional Teaching Standards for Dance Art(PTSDA)〉(2009)의 내용을 살펴볼 필요가 있다.

PTSDA는 무용교육자가 지켜야 할 8가지 교육 표준을 제시하면서 예술교육으로서 무용교육을 행하기 위한 교육목표, 교육대상, 교육내용, 교육방법, 교육환경, 지역사회와의 협동, 연구와 평가를 통한 반성적 노력을 강조했다(NDEO, 2009). 미국은 물론 전 세계의 무용교육

제3부 무용교육의 방법

표준을 제시하는 NDEO에서 각 표준별 구체적인 지침 속에서 학생에 대한 애정, 배려, 신념, 태도 등의 심성적 자질을 강조하고 있고, 이를 무용교육자의 교육과 양성에 반영되고 있다는 점은 주목할 만하다(표 2 참조).

| 표 2 | NDEO 무용교육표준(Professional Teaching Standards)에 포함된 심성적 자질의 사례(pp.7-23)

표준1. 교육목표	표준2. 교육대상
1-2) 교육자는 모든 학생에 대한 기대를 잃지 않는다. • 무용에 대한 독특한 관점을 존중한다. • 실험적이고 모호한 표현도 격려해준다. • 학생의 능력과 흥미를 존중한다. 1-3) 교육자는 무용교육의 중요성을 개인과 사회로 전달한다. • 수업외의 자신의 삶에서 무용교육을 인식하도록 한다. • 무용 속에 담긴 사회의 관습, 전통을 확인시켜준다. • 예술로서 무용을 평생학습할 수 있도록 영감을 준다.	2-2) 교육자는 삶과 무용, 예술, 교육의 관계에 대해 설명한다. • 삶과 예술의 발달은 복잡하고 다양한 측면을 지니고 있음을 알려준다. • 무용작품의 창작, 연구는 학생의 표현력을 길러줄 수 있음을 알려준다.
표준3. 교육내용	**표준4. 교육환경**
3-3) 교육자는 무용작품의 창작, 공연, 감상을 장려한다. • 테크닉의 질적인 숙련과 더불어 무용에 대한 사랑을 기르도록 한다. • 동료, 교사, 전문가를 통해 피드백을 받고 반성적 일지, 평가하도록 한다. 3-4) 교육자는 예술적, 운동학적, 교육적, 사회적, 문화적, 표현적 경험으로서 무용을 인식하도록 장려한다. • 해부학, 미학, 인류학, 역사학, 문화학 등 다른 학문의 이론을 통합적으로 제시한다.	4-2) 교육자는 사회적 책임감, 자기 수양, 평등을 인식할 수 있는 환경을 제공한다. • 학생, 무용의 내용, 가치, 학습이 존중될 수 있는 분위기를 조성한다. • 모든 학생에게 동등한 기회를 부여한다. • 학생에게 정서적으로 안정된 분위기를 제공하여 긍정적인 행동을 할 수 있도록 장려한다. • 학생과 원활한 의사소통을 통해 예술적 감상에 대한 생각과 가치를 공유한다. • 무용을 통해 철학적, 윤리적 문제에 대해 의견을 나누고 토론한다.
표준5. 교육방법	**표준8. 반성적 노력**
5-3) 교육자는 다양한 시대와 문화를 이해할 수 있는 통합적인 자료를 제시한다. • 자신의 문화, 삶의 경험을 무용과 연관 지어 예술적 경험을 풍부하게 할 수 있도록 자료를 제시한다. • 다른 문화, 무용 양식을 탐구할 수 있도록 한다.	8-2) 교육자는 국가평가표준에 근거하여 학생의 교육 경험을 평가해야 한다. • 평가는 학생의 학교 밖 일상생활에서의 경험, 지식을 연계시킬 수 있도록 해야 한다.

한편 영국 로열무용아카데미(RAD), 호주무용협회(Ausdance), 캐나다 스코틀랜드문화원(ScotDance Canada)은 무용교육자가 지켜야 할 윤리강령(code of ethics)을 제시한다. 윤리강령은 무용교육자의 직책과 업무에 근거하여 윤리적으로 바람직한 행동규율을 제시하고, 다양한 상황에 직면했을 때 판단의 근거가 된다(Stinson, 2004). 무용교육자가 교직에 임하기 위한 도덕적인 행동과 존중받을 수 있는 예의를 갖추는 것이 주된 항목으로 포함되어 있으며, RAD의 경우, 교육자가 이를 어길 경우 자격을 박탈하는 등 강제성을 띠기도 한다(표 3 참조).

다소간의 차이는 있지만 교육표준 및 윤리강령에 제시된 무용교육자의 심성적 자질은 진실하고 긍정적인 태도로 학생들에게 존중받으며 모범이 되는 인간상을 지향한다. 학생의 잠재력을 이끌어내고 재능을 길러주기 위해 그들을 배려하고 애정 어린 마음가짐으로 지도해야 한다는 점을 강조하고 있는 것이다.

그렇다면, 왜 이토록 심성적 자질에 주목해야 하는가? 그것은 무용교육자가 능력적 자질과 더불어 심성적 자질을 갖추게 된다면, '무용소양'(최의창, 2011b)을 지닌 상태가 되기 때문이다. 무용 동작과 기술을 익혀 신체적인 능력과 재능을 기르는 것(舞踊能)과 무용에 관한 인지적 능력과 지성적 자질을 기르는 것(舞踊知)을 능력적 자질로 본다면, 무용인으로서 지녀야 할 태도와 마음(舞踊心)은 심성적 자질로 간주할 수 있다. 여기에 교육자의 태도와 마음이 오랜 시간 수양을 통해 견고하게 다져진 '무용성'의 개념을 덧붙여, 교육자가 지닌 애정, 배려, 신념, 태도가 습관화, 내면화되어 마음속에 고착된 무용 인성을 무용소양의 일부로 포함시킬 수 있다. 무용소양을 지닌 교육자는 능력적 자질과 심성적 자질의 통합을 이룬 이상적인 교육자라고 볼 수 있는 것이다.

> (무용소양은) 몸으로 무엇인가를 실행해낼 수 있는 역량(competence)이나 능력(capacity)이나 재능(ability)의 의미도 지니고 있지만, 그것과 함께 마음속에 지니고 있는 성향(disposition)이나 심성(humanity)이나 태도(attitude)의 측면도 가지고 있기 때문이다. 소양이라는 표현에는 한 사람이 지닌 능력과 심성의 두 차원을 모두 고려하는 생각이 담겨져 있다. 이런 의미에서 "무용소양"은 "무용을 실제로 할 수 있고 마음으로 알고 있는 수준이나 상태"이다. 무용소양의 안에는 무용을 몸으로 행할 수 있고, 머리로 만들 수 있으며, 마음으로 느낄 수 있는 자질이 포함되어 있다. (p. 153)

제3부 무용교육의 방법

표 3 무용교육자에게 요구되는 윤리강령의 사례

영국 RAD (www.rad.org.uk)	호주 Ausdance (www.ausdance.org.au)	캐나다 ScotDance Canada (www.scotdancecanada.ca)
1. 진실성 • 개인적, 정치적 관심 표현하지 않기 • 금전, 정보, 사람, 자료 정직하게 대하기 • 자신의 능력, 경험 제대로 발휘하기 • 동료 교육자, 학생 존중하기 • 항상 예의바르고 책임감 있게 행동하기 2. 숙련성 • 수업관리기술, 수업계획, 체계적 피드백을 통한 좋은 수업하기 • 최신의 무용 지식 및 이해 습득하기 • 다른 무용 영역에서 안전한 연습을 위한 지식 습득하기 3. 전문성 • 타인과 긍정적, 협력적으로 일하기 • 타인의 수업 관찰, 전문성 개발하기 • 인종, 성별, 연령, 장애에 대한 불평등하지 않기	1. 교육목적 명확하게 제시하기 2. 타당한 평가 절차 적용하기 3. 학급별 적정 인원 수, 연령, 수준 고려하기 4. 적절하고 유연한 교수법 사용하기 5. 전인교육으로서 무용교육하기 6. 학생의 잠재력을 고려하여 지도하기 7. 학생들을 안전하게 지도하기 8. 학생들에게 다양한 테크닉, 스타일에 대한 감상능력 길러주기 9. 수업을 위해 꾸준히 지식 습득하기	1. 학생들과 윤리강령 읽고 토론하기 2. 솔선수범하기, 긍정적 태도, 스포츠맨십 발휘하기 3. 학생들과 사적인 대화하지 않기 4. 동료 교육자 존중하기 5. 학생, 학부모 존중하기 6. 다른 의견 존중하기 7. 학생들의 라이프스킬 길러주기 8. 학생들의 잠재력, 동기, 재능 격려하기

2. 심성적 자질의 함양방법

무용교육자의 능력적 자질은 무용과 관련된 내용지식, 교육학적 지식, 교과내용학적 지식을 습득함으로써 발달한다. 그렇다면, 심성적 자질은 어떠한가? 능력적 자질이 지식, 경험 등을 외부로부터 받아들이는 것이라면, 심성적 자질은 교육자가 스스로의 마음속에서 재발견하여 외부로 표출함으로써 길러질 수 있다. 정리하면, 능력적 자질은 지식과 기능의 학습과 연습을 통해 발달시킬 수 있으며 심성적 자질은 태도와 인성의 체험과 수양을 통해 함양할 수 있다. 그러나 무용교육자의 전문성은 독자적으로 따로 떨어진 방법을 통해 함양되는 것이 아니라 학습과 연습, 체험과 수양의 과정에 붙박혀 습득되는 특성을 지니고 있다. 이 절에서는 무용교육자의 능력적 자질과 심성적 자질을 함양하는 구체적인 방법에 대해 다루겠다.

첫째, 학습이다. 무용교육자는 학습을 통해 전문가로서 끊임없이 지식과 기술을 습득해야 한다. 심리학 및 교육학 분야에서는 전문성 개발 과정으로 학습에 주목했다(Hakkarainen, Palonen, Paavola & Lehtine, 2004). 이들 연구는 전문지식, 문제해결력, 기술 등 능력적 자질에 해당하는 전문성을 학습 가능한 과정적 의미로 간주했다(Bereiter & Scardamalia, 1993). Bereiter와 Scardamalia(1993)는 전문가가 주어진 문제를 해결하는 과정에서 자신의 지식과 경험을 확장하여 새로운 문제를 해결할 수 있는 잠재력을 향상시킨다고 보았다. 그들의 관점에서 무용교육자는 수업이나 학생과의 관계들 속에서 접하게 되는 문제 자체를 학습의 기회로 생각하고, 이를 해결하는 과정을 통해 학습을 경험한다. 이때의 학습은 '진화적 문제해결'(progressive problem solving)을 통한 지식의 습득, 지식 공동체의 참여 및 창조적인 활동을 통한 학습이다. 무용교육자는 학습을 통해 기술을 제대로 발휘할 수 있도록 하는 지식을 습득하고, 인접분야에 대한 안목을 넓혀 자신의 영역을 확장시킬 수 있다.

학습의 연장선상에서 교육자는 연구(Stenhouse, 1975)를 통해 전문성을 향상시킨다. 교육자는 현장에서 접하게 되는 문제의식을 바탕으로 연구를 진행함으로써 무용관련 지식을 생산하고 이를 다시 학생에게 전달하는 능동적인 역할을 할 수 있다(강신복, 1998; 곽은창, 2001; 이문용, 1998; Siedentop & Locke, 1997) 그러므로 무용교육자는 교육에 필요한 지식을 생산하기 위해 능동적이며 실천적인 주관자(최의창, 1996)가 되어야 하며, 자신이 수업개선을 위해 필요한 지식을 생산하는 동시에 소비자의 역할을 해야 한다(손천택, 1998). 교육자이자 연구자로서 무용교육자에게는 자신의 수업과 학습에 대한 실천적 반성과 적극적인 탐구의 자세가 요청된다.

학습은 전문지식과 기술을 얻으며 행하는 반성과 실행의 과정(Billet, 2001)이므로 개인적인 수준에서도 가능하지만, 다른 사람들과 더불어 학습할 때 전문성을 공유하고 배가시킬 수 있다(Kim, Hong & Jeon, 2011; McLaughlin & Talbert, 2001). 최수일(2009)은 학습공동체를

제3부 무용교육의 방법

통해 수업을 관찰하고 분석하는 활동 자체가 교육자의 전문성을 제고하는 좋은 방법이 될 수 있다고 주장했다. 뿐만 아니라 탐구공동체(방정숙, 2003; 오창진·김회용, 2010), 실천공동체(이승배, 2008) 등과 같은 전문적 공동체와의 협력적 학습 네트워크를 활용할 수 있다.

학습을 통한 심성적 자질의 함양은 예술 활동을 통해 가능하다. 일찍이 공자는 "도에 뜻을 두고, 덕을 지키며, 인(仁)을 따르고, 예술에서 노닐라(志於道 據於德 依於仁 游於藝)"고 했으며, "시를 통해 감흥을 키우고, 예를 통해 행위를 확립하며, 음악을 통해 덕을 성취하라(興於詩 立於禮 成於樂)"고 전하며 도, 덕, 인, 예의 실천뿐 아니라, 시와 음악 등 예술의 학습을 강조했다(김기현, 2011). 독일 철학자 카시러는 "예술은 우리들에게 다른 방법으로는 도달할 수 없는 내면적 자유를 부여해준다."고 표현했다(서복관, 1991, p. 92). Steiner(1977)는 예술 활동을 통해 정신성을 회복하고 전체를 둘러볼 수 있는 통합성을 지닐 수 있다는 점에서 예술교육의 필요성을 지지했다. 구체적으로 발도르프 교사교육에서는 교육자의 창조적 사고와 의지를 발현시키기 위해 그리기, 음악, 오이리트미, 시 등 다양한 예술 활동과 바느질, 조각, 인형 만들기의 수공 활동을 포함시키고 있다(정윤경, 2006). 그 밖에도 문학작품을 읽고 생각노트 쓰기, 마인드 맵 기법을 적용한 미술작품의 감상과 창작, 작은 음악회 개최, 무용과의 만남 등을 통한 학습도 가능하다(한영란, 2004).

둘째, 연습이다. 무용교육자에게 빼놓을 수 없는 중요한 측면은 실기능력이다. 신체의 각 부분을 어떻게 활용해야 춤을 제대로 출 수 있는지 백번 말하는 것보다 한번 보여주는 것이 효과적인 상황이 많기 때문이다. 적절한 시범은 동작적인 측면뿐만 아니라 표현적인 측면에서도 유용하다. 미묘한 동작의 변화, 표정과 시선의 처리, 손끝과 발끝의 매듭지어짐, 동작과 동작을 매끄럽게 연결하는 것과 같은 것들은 일일이 언어로 설명하기 힘들다. 또한 자신이 춤을 잘 추는 능력과 더불어 그것을 제대로 시범보이고 설명할 줄 아는 능력도 연습을 통해 향상될 수 있다. 춤을 잘 추는 무용수에서 무용교육자로 거듭나기 위해서는 실기 및 교육에 대한 연습이 필수적이다. 이러한 능력은 장기간의 집중적이고 구조화된 연습(deliberate practice)을 통해 습득된다(Ericsson, Tesch-Romer & Krampe, 1990). 한 분야의 전문가가 되기 위해서는 10여년의 집중적인 연습과 훈련 기간을 통해 충분한 경험을 해야 한다(최지영, 2008; de Groot, 1978; Ericsson, Krampe & Tesch-Romer, 1993). 그 과정 속에서 의도적이고 계속적인 반복을 통해 새로운 절차를 습득하는 것이 연습의 목적이다(Ericsson et al.,

1990). 제대로 된 시범을 보이기 위해 꾸준히 연습하는 과정은 교육자로서의 전문성을 습득하기 위한 훈련일 뿐만 아니라 최소한 현재의 수준을 유지하거나 그 이하로 하락하는 것을 방지한다. 교육자들은 스스로 실기능력, 교육능력의 수준을 분석하여 미흡한 요소를 확인하고 이를 개선하도록 오랜 시간 동안 동일한 동작이나 요소들을 연습해야 한다.

이 두 가지 전문성 함양의 방법들은 능력적 자질에 비중을 두고 있다. 학습과 연습은 무용 기능과 지식에 집중되는 경우가 많기 때문에 개인적, 공동체적 노력에 불구하고 심성적 자질의 습득에는 별다른 성과가 없을 수 있기 때문이다. 그렇다면 무용 교육자의 심성적 자질은 어떻게 함양할 수 있는가? 심성적 자질의 함양 방법에 대해서는 구체적인 논의가 없었으나(최의창, 2009), 유사한 개념을 통해 이를 유추해볼 수 있었다. 심성적 자질에 초점을 둔 방법으로 체험과 수양을 제시한다.

첫째, 체험이다. 체험은 무용과 관련된 활동 속에서 쌓는 무용 내적 체험과 그 밖의 활동 속에서의 무용 외적 체험으로 구분된다. 학생들은 무용 수업을 통해 동작을 연습하고 창작하며, 공연을 준비하는 과정 속에서 자연스럽게 무용을 바라보는 관점과 태도를 변화시킨다(McCutchen, 2006; Smith-Autard, 2002). 교육자의 가르침을 통한 학습화와 오랜 시간동안 이를 체험하는 사회화가 학생의 심성을 기를 수 있다는 것이다(최의창, 2011a). 이것은 교육자의 경우도 동일하다. 교육자는 의도적인 전문성 발달의 과정으로 무용지식과 기능을 학습, 연습하고, 학생들을 지도하며 동료교육자들과의 관계 속에서 비의도적으로 심성적 자질을 심화할 수 있는 것이다. 학습과 연습, 사회화를 통해 체득한 앎에는 언어를 통하여 외적으로 표출할 수 있는 명시적인 차원 외에도 언어를 거치지 않은 묵시적인 차원이 존재한다(엄태동, 2007; Polanyi, 1967). 키에르케고르가 간접전달의 두 가지 방식 중 이중반사를 통해 예수의 가르침을 기독교인들에게 가르쳤던 것과 같은 이치이다.

무용교육자는 학습과 연습을 통해 다양한 체험을 하게 되고, 여기에 평소 자신이 가지고 있던 사고와 철학을 반영하여 이차반사를 하게 된다. 이 과정에서 자신이 체험하고 느낀 바를 삶 속에서 그대로 구현하는 '복제'의 과정을 겪는 것이 매우 의미 있다(엄태동, 1998; 정현우, 2010). 교육자로서 무용에 임하는 마음가짐과 태도를 갖추기 위해서는 자신이 직접 체험하고 깨닫는 것이 중요하기 때문이다. 교육자의 마음, 즉 심성은 "한 사회의 언어, 개념, 신념, 규칙 등에 담겨 있는 공적 전통에 개인이 입문함으로써 발달"한다(홍은숙, 2007, p.

제3부 무용교육의 방법

137). 즉 무용이라는 공적으로 합의된 생활양식을 다양한 방식으로 체험함으로써 개인의 태도와 가치, 나아가 인성을 수양하게 되는 것이다. 무용 외적 체험의 일례로 허영주(2010)는 덴마크 자유교사대학, 가톨릭학교 교사교육, 광양제철 남초등학교에서 개최된 교사 연구모임을 제시했다. 이 모임들은 기존의 교사교육 및 연수와 달리 교사들이 다양한 체험을 통해 자신의 내면을 들여다 볼 수 있는 기회를 제공하였다. 매일 아침 마음을 여는 시간을 통한 명상, 작은 음악회, 시 감상, 그림 그리기, 자연 속의 산책, 문화 기행, 나눔의 장터 등의 다양한 경험 속에서 교사들은 이차반사와 복제의 과정을 체험할 수 있었다.

둘째, 수양이다. 예로부터 유가에서는 인간의 본래적 자아를 회복하기 위한 성찰과 수행의 정신을 매우 중요하게 여겼다. 공자는 자아의 닦음을, 맹자는 도덕심의 기름을 주장하였으며, 유학에 천착해있던 퇴계는 학문 활동과 일상생활에서 자아의 향상과 완성을 위한 자기 성찰의 노력을 게을리 하지 않았다(강희복, 2011; 김기현, 2011). 이들은 공통적으로 삶에 대한 진지한 성찰과 수양을 통해 사람됨의 길을 갈 수 있다고 생각하였다. 성찰과 수양의 구체적인 방법으로 퇴계는 '정좌(靜坐)' 공부를 실천했다. 그는 문명사회에서 '텅 비고 고요한' 마음을 함양하는 '정심'의 정신을 실천하기 위해 깊은 명상을 가져야 한다고 보았다. 명상은 자신의 내면을 깊이 탐색하고, 자신의 존재와 정체성을 찾도록 도와주는 좋은 방법이다(한명희, 2007). 이러한 명상의 방법은 침묵의 시간 갖기, 물리적으로 홀로 있기, 일상적인 삶 속에서 순간순간 자신을 들여다보고 주변과의 관계 생각해보기를 통해서도 가능하다(허영주, 2010). 이와 유사한 자신의 내면적 이미지를 상상해보는 '심상활동'(image work)(Miller, 1990, 김현재 외 역, 2000), 사고의 통제, 행위의 통제, 지속성의 강화, 인간을 포함한 생명과 사물에 대한 관용 기르기, 모든 것에 대한 공평무사함을 발달시키기, 삶의 평상심 갖기를 목적으로 하는 발도르프 교사교육의 '내면훈련법'(허영주, 2010) 등이 있다. 이와 같은 활동은 체험에서 더욱 깊이 들어가 자신의 존재를 되짚어보고, 마음을 가다듬으며 자신을 반성하고 성찰하는 계기를 제공해준다.

일반교육학 영역에서 교육자 전문성에 관한 연구들은 '기계적 전문가'(routine expert)와 '적응적 전문가'(adaptive expert)를 구분하고 있다(Darling-Hammond & Bransford, 2005; Hatano & Inagaki, 1986; Hatano & Osura, 2003). 기계적 전문가와 적응적 전문가는 일생을 통하여 계속 학습한다는 점에서 동일하다. 기계적 전문가는 일생동안 적용할 수 있는 핵심 역량을 개발하여 그것의 효능성을 증가시킨다. 이에 반해 적응적 전문가는 핵심 역량을 능동적으로 변화시키려는 경향이 매우 높으며, 끊임없이 전문성의 폭과 깊이를 확장한다. 그러한 의미에서 능력적 자질의 발달은 기계적 전문성, 심성적 자질의 함양은 적응적 전문성의 그것과 매우 유사하다. 능력적 자질은 무용관련 지식의 학습, 기능의 연습을 통해 함양할 수 있으며, 심성적 자질은 무용관련 태도의 체험, 인성의 수양을 통해 함양할 수 있다. 이러한 무용 교육자의 전문성은 끊임없는 개인적 노력과 공동체적 시도를 통해 지속적으로 개발될 수 있으며, 이를 통해 학생들에게 실천전통으로서 무용을 행할 수 있는 모범답안을 몸소 보여줄 수 있을 것이다.

표 4 무용교육자의 전문성과 함양 방법

전문성의 차원	자질의 측면	함양 방법
능력적 자질	무용 지식(무용지)	학습
	무용 기능(무용능)	연습
심성적 자질	무용 태도(무용심)	체험
	무용 인성(무용성)	수양

V. 결론 및 제언

무용교육자의 전문성에는 능력적 자질과 심성적 자질의 두 가지 차원이 존재한다. 무용교육자의 능력적 자질은 무용 관련 지식과 기능, 교육과정에 대한 해석 및 적용, 학생에 대한 이해를 바탕으로 한다. 심성적 자질은 무용에 담긴 핵심으로서 정신, 안목, 전통에 대한 심도 깊은 이해와 실천을 기반으로 한다. 무용교육자는 무용 관련 지식을 학습하고 기능을 꾸준히 연습하는 가시적 노력과 그 과정 속에서 학생에 대한 애정과 배려, 실천전통으로서 무용을 행하는 태도와 인성을 함양하는 암묵적 노력을 동시에 기울여야 한다. 이를 통해 두 가지 차원이 고르게 발달한 총체적 전문성을 함양할 수 있다. 특히 무용과 관련된 인문적 지식과 서사적 체험을 바탕으로 무용소양(최의창, 2011b)을 함양하고, 교육자로서 윤리적 태도와 도덕

제3부 무용교육의 방법

적 판단을 기울일 수 있는 교직인성(박정준, 2010)을 갖추는 것이 중요하다.

문화예술로서 무용을 향유하고, 많은 사람들이 무용을 제대로 배울 수 있도록 하기 위해서는 무용에 대한 충분한 지식, 기술, 경험을 보유한 교육자가 필요하다. 그러나 그것만으로는 부족하다. 무용 속에 담긴 정신, 안목, 전통을 학생들에게 전수할 수 있고 학생들에 대한 배려와 사랑을 실천할 수 있는 심성적 자질이 요구된다. 물론 교육현장에는 오랜 교육경험을 통해 이러한 자질을 스스로 습득한 교육자들이 존재한다. 그러나 그들이 저절로 스스로의 전문성에 대해 자각하기 위한 시간과 노력을 조금이라도 줄이기 위해서는 심성적 자질의 함양과 개발에 대한 연구와 실천이 필요하다. 마지막으로 네 가지 후속 연구와 실천을 제안한다.

첫째, 무용교육자에게 요구되는 전문성의 개념과 구성요소를 탐색하는 구체적인 연구가 필요하다. 다른 분야의 전문성 연구가 비약적 발전을 이루었고, 이론적 연구를 바탕으로 실제적인 전문 인력 양성에 매진하고 있는 것과 달리 무용분야는 이에 대한 철학적, 개념적 검토가 매우 부족하다. 예술가이자 교육자로서 독특한 정체성을 지닌 무용교육자의 전문성에 대한 개념 확인과 이를 구성하고 있는 구성요소를 세부적으로 연구함으로써, 전문교육가로서 무용교육자를 양성할 수 있는 이론적, 기초적 토대를 제공해야 할 것이다(McCutchen, 2006; McFee, 1994).

둘째, 각 무용 장르별 독특한 무용교육자의 심성적 자질에 대한 이론적 연구와 경험적 탐색이 필요하다. 무용이라는 포괄적인 범위 하에 다양한 양식, 전통, 문화를 배경으로 한 무용 장르들이 존재한다. 우리나라의 경우, 한국무용, 발레, 현대무용의 실기 삼분법을 채택하고 있지만, 이것이 무용의 전부는 아니다. 공통적 성향은 있으나 장르적으로 각기 다른 기능과 정신을 포함하고 있는 탓에 무용교육자에게 요구되는 전문성, 특히 심성적 자질에 있어서 차이가 있을 것이다. 각 무용 장르를 가르치는 무용교육자의 전문성이 지니는 특징과 이를 위해 필요한 세부적 심성요소가 무엇인지에 대한 이론적, 경험적 연구가 수행되어야 할 것이다(유창경, 2009; 장명주, 2011; 홍수민, 2010).

셋째, 무용교육자들의 심성적 자질 함양을 위한 교육프로그램을 개발해야 한다. 매년 국내외 대학과 무용학교를 졸업한 예비 무용교육자들은 무용교육을 위한 체계적인 준비를 하지 못한 상태로 교육 현장에서 활동하게 된다. 현직 무용교육자들 역시 그동안 무용기능과 지식

중심의 교육을 받았기 때문에 그 밖의 것에 대해서는 인식하지 못하고 있다. 무용교육자로서 능력적, 심성적 자질을 함양하지 못한 이들은 겉으로 드러나는 무용기능을 주된 교육내용으로 삼아 기능중심 무용교육의 폐해를 재현할 것이다. 때문에 현실적인 문제를 개선하기 위한 가장 시급한 조치로 예비무용교육자 및 현직무용교육자의 교육 수준과 질에 대한 현황 및 문제점을 파악하여, 심성적 자질을 함양할 수 있도록 연구와 실천을 해야 할 것이다. 국내외 무용 및 인접 분야 교육자 양성 프로그램의 사례연구를 통해 심성적 자질의 함양을 위한 구체적인 아이디어와 방법, 전략 등을 탐색해야 한다(최의창, 2011c).

넷째, 전문무용, 학교무용, 생활무용 등 다양한 영역에서 무용교육자의 심성적 자질 함양을 위한 교육프로그램의 개발과 운영을 위한 실질적 연구가 필요하다. 각기 다른 교육현장의 다양한 목적과 요구를 지닌 학생들을 수용하기 위해서는 맞춤형 무용교육자를 양성해야 한다. 단기적인 연수보다는 장기적인 학기제 프로그램과 학점은행제 등을 도입하여 예비무용교육자에게는 총체적 전문성 발달의 기회, 현직무용교육자에게는 사회적, 문화적 요구에 부합하는 보수교육의 장을 마련해야 할 것이다.

제3부
무용교육의
방법

참고문헌

강미선(1998). 무용교육자의 자질과 무용참가의 관계. 한국체육학회지, 37(4), 671-684.

강신복(1998). 연구자와 현장교사: 만남의 의미. 한국스포츠교육학회 동계워크샵 논문집(pp. 1-6). 서울: 한국스포츠교육학회.

강희복(2011). 자아 수련 이론과 그 현대적 의미: 고봉(高峯)의 성리학(性理學)과 수양론(修養論). 한국철학논집, 31, 33-52.

곽은창(2001). 체육교육 연구자와 현장 교사의 협력연구 네트웍 구축 활성화 방안. 한국스포츠교육학회지, 8(1), 147-160.

김경숙, 함지선(2001). 무용지도자의 교육관과 직업 만족도에 관한 연구. 한국여성체육학회지, 15(2), 13-25.

김기현(2011). 퇴계의 수양학. 퇴계학보, 129, 5-59.

김명주(2004). 무용교육자의 전문성에 관한 질적 연구. 한국체육학회지, 43(5), 747-755.

김은영(2008). 지도자 리더십이 무용능력성취에 미치는 영향. 한국무용학회지, 8(2), 21-28.

김재은(2007). 창의성과 무용교육. 서울: 한학문화.

김정숙, 이병준(2009). 무용(교육)에서 요구되는 예술적 역량 척도요인 분석. 무용예술학연구, 28, 19-35.

김채원(2008). 국내 무용교육 관련 석·박사 학위논문 연구동향. 한국체육측정평가학회지, 10(2), 101-115.

김현남(2010). 무용전공 대학생의 능력믿음과 자기관리의 관계. 무용예술학연구, 31, 25-38.

박보영(2008). 역량기반 치의학교육의 개념과 교육철학적 의미에 대한 고찰. 직업능력개발연구, 11(1), 215-235.

박은희(2008). 문화예술교육으로서 무용교육 전문 인력양성을 위한 방안 연구. 미간행 박사학위논문, 경희대학교 대학원, 서울.

박정준(2010). 인문적 예비체육교사교육에서의 교직인성 형성과정 탐색. 한국체육학회지, 49(3), 203-218.

박중길, 장선애(2004). 교사교육과 무용교육자연구의 방향. 한국체육학회지, 43(1), 477-484.

방정숙(2003). 수학 교사 학습과 전문성 신장에 관한 소고. 수학교육학연구, 13(2), 143-157.

배진모(2003). 부모와 무용교사의 기대가 학생의 무용자신감에 미치는 영향. 미간행 석사학위논문, 단국대학교 대학원. 서울.

서복관(1991). 중국예술정신. 서울: 동문선.

서혜애, 박경희(2010). 중학교 과학영재교육 교사 전문성에 대한 질적 연구. 교사교육연구, 49(2), 171-193.

소경희(2007). 학교교육의 맥락에서 본 "역량(competency)"의 의미와 교육과정적 함의. 한국교육과정학회, 25(3), 1-21.

손천택(1998). 현장개선연구를 통한 체육교사와 연구자의 만남. 한국스포츠교육학회 동계워크샵 논문집(pp. 13-20). 서울: 한국스포츠교육학회.

신지혜, 정지혜(2010). 우수 한국무용 지도자들의 자질에 대한 질적연구. 한국여성체육학회지, 24(1), 45-58.

신현우, 조석환(2010). 초등교사의 도덕과교육 수업전문성 향상을 위한 교수내용지식(PCK) 탐색 실행 연구. 초등도덕교육, 34, 105-126.

엄태동(1998). 키에르케고르 간접전달의 인식론적 의의. 교육철학, 19, 117-143.

엄태동(2007). "비언어적 체험의 언어적 전달"이라는 역설로서의 교육: 장자와 키에르케고르를 중심으로. 초등교육연구, 20(2), 27-52.

오창진, 김회용(2010). 배움공동체와의 비교를 통한 철학적 탐구공동체 교육방법론 개선 방안. 교육의 이론과 실천, 15(3), 127-152.

오현주(2008). 한국 전통춤 교수법의 인문적 접근 탐색. 미간행 박사학위논문, 건국대학교 대학원, 서울.

유정애(2000). 교사 전문성 연구. 한국스포츠교육학회지, 7(2), 41-59.

유창경(2009). 한국무용정신 가르치고 배우기: 무용교사의 실천과 전공학생의 인식 분석. 미간행 석사학위논문, 건국대학교 대학원, 서울.

유진, 조경아(2006). 무용수행의 재능발달 요인: 수준별 탐색. 한국스포츠심리학회지, 17(4), 29-42.

이문용(1998). 연구자와 현장교사: 만남의 의미. 한국스포츠교육학회 동계워크샵 논문집(pp. 7-12). 서울: 한국스포츠교육학회.

이승배(2008). 초등교사의 체육교육 실천공동체 형성과 교수 전문성 개발에 관한 해석적 연구. 미간행 석사학위논문, 서울대학교 대학원, 서울.

이원주(2007). 중학교 체육-무용교육자의 무용교육과 평가에 대한 인식연구. 미간행 석사학위논문,

세종대학교 대학원, 서울.

이윤식(2001). 장학론. 서울: 교육과학사.

이은경, 이종철, 김지성(2000). 무용교육자의 언어적 행동이 학습태도에 미치는 영향. 한국스포츠교육학회지, 7(2), 29-39.

장명주(2011). 현대무용 잘 가르치기: 창작지향 무용교수의 어려움과 가능성 탐색. 미간행 석사학위논문, 서울대학교 대학원, 서울.

정원정(2005). 예술 중·고등학교 무용교육자의 교수행동에 대한 학생의 인식과 만족도 연구. 미간행 석사학위논문, 이화여자대학교 교육대학원, 서울.

정윤경(2006). 교사교육과 영성. 교육철학, 36, 171-196.

정현우(2010). 체육교사 간접교수행동의 교육적 효과. 미간행 석사학위논문, 서울대학교 대학원, 서울.

조보경, 이상돈, 이범진(2005). 무용 지도자의 리더십과 창의성에 관한 연구. 한국스포츠리서치, 16(4), 273-282.

진연심(2002). 무용교사의 자질에 대한 학생의 기대와 지각에 관한 연구. 이화교육논총, 12, 307-318.

최성은(2004). 발레의 정신을 가르치기 위한 지도방법 분석. 미간행 석사학위논문, 건국대학교 대학원, 서울.

최소빈(2003). 무용단의 조직분위기가 임파워먼트 및 직무만족에 미치는 영향. 한국사회체육학회지, 19(1), 655-669.

최수일(2009). 수업분석 학습공동체 활동을 통한 수학교사의 전문성 제고에 관한 연구. 미간행 박사학위논문, 서울대학교 대학원, 서울

최의창(1996). 교사연구와 체육교사교육. 한국스포츠교육학회지, 3(1), 1-20.

최의창(2002). 인문적 체육교육. 서울: 무지개사.

최의창(2003). 체육교육탐구(제2판). 서울: 태근.

최의창(2009). 체육전문인교육. 고양: 생능출판사.

최의창(2010). 인문적 체육교육과 하나로 수업. 서울: 레인보우북스.

최의창(2011a). 체육전문인 전문성의 재검토: 심성적 차원의 역할과 그 교육. 한국스포츠교육학회지, 18(2), 1-25.

최의창(2011b). 댄스 리터러시 혹은 무용소양: 문화예술교육으로서 무용교육의 목적 재검토. 한국무

용기록학회지, 21, 139-161.

최의창(2011c). 2009년도 기초연구과제지원사업 2차년 보고서: 무용의 정신은 가르칠 수 있는가. 미간행 보고서, 서울: 한국연구재단.

최지영(2008). 여성과학자의 성장과정 연구: 전문성 발달과정에 영향을 미치는 개인 및 환경 요인을 중심으로. 한국심리학회지, 13(2), 153-176.

한명희(2007). 영성과 교육 : 21세기 대안교육을 위하여. 미래사회와 종교성연구원 편(2007). 종교성, 미래교육의 새로운 패러다임(pp. 25-65). 서울: 학지사.

한영란(2004). 교사와 영성교육. 서울: 내일을 여는 책.

한혜리(2000). 무용과 정신성의 관계형성에 관한 연구. 한국무용교육학회지, 11(2), 29-43.

허명(2006). 교사양성 교육과정: 중등교사 양성 교육과정의 진단과 발전 방향-자연과학 분야를 중심으로. 한국교육과정학회 2006 춘계 학술대회 및 국제 심포지엄 발표 자료집(pp. 608-612). 서울: 한국교육과정학회.

허영주(2010). 교사의 영적 성숙을 위한 교사교육과정의 변화 방향 탐색. 교육과정연구, 28(1), 261-290.

홍수민(2010). 발레 교수학습과정의 문제점 및 대안적 교육모형 탐색: 예술계 고등학교를 중심으로. 미간행 석사학위논문, 서울대학교 대학원, 서울.

홍애령, 석지혜, 임정신, 오헌석(2011). 무용수의 전문성 발달과정 및 특성에 관한 연구. 한국무용기록학회지, 23, 175-197.

홍애령, 최의창, 박혜연, 임수진, 김나이(2011). "당연하죠. 어떻게 껍데기만 가르치나요?": 발레정신의 교수방법 탐색. 제49회 한국체육학회 학술발표회 자료집(p. 293). 서울: 한국체육학회.

홍은숙(2007). 교육의 개념: 실천전통에의 입문으로서의 교육. 서울: 교육과학사.

황인주(2001). 기능적 관점에 따른 무용교육의 문제점과 발전방향 분석. 한국체육학회지, 40(4), 539-548.

황인주(2008). 미적 경험의 특성에 따른 무용교육과정에 관한 연구. 대한무용학회논문집, 57, 269-287.

Arnold, P. (1988). *Education, movement, and the curriculum*. Lews, UK: Falmer.

Ausdance(n.d.). *Code of ethics for dance teachers*. Retrieved June 20, 2011, from http://www.ausdance.org.au/professional_practice/dance-industry-code-of-ethics.html

Bennett, W. J. (1993). *The book of virtues: A treasury of great moral stories*. New York: Simon

& Schuster.

Bereiter, C., & Scardamalia, M. (1993). *Surpassing ourselves: An inquiry into the nature and implications of expertise*. Chicago: Open Court.

Canadian Dance Teaching Standards(n.d.). *Canadian dance teaching standards teacher certification program*. Retrieved June 20, 2011, from http://www.synergydance.ca/index.php?page_id=65

Carr, D. (1984). Dance education, skill, and behavioral objectives. *Journal of Aesthetic Education, 18*(4), 67-76.

Choi, E., Hong, A., & Hong, S. (2010). What does the ballet teacher teach?: Exploring the spiritual dimension of ballet as the content of ballet education. In KAHPERD (Ed.), *2010 KAHPERD International Sport Science Congress proceedings*(p. 378). Seoul: KAHPERD.

Darling-Hammond, L., & Bransford, J. (Eds.). (2005). *Preparing teachers for a changing world: What teachers should learn and be able to do*. San Francisco: Jossey-Bass.

de Groot, A. (1978). *Thought and choice in chess*. The Hague, The Netherlands: Mouton.

Ericsson, K. A., Krampe, R. T., & Tesch-Romer, C. (1993). The role of deliberate practice in the acquisition of expert performance. *Psychological Review, 100*(3), 363-406.

Ericsson, K. A., Tesch-Romer, C., & Krampe, R. T. (1990). The role of practice and motivation in the acquisition of expert-level performance in real life: An empirical evaluation of a theoretical framework. In M. J. A. Howe (Ed.), *Encouraging the development of exceptional skills and talents*(pp. 109-30). Leicester, England: British Psychological Society.

Gregorc, A. F. (1973). *Developing plans for professional growth*. NASSP Bulletin, 57(377), 1-8.

Hakkarainen, K., Palonen, T., Paavola, S. & Lehtinen, E. (2004). *Communities of networked expertise: Professional and educational perspectives*. Amsterdam: Elsevier.

Hatano, G., & Inagaki, K. (1986). Two courses of expertise. In H. Stevenson, H. Azmuma, & K. Hakuta (Eds.), *Child development and education in Japan*(pp. 262-272). New York: W. Y. Freeman and Company.

Hatano, G., & Osura, Y. (2003). Commentary: Reconceptualizing school learning using insight from expertise research. *Educational Researcher, 32*(8), 26-29.

Hoffman, S. J. (2009). *Introduction to kinesiology*(3rd ed.). Champaign, IL: Human Kinetics.

Kassing, G. & Jay, D. M. (2003). *Dance teaching methods and curriculum design*. Champaign, IL: Human Kinetics.

Kim, W., Hong, A., & Jeon, S. (2011). Three voices: Self-reflective practice of physical education teacher educators. In KAHPERD (Ed.), *2011 KAHPERD International Sport Science Congress proceedings*(p. 224). Seoul: KAHPERD.

Koff, S. R. (2004). Ethics of being a dance educator. In E. Anttila, S. Hämäläinen, T. Löytönen, & L. Rouhiainen (Eds.), *International Dance Conference: Ethics and Politics Embodied in Dance proceedings*(pp. 86-90). Helsinki: Making a Difference in Dance.

Laban, R. V. (1974). *Modern educational dance*. London: Macdonald & Evans. 김주자 역(1993). 현대의 무용교육. 서울: 현대미학사.

MacIntyre, A. C. (1984). *After virtue: A study in moral theory*(2nd ed.). Notre Dame: University of Notre Dame Press.

McCutchen, B. (2006). *Teaching dance as art in education*. Champaign, IL: Human Kinetics.

McFee, G. (1994). *The concept of dance education*. London: Routledge.

McLaughlin M. W., & Talbert J. E. (2001). *Professional communities and the work of high school teaching*. Chicago: University of Chicago Press.

Miller, J. (1990). *Holistic learning: A teacher's guide to integrated studies*. 김현재 외 역(2000). 홀리스틱 교육과정. 서울: 책사랑.

National Dance Education Organization(2007a). *Standards for dance in early childhood*. Silver Spring, MD: NDEO.

National Dance Education Organization(2007b). *Standards for learning and teaching dance in the arts: Ages 5-18*. Silver Spring, MD: NDEO.

National Dance Education Organization(2007c). *Standards for a K-12 model program*. Silver Spring, MD: NDEO.

National Dance Education Organization(2009). *Professional teaching standards for dance art*. Silver Spring, MD: NDEO.

Oakeshott, M. (1967). *Rationalism in politics and other essays*. London: Metheuns.

Polanyi, M. (1967). *The tacit dimension*. New York: Doubleday & Company.

Royal Academy of Dance(n.d.). *Code of conduct & professional practice*. Retrieved June 20, 2011, from

http://www.rad.org.uk/files/ART255_Code%20of%20Conduct%20English.pdf

ScotDance Canada(2006, June). *Code of ethics for dancers*. Retrieved June 20, 2011, from http://scotdancecanada.ca/wordpress/wordpress-content/uploads/2011/04/ScotDanceCanadaCodeofEthics-REVISEDNovember2010.pdf

Seligman, M. E. P. (2002). *Authentic happiness: Using the new positive psychology to realize your potential for lasting fulfillment*. New York: Free Press.

Sergiovanni, T. J. (1995). *The principalship: A reflective-practice perspective*(3rd ed.). Needham Heights, MA: Allyn and Bacon.

Siedentop, D., & Locke, L. (1997). Making a difference for physical education. What professors and practitioners must build together. *JOPERD, 68*(4), 25-33.

Smith-Autard, J. M. (2002). *The art of dance in education*(2nd ed.). London: A & C Black.

Steiner, R. (1977). *Rudolf steiner, an autobiography*. Stebbing, R. (Trans.). Blauvelt: Steiner Books.

Stenhouse, L. (1975). *An introduction to curriculum research and development*. London: Heineman.

Stinson, S. W. (2004). Professional ethics and personal values: Intersections and decisions in dance education. In E. Anttila, S. Hämäläinen, T. Löytönen, & L. Rouhiainen (Eds.), *International Dance Conference: Ethics and Politics Embodied in Dance proceedings*(pp. 23-35). Helsinki: Making a Difference in Dance.

서울문화재단. www.sfac.or.kr.

영국국제댄스교사협회. www.idta.co.uk.

영국황실댄스교사협회. www.istd.org.

한국무용교사협회. www.danceteacher.or.kr.

한국문화예술교육진흥원. www.arte.or.kr.

연 구 문 제

1. 무용교육자의 전문성을 두 가지 차원으로 구분할 수 있는 특징에는 어떠한 것들이 있는지 생각해보자.
2. 무용교육자의 자격, 전문성의 요건에 대해 다루고 있는 국내외 자료들을 조사해보자.
3. 심성적 자질을 근거로 무용교육자의 전문성을 평가할 수 있는 방법을 생각해보자.

제4부 무용교육 프로그램

　　제4부에서는 무용교육의 목적, 내용, 방법의 개념적 기반을 바탕으로 구성될 수 있는 무용교육 프로그램의 대략적 모습에 대해서 알아본다. 무용의 기능적 차원과 정신적 차원이 동시에 강조되면서, 정신적 차원이 제대로 학습되어 전수되도록 하기 위해서는 기능만을 중시하는 접근이 미흡하다. 무용소양을 쌓아나가면서 무용의 안목적 차원을 습득하기 위해서는 "통합적 접근"을 취해야만 한다. 통합적 접근은 최근 유행하는 융합교육의 형태를 취한다. 발레나 한국무용의 기능과 함께 문학, 예술, 종교, 철학, 역사적 내용을 체험해야만 한다. 기존 무용교육 프로그램들의 장단점을 살펴보고 단점을 보완할 수 있는 통합적 교육프로그램의 구성을 가능하게 하는 하나의 대안으로서 하나로 수업 모형을 제안한다(제12장). 보다 구체적으로 하나로 수업 모형에 영향 받은 통합적 발레정신 함양 프로그램(제13장)과 통합적 한국무용정신 함양프로그램(제14장)의 대략적 모습이 소개된다. 그리고, 반성적 교양체육수업(제15장)의 사례가 다루어진다.

제12장 모형기반 무용수업의 가능성과 과제*

최의창 · 권선영 · 박성혜

> 무용이 독립된 교과로서 인정받기 위해서 갖추어야 하는 중요한 요소는 체계적 지도이다. 교수자의 개인적 경험이나 스타일에만 의존하지 않고, 검증된 절차에 따라 무용수업의 목표를 성취하는 객관적인 지도과정에 대한 신뢰가 확인되어야 한다. 체육교과는 지난 20년간 "모형기반수업"(model-based instruction)의 개념으로 체계적 지도에 대한 높은 신뢰도를 확보하였다. 모형기반수업이란 목표, 내용, 방법, 평가 등의 측면에서 일관된 체계를 갖춘 교수모형에 근거해서 수업을 지도하는 접근이다. 본 장에서는 무용에서도 모형기반수업의 아이디어가 적용될 수 있음을 주장하고 그러한 시도를 위한 초보적 탐색을 도모하였다. 체육분야에서 제안된 모형기반 체육수업의 개념과 특징을 분석한 후, 무용분야의 대표적인 세 가지 교수모형들(미드웨이 모형, 코너스톤 모형, 무용교수-학습 모형)을 검토하였으며, 각 무용교수모형들이 갖는 장점을 확인하고, 다른 한편으로는 온전한 모형으로 인정받기에는 철학적·이론적 근거, 교수학습과정의 특징, 교수기법적 차원 등에서 완성도가 다소 미흡함을 파악하였다. 또한, 모형기반 무용수업의 논의를 발전시키고 보다 체계적인 현장실천을 위한 한 가지 대안으로서 하나로수업 모형을 소개하였다. 마지막으로 무용의 교육적 기반을 더욱 견고히 하기 위하여 모형기반 무용수업의 아이디어에 필요한 연구 및 실천적 노력들을 제안하였다.

---

* 최의창 · 권선영 · 박성혜(2015). 모형기반 무용수업의 가능성과 과제 : 체육교수모형 개념틀을 활용한 무용교수모형 분석과 시사점 탐색. 한국체육학회지, 54(6), 423-437.

I. 서론

무용계는 학교교육과정에서 무용이 독립된 교과로서 인정받기를 오랫동안 숙원해오고 있지만, 현재 무용은 체육교과의 한 단원으로 속해있는 실정이다. 체육교육과정의 변화에 따라 "표현활동"으로서 무용활동이 이전보다 많이 다루어지도록 편성되어 있다. 하지만, 실제 현장에서 체육교사들은 무용수업을 실천하는 데에 많은 어려움을 겪고 있다(김해성, 2012; 황숙영, 2007; 함지선, 김경숙, 2007). 예비체육교사교육에서 무용에 대한 관련지식이나 지도방법을 충분히 교육받지 못했기 때문에, 체육교사들이 실천하는 무용수업의 방식은 교과서 중심의 이론만 전달하거나 실기를 약간 접목한 형태로 이루어지고 있다(김해성, 2012; 박은경, 2006; 이원주, 2007; 이은실, 2009). 심지어 무용시간을 생략하거나 제외시키는 경우도 빈번히 일어나고 있는 상황임에도 불구하고 현직교사교육에서 제공하는 무용관련 연수프로그램은 여전히 댄스스포츠나 라인댄스 중심의 기능위주로 이루어져 있어 근본적인 문제를 해결하기에는 많은 한계가 있다(함지선, 김경숙, 2007).

최근, 무용교육에서는 이러한 한계를 극복하기 위한 노력들이 이루어지고 있다. 대표적으로, 문화예술교육 제도를 통하여 단위 학교에서는 학생들이 움직임 및 표현의 즐거움을 느낄 수 있도록 하는 기회들을 지난 10여 년간 제공해 오고 있으며, 문화예술교육 활성화 정책을 통해 무용교육의 새로운 장이 열리고 있다는 긍정적 평가 또한 받고 있다(이병준 및 이유리, 2014). 무용을 전공한 예술강사가 학교에 파견되어 전문적인 무용수업을 진행할 수 있게 된 것이다.

그러나, 현재까지도 무용예술강사들이 졸업한 대부분의 대학 무용과의 교육과정은 공연중심으로 이루어져 있으며(김해성, 2012), 그들이 받는 연수교육은 단기적이고 선택적이어서 학교현장에서 요청되는 역량을 충분히 기를 수 있는지에 대해서는 우려의 목소리가 일고 있다(박은희, 2010; 탁지현, 2014). 이렇듯, 무용을 전공한 예술강사가 무용수업을 실천한다 할지라도 효과적인 무용수업의 설계와 실천을 이들에게만 의존하기에는 다소 어려움이 따른다(김지영, 2013). 이제는 무용수업의 효과적인 실천과 더불어 이를 실현할 수 있도록 하는 보다 구체적인 방안이 필요한 시점이다.

학교에서 무용교육의 위치를 정립하고 학교교육에 맞는 교육적 목표를 실현할 수 있는 구체적 방안을 찾기 위해서는, 앞서 성공을 거둔 비슷한 분야에 주목할 필요가 있다. 마케팅 분야의 용어로 이를 "벤치마킹" 기법이라 한다. 최고수준으로 인정받는 실천방식을 연구하여 자신에게 적절한 방식으로 적용하는 것을 뜻한다(Spendolini, 1992). 무용교육에 있어 벤치마킹을 위한 그 최적의 분야는 현재 무용이 속해있기도 하며 무용과 마찬가지로 신체활동을 주요활동으로 다루는 체육교육 분야이다.

체육교육 분야에서는 학생들에게 스포츠를 지도하는 다양한 교수모형들을 개발하여 대상과 목적에 적합하게 활용함으로써 스포츠를 보다 효과적이고 교육적으로 가르치고 있다(김관우 및 김승재, 2003; 김무영, 이승배 및 문호준, 2010; 이옥선, 2014; 정구영, 고문수 및 이재용, 2003). 특정한 수업 방식 없이 공만 던져주던 "아나공" 수업이나 강압적인 군대식 수업에서 벗어나 학생중심의 활동적이고 창의적이며 인성이 강조되는 체육수업이 대세를 이루고 있다. 다양한 성향과 발달수준을 지닌 학생들 각각에게 즐겁고 행복한 체육체험이 가능하게 된 주된 이유는 무엇보다 다양한 체육교수모형들이 개발되고 실천되었기 때문이다(장경환 및 이옥선, 2014).

이러한 맥락에서 본 연구는 체육교육분야에 성공적 성장의 기반을 마련해 준 "모형기반접근"(model-based approach)방식을 무용교육에 적용해보고자 한다. 물론 그동안 무용수업의 실천을 위해 모형이 개발되거나 활용된 사례가 없었던 것은 아니다. 하지만, 무용교육에서의 수업모형 관련 연구는 독자적인 무용수업모형을 다루고 있는 것이 아니라, 협동학습모형이나 문제중심학습모형 등 일반 교육 영역 또는 타 영역에서 개발된 모형을 무용에 적용한 연구들이 대부분이었다(김해성, 2013; 박중길, 2009; 백현순, 이예순, 김이영, 2012; 신언숙, 이강순, 2010). 또한, 무용수업모형에 대한 연구라 할지라도 다양한 활동의 항목들을 단순히 열거하는 형태로 제시하고 있어 이러한 "상품나열식 소개"(최의창, 2011, p.156)는 교사로 하여금 수업에 대한 명확한 인식을 어렵게 한다는 비판이 제기된다. 무용의 교육적 가치를 뒷받침하는 철학이라는 하나의 '실'로 목적, 내용, 방법이라는 '구슬'을 일관성 있게 꿰어 내고 그에 따르는 교수학습 전략 및 방법을 구체적으로 제시하는 수업모형 연구가 필요한 것이다.

따라서 본 연구의 목적은 "모형기반접근"의 개념에 기초하여 기존 무용교수모형들의 장단점을 파악하고, 이를 통해 모형기반 무용수업의 가능성을 새로이 탐색하는 데에 있다. 이를 위하여 본 연구에서는 우선 체육교육 분야에서 제안된 "모형기반 체육수업"의 아이디어를 살펴봄으로써 모형기반 무용수업과 무용교수모형에 대한 기초이해를 갖는다. 이어서, 무용교육 분야에서 "모형"이라고 불릴 수 있는 지도방법들을 소개한 후, 이러한 무용교수모형들의 한계를 극복하고 무용소양 및 무용자질을 기르는 새로운 통합적 무용교수모형은 어떠한 토대를 가지고 있어야 하는지에 대해서 한 가지 사례를 활용하여 알아본다. 마지막으로 모형기반 무용수업과 무용교수모형의 아이디어가 보다 생산적으로 활용될 수 있도록 하는 데에 필요한 향후 노력들을 제안하며 마무리하고자 한다.

본 연구는 기존의 무용교수모형들을 비교분석하여 모형기반 무용수업의 가능성을 검토하고 무용교육에의 시사점을 탐색하기 위한 개념적, 이론적 연구이다. 먼저, 비교분석의 대상이 되는 무용교수모형의 선정을 위해 무용분야의 독자적인 교수모형 또는 수업모형을 중심으로 한 선행연구들을 검토한 후, 그 중 활발히 논의되고 있으면서도 공신력을 인정받고 있는 세 가지 모형인 영국의 'Midway model'(Smith-Autard, 2002), 미국의 'Cornerstone model'(McCutchen, 2006), 한국의 '무용 교수-학습 모형'(한국문화예술교육진흥원, 2014b)을 선정하였다.[1]

선정된 세 개의 무용교수모형들을 체계적·객관적으로 분석하고자 자료에 담긴 내용의 특성, 의도, 구조 등을 객관적인 유목과 단위에 의거하여 분석하는 '내용분석법'(Berelson, 1971)을 활용하였다. 이 때 분석의 기준으로는 Metzler(2005)의 '체육교수모형 개념틀'(표 1 참고)을 사용하였다. 체육교수모형에 관한 대표적인 선행연구 및 문헌(장경환, 이옥선, 2014; Casey, 2014; Metzler, 2005)의 고찰을 통해 교사가 체계적이고 일관적인 수업을 실천할 수 있도록 하는 핵심요인 및 세부요인들로 구성되어 있다는 점에서 기존 무용교수모형의 체계성 및 타당성 여부를 검토하는 데에 유용한 도구가 될 수 있음을 확인하였다.

---

[1] 미드웨이모형은 영국의 국가교육과정의 무용관련 내용에 상당부분 반영되어 오고 있으며(Smith-Autard, 2002), 코너스톤모형 역시 미국의 무용교육표준(Standards for Learning and Teaching Dance in the Arts)(2005)의 질적 한계를 보완하기 위해 교육과정의 형태로 제시된 것으로서 국가주도하에 연구 및 개발된 모형이다. 마지막으로 우리나라의 '무용 교수-학습 모형' 또한, 문화예술교육 정책 하에 학교 무용수업에 적용할 수 있도록 현재까지도 지속적으로 연구·개발되고 있는 모형이다.

표 1	체육교수모형의 개념틀		
이론적 토대	• 이론적 배경 및 근거 • 교수학습에 대한 가정 • 모형의 주제	• 학습 영역의 우선순위와 상호작용 • 학생의 발달 요구 사항 • 모형의 타당성	
교수학습 특징	• 수업의 주도성 및 포괄성 • 학습 과제 • 참여 형태	• 교사와 학생의 역할과 책임 • 지도 과정의 검증 • 학습 평가	
모형의 실행조건 및 변형	• 교사 전문성 • 교수 기술	• 상황적 요구 조건 • 상황적 변용	

(Metzler, 2005, p. 29에서 재구성)

II. 모형기반 체육수업의 개념과 특징

체육수업의 질을 높이기 위한 실천적 차원의 노력 중 하나로서 체육을 가르치는 방식에 대한 탐구는 학교체육교육 분야의 성장에 중요한 역할을 해왔다. 다양한 지도방식들이 연구되고 모형으로 개발되면서, 교사는 자신의 수업상황에 맞는 적합한 방식을 택해 효과적인 수업을 이끌어 갈 수 있게 되었기 때문이다(장경환 및 이옥선, 2014). 그러나, 체육의 지도방식에 대한 개념이 처음부터 '모형'의 형태로 인식되었던 것은 아니다. 19세기 말, 20세기 초기에는 운동기능습득을 위한 체조중심의 방식이 지배적이었다(최의창, 2010; Metzler, 2005). 1960년대에 이르러서야 몇 가지의 '지도전략'과 '지도스타일'로 발전되었으며, 이후에는 Mosston(1966)의 '수업 스펙트럼 스타일'로 이어졌다. 1980년대에는 교수 효율성 연구 동향과 관련하여 효과적인 '교수 기술'들이 소개되었다(장경환, 이옥선, 2014).

하지만 이러한 전략, 스타일, 기술들만으로 체육교사는 체육 수업의 지도계획에서부터 실행 및 평가에 이르기까지의 전 과정에 대한 통합된 관점을 갖기가 어려웠다. 체육을 어떻게 가르쳐야 하는가에 대해 좀 더 포괄적이고 총체적인 접근방식이 요청되기 시작하였다. 이러한 이유에서 체육교육 분야에서는 Joyce & Weil(1972)에 의해 처음으로 수업에 대한 모형적 접근이 소개되었으며, 이를 바탕으로 이전보다 계획적이고 조직적인 형태의 체육교수모형들이 개발되기 시작하였다(장경환, 이옥선, 2014). Metzler(2005)에 의하면, 이러한 체육교수모형은 이전의 '교수방법', '교수전략', '교수기술' 등과는 달리 보다 더 체계적이고 계획적으로 짜여진 틀을 갖추고 있다. 그리고 앞의 〈표 1〉과 같이 '이론적 토대', '교수학습의 특징', 모형의 '실행조건 및 변형'이라는 세 가지 핵심요인들로 그 틀을 이루고 있으며, 자세한 특징은 다음과 같다.

먼저, '이론적 토대'는 체육교수모형의 총체적 측면을 형성하는 가장 기초적인 핵심요인이다. 이것은 체육교육에 대한 관점, 우선적으로 가르쳐야 할 교육내용, 학습자에 대한 가정 등을 뒷받침하는 학문적 기초를 포함한다. 모형이 체육수업상황에 왜 필요하며 어떻게 효과적일 수 있는지를 이론적으로 정당화시키는 토대인 것이다. 이것은 모형의 존재가치를 밝히는 요인으로 모형의 개념틀에 있어서 가장 기초가 된다.

'교수학습 특징'은 이러한 이론적 기반 위에 그려진 구체적인 그림이며, 모형을 특색있게 하는 요인이다. 어떤 내용을 가르쳐야 하는지, 그 내용을 배우기 위한 학생들의 참여방식으로는 무엇이 적합한지, 수업의 주도성은 교사와 학생 중 누구에게 있는지 등 교수학습과정에 드러나는 특징에 대해 구체적으로 보여준다.

'실행조건 및 변형'은 위에서 상정한 교수학습의 모습을 교사가 실제로 실행하는 데에 요구되는 환경적인 조건들을 말한다. 모형을 수업에 적용할 때에 마련되어야 하는, 또는 상황에 따라 모형이 변형되어야 하는 부분을 미리 가정하여 세워둔 계획들인 것이다. 이러한 의미에서 수업모형은 교사가 수업을 계획하고 실행 및 평가하는 데에까지 일관된 관점을 가질 수 있도록 하는 '설계도'로서의 역할을 한다(Cole & Chan, 1987).

체육교육분야에는 이러한 '설계도'를 갖춘 독자적인 교수모형들이 다양하게 개발되어 있다. 그리고 현재에도 그 모형들은 수정 및 보완을 거듭하며 현장에서 적극적으로 반영되고 있다. 그 중에서도 최근 활발한 연구를 통해 실제 수업에의 적용과 효과를 지속적으로 확인하고 있는 대표적인 모형으로는 스포츠교육 모형(Siedentop, 1986), 이해중심게임 모형(Griffin, Mitchell, & Oslin, 1997), 책임감 모형(Hellison, 2003), 하나로수업 모형(최의창, 2002) 등을 들 수 있다. 각 모형들이 취하고 있는 접근방식에는 고유한 특징이 나타난다. 예를 들어, 스포츠교육모형은 문화적 측면을, 이해중심게임모형은 인지적 측면을, 책임감모형은 정의적 측면을 강조한다.

마지막으로 하나로수업 모형은 이들 관점을 통합적으로 취하고 있는 모형이다(최의창, 2002).

이처럼 다양한 모형이 체육수업에 필요한 이유는 다른 주지교과들과는 달리 체육수업에는 보다 많은 학습영역의 목표들이 존재하고, 이에 따라 가르쳐야할 내용들 역시 다양하기 때문이다(Metzler, 2005). 또한, 교실이 아닌 체육관에서의 수업은 언제나 역동적이기에 교사는 효과적으로 지도할 수 있는 방법들을 상황에 맞게 변화시켜 나가야만 한다. 이 때 교사에게 가장 도움이 되는 방법 중 하나가 바로 모형기반수업(model-based instruction)이다(Casey, 2014). 이 외에도 모형기반 수업이 갖는 여러 가지 이점은 국내 다양한 연구들을 통해서도 확인할 수 있다(이옥선, 2014; 정구영, 고문수 및 이재용, 2003). 이들 연구에서는 모형기반 체육수업이 학습자의 참여 및 학습성과 증진은 물론, 체육수업의 효율성과 체계성을 높이는 데에 매우 효과적임을 밝히고 있다.

모형기반 접근방식은 무용교육에도 적용될 수 있다. 이는 체육교사의 무용수업 실천에 대한 어려움, 무용예술강사들의 학교상황에 대한 이해 부족, 전통적인 방식의 기능중심 수업, 전인교육 실현의 어려움 등의 문제점으로 지적되는 기존의 무용수업 상황을 개선하기 위한 유용한 아이디어가 될 수 있다(최다미, 2008). 체육교수모형의 활용으로 체육교육의 학문적 토대가 견고해지고 체육수업의 질과 함께 교사의 전문성이 향상될 수 있었던 것과 같이, 무용교육분야에서 이러한 아이디어를 활용하는 것은 학교교육에서의 무용의 교육적 가치를 인정받는 데에 있어 큰 기여를 할 수 있을 것이다.

III. 무용교육에서의 교수모형들

학교교육의 장면에서 무용은 그 시작에서부터 체육교과의 목표달성을 위한 하나의 작은 영역으로 실천되어 왔다. '무용이 곧 체조'라는 시절을 거쳐 현재에는 무용활동이 발레, 한국무용, 현대무용, 라인댄스 등으로 확장되었다. 반면, 무용을 가르치는 방식에 대해서는 아직까지 큰 변화가 일어나지 않고 있다. 이것은 전문적인 무용수 훈련과정을 학교무용에 그대로 적용하거나 또는, 개인이나 단체가 한 가지의 교수방법과 교수전략만을 고수하면서 생긴 문제이다(김화숙 등, 2013). 이러한 문제를 자각하고 해결하기 위해 무용지도방식에 대한 개선의 노력들이 있어왔지만(김해성, 2013; 박중길, 2009; 백현순, 이예순, 김이영, 2012; 신언숙, 이강순, 2010), 대부분 일반 교육 영역 또는 타 영역에서 사용되는 모형을 무용수업에 적용한 것이며, 무용수업을 위한 고유한 지도방법 또는 일관성 있는 수업방법이 없는 현실이다. 이러한 맥락에서 본 연구는 먼저 기존에 실천되고 있는 세 가지 무용교수모형들을 앞에서 소개한 Metzler의 개념틀을 토대로 비교분석하여 모형들의 특징과 한계점을 파악하고자 한다.

1. 미드웨이 모형

Smith-Autard(2002)의 미드웨이 모형[2]은 무용교육의 모습이 기존의 서로 대립적인 두 모형, 즉, "교육적 모형(educational model: 이하 E모형)"과 "전문적 모형(professional model: 이하 P모형)"의 장점들을 합친 형태를 지녀야 한다는 전제에서 출발하였다. E모형은 1940년대 후반 루돌프 라반의 움직임 이론에 기초하여 춤을 추는 '과정'과 그러한 경험이 학습자의 성장에 어떠한 기여를 하는지에 대해 주목하는 관점이다. 또 다른 선행모형인 P모형은 전문적인 무용수 훈련과정을 적용하여 신체훈련과 무용지식을 습득하는 '결과'에 강조를 두는 전통적인 관점을 취한다. 이 두 가지 관점을 절충하고자 한 아이디어는 Redfern(1972)에 의해 처음 제안되었지만, 학교교사와 대학강사들에게 더욱 적합한 형태로 발전 및 구체화된 것은 Smith-Autard(1994)에 의해서였다.

'미드웨이'라는 명칭에서 알 수 있듯이, 이 모형은 위의 대조되는 두 가지 선행모형의 중간에 위치해 있는 입장을 취하고 있다. 그렇다고 하여 단순한 중립의 상태를 말하는 것은 아니다. "예술적, 미적, 문화적 교육에 도움을 주는 교육적 맥락에서의 무용예술"(Smith-Autard, 2002, p.5)이라는 철학을 세워 놓고 무용교육의 이론적, 실제적 틀을 재정립하였다는 점에서 새로운 아이디어가 포함되어 있다. 〈표 2〉에는 미드웨이 모형이 대립적인 두 가지 선행모형들로부터 빌려온 각 요소들이 무엇인지, 그리고 절충적 입장에서 갖는 독특한 특징들은 무엇인지 제시하고 있다.

---

[2] 무용 교육 연구 분야에서는 "미드웨이 모형"을 "중도 모형"으로 번역하고 사용하고 있다. 하지만, 영어의 자구적 의미를 그대로 옮긴 위와 같은 번역은 모형개발자의 의도를 충분히 반영하지 못할 수 있다는 우려에서 본 연구에서는 "미드웨이 모형"이라 하겠다.

|표 2| 미드웨이 모형의 특징

목적	무용을 통한 예술적, 미적, 문화적 교육		
	E모형	+	P모형
특징	과정	+	결과
	창의력 상상력 개성	+	공적인 예술형식에 대한 지식
	감정	+	기능
	주관성	+	객관성
	원리	+	테크닉
내용	수행하기, 창작하기, 감상하기		
방법	개방적	+	폐쇄적
	자료기반 교수학습방법		

(Smith-Autard, 2002, p. 27에서 재구성)

이렇듯, 미드웨이 모형은 E모형과 P모형을 절충한 접근방식으로, 영국뿐만 아니라 1990년대 우리나라 무용교육의 주요 편성 원리가 되었다(서예원, 1998). 특히, 우리나라에서는 체육교육의 한 영역에서 무용을 실용적으로 가르치는 것과 무용의 예술적 측면을 간과해온 것에 대해 비판하며 이를 위한 대안으로 미드웨이 모형을 많이 지지해 왔다(김사라, 2003; 서예원, 1998; 신은경, 1995; 이희선, 1997; 임정배, 1997; 한혜리, 1995).

2. 코너스톤 모형

앞에서 설명한 미드웨이 모형이 대립적인 두 가지 선행모형을 절충한 것이라면, McCutchen(2006)의 코너스톤 모형은 미국의 무용교육표준(Standards for Learning and Teaching Dance in the Arts, 2005)의 질적 한계를 보완하기 위해 교육과정의 형태로 제시된 것이다. 코너스톤 모형이 궁극적으로 추구하는 목적은 학생이 무용경험을 통해 움직이는 자아, 생각하는 자아, 예술적 자아, 감정적·사회적 자아, 영적 자아가 모두 통합된 전인(whole person)으로 성장하는 것에 있다. 성취기준이나 평가로 인해 무용에 들어 있는 내적 가치들이 가려지지 않도록 교사가 무용에 들어 있는 다양한 측면을 강조할 것을 주장한다. 이를 위해 무용 교육의 주춧돌이 될 네 가지의 핵심영역인 춤추기와 공연하기(수행하기), 만들기와 안무하기(창작하기), 역사와 문화와 상황알기(지식갖기), 분석하기와 비판하기(반응하기)를 통해 무용의 총체적 측면을 경험하도록 할 것을 강조한다.

이 모형에서 주목할 만한 또 한 가지의 특징은 탐구적 접근(inquiry approach)을 채택하고 있다는 점이다. 이 방식은 네 가지 코너스톤들을 유기적으로 연결시키기 위한 방법으로 이 모형에서 핵심적인 역할을 한다. 교사가 학생에게, 또는 학생이 자기 자신에게 무용경험과 무용요소에 대해 질문함으로써 자신과 세계와의 관계를 형성할 수 있도록 하기 때문이다. 마치 물 웅덩이에 작은 돌을 던졌을 때 일어나는 물결 효과처럼 한 영역에서의 탐구활동이 다른 영역의 활동으로 이어지고 결국에는 네 영역이 모두 하나로 통합되도록 하는 방법인 것이다. 이와 같은 코너스톤 모형의 특징을 요약하면 〈표 3〉과 같다.

표 3 코너스톤 모형의 특징

목적	무용을 통한 전인으로의 성장	
내용	C1 : 수행하기 - 춤추기와 공연하기	C3 : 지식갖기 - 역사, 문화, 상황알기
	C2 : 창작하기 - 만들기와 안무하기	C4 : 반응하기 - 분석하기와 비판하기
방법	질문중심의 탐구적 접근	

(McCutchen, 2006 참고)

코너스톤 모형은 미드웨이 모형만큼 우리나라 무용교육 분야에서 많이 연구되지는 않았다. 김은지(2009)의 연구에서 코너스톤 모형을 활용하여 예술중학교 창작무용수업을 위한 수업설계안을 제시하고 있기는 하지만, 네 가지 영역 구분만을 차용하고 있어 코너스톤 모형을 충분히 적용한 사례로 보기는 어렵다. 이러한 한계로, 우리나라 무용교육 상황에 코너스톤 모형을 적용함으로써 나타나는 이점 및 시사점을 파악하기 쉽지 않다. 하지만, 우리나라 무용수업의 경우, '2009 개정 체육교육과정에 따른 체육과 교육과정' 내의 표현활동 수업(교육과학기술부, 2011)에서나 문화예술교육으로 제공되는 무용수업(한국문화예술교육진흥원, 2014b)에서 코너스톤 모형의 학습내용과 마찬가지로 '춤추기', '춤만들기', '춤감상하기'의 내용을 공통적으로 다루고 있다는 점에서, 코너스톤 모형에서 제안하고 있는 구체적 실천전략들을 우리나라의 무용수업 상황에 적극적으로 활용할 수 있는 가능성이 있음을 알 수 있다.

제4부
무용교육
프로그램

3. 무용 교수 – 학습 모형[3]

2005년 이후 우리나라 문화예술교육이 확대되고 활성화됨에 따라, 최근에는 무용교육의 목표, 내용, 방법을 우리의 교육상황에 적합하게 제시하고자 하는 노력들이 이루어지고 있다. 이 가운데 한국문화예술교육진흥원에서 연구, 개발한 '2014 학교문화예술교육 무용 교수–학습지도안(무용)'은 '무용교육표준(서예원, 조은숙, 문영, 김윤진, 2011)' 연구를 바탕으로 하여 최종적인 무용교수모형으로 개발된 것이다. 이 모형은 우리나라 문화예술교육 내 무용수업에서 가장 보편적으로 활용되고 있으므로 우리나라의 대표적인 무용교수모형 중 하나라 할 수 있다.

앞에 소개된 두 모형과는 다르게 무용 교수-학습 모형은 문화예술교육정책이라는 사회적 맥락과 함께 개발 및 발전되어 온 것으로, 교육적 목표의 관점과 지향성이 문화예술교육의 토대 위에 놓여 있다. 그리고 일반교육과정에 대한 적합성과 체육교과서 내 무용 활동 내용과의 연계성을 추구하며 학교현장에 실제적으로 적용 가능하도록 개발된 점도 특징적이다.

| 표 4 | 무용 교수 – 학습 모형의 특징

목적	댄스리터러시 개발을 통한 문화예술교육 가치 실현	
내용	수행하기 - 춤추기 감상하기 - 춤읽기	창작하기 - 춤만들기 소통하기 - 춤나누기
방법	체험/이해 → 탐구/발견 → 확장/응용	

(한국문화예술교육진흥원, 2014 참고)

〈표 4〉와 같이, 무용 교수-학습 모형에서 목표로 하는 것은 단순한 무용기술의 전달 및 획득이 아닌, 댄스 리터러시(dance literacy) 개발을 통한 문화예술교육으로서의 가치실현에 있다(한국문화예술교육진흥원, 2014b). 여기에서의 댄스 리터러시란, 무용 전반을 이해하고 다양한 방식으로 풀어내는 통합능력을 의미한다(서예원 등, 2011). 또한, 댄스 리터러시 개발을 위해 가장 중요한 것으로서 '춤추기(실행)', '춤만들기(창작)', '춤읽기(감상)', '춤나누기(소통)'의 네 영역이

---

[3] '2014 학교문화예술교육 무용 교수–학습 지도안'(한국문화예술교육진흥원, 2014b:14)에서 제안하고 있는 모형의 명칭을 그대로 사용하였다.

매 차시 안에 포함되어야 함을 제시하고 있다. 그리고 최종목표인 댄스 리터러시에 도달하는 것은 '체험/이해' → '탐구/발견' → '확장/응용'의 세 단계를 거쳐 가능하다.

현재 국내 초·중·고등학교에서 이루어지고 있는 학교문화예술교육 내의 무용수업은 이 모형을 채택하도록 되어있다. 그리고 문화예술교육정책이 처음 시행된 2004년부터 모형의 실행과 보완작업을 지속해오며 2014년에 최종적으로 개발된 것이라는 점에서 현장 적용의 가능성에 대해서는 검증된 셈이라 할 수 있겠다. 하지만, 우리나라의 문화예술교육은 충분한 철학적, 이론적 논의의 기반 없이 급하게 추진된 정책의 일환이라는 비판적 목소리가 있다(김세훈, 2012). 즉, 문화예술교육의 한 부분인 무용교육 역시 교육적 방향성과 목표, 학교교육으로서의 적합성 등에 대한 근본적인 논의보다는 주로 제도적 차원에서의 정책적 지원이나 행정적 조치 등에 대해서만 집중되어 연구되고 있음이 문제점으로 지적되고 있다(최의창, 2011).

4. 기존 무용교수모형들의 한계점

앞에서 살펴본 세 모형은 각각 영국, 미국, 그리고 우리나라에서 대표적으로 연구 또는 실천되고 있는 무용교수모형들이다. 과연 이 모형들이 무용수업이라는 견고한 집을 지을 수 있도록 도와주는 설계도로서의 역할을 온전히 다하고 있는 것인지에 대해 면밀히 검토해 볼 필요가 있다. Metzler(2005)가 제안한 '교수모형 개념틀'을 기준으로 세 가지 무용교수모형들을 비교분석한 결과, 그 구체적인 결과는 다음과 같다(표 5 참고).

먼저, 체계적 수업을 위한 무용교수모형에는 보다 견고한 철학적, 이론적 근거가 필요하다. 제시된 〈표 5〉를 살펴보면, 각 모형의 이론적 토대가 명확하지 않음을 알 수 있다. 이것은 각 모형이 개발된 배경으로부터 그 이유를 찾을 수 있다. 미드웨이모형은 무용수업의 전통적 방식과 교육적 방식을 절충하고자 고안된 것인 반면, 코너스톤모형은 미국의 무용국가표준의 질적 개선을 위해서, 무용 교수-학습 모형은 문화예술교육 활성화를 위한 정책의 일환으로 개발되었다. 세 모형 모두 각국이 처한 무용교육의 상황을 개선하고자 하는 관심에서 시작된 것이다. 이들 모형이 모형으로서의 타당성을 확보하기 위해서는 Metzler(2005)가 주장하였듯, 특정한 학습이론 또는 교육론에 근거하여 이에 대한 이론적 논의뿐만 아니라 실제로 무용교육 현장에 적용되었을 때에는 어떠한 결과를 나타내고 있는지에 대한 경험적, 실천

제4부 무용교육 프로그램

| 표 5 | 세 가지 무용교수모형의 비교분석

교수모형 개념틀 (Metzler, 2005)		미드웨이 모형	코너스톤 모형	무용 교수-학습 모형
이론적 토대	이론적 배경 및 근거	• Redfern(1972)가 처음 제안한 '절충적 모형'의 아이디어에 기반	• 미국의 국가예술교육 위원회에서 제시하는 예술교육에 대한 관점을 기반으로 함	• 미드웨이 및 코너스톤 모형을 기반으로 하고 있음
	교수학습에 대한 가정	• 교수학습에 대한 여섯 가지 가정 제시(표 2 참조)	• 종합적, 계열적, 실천적, 심미지향적, 일관적, 탐구중심적인 교수학습 추구	
	모형의 주제	• 무용작품에서 시작하고 무용작품으로 끝나기	• 질문중심 탐구를 통해 무용의 다양한 측면 학습	
	학습 영역의 우선순위와 영역 간 상호작용	• 각 영역을 모든 수업에서 동일하게 강조 • 영역간 상호작용에 대한 언급은 부재	• 네 가지 코너스톤(학습영역)이 유기적으로 연결	
	학생의 발달 요구 사항	• 초등, 중등, 고등으로 나누어 제시 • 학생들이 테크놀로지(CD 및 DVD 등)의 사용에 대해 익숙해야 함을 강조	• 초등, 중등으로 나누어 제시	• 초등, 중등으로 나누어 제시
	모형의 타당성	• 모형의 효과를 검증한 실천적 연구 부족	• 모형의 효과를 검증한 실천적 연구 부족	• 이론적 연구 부족
교수 학습의 특징	수업의 주도성	• 전체적으로 '절충적'인 관점을 취하지만 구체적이지 않음	• 전체적으로 '학생 중심적'인 관점을 취하지만 구체적이지 않음	
	학습 과제	• 무용작품영상을 중심으로 과제 제시 • 하나의 무용작품을 만들어가는 방식으로 내용전개	-	
	참여 형태	• 개인, 소집단, 전체참여	• 개인, 소집단, 전체참여 • 능동적/수동적 참여	• 개인, 소집단, 전체참여
	교사와 학생의 역할과 책임	-	• 교사의 역할에 대해서만 제시	
	지도 과정의 검증			
	학습 평가	• 초등, 중등, 대학 교육과정별로 평가예시 제공	• 네 가지 학습영역을 평가하기 위한 기준, 방법, 기술이 명확히 제시되어 있음	
실행 조건 및 변형	교사 전문성	• 다양한 무대무용작품에 대한 지식과 움직임 원리에 대한 지식을 모두 알고 있어야 함을 강조	• 교육, 무용교육, 무용의 이론 및 실제에 대해 알고 있어야 함을 강조	
	교수 기술	-	• 탐구 중심 방법의 실천을 위한 다양한 교수전략들 제시	
	상황적 요구 조건	-	• 무용수업에 요구되는 환경적 조건 특히, 공간에 대해 구체적으로 제시	
	상황적 변용	-	-	

제12장 모형기반 무용수업의 가능성과 과제 ••• 331

적 연구가 함께 뒷받침되어야 한다. 하지만, 미드웨이 모형과 코너스톤 모형은 모형의 적용 효과 및 적용사례들을 보여주는 실천적, 경험적 연구가 부족한 편이며, 한국의 무용 교수-학습 모형은 그 이론적 배경 및 근거가 더욱 분명하지 않게 제시되어 있다. 이러한 이유로, 체육교사 및 무용예술강사들이 무업수업에 대한 어려움을 겪고 있음에도 불구하고, 이들은 기존의 무용교수모형들을 언제, 어떻게, 왜 활용해야 하는지에 대해 알기 어려운 것이다. 모형의 이론적 토대를 보다 견고히 하기 위해서는 무엇보다 무용을 가르치는 일에 대한 철학적이고 근본적인 물음에서부터 시작하여야 할 것이다(최의창, 2011).

둘째, 무용교수모형으로서 고유한 교수학습과정의 모습을 구체적으로 갖추고 있어야 한다. 기존의 세 가지 무용교수모형에서 나타난 교수학습에의 특징은 다소 포괄적이다. 미드웨이 모형에서는 교사중심과 학생중심이 절충된 관점을, 코너스톤모형은 학생중심의 관점을 제시하고 있다. 이처럼 전체적으로 수업에 대해 어떠한 관점을 취하고 있는지를 제공하는 것도 중요하기는 하지만, 효과적인 교수모형이기 위해서는 실제 수업에 모형이 적용됐을 때의 모습이 교사와 학생에게 어떻게 드러나는지 상세히 그려져 있어야 한다(Metzler, 2005). 학습과제의 형태는 어떻게 제시되어야 하는지, 수업상황에서 교사와 학생은 구체적으로 어떠한 역할하고 있어야 하는지에 대한 제시가 세 모형에서 모두 불분명하게 나타나고 있다. 특히, 교수학습이 의도한 대로 잘 진행되고 있는지를 확인할 수 있도록 하는 '지도과정의 검증'에 대해서는 세 모형 모두 전혀 제시하지 않고 있다. 특정한 학습이론과 이론적 근거로부터 도출된 교수학습의 구체적 특징을 보다 명확하게 제시해줄 수 있는 무용교수모형이 필요하다.

셋째, 무용교수모형은 구체적인 교수전략 및 교수기술을 제공해야 한다. 세 가지 무용교수모형은 각각 구별되는 교수방법을 제시하고 있다. 미드웨이모형은 '자료기반 교수학습 방법론(material-based teaching and learning methodology)'을, 코너스톤모형은 '질문중심의 탐구적 접근(question- centered inquiry approach)'을, 무용 교수-학습 모형은 기초에서 응용의 수준으로 학습이 점차 심화되는 방식을 제안하고 있다. 하지만, 〈표 5〉에서 알 수 있듯, 코너스톤 모형을 제외한 나머지 모형에서는 제시된 방법을 실천할 수 있는 구체적인 교수기술 또는 전략에 대해 설명하고 있지 않다. 이러한 점으로 인해 무용교수자들이 모형을 활용하고자 할 때 필요한 교수기술 및 교수방법이 무엇인지 인식하기 어렵고 그 필요성 또한 크게 느끼지 못하게 된다. 이는 현장의 중등 체육교사들이 현직교사교육에서 제공되는 무용관련 연

수프로그램에 참여한 경험이 대부분 거의 없는 것으로 나타나는 결과와도 관계가 있다(김연희, 2000; 김해성, 2012; 유지영, 2006). 이러한 상황의 원인을 교사들의 참여의지 부족에만 두기에는 어렵다. 효과적인 무용수업의 실천을 위해 필요한 교사의 전문성 또는 교수기술이 무엇인지 모형을 통해 구체적으로 제시하는 일이 필요하다. 이는 모형을 뒷받침하는 이론적 근거에 따라 일관성 있게 설명될 수 있어야 한다. 나아가, 이러한 시도들은 무용교육분야의 탄탄한 지식체계를 마련하는 데에 반드시 요청되는 핵심적인 기반이 된다.

IV. 한 가지 대안 : 하나로수업 모형

무용교수자들이 효과적인 무용수업을 실천하기 위해 기존의 무용교수모형들을 활용하는 데에는 다소 한계가 있음을 앞서 언급하였다. 그리고 그 모형들이 무용교수모형으로서 보다 견고해지기 위해서는 탄탄한 이론적 토대, 구체적인 교수학습의 특징, 교사에게 필요한 교수 전략 및 교수기술들이 무엇인지에 대해 상세히 제공해 줄 수 있어야 함을 주장하였다. 본 절에서는 기존 모형들의 한 가지 대안으로서 하나로수업 모형을 탐색하고자 한다. 그리고 이 모형이 적용된 무용수업의 연구사례들을 살펴봄으로써 모형기반 무용수업의 가능성을 구체적으로 논의하고자 한다.

하나로수업 모형은 인문적 체육교육의 철학을 바탕으로 전인교육을 목적으로 한다(최의창, 2010). 신체활동을 통해 "기능과 지식과 태도를 하나로", "하기, 읽기, 쓰기, 보기, 듣기를 하나로", "학교공부와 일상생활을 하나로", "서로 다른 사람들을 하나로" 만들고자 하는 통합적 관점을 취하여 학생이 전인으로 성장할 수 있도록 하는 모형이다. 특히, 지난 십년간 모형의 학문적, 실천적 타당성을 지속적으로 검증해오고 있으며, 체육수업(김재기, 2014; 박규림, 2012; 서장원, 2008; 이창현, 2009; 전세명, 2010)에서 뿐만 아니라, 무용(김지연, 2011; 박소현, 2009; 박주영, 2010; 송혜순, 2011; 오현주, 2008; 이가영, 2008)이나 코칭(이민근, 2009; 이학; 2008; 최의창, 2005; 홍연기, 2009)과 같이 신체활동과 관련한 다양한 영역에서 모형의 효과를 밝히는 시도가 이루어지고 있다. 또한, 하나로수업 모형은 수업 설계도로서의 견고한 틀 역시 빈틈없이 갖추고 있어(표 6 참고), 모형으로서의 타당성을 충분히 갖춘 수업모형이라 할 수 있다. 이러한 점에서 무용교육에서 하나로수업 모형에 주목하는 일은 바람직한 무용수업 실천을 위한 중요한 대안이 될 수 있다. 하나로수업 모형의 바탕이 되는 인문적 체육교육론, 교수학습과정에서 이루어지는 학생의 직접·간접체험활동, 모형실행을 위해 교사에게 요구되는 전문성의 두 가지 차원에서 하나로수업 모형이 무용교육에 주는 의미를 파악할 수 있다.

첫째, 인문적 체육교육론은 체육교육의 중심을 신체에 두는 과학적 체육교육론에 대해 비판적 입장을 취하며 인간의 전인성 회복에 궁극적 지향점을 두는 패러다임이다. 이것은 아리스토텔레스의 덕교육론 및 McIntyre(1984)의 실천전통 교육론과 그 맥을 같이 하며, 체육 또는 무용활동을 인류의 정신적 유산으로 간주하고, 이러한 신체활동의 표면적 차원은 물론 심층적 차원에 중점을 둘 것을 강조하고 있다. 이러한 인문적 체육교육론이 구체적으로 실현된 모습이 바로 하나로수업 모형이다(그림 1 참고).

모형을 수업에 적용하는 일은 교사로 하여금 어떠한 측면에 경중을 둘 것인가를 사전에 결정할 수 있게 한다는 점에서 중요하다(Metzler, 2005). 교육으로서의 무용은 기술 그 자체가 목적이 아니다(김화숙 등, 2013). 무용에 들어있는 신체적, 인지적, 사회적, 문화적 가치들을 모두 실현하여 배우는 이가 참 좋은 사람으로 성장할 수 있도록 도와야 한다(최의창, 2011).

이와 같은 무용교육을 실현하기 위해서는, 무용활동의 '안목', '정신', '전통' 등을 체험하고 이해하도록 하여 전인으로의 성장할 수 있도록 이끌어야 한다. 이러한 모습의 무용수업을 실천하도록 하는 데에 하나로수업 모형의 적용은 하나의 방안이 될 수 있으며, 다른 어떤 모형들보다도 무용의 교육적 가치를 가장 온전히 실현시킬 수 있는 중요한 출발점이 될 것이다.

둘째, 하나로 모형의 무용수업에의 적용은 기존의 무용교수모형에서 공통적으로 설정하고 있는 '춤추기', '춤만들기', '춤보기' 등의 활동 뿐만 아니라, 무용과 관련된 노래, 그림, 시, 영화, 책, 경전, 작문 등을 체험하는 것 역시 중요한 학습활동으로서 강조한다. 이는 운동을 하는 것과 관련된 '직접체험활동'과 운동을 아는 것과 관련된 '간접체험활동' 모두를 중시하는 하나로수업 모형의 독특한 교수-학습 특성이 반영된 것이기 때문이다. 특히, 무용을 간접적으로 체험할 수 있게 하는 읽기, 쓰기, 보기, 그리기 등의 활동은 무용에 들어 있는 서사적 차원의 가치들을 서사적 성격의 활동을 통해 내면화시키는 방식이다(최의창, 2010).

제4부
무용교육
프로그램

| 표 6 | 하나로수업 모형의 특징

교수모형 개념틀 (Metzler, 2005)	무용교수모형	하나로수업 모형
이론적 토대	이론적 배경 및 근거	• 아리스토텔레스와 매킨타이어의 덕교육론에 바탕을 둔 인문적 체육교육론
	교수학습에 대한 가정	• 기능, 지식, 태도를 하나로 • 하기, 읽기, 쓰기, 보기, 듣기를 하나로 • 학교공부와 일상생활을 하나로 • 서로 다른 사람을 하나로
	모형의 주제	• 호울스포츠에 입문함으로써 호울퍼슨이 되어 호울라이프 누리기
	학습 영역의 우선순위와 영역 간 상호작용	• 학습영역을 기법적 차원과 심법적 차원으로 나누어 동일한 강조 • 기법적 차원은 운동의 바깥쪽 측면에, 심법적 차원은 운동의 안쪽 측면에 존재하여 두 가지 차원이 동시에 혼재하며 상호작용
	학생의 발달 요구 사항	• 수업참여에의 '인의예지론'을 원칙으로 학생은 어진 마음, 멋진 행동, 밝은 표정, 고운 말씨로 교육활동에 참여해야 함을 강조
	모형의 타당성	• 2001년을 시작으로 약 90여편의 이론적 논의 및 경험적 연구들이 진행되어오며 모형의 타당성을 확보
교수 학습의 특징	수업의 주도성	• 내용선정, 수업운영, 과제제시, 활동의 참여형태 등에 있어서 주도성의 수준은 각기 달라지지만, 수업에 대한 전반적인 구조를 교사가 제시한 후, 그 구조 안에서 교사-학생, 학생-학생 간의 상호작용이 이루어지는 형태
	학습 과제	• 직접체험활동과 간접체험활동으로 나뉘어 진행
	참여 형태	• '터'라는 학습수행공간과 '패'라는 학습실천조직을 통해 학습에 참여
	교사와 학생의 역할과 책임	• 교사의 안내에 따라 학생들은 패를 구성하고, 패원들은 '이끔이', '시범이', '영상이', '기록이', '장단이'등의 각 역할을 맡아 활동에 주도적으로 참여
	지도 과정의 검증	• 교사와 학생이 수행해야 할 지침들이 자세히 설명되어 있어(최의창(2002) p. 222-239 참고), 하나로수업 모형의 목표를 성취할 수 있는 가능성을 확인시켜 줌
	학습 평가	• 접합식 평가와 통합식 평가의 방법 제시
실행 조건 및 변형	교사 전문성	• 교사에게 필요한 전문성의 자질과 그 함양 방안까지 자세히 제시
	교수 기술	• 직접교수행동과 간접교수행동을 각각 세부적으로 제시
	상황적 요구 조건	• 다양한 터별 학습활동이 이루어질 수 있도록 하는 장소 마련과 터 운영에 필요한 인문적 자료들을 교사가 미리 개발, 수집, 편집하는 과정 필요
	상황적 변용	• 매 차시별 주제에 따라, 또는 학교 환경여건에 따라 터의 개수와 운영이 창의적으로 변용가능

제12장 모형기반 무용수업의 가능성과 과제 ··· 335

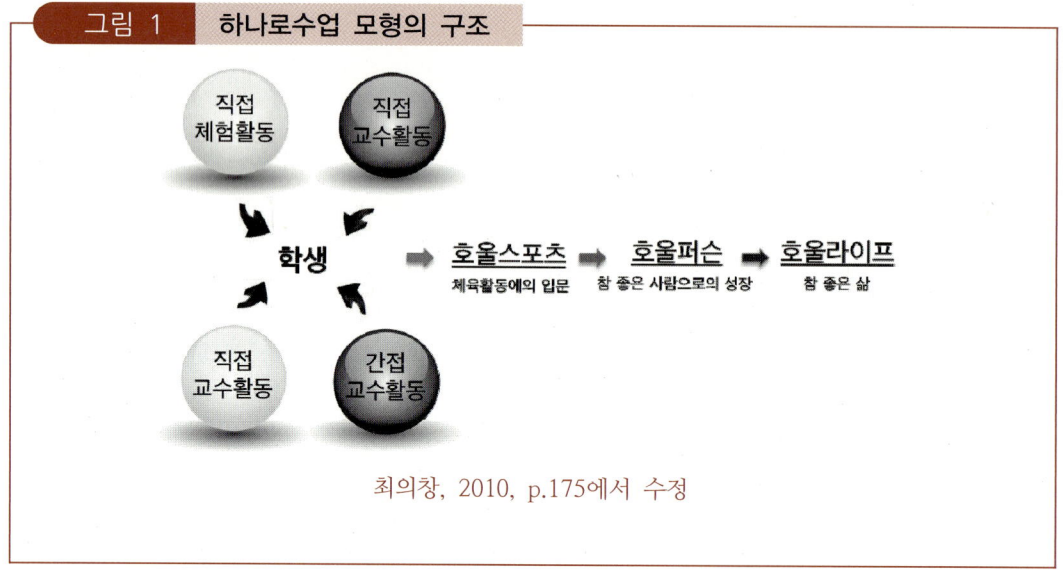

그림 1 하나로수업 모형의 구조

최의창, 2010, p.175에서 수정

사실, 무용은 예술로서 그 자체로 서사적 성격을 지니고 있다(송혜순, 2011). 그런데 역설적이게도, 교육장면에서 무용은 주로 기능중심 또는 학문중심의 방식으로 이루어져 무용활동에 들어 있는 인간 삶의 서사적 차원을 드러내고 이를 강조하기에 어려움이 있었다. 하지만, 하나로수업 모형의 활용을 통해 학생들이 무용에 대해 읽고, 쓰고, 보고, 그리는 등의 총체적인 경험을 하게 함으로써 그 안에 들어 있는 인문적 지혜들을 쌓을 수 있도록 도울 수 있다(박소현, 2009; 박주영, 2010; 오현주, 2008). 이렇듯, 하나로수업 모형이 갖는 독특한 교수학습의 특징을 바탕으로 무용수업이 실천된다면 무용교육은 학교교육으로서 보다 의미 있는 교육내용들을 제공하게 될 것이다(김지연, 2011).

셋째, 하나로수업 모형은 인문적 체육교육론을 실천하는 데에 있어 교사에게 요구되는 전문성을 두 가지 차원으로 나누어 제시한다. 학생에게 기능과 지식을 전달하고 습득하도록 하는 능력인 '기법적 차원의 전문성'과 학생의 내면과 삶에서의 변화를 이끌어내는 능력인 '심법적 차원의 전문성'이다(최의창, 2010). 전자는 교사의 시범, 동작설명, 동작교정 등과 같은 '직접교수행동'을 통해 발휘되는 것이며, 후자는 교사의 어조, 몸짓, 말투, 표정과 같은 '간접교수행동'으로 발휘되는 것이다(정현우, 2010). 하나로수업 모형은 두 가지의 방법 모두를 인정하지만, 후자를 보다 더 근본적이고 중요한 것으로서 강조하고 있다. 실제로 무용수업에서 이러한 교사의 간접교수행동은 학생이 신체와 움직임에 대해 이해하고 학습 내용을 내면화할 수 있게 하여 자기성찰의 기회를 제공할 뿐만 아니라, 인성을 함양시키는 교육적 효과를 지니는 것으로 나타났다(최의창, 2012; 최의창, 임수진, 2013). 이렇듯, 직접교수행동 뿐만 아니라 간접교수행동 모두를 고려하는 하나로수업 모형은 무용수업에서 무용의 내재적 차원을 잘 전달하기 위한 효과적인 실천방안으로서 역할을 할 수 있을 것이다.

V. 제언

체육교과 내의 한 영역으로 자리하고 있는 무용이 그 교육적 효과를 최대한 발휘하고 최종적으로 독립된 교과로서 그 교육적 가치를 인정받기 위해서는 무용수업의 체계적 지도과정에 대한 구체적 방안이 필요하다. 이러한 관점에서 본 연구는 "모형기반수업"(model-based instruction)의 개념에 주목하였다. 기존의 무용교수모형들 세 가지(미드웨이 모형, 코너스톤 모형, 무용 교수-학습 모형)를 검토한 결과, 무용교수모형들은 온전한 모형으로 인정받기에 철학적·이론적 근거, 교수학습과정의 특징, 교수기법적 차원 등에서 완성도가 다소 미흡함이 공통적으로 드러났다.

이에 따라 모형기반 무용수업에 대한 논의를 발전시키고 학교에서의 효과적인 무용수업 실천을 위한 한 가지 대안으로서 '하나로수업 모형'의 활용을 소개하였다. 이것은 체육분야에서 개발된 것이기는 하지만 신체활동을 중심으로 인문적, 서사적 통합을 추구하고 있다는 점에서 무용교육 장면에의 적용 역시 기대할 수 있다(이가영, 2008). 실제 하나로수업 모형을 적용한 무용수업들은 기존의 무용수업에서 이루어졌던 활용내용 및 방법을 확장시켜 학교수업에 보다 적합한 형태로 무용수업의 틀을 구성하고 있음이 확인되었다(김지연, 2011; 박소현, 2009; 박주영, 2010; 송혜순, 2011; 오현주, 2008; 이가영, 2008).

모형기반 무용수업이 보다 생산적으로 활용될 수 있기 위해서는 무엇보다도 다음과 같은 노력들이 필요함을 제안한다. 첫째, 무용교육에는 학교교육의 목표에 적합한 체계적인 교수모형을 개발하거나 기존의 모형들을 체계화시키는 작업이 요청된다. 기존의 무용교육에는 학교 현장의 요구나 교육과정에 대한 충분한 이해가 부족했다(김미윤, 2005). 소수의 무용전문인 양성을 위한 것이 아니라, 학교 내 다수의 일반학생들의 조화로운 발달을 위해서 무용교육은 전인교육에 대하여 좀 더 주목할 필요가 있다. 그리고 이를 실현하기 위한 체계적인 지도방법으로서 교수모형을 다양하게 개발하고 현장에 적용하는 과정이 지속적으로 이어져야 할 것이다(박주영, 2010; 오현주, 2008; 이가영, 2008).

둘째, 무용교수자가 무용수업을 효과적으로 이끌기 위해서는 무용교수모형을 수업에 적용하는 방법에 대한 구체적인 지침이 교사교육을 통해 제공되어야 할 것이다. 국내에서 이루어지는 공식적인 무용교사교육으로는 한국문화예술교육진흥원에서 예술강사들을 대상으로 진행하고 있는 과정이 유일하다. 하지만, 그 교육과정 내 무용교수법 시간에 다루는 모형들은 일반 교육학에서 개발된 모형들이 대부분이어서, 무용을 전공한 교사라 할지라도 무용교수모형에 대한 지식이나 이해가 충분하지 않다. 또한, 예비체육교사들이 직전교사교육에서 경험하는 무용수업은 학교현장에 적용이 불가능한 기능 위주의 형태로 이루어지고 있어, 체육교사의 무용수업 실천에 큰 도움이 되지 못한다(함지선, 김경숙, 2007). 현 체육교과 속에서 무용이 예술교육의 성격을 잃지 않고 성공적으로 실천되기 위해서는 체계적인 교사교육의 제공을 통해 무용수업 실천에 대한 교사의 전문성을 증진시키는 일이 필요하다(김지연, 2011; 오현주, 2008; 이가영, 2008).

셋째, 모형기반 무용수업의 실제적인 활용 및 실천을 위해 필요한 무용교사의 학습공동체 활동을 장려해야 한다. 현재 무용교사교육이 부족한 상황에서 학교에서 이루어지는 무용수업을 개별교사의 노력에만 맡기는 것은 역부족이다(김지영, 2013). 교사의 수업전문성을 증진시키기 위한 공동체적 노력이 필요한 것이다(조기희, 2015). 이에 따라 한국문화예술교육진흥원(2014a)에서는 2007년 이후부터 무용교사들의 협력적인 연구 모임인 학습공동체를 독려하고 있으며 최근에 들어 더욱 활발히 지원하고 있다. 하지만, 시공간적 제약, 구성원 구성에 있어서의 어려움, 경제적 제약들이 학습공동체의 지속을 어렵게 하는 요인으로 지적되는 만큼(주형주, 조은아, 2006), 학습공동체에 대한 보다 실질적인 제도적 뒷받침이 필요하다. 무용교사들이 학습공동체 활동을 통해 서로의 사례를 공유하고(김지영, 2013), 반성적이며 탐구중심적인 실천을 행함으로써(최의창, 2009) 무용을 가르치는 방법에 대한 구체적 논의들이 더욱 활발해질 것이다.

참고문헌

교육과학기술부(2011). 체육과 교육과정. 교육과학기술부 고시 제2011-361호.

김연희(2000). 중·고등학교에서의 무용수업 실태조사. 미간행 석사학위논문. 대구효성카톨릭대학교 대학원, 대구.

김관우, 김승재(2003). 스포츠교육모형의 적용이 핸드볼 수업에 미치는 효과. 한국스포츠과학회지, 10(2), 111-127.

김무영, 이승배, 문호준(2010). 한국 스포츠교육모형의 연구 동향: 성과와 과제. 한국스포츠교육학회지, 17(2), 21-39.

김미윤(2005). 청소년 문화예술교육 활성화를 위한 비판적 고찰. 청소년문화포럼자료집. 159-179.

김사라(2003). 절충적 무용 교육 모형을 통한 창작학습이 여고생들의 정서발달에 미치는 영향. 미간행 석사학위논문. 국민대학교 교육대학원, 서울.

김세훈(2012). 관리합리성 관점에서 본 문화예술교육 과제. 문화예술교육연구, 7(1), 21-46.

김은지(2009). 모티프 라이팅을 이용한 무용창작수업 설계 - 예술중학교 무용전공자를 대상으로. 한국무용교육학회, 20(2), 57-78.

김재기(2014). 하나로수업 모형을 적용한 체육수업에서 초등학생의 스포츠맨십 형성 과정 탐색. 미간행 석사학위논문. 단국대학교 대학원, 경기.

김지연(2011). 표현활동영역에서 하나로수업 모형의 적용이 교사의 수업인식에 미치는 영향. 미간행 석사학위논문. 서울교육대학교 교육대학원, 서울.

김지영(2013). 초등학교 무용분야 예술강사들의 전문성 개발을 위한 학습공동체 사례 연구. 한국스포츠교육학회, 20(4), 67-91.

김해성(2012). 학교문화예술교육 활성화를 위한 중등학교 무용교육 개선방안. 한국무용연구, 30(1), 59-94.

김해성(2013). 예비 무용교사들의 움직임교육 수업향상을 위한 PBL 수업 모형의 개발과 적용. 한국무용연구, 31(3), 111-149.

김화숙, 류분순, 신은경, 신정희, 임혜자, 오레지나, 한혜리(2013). 무용교육론. 서울: 한학문화.

박규림(2012). 하나로수업 모형을 적용한 6학년 도전활동 수업이 학생들에게 미치는 영향. 미간행 석사학위논문. 서울교육대학교 교육대학원, 서울.

박소현(2009). 초등 발레 특기·적성 교육에의 인문적 접근: 하나로 수업의 실천 및 효과. 미간행 석사학위논문. 건국대학교 교육대학원, 서울.

박은경(2006). 제7차 교육과정 중학교 교과서 무용단원(單元)의 현장 적용 실태 조사. 미간행 석사학위논문. 경희대학교 교육대학원, 서울.

박은희(2010). 문화예술교육 정책에서의 무용교육 전문인력양성을 위한 방안 연구. 대한무용학회논문집, 63, 69-84.

박주영(2010). 하나로수업 모형을 적용한 창작무용 수업이 초등학생의 신체활동 즐거움에 미치는 영향. 미간행 석사학위논문. 경인교육대학교 교육대학원, 인천.

박중길(2009). 문제중심학습을 적용한 대학 창작무용수업 모형 개발과 효과 검증. 예술교육연구, 7(1), 1-29.

백현순, 이예순, 김이영(2012). 한국 민속무용 수업과 PBL. 한국무용연구, 30(1), 1-19.

서예원(1998). 대학 교양무용 교육과정 모형 개발 연구. 미간행 박사학위논문. 이화여자대학교 대학원, 서울.

서예원, 조은숙, 문영, 김윤진(2011). 문화예술교육표준 개발 연구(무용). 한국문화예술교육진흥원.

서장원(2008). 전인교육 실현을 위한 초등체육에의 통합적 접근 : 서사적 관점에 근거한 하나로 수업 적용. 미간행 박사학위논문. 건국대학교 대학원, 서울.

송혜순(2011). "전인"실현을 위한 유아교육의 통합적 접근 방향 모색. 한국무용기록학회, 21, 35-55.

신언숙, 이강순(2010). 협동학습을 통한 창작무용이 초등학생의 감성지능에 미치는 영향. 교육논총, 30(1), 1-13.

신은경(1995). 학문- 기반 예술교육(DBAE)이론에 기초한 중학교 무용교육과정 모형개발에 관한 연구. 미간행 박사학위논문. 이화여자대학교 대학원, 서울.

오현주(2008). 한국 전통춤 교수법의 인문적 접근 탐색: 기존 교수법 분석과 하나로 수업의 적용. 미간행 박사학위논문. 건국대학교 대학원, 서울.

유지영(2006). 체육교사의 무용교육 교수활동 실태 분석 및 개선방안 : 서울지역 중등학교 '무용을 전공한 체육교사'를 대상으로. 미간행 석사학위논문. 중앙대학교 교육대학원, 서울.

이가영(2008). 초등 무용교육에 있어서 하나로수업 모형의 적용 효과. 미간행 석사학위논문. 중앙대학교 대학원, 서울.

이민근(2009). 하나로 수업모형의 청소년 농구클럽에의 적용. 미간행 석사학위논문. 건국대학교 대학원, 서울.

이병준, 이유리(2014). 예술강사의 직업생애사 연구: 학교문화예술교육 무용강사를 중심으로. 문화예술교육연구, 9(5), 1-20.

이옥선(2014). 책임감 모형의 실행 적합성 제고를 위한 수정 모형의 적용 효과 탐색. 한국체육학회지, 53(3), 269-283.

이원주(2007). 중학교 체육-무용교사의 무용교육과 평가에 대한 인식연구. 미간행 석사학위논문. 세종대학교 대학원, 서울.

이은실(2009). 중학교 체육교사의 무용교육 현황 및 실태 조사. 미간행 석사학위논문. 숙명여자대학교 대학원, 서울.

이창현(2009). 대학에서 체육 가르치기 : 하나로수업 모형을 통한 실기수업에의 인문적 접근. 미간행 석사학위논문. 서울대학교 대학원, 서울.

이학(2008). 청소년 골프에서의 스포츠맨십 교육 : 문제점 및 개선안 탐색. 미간행 석사학위논문. 건국대학교 대학원, 서울.

이희선(1997). 무용교수계획 및 평가의 기준 중등학교 무용교육을 중심으로. 한국무용교육학회지, 7, 19-31.

임정배(1997). 절충적 무용교육 모델에 기초한 창작무용 지도방법에 관한 연구. 미간행 석사학위논문. 이화여자대학교 교육대학원. 서울.

장경환, 이옥선(2014). 모형 기반 초등 체육수업을 위한 교사 지식 탐색: 하나로 수업을 중심으로. 한국스포츠교육학회지, 21(4), 81-103.

전세명(2010). 하나로수업 모형을 통한 초등체육 교수-학습과정에의 통합적 접근. 미간행 박사학위논문. 서울대학교 대학원, 서울.

정구영, 고문수, 이재용(2003). 초등학교 체육수업에서 협동학습의 효과 분석. 한국스포츠교육학회지, 10(2), 127-145.

정현우(2010). 체육교사 간접교수행동의 교육적 효과. 미간행 석사학위논문. 서울대학교 대학원, 서울.

조기희(2015). 체육수업 전문성 증진을 위한 교사학습공동체의 실천 과정과 효과 탐색. 미간행 박사학위논문, 서울대학교 대학원, 서울.

주형주, 조은아(2006). 교사 학습공동체 내 지식창출 활동의 성격 및 촉진요인에 대한 사례연구, 교과교육학연구, 10(1), 37-54.

최다미(2008). 무용수업모형에 따른 교육적 기능의 비교연구. 미간행 석사학위논문. 공주대학교 교육대학원, 충남.

최의창(2002). 인문적 체육교육. 서울: 무지개사.

최의창(2005). 호울 스포츠와 하나로 코칭 - 인문적 스포츠교육론 서설. 한국스포츠교육학회지, 12(3),

97-119.

최의창(2009). 체육전문인교육. 서울: 생능출판사.

최의창(2010). 인문적 체육교육과 하나로 수업: 통합적 체육수업의 이론과 실제. 서울: 레인보우북스.

최의창(2011). 댄스 리터러시 혹은 무용소양: 문화예술교육으로서 무용교육의 목적 재검토. 무용역사기록학회지, 21, 139-161.

최의창(2012). 무용의 정신은 가르칠 수 있는가. 2009년도 기초연구과제지원사업 3차년 미간행 보고서. 한국연구재단.

최의창, 임수진(2013). 발레정신 지도에 있어서 간접교수방법의 유형과 역할. 한국무용기록학회지, 30, 219-243.

탁지현(2014). 문화예술교육 지원사업에 대한 예술강사 인식에 관한 연구. 한국무용교육학회지, 25(3), 17-43.

한국문화예술교육진흥원(2014a). 2014 연차보고서.

한국문화예술교육진흥원(2014b). 2014 학교문화예술교육 교수-학습지도안(무용).

한혜리(1995). 교양교육에서의 무용. 한국무용교육학회 제2차 학술세미나 자료집.

함지선, 김경숙(2007). 무용 수업에 대한 체육교사의 성찰과 한계. 이화체육논집, 10, 63-73.

황숙영(2007). 초등학교 표현활동수업 실천의 어려움. 한국스포츠교육학회지, 14(2), 41-61.

홍연기(2009). 인문적 접근을 통합 스쿠버 다이빙의 재발견. 미간행 석사학위논문. 건국대학교 대학원, 서울.

Berelson, B. (1971). *Content analysis in communication research*. New York: Holt, Rinehart, & Winston, Inc.

Casey, A. (2014). Model-based practice: great white hope or white elephant? *Physical Education and Sport Pedagogy, 19*(1), 18-34.

Cole, P. & Chan, L. (1987). *Teaching Principles and Practices*. Basingstoke: Macmillan.

Griffin, L., Mitchell, S., & Oslin, J. (1997). *Teaching sport concepts on the field and in life*. Westport, CT: Praeger Publisher.

Hellison, D. (2003). *Teaching responsibility through physical activity*(2nd ed.). Champaing, IL: Human Kinetics.

Joyce, B. & Weil, M. (1972). *Models of teaching*. NJ: Prentice-Hall.

McCutchen, B. P. (2006). *Teaching Dance as Art in Education*. Champaign, IL: Human Kinetics.

McIntyre, A. C. (1984). *After virtue: A Study in moral theory*(2nd ed.). Notre Dame: University of Notre Dame Press.

Metzler, M. (2005). *Instructional models for physical education*. (2nd ed.). Scottsdale, AZ: Holcomb Hathaway.

Mosston, M. (1966). *Teaching physical education: From command to discovery*. MacMillan Publishing Company.

National Dance Education Organization(2005). *Standards for Learning and Teaching Dance in the Arts*. MD: National Dance Education Organization.

Redfern, H. B. (1972). *Dance as Art, Dance as Education*. In Conference Papers in Dance(1973) ATCDE.

Siedentop, D., & Tannehill, D. (2000). *Developing teaching skills in physical education*(4th ed.). Mountain View, CA: Mayfield Publishing Company.

Smith-Autard, J. M. (1994). *The art of Dance in Education*(1st Ed.). London: A&C Black.

Smith-Autard, J. M. (2002). *The art of Dance in Education*(2nd Ed.). London: A&C Black.

Spendolini, M. J. (1992). *The Benchmarking Book*. NY: Amacom.

연구문제

1. 각국에서 활용되고 있는 무용교수모형을 조사해보고, 기존 모형과 이론적 토대, 교수학습의 특징, 실행조건 및 변형에서 어떠한 공통점과 차이점이 있는지 논의해보자.
2. 타 교과에서 모형기반 수업은 어떻게 이루어지고 있는지 살펴보고, 무용교수모형을 위한 개념틀을 구상해보자.
3. 학교무용, 전문무용, 생활무용 영역에 적합한 무용교수모형을 개발하고, 실제적 활용을 위한 지침을 제시해보자.

제13장 통합적 발레정신 교육프로그램 개발 및 실행*

최의창 · 홍애령

> 발레를 잘 하기 위해서는 발레기능과 더불어 이에 깃들어 있는 발레정신을 배워야 한다. 최근 전공자뿐만 아니라 비전공자에게도 발레교육에 대한 요구가 높다. 발레는 뛰어난 기량과 더불어 예술적 표현이 중요한 무용 장르이므로 이를 고무시킬 수 있는 교육적 노력이 필요하다. 본 장은 발레정신의 개념 및 구성요소, 교수방법을 탐색한 선행연구에 근거하여 실행된 3차년 연구로서 통합적 발레정신 교육프로그램을 개발하고 이를 실행하는 것을 목적으로 했다. 먼저 체육교육, 예술교육, 무용교육 분야의 통합적 교육프로그램 사례를 살펴보았다. ADDIE모형에 근거하여 분석, 설계, 개발, 실행, 평가의 단계를 거쳐 적용한 총 18차시의 통합적 발레정신 교육프로그램을 개발하였다. 구체적으로 발레정신의 개념 및 구성요소를 주된 교육내용으로 입문, 기초, 심화, 통합 순으로 차시를 구성하였으며, 직접교수방법과 간접교수방법의 교육방법이 고르게 활용될 수 있도록 교수학습지도안 및 학습자료를 개발하였다. 이후 개발된 프로그램을 적용하여 발레 전공생을 위한 12차시 수업을 3개월간 운영하였다. 이상적 사례선택을 통해 선정한 학습자 4명과의 심층면담을 통해 프로그램, 운영, 교육자에 관한 의견을 수렴했다. 이를 바탕으로 발레교육현장에 활용될 수 있는 교육, 연구, 정책적 차원의 몇 가지 제안과 후속연구를 제시하며 마무리하였다.

---

* 최의창, 홍애령(2013). 통합적 발레정신 교육프로그램 개발 및 실행 연구. 한국스포츠교육학회지, 19(3), 29-52.

I. 서론

"발레는 어렵다, 딱딱하다, 몸이 예쁘고 날씬한 사람만이 할 수 있다" 불과 십년 전만해도 발레에 관해 선입견을 지닌 사람들이 많았을 것이다. 그러나 최근 주변을 돌아보면 발레를 직업으로 삼는 발레리나나 발레리노가 아니더라도 발레를 연습하고 배우는 사람들을 심심치 않게 찾아볼 수 있다. 유아나 어린이들을 위한 발레학원 통학버스가 오가고, 직장인과 성인 남녀를 위한 취미발레 수업부터 토슈즈를 신고 작품 연습까지 할 수 있는 수업도 개설되어 있다. 물론 발레 그 자체의 동작은 여전히 어렵고 까다로우며 오랜 시간의 숙련이 요구된다. 그럼에도 많은 사람들은 기꺼이 이를 연습하기 원하고 틈틈이 공연을 관람하며 발레를 문화로, 삶으로, 여가로 즐기고 있다. 이들이 발레를 삶 속에서 향유하는 것은 무엇 때문일까?

어려운 발레 동작을 따라할 수 있다는 자신감 내지는 성취감, 자기만족감 등이 그 이유로 꼽힐 수 있으나, 이전에도 발레학원, 발레수업은 도처에 자리 잡고 있었고, 전공생을 가르치는 예술학교와 대학은 오랜 역사와 전통을 지녀왔기 때문에 다소 설득력이 떨어진다. 그보다는 발레가 지닌 문화적 성향, 동작 속에서 담겨있는 깊이 있는 차원에 관심을 갖고 이를 보다 자세히 알고자 하는 요구가 많아졌기 때문일 것이다. 문화예술활동을 삶의 중요한 일부로 상정하는 현 시대 속에서, 그 중에서도 발레가 한 가지 중요한 매개체로 급부상한 것은 이 춤 속에 사람들의 애환과 몸으로 표현하고자 하는 욕구, 중력을 극복하고 날아오르려는 의지 등과 같은 정신적인 측면이 담겨있기 때문이다(김정민, 2007; 황규자, 2008).

전공생을 위한 발레교육에서도 발레를 바라보는 시각이 차츰 변화하고 있다. 발레를 전공하는 학생들에게 선생님들은 연습만을 강요하지 않는다. 끊임없는 연습이 기량을 크게 향상시키기는 하지만, 예술적인 감각과 표현을 기르는 데에 그것만으로는 충족되지 않기 때문이다(박소현, 2009; 홍수민, 2010; 홍애령, 2013; Au, 2002). 유명 발레리나들이 인터뷰를 통해 이야기하는 하루 10시간 이상의 연습 그 이상의 것, 그 밖의 것이 발레를 발레답게 춤추고 표현하는 데에 중요하다는 것이다.

흔히 발레라는 무용 장르의 특성상 아름다운 선과 유려한 몸짓에 시선을 빼앗기기 쉽다. 발레리나는 날씬한 몸매를 지니고 있으며, 유연하면서도 강한 동작을 능숙하게 해내고, 극 중의 배역이 지닌 이미지를 잘 소화해내야 한다. 연습실에서의 단순한 기능 연습으로 바른 자세와 완벽에 가까운 동작을 만들어낼 수는 있지만, 각 동작과 동작 사이의 연결에서 전해지는 분위기와 느낌은 또 다른 차원의 학습이 필요하다. 이러한 측면에서 발레교육은 기능과 더불어 정신에 주목해야 한다(최의창, 2002; 황인주, 2001). 일찍이 많은 학자들이 겉으로 드러나는 기능의 차원과 구분되는 정신의 차원에서 발레교육이 이루어져야 함을 피력한 바 있다(유창경, 2009; 최성은, 2004; 최의창, 박혜연, 2012; 최의창, 박혜연, 신주경, 2012; 최의창, 홍애령, 김나이, 2012). 이것은 단순히 발레 동작을 보다 잘 하기 위한 이유이기도 하지만, 동시에 발레를 하는 사람들에게 그것을 하는 의미를 부여하고, 발레 실천을 통해 자신의 삶의 변화와 가치를 찾아보는 기회를 제공하기도 한다.

발레정신은 "발레의 핵심을 이루며 발레의 존재를 결정지어주는 가장 중요한 내적 가치"이며, 교육의 내용과 목적에 따라 신체적, 인지적, 감성적, 영성적 차원의 네 가지 차원으로 구성되어 있다(최의창, 2010a). 발레정신은 발레를 전문적으로 하는 사람이든 취미로 하는 사람이든 자신의 몸으로 발레 동작을 해나가는 과정에서 마땅히 알고 익히고 생각하고 느껴보아야 할 핵심적인 교육내용인 것이다. 그리고 그것은 2차년 연구를 통해 밝혀졌듯, 몇몇의 전문 발레교육자들의 경험 속에서 알음알음 가르쳐져 왔다. 이 시점에서 발레를 보다 의미 있게, 풍부하게 가르치기 위한 한 가지 시도로서 발레정신을 교육내용으로, 발레정신을 가르치기 위한 직접교수방법과 간접교수방법을 교육방법으로 하는 교육프로그램의 실체가 필요하다(최의창, 2011b). 발레정신이라는 무형의 교육내용을 드러내어 연습실에서 발레 선생님들이 활용할 수 있는 구체적인 방법으로 본 연구에서는 통합적 발레정신 교육프로그램, 이에 활용할 수 있는 교수학습지도안, 학습자료 등을 포함한 매뉴얼을 개발하였다.

본 연구는 무용정신의 개념과 구성요소를 이론적, 경험적으로 탐색하고 무용정신의 교수·학습방법에 대해 조사한 후, 무용정신을 가르치기 위한 통합적 교육프로그램과 매뉴얼을 개발하는 3년간의 연구 중 발레 장르에 관한 3차년 연구이다. 1차년 연구를 통해 발레정신의 개념 및 구성요소, 2차년 연구를 통해 발레정신은 직접교수방법(직접교정, 집중연습, 적극시범, 문답설명, 상상유도)과 간접교수방법(체험권유, 음악감지, 성찰자극, 환경조성, 인성전이)으로 가르칠 수 있다는 점을 탐색하였다. 이를 토대로 3차년 연구에서는 발레기능과 더불어 발레정신을 통합적으로 가르칠 수 있는 교육프로그램과 매뉴얼을 개발하고 이를 실제 학습자에게 적용하고 그들의 의견을 반영하였다[1].

본 연구는 3차년 연구의 절차 및 내용을 간략하게 정리하여 먼저 예술교육, 무용교육, 체육교육 분야의 통합적 교육프로그램을 찾아보고(제2절), 발레정신의 개념 및 구성요소, 교수방법을 고려하여 통합적 교육프로그램을 개발하였다(제3절). 이를 발레전공생을 대상으로 한 12차시 수업에 적용한 후, 프로그램, 운영, 교육자와 관련된 의견을 수렴하였다(제4절). 마지막으로 본 연구를 통해 제안할 수 있는 몇 가지 교육, 연구, 정책 측면의 실천과 후속연구를 제시하며 마무리하였다(제5절).

II. 통합적 교육프로그램

통합적 발레정신 교육프로그램의 개발 및 적용에 앞서 타 분야에서 활용되고 있는 통합적 교육프로그램의 사례를 살펴보았다. 이 절에서는 예술교육, 무용교육, 체육교육 분야에서 교육내용 및 교육방법 상에서 통합적 접근을 취하고 있는 몇몇의 사례를 제시하여 교육프로그램의 운영, 내용, 방법 의 특징을 탐색하였다.

1. 예술교육

예술교육 분야에서 통합적 교육프로그램은 크게 두 가지 유형으로 구분하였다. 무용, 음악, 미술, 연극 등의 예술장르 중심의 통합이 이루어진 '예술간 통합프로그램'과 국어, 영어, 수학, 인문학 등 타 분야와의 통합이 이루어진 '비예술-예술간 통합 프로그램'을 중심으로 사례를 제시하였다.

---

[1] 본 연구에서는 1차년, 2차년 연구에서 확인된 발레정신의 개념과 구성요소, 발레정신의 교수방법을 근거로 통합적 프로그램을 개발, 적용하였다. 이와 관련한 자세한 내용은 참고문헌에 기재된 1차년 연구보고서(최의창, 2010a) 및 2차년 연구보고서(최의창, 2011b)를 통해 살펴볼 수 있다. 연구방법은 연구의 주된 내용인 프로그램의 개발, 실행 내용을 담은 제3절과 제4절에서 각각 제시하였다. Seels와 Richey의 ADDIE모형에 근거한 프로그램 개발과 12차시 특강 실행 후, 보다 객관적인 실행 결과를 파악하기 위해 학습자 및 학부모와의 심층면담을 분석하였다.

제4부
무용교육
프로그램

1) 예술간 통합프로그램

첫째, 다장르 프로그램이다. 서울문화재단(www.sfac.or.kr)의 주도 하에 이루어지는 '어린이 창의예술교육 돌봄교실'은 예술간 통합프로그램으로서 학생들이 다양한 장르를 한 번에 경험할 수 있는 프로그램이다. 이 돌봄교실은 서울문화재단 소속인 예술강사(Teaching Artist)들이 서울소재 초등학교를 방문하여 무용, 연극, 시각예술의 기초감각을 가르치는 방과후 프로그램으로 내재적 측면을 강조하는 프로그램이다.

이 프로그램의 목표는 무용, 연극, 시각예술 기반의 통합예술수업을 통해 어린이들의 상상력과 표현력의 신장을 돕고 자신감과 협동심이 뛰어난 꼬마 예술가로 성장을 이끄는 데에 있다. 프로그램의 내용은 공통된 한 가지 내용이 정해져 있기보다는 무용, 연극, 시각예술에서 각 분야의 전문가들이 모여 회의를 거쳐 매 차시 수업에 들어가는 내용을 자율성 있고 유동성 있게 구성하고, 공동으로 협력하여 개발하는 무용, 연극, 시각 예술 기반의 통합 예술교육 내용이다. 대부분의 통합적 예술 프로그램이 한 장르나 한 교과를 중심으로 통합되는 형태라는 점에서, 돌봄교실은 무용, 연극, 시각 예술 전공의 예술강사들이 공동으로 개발하여 이루어지는 프로그램이라는 점이 특징적이다.

둘째, 장르중심 프로그램이다. 연극, 음악, 미술 등 예술의 한 가지 예술 장르를 중심으로 통합적인 활동을 모색하는 프로그램이 다수 있었다. 연극중심 프로그램으로 문화예술교육 더 베프(구 어린이문화예술학교)(www.kccac.org)의 '유스씨어터 프로그램'이 있다. 본 프로그램은 청소년의 자아발견과 역할확인, 자기표현, 사회성 습득 등을 통해 행복한 문화인으로 성장하도록 하는데 가장 큰 목표를 두고 있다. 이러한 목표아래, 작곡체험, 도예체험, 미술관탐방, 무용공연관람, 창극관람, 마임배우기 등 다양한 문화예술체험을 통해 학생들이 연극형태의 최종결과물을 만들도록 한다.

음악중심 프로그램으로는 오지향과 김선미(2009)가 제시한 대학 교양음악수업 프로그램이 있다. 이 프로그램은 음악에 대한 지식과 소양뿐만 아니라 미적 반응을 개발하고, 문화예술 속에서 음악을 이해하는데 목표를 두고 있으며 나아가 자아인식과 자아표현의 기회를 제공한다. 이 같은 음악중심 프로그램은 내용적 측면에서 4가지 주요 주제를 도출했다는 점, 음악경험과 예술 문학적 활동과의 적극적 연계를 유도하는 점, 그리고 실생활과의 연결을 제공하는 통합적 접근방법 제안하는 점에서 효과적·효율적 예술교육프로그램의 지도방안을 제시하고 있다. 또한 학생들에게 능동적인 참여를 유도하고, 음악지식이 맥락적이고 사회적으로 학습될 수 있도록 예술 영역 간의 통합과 상황적 교수학습으로의 수업방법 채택은 이러한 성격의 예술교육프로그램의 구체적 수업방법을 적용하였다.

미술중심 프로그램으로 김경희(2011)가 제시한 통합적 유아미술교육 프로그램 모형이 있다. 이 프로그램은 기능보다 내면적 측면에 초점을 맞춘 통합적 미술 교육프로그램으로, 영유아들에게 일상행활 속에서 미술요소를 경험해 볼 수 있는 기회를 다양하고 풍부하게 제공해주고, 직접 경험해 볼 수 있도록 하여 정서적 안정감과 심미감을 기르는 것을 목표로 한다. 프로그램 내용에서 0-2세는 놀이 활동을 중심으로 탐색·표현, 창의적 표현 영역으로 구분되고, 3-5세는 자유선택활동 및 대·소집단 활동 내에서 미술활동 영역에서 이루어진다. 유아들이 미술수업의 사전지식을 형성하는데 도움이 되는 사전활동을 도입으로 수업을 시작하여, 활동목표를 인식하고 재료 및 도구를 탐색하여 수업을 전개하고, 미술요소에 따른 핵심적인 상호작용을 적절히 수행하고 확장 활동을 촉구하는 수업의 마무리로 이루어진다. 이러한 사전-본시-확장활동 간의 위계 및 연계가 통합적으로 이루어질 수 있도록 프로그램을 구성한 것이 특징이다.

2) 비예술-예술간 통합 프로그램

첫째, 사회학적 기호학 이론(the theory of social semiotics)을 적용한 영어 쓰기교육 프로그램이다. 사회적 기호학 이론은 예술, 음악, 드라마, 수학, 문어와 구어를 포함하는 의사소통의 시스템을 생성한 사람의 사회적 환경이나 경험으로부터 익히는 지식을 중시한다. 프로그램 개발자인 Peggy Albers(2006)는 시각예술, 드라마, 음악, 영화, 사진 등과 같은 예술 장르가 문해력을 익히는데 도움이 된다고 보았다. 이 프로그램은 학생들의 다양한 능력수준에 주목하여 수업환경을 조성하고 디자인한 통합 프로그램이라는 점과 일반교과에 예술장르를 통합시킴으로써 예술분야가 문해력을 익히는데 도움이 된다는 사실을 검증하였다는 점에서 의의가 있다.

둘째, 아츠 프로펠(Arts PROPEL) 프로그램이다. 최근 가드너의 다중지능에 대한 새로운 이론이 학습평가 분야에서 새로운 개념을 제안하게 됨에 따라, 오랜 기간에 걸쳐 학생들이 미리 평가 기준을 알고 그 기준을 향해 노력해가는 평가 및 복잡한 문제를 해결해 가는 과정을 평가하는 형태를 지향하고 있다. 미국의 아츠 프로펠은 록펠러재단(Rockefeller Foundation)의 예술과 인문과학 부서의 도움으로 가드너를 중심으로 한 하버드 프로젝트 제로 연구 집단이 피츠버그 공립학교, 교육평가원과 공동으로 연구에 참여하여 진행한 예술교육 프로그램의 새로운 접근방법이다(주희선, 2008). 창작(production), 지각(perception), 반성(reflection)의 세 가지 요소를 포함하여 '영역 프로젝트(domain project)'라고 불리는 과제를 개발하여 학생들이 수업 중에 세 가지 능력을 함양할 수 있도록 가르치고 이를 평가하고 있다.

2. 무용교육

무용교육 분야의 통합적 교육프로그램은 학위논문을 중심으로 개별 연구자가 개발한 프로그램들이 소수 있었으나, 본 연구에서 제시하는 교육내용과 교육방법에서의 통합을 시도한 프로그램은 매우 드물었다. 그 가운데 한국문화예술교육진흥원(www.arte.or.kr)의 무용교육 프로그램이 대표적이다. 본 프로그램은 한국문화예술교육진흥원이 문화예술교육정책에 따라 실시하고 있는 예술강사 지원사업으로 예술강사들이 실제 학교현장에 파견되어 학생들에게 제공하는 교육프로그램이다. 한 장르에 국한되지 않고 여러 장르를 학생들이 경험하도록 하며, 일반 교과의 내용과 통합하여 교육할 수 있다는 특징을 지니고 있다. 내용적 측면에서 무용을 놀이로서의 무용, 문화유산으로서의 무용, 예술로서의 무용으로 구성하고 있으며, 이를 초·중·고등학교 각각의 수준에 맞게 적용하여 실행하고 있다.

본 프로그램의 목적은 학생들이 신체 움직임을 통해 자신의 생각과 느낌을 표현하고, 상상력과 창의력을 확대하는 것에 두고 있다. 뿐만 아니라, 학생들이 자신 스스로의 개성을 드러내고 상호존중과 다양성을 이해하며, 무용을 통해 타인, 사물, 환경들과 새롭게 상호작용하는 것을 목적을 둠으로써, 무용을 배우는 데에 그치지 않고 학생들 내면, 즉 자아를 바라보고 세상과 소통할 수 있는 능력을 기른다. 기존의 무용교육 프로그램과 비교해보았을 때, 무용을 단순한 예술의 한 형식으로 이해하게 하는 것이 아니라, 문화로서 무용을 이해하고 경험할 수 있도록 돕는다. 문화예술교육으로서 무용을 통해 자신과 다른 사람을 이해하고, 삶의 곳곳을 제대로 읽고, 해석하는 능력을 기르도록 하는 것이다(최의창, 2011a).

3. 체육교육

교육내용과 방법에 대한 두 가지 차원의 진지한 고민들이 체육교육에서도 구체적으로 이루어지고 있다. 체육활동의 전통·정신·안목적 차원을 담아내는 교육내용과 그 교육방법에 대한 다각적인 연구와 통합적인 교육내용과 방법을 활용한 교육프로그램 및 모형이 개발되고 있다.

첫째, 하나로 수업모형이 있다. 최의창(2002)은 체육활동을 '문화적 차원'으로 바라보고, 그것의 내면적 차원의 핵심존재로인 전통·정신·안목을 가르쳐야 한다고 말하고 있다. 운동의 안목적 차원으로의 입문은 학생으로 하여금 운동이 가진 생김과 넓이·깊이를 보다 잘 보도록 해주고, 운동의 참됨·옳음·아름다움으로 학생을 인도하게 한다고 말하며, 안목·정신적 차원의 가르침을 강조한다. 이러한 인문적 체육교육의 철학을 바탕으로 하나로 수업모형은 학생이 통합적 체육활동을 통해 통합된 인간으로서 전인으로 성장할 수 있도록 도와주는 수업 방식으로, 학생들이 체육활동 속에 담겨있는 정신·전통·안목을 습득하도록 인문적 과제와 서사적 체험을 할 것을 강조한다(최의창, 2010c). 통합된 교수학습 체험을 통해 하나로 수업에서 추구하려고 하는 목표는 기능과 지식을 하나로, 하기·읽기·쓰기·보기·듣기를 하나로, 학교수업과 일상생활을 하나로, 서로 다른 사람들을 하나로 하여 궁극적으로 학생들이 전인으로 성장하도록 돕는다.

하나로 수업의 내용으로는 신체활동과 인문지혜의 통합을 목표로, 운동의 기법적 차원에 대한 경험을 통한 운동기능을 향상 시키는 직접체험활동(운동을 잘 하는 것)과 운동의 심법적 차원에 대한 체험을 통한 운동의 정신세계에 입문하도록 도와주는 간접체험활동(운동을 잘 아는 것)이 있다. 이와 관련된 수업 방법으로는 체육활동의 기능적, 전술적 측면과 인문적 지혜들을 전달하는 직접교수활동과 학생들의 내면에 영향을 미치는 교사의 행동과 마음 씀씀이와 같이 간접적인 경로로 학생들의 배움에 영향을 미치는 간접교수활동이 있다.

둘째, 스포츠맨십 교육프로그램이 있다. 체육활동을 통해 드러나는 정신이자 중요한 덕목이라 볼 수 있는 스포츠맨십을 중심으로 이를 가르치기 위한 교육방법으로서 직접체험활동과 간접체험활동을 모색한다. 스포츠맨십은 실천전통으로서 스포츠가 본래 가지고 있는 도덕적이며 윤리적인 차원을 제대로 내면화하여 발휘하는 능력과 태도를 말한다(최의창,

2010b). 체육활동을 통한 스포츠맨십 교육은 학생의 인성과 심성적인 측면들의 바람직한 변화를 통해 사람다운 사람으로 만드는 것을 목표로 하며, 이러한 심성을 완성시키는 핵심적 요소로 정의적 측면을 강조한다(박정준, 2011). 이 프로그램을 통해 스포츠맨십에서 정의적 요소의 향상을 위해서는 스포츠를 가르치는 사람 즉, 교육자의 정의적 자질이 매우 중요하고, 학생들을 실천전통으로 입문시키기 위한 방법으로 직접체험활동뿐 아니라 정의적 영역에서 도덕성과 인성을 함양시킬 수 있는 간접체험활동이 필수적임을 확인할 수 있다.

앞서 살펴본 통합적 교육프로그램의 내용, 방법, 운영 등을 중심으로 다음과 같은 한계점을 발견할 수 있었다. 첫째, 통합의 의미가 제대로 반영되지 않은 교육프로그램이 대다수였다. 교육프로그램을 구성하는 데에 있어 통합적인 접근을 위해서는 교육철학, 목적, 내용, 방법의 측면에서 어떠한 내용이 어떠한 방법으로 통합될 것인지 고려해야 할 것이다. 이상의 프로그램들은 다양한 활동을 제공한다는 점에서 새로운 시도를 도입하고 있지만, 체계적인 통합 교육프로그램으로 보기에는 철학, 목적, 내용, 방법의 연계가 다소 부족했다. 둘째, 대부분의 프로그램들이 다양한 교수법에 초점을 두었을 뿐 교육내용의 구체적, 내면적, 정신적 측면을 다루지 못하고 있다. 체육, 예술, 무용을 가르치고 배우는 과정 속에서는 그 활동 속에 담긴 내면적이고 정신적인 요소 등 다양한 측면들이 내재되어 있음에도 불구하고 상상력이나 표현성 등 비교적 심리적이고 표층적인 특정 측면만을 부각하고 있었다. 셋째, 교육프로그램의 개발과 실행을 위한 이론적 연구와 경험적 탐구가 부족했다. 대다수의 프로그램은 각 교육내용에 관해 오랜 기간의 지속적인 연구와 경험을 바탕으로 개발되었다기보다는 단발적인 프로젝트나 지원사업에 의해 개발, 실행되는 경우가 많았다. 특정 개념을 중심으로 통합적인 교육프로그램을 개발, 실행하기 위해서는 그 개념에 관한 이론적, 학문적 고찰과 함께 어떠한 내용을 어떻게 가르칠 것인지에 관한 경험적, 체계적 논의가 이루어져야 할 것이다. 넷째, 타 분야에 비해 무용교육에 있어서 통합적 프로그램의 수가 현저히 적었으며, 교육내용에 있어서도 여전히 장르 중심의 기능교육이 이루어지고 있었다. 무용동작을 더욱 의미 있게 가르치기 위해서는 무용 속에 녹아들어 있는 과거로부터의 문화, 전통, 안목 등을 통합적으로 경험할 수 있는 교육방법이 도입되어야 할 것이다.

III. 통합적 발레정신 교육프로그램의 개발

1. 프로그램 개발 과정

통합적 발레정신 교육프로그램은 발레정신의 개념 및 구성요소, 교수방법을 다룬 기존의 1, 2차년 연구결과를 바탕으로 개발하였다. 프로그램의 목적 및 내용을 효율적으로 구성할 수 있도록 Seels와 Richey의 ADDIE모형을 프로그램 개발에 활용하였다(나일주, 2010). 프로그램의 개발 과정은 분석, 설계, 개발, 실행, 평가의 다섯 단계에 따라 진행되었다.

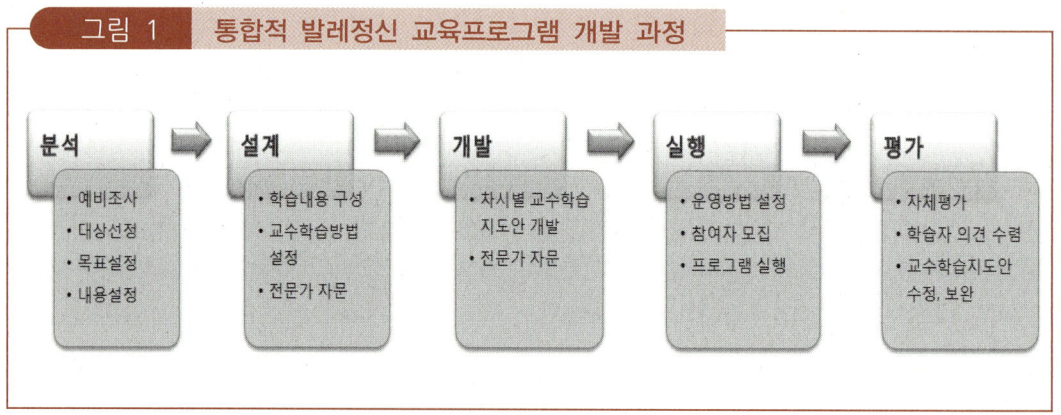

그림 1 통합적 발레정신 교육프로그램 개발 과정

첫째, 분석 단계에서는 1, 2차년 연구결과 및 국내외 선행연구들의 고찰을 통해 이론적 분석이 이루어졌다. 통합적 교육프로그램과 관련된 학위논문, 정기간행물, 단행본, 각종 학회자료를 검색하였다. 뿐만 아니라, 국외 연구사례 및 실행사례들을 검색 및 수집함으로써 다양한 배경의 사례들을 분석하였으며 이와 같은 이론적 분석의 과정을 거쳐 본 프로그램의 개발을 위한 체계적인 이론적 근거를 마련하고자 하였다.

둘째, 설계 단계에서는 위와 같은 분석의 과정을 거쳐 프로그램의 기본적 구성 및 교육내용이 제시되었다. 발레 교육프로그램의 내용은 입문, 기초, 심화, 통합 수준으로 발전하도록 구성되었다. 각 수준에는 공통적으로 발레정신의 네 가지 차원이 모두 포함되어 구성되었으며, 교수방법은 2년차 연구의 결과를 토대로 하여 설정하였으며, 프로그램 개발 후 최종프로그램의 질적 향상을 위해 학습자 심층면담을 실시하도록 설정하였다. 또한 발레정신 프로그램의 초안을 교육전문가 및 현장전문가의 조언 및 협의를 통해 수정·보완하였다.

셋째, 개발 단계에서는 전 단계를 통해 개발된 교육프로그램 초안의 차시별 주제 및 학습목표, 학습내용, 학습방법, 학습과제를 세부적으로 구성하였다. 학습단계를 제외한 다른 항목들은 차시별로 주제에 맞도록 각기 다르게 구성되어 있지만, 학습자들이 체계적으로 발레정신을 배울 수 있도록 각 차시의 학습단계는 모든 차시에 공통적으로 적용하였다. 이러한 학습단계는 Bloom이 제시한 인지발달요소 분류체계(강현석 외, 2005)를 본 프로그램의 목표 및 내용에 맞게 적용하여 재구성한 것이며, 각 단계는 입문, 이해, 적용, 감상, 통합으로 이루어져있다.

|표 1| 통합적 발레정신 교육프로그램의 학습단계

단계	내용
입문	발레정신에 대해 알고 지각하는 인식(awareness)의 단계
이해	발레정신의 개념을 이해하는 명료화(clearness)의 단계
적용	발레정신을 체험하고 배우는 실천가치경험(learning in action)의 단계
감상	발레정신의 정서적 내면화를 이루는 이야기가치경험(learning in story)의 단계
통합	자신과 발레정신을 관련지어 반성해보고, 발레정신을 실천하는 반성과 전이(reflection and transfer)의 단계

'입문'단계는 해당차시의 학습주제를 배우기 이전에 발레정신에 대한 인식(awareness) 단계로, 발레에서의 신체, 동작(기술), 음악, 공연, 문화 등에 나타나는 직접적인 사례들을 다양한 방법(본 연구에서 제시하는 학습방법들)을 통해 정서적으로 공감하고 인지하며 학습자들의 동기를 유발하는 단계이다. '이해'단계는 명료화(clearness) 단계로서, 발레정신의 개념과 내용을 알게 되고 그것이 실천되는 발레상황을 구체화시킬 수 있는 단계이다. '적용'단계는 실천 가치 경험(learning in action) 단계로서, 발레수업, 발레연습, 발레작품과 같은 다양한 상황 속에 나타나는 발레정신을 체험하고 깨달음으로써 학습자 자신이 수행하는 발레동작이나 표현의 가치를 알게 되는 단계이다. '감상'단계는 이야기 가치 경험(learning in story) 단계로서, 해당차시의 학습목표 및 주제, 내용과 관련된 문학, 발레작품 동영상, 타 장르 예술 등 다양한 사례에서 나타나는 발레정신이 실천되는 또는 실천되지 못하는 사례들을 간접적으로 체험함으로써 발레정신을 올바로 생각하고 판단할 수 있도록 하는 단계이다. 특히, 수업 내에서 다른 학습자들의 이야기나 경험을 공유함으로써 발레정신의 가치를 학습할 수 있

는 단계이다. 마지막 '통합'단계는 반성과 전이(reflection and transfer) 단계로서, 1~4단계에서 학습한 발레정신의 가치 및 의미를 자신의 발레경험과 관련지어 반성해보고, 다양한 발레 연습 상황뿐만 아니라 일상생활에서 발레정신을 실천할 수 있는 구체적인 행동과 방식을 설정하고 다짐하도록 하는 단계이다.

이상의 학습단계에 따라 각 차시별 구체적 학습내용을 구성하고 그에 적합한 교수학습 방법과 교수학습 자료 및 참고자료를 개발하여 프로그램의 교수학습 지도안을 차시별로 구성하였다. 지금까지 구성된 발레정신 교육프로그램의 구체적 지도안을 교육전문가 및 현장전문가의 자문을 통해 2차적으로 수정·보완의 과정을 거쳤다.

넷째, 실행 단계에서는 먼저, 지금까지의 과정을 통해 구성된 발레정신 교육프로그램 지도안을 실제 학습대상에게 적용하여 수업을 진행하기 위해서 운영방법을 수립하였다. 현장에 실행하는 과정에서 나타나는 현상 및 문제점의 객관적 파악과 수정·보완을 위해 세 명의 강사가 매 차시 수업마다 보조교수, 기록의 역할을 교대로 담당하도록 하였다. 발레전공자를 모집하여 학습자의 수준에 맞도록 수업난이도를 조정하여 12차시 3개월간 특강을 진행하였다.

다섯째, 평가 단계에서는 학습자의 교육결과에 대해 평가하기 위해 매 수업시간 후 학습자가 직접 학습지를 작성하고, 담당강사와 간단한 면담을 진행하였다. 수합된 학습지와 면담을 통해 학습자들이 해당수업의 내용을 얼마나 이해하고 실천했는지 파악하고 다음 차시 운영에 활용하였다. 또한 전체 프로그램에 관한 의견을 수렴하기 3개월의 수업이 완료된 후, 학습자 및 학부모를 대상으로 심층면담을 진행하였다. 이와 같은 미시적·거시적 평가의 방법을 통해 도출된 모든 결과는 본 프로그램의 개발 및 실행을 위해 전체적인 수정·보완에 활용되었다.

2. 프로그램 내용

통합적 발레정신 교육프로그램은 학습내용의 수준에 따라 입문, 기초, 심화, 통합 단계로 구분하였다. 총 18차시의 수업 중 1차시는 입문, 2~9차시는 기초, 10~17차시는 심화, 18차시는 통합 수준으로 내용을 구성하였다. 또한 각 차시별 주제와 수준에 따라 학생들에게 무용정신의 4가지 차원인 신체적, 인지적, 감성적, 영성적 차원을 경험할 수 있도록 프로그램을 구성하였다.

제4부
무용교육
프로그램

표 2 통합적 발레정신 교육프로그램 차시별 교육내용

차시	수준	요소	세부요소	주제	기능	학습내용				
						입문	이해	적용	감상	통합
1	입문	발레정신	4가지 차원	수업 소개		다양한 춤의 공연장면 소개하기	발레정신의 개념 및 구성요소 이해하기	발레정신 생각하며 연습하기	발레 속에 담긴 정신 탐색하기	발레 연습을 위한 목표 및 다짐 세우기
2	기초	신체적 차원	신체	발레 해부하기	플리에(Plie)	무용수의 몸에 대해 생각해보기	해부학적 원리 몸 이해하기	해부학적 관점 고려하며 연습하기	해부학적 관점으로 동작 분석하기	해부학적 원리에 근거하여 동작 평가하기
3			기술	발레 기초 다지기	바뜨망 턴듀 (Battement Tendu)	바른 자세의 중요성 이야기하기	신체정렬의 중요성 인식하기	바른 자세와 정확한 동작 연습하기	바른 자세 분석적으로 관찰하기	바른 자세의 중요성 인식하기
4		인지적 차원	문화	발레 깊이보기	롱드잠 아테르 (Ronds De Jambe a Terre)	턴 아웃의 중요성 이해하기	턴 아웃 관련 인물 살펴보기	턴 아웃에 주의하며 연습하기	발레 영상 속 롱드잠 찾아보기	턴 아웃의 중요성 인식하기
5			예술	발레 둘러보기	그랑 바뜨망 (Grand Battement)	발레 속 예술 알아보기	발레 다송 살펴보기	그랑 바뜨망 연습해보기	예술 작품 속 발레 찾아보기	보는 발레 살펴보기
6		감성적 차원	음악	발레 연주하기	르티레/피루엣 (Retire/Pirouette)	차이코프스키의 발레작품 음악 듣기	박자에 따른 악센트 연습하기	다양한 박자에 르티레, 피루엣 연습하기	〈백조의 호수〉 각기 다른 안무 감상하기	박자, 악센트, 에포트의 느낌 살려 연습하기
7			감정	발레 표현하기	폴드 브라 (Port de Bras)	드라마발레작품 감상하기	감정표현을 위한 마임 이해하기	다양한 폴드브라 연습하기	소품을 활용한 작품 감상하기	발레를 통한 감정 표현방법 생각하기
8		영성적 차원	태도	발레 사랑하기	소테(Saute)	발레 연습을 위한 자세와 태도 생각하기	프티 알레그로와 관련된 인물 살펴보기	프티 알레그로 연습하기	프티 알레그로 감상하기	나의 연습 자세와 태도 반성하기
9			이상	발레인 되기	제테(Jéte)	나의 연습 목표 설정하기	그랑 알레그로와 관련된 인물 살펴보기	그랑 알레그로 연습하기	그랑 알레그로 감상하기	목표 성취를 위한 계획 세우기
10	심화	신체적 차원	신체	발레 해부하기	〈잠자는 숲속의 미녀〉 3막 오로라 바리에이션 / 순서	무용수의 몸 이해하기	관절과 근육의 움직임 이해하기	작품 순서 배우기	작품 영상 감상하기	관절과 근육에 대한 이해하기
11			기술	발레 기초 다지기		체력의 중요성 이야기하기	체력증진을 위한 방법 찾아보기	체력운동과 고난이도 동작 수행하기	체력운동 후 달라진 점 이야기하기	자신의 체력 평가하고 반성하기

차시	수준	요소	세부요소	주제	기능	학습내용				
						입문	이해	적용	감상	통합
12		인지적 차원	역사	발레 깊이보기	음악	잠자는 숲속의 미녀 작품 알기	오로라 캐릭터 이해하기	오로라의 캐릭터 적용하기	나의 16번째 생일 일기쓰기	나의 생활 둘러보기
13			문화	발레 둘러보기		토슈즈 살펴보기	토슈즈 역사 알기	토슈즈 신고 작품해보기	숨은 그림 토슈즈 찾기	토슈즈 연습 반성하기
14		감성적 차원	음악	발레 연주하기	표현	〈잠자는 숲속의 미녀〉 음악 비교하기	7명의 요정 음악과 동작의 특징 분석하기	음악과 동작 맞추어 보기	다양한 버전 감상하기 1	음악적 요소 고려하며 연습하기
15			감정	발레 표현하기		〈잠자는 숲속의 미녀〉 1막 감상하기	작품 속 감정표현을 위한 상황 이해하기	감정 풍부하게 표현하기	다양한 버전 감상하기 2	자신의 감정 표현방법 생각하기
16		영성적 차원	태도	발레 사랑하기	공연	인내, 절제, 예의, 배려의 사례 찾아보기	예술가로서 나의 다짐 적어보기	발레를 사랑하는 마음으로 연습하기	예술가의 마음가짐을 표현한 작품 감상하기	바리에이션 연습과 나의 마음가짐 연관짓기
17			이상	발레인 되기		발레인의 자세 생각하기	내 마음 속 발레인 찾아보기	바리에이션 집중연습 하기	인들별 작품 감상하기	바리에이션 연습과정 반성하기
18	통합	발레 정신	4가지 차원	수업정리/ 공연		안나 파블로바의 일화 감상하기	발레의 미와 이상에 대해 토론하기	오로라가 되어 춤추기	춤을 사랑한 발레 무용수 찾아보기	나와 발레, 삶의 관계 생각하기

1) 입문 수준(1차시)

1차시 입문 수준에서는 발레정신의 개념과 네 가지 차원을 소개한다. 학생들이 다양한 춤의 장면들을 감상하도록 하고, 발레를 배우고 연습하는 과정에서 중요시되어야 할 정신적인 측면을 자신의 몸과 발레동작, 발레의 역사와 문화 등에 비추어 생각하도록 한다. 또한 향후 수업을 통해 각자 성취하고 싶은 목표와 다짐을 구체적으로 세워본다.

제4부 무용교육 프로그램

그림 2 통합적 발레정신 교육프로그램 학습자료(신체적 차원, 감성적 차원)

학습자료

◎ 턴-아웃: 회전동작(Turn-out: rotary motion)

- 바른 자세를 유지하면서 턴-아웃을 하기 위해서는 대퇴, 골반, 다리, 배 등의 근육-조절(muscle-control)에 대한 이해가 필요하다.
- 턴-아웃은 고관절 내에서 이루어져야 한다. 무릎과 대퇴는 발의 턴-아웃을 위해서 가능한 한 외측으로 회전된다.
- 각각의 무릎은 다리와 발의 라인에 자연스러운 균형을 유지해야 한다. 따라서 무릎이 앞을 향하든, 옆으로 향하든(턴-아웃 상태), 그리고 다리가 구부러진 상태(Plie 상태)든, 펴진 상태든, 골반의 중심과 자연스러운 라인을 유지해야 한다.
- 발바닥은 완전히 펴져 있어야 하고, 드미 푸엥트 상태(Demi-Point)에서는 발을 곧게 세워야지만 발은 종아리, 무릎과 바른 각도를 유지하게 된다. 발이 안 또는 밖으로 말리면 안 된다.
  - 위와 같은 턴-아웃 규칙들이 항상 바르게 지켜질 때, (몸의) 무게가 발뒤꿈치 뒤쪽으로 가는 것을 방지할 수 있다.
- 턴-아웃을 잘 하기 위해서는 그림 1. 에서의 네 가지 배 근육 중 가장 심부에 위치한 복횡근(transverse abdominis) 근육이 가장 잘 발달되어야 한다. 복식호흡(숨을 내쉴 때 배를 집어넣는 방식)은 이 근육 발달에 많은 도움이 된다.

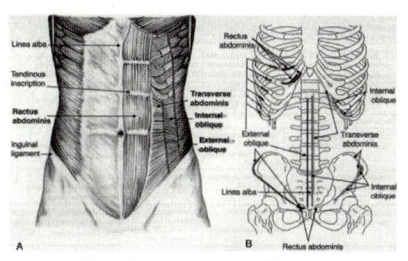

(A) muscles.   (B) attachments
그림 253. Anterior view of primary muscles acting on the spine.

출처:
Joan Lawson(1980). The Principles of Classical Dance. Alfred·A·Knopf New York
Karen Clippinger(2007). Dance Anatomy and Kinesiology. Human Kinetics.

학습자료

◎ 발레 <오네긴>
▶ Boris Eifman
http://www.youtube.com/watch?v=K3xArOu1NOo

▶ John Cranko
http://www.youtube.com/watch?v=C0S5eyTMpAE&feature=related

▶ 강수진 슈투트가르트발레단
http://www.youtube.com/watch?v=M0j7b-LgXio

◎ 발레 <로미오와 줄리엣>
▶ Royal Ballet "Romeo and Juliet" by Alessandra Ferri and Wayne Eagling
http://www.youtube.com/watch?v=0ue1VFZqOaU

▶ Romeo and Juliet balcony scene pas de deux
http://www.youtube.com/watch?v=TQ2UxiCYjBM&feature=related

◎ 발레 <차이코프스키>
▶ Alexei Turko
http://www.youtube.com/watch?v=iecUkV9gSc0
http://www.youtube.com/watch?v=0NGySS-nxQs&feature=related

▶ 국립발레단
http://www.youtube.com/watch?v=jF2daWicGYU

▶ Solisten und Corps de ballet des Staatsballetts Berlin
http://www.youtube.com/watch?v=ecJ45haDA-4&feature=related

◎ 발레마임
▶ Odette's mime from Swan Lake
http://www.youtube.com/watch?v=WaZnAyXsX4k

2) 기초 수준(2~9차시)

2~9차시 기초 수준에서는 발레정신의 네 가지 차원을 각각 두 차시에 거쳐 다룬다. 2~3차시는 신체적 차원, 3~4차시는 인지적 차원, 6~7차시는 감성적 차원, 8~9차시는 영성적 차원을 소개한다. 각 차시의 세부요소인 '신체, 기술, 문화, 예술, 음악, 감정, 태도, 이상' 요소의 내용으로 구성된다. 이에 따라 차시별로 '발레 해부하기, 기초 다지기, 깊이보기, 둘러보기, 연주하기, 표현하기, 사랑하기, 발레인 되기'라는 주제 아래, 기초 수준에서 발레를 구성하고

있는 동작들이 다루어진다.

2차시는 '발레 해부하기'라는 주제로 학생들이 몸에 대해 정확한 해부학적 지식을 습득하고 아름다운 동작을 구현하며 부상을 예방하도록 하는 내용으로 수업을 구성하였다. 3차시는 '발레 기초다지기'라는 주제로 학생들에게 바른 신체 정렬을 인지하게 하고 학생들이 정확한 움직임을 구현할 수 있도록 하는 내용을 다루었다. 4차시는 '발레 깊이보기'라는 주제로 무용사 속에서 턴 아웃과 관련된 내용들을 문화적인 관점에서 이해하고 턴 아웃에 대한 새로운 관점들을 파악하도록 돕는 내용을 다루고 있다. 5차시는 '발레 둘러보기'라는 주제로 발레의 예술성을 찾아보는 활동을 통해 무용의 예술적 요소와 관련된 수업 내용을 다룬다. 감성적 차원을 다루고 있는 6차시와 7차시 수업은 각각 음악적 요소와 감정적 요소에 중점을 둔 수업이다. 6차시는 '발레 연주하기'라는 주제로 발레와 관련된 음악들을 이해하고 음악 속에 담겨진 정서를 몸으로 표현하도록 내용을 구성하였다. 7차시는 '발레 표현하기'라는 주제로 학생들이 발레 동작 속에 담긴 감정을 이해하고 그들의 몸을 통해 자신의 생각과 느낌을 표현하도록 돕는 수업 내용을 포함하였다. 8차시는 '발레 사랑하기'라는 주제로 태도적인 요소를 중심으로 발레에 임하는 학생들의 자세와 태도를 다루는 내용이며, 9차시는 '발레인 되기'라는 주제로 발레를 통해 성취할 수 있는 이상적인 요소들을 살펴보고 이해할 수 있는 내용을 다루었다.

3) 심화 수준(10~17차시)

10~17차시를 통해 이루어지는 심화 수준에서도 기초 수준과 마찬가지로 무용정신의 네 가지 차원의 내용이 두 차시씩 소개되며, 각 차시별로 8가지의 세부요소들이 수업내용으로 구성된다. 수업주제는 기초 수준에서 이루어진 수업 주제인 '발레 해부하기, 기초다지기, 깊이보기, 둘러보기, 연주하기, 표현하기, 사랑하기, 발레인 되기'라는 동일한 주제를 다루지만 '발레와 체력, 발레와 부상'이라는 새로운 주제 내용을 포함한다. 수업의 내용면에 있어서 학생들이 기초 수준에서 익힌 발레 동작들을 바탕으로 '잠자는 숲속의 미녀' 3막에 나오는 오로라 바리에이션을 배우도록 하였으며, 두 차시씩 '순서, 음악, 표현, 공연'의 세부적인 주제를 강조하는 수업 내용을 구성하였다.

10차시 '발레 해부하기'에서는 학생들이 바리에이션 순서를 배우는 단계로, 학생들이 작품

에 포함되는 동작에 사용되는 근육과 관절을 공부하여 정확한 동작을 이해하도록 수업 내용을 구성하였다. 11차시 '발레와 체력, 발레와 부상'에서는 신체적 차원의 신체적 요소를 다루기 위해 무용 작품 속에 고난도의 동작을 수행하기 위한 체력증진의 필요성을 강조하는 내용과 학생들이 부상을 방지하고 건강한 무용 생활을 영위하도록 돕는 내용이 수업을 통해 소개된다. 12차시 '발레 깊이보기'에서는 잠자는 숲속의 미녀 작품의 역사와 작품의 주인공인 오로라의 캐릭터에 대해 이해하는 내용을 다룬다. 13차시 '발레 둘러보기'에서는 포인트 슈즈의 발전과정을 알아보고 포인트 연습을 하는 시간을 통해 오로라 작품에 대해 자세히 알 수 있도록 내용을 구성하였다. 14차시 '발레 연주하기'에서는 잠자는 숲속의 미녀 바리에이션 음악에서 느껴지는 정서를 몸으로 표현하는 것이 수업의 내용이다. 15차시 '발레 표현하기'에서는 바리에이션 동작 속에 담긴 감정과 정서를 몸으로 표현하는 것을 수업의 내용으로 한다. 16차시 '발레 사랑하기'에서는 영성적 차원의 태도적 요소를 중시하면서 학생들이 발레 속에 담긴 인내, 절제, 예의, 배려 등의 마음가짐을 가지도록 수업 내용을 구성하였다. 17차시 '발레인 되기'에서는 영성적 차원의 이상적 요소를 다루기 위해 발레를 통해 미를 추구하고 자아실현의 경지를 경험하기 위한 내용이 고안되었다.

4) 통합 수준(12차시)

마지막 12차시는 발레정신의 4가지 차원을 복습하는 시간과 더불어 수업을 정리하고 프로그램을 통해 배운 것을 공연하는 시간을 갖는다. 학생들이 프로그램을 통해 무용정신의 개념과 요소들을 제대로 이해했는지, 그리고 발레정신에 대한 학생들의 이해가 그들의 배움에 어떠한 영향을 미쳤으며, 이러한 영향은 학생 자신과 발레, 그들의 삶과 어떠한 관계가 있는지 생각해 보는 시간을 가졌다.

그림 3 통합적 발레정신 교육프로그램 교수학습지도안

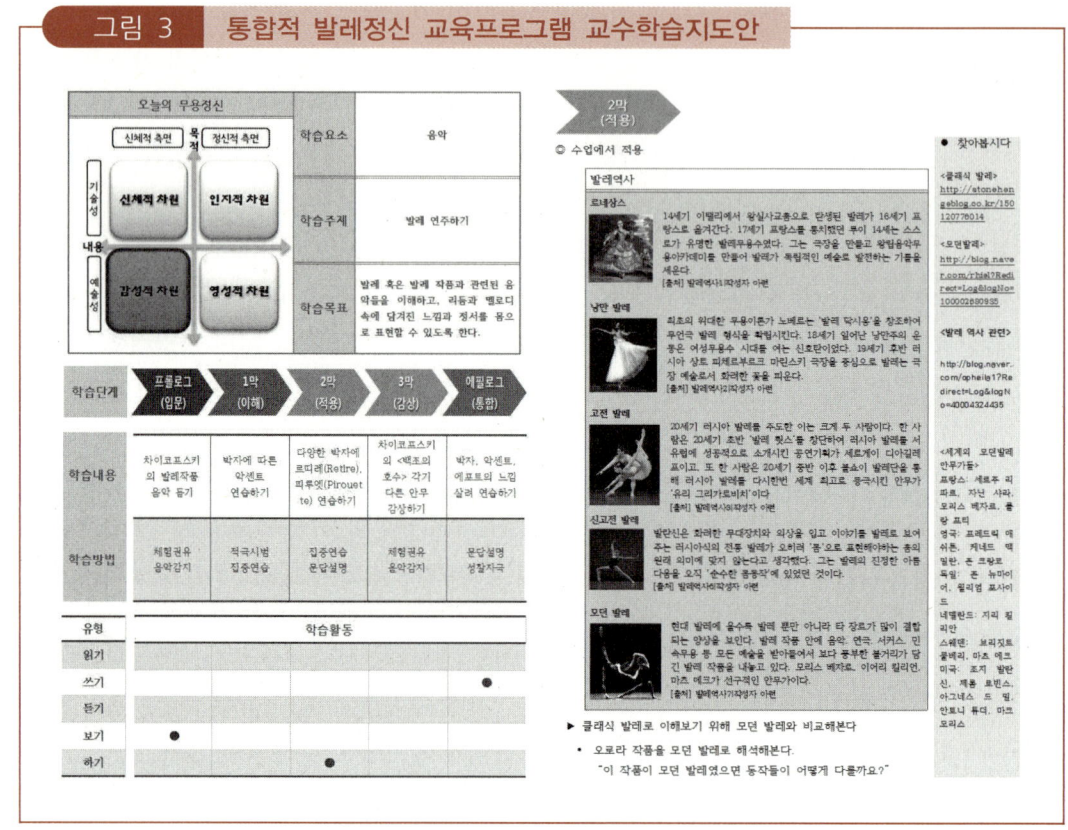

Ⅳ. 통합적 발레정신 교육프로그램의 실행

1. 발레전공생을 위한 특강 실행

　18차시로 개발된 통합적 발레정신 교육프로그램을 재구성하여 2012년 3월부터 5월까지 전문무용 영역의 초·중학교 학습자 12명을 대상으로 한 12차시 발레특강을 운영하였다. 먼저 2012년 1월부터 각종 무용관련 예술 중·고등학교, 무용학원, 무용정보 인터넷 사이트를 중심

제4부
무용교육
프로그램

으로 발레정신 교육프로그램 특강에 관한 공지를 시작했다. 3월 초, 최종 접수한 12명의 학습자와 그들의 학부모에게 사전 오리엔테이션을 통해 본 특강의 취지를 소개하고, 각 학습자의 수준과 요구를 파악하였다.

매주 토요일 오후 12시부터 2시까지 2시간 동안 발레에 관한 여러 가지 감상과 이해활동, 실제 발레를 연습하는 활동, 연습 후 그것을 평가하고 반성하는 활동이 통합적으로 진행되었다. 발레정신과 관련된 연구를 보조하고 있는 교육자 3명이 팀티칭 형식으로 수업을 분담하여 진행하였으며, 각자의 수업방식과 진도를 파악하기 위해 각 차시별 2명 이상의 강사가 참관하였다. 해당 차시의 교육자는 프로그램 상에 제시된 지도안을 탐독하고 수업자료를 직접 준비하였으며, 보조 강사는 수업에 필요한 음악, 도구를 준비하고 사진 및 동영상 촬영 등의 자료수집 활동을 맡았다.

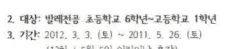 통합적 발레정신 교육프로그램 공지 및 수업 장면

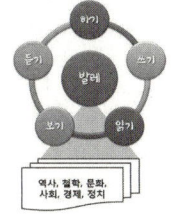

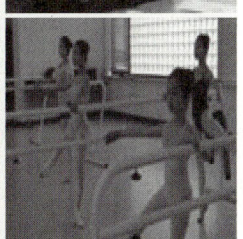

2. 학습자 의견 수렴

1) 면담 대상 및 내용

12차시 특강이 종료된 후, 프로그램 개발자 및 특강 교육자들의 자체적인 반성과 평가를 거쳤으며, 보다 객관적인 형태의 평가를 위해 프로그램 내용 및 실행에 관한 학습자들의 의견을 수렴하였다. 면담 대상은 이상적 사례 선택(Creswell, 1998)의 방법에 따라 수업에 적극적이고 성실한 자세로 참여한 학습자들을 중심으로 선정하였다. 발레 특강에는 발레 전공의 초등학교 6학년~중학교 3학년 총 12명이 참여하였으며, 그중 3개월간 결석하지 않고 꾸준하게 수업에 참여한 4명의 학습자들과 그들의 학부모들이 면담에 참여하였다.

발레 학습자 이포인은 인천 소재 초등학교 6학년에 재학 중이며, 사설 학원에서 발레를 시작하여 전공을 결심하고 예고 진학을 목표로 하고 있다. 정턴듀는 인천 소재 중학교 2학년에 재학 중이며, 이포인과 같은 학원에서 발레를 시작하여 예고 진학을 목표로 하고 있으며, 콩쿠르 경험도 있다. 이제테는 서울 소재 예술중학교 1학년에 재학 중이며, 러시아 유학을 희망하고 있다. 전피케는 경기도 소재 예술중학교 2학년에 재학 중이며, 영국 유학을 희망하고 있다. 4명의 학습자는 수업 설명회부터 마지막 작품 발표회까지 결석이나 지각없이 성실하게 참여하였고, 학부모 역시 학습자에게 지대한 관심을 갖고 있었다.

|표 3| 면담 대상 학습자 정보

영역	이름	연령	성별	실기 경험	기타
전문무용	이포인	13세	여	3년	콩쿠르 경험 다수
	정턴듀	15세	여	2년	콩쿠르 경험 부족
	이제테	14세	여	7년	예술중학교 재학
	전피케	15세	여	8년	예술중학교 재학

면담 내용은 프로그램의 목표, 내용, 방법, 운영, 교육자의 전문성 등을 중심으로 10여개의 문항을 구성하였다. 반구조화된 면담을 활용하여 발레특강에 참여하게 된 동기, 소감 등을

제4부
무용교육
프로그램

시작으로 점차 핵심적인 내용에 관해 질문하였다. 면담 대상인 학습자들의 연령이 낮은 관계로 학부모와 함께 1시간여의 면담 시간을 가졌다.

2) 면담 결과

발레정신 교육프로그램에 관한 학습자 및 학부모들의 의견은 목표, 내용, 방법 등과 같은 '프로그램' 측면, 실제 특강의 '운영' 측면, 이를 가르치는 '교육자' 측면에서 제시되었다. 프로그램 및 운영에 관한 대다수의 의견은 매우 긍정적이었으며, 특히 기존의 발레 수업에서 볼 수 없었던 발레정신의 개념을 프로그램의 목표, 내용, 방법에 제시하여 구체화하고, 실기연습뿐만 아니라 토론, 감상, 독서 등의 활동을 통합적으로 제시하였다는 점을 본 프로그램의 장점으로 언급하였다.

(1) 목표-내용-방법 통합형 프로그램

발레정신 교육프로그램에 관한 학습자, 학부모의 의견은 교육목표, 내용, 방법으로 구분된다. 목표와 관련해서 크게 발레정신에 관한 인식, 영성적 차원에 대한 이해 필요성이 제기되었다. 첫째, 발레정신에 관한 인식을 강화할 수 있었다. 프로그램을 적용한 전공생 대상 특강에서 발레기능과 더불어 발레정신이라는 개념을 인식하게 해주었다는 점이 학습자와 학부모에게 긍정적으로 인식되었다. 특히 1차시 수업안내를 위한 오리엔테이션에서 교육목표를 분명히 제시하였으며, 이후 차시 수업을 통해 발레기능과 더불어 발레정신에 관한 인식 하에 연습을 하고 삶의 모든 측면에서 경험한 것들 역시 자신의 춤에 반영할 수 있어야 한다는 점을 강조하였기 때문에 프로그램에서 추구하고자 한 교육목표로서 발레정신이 분명하게 인식되었다는 것이다.

> 학원을 가도 학교를 가도 연습만 하는 거죠. 그냥. 그런데 특강에서는 작품 설명도 해주시고 발레리나에 대한 얘기도 해주시니까 아이가 좋아하더라고요. 이전에는 잘 생각 못했던 부분이죠. 요즘 해설 있는 발레 같은 프로그램도 있어서 일반인들은 그런 것들(발레정신)을 조금이나마 접한다고 볼 수 있지만, 오히려 전공생들은 발레에 대해 잘 모르는 것 같아요. (전피케 학부모, 130115)

둘째, 영성적 차원에 대한 이해가 보다 필요하다는 점이다. 실제 수업 중에도 학생들은 "영성"이라는 표현을 이해하기 힘들었기 때문에 발레 무용수들이 보다 나은 공연, 실력을 가다듬기 위해 노력하는 마음가짐이나 태도, 보다 높은 수준의 춤을 선보이기 위해 자신을 돌아보고 완벽한 동작과 신체를 통해 표현할 수 있는 아름다움을 추구하는 것 등을 예로 들어 설명했다. 이와 관련하여 프로그램의 목표에서 제시하는 발레정신의 영성적 차원은 보다 구체적으로 이해가 가능하도록 구체화, 세련화되어야 할 필요성이 있었다.

> 사실 처음에 나눠준 안내자료(수업계획서)에 써있는 대로라면 정말 어렵죠. 정신, 영성, 이상...이런 것은 어른인 저희도 어려우니까. 아이들은 전혀 이런 말 들어본 적도 없고, 한편으로 발레 수업에서 이런 것들을 건드려준다는 것이 새로우면서도 조금 어려운 것은 사실이에요. 그래도 선생님들의 설명을 듣고 연습 중에 하시는 것을 보면 어떠한 것들을 말하는지 알 수 있었던 것 같아요. (이포인 학부모, 130129)

내용과 관련해서 이론, 실기의 통합형 수업, 입문, 심화의 수준별 수업, 연습, 공연의 점진적 수업이라는 점이 제시되었다. 첫째, 이론과 실기가 통합된 형태의 수업이었다. 이점에서 학습자와 학부모들은 크게 만족하고 있었는데, 특히 실기수업 중에 이론적인 내용을 다루면 연습에 방해가 된다거나 땀이 식어서 효율성이 떨어진다거나 하는 등의 우려가 있었지만 실제로 수업을 들어보니 그렇지 않았다는 의견이 있었다.

> 가장 좋았던 것은 실기하기 전에 조금이라도 이론적인 내용을 다뤄준다는 거였죠. 발레역사, 의상, 작품배경 이런 것들은 예중이나 예고를 가기 전에는 찾아보기 힘든 내용들이고 거기 가더라도 이론 수업이잖아요. (중략) 제가 관심을 갖고 아이랑 함께 찾아본다 해도 한계가 있는데, 여기서는 찾기 힘든 영상을 보여주시니까 훨씬 흥미 있게 배웠던 것 같아요. (정턴듀 학부모, 130129)

둘째, 입문부터 심화까지 수준별로 진행되는 수업이었다. 본 발레정신 프로그램의 내용은 각 차시별로 입문, 심화로 구분되어 있다. 신체적 차원부터 영성적 차원까지 각 2차시씩을

경험하는 입문과정에서는 기본 발레실기 수업에서 경험하는 바 워크, 센터 워크의 동작들을 발레정신의 각 차원과 연결시켜 감상하고 연습하도록 했다. 심화과정에서는 고전발레 작품 중에서 비교적 다른 작품에 비해 역사, 철학, 문화, 예술적 이야기 소재가 많은 〈잠자는 숲 속의 미녀〉 중 3막에 등장하는 오로라 공주의 바리에이션을 선택하여 다시 신체적 차원부터 영성적 차원을 되짚어보았다.

앞에 수업은 발레수업이었고 뒤에 수업은 작품수업이었잖아요. 같이 할 수 있어서 좋았고, 수업 때 하나씩 모르던 것을 알게 되어서 좋았어요. (중략) 전에 있는 학원에서 콩쿠르 준비만 계속 하다보니까 잘 모르고 그냥 연습만 많이 해서 다치고 잘 알지도 못했던 것 같았거든요. (이포인, 130129)

셋째, 연습부터 공연까지 점진적으로 진행되는 수업이었다. 대부분의 발레수업은 바 워크와 센터 워크로 구성된 실기 수업을 반복적으로 한다. 발레 전공생들은 크게 기초실기로 구분되는 테크닉 수업에서 매일 매일 바, 센터를 연습하고, 공연이나 콩쿠르가 있을 경우, 고전발레 작품 속에 등장하는 주인공의 바리에이션을 연습한다. 만약 공연이나 콩쿠르 참여 경험이 없다면, 매일 매일의 연습만이 곧 자신이 경험한 발레 수업의 전부가 된다. 혹은 공연 및 콩쿠르를 준비하기 위해서는 시간적 여유와 경제적 부담이 요구되기 때문에 학부모의 입장에서 마냥 달갑지만은 않은 상황이다. 이 가운데 본 특강에서는 5월 한 달 간 작품 연습을 거쳐 마지막 차시에 작은 공연을 경험하도록 함으로써 학습자와 학부모의 부담은 줄이고 발레와 관련된 통합적인 경험을 제공하였다.

오로라 연습하고 토신고 하면서 한명씩 나와서 공연했던 것(이 기억에 남았어요). 마지막에 한명씩 한다고 생각하니까 더 열심히 하게 되고 긴장도 되고, 학원에서도 거의 하지 않는 거라서 재밌었던 것 같아요. (중략) 공연이라고 하면 언니들이 주로 주역하고 저희는 여러 명이 하는데 여기서는 다 혼자씩 솔로로 해볼 수 있고, 뭔가 열심히 해서 보여준다는 기분이 들었거든요. (정턴듀, 130129)

방법과 관련해서 다양한 매체의 활용, 학습지와 과제의 활용이 주된 특징으로 제시되었다.

첫째, 무용실에서 보기 드물게 파워포인트, 동영상 등 다양한 매체를 활용한 수업이었다. 대다수의 발레 수업은 무용실에서 이루어진다. 실기 중심의 수업이다보니 다른 교과의 수업들은 저마다 다양한 수업자료와 TV, 노트북, 빔 프로젝터, 태블릿 PC 등 다양한 도구들을 사용하고 있지만 발레 수업은 이와는 동떨어져 있었다. 물론 발레라는 무용 장르가 학습자 개인의 노력과 집중이 요구되는 특성을 지니고 있지만, 학습자들이 기능 연습을 보다 의미 있게 하기 위해서는 발레 자체에 대한 이해, 나아가 자신이 발레를 연습하는 고된 과정이 어떠한 의미가 있는지 인식하고 이를 바탕으로 자신의 춤을 완성해나가는 과정이 중요하다. 이점에서 본 프로그램에서는 학습자에게 발레와 관련된 역사, 철학, 문화 등을 소개하고 스스로 생각하는 법을 자극하기 위해 다양한 매체를 활용하였다. 파워포인트, 동영상 자료를 제공하여 시각, 청각 등을 열어주고, 동료 학습자와의 대화, 토론을 통한 소통의 기회를 제공하였다.

> 무용실에서 몸 풀면서 선생님들이 보여주는 화면이랑 영상도 보고, 신기했고요, 새로웠어요. 탈리오니, 자하로바...제가 모르던 발레리나도 알게 됐고, 잠자는 숲속의 미녀 작품하면서 차이코프스키 작곡가랑 오로라 이야기도 들어서 좋았고요. (이제테, 130116)

둘째, 무용실에서 학습지와 학습자료, 과제를 활용한 수업이었다. 본 발레정신 프로그램은 기존의 실기 중심 수업을 지양하고 학습자들이 발레를 직접 연습하고 배워나가는 과정에서 읽고 보고 쓰는 다양한 체험을 할 수 있도록 수업을 구성했다. 특히 발레수업은 무용실에서의 연습으로 끝이라는 인식에서 벗어나 학습자들이 집으로 돌아가 학습지에 과제를 해오도록 하고, 학습자료로 나누어준 사진과 그림 자료를 보면서 무용실 밖에서도 발레와 관련된 소양을 넓혀갈 수 있도록 한 점이 긍정적으로 여겨졌다.

> 애가 집에 와서도 뭘 펴놓고 보더라고요. 선생님들이 주신 거라고 얘기하면서 적고 있는데 수업 밖에 나와서도 발레 생각을 계속 하게 한 점이 좋은 것 같아요. 사실 요즘 애들이 바빠서 학원도 여기저기 많이 다니기는 하는데 정작 자기가 하는 것에 대해서는 모르는 경우가 많잖아요. (전피케 학부모, 130115)

(2) 학습자 맞춤식 운영

발레정신 교육프로그램은 매주 토요일 2시간 동안 발레에 관한 여러 가지 감상과 이해활동, 실제 발레를 연습하는 활동, 연습 후 그것을 평가하고 반성하는 활동이 통합적으로 진행되었다. 이러한 가운데 운영 측면에서 첫째, 특강이 이루어진 3개월의 기간이 적절했다는 의견이다. 발레정신 교육프로그램에서 제시한 매뉴얼 상에는 18차시의 수업내용과 방법이 제공되고 있으나, 이것을 실제 특강에 적용하는 과정에서 12차시의 수업으로 축약하여 진행하였다. 이는 발레를 전공하는 학생들의 원활한 참여와 특강에의 집중도를 높이기 위해 3개월이 적정하다는 판단 하에 결정된 사항이었다.

특히 5월 이후에는 예술 중·고등학교에서 각종 공연과 축제에 참여하기 때문에 주말에도 학교 연습에 참여해야 할 경우, 결석이 많아진다. 때문에 비교적 학교 일정이 바쁘지 않은 3월부터 5월까지의 기간에 특강을 개설하여 프로그램의 내용과 방법이 학습자들에게 온전히 전해질 수 있도록 운영했다. 한편으로 학부모들은 3개월 동안 기본 연습과 작품 실기 연습이 알차게 편성되어 집중적인 연습을 할 수 있었다며 특강 개설 기간에 대해 만족하고 있었다.

> 우리 애는 예술제 연습 때문에 사실 조마조마했어요. 수업이 좋은데 다 못 들으면 어쩌나. 그런데 기간도 딱 좋았고, 연습하고 작품 넘어가는 시기도 좋았던 것 같고. (전피케 학부모, 130115)

둘째, 다양한 작품을 체험할 수 있도록 입문과정과 심화과정이 지속된다면 프로그램의 목표를 더욱 잘 성취할 수 있을 것이라는 의견이다. 대부분의 학부모들은 이러한 프로그램이 확대되어 발레 기초실기와 작품 연습이 입문과 심화과정으로 반복되는 형태로 진행되기를 희망했다. 즉 이번 특강에서 다루어진 〈잠자는 숲속의 미녀〉 오로라 바리에이션 외에도 고전발레 작품의 여러 바리에이션을 배우며 그 작품 속에 담긴 이야기와 주제에 관해 간접 체험을 제공하는 방식의 과정이 더욱 필요하다는 것이다.

> 전 일단 이 프로그램이 계속 되었으면 좋겠어요. 바, 센터 연습하고 작품까지 하는 수업이 콩쿠르를 나가거나 개인 레슨을 받지 않는 이상 힘들어요. 이번에는 오로라를 했는데, 계속 지속이 되어서 시리즈처럼 작품도 다른 것도 배우고, 이런 것(발레정신)에 관해 다룰 수 있는

것들이 무궁무진한 것 같은데, 이번에 못 얘기해주신 것들도 많잖아요. 전공생 입장에서 이런 수업이 또 개설된다면 바로 듣게 하죠. (전피케 학부모, 130115)

(3) 상호협력형 교육자

발레정신 교육프로그램을 실제로 적용한 특강에서 각 수업은 3명의 전문 발레교육자들에 의한 팀 티칭 형태로 진행되었다. 이들 교육자는 발레정신의 개념 및 수업 설계, 운영에 관한 전반적인 사항을 결정하고 의논하여 수업에 임하였다. 다만 본래 교육자들이 지닌 교육배경, 수업스타일, 중요시 하는 정신의 측면에서 차이가 존재하였기 때문에 학습자의 입장에서 긍정적인 측면과 부정적인 측면이 동시에 발견되었다.

지도자 측면에서 첫째, 팀티칭 방식으로 이루어진 수업이기 때문에 다양한 선생님의 교육방식을 접할 수 있었다는 장점이 있었다. 대다수의 발레 수업은 한 명의 선생님이 지도하고 여러 명의 선생님들이 발레 수업을 담당하고 있더라도, 자신의 수업만을 준비하기 때문에 하나의 주제로 팀티칭을 하는 본 특강의 시스템은 학습자들의 흥미를 자극했다.

학교나 학원에서는 제 선생님이 한 분인데 여기는 세 분이 오셔서 더 많이 배운 것 같고, 이야기해주시는 거랑 동작 얘기해주시는 것도 전 수업보다 많았어요. 선생님들과 수업하기 전에 끝나고 나서도 얘기할 수 있고 모르는 것도 물어볼 수 있게 해주셔서. (전피케, 130115)

둘째, 각 차시별 담당 교육자에 따라 강조하는 정신의 측면, 교육방법이 상이하여 학습자에게 적응이 필요했다는 단점이 있었다. 이러한 의견은 역설적이게도 팀티칭이 지닌 단점을 보여준다. 학습자의 입장에서는 팀티칭이라는 방식이 양날의 검인 것이다.

저는 처음에 선생님이 바뀌실 때 적응이 좀 안 되었어요. 순서도 다르고 팔 쓰는 것이랑 얘기하시는 것도 달라서 처음에는. 몇 번 수업을 계속하니까 선생님별로 다른 스타일이 적응되고 다양하게 배우는 것 같아서 좋아졌어요. (이제테, 130116)

각 차시별로 담당하는 교육자들 역시 저마다의 관점과 교육방법을 지니고 있기 때문에, 혹은 자신이 주로 배웠던 발레 기법이 다르기 때문에 폴드 브라와 스텝을 설명하는 방식이 다를 수 있고, 정신의 각 차원 역시 중요하게 다루는 비중이 다를 수 있다는 점이다. 또는 학습자에 따라 선호하는 교육자의 스타일이 있기 때문에 그것을 모두 수용하기에는 한계가 따랐다.

본 발레정신 특강에서 선보인 팀티칭의 방식은 학습자에게 학습의 다양성을 제공하면서도 자칫 학습의 통일성을 저해하는 요인이 될 수 있다. 그러므로 추후의 프로그램 운영을 위해서는 지도자들이 발레정신 교육프로그램에 관한 인식을 제대로 하고 있는 상황에서 수업에 관한 논의, 서로의 수업에 관한 관찰과 수업 후 토론이 더욱 요구될 것이다. 이를 통해 발레정신이라는 공통의 주제를 제대로 전달할 수 있는 지도자로서의 소양을 갖추게 될 것이다.

V. 요약 및 제언

본 연구에서는 1, 2차년 연구에서 탐색한 발레정신의 개념, 구성요소, 교수방법에 근거하여 통합적 발레정신 교육프로그램을 개발하고 발레전공생을 대상으로 한 수업을 실행했다. 통합적 발레정신 교육프로그램은 발레정신의 네 가지 구성요소(신체적, 인지적, 감성적, 영성적 차원)를 구체적인 교육내용으로, 직접교수방법(직접교정, 집중연습, 적극시범, 문답설명, 상상유도)과 간접교수방법(체험권유, 음악감지, 성찰자극, 환경조성, 인성전이)을 교육방법으로 활용하였다. 프로그램의 개발은 Seels와 Richey(1994)의 ADDIE모형에 근거하여 분석, 설계, 개발, 실행, 평가의 다섯 단계를 거쳤으며, 입문, 기초, 심화, 통합 단계 순으로 총 18차시로 구성하였다. 이후 발레전공 학습자 12명을 대상으로 3개월에 걸쳐 12차시 특강을 진행하였다. 특강 종료 후 이루어진 학습자 면담에서 4명의 학습자들은 프로그램 측면에서 기존의 발레 수업에서 볼 수 없었던 발레정신의 개념을 구체적인 교육목표, 내용, 방법으로 제시하여 발레에 관한 또 다른 시각을 가지게 되었다고 언급하였다. 운영 측면에서 3개월에 걸친 기간이 적절하였고, 입문과 심화과정이 지속되어 다양한 작품을 체험할 수 있기를 희망했다. 교육자 측면에서 팀티칭 방식의 장단점을 언급하며, 발레정신을 가르치기 위한 교육자의 전문성에 대해 재고할 수 있는 기회를 주었다.

　본 연구는 발레기능과 더불어 교육내용으로서 발레정신의 개념 및 구성요소에 주목하여 교수방법 및 교육프로그램, 구체적으로 발레정신을 가르치기 위한 교수학습지도안과 학습자료를 개발하였다. 본 연구결과는 예술로서 발레를 가르치기 위해 그동안 각 전문교육자들이 지녀왔던 문제의식과 고민을 해갈할 수 있는 단초가 될 것이다. 구체적으로 무용교육 및 예술교육, 문화예술교육 등 발레를 주된 교육내용으로 삼고 있는 현장의 '교육', '연구', '정책' 측면의 활용방안을 제언한다.

　첫째, '교육' 측면에서 전문무용, 학교무용, 생활무용 영역에서 발레기능과 더불어 발레정신을 가르칠 수 있는 실제 교육프로그램을 운영할 수 있다(최의창, 2011b). 비록 본 연구에서는 전문무용 영역의 학습자만을 대상으로 적용하였지만, 프로그램에 제시된 교수학습지도안 및 학습 자료는 각 교수영역, 학습자에 따라 무궁무진하게 응용할 수 있다. 그러므로 일반학교, 예술 중·고등학교, 대학교 무용학과, 사설 학원, 무용교육기관의 각 발레교육자들은 본 프로그램을 활용하여 자신만의 고유한 수업을 운영할 수 있다. 이처럼 발레정신 교육프로그램은 특정 영역이나 기관에서 한정적으로 운영되기보다는, 발레를 배우고 알고 즐기고 싶어 하는 학습자의 특성과 기호에 따라 언제든지 유연성을 발휘할 수 있는 통합적인 측면을 지닌다.

　한편 통합적 발레정신 교육프로그램을 지도할 수 있는 발레교육자를 양성할 수 있다. 현재 무용교육은 전공자를 위한 전문교육과 일반인을 위한 문화예술교육으로 양분되어 펼쳐지고 있다. 통합적 발레정신 교육프로그램은 그 접점에서 양측의 요구를 수용할 수 있는 기능적, 예술적 차원의 교육을 실현할 수 있다. 이를 위해 발레교육자에게 보다 많은 전문성이 요구된다. 단순히 발레동작만을 나열하고 연습하도록 하는 방식으로는 전공자뿐만 아니라 일반인도 지도할 수 없다. 발레교육자에게는 발레와 관련된 역사, 철학, 문화, 사회 전반의 이해와 더불어 특화된 기능적 지식, 인문적 지식, 예술적 지식이 필요하다(홍애령, 2013). 그러므로 발레전문인과 일반인을 위해 통합적 발레정신 교육프로그램을 지도할 수 있는 예비 발레교육자와 현직 발레교육자를 교육하고, 나아가 무용전문인으로서의 기초소양을 지닌 인재를 배출할 수 있다.

둘째, '연구' 측면에서 발레교육과정 및 교수학습방법, 수업스타일, 발레교육자의 전문성 등의 구체적인 연구주제에서 활용할 수 있다. 발레정신에 관한 1차년 연구에서 그간 언어화, 실용화하기 힘들었던 발레정신의 개념과 요소들을 구체적인 교육내용으로 가시화시켰다면, 2차년 연구에서는 전문교육자들이 개별적으로 활용해왔던 발레정신의 교수방법을 추출할 수 있었다. 이를 바탕으로 3차년 연구에서는 발레정신을 주된 교육내용으로 삼는 프로그램을 개발하고 적용하였다. 그밖에도 '발레정신'이라는 개념을 중심으로 발레교육의 양적, 질적 발전을 이끌어낼 수 있는 교육학적 관점의 다양한 연구가 가능하다(최의창, 2010a). 발레정신을 가르칠 수 있는 다양한 영역에서의 교육과정, 교수학습방법의 활용과 학습자의 인식 등을 살펴볼 수 있으며, 발레정신을 가르치는 교육자의 전문성에 따라 쓰일 수 있는 수업스타일을 구체적으로 분석해볼 수 있을 것이다. 이러한 연구를 바탕으로 통합적 발레정신 교육프로그램의 철학적, 교육적 배경을 견고하게 다질 수 있으며 교육의 질적 향상을 기대할 수 있다.

셋째, '정책' 측면에서 문화예술교육으로서 발레교육의 활성화를 위한 정책 개발의 근거를 마련할 수 있다. 무용은 한 사회의 문화를 담고 있으며, 특히 발레정신을 이해하기 위해서는 발레 그 자체뿐만 아니라 발레가 탄생한 역사적, 문화적, 사회적 배경에 대한 이해가 필수적이다(박소현, 2009; 홍수민, 2010). 통합적 발레정신 교육프로그램은 발레를 통한 문화 이해의 장을 마련하고 이를 적극적으로 장려한다는 점에서 문화를 이해하고 예술을 향유하는 현 문화예술교육정책과 뜻을 같이 한다. 문화예술교육으로서 발레를 통해 문화를 공유하고, 사회 구성원간의 조화와 공동체 문화를 형성하는 것이 현 시점의 예술교육이 추구하는 바라면, 발레정신의 개념과 이를 구체화시킨 교육프로그램은 이와 같은 맥락에서 정책적 대안을 제시할 수 있는 근거가 될 것이다.

참고문헌

김경희(2011). 미술요소를 중심으로 한 통합 유아미술교육 프로그램 모형 개발. 미간행 박사학위논문, 경성대학교 대학원, 부산.

김정민(2007). 발레교육의 역사적 흐름. 미간행 석사학위논문, 숙명여자대학교 대학원, 서울.

나일주(2010). 교육공학관련 이론. 서울: 교육과학사.

박소현(2009). 초등 발레 특기·적성 교육에의 인문적 접근: 하나로 수업의 실천 및 효과. 미간행 석사학위논문, 건국대학교 교육대학원, 서울.

박정준(2011). 통합적 스포츠맨십 교육 프로그램의 개발과 적용. 미간행 박사학위논문, 서울대학교 대학원, 서울.

박혜연(2012). 한국무용의 교육내용은 무엇인가?: 기능의 차원과 정신의 차원. 한국무용기록학회지, 24, 59-74.

오지향, 김선미(2009). 통합적 접근에 의한 대학 교양음악수업 지도방안연구. 음악교육연구, 36, 167-203.

오현주(2008). 한국 전통춤 교수법의 인문적 접근 탐색. 미간행 박사학위논문, 건국대학교대학원, 서울.

유창경(2009). 한국무용정신 가르치고 배우기: 무용교사의 실천과 전공학생의 인식 분석. 미간행 석사학위논문, 건국대학교 대학원, 서울.

주희선(2008). 하버드 대학교 프로젝트 제로에 대한 고찰: 음악교육을 중심으로. 이화음악논집, 12(1), 137-165.

채희완(2000). 한국춤의 정신은 무엇인가. 서울: 명경.

최성은(2004). 발레의 정신을 가르치기 위한 무용 지도방법 분석. 미간행 석사학위논문, 건국대학교 대학원, 서울.

최의창(2002). 인문적 체육교육. 서울: 무지개사.

최의창(2010a). 무용의 정신은 가르칠 수 있는가? 교육내용으로서 무용 정신의 구성요소와 교수방법 탐색(1차년 연구보고서). 한국연구재단 2009년도 기초연구과제지원사업 미간행 연차보고서.

최의창(2010b). 스포츠맨십은 가르칠 수 있는가? 체육수업에서의 정의적 영역지도의 어려움과 가능성. 한국스포츠교육학회지, 17(1), 1-24.

제4부
무용교육
프로그램

최의창(2010c). 인문적 체육교육과 하나로 수업. 서울: 레인보우북스.

최의창(2011a). 댄스 리터러시 혹은 무용소양: 문화예술교육으로서 무용교육의 목적 재검토. 한국무용기록학회지, 21, 139-158.

최의창(2011b). 무용의 정신은 가르칠 수 있는가? 교육내용으로서 무용 정신의 구성요소와 교수방법 탐색(2차년 연구보고서). 한국연구재단 2009년도 기초연구과제지원사업 미간행 연차보고서.

최의창, 박혜연(2012). 한국무용 잘 가르치기: 무용정신의 교수방법 탐색. 한국스포츠교육학회지, 20(1), 39-61.

최의창, 박혜연, 신주경(2012). 껍데기와 알맹이: 교육내용으로서 한국무용정신의 구성요소 탐색. 한국무용기록학회지, 26, 135-161.

최의창, 홍애령, 김나이(2012). 발레교육의 내용으로서 발레정신의 개념과 구성요소. 한국스포츠교육학회지, 19(3), 47-68.

홍수민(2010). 발레 교수학습과정의 문제점 및 대안적 교육모형 탐색: 예술계 고등학교를 중심으로. 미간행 석사학위논문, 서울대학교 대학원, 서울.

홍애령(2013). 뛰어난 발레교육자는 어떻게 성장하는가?: 발레교수전문성의 재개념화를 위한 발달과정 분석. 미간행 박사학위논문, 서울대학교 대학원, 서울.

황규자(2008). 발레 교수법. 서울: 금광미디어.

황인주(2001). 기능적 관점에 따른 무용교육의 문제점과 발전방향 분석. 한국체육학회지, 40(4), 539-548.

Anderson, L. W., Krathwohl, D. R., Airasian, P. W., Cruikshank, K. A., Mayer, R. E., Pintrich, P. R., Raths, J., & Wittrock, M. C. (2000). *A taxonomy for learning, teaching, and assessment: A revision of bloom's taxonomy of educational objectives*. Pearson Eduaction, Inc. 강현석, 강이철, 권대훈, 박영무, 이원희, 조영남, 주동범, 최호성(역)(2005). 교육과정 수업평가를 위한 새로운 분류학: Bloom 교육목표분류학의 개정. 서울: 아카데미프레스.

Au, S. (2002). Ballet and modern dance. Thames & Hudson. 김채현 역(2004). 발레와 현대무용. 서울: 시공사.

Cowan, K., & Albers, P. (2006). Semiotic representations: Building complex literacy practices through the arts. *The Reading Teacher, 60*(2), 124-137.

Creswell, J. W. (1998). *Qualitative inquiry and research design: Choosing among five traditions*.

Thousand Oaks, CA: Sage Publications. 조흥식, 정선욱, 김진숙, 권지성(역)(2005). 질적 연구방법론: 다섯 가지 전통. 서울: 학지사.

Seels, B., & Richey, R. (1994). *Instructional technology: The definition and domains of the field*. Washington, DC: Association for Educational Communications and Technology.

문화예술교육 더 베프 www.kccac.org

서울문화재단 www.sfac.or.kr

한국문화예술교육진흥원 www.arte.or.kr

연구문제

1. 통합적 발레정신 교육프로그램의 목표, 내용, 방법은 기존의 교육프로그램과 어떠한 차이가 있는지 생각해보자.
2. 발레정신을 가르치기 위한 교육내용은 어떻게 조직되었으며, 어떠한 방법이 활용되었는지 찾아보자.
3. 발레전공생, 비전공생에게 발레정신을 가르치기 위한 프로그램의 목표, 내용, 방법을 제안해 보자.

제14장 통합적 한국무용정신 교육프로그램 개발 및 평가*

최의창 · 박혜연

본 장은 한국무용정신의 구성요소와 교수방법에 근거하여 한국무용정신 교수를 위한 통합적 교육 프로그램을 개발, 적용, 그리고 평가하는데 궁극적인 목적이 있다. 우선, 프로그램 개발에 있어 Seels와 Richey의 'ADDIE 모형'을 적용하여, '분석-설계-개발-실행-평가' 절차에 따라 통합적 한국무용정신 교육 프로그램을 개발하였다. 본 프로그램은 '입문, 기본, 심화' 수준으로 총 12차시가 구성되었으며, 각 차시의 학습단계로 '지각-이해-적용-감상-종합'의 5단계가 구조화되었다. 한편, 본 프로그램은 20세 이상의 일반 성인남녀를 대상으로 실시하였으며, 5명의 주제보자와의 심층면담을 통해 프로그램에 대한 평가를 실시하였다. 평가는 '프로그램 자체(목표, 내용, 방법)'와 '프로그램 실행(지도, 운영)'의 차원으로 분류되었다. 먼저 프로그램 자체에 대한 평가이다. 목표와 관련해서 학습자들은 '한국무용정신에 대해 인식', '한국무용에 대한 관점을 전환', '삶에서 춤을 향유'하게 되었다고 말하며, 내용과 관련해서 '이론·실기가 통합된 내용', '기본·심화의 수준별 내용', 방법과 관련해서 '충분한 설명', '다양한 매체의 활용', '성찰을 유도한 토론'을 긍정적으로 평가하였다. 다음은 프로그램 실행에 대한 평가이다. 지도자와 관련해서 '신뢰'와 '열정'의 간접적인 교수활동이 긍정적으로 평가되었으며, 운영과 관련하여 '탄력적인 운영방식'과 '팀티칭의 운영방식'이 효과적이었다는 평가이다. 향후 지속되어야 할 핵심적 사안을 연구, 교육, 정책적 차원에서 제시하였다.

---

* 최의창, 박혜연(2015). 통합적 한국무용정신 교육프로그램 개발 및 평가. 문화예술교육연구, 10(2), 67-86.

I. 서론

무용을 비롯한 예술교육에 대한 세간의 관심이 뜨겁다. 무용을 통해 아름다운 동작을 배울 수도 있지만, 무용을 통해 창의성과 감성을 풍부히 할 수 있다는 점을 주목한다. 기존의 주지교과에서는 지성의 발달에만 관심을 집중하였는데, 무용을 비롯한 예술교과에서 그와는 다른 측면들의 함양을 꾀한다는 것에서 그 가치를 인정받고 있는 것이다(김화숙, 2009, 2014). 이는 개인의 개성을 중시하는 포스트모더니즘이라는 사회적 조류와 맞물려 그 중요성이 배가 되고 있다. 특히 2009 개정 교육과정에서 창의인성교육이 대두됨에 따라(교육인적자원부, 2011) 창의성과 인성을 함양하기 위한 교과로 예술교육, 무용교육의 중요성이 강화되고 있다. 하지만 이러한 사회적, 교육적 관심 가운데 무용교육은 나아가야할 방향성에 대해 진지하게 논의가 이루어졌는지에 대한 통렬한 자성이 수반되어야 한다(박중길, 2007; 최의창, 2011). 무엇을 목적으로, 어떠한 내용을, 어떻게 가르쳐야 하는지에 대한 철저하고도 체계적인 성찰이 있어야 한다.

무용교육의 방향성을 살펴보면 기능중심, 정신중심으로 가르쳐져 왔음을 알 수 있다(박혜연, 최의창, 신주경, 2012; 최의창, 홍애령, 김나이, 2012). 우선 무용교육은 아름다운 신체의 선을 가다듬고 어려운 동작을 유려하게 해내는 것을 중요한 목표로 하였다. 이는 신체, 동작 등의 기능을 무용교육의 핵심적 내용으로 삼는 것이다. 반면 기능의 깊은 곳에 내재한 정신적 차원을 가르치고자 하는 또 하나의 방향성이 있다. 이는 겉으로 드러나는 신체와 동작이 아닌, 비가시적이며, 감정, 철학, 관념, 이상 등의 정신을 무용교육의 핵심적인 내용으로 상정한다. 기능과 정신, 무용교육에 있어서 무엇을 가르치는 게 중요할까?

전통적인 한국무용교육은 기능적 차원을 탐구하고 가르치는데 집중해 왔다. 한국무용의 신체와 동작에 대해서 연구하고, 특정한 작품 레퍼토리를 연마하는데 많은 시간과 노력을 쏟아왔다(박혜연, 2013b, 2014). '핵심중의 핵심, 정수중의 정수인, 정신적 차원'(채희완, 2000; Oakeshott, 1967)을 가르치려는 적극적인 노력이 쉽게 보이지 않았다. 하지만 한국무용교육에서 한국무용을 한국무용으로 현현하게 하는, 눈에 보이지 않는 본질, 즉 정신적 차원이 매우 중요하다(박혜연, 2012; 최의창, 박혜연, 신주경, 2012). 한국무용을 배운다고 하였을 때

겉으로 드러나는 표면을 배우는 것도 의미가 있지만 내면에 담겨있는 핵심을 배우는 것이 중요하다. 예컨대 탈춤의 다양한 춤사위를 얼추 따라할 수 있더라도 탈춤에 담겨있는 민중의 삶의 모습, 긍정과 해학의 마음, 저항정신과 비판정신 등을 이해하지 못한다면 탈춤을 온전히 배웠다고 말할 수 없을 것이다.

실제로 일반사설학원이나 문화센터 등에서 한국무용을 가르치는 프로그램을 면면히 들여다보면 기능적 차원의 교육내용에 초점이 맞추어져 있음을 어렵지 않게 살펴볼 수 있다. 이들 대부분은 한국무용의 기본적인 동작과 특정 작품을 배우는 수업으로 구성되어 있다. 하지만 최근에는 문화예술교육이 활성화되고 무용교육전문가들에 의해 지도안이 개발됨에 따라 역사, 문화, 감정 등의 정신적 차원을 가르치려는 공적인 노력이 이루어지고 있다(한국문화예술교육진흥원, 2005). 하지만 교수자의 교육관과 환경적 여건 등에 따라 춤사위에 담겨진 정신이 교육되어지지 못하는 것이 현실이다. 기능중심적인 한국무용교육을 지양하고 정신적 차원을 강조하기 위해서는, 한국무용정신을 핵심적 교육내용으로 가시화한 프로그램이 개발되어야 한다.

한편 교육학 분야에서는 정신적 차원을 가르치기 위해서 통합적 접근이 필요함이 논의되어 왔다. '정신'이라고 직접적으로 일컫지는 않았지만 원리, 본질 등의 내면적 차원을 가르치기 위해서는 '통합'적인 접근이 중요함이 강조되어 왔다. 예술 분야에서는 예술간, 혹은 비예술과 예술 간의 다양한 통합방식을 통해 예술의 심층적인 차원을 학습하도록 유도하고 있다(박혜연, 2013a; 한혜리, 2011; Strand, 2006). 또한 내용적 통합뿐 아니라, 방법적 통합, 즉 다양한 체험이 강조되고 있다. 알기, 보기, 읽기, 쓰기, 이야기 등의 통합적인 체험활동이 무용의 내면적 차원에 입문하는데 도움이 됨을 알 수 있다(문영, 2014; 박소현, 2009). 한국문화예술교육진흥원에서 주관하는 학교문화예술교육에서 기존의 무용하기(실기), 무용만들기(창작)에서 벗어나 무용알기, 무용보기 등의 통합적 체험을 강조하는 것도 이와 같은 맥락으로 이해될 수 있다.

본 연구는 한국무용정신의 개념과 구성요소를 탐색하고, 교수방법에 대해 조사한 후, 이를 토대로 통합적 교육 프로그램과 매뉴얼을 개발하는 총 3단계의 연구 중 마지막 단계의 연구에 해당한다. 먼저 한국무용의 정신은 "한국무용의 핵심을 이루며 한국무용의 존재를 결정지어주는 가장 중요한 내적 가치"를 말한다(최의창, 박혜연, 신주경, 2012). 또한 한국무용정신의 구성요소는 4가지 차원으로 구성됨을 알 수 있다. "신체적 차원"은 '자신의 신체와 동작의 원리에 대한 이해와 적용의 차원'을 말하여 신체와 동작으로 구분된다. "인지적 차원"은 '한국무용을 둘러싼 문화적인 요소들의 통찰의 차원'을 말하며, 문화와 예술로 구분된다. "감성적 차원"은 '한국무용의 감정에 대한 주관적인 해석과 탐구의 차원'을 말하며, 감정과 음악으로 구분된다. 마지막으로, "영성적 차원"은 '한국무용을 통한 체험의 경지와 이를 제대로 하기 위한 마음가짐의 차원'을 말하며, 태도와 이상으로 구분된다(최의창, 박혜연, 신주경, 2012). 그리고 이를 위해서는 설명, 시범, 연습 등의 직접교수방법뿐만 아니라, 다양한 체험, 성찰 등을 강조하는 간접교수방법이 필요함을 알 수 있다(최의창, 박혜연, 2013).

위의 1, 2단계의 연구 결과를 바탕으로 본 연구에서는 "한국무용정신 교수를 위한 통합적 교육 프로그램은 어떻게 구성될 수 있는가?"를 살펴보고자 한다. 그동안 한국무용기능에 집중되어 왔던 프로그램을 지양하고 한국무용정신을 가르치기 위해, '기능과 정신이 통합'되고 '다양한 체험이 통합'된 프로그램을 개발하고자 한다. 이는 한국무용정신의 중요성은 공감하고 있었으나 모호함과 추상성 때문에 가르치기를 꺼려했던 교수자들에게 실제적인 교육지침을 제공할 것이다. 이를 위해 통합적 한국무용정신 교육 프로그램을 개발하고(제2절), 실행하며, 이에 대한 평가를 실시한다(제3절). 마지막으로 한국무용정신 교육과 향후 연구를 위해 제언한다(제4절).

II. 연구방법

본 연구에서는 한국무용정신의 구성요소와 교육방법을 바탕으로, 통합적 한국무용정신 교육 프로그램을 개발·적용하며, 이를 비판적으로 평가해 보는데 그 목적이 있다. 이러한 연구 목적을 달성하기 위해, 심층적인 현상을 이해하는 데에 적합한 질적 연구방법론을 기반으로 하였다.

1. 자료수집

첫째, 문헌고찰 및 전문가회의를 실시하였다. 한국무용정신의 구성요소와 교수방법에 대한 선행연구를 검토하였다. 또한 통합적 교육 프로그램에 대한 문헌을 고찰을 실시하였다. 더불어 매주 2회, 대학교수 1명, 무용교육 박사과정 7명으로 구성된 전문가회의를 통해 프로그램의 내용을 분석, 해석하였다. 이를 바탕으로, 통합적 한국무용정신 프로그램에 대한 구체적인 방향성을 설정하였다. 둘째, 참여관찰을 실시하였다. 본 프로그램은 서울 소재 한얼대학교 대학원 재학생 20명을 대상으로 주 1회, 12주간 진행되었다. 수업에는 주강사와 보조강사가 팀티칭을 함과 동시에, 참여관찰을 실시하였다. 사전에 동의를 구하고, 사진 및 동영상 촬영을 실시하였으며, 수시로 메모하고 수업 후에는 연구 목적에 맞게 재구성하여 반성일지를 작성하였다. 셋째, 심층면담을 실시하였다. 프로그램에 대한 보다 심층적인 평가를 하기 위해서, '프로그램 자체', '프로그램 실행'의 범주로 다양한 질문을 구성하였으며, 학습자들이 자유롭게 의견을 피력할 수 있도록 반구조화된 면담을 실시하였다. 심층면담의 연구 참여자로는 Goets와 LeCompte(1984)의 전형적 사례선택방법에 의거하여, 4명의 주제보자를 선정하였다. 이들은 한국무용에 애정을 가지고 적극적으로 수업에 참여하는 자들로서, 통합적 한국무용정신 교육 프로그램에 대한 경험, 생각, 감정 등을 구체적이면서도, 비판적으로 제시할 수 있으리라 판단되는 학습자들이다.

2. 자료분석 및 해석

본 연구에 서는 참여관찰, 심층면담 등의 자료를 전사 작업을 통해 기록하였다. 이는 녹음, 녹화된 내용과 일치하는지 재확인 작업을 거쳤으며 최대한 자세하게 기술하는 사례기록을 실시하였다. 이를 분석하기 위해, Spradley(1980)의 분석방법을 사용하였다. 이는 프로그램을 실행하고 교육적 양상을 검토하는 교육학 연구 분야 전반에서 활용되는 방법으로, 본 연구의 취지에 부합하다고 여겨 선택하였다.

첫째, 영역분석에서는 가장 거시적인 차원에서 통합적 한국무용정신 교육 '프로그램 자체', '프로그램 실행'에 대한 평가로 분류하였다. 둘째, 분류분석에서는 프로그램 자체, 프로그램 실행에 대한 평가를 좀 더 구체적으로 분석하기 위해, 프로그램 자체를 '목표, 내용, 방법'의 측면, 그리고 프로그램 실행을 '지도, 운영'의 측면으로 범주화하였다. 셋째, 성분분석에서는 각 세부범주에서 발견된 주제들 간의 관계를 검토해 봄으로써, 의미를 명료화 하는 작업을 실시하였다.

나아가 분석된 자료를 심층적이며, 체계적으로 해석하기 위해서 '주제화'라는 해석방법을 활용하였다. 또한, 자료의 진실성과 분석과 해석의 타당성을 확보하기 위해, Lincoln과 Guba(1985)가 제안한 삼각 검증법(triangulation), 동료간 협의(member checking) 등을 지속적으로 실시하였다.

III. 통합적 한국무용정신 교육 프로그램의 개발

1. 프로그램의 개발과정

본 프로그램은 1단계 연구인 한국무용정신 구성요소, 2단계 연구인 한국무용정신 교수방법에 대한 연구결과를 근거로 하여 개발하였다. 특히 프로그램의 목적 및 내용조직을 효율적으로 구성할 수 있도록 교수체계설계방법으로 고안된 Seels와 Richchey(1994)의 'ADDIE 모형'을 프로그램 개발에 활용하였다. 프로그램의 개발과정은 '분석-설계-개발-실행-평가'의 다섯 단계로 구성되며, 다음의 세부과정을 거쳐 프로그램을 개발하였다(그림 1).

첫째, '분석'의 단계에서는 국내외 선행연구들의 고찰을 통해 이론적 분석이 이루어졌다. 한국무용분야 이외의 일반교과의 통합적 교육 프로그램 및 타 예술장르의 통합적 교육 프로그램의 조사를 통해서 시사점을 도출하여, 본 프로그램의 개발을 위한 체계적인 이론적 근거를 마련하고자 하였다. 또한 본 프로그램은 전문무용영역에서 뿐 아니라, 다양한 교육장면에 적용이 가능한지 살펴보고자 일반인을 대상으로 선정하였다. 나아가 1, 2단계 연구결과를 바탕으로 프로그램의 목표를 선정하였으며, 주요학습내용에 대한 탐색이 이루어졌다.

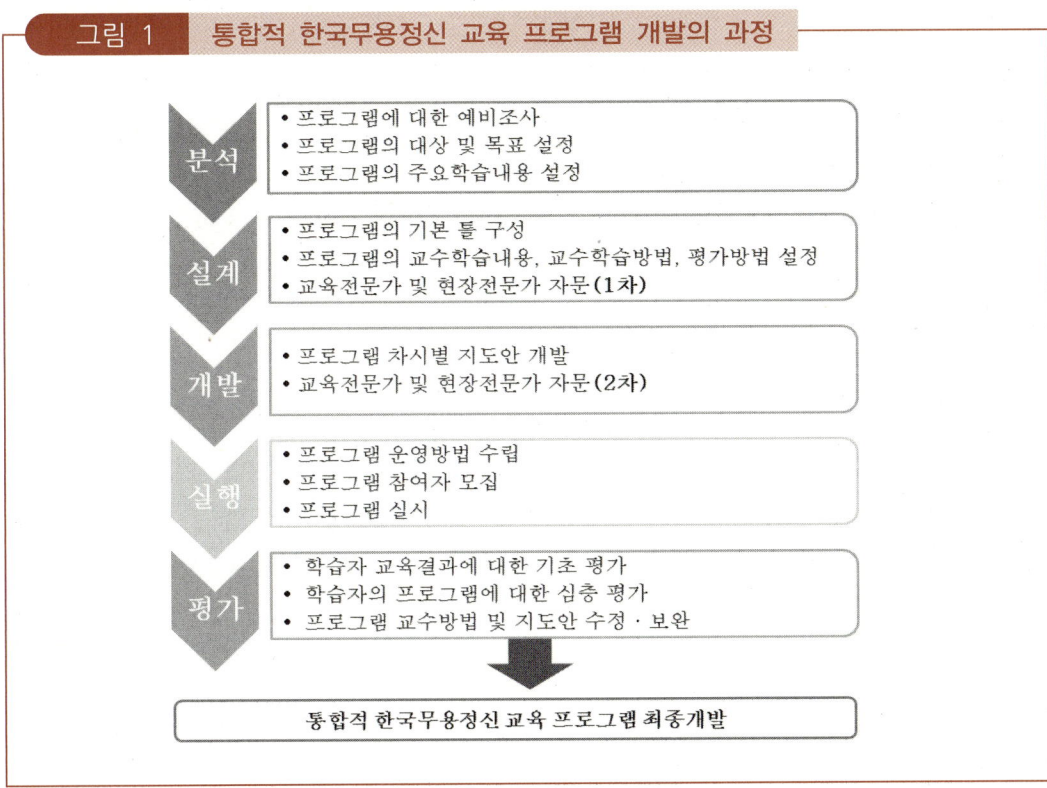

그림 1 통합적 한국무용정신 교육 프로그램 개발의 과정

둘째, '설계'의 단계에서는 프로그램의 기본 틀을 구성하였다. 우선 12차시의 프로그램을 '입문, 기본, 심화'의 수준으로 구성하였으며, 차시별 주요 학습단계를 '입문-이해-적용-감상-통합'의 5단계로 구조화하였다. 각 수준은 한국무용정신의 네 가지 차원을 핵심내용으로 하며, 각 차시의 교수학습내용은 차시별 목표와 세부차원에 맞게 구성하였다. 또한 2단계 연구결과를 토대로, 각 단계에서 적용될 수 있는 교육방법을 선별하였다. 나아가 개발된 프로그램을 평가하기 위한 방법으로, 주요 학습자 심층면담을 실시하기로 결정하였다.

셋째, '개발'의 단계에서는 프로그램의 차시별 지도안이 개발되었다. 주제 및 학습목표, 학습내용, 학습방법, 학습자료 및 참고자료 등이 개발되었다. 먼저 설계 단계에서 구조화된 학습단계에 맞추어 구체적 학습내용을 구성하였다. 또한 차시의 각 단계마다 한국무용의 정신을 가르치기 위한 방법을 선정하였으며, 학습자료 및 교수참고자료를 개발하여 차시별 지도안을 구성하였다. 특히 교수의 과정이 세밀하게 드러날 수 있도록 구체적으로 작성하였다.

넷째, '실행'의 단계에서는 프로그램의 운영방법을 수립하였다. 모든 수업에 2명의 교수자, 즉 주강사(교수)와 보조강사(보조교수, 기록 등)를 배치하는 팀티칭의 운영방식을 선택하였다. 또한, 한얼대학교 비전공자 학생들을 대상으로 프로그램 참여자를 모집하였으며, 최종 20명의 학생들을 상대로 프로그램을 실시하였다. 12차시의 본 프로그램은 일주일에 한 번씩, 총 3개월간 이루어졌다.

마지막, '평가'의 단계에서는 매 수업시간 후 학습자가 직접 학습지를 작성하고, 담당강사와 짧은 인터뷰를 진행하였다. 수합된 학습지와 인터뷰 결과를 통해 각 프로그램에 배치된 강사는 학습자들이 해당수업의 내용을 얼마나 이해하고 실천할 수 있었는지 평가하였으며, 평가결과는 다음 차시수업 또는 프로그램 보완을 위해 활용되었다. 또한, 본 프로그램을 총체적으로 평가하기 위해 3개월간의 수업이 모두 완료된 후, 학습자 심층면담을 진행하였다. 이 모든 평가 자료는 본 프로그램의 지도안을 수정하고, 효과적인 운영방식을 도모하는데 활용되었으며, 최종적인 한국무용정신 교육 프로그램 개발에 토대가 되었다.

2. 프로그램의 구조

본 프로그램에서는 한국무용정신을 체계적으로 학습하도록 하기 위해 공통적인 수업의 구조, 즉 학습단계를 체계화하였다. Bloom이 제시한 인지발달요소 분류체계(강현석 외, 2005)를 프로그램의 목표 및 내용에 맞게 적용하여 '지각-이해-적용-감상-통합'의 단계를 최종 구성하였다〈표 1〉.

표 1 프로그램의 학습단계

단계		설명
1	입문	한국무용정신에 대해 지각하는 **"인식화(awareness)"**의 단계
2	이해	한국무용정신의 개념을 이해하는 **"명료화(clearness)"**의 단계
3	적용	한국무용정신을 신체적으로 직접 경험하는 **"체험화(experiment)"**의 단계
4	감상	한국무용정신을 정서적으로 감지하는 **"내면화(embodiment)"**의 단계
5	통합	한국무용정신을 자신의 경험과 관련지어보고, 일상에서 이를 실천하는 **"성찰과 전이(reflection and transfer)"**의 단계

첫째, '지각' 단계는 해당차시의 학습주제를 배우기 이전에 한국무용정신에 대해 "인식화(awareness)" 단계로서, 한국무용에서의 신체, 동작, 음악, 공연, 문화 등에 나타나는 직접적인 사례들을 다양한 방법을 통해 인식하고 동기를 유발하는 단계이다. 둘째, '이해' 단계는 "명료화(clearness)" 단계로서, 구체적인 한국무용정신의 개념과 내용을 인지적으로 명료하게 이해하는 단계이다. 셋째, '적용' 단계는 "체험화(experiment)" 단계로서, 무용수업, 무용연습과 같은 다양한 상황 속에 나타나는 한국무용정신을 체험하고 깨달음으로써 학습자 자신이 수행하는 한국무용동작이나 표현의 가치를 알게 되는 단계이다. 넷째, '감상' 단계는 "내면화(embodiment)" 단계로서, 해당차시의 학습목표 및 주제, 내용과 관련되어 한국무용정신이 드러나는 무용작품, 타장르 예술(음악, 미술, 문학 등)의 자료를 듣고, 보고, 읽는 등의 간접 체험활동을 통해 한국무용정신을 정서적으로 공감하고 체화하는 단계이다. 특히 수업 내 자신 외 다른 학습자들의 이야기 또는 경험을 공유함으로써 한국무용정신의 가치를 학습할 수 있는 단계이다. 마지막 '종합' 단계는 "성찰과 전이(reflection and transfer)"의 단계로서, 1-4단계에서 학습한 한국무용정신의 가치 및 의미를 자신의 경험과 관련지어 반성해보고, 무용상황 뿐만 아니라 일상생활에서 한국무용정신을 실천할 수 있는 구체적인 행동과 방식을 설정하고 다짐하도록 하는 단계이다.

위와 같은 학습단계, 수업의 구조를 고려하여 각 차시별 구체적 학습내용을 구성하고, 이에 적합한 교수방법과 학습자료 및 교수자료를 개발하였으며 차시별지도안을 개발하였다.

3. 프로그램의 내용

통합적 한국무용 정신 교육 프로그램은 총 12차시 수업으로, 입문, 기본, 심화 수준으로 구분하였다. 총 12차시 수업에서 1차시는 입문 수준으로 본 프로그램에 대한 전반적인 소개가 이루어진다. 2-5차시는 기본 수준으로 한국춤에 대한 전반적인 이해를 도모하도록 수업의 내용을 구성하였다. 6-12차시는 심화 수준에서는 특정 작품을 중심으로 한다. 본 프로그램에서는 민속무용의 대표적인 작품으로 학습자들의 수준에 적합한 '소고춤'을 중점 작품으로 선정하여 구체적인 내용을 구성하였다. 각 차시마다 한국무용정신의 4가지 차원인 '신체적, 인지적, 감성적, 영성적 차원'이 포함되며, 각 차원에 따라 '신체, 동작, 문화, 예술, 음악, 태도,

감정, 이상'의 세부요소가 고려된다. 각 한국무용정신의 차원과 요소에 따라 알맞은 수업의 주제를 선정하였으며, 각 주제에 맞는 수업내용, 학습목표, 학습내용을 고안하였다.

또한 학습단계인 '지각, 이해, 적용, 감상, 종합'에 따라 구체적인 학습내용을 제시하였다. 차시별 수업 내용을 자세히 살펴보면 아래와 같다〈표 2〉.

│표 2│ 통합적 한국무용정신 교육 프로그램의 내용

차시	수준	요소	세부요소	주제	학습내용				
					입문	이해	적용	감상	통합
1	입문	소개		한국춤의 정신, 둘러보다	다양한 한국무용 감상하기	한국무용정신 개념, 구성요소 이해하기	한국무용정신을 생각하며 연습하기	한국무용 속에 담긴 정신 탐색하기	연습을 위한 목표 및 다짐 세우기
2	기본	신체적 차원	신체	한국춤, 몸을 깨우다	한국춤에서의 몸 알기	호흡하는 몸과 호흡에 따른 굴신 이해하기	호흡과 굴신 연습하기	호흡과 굴신이 드러난 춤사위 감상하기	생동하는 몸의 관계를 정의하기
3	기본	인지적 차원	문화	한국춤, 문화를 통찰하다	다양한 디딤 살펴보기	디딤의 의미, 역사, 철학 이해하기	다양한 디딤 해보기	살풀이, 소고춤, 태평무 작품 감상하기	디딤에 담긴 문화적 맥락 되짚어보기
4	기본	감성적 차원	음악	한국춤, 장단과 교감하다	여러 장단으로 구성된 우리음악 감상	간단한 장단 몸으로 배우기	음악에 맞추어 윗몸사위 연습하기	다양한 장단의 태평무 감상하기	직접 구성한 장단에 맞춰 춤추기
5	기본	영성적 차원	태도	한국춤, 신명에 다다르다	노름마치의 의미 살펴보기	신명의 의미 알아보기	연풍대 동작을 통해 신명 느껴보기	나만의 불림 만들기	신명의 순간을 글로 표현해 보기
6	심화	신체적 차원	신체	소고춤, 몸을 깨우다	소고춤을 추는 몸의 특징 파악하기	소고춤에서 몸을 이해하는 방식 인지하기	춤의 원리를 인지하며 호흡, 굴신하기	소고춤의 호흡과 굴신 감상하기	일상의 호흡과 소고춤의 호흡 견주어 보기
7	심화	신체적 차원	동작	소고춤, 움직임의 선을 그리다	소고춤의 원리를 담은 짧은 글 읽기	소고춤의 움직임의 원리 이해하기	다양한 디딤과 팔사위 익히기	최종실 소고춤만의 특징 감상하기	개성을 살려 자유롭게 춤추기

차시	수준	요소	세부 요소	주제	학습내용					
					입문	이해	적용	감상	통합
8	인지적 차원	문화	소고춤, 문화를 통찰하다	소고춤의 역사 살펴보기	소고춤의 의미, 종류, 구성에 대해 알아보기	교방소고춤 추어보기	소고춤을 감상하고, 비교 분석하기	소고춤의 문화적 맥락 되짚어보기
9		예술	소고춤, 이웃예술을 만나다	한국춤의 다양한 복식 살펴보기	소고춤의 복식 알아보기	교방 소고춤 추어보기	소고춤 그림을 감상하기	의상제작하고 자유롭게 소고춤 추기
10	감성적 차원	음악	소고춤, 장단과 교감하다	한국춤의 음악에 대해 살펴보기	소고춤의 장단과 음악 알아보기	다양한 장단과 음악에 맞춰 소고춤 추기	장단에서 느껴지는 감정 이야기하기	퓨전 음악에 맞춰 자유롭게 소고춤 추기
11		감정	소고춤, 감정을 읽어내다	한국춤의 다양한 감정 감지하기	한국춤과 소고춤의 감정 이해하기	감정 인식하며 교방 소고춤 추어보기	소고춤과 관련된 짧은 시 읽기	소고춤의 감정을 글로 표현해보기
12	영성적 차원	이상	소고춤, 도를 담아내다	한성준의 생애와 일화 감상하기	한국무용의 미와 이상에 대해 토론하기	소고춤의 명인되기	춤을 사랑한 한국춤의 명인 찾아보기	나와 춤, 삶의 관계 생각하기

1) 입문 수준(1차시)

한국무용정신의 요소인 4가지 차원을 전체적으로 소개하는 시간을 갖는다. 학생들이 다양한 춤의 장면들을 감상하고 무용정신의 개념 및 구성요소를 이해하여 앞으로의 한국무용 수업을 위한 각자의 목표와 다짐을 세우는 것이 입문 수준인 1차시 수업을 통해 이루어진다.

2) 기본 수준(2-5차시)

1차시는 한국무용정신의 4가지 차원 모두를 개괄적으로 이해시키는 것에 초점을 두었으며, '한국무용 정신을 둘러보다'라는 주제아래 학생들에게 한국무용정신의 개념을 이해시키고 한국무용이 가지는 여러 가지 정신적 측면을 소개하는 내용으로 수업이 진행되었다. 2차시 수업은 '한국춤, 몸을 깨우다'라는 주제로 신체적 차원에서 신체적 요소를 중점으로 수업이 이루어졌으며, 학생들이 호흡과 굴신을 터득할 수 있도록 하여 호흡하는 살아있는 몸을 인지하고 표현할 수 있는 수업 내용을 포함하였다. 3차시 수업에서는 '한국춤, 문화를 통찰하다'

라는 주제로 인지적 차원에서 문화적 요소를 익히도록 하는 내용을 구성하였으며 디딤 동작을 수업내용에 포함시켜 한국춤과 관련된 철학, 역사, 종교 등의 문화적 맥락을 이해하도록 하였다. 4차시 수업은 '한국춤, 장단과 교감하다'라는 주제로 감성적 차원에서 음악적 요소를 강조한 수업 내용으로 다루었다. 이 수업을 통해 학생들은 한국 전통 가락과 장단에 맞추어 '들기, 펴기, 감기, 매기'의 팔 사위를 배우면서 한국춤에 담긴 정서와 감정을 느낄 수 있다. 5차시 수업은 '한국춤, 도를 담아내다'라는 주제로 영성적 차원의 태도적 요소에 중점을 둔다. 구체적으로 학생들은 연풍대 동작을 배우게 되는데, 이를 통해 한국무용이 지향하는 신명의 경지를 체험하게 된다.

3) 심화 수준(6-12차시)

6차시 수업은 '소고춤, 몸을 깨우다'라는 주제로 신체적 차원의 신체적 요소를 강조하였다. 이 차시의 수업은 학생들이 소고춤을 추기 위한 몸의 원리를 이해하고 소고춤에 포함되는 중요한 호흡을 파악할 수 있도록 내용이 구성되었다. 7차시 수업은 '소고춤, 움직임의 선을 긋다'라는 주제로 신체적 차원의 동작적 요소를 다룬다. 학생들이 소고춤을 더 잘 출 수 있도록 돕기 위해 소고춤에 담겨 있는 움직임의 원리를 수업 내용으로 한다.

8차시 수업은 '소고춤, 문화를 통찰하다'라는 주제아래 인지적 차원의 문화적 요소를 강조하는 수업으로, 학생들이 소고춤의 역사, 종류 등에 대해 이해하여 문화적 맥락에 유념하여 춤추는데 도움이 되도록 내용을 구성하였다. 9차시에서는 '소고춤, 이웃예술을 만나다'라는 주제로 인지적 차원의 예술적 요소를 다룬다. 소고춤의 복식과 그림 등을 통해 문화적 맥락을 이해하고 춤을 추도록 수업 내용을 구성하였다.

10차시와 11차시는 두 차시에 거쳐 감성적 차원을 다루고 있다. 10차시는 '소고춤, 장단과 교감하다'라는 주제로 감성적 차원의 음악적 요소를 다루고 있는데, 소고춤에 활용되는 다양한 장단과 음악을 감지하도록 하는 내용을 포함하였다. 11차시는 '소고춤, 감정을 읽어내다'라는 주제를 감성적 차원의 감정적 요소를 중점으로 소고춤에 담겨있는 감정을 이해하고 이를 춤으로 표현하도록 하는 내용을 선정하였다.

심화 수준의 마지막 수업인 12차시 수업에서는 '소고춤, 신명에 다다르다'라는 수업 주제로 영성적 측면에서 이상적 요소를 중점으로 수업 내용이 고안되었다. 이러한 프로그램의 내용

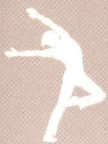

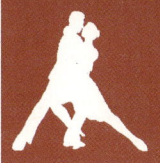

을 바탕으로, 개발된 차시별 교수지도안의 예시는 다음과 같다(그림 2).

그림 2 차시별 지도안 예시

오늘의 무용정신	차 시	5차시
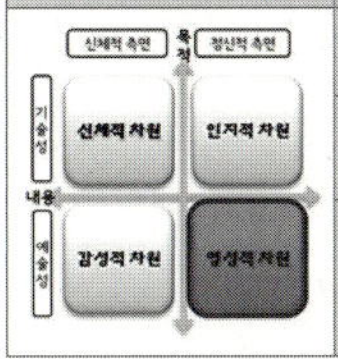	학습요소	태도
	학습주제	한국춤, 신명에 다다르다.
	학습목표	연풍대 동작을 통해, 한국무용이 지향하는 신명의 경지를 체험할 수 있다.

학습단계	프롤로그 (입문)	1막 (이해)	2막 (적용)	3막 (감상)	에필로그 (통합)
학습내용	노름마치의 의미 살펴보기	신명의 의미 알아보기	연풍대 동작을 통해 신명 느껴보기	불림을 만들기	신명의 순간을 글로 표현해 보기
학습방법	문답설명 성찰자극	문답설명 성찰자극	문답설명 적극시범 집중연습 음악감지	상상유도 성찰자극 환경조성	상상유도 성찰자극

유형	학습활동				
읽기		●			
쓰기					●
듣기			●		
보기	●				
하기			●	●	

1

프롤로그 (입문)

◎ 노름마치 살펴보기

▶ 노름마칭의 의미를 음미해 본다.

- 노름마치의 의미에 대해 설명해 준다.
"노름마치라는 말을 들어봤나요??"
"노름마치란 무엇을 의미하는 걸까요?"

노름마치란?

놀다의 "놀음"(노름)
+
마치다의 "마침"(마치)
결합된 말로, 최고의 명인을 뜻하는 남사당패의 은어

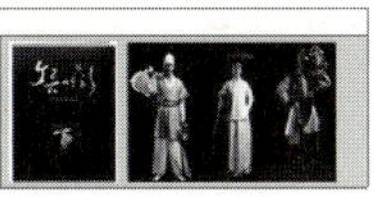

- 한국무용에서 최고의 명인을 뜻하는 노름마치란, 무대 위에서 자신을 잊고, 신나게 즐기며 놀 수 있을 때 가능하다는 것을 강조한다.

◎ 노름마치가 되어보기

▶ 노름마치가 되기 위해서 무엇이 필요한지 알아본다.

- 노름마치가 되기 위해서 도달해야 하는 경지(무아지경, 황홀경등)에 대해 설명한다.

무아지경, 황홀경이란?
- 무아지경: 마음이 어느 한 곳으로 온통 쏠려 자신의 존재를 잊는 경지
- 황홀경: 놀랍거나 감격스러워, 정신이 어지러울 정도로 들뜨는 경지

- 무아지경, 황홀경에 도달하였을 때의 느낌을 예를 들어준다.
"살풀이 수건을 출 때도 나랑 살풀이 수건이 다른 게 아니라, 수건이 곧 내가 되는 느낌이야. 단지 내 손에 들려 있다 뿐이지. 그것이 곧 나여서 수건을 뿌리면 내가 뿌려지는 느낌이지. 장구가 곧 나, 내가 곧 장구가 되어서 같이 움직이는 경지가 바로 무아지경의 경지야."

2

1막 (이해)

◎ 신명의 의미 알아보기

▶ 신명의 의미에 대해 알아본다.

- 신명의 의미에 대해서 설명한다.

신명이란?
- 신명: 가슴 속에 응어리진 한이나 억압된 것이 지워지는 카타르시스적 경지

- 한국무용에서 신명의 중요성에 대해 이야기 한다. 한국무용에서 결국은 춤을 추는 사람이 신명의 경지를 경험하는 것이 중요하며, 신명을 자체를 표현한 것이 한국무용임을 설명해 준다.
"한국무용에서 신명이 중요한 이유는 무엇일까?"
"한국무용에서 신명을 느끼기 위해서 필요한 자세는 무엇일까?"

◎ 한국춤에서의 다양한 신명 알아보기

▶ 한국무용에서 느껴지는 다양한 신명에 대해서 알아보도록 한다.

- 한국무용의 신명은 다양한 색깔을 지니고 있음을 설명한다. 살풀이에서의 신명, 승무에서의 신명, 탈춤에서의 신명은 각각 어떠한 의미를 지니는지에 대해서 이야기 해본다.

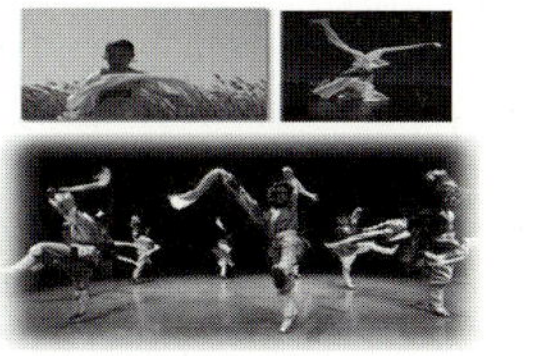

3

2막 (적용)

◎ 연풍대 익히기

▶ 연풍대 동작을 설명하고 다양한 장단에 맞추어 추어본다.

- 연풍대의 의미에 대해서 자세하게 설명한다.

연풍대(筵風臺)란?
연풍대란 원을 그리며 빙빙 도는 춤 동작을 말한다. 뛰었다가 180도 회전하면서 살짝 앉았다가 다시 앞을 보고 일어나는 동작으로, 동작이 무거워 보이지 않고 사뿐하게 하기 위해서는 호흡에 신경을 써야 한다.

- 연풍대 동작을 하는 방법에 대해서 자세하게 설명한다.

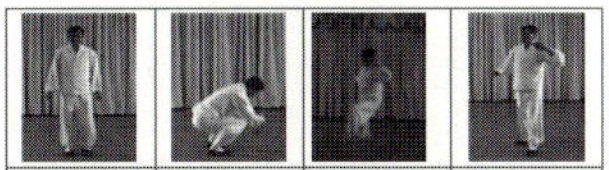

1박에서 오른발을 들어 왼쪽으로 반 바퀴 돈다.	2박에서는 낮추어진 몸을 일으키며 회전할 준비를 하는 동작이다.	3박에서는 왼쪽 무릎을 직각으로 올리고 도약하며 시계 반대방향으로 한 바퀴 돈다.	4박에서는 왼쪽 무릎에 무게를 실으며 왼발을 앞으로 디딘다.

- 자진모리 장단과 휘모리 장단에 맞추어 추어본다. 장단의 변화에 따라 어떠한 느낌의 변화가 있는지 감지해보도록 한다.

◎ 연풍대 동작을 통해 신명 느끼기

▶ 연풍대 동작을 하면서, 신명을 느껴보도록 한다.

- 연풍대를 하면서 어떠한 이미지가 떠오르는지 생각해 보자.
- 자기 자신이 그 이미지라고 생각하고, 연풍대 동작을 해본다.
- 이를 통해 모든 것을 초월한 신명의 경지를 만끽해 보도록 한다.

4

3막 (감상)

◎ 불림 만들기

▶ 불림의 의미에 대해서 알아보자.

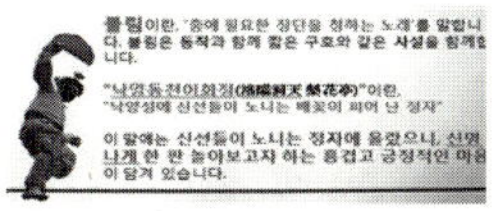

▶ 자신만의 불림을 만들어 보자.

- "낙양동천 이화정"의 글자수와 음율에 맞게 자신만의 불림을 창작해 보자. (학습지 활용)

에필로그 (통합)

◎ 신명의 순간 글로 표현하기

▶ 수업을 마무리하며, 자신이 느꼈던 신명의 순간을 회상하고 이를 글로 표현해 보도록 한다.

- 자신이 느꼈던 신명의 순간에 대해 이야기 해본다.

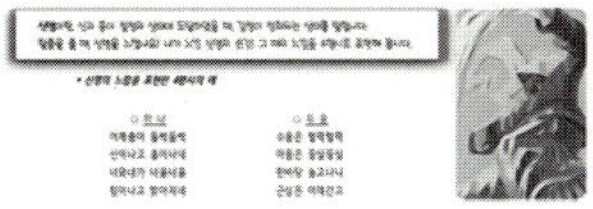

5

학습지

● **불림을 만들어 보자.**

원래 불림('낙양동천이화정')을 기본으로 하되 꼭 한자를 사용하지 않아도 좋습니다. 한자를 사용할 경우에는, 신명과 긍정적인 마음을 돋우고자 하는 의미를 담도록 합니다. 또한 한글을 사용할 경우, 꼭 7자의 글자 수에 제한되지 않아도 좋습니다. 가끔은 한 글자 정도를 늘리거나 줄여도 엇박자의 흥겨움을 느끼게 할 수 있답니다. 신명을 돋울 수 있는 자신만의 언어와 리듬으로 창의적인 불림을 만들어 봅시다. 또한 그에 어울리는 불림 동작을 창작해 봅시다.

불림 만들기

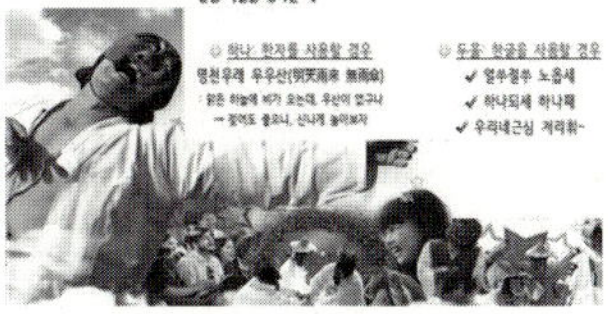

6

IV. 통합적 한국무용정신 교육 프로그램의 평가

학습자들의 통합적 한국무용정신 교육 프로그램에 대한 평가는 대체로 긍정적으로 나타났다. 평가 내용은 '프로그램 자체(목표, 내용, 방법)'와 '프로그램 실행(지도, 운영)'의 측면으로 분류되었으며, 그 구체적인 내용은 다음과 같다.

1. 프로그램 자체

1) 목표의 측면: "한국무용정신의 내면화와 춤에 대한 동기화"

프로그램에 참가한 학습자들은 목표와 관련해서 크게 한국무용정신에 대해 인식하고, 한국무용에 대한 관점을 전환하며, 삶에서 춤을 향유하게 되었다고 하였다. 첫째, '한국무용정신에 관해 인식'할 수 있었음을 이야기한다. 학습자들은 통합적 한국무용정신 교육 프로그램을 통해 한국무용의 동작적 원리, 역사적 배경, 내재된 감정 등을 이해할 수 있게 되었다고 공통적으로 말한다. 한국무용을 단순히 동작과 기능으로 이해했던 것과는 달리, 호흡, 감정 등과 같이 기능과 표면에 내재되어 있는 정신적 차원을 이해하게 되었음을 이야기 한다. 나아가 다양한 작품을 바라볼 때도, 이러한 정신적 측면을 바라볼 수 있는 안목까지 갖게 되었음을 언급한다.

> 단순히 동작만을 배우는 것이 아니라, 움직임의 원리를 이해할 수 있게 되었습니다. 특히 호흡에 대한 내용이 인상적이었습니다. 호흡에 대한 이해를 통해 한국 고유의 얼을 이해하게 되었으며, 다양한 감정이 호흡과 밀접하게 관련된다는 것도 알게 되었습니다. 또한 공연을 봐도 왜 저런 소재를 고른 건 지, 무엇을 표현하려는 것인지, 그 배경을 총체적으로 이해할 수 있게 되었습니다(김하늘, 130105).

둘째, '한국무용에 대한 관점을 전환'할 수 있게 되었다고 말한다. 학습자들은 프로그램을 통해 한국무용의 정신에 대해 이해를 하고 나서부터, 한국무용에 대해 선입견을 버릴 수 있게 되었다고 입을 모아 이야기 한다. 그들은 한국무용을 이 시대와는 괴리된, 자신과는 동떨어진 예술이라는 편견이 있었다고 말한다. 하지만 프로그램을 통해 한국무용이 한국인의 감정을 담고 있는 문화유산이며, 따라서 한국인인 본인들에게 충분히 공감가고, 가까운 예술로 받아들이게 되었다는 것이다. 수업을 통해 한국무용과 자신들 간의 높은 벽을 허물 수 있는 좋은 계기가 되었음을 이야기 한다. 한국무용의 표면만을 보고 어려워하고 이질감을 느껴하는 일반인들에게 이러한 변화는 매우 의미 있다고 할 수 있다.

> 무용의 동작을 자세히 배우는 것도 좋았지만, 한국무용의 정신에 대해서 이야기 듣고 한국무용, 그리고 한국인으로 살고 있는 저 자신에 대해 생각해 볼 수 있는 시간이었습니다. 이전에는 한국무용을 어렵고 우리와는 동떨어진 것으로만 생각했어요. 하지만 두 발로 땅의 기운을 느끼고 호흡을 하면서 땅의 기운을 느껴보라고 말씀해 주셨을 때에는, '땅과 자연에 순응하고 자연 속에서 살아왔던 한국인만의 정서가 나에게도 있구나.' 라는 생각도 하며 한국무용이 가깝게 느껴졌어요(정우주, 121220).

셋째, '삶에서 춤을 향유'할 수 있게 되었음을 언급한다. 학습자들은 프로그램을 통해 단순히 그 기간 동안 한국무용을 배운 것에 그치는 것이 아니라, 한국무용을 삶에서도 즐기고, 향유할 수 있게 되었다고 말한다. 한국무용정신 프로그램에 입문하게 되면서, 한국무용을 배운다는 것이 단순히 기술을 익히는 것이 아님을 깨닫게 되었으며, 지속적으로 배우고 즐기고 싶다는 애정을 갖게 되었음을 이야기 한다. 또한 한국무용을 보는 안목도 길러졌으며, 한국문화에 대한 폭넓은 관심이 생기게 되었다고 말한다.

> 한국춤의 호흡의 기본과 그 의미를 배우고 나서는, 대단한 기술을 익히지 못하더라도 일상생활에서도 충분히 즐길 수 있음을 느꼈어요. 예전에는 운동으로만 몸을 움직이고 기술을 배워서 몸에 익히는 것이 재미있었지만, 이제는 한국무용을 관람할 때 보는 즐거움 또한 커질 것 같습니다. 몸과 마음이 하나가 되는 것을 경험해 보고 싶고, 한국무용 외에도 우리나라 음악을 찾아 듣고, 대금처럼 호흡으로 소리 내는 악기도 해 보고 싶어졌습니다(정우주, 121220).

2) 내용의 측면: "이론과 실기가 결합되고 점차 심화되는 내용"

내용과 관련해서 이론·실기 통합형 수업, 기본·심화 수준별 수업이라는 점이 긍정적으로 평가되고 있었다. 첫째, '이론·실기 통합형 내용'이라는 점이다. 학습자들은 이론과 실기가 적절하게 통합된 수업에 대해서 매우 긍정적으로 생각하고 있음을 알 수 있다. 본 프로그램에서는 그날의 무용정신 주제에 대한 이론적인 부분을 수업 전반부의 '이해' 부분에 개괄적으로 소개를 하고, 동작을 통해 익히는 방식을 취하였다. 이러한 교육내용의 구조가 무용정신을 이해하고 학습하는데 효과적이었다고 말한다. 기술성이 미흡한 비전공자들에게 있어서 이론과 실기의 교육내용을 통합한 수업방식이 효과적이었음을 알 수 있다.

> 무용에 익숙하지 않은 비전공자이기 때문에 더욱이 그날의 수업주제, 무용정신의 이론적인 부분에 대해 충분히 먼저 배우고 그에 맞는 기술을 받는 흐름이 탁월했다고 생각합니다(김하늘, 130105).

둘째, '기본·심화 수준별 내용'이라는 점이다. 학습자들은 한국무용의 기본적인 동작과 기능에서부터 시작하며, 특정한 작품에 대한 학습으로 심화되는 수준별 수업에 대해서 긍정적인 평가를 내리고 있음을 알 수 있다. 본 프로그램에서는 전반 4차시에는 한국무용의 정신을 한국무용 기본동작과 연계하여 내용을 제시하고, 이하 후반부에서는 특정작품과 연계하여 심화, 학습할 수 있도록 수업을 학습내용을 제시하였다. 특히나 이러한 수업내용은 초보자이자, 비전공자인 학습자들에게 매우 효과적이었다고 이야기 한다. 기능적으로 수월하지 않은 이들에게 기본동작에 대한 입문적 학습 후에, 작품에 대한 심화적 학습으로 점진적인 교육을 시행한 것이 긍정적이었음을 알 수 있다.

> 한국무용의 정신을 배울 때, 우선 기본동작과 연관하여 배우고, 작품으로 심화되는 방식이 좋았습니다. 또한 많은 작품이 아니라, 작품 하나만을 한 것이 참 좋았습니다. 다소 추상적인 무용정신의 개념을 단계적으로 이해할 수 있게 되었으며, 이러한 방식이 초보자이자 비전공자인 우리들에게 적절했다고 생각합니다(이바람, 130107).

3) 방법의 측면: "이해와 성찰을 돕는 다각적인 방법"

방법과 관련해서 충분한 설명, 다양한 매체의 활용, 성찰을 유도한 토론이 주된 긍정적으로 평가되고 있다. 첫째, '충분한 설명'이다. 학습자들은 교수자들이 행하는 풍부한 설명이 한국무용의 정신을 이해하는데 큰 도움을 주었다고 말한다. 일반적으로 사람들의 한국무용에 대한 선입견만 보더라도, 학습자들이 한국무용에 대해 얼마나 어렵게 생각하고 있는지를 짐작할 수 있다. 더군다나 한국무용정신은 더 생소한 개념이며, 그 내용을 이해하기가 쉽지 않을 것이다. 이러한 가운데 교수자가 행하는 풍부한 해석설명의 방식은 학습자들이 한국무용정신을 이해하는데 큰 도움을 주었다고 말한다. 특히나, 형식에 구애받지 않는 쉬운 설명, 그리고 내러티브 방식의 설명이 긍정적이었음을 강조한다. 또한 비유를 활용한 설명은 학습자의 상상을 자극하여, 한국무용정신의 이해를 용이하게 하는데 큰 힘이 되었음을 면담을 통해 확인할 수 있다.

> 선생님들께서 형식에 구애받지 않고 다양한 방식으로 느끼고 생각했던 내용을 이야기 해주듯 편하게 설명해 주셔서 막연하고 무형문화재로 지정되신 분들만 하시는 어려운 "예술"이 저도 할 수 있는 자연스러운 표현임을 알게 해 주셨어요. 특히 쉽게 상상할 수 있도록 다양한 비유를 들며 설명하던 것이 기억에 남아요. 이러한 것들이 한국무용정신을 이해하는데 큰 도움을 주었어요(이초록, 121227).

둘째, '다양한 매체의 활용'이다. 학습자들은 한국무용정신 교육 프로그램에서 다양한 매체를 활용한 교육방법이 인상적이었음을 이야기 한다. 이는 무용수업에 대한 편견을 깨뜨렸다고 말한다. 영상자료, 책자료 뿐만 아니라, 음악자료 등을 활용한 시청각 자료를 무용 수업에서 활용한다는 것이 처음에는 낯선 풍경이었지만, 이러한 매체의 활용을 통해 다소 어렵게 느껴질 수 있는 한국무용의 정신을 보다 쉽게, 보다 깊게 이해할 수 있게 되었음을 알 수 있다.

> 무용수업에서 많은 영상, 책, ppt 자료를 활용하는 등, 다양한 방법을 동원하는 것이 인상적이었어요. 처음에는 무용수업에서 이러한 시청각 자료들을 사용하는 것이 낯설었지만, 한국무용의 정신을 이해하는데 많은 도움이 되었습니다(이바람, 130107).

셋째, '성찰을 유도하는 토론'이다. 학습자들은 수업 후반부에 이루어지는 토론을 비롯하여 이야기를 나누는 시간이 의미가 있었다고 말한다. 본 프로그램에서는 프로그램의 마지막 부분에 '통합(에필로그)'단계를 설정하여, 쓰기, 얘기 등을 통해 수업의 의미를 내면화할 수 있는 교육적 장치를 마련하고 있다. 이 단계에서 이루어진 토론과 얘기가 학습자들로 하여금 수업의 의미를 다시금 내면화하고, 생각하지 못했던 부분을 경험하고, 자신의 내면을 깊이 성찰하고 경험을 확장하는 매우 귀중한 시간이 되었다고 이야기 한다. 프로그램의 통합 단계가 프로그램의 목표를 성취하는데 있어서 효과적이었음을 짐작케 해주는 대목이다.

> 춤추고 나서 서로의 이야기하는 시간이 참 의미 있었죠. 특히 동작만이 아닌 한국춤의 정신적인 측면들에 대해 이야기를 많이 하게 되었는데, 제가 생각하지 못했거나 느꼈어도 말로 정확하게 표현하지 못했던 감정들을 다른 사람들이 이야기해 줄 때면 제가 느낀 것들이 더 명확해지고, 마음을 더 깊이 내려다볼 수 있는 시간이 되었죠(이바람, 130107).

2. 프로그램 실행

1) 지도의 측면: "지도자의 신뢰와 열정을 통한 자연스러운 학습"

지도자와 관련해서 신뢰와 열정의 간접적인 교수활동이 긍정적으로 평가되었다. 첫째, '신뢰'에 대한 부분이다. 학습자들은 지도자들과 강력한 신뢰를 형성하였음을 알 수 있다. 이들은 강한 믿음을 형성할 수 있게 된 이유로 지도자가 자신들에게 보여주는 강력한 믿음과, 충분한 칭찬을 꼽는다. 자신의 능력에 대해 자신감이 부족한 초보자들에게 있어서 교수자가 보여주는 믿음과 칭찬은 더 큰 효과를 발휘한다. 함께 하는 '조력자'로서의 모습과 자신감을 갖게 긍정적인 피드백은 한국무용정신 학습에 있어서 긍정적인 역할을 했음을 알 수 있다.

> 선생님들이 든든한 조력자 느낌이었어요. 잘 할 수 있다는 믿음을 보여주셔서 좋았습니다. 사실 저희가 초보자인 만큼 많이 부족했죠. 그럼에도 불구하고 선생님들은 저희들에게 칭찬을 아끼지 않으셨어요. 기술이 중요하지 않음을 강조하시면서, 태도에 대해 많은 칭찬을 해주셨고, 더 자신 있게 더 즐겁게 춤출 수 있었죠(정우주, 121220)

둘째, '열정'에 대한 부분이다. 학습자들은 지도자들이 보여주는 열정적인 모습이 매우 인상적이었다고 입을 모아 이야기 한다. 지도자들의 한국무용에 대한 자부심과 사명감, 그리고 사랑과 열정이 고스란히 학습자들에게 전해져서 한국무용에 대한 거부감이 사라지게 하고, 마음의 문을 활짝 여는데 큰 도움이 되었다고 말한다. 뿐만 아니라, 이러한 교수자의 태도가 한국무용의 정신이라는 다소 어려운 개념을 이해하고 익힐 수 있는데 도움을 주었다고 말한다.

> 선생님들은 정말 열정적으로 수업을 진행하셨어요. 무엇보다 한국무용의 자부심과 사랑이 프로그램 내내 학습자에게 전달되어 한국무용에 마음을 여는데 큰 도움이 되었죠. 덕분에 한국무용의 정신도 거부감 없이 자연스럽게 배울 수 있게 되었습니다. (김하늘, 130105).

2) 운영의 측면: "탄력적이며, 협조적인 운영방식"

한국정신 교육 프로그램은 매주 목요일 2시간 동안 한국무용에 관한 여러 가지 감상과 이해활동, 한국무용을 실제로 경험해 보는 활동, 그리고 수업의 핵심적인 의미를 내면화하는 활동이 통합적으로 진행되었다. 이 가운데 첫째, '탄력적인 운영방식'이 효과적이었다는 평가이다. 학습자들은 한국무용 프로그램의 수업 단계가 탄력적으로 시간 운용을 하였다는 점이 긍정적이었다고 말한다. 본 프로그램에서는 '입문-이해-적용-감상-통합'이라는 5단계의 수업운영을 기본 골자로 하고 있다. 각 단계마다 이상적으로 운영되어야 할 시간을 제안하기는 하지만, 그날의 수업 주제와 현장의 수업 상황에 따라서, 그리고 교수자의 역량에 따라서 각 단계를 수정, 통합하여 운영할 것을 권장한다. 이러한 탄력적인 수업 방식이 학습자들에게 긍정적인 인상을 주었음을 알 수 있다.

> 한국무용 프로그램이 자율적으로 운영되는 것이 좋았습니다. 수업의 각 단계가 시간의 구애를 받지 않고 운영되는 것 같다는 생각을 했죠. 어떤 시간에는 감상 시간이 좀 길고, 어떤 날에는 마지막에 반성하고 이야기 하는 시간이 길었어요. 그날의 수업주제에 따라서 수업이 탄력적으로 운영되었던 것이 좋았다고 생각합니다(이바람, 130107).

둘째, '팀티칭의 방법'이 효과적이었다는 평가이다. 학습자들은 2명의 교수자가 팀티칭을 하는 운영방식에 대해 긍정적으로 생각하고 있었다. 특히 각 교수자가 가지고 있는 장점과 특색이 수업 주제와 잘 어울려져 시너지 효과를 발휘하였다고 이야기 한다. 또한 2명의 교수자가 주강사와 보조강사의 역할로 함께 수업을 이끌어나갔는데 이러한 운영방식이 학습자들에게 많은 도움을 주었음을 알 수 있다. 특히나 비전공자와 초보자의 경우 이해와 적응 능력이 다소 떨어지기 때문에, 보조강사의 도움이 효과적으로 작용한 것으로 생각된다.

> 두 분 선생님은 서로 성격이 다르고, 같은 동작을 하더라도, 같은 설명을 하더라도 전혀 다른 분위기가 났던 것이 재미있었는데, 두 분의 조합이 정말 조화로워 보였어요. 두 분 선생님의 특색과 장점이 각각의 수업에서 드러난다는 점이 참 좋았습니다. 특히 도태되는 학생들에게 보조강사선생님이 섬세하게 지도해준 점이 감사했습니다(정우주, 121220).

V. 요약 및 제언

본 연구에서는 한국무용정신 교육을 위한 통합적 프로그램을 개발하고 평가하였다. 한국무용정신의 개념과 구성요소, 교수방법에 대한 선행연구를 근간으로 하여 전문가 회의를 통해 프로그램이 개발되었으며, 실행과정을 거쳐 학습자들의 목소리를 통해 프로그램 자체와 실행에 대한 다양한 의견을 들을 수 있었다. 그 결과 통합적 한국무용정신 교육 프로그램은 '지각-이해-적용-감상-종합'의 5단계의 학습단계로 수업이 구조화 되었으며, 신체적, 인지적, 감성적, 영성적 차원을 주제로 하여 '입문, 기본, 심화과정'의 총 12차시로 내용을 구성하였다. 또한 프로그램 자체와 실행의 측면에서 긍정적인 평가를 내리고 있었다.

본 연구를 통해 향후 지속되어야 할 핵심적인 사안을 제안하고자 한다. 첫째, '연구의 차원'에서 통합적 한국무용정신 교육 프로그램을 실천하기 위해 대상별로 구체적인 수업자료가 개발되어야 한다. 차시별 지도안, 참고자료와 학습자료, 교구에 대한 후속적인 연구가 있어야 한다. 본 연구에서는 프로그램의 구조·내용에 대한 프레임워크를 개발하고자 하였으며 생활무용 학습자를 대상으로 한 차시별 지도안이 개발되었다. 하지만 본 프로그램이 전문무용과 학교무용 대상자들에게 적용되기 위해서는 교육대상의 특성을 고려한 수업자료 개발이 필요하다. 가장 기본적인 것이 바로 지도안이다. 대상별로 교수자와 학습자가 행하는 교수활동을 낱낱이 상세화한 지도안을 개발하여 많은 교수자들은 수업에 대한 구체적인 그림을 그리고 어렵지 않게 수업을 이행할 수 있도록 해야 한다. 또한 본 프로그램에서는 통합적인 접근을 취하고 있다. 하는 활동 뿐 아니라 보기, 읽기, 쓰기, 이야기 등의 다양한 간접체험활동을 수업의 각 단계에 다양하게 배치하고 있다. 통합적 한국무용정신 교육 프로그램을 현장에서 적용하기 위해서는 다양한 학습자료, 교구 등이 필요할 것이다. 따라서 각 차시 지도안에 따라 대상자의 인지적, 신체적 수준에 적합한 시각적, 청각적 자료와 창의적인 교구들을 개발하는 작업이 수반되어야 할 것이다.

둘째, '교육적 차원'에서 통합적 한국무용정신 교육 프로그램을 다양한 교육현장에 적용하고 그 효과와 한계점을 발견해야 한다. 프로그램의 그 효용성과 가치를 인정받기 위해서는 다양한 실행연구가 뒤따라야 한다. 제아무리 이론적으로 훌륭한 프로그램이더라도 현장에서 적용하는데 많은 어려움이 있다면 탁상공론에 지나지 않기 때문이다. 특히 본 연구에서는 생활무용장면, 20-30대 일반 성인을 대상으로 하여 프로그램을 적용하였다. 하지만 작금의 무용교육은 생활무용, 학교무용, 전문무용교육에서 다양한 모습으로 실행되고 있으며 본 프로그램은 세 가지의 무용교육장면에 모두 적용할 수 있는 것을 이상적인 목표로 삼고 있다. 따라서 다양한 교육장면, 다양한 대상에 맞게 본 프로그램을 다양화, 세분화하고 이를 실제로 적용해 보는 과정을 거쳐야 할 것이다. 이를 통해 프로그램의 효과를 검증할 수 있으며, 문제점을 발견함으로써 좀 더 발전된 방향으로 프로그램을 개선할 수 있을 것이다.

셋째, '정책적 차원'에서 한국무용정신 교육에 대한 적극적인 고려와 이를 가르치기 위한 교수자 양성에 힘써야 한다. 현재 무용교육은 문화예술교육이라는 명목 하에 학교교육과 생활교육 장면에서 다양하게 시행되고 있다. 특히 2005년 문화예술교육진흥법과 시행령이 공포됨에 따라 무용전문강사가 학교를 비롯한 기관에 파견되어 한국무용을 비롯하여 다양한 장르에 무용을 가르치고 있으며, 지역의 동사무소와 문화센터 등에서도 무용을 가르치고 배우는 인구가 확산되고 있다. 물론 한국문화예술교육진흥원의 무용교육 프로그램을 살펴보면, 종래에 비해 체험과 감상의 측면이 강화되어 전통적인 기능중심 교육을 벗어나고 있지만 정신적 차원에 대한 체계적인 고려가 엿보이지는 않는다. 문자 그대로 '문화예술교육'의 일환으로 행해지는 무용교육인 만큼 한국무용의 문화적 측면, 즉 감정, 철학, 가치관 등의 정신적인 차원이 보다 강조되어야 할 것이다. 따라서 문화예술교육 정책을 구현하는 국가기관에서는 한국무용교육에 대한 프로그램을 구성할 때 정신적 차원에 대한 적극적인 고려야 있어야 할 것이다. 특히 본 연구의 결과를 참고하여 정신적 차원을 가시적으로 드러낸 구체적인 프로그램을 고안해야 할 것이다. 또한 한국무용정신을 교수할 수 있는 교수자 양성에도 적극적으로 노력해야 한다. 정신적 차원에 대한 중요성을 공감하고 개념과 구성요소, 교수방법을 인식하며, 이를 가르칠 수 있는 실천적 지식을 가진 지도자를 길러 낼 수 있도록 정책적인 뒷받침이 이루어져야 할 것이다.

현재 국가적 차원에서 문화체육관광부 산하에 인문정신문화과를 신설하고 인문정신문화 진흥을 위한 7대 과제를 수행하고 있으며(문화체육관광부, 2014), 2015년부터 생애주기별로 인문정신문화 프로그램을 다양화 하는데 많은 예산과 인력을 투자하고 있다. 그러나 실제로 이를 위한 구체적인 청사진이 마련되지 않고 있으며, 특히 인문정신교육을 위한 문화예술영역의 연구와 실천은 미흡한 실정이다. 본 연구에서는 우리나라의 전통문화 컨텐츠인 한국무용를 중심으로 그 안에 담긴 인문정신을 교육하는 프로그램을 제시하였다. 이는 인문정신교육을 위한 무용교육의 토대를 마련하는데 기여할 수 있으리라 기대한다.

참고문헌

교육과학기술부(2011). 2009 개정 체육과 교육과정, 서울: 교육과학기술부.

김화숙(2009). 예술교과로서의 무용교육, 모드니예술 2, 13-17.

김화숙(2014). 무용교육의 지평, 서울: 민속원.

문영(2014). 홀리스틱패러다임에 근거한 통합무용교육 모형 연구, 한국무용교육학회, 25(2), 29-42.

문화체육관광부(2014). 인문정신, 문화융성의 길을 열다: 인문정신문화진흥을 위한 7대 중점과제, 서울: 문화체육관광부. 기술부.

민경숙(2013). 홀리스틱 예술 통합 교육과 교육과정, 한국홀리스틱교육학회 학술대회, 87-128.

박소현(2009). 초등 발레 특기·적성 교육에의 인문적 접근: 하나로 수업의 실천 및 효과, 건국대학교 석사학위논문.

박중길(2007). 인문학적 무용교육: 비판적 사고와 문제해결능력, 2007 한국예술교육학회 학술대회, 23-44.

박혜연(2012). 한국무용의 교육내용은 무엇인가?: 기능의 차원과 정신의 차원, 한국무용기록학회지, 24, 59-74.

박혜연(2013a). 문화예술교육, 어떻게 해야 하나요?: 링컨센터 인스티튜트의 교육방법론 탐색, 한국무용기록학회지, 28, 79-99.

박혜연(2013b). 심성교육을 위한 한국무용 교육내용의 구조화, 한국스포츠교육학회지, 20(4), 1-20.

박혜연(2014). 무용을 통한 심성교육: 문헌분석에 기반한 가능성과 과제 탐색, 무용역사기록학회, 34, 91-115.

채희완(2000). 한국춤의 정은 무엇인가, 서울: 명경.

최의창(2010). 인문적 체육교육과 하나로 수업, 서울: 레인보우북스.

최의창(2011). 댄스 리터러시 혹은 무용소양: 문화예술교육으로서 무용교육의 목적 재검토, 한국무용기록학회지, 21, 139-158.

최의창, 박혜연, 신주경(2012). 껍데기와 알맹이: 교육내용으로서 한국무용정신의 구성요소 탐색, 한국무용기록학회지, 26, 135-161.

최의창, 박혜연(2013). 한국무용 잘 가르치기: 무용정신의 교수방법 탐색, 한국스포츠교육학회지, 20(1), 45-67.

최의창, 홍애령, 김나이(2012). 발레교육의 내용으로서 발레정신의 개념과 구성요소. 한국스포츠교육학회지, 19(3), 47-68.

한국문화예술교육진흥원(2005). *2005 중학교 무용 교수-학습과정안 개발 연구*. 서울: 한국문화예술교육진흥원.

한혜리(2011). 예술통합 무용교육 방법론 연구. *한국무용교육학회지, 22*(2), 21-37.

Anderson, L. W., Krathwohl, D. R., & Bloom, B. S. (2001). A taxonomy for learning, teaching, and assessing: A revision of Bloom's taxonomy of educational objectives. Ohio: Allyn & Bacon. 강현석, 강이철, 권대훈, 박영무, 이원희, 조영남, 주동범, 최호성 역(2005). *교육과정 수업평가를 위한 새로운 분류학: Bloom 교육목표분류학의 개정*. 서울: 아카데미프레스.

Goetz, J., & LeCompte, M.(1984). *Ethnography and Qualitative Design in Educational Research*. New York: Academic Press.

Lincoln, Y. S. & Guba, E. G. (1985). *Naturalistic inquiry*. Beverly Hills, CA: Sage.

Oakeshott, M. (1967). Learning and teaching. In R. S. Peters (ed). *The Concept of Education*. London: Routledge & Kegan Paul.

Seels, B., & Richey, R. (1994). *Instructional technology: The definition and domains of the field*. Washington, DC: Association for Educational Communications and Technology.

Spradley, J. P. (1980). Participant observation. New York: Holt, Rinehart & Winston. 신재영(2006). 『참여관찰법』. 서울: 시그마프레스.

Strand, K. (2006). The heart and the journey: Case studies of collaboration for arts integrated curricula. *Arts Education Policy Review, 108*(1), 29-40.

연구문제

1. 본 프로그램에서의 '통합'은 무엇을 의미하는지에 대해 생각해보자.
2. 본 프로그램에서 제시된 5가지의 학습단계(지각-이해-적용-감상-종합)가 한국무용정신을 학습하는데 어떠한 도움을 줄 수 있는지에 대해 논의해보자.
3. 본 장에서는 성인남녀를 대상으로 통합적 한국무용 정신 교육 프로그램을 개발, 적용하였다. 프로그램 개발의 기본 원리를 적용하여, 전문무용 학생들을 대상으로 한 통합적 한국무용 정신 교육 프로그램을 개발해보도록 하자.

제15장 반성적 수업모형을 적용한 교양 에어로빅 수업*

홍애령 · 임수진

    대학 교양체육수업은 각 분야의 예비전문인으로서 대학생들이 신체적, 인지적, 정의적 측면의 기본적인 소양을 함양할 수 있도록 구성되어야 한다(최의창, 2010). 본 장에서 단순한 기능중심 교양체육수업을 지양하고 신체활동에 대한 폭넓은 이해와 실천, 무용소양의 함양을 위해 Lavender(1996)의 반성적 수업모형(the ORDER approach)을 적용한 대학 교양 에어로빅 수업의 사례를 소개한다. 매 학기 반성적 수업모형을 적용한 수업의 구성 및 운영, 학생 관찰 및 면담, 수정 및 보완 단계를 거듭하여 기능연습 및 분석, 창작, 비평 활동이 통합된 에어로빅 수업을 개발하였다. 2011년 3월부터 2011년 12월까지 총 5개의 에어로빅 수업에서 점진적으로 반성적 수업모형을 적용하였다. 매 수업의 주요 장면을 사진, 동영상으로 촬영하여 관찰하고, 이상적 사례 선택(Goets & LeCompte, 1984)으로 선정한 총 10명의 학생들을 면담하였다. 반성적 에어로빅 수업을 운영한 결과, 학생들이 인식한 에어로빅 수업의 변화는 다섯 가지로 나타났다. 첫째, "기능 숙달 및 체력 증진 중심"에서 "움직임 이해 및 실천 중심"으로의 목표 변화이다. 둘째, "동작 배열 및 연습 중심"에서 "동작 구성 및 창작 중심"으로의 내용 변화이다. 셋째, "지시 및 연습형"에서 "토론 및 반성형"으로의 방법 변화이다. 넷째, "주1회 맛보기"에서 "한 학기 습관화"로의 참여 변화이다. 다섯째, "졸업 필수 1학점"에서 "생활 필수 1종목"으로의 인식 변화이다. 또한 학생들이 발견한 에어로빅의 교육적 가치는 운동적 가치, 심미적 가치, 조화로운 삶의 가치로 나타났다. 이를 바탕으로 학생들의 적극적인 참여와 움직임 및 창작활동을 장려할 수 있는 다양한 형태의 수업 개발과 교양체육 교수자의 반성적 성찰 및 실천적 지식의 함양을 제안한다.

---

* 홍애령, 임수진(2013). 창작, 토론, 비평을 활용한 에어로빅 가르치기: 반성적 수업모형(the ORDER approach)을 적용한 대학 교양 수업 사례연구. 한국스포츠교육학회지, 20(4), 21-42.

I. 서 론

　매학기 수강신청 기간은 대학생들에게 한 학기의 운명을 결정하는 중대한 시점이다. 상대적으로 선택의 폭이 좁은 전공교과보다 인기가 좋아 경쟁률이 높은 교양교과를 향한 수요가 높다. 대학교육은 각 전공별 지식을 심화시키는 전공교육과 고등교육을 통해 지성인으로서 갖추어야 할 교양을 습득하는 교양교육으로 구분된다(최의창, 김선희, 2012). 초중등교육에서 학생들에게 교과 선택의 기회가 상대적으로 부족했다면, 대학에서는 자신의 학습요구와 기호, 기타 관심사를 반영하여 교과 선택의 폭이 매우 넓어진다. 예비사회인, 전문인으로서 본인의 전문능력을 함양시키는 전공교과를 심도 깊게 공부하면서, 한편으로 자신이 지닌 지식과 경험을 또 다른 관점에서 조망할 수 있는 교양교과에 대한 관심과 호응은 매우 크다. 그 중에서도 교양체육수업은 각 대학별 선택교과 혹은 내규에 의한 졸업필수교과로 입지를 다지며 교양교과 중에서도 중요한 역할을 일임하고 있다(유태균, 2006).

　최근 서울지역 5개교(서울대학교, 고려대학교, 연세대학교, 건국대학교, 국민대학교), 인천지역 1개교(인하대학교), 경기지역 2개교(성균관대학교, 단국대학교)의 교양체육 개설 현황을 살펴본 연구에 의하면, 교양체육수업은 각 대학별 필수교과 혹은 선택교과로 이수하도록 운영되고 있으며, 각 종목별 수업을 통해 교육적, 신체적, 심리적, 휴식적, 사회적 목표를 지향하고 있다(최의창, 김선희, 2012). 기존에 구기 종목(농구, 축구 등)의 수업이 다수였다면, 최근에는 시대 흐름과 요구를 반영한 새로운 종목(재즈댄스, 요가, 힙합, 인라인 스케이트, 당구, 풋살, 검도 등)도 포함시켜 교육내용의 다양화를 시도하고 있었다. 다만, 교육내용에 있어 여전히 실기종목 중심으로 운영되고 있어 고등교육, 교양교육으로서의 소임을 다하지 못하고 있다.

　대학 교양체육은 전인교육으로서 교양수업의 핵심적인 영역으로 자리매김해왔다(조남기, 2009). 교양체육은 신체활동을 통해 학생들의 건강 증진에 기여하고, 졸업 후 여가활동이나 생활체육에 참여할 수 있는 근간을 조성하여 삶의 질을 향상시키고 평생체육의 길로 인도하는 역할을 한다(배성민, 김정렬, 2007; 이경선, 2013). 물론 체력을 증진하고 스트레스 해소와 정서 순화를 통해 전문인으로서 성장할 학생들의 심신의 건강을 도모하고 스포츠를 즐길

수 있는 기반을 조성하는 것은 대학 교양체육이 지향해야할 중요한 과제이다. 그러나 기존의 교양체육수업은 각 종목의 기능연습을 통해 학생들의 스트레스를 해소하고 신체활동량을 증가시키는 수준에 머물고 있어, 신체활동에 대한 폭넓은 이해와 실천을 요구하는 학생들의 기대에 못 미치고 있다(김선희, 2004; 조남용, 강신복, 2004).

다시 말해 교양교육으로서 교양체육을 실천하고 학생들의 요구에 부응하기 위해서는 기능습득 중심의 교육내용을 통한 건강, 체력 증진이라는 교육목표를 넘어서 신체활동을 통한 다양한 교육목표, 즉 전인교육으로서 신체활동에 관한 안목을 넓히고 이를 통해 창의성, 인성 등의 덕목을 함양할 수 있도록 해야 할 것이다(유태균, 2006). 그러므로 교양체육수업은 각 분야의 예비전문인으로서 대학생들이 신체적, 인지적, 정의적 측면의 기본 소양을 함양할 수 있도록 구성되어야 한다(최의창, 2010).

한편 과거에 비해 교양체육수업에는 도전·경쟁활동 종목뿐만 아니라 에어로빅, 댄스스포츠 등의 표현활동 종목이 증가하여 여학생들의 수업참여가 높아지고 있다(허현미, 김숙자, 2003). 그 중 에어로빅은 운동적 특성과 표현적 특성을 갖추고 있는 유산소 운동으로서 전 연령에게 적합하다. 에어로빅의 발달배경을 살펴보면, 신체활동을 통해 인간의 잠재능력을 개발하고 조화로운 신체를 육성하고자 했던 루소의 신체관이 달크로즈의 리듬운동으로 구체화되었고, 이후 보데의 표현운동, 메다우의 리듬운동, 라반의 움직임원리의 영향을 받아 기본움직임을 활용하여 움직임, 리듬, 표현에 중점을 둔 신체활동으로 변모해왔음을 알 수 있다(오윤선, 1998). 최근에는 다이어트나 체력 증진, 체형 관리 등을 목적으로 하는 여학생들에게 인기가 높으며, 정통 에어로빅 체조보다는 에어로빅스의 형태로 가요나 팝, 재즈 등의 음악과 가미된 표현활동으로 행해지고 있다.

그러나 가르치는 내용이나 방법에 있어서는 다른 종목과 마찬가지로 단순 기능연습 중심으로 운영되고 있다. 에어로빅에 관한 연구 역시 다양한 학생들의 신체적, 정서적 변화, 지도자의 특성에 주목하여 다른 종목에 비해 교육프로그램의 개발이나 적용, 학생들의 교육적 맥락을 고려한 연구가 많지 않았다(박철용, 2012; 최혜련, 최장호, 2012). 이 점은 1974년 에어로빅의 창시자 케네스 쿠퍼에 의해 우리나라에 에어로빅이 보급되면서 생활체육을 중심으로 활성화되었으며, 1990년대 경기연맹의 조직 이후 전문체육으로 행해졌기 때문에 건강운동, 전문운동으로서의 인식이 강했기 때문이다(이정심, 2003). 이로 인해 에어로빅은 현재 중고등학교 체육과 교육과정의 표현활동 신체활동예시에 포함되어 있지만 정작 학교체육에서 제대로 접할 수 없었고, 생활체육, 전문체육 영역의 수업내용을 그대로 옮겨와 학교수업에 적용하는 방식으로 접근되어왔다.

대학 교양에어로빅 수업 역시 표현활동으로서의 심미적 가치와 신체활동으로서의 운동적 가치가 무색하게 기본동작만을 배우는 단조로운 방식을 고수하여, 효과적인 기능연습이나 창의적인 창작, 토론, 비평활동과는 거리가 있었다(박철용, 2012; 오윤선, 1998). 교양체육으로서 에어로빅은 리듬운동, 무용, 표현활동으로서 신체 움직임을 통해 기본적인 운동기능을 익히고 이를 활용하여 보다 창의적이고 독창적인 표현을 이끌어낼 수 있다(정연옥, 2001). 이를 위해 교사의 시범에 맞추어 정해진 동작을 연습하는 것도 중요하지만 학생들이 기존 동작을 활용하여 새로운 작품을 창작하고 이를 분석적으로 관찰하고 비평, 토론을 거쳐 수정하는 과정이 중요하다.

이에 본 연구는 창작무용수업에 반성적 접근을 시도한 Lavender(1996)의 반성적 수업모형(the ORDER approach)을 적용하여 실천한 대학 교양 에어로빅 수업사례를 소개한다. 1990년대 스포츠교육학 분야에서 큰 호응을 얻었던 반성적 접근의 연장선상에서, 반성적 수업모형은 무용을 체계적으로 관찰하고 반성하며 토론과 평가를 거쳐 수정하는 과정을 주된 교육내용으로 하고 있다. 관찰(Observation), 반성(Reflection), 토론(Discussion), 평가(Evaluation), 제언(Recommendations for revisions)의 5단계를 거쳐 무용작품을 창작하며 반성적, 비판적 능력을 향상시킨다(그림 1 참조).

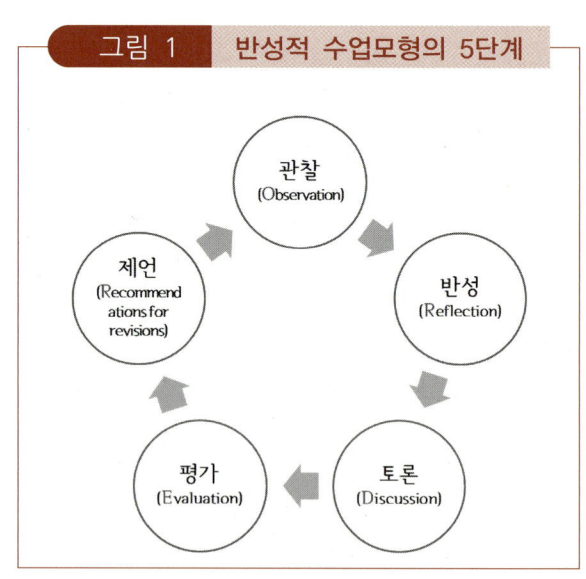

그림 1　반성적 수업모형의 5단계

관찰 단계에서는 세심한 관찰을 통해 무용을 묘사, 분석, 해석, 평가할 수 있는 인식을 갖도록 하며, 반성 단계에서는 관찰한 내용을 기술하고 분석하며 반성적 글쓰기를 통해 작품이 지닌 내재적 특성과 외재적 특성을 파악한다. 토론 단계에서는 반성적 글쓰기에 제시

한 묘사, 분석 내용을 구분하고 집단을 이루어 해석적인 토론을 펼치며, 평가 단계에서는 미학적인 측면을 고려하여 판단, 탐구, 비평한다. 제언 단계에서는 비판적 투사를 통해 평가자들의 의견을 점검하고 작품을 수정한다. 이러한 활동을 순환적으로 반복하며 학생들은 움직임에 대한 신중한 관찰과 내면적 반성, 비판적 토론능력을 기를 수 있으며, 무용창작뿐만 아니라 무용실천 및 감상을 위한 안목을 기를 수 있다. 이로써 무용을 실제로 행하고 만들고 분석하고 비판적으로 해석할 수 있는 무용소양을 기를 수 있도록 한다(최의창, 2011; Dils, 2007).

본 연구는 반성적 수업모형을 적용한 대학 교양에어로빅 수업을 위한 일련의 과정을 소개하고(제2절), 3학기에 걸쳐 사랑대학교 교양에어로빅 수업을 통해 수정, 보완된 수업계획 및 내용을 제시한다(제3절). 총 9개월에 걸쳐 5강좌의 반성적 에어로빅수업을 운영한 과정 및 결과를 제시하고(제4절), 이를 통해 학생들이 인식한 에어로빅 수업의 변화를 목표, 내용, 방법, 참여, 인식의 측면에서 살펴본다. 마지막으로 본 연구를 통해 제안할 수 있는 교육실천을 제시하며 마무리한다(제6절).

II. 연구방법

1. 연구설계

본 연구는 반성적 수업모형을 적용한 대학 교양 에어로빅 수업을 탐색한 질적 사례연구(Creswell, 1998)이자 교사가 자신의 수업을 실천하며 반성적으로 개선시켜 나간 실행연구(Lewin, 1952)이다. 본 연구는 반성적 수업모형에 근거하여 기존 에어로빅 수업을 재구성하였으며, 매 학기 수업의 구성 및 운영, 학생 관찰 및 면담, 수정 및 보완 단계를 거듭하여 기능연습 및 비평적 감상, 창작활동이 통합된 에어로빅 수업을 실천하였다. Lewin(1952)의 실행연구 순환과정에 근거하여 수업 계획, 실행, 검토의 과정이 이루어졌다(그림 2 참조).

첫째, 반성적 수업모형을 적용한 수업 구성 및 운영 단계이다. 기본적으로 반성적 수업모

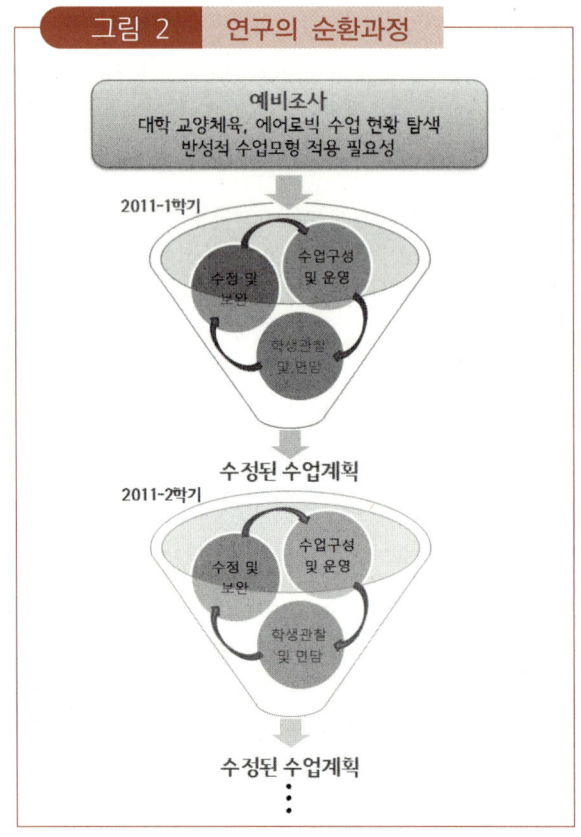

그림 2 연구의 순환과정

형은 관찰, 반성, 토론, 평가 제언의 5단계를 중심으로 움직임 실행, 연습, 관찰, 반성, 수정을 반복적으로 경험할 수 있도록 한다(그림 2 참조). 학생들이 움직임을 경험하고 다른 학생들의 움직임을 관찰하고 반성하며 수정해나가는 활동을 통해, 신체활동과 더불어 학생들의 창의적이고 비판적인 사고를 고무시킬 수 있는 공동체 활동을 지향했다.

2011년 3월부터 2011년 12월까지 1학기 2강좌, 여름학기 1강좌, 2학기 2강좌 총 5개의 에어로빅 수업에서 점진적으로 반성적 수업모형을 적용하였다. 1학기 강좌는 처음 설계한 수업을 시범적으로 운영하고, 여름학기, 2학기까지의 지속적인 수정, 보완의 과정을 거쳐 본 연구에 제시한 수업내용을 구성하였다. 둘째, 학생 관찰 및 면담 단계이다. 연구자는 매 수업의 주요 장면을 사진, 동영상으로 촬영하여 관찰하고, 강좌별 2명의 학생들을 이상적 사례 선택(Goets & LeCompte, 1984)에 근거하여 선정한 후, 1시간 내외로 각 2번 면담하였다. 셋째, 수정 및 보완 단계이다. 각 학기의 수업은 수업소감문, 학생관찰 및 면담, 학기 말의 설문지를 통해 학생들의 의견을 수렴하고 교수자의 검토를 거쳐 수정 및 보완되었다.

2. 연구자 및 연구참여자

연구자A는 무용경력 20년, 무용교수경력 11년의 스포츠교육학 전공 박사로 2011년 3월부터 사랑대학교 교양에어로빅 수업의 강사로 활동하고 있다. 에어로빅 강의를 위한 수업전문성 개발을 위해 생활체육지도자 3급 지도자자격 및 민간단체발급 에어로빅 및 GX 지도자 자격을 취득하고 매년 보수교육에 참여하고 있다. 연구자B는 무용경력 27년, 무용교수경력 20년의 무용교육학 석사를 마치고, 스포츠교육학 전공 박사과정을 수료했다. 사랑대학교 2012년 계절학기 에어로빅 수업에서 하나로 수업모형과 반성적 수업모형을 적용하여 개인작품 창작, 패별 작품 평가, 토론 등의 교수법을 활용했다. 본 연구는 수업설계를 위한 교육철학, 목적, 내용 조직에 있어 두 연구자의 긴밀한 상호작용을 바탕으로 이루어졌다.

연구참여자는 사랑대학교 교양에어로빅 수강 대학생 중 성실한 태도와 적극적인 자세로 수업에 임해 출석 및 참여 점수 만점을 획득한 학생들을 중심으로 이상적 사례 선택(Goets & LeCompte, 1984)하였다. 그 결과 5강좌 수업에서 각 2명의 남녀 학생을 선정하여 총 10명의 연구참여자가 결정되었다(표 1 참조). 이들 중에는 배드민턴, 테니스 등 교양체육 수강 경험이 있거나 댄스스포츠 동아리, 재즈댄스, 방송댄스 경험이 적게는 2개월, 많게는 2년 이상인 학생도 있었다.

표 1 연구참여자 정보

구분	이름	연령	성별	전공	타 교양체육 경험	기타 움직임 경험
2011-1 A	조힙합	25	남	바이오시스템공학과	에어로빅	힙합동아리
	강재즈	20	여	윤리교육과	무	재즈, 방송댄스
2011-1 B	배열정	22	남	지구과학교육과	배드민턴, 테니스	재즈댄스동아리
	최성실	23	여	작곡과	무	무
2011-여름	조리더	26	남	경영학과	무	연극동아리
	도서정	20	여	미학과	무	요가, 필라테스
2011-2 A	이탈춤	23	남	화학교육과	무	민중가요동아리
	김가야	20	여	국악과	댄스스포츠	무
2011-2 B	정노안	24	남	국어국문학과	농구, 축구	농구, 축구, 야구
	왕활발	20	여	중어중문학과	무	하키, 배드민턴

3. 자료수집 및 분석

연구를 위해 수집된 자료는 크게 세 가지로 구분된다. 먼저 사전자료로서 수업의 주된 내용인 에어로빅과 반성적 수업모형을 제대로 이해하기 위한 인터넷 조사, 에어로빅, 수업모형 관련 선행연구를 비롯한 문헌자료이다. 다음으로 현장자료로서 매 학기 수업 중 학생들이 제출한 반성일지 및 에세이, 수업장면 사진 및 동영상, 학생면담자료이다. 학생들은 수업내용을 상기하며 매주 반성일지를 작성했고, 자신의 삶과 에어로빅을 연관 지어 에세이를 작성하였다. 학생들의 동의하에 수업장면이나 연습장면을 촬영하였으며, 수업 후 학생들과의 면담을 실시하였다. 면담 시 면담내용의 치밀성과 신뢰성을 확보하기 위하여 학생들의 허락 하에 녹음한 후, 전사하여 파일로 관리하였다. 마지막으로 성찰자료로서 매 수업을 마친 후, 교수자가 자발적으로 작성하는 수업일지, 학생들이 한 학기 수업을 마치면서 제출하는 소감문 등이 이에 속한다.

자료분석은 귀납적 범주분석에 근거하여 학생관찰 및 면담자료를 전사, 코딩하여 하위체계로 구분하였다. 먼저 Strauss(1987)의 개방코딩, 축코딩, 선택코딩에 따라 자료를 체계화한 후, 관찰, 면담, 각종 기록물 분석을 통해 수집된 자료들을 범주화했다. Spradley(1979)의 영역분석, 분류분석, 성분분석에 따라 소주제 중심에서 점차 중주제, 대주제로 범주를 확대시켜 교육목표, 내용, 방법, 참여, 인식 측면의 특성을 발견하고 범주화하였다.

연구의 진실성 및 연구윤리를 확보하기 위해 연구자의 성찰, 삼각검증법, 동료간 협의가 활용되었다. 사전에 연구 참여자에게 동의를 구한 후 사진 및 동영상 촬영이 이루어졌고 면담 및 관찰 후 내용을 확인하였다. 스포츠교육학 전공 교수 및 박사학위 소지자 2명, 에어로빅 지도자 2명과의 협의를 통해 자료분석 및 해석과정을 검토했다.

III. 반성적 에어로빅 수업의 구성 및 운영

2011년 3월부터 2011년 12월까지 1학기(2강좌, 총 58명), 여름학기(1강좌, 총 18명), 2학기(2강좌, 총 62명) 총 5개의 에어로빅 수업에서 점진적으로 반성적 수업모형을 적용하였다. 사랑대학교 교양 에어로빅 수업은 학기당 정원 30명, 선택과목 1학점이지만, 학생들이 초안

지 작성을 하여 추가 수강이나 청강을 원할 정도로 수강 요구가 높다. 수업내용은 기본적으로 하나로 수업모형에 따라 구성하되, 매 학기 반성적 수업모형의 구성 및 운영, 학생 관찰 및 면담, 수정 및 보완 단계를 거듭하여 기능연습 및 비평적 감상, 창작활동이 통합된 에어로빅 수업을 운영하였다.

그 결과 반성적 에어로빅 수업은 2011년 1학기, 여름학기를 거치며 2번의 수정 끝에 2011년 2학기 〈표 2〉와 같이 구성되었다. 본 에어로빅 수업은 하나로 수업모형의 직접체험활동과 간접체험활동, 인문적인 성향의 모둠인 "패"를 활용한 구성을 기본으로 하여 반성적 수업모형에서 제시하는 관찰, 반성, 토론, 평가, 제언의 과정을 통합적으로 구성하였다(최의창, 2010; Lavender, 1996). 또한 교양수업인 관계로 대다수의 학생들은 신체움직임이나 무용경험이 매우 적어 기본적인 에어로빅 자세와 동작을 포함시킬 수밖에 없었다. 다만 중간고사 이전까지 기본자세 및 기능연습을 진행하면서 동시에 다른 학생들의 연습을 관찰하고 이를 분석하며 비평하는 토론 과정을 포함시켜 진행하였다.

그 결과 1차시~8차시는 에어로빅 기능을 체계적으로 연습, 관찰, 비평하는 활동이 중심을 이루었다. 1차시는 에어로빅을 소개하며 학생들에게 익숙한 TV프로그램 속 에어로빅 장면을 보여주었다. 기존에 에어로빅이 가진 "쫄쫄이를 입은 아줌마들이 추는 춤"이라는 인식을 허물고 누구나 건강하게 출 수 있는 춤이라는 점을 인식하도록 하였다. 2차시~4차시는 에어로빅 기초이론, 기본자세 및 동작을 익히는 시간으로, 에어로빅의 역사에 관한 소개를 시작으로 학생들이 각자의 심박수를 측정하고 자신에게 적합한 운동강도를 정하고, 로우 임팩트, 하이 임팩트 동작을 배우면서 각 명칭을 얻게 된 이유를 찾도록 하였다. 5차시~8차시는 교수자가 제시하는 정통 에어로빅 작품을 배우고 개인, 패별로 작품의 각 부분을 연습, 분석, 토론, 비평하는 시간을 갖는다. 이 과정에서 에어로빅에 관한 간접체험활동으로서 에어로빅 학습터 조사 과제나 개인의 에어로빅, 춤에 관한 안목을 넓히기 위한 에세이 과제, 다양한 시청각 자료 감상문을 제시하였다.

| 표 2 | 2011년 2학기 에어로빅 강의계획

시수	주 제	과 제	중점 활동
1	수업 소개: 에어로빅과의 첫 만남	자기소개서, 패 구성	
2	기초이론, 기본자세 및 동작 익히기	에어로빅 4행시 짓기	개인 기능 연습
3	로우 임팩트 기본동작 익히기	로우 임팩트 기본동작 정리하기	패별 기능 연습
4	하이 임팩트 기본동작 익히기	하이 임팩트 기본동작 정리하기	패별 기능 연습, 분석
5	에어로빅작품 1 익히기 1	우리 동네 에어로빅 학습터 조사하기	개인 작품 연습, 분석
6	에어로빅작품 1 익히기 2	에어로빅과 나의 삶을 주제로 에세이 쓰기	패별 작품 연습, 분석
7	에어로빅작품 1 익히기 3	읽는 움직임, 보는 움직임 감상문	패별 작품 토론, 비평
8	중간고사	작품 1 실기평가	패별 작품 발표
9	에어로빅작품 2 익히기 1	작품 1 도해 및 설명서 작성하기	패별 작품 연습, 비평
10	에어로빅작품 2 익히기 2	에어로빅과 관련된 예술작품 조사하기	패별 작품 연습, 비평
11	에어로빅작품 창작하기 1	안무노트 작성하기 1: 구성원 소개, 작품 소재	패별 작품 창작, 토론
12	에어로빅작품 창작하기 2	안무노트 작성하기 2: 음악, 구성, 역할 등	패별 작품 창작, 토론
13	에어로빅작품 창작하기 3	자기비평, 패별비평 제출하기	패별 작품 창작, 비평
14	에어로빅작품 창작하기 4	나의 전공과 에어로빅 연계시키기	패별 작품 창작, 비평
15	에어로빅작품 연습하기	안무노트 완성, 발표회 준비하기	패별 작품 연습, 비평
16	에어로빅 & 댄스 발표회	심사 및 평점 제출	패별 작품 발표

9차시~10차시는 에어로빅 작품 창작을 준비하는 기존 작품 분석, 연습, 비평 활동이 중점적으로 다루어졌다. 중간고사를 기준으로 학생들이 에어로빅 기능을 연습하는 단계를 종료하고, 이제 본격적인 창작과정에 임한다. 기본적인 움직임에 대한 이해 없이는 움직임 창작이 불가능하다는 전제 하에 에어로빅 정통 작품 1과 변형 작품 2를 통해 작품 창작으로 자연스럽게 이어질 수 있도록 구성한 것이다. 이 과정에서 작품 1을 분석적으로 비평하기 위한 도해 및 설명서를 과제로 제출하고, 에어로빅 속에 담긴 예술적 측면을 탐색하고자 에어로빅과 관련된 예술작품(미술, 음악, 영화 등)을 조사하도록 하였다.

11차시~16차시는 패별 에어로빅 작품을 창작하는 과정에서 연습, 관찰, 비평, 토론활동을 거쳐 기말고사로 작품을 발표하며 마무리하였다. 학생들이 안무에 적합한 음악을 선정하고, 이를 전주, A, B, C, D, 간주 등으로 체계적으로 구분한 후, 주어진 필수 다리 동작 8가지(걷기, 내딛기, 찍기, 무릎 들기, 엇걸기, 뛰기, 두발모아 뛰기, 두발 벌려 모아 뛰기)와 팔 동

작 4가지(팔 올리고 내리기, 팔 굽혀 펴기, 팔 돌리기, 팔 흔들기), 방향 5가지(앞으로, 뒤로, 옆으로, 비껴서, 원으로)를 이용하여 작품을 창작한다. 필수동작의 기준은 에어로빅 생활체육지도자 3급 실기시험의 기준에 근거하여 설정하였다. 이 과정은 패별로 발표회 이후 제출해야 할 안무노트에 꼼꼼히 기록하여 작품의 소재, 주제, 구성, 패원의 역할, 의상 및 소품의 콘셉트 등을 설명할 수 있도록 한다.

일례로 12차시에서는 에어로빅 작품창작의 두 번째 시간으로 학생들이 다양한 음악을 들어보고 작품의 주제에 맞는 음악을 선정한 후 동작을 창작할 수 있도록 한다(표 3 참조). 이전의 창작 작품을 감상하여 자신들의 작품에 반영해야 할 점과 지양해야 할 점을 도출하고, 음악의 BPM, 주제와의 연관성 등을 고려하여 동작을 구성한다. 또한 수업이 끝나기 전에 현재까지 창작한 부분을 발표하여 다른 학생들의 의견을 반영할 수 있도록 한다. 다음 시간까지 창작된 안무를 기억하고 발전시키기 위해 스마트폰을 활용해 자신들의 모습을 촬영하고, 안무노트를 꼼꼼히 기록할 수 있도록 권장한다.

| 표 3 | 12차시 수업지도안(요약)

시수	12	주제	에어로빅작품 창작하기 2	
단계	내용		교수학습활동	중점 활동
도입	예시 작품 감상		• 기존의 에어로빅 창작 작품을 감상하고, 작품별 특징에 대해 토론한다. - 각 작품의 동작, 음악, 구성이 적절하게 조화를 이루는가? - 각 작품에 필수동작이 모두 포함되었는가? - 창의적인 아이디어가 돋보이는 작품은 무엇이고, 특징은 어떠한가? • 작품 창작 시 참고해야 할 사항은 무엇인지 생각해보고 적용할 수 있도록 한다. - 음악의 BPM, 동작과의 조화, 시간적, 공간적 구성의 다양화 등	작품 감상, 패별 토론 및 비평
전개	패별 음악 선정 동작 구성		• 패별로 모여 앉아 다양한 음악을 감상하고 지난 차시에 결정한 작품 소재 및 주제에 적합한 음악을 선정한다. - 학습자는 패별 토론을 통해 음악을 함께 듣고 작품음악을 결정한다. - 교수자는 음악의 BPM, 주제와의 조화 등에 관해 조언한다. • 패별로 모여 앉아 결정된 음악을 감상하고 지난 차시에 결정한 작품 소재 및 주제에 적합한 동작을 창작한다. (최소 1가지 구성 이상 권장) • 패별로 현재까지 창작한 동작을 음악에 맞추어 발표한다.	음악 감상, 패별 토론, 패별 창작, 패별 발표
정리	안무 기록		• 다양한 매체를 활용하여 현재까지 창작한 동작을 기록으로 남긴다.	패별 기록
과제	안무노트 작성하기 2		• 선정된 음악, 동작 구성 및 패원들의 역할을 작성한다.	

각 차시별 수업 중 학생들의 중점 활동은 "기능 연습, 기능 분석, 작품 연습, 작품 분석, 작품 토론, 작품 비평, 작품 창작, 작품 발표"의 8가지 활동으로 구분되었다(그림 3 참조).

그림 3　반성적 에어로빅 수업의 8가지 중점 활동

"기능 연습"에서는 에어로빅 본운동에 속하는 로우 임팩트, 하이 임팩트 동작을 교수자의 설명과 시범에 맞추어 각자 학생들이 연습한다. 올바른 동작을 위해 거울을 통해 자신의 모습을 확인하고 몇 개의 동작을 연결시켜 반복한다. "기능 분석"에서는 교수자의 동작과 자신의 동작을 비교해보거나, 패별로 모여 각 패원들의 동작을 분석한다. "런지 동작을 잘 하기 위해서는 내딛는 발의 뒤꿈치가 땅에 닿아야 하는데 잘 되지 않았다", "팔의 움직임이 역동적이지 않다"처럼 움직임의 정확성, 역동성 등의 양적, 질적 특성을 서로 이야기하고 교정해준다. "작품 연습"에서는 교수자가 제시한 정통 에어로빅 작품 1과 변형 작품 2(방송댄스, 재즈댄스, 줌바)를 연습한다. "작품 분석"에서는 낱낱의 기능을 분석하던 "기능 분석"과 달리 연결 동작으로 이루어진 구성 A와 구성 B로의 자연스러운 연결성, 동작이 반복될수록 나타나는

제4부
무용교육
프로그램

동작의 부정확성 등을 중점으로 확인하여 교정한다. "작품 토론"에서는 기존 작품 연습에 관한 관찰, 반성의 결과에 대해 패원간 의견을 공유하고 보다 나은 연습방법, 표현방법을 모색한다. "작품 비평"에서는 작품을 구조적으로 분석하고 이를 동작, 음악, 표현, 대형 등의 요소들을 중심으로 비판적으로 평가한다. "작품 창작"에서는 기존에 익혔던 동작을 기반으로 동작, 음악, 표현, 대형 등의 요소를 변화시켜 패별로 표현하고자 하는 주제를 담아 작품을 만든다. "작품 발표"에서는 기존 작품 및 창작 작품을 공연 형태로 선보이며, 동작뿐만 아니라 음악, 의상, 소품을 적극적으로 활용한다.

Ⅳ. 반성적 에어로빅 수업의 효과

반성적 수업모형을 적용한 대학 교양 에어로빅 수업을 운영하고 학생면담, 관찰, 반성일지 및 소감문 등의 각종 기록물을 분석한 결과, 반성적 에어로빅 수업의 효과는 크게 에어로빅 수업의 변화와 에어로빅의 교육적 가치 발견으로 구분할 수 있었다. 먼저 학생들이 인식한 에어로빅 수업의 변화는 교육목표, 내용, 방법, 참여, 인식의 측면에서 크게 다섯 가지로 나타났다.

1. 에어로빅 수업의 변화

1) 목표: 움직임 이해 및 실천 중심

첫째, 교육목표가 "기능 숙달 및 체력 증진 중심"에서 "움직임 이해 및 실천 중심"으로 변화했다. 기존의 교양체육 수업을 접해보았던 학생들은 본 에어로빅 수업 역시 일련의 동작들을 익히고 실기시험을 보는 것으로 한 학기가 마무리될 것이라 기대했다. 그러나 수업 첫 시간 소개를 통해 에어로빅에 관한 연습뿐만 아니라 분석, 토론, 비평, 창작, 발표 등의 활동이 중점을 이루고 매 차시 과제가 주어진다는 점을 알게 되고 수업에 임하는 마음가짐을 달리하였다.

몸을 단순히 사용하는 기능적 신체움직임은 다른 운동에서 자신 있게 하지만 몸으로 표현하는 신체움직임은 언제나 조심스럽고 소극적이었던 나였기에 에어로빅의 배움은 이번 학기의 가장 큰 도전이다. (권한일, 지리학과, 2011-1 B반, 2011.04.07., 반성일지)

체육수업이 그렇잖아요. 탁구나 배드민턴도 라켓 쥐는 법 배우고, 기술 어느 정도 배우고 나서 학생들끼리 토너먼트를 하든가 왔다갔다 연습하고. 사실 그것만으로도 재밌긴 하죠. 그런데 배우고 직접 만들어 보고 하면서 '그냥 건강해지자' 이런 것보다 '좀 더 알고 싶다, 제대로 하고 싶다'라는 생각이 들었어요. (배열정, 지구과학교육과, 2011-1 B, 2011.06.14., 면담)

학생들은 몸치 탈출, 체형 교정, 체력 증진 등의 신체적인 동기로 교양 에어로빅 수업을 수강하였다. 에어로빅에 관한 선입견을 줄이고 학생들이 수업을 통해 무엇을 성취하고자 하는지 간단하게 알아보고자 2차시 과제로 에어로빅 4행시 짓기를 시행하였다. 다양하고 창의적인 시들이 탄생했고 그 가운데 대다수는 조리더 학생과 같이 자신을 "몸치"라고 표현하며 민망하지 않게 한 학기를 마무리하길 희망하고 있었다.

에: 에라, 모르겠다. 몸치여도 그냥 수강 신청하자.
어: 어라? 막상 수업은 민망하지 않고 재미있네? 하는 김에
로: (로)노력해서 몸치 탈출하고
빅: 빅뱅처럼 멋있는 안무를 소화해보자! (조리더, 경영학과, 2011-여름, 2011.06.15., 과제)

에: 에라이 이놈의 몸뚱아리
어: 어이없고 황당하고
로: 로보트 같이 뻣뻣한 나의 몸놀림. 그래도 Have a...
빅: Big fun~! 즐기면서 할래요! (배열정, 지구과학교육과, 2011-1 B, 2011.03.14., 과제)

그러나 수업내용을 소개받고 차시별 수업에 몸담으며 비단 신체적 목표의 성취뿐만 아니라 이를 보다 제대로 알고 싶고 체계적으로 연습하고 싶은 각자의 목표를 새우게 되었다. 에

 어로빅 동작의 체계적인 분석은 다양한 움직임 요소들의 상호관계와 동작에 대한 이해를 얻을 수 있도록 한다(오윤선, 1998). 본 수업에서의 기능 및 작품 분석 활동은 학생들에게 에어로빅의 특정 기능, 예를 들어 "그랩바인 스텝을 잘 하려면 딛는 발의 뒤꿈치부터 지면에 닿아야 하며, 이동 보폭이 커야 한다"는 사실을 각인시켜 주며 교수자의 반복적인 지적 없이도 학생들이 스스로 올바른 동작을 탐색하고 연습하도록 해주었다. 또한 3, 4차시 과제로 제시된 로우 임팩트, 하이 임팩트 정리에서는 학생들이 동작에 대한 설명뿐만 아니라 스스로 도해를 그리고 어떠한 원리로 동작을 해야 하는지에 관해 설명을 덧붙여주었다.

> 팔을 좀 더 펴야지. 다리를 더 쭉 내밀어야지. 이 동작은 앞 동작에서 어떻게 연결되는 거지? 여기선 이게 더 낫지 않을까. (조리더, 경영학과, 2011-여름, 2011.07.12., 면담)

> 에어로빅에 대한 이해와 경험들은 도움이 많이 될 것이다. 새로운 동작을 익힐 때는 어렵고 힘들지만 작품을 다 배우고 경쾌하게 다 소화해냈을 때의 그 쾌감은 느껴보지 못했던 새로운 경험이다. 평생 춤 한번 춘 적 없는 내가 음악에 맞춰 온몸을 움직이는 활동을 접했다는 점은 큰 의미가 있다. (이지원, 기계항공공학부, 2011-1 B, 2011.05.19., 반성일지)

 학생들은 기능을 잘 할 수 있도록 그저 연습하고 체력을 기르는 것이 아니라 어떠한 움직임을 잘 하기 위해서는 신체의 어떤 부분을 어떠한 원리로 움직여야 하는지, 움직임 사이의 연결은 어떻게 해야 하는지 고민하게 되었고, 움직임을 이해하고 실천하는 과정에서 음악, 의상 등의 다른 요소에도 주의를 기울이게 되었다.

> 에어로빅은 그냥 몸을 휘두르는 운동이 아니고, 몸의 다양한 부분들에 신경을 쓰는 똑똑한 운동이었다. 한 뭉텅이로 보였던 춤들이 여러 종류로 나눠지며 각각 명칭을 가지고 있었다. 사실 그냥 몸을 마구 흔들면서 칼로리 소모나 제대로 해보자라는 심정이었던 나는 굉장히 신선했고, 더욱 더 해볼 만하겠다는 생각이 들었다. 에어로빅을 하면서 음악에도 더 귀를 기울이게 됐다. 에어로빅 동작은 딱딱 절도 있게 끊어지는 편이기 때문에 음악의 박자를 느끼는 것이 중요했다. 신나는 음악이 동작들을 더욱 힘 있어 보이게 만들어 준다는 생각도 든다. (도서정, 미학과, 2011-여름, 2011.07.12., 반성일지)

2) 내용: 동작 구성 및 창작 중심

둘째, 교육내용이 "동작 배열 및 연습 중심"에서 "동작 구성 및 창작 중심"으로 변화했다. 기존 수업은 에어로빅 동작을 소개하고 각 동작을 하나씩 익히거나 연결동작으로 붙여 연습하도록 이루어졌다면, 반성적 에어로빅 수업에서는 동작을 엮고 만들어나가는 활동이 핵심이었다.

> 에어로빅은 제대하고 재수강이라 이전 수업이랑 차이가 확연히 보였어요. 그 전에도 일주일에 한 번씩 운동한다는 것은 좋았지만, 그저 몇 가지 동작을 배웠고, 전 재수강인데도 처음 배운 동작이 많았어요. 몇 개 동작을 주고 저희끼리 연습해서 시험보고 그랬었죠. (조힙합, 바이오시스템공학과, 2011-1 A, 2011.06.08., 면담)

움직임 경험이 거의 없는 학생 대다수를 위해 수업 초반부에는 기본동작을 일러준 후, 필수동작을 스스로 연결하고 이를 통해 창작 작품을 만들도록 하였다. 비록 서툴지만 단순히 나열된 동작을 연습하는 것에서 한발 나아가 동작과 동작을 연결하고 음악과 맞추어보는 과정은 학생들의 적극적인 참여와 자주적인 태도를 이끌어내는 데에 큰 도움이 되었다.

> 동작은 뻔하고 연결성도 적지만 그래도 '우리'가 만든 안무를 노래에 맞춰 보니 하나로 연결되는 느낌이었다. 우리가 붙인 안무이니 창작할 때도 연습할 때도 더욱 즐길 수 있었다. (최은영, 국사학과, 2011-여름, 2011.07.07., 반성일지)

> 팔, 다리의 움직임, 조화, 박자까지 고려하니 너무 어렵지만 뭔가 만들어냈다는 것, 좋은 평가를 받으면 성취감이 있더라고요. (정노안, 국어국문학과, 2011-2 B, 2011.12.01., 면담)

학생들은 직접 작품을 창작하는 과정에서 여러 가지 어려움에 직면했다. 4~6명 정도로 구성된 패별 토론과 비평을 통해 동작, 음악, 대형을 만들기 위해서는 꽤 많은 시간이 요구되었다. 패원간에 의견이 맞지 않아 처음부터 충돌이 있거나 창작, 토론 활동이 더디게 이루어진 패도 있었고, 패별 단합이 좋아 짧은 시간이 동작을 완성하고 이를 변형시키거나 동선을 새롭게 만드는 패도 있었다.

창작 첫 시간부터 무언가 삐그덕거렸어요. 곡 정하는데 다른 패에 비해 오래 걸렸고 결론은 쏘쿨(So cool)이었지만, 아무래도 쏘쿨 노래와는 뭔가 악연이 있는 듯했죠. 동아리 공연에서 귀가 질리게끔 들었고 운동하면서도 꿈에도 나올 정도로 들었는데 그 노래라니! 안무 짜기도 어려워요. 요염한 허리놀림이 필요한데 필수 동작으로 쏘쿨을 살리기엔 무리가 있잖아요. 게다가 전 남자고, 나름 가볍게 추었는데 남들이 택견 동작이라 하고. (이탈춤, 화학교육과, 2011-2 A, 2011.11.07., 면담)

다수의 여학생 가운데 혼자 남학생이자 패장을 맡은 이 탈춤은 작품 창작 및 토론활동에서 경험한 음악 선정, 동작 창작에서의 어려움을 토로했다. 마지막 발표회에서는 창의적인 안무와 구성, 획기적인 설정으로 최고 인기작품으로 선정되기도 했던 이 패의 작품은 처음부터 순조롭게 만들어지지 않았던 것이다. 한편 작품 창작, 토론, 비평활동에서는 패원들의 연습 장면을 촬영하며 함께 보고 동작의 정확성, 연결성, 전체적인 대형과 동선에 대해 의견을 주고받으며 지속적인 수정이 이루어졌다. 스마트폰으로 촬영하고 노트북을 가져와 인터넷 사이트에서 동영상을 찾아보며 참고할만한 안무들을 검색하기도 했다.

처음 작품 창작에 임하는 학생들은 음악을 선정하고 음악의 각 부분을 나누어 전주, 본동작(A, B, C, D), 간주 등으로 구분하고 안무를 시작했다. 대다수가 익숙한 최신가요음악을 고르다보니 가수들의 방송댄스 안무와 에어로빅 동작 사이에서 고심하는 경우가 많았다. 본래 가요의 느낌을 살리자니 방송댄스 같고, 에어로빅 동작으로만 만들려니 어렵고 시간이 오래 걸렸기 때문이다.

안무를 짜려니 원래 노래의 동작들을 과감히 버리기는 아깝고 그렇다고 에어로빅 동작만으로는 완벽하지 않아 어떤 식으로 변화시키는가가 고민이었어요. 정해진 다리 동작 들어가야 되고 원곡에서 손동작만 따서 하려니 모양새가 나지 않아서. (김가야, 국악과, 2011-2 A, 2011.11.07., 면담)

또한 주어진 필수 다리 동작 8가지(걷기, 내딛기, 찍기, 무릎 들기, 엇걸으기, 뛰기, 두발모아 뛰기, 두발 벌려 모아 뛰기)와 팔 동작 4가지(팔 올리고 내리기, 팔 굽혀 펴기, 팔 돌리기,

팔 흔들기), 방향 5가지(앞으로, 뒤로, 옆으로, 비껴서, 원으로)를 포함시켜 작품을 만든다는 일이 생각보다 어려웠다. 에어로빅 작품은 운동강도가 낮은 로우 임팩트로 시작하여 곡의 하이라이트 부분으로 갈수록 운동강도기 높은 하이 임팩트로 이어져야 하기 때문에 창의적인 동작을 만든다고 초반부터 화려하게 만들 수는 없었다. 안무, 창작을 위한 원리와 규칙, 필수 동작에 대한 고려가 필요했다.

처음 A동작에서 로우 임팩트의 동작을 써서 크게 무리하지 않는 동작으로 하려했는데, 욕심이 생겨서 여러 가지 팔동작까지 넣다보니 하이 임팩트가 되고 말았다. 아무래도 '롤리폴리'라는 곡이 우리에게 잘 알려져 있기 때문에, 가수들의 춤을 변형시켜서 만들었는데, 포인트마다 많은 동작이 들어가서 '순수 창작'이라고 할 수 있을지 고민이다. (임재민, 경영학과, 2011-2 A, 2011.11.24., 반성일지)

3) 방법: 토론 및 반성형

셋째, 교육방법이 "지시 및 연습형"에서 "토론 및 반성형"으로 변화했다. 수업내용의 중요한 비중을 차지하는 작품 창작, 비평, 토론활동을 통해 전체적인 교육방법은 토론 및 반성형으로 변모하게 되었다. 기능연습을 위한 교수자의 시범, 지시, 학생들의 연습이 주로 이루어진 기존 에어로빅 수업과 달리 반성적 에어로빅 수업에서는 학생들의 토론, 비평을 통한 반성적 활동이 주를 이루었다(Mosston & Ashworth, 2002). 수업 전반의 주도권은 교수자가 아닌 학생들에게 이양되었고, 패를 중심으로 이들은 자발적으로 연습하거나, 안무 수정의 필요성을 깨닫게 되었다.

중간 점검에서 선생님께서 장족의 발전을 이루었다고 칭찬해 주셨지만, 벌써 다른 패들은 간주, 전주 구성과 대형까지 세세하게 창작이 되었는데 우리 패는 1절까지 창작한 안무를 보았을 때, 런지가 너무 많이 들어갔고, 러닝, 스텝터치, 점핑 동작이 들어가지 않았다. 이점들을 고려해서 안무 수정과 창작에 열을 올려야겠다. 특훈이다. (이탈춤, 화학교육과, 2011-2 A, 2011.12.01., 반성일지)

제4부
무용교육
프로그램

13차시 작품 창작과 비평 활동에서 학생들은 필수동작이 다 포함되었는지 일일이 체크리스트를 들고 확인하였으며 가사의 뜻에 맞게 동작을 만들기도 했다. 특히 패별로 동작을 만들고 수업 중반에 발표하는 시간에는 본 공연처럼 긴장하며 다른 학생의 지적을 받아들여 동작을 수정하기도 했다.

사용하지 않은 발동작을 체크하였는데, 니 리프트와 크로스 스텝 2개더라고요. C파트 노래랑 니 리프트가 어울리지 않아서 크로스 스텝을 넣었어요. 앞부분 손동작은 원래 안무를 쓰고, 뒷부분 손동작은 가사 "눈을 씻고 찾아봐도", "여기저기 둘러봐도"를 듣고, 가사에 맞춰 둘러보는 동작을 넣고. 선생님이랑 학생들 앞에서 안무를 보여드렸을 때, 니 리프트와 스텝 터치, 걷기 동작이 부족하다는 지적을 받아서 랩이나 간주 파트에 넣어야할 것 같아요. (왕활발, 중어중문학과, 2011-2 B, 2011.12.01., 면담)

작품 비평활동에서 교수자는 이전 수업에서 학생들이 창작한 작품 동영상을 보여주고, 그 특징을 분석적으로 살펴보도록 했다. 필수동작이 모두 포함되었는지, 음악과 동작이 잘 맞는지, 다양한 대형 구성을 보여주는지 등 학생들과의 자연스러운 대화를 통해 각 작품의 장단점을 파악하고 참고할 수 있도록 하였다. 교수자가 굳이 잘 만든 작품을 소개하지 않아도 학생들은 영상을 보며 스스로 의견을 이야기하고 잘 만든 작품에 대한 감상을 주고받았다.

"아 부처님~!" 그들의 춤은 정말이지 나에게 무한한 감동을 주었다. 그들의 퍼포먼스는 나를 완전히 압도했으며 그들의 의상은 나에게 신선하고 맑은 충격을 주었다. 도저히 그들의 움직임에서 눈을 뗄 수가 없었다. 하늘을 자를 것 같은 팔 동작, 대지를 뚫어버릴 것 같은 다리 동작, 그리고 보는 사람을 기절시킬 정도의 눈빛까지. (하은석, 전기과, 2011-1 B, 2011.05.04., 반성일지)

토론 및 반성형 교육방법은 학생들이 반성일지를 작성하는 과정에서 자신의 다소 나태했던 수업 태도를 되돌아보게 하였다. 패별 토론 및 비평활동 속에서 적극적으로 임하지 못했던 학생들은 스스로 반성하며, "패"에 의미를 부여하고 한 학기동안 함께 하는 운명공동체로서 관계를 다져나갔다.

> 우리 패 여자 세 명은 앉아있기만 하고 ○○오빠의 동작을 이것저것 지시만 했다. 정말 반성할 만한 일이다. 다른 패 모든 사람들이 일어나서 열심히 손발 움직여가며 연습한 반면, 직접 움직이며 궁리했으면 더 좋은 아이디어가 떠올랐을 텐데. (이혜주, 응용생물화학부, 2011-2 A, 2011.11.16., 반성일지)

이러한 패별 유대감 형성은 패별 활동을 더욱 강화시켜 과제의 부담과 창작의 압박을 받는 학생들에게 힘을 북돋우는 역할도 했다. 움직임에 재능이 없다고 생각하는 학생, 순서를 빨리 익히지 못하는 학생, 수줍음이 많은 학생 등 다양한 성향을 지닌 학생들이 함께 모여 서로를 도와주고 함께 운동한다는 인식을 심어주었다.

> 가르쳐달라고 할 친구도 없는 나는 정말 암담할 뿐이었다. 진심으로 드랍을 고민했지만 1학점이 아쉬운 시점에 쉽지 않았다. 그 때 구세주가 다가왔다. 어찌할 바를 모르던 나에게 시은이가 다가와서 친절하게 가르쳐 주었다. 드랍의 유혹은 계속 됐지만, 패모임이 나를 살렸다. 그 동안 이름도 모르고 어색하게만 있던 나에게 친구가 생겼다! 혼자 하는 것만 같던 에어로빅이 이제는 패원들과 함께하는 운동이 되었다. 그전에 없던 재미가 생겼다. (강지수, 산림환경학과, 2011-여름, 2011.07.13., 반성일지)

작품 연습, 분석, 창작, 비평, 토론활동을 통해 반성적 에어로빅 수업에서는 토론 및 반성형 교육방법이 주된 특징으로 부각되었다. 이를 통해 학생들은 동작, 음악, 표현, 구성 측면에서 작품의 부족한 부분을 인식하고 이를 보완하기 위해 적극적인 연습과 토론, 반성의 과정을 경험했다. 또한 주로 패별 활동을 통해 토론 및 반성이 이루어져 자신의 과오는 물론 자칫 낙오될 수 있는 동료를 보살필 수 있는 유대감을 형성하게 되었다.

4) 참여: 한 학기 습관화

넷째, 참여유형은 "주1회 맛보기"에서 "한 학기 습관화"로 변화했다. 교양체육 수업은 대체로 주1회 2시간 진행된다. 어떠한 기능을 배우든 그것을 몸에 익힐 때까지 꾸준한 연습이 필요하다는 점을 고려해보았을 때, 이는 상당히 부족한 시간이다. 수업시간에 몰입하여 배운다고 하더라도 "맛보기식"의 수업일 수 밖에 없다. 물론 교양수업이기에 어쩌면 당연할지도 모른다. 그러나 본 반성적 에어로빅 수업에서는 학생 개인뿐만 아니라 패별 토론, 비평, 창작의 과정이 주어져 주1회 2시간도 모자라 수업이 끝난 이후에도 주7회 24시간 에어로빅을 생각하지 않을 수 없었다. 학생들은 정해진 수업 시간 외에도 패별 연습 및 창작을 위해 교내 연습실을 대여하거나 그것도 여의치 않을 경우 공간만 있다면 어디서든 모여서 연습하기도 했다.

> 중간고사 때는 문예관을 빌려서 에어컨도 틀어놓고 쉽게 연습할 수 있었는데, 오늘은 연습할 장소를 찾는 데만도 엄청난 우여곡절이 있었다. 연습할 만한 곳을 찾아 이곳, 저곳을 전전하다가 결국은 기숙사 지하주차장에 모였다. CCTV에 얼굴이 찍히는 것은 조금 부끄러워서 등을 지고 연습을 시작했다. 엄청나게 덥고 땀도 많이 났다. (김혜경, 교육학과, 2011-여름, 2011.07.13., 반성일지)

또한 에어로빅 시간에 배운 동작을 가족과 친구들에게 가르쳐보기도 하고 끊임없이 연습하고 생각하면서 작품을 만들기 위한 아이디어를 찾기 위해 노력했다. 에어로빅의 올바른 자세와 동작은 단기간에 만들어지는 것이 아니라 오랜 기간의 지속적인 연습, 생활습관의 변화 등을 통해 가능하다. 학생들은 교내 무용실을 벗어나 화실에 앉아 그림을 그리다가 문득 몸을 풀어주거나, 통학하는 지하철 안에서 음악을 들으며 머릿속으로 안무를 되뇌었다.

> 요즘엔 다리도 꼬지 않고 항상 바른 자세로 앉으려고 노력하고, 전공 수업을 하면서 뭉친 근육들을 풀 때 수업시간에 배운 자세들을 해보기도 한다. (박지현, 디자인과, 2011-1 A, 2011.04.14., 반성일지)

> 집에서도 부모님 보여드린다고 쿵쾅대기도 하고, 지하철에서 댄싱퀸 들으면서 머릿속으로 안무를 외우기도 했어요. 시험이 임박했을 땐 애들하고 차 끊길 때까지 문예관에서 연습하고. 좋으니까 그렇게 하죠. 이왕 하는 거 제대로. (도서정, 미학과, 2011-여름, 2011.07.13., 면담)

일주일에 1번 교양수업 시간에 배운 것을 전공수업 시간이나 이동 중, 집에서도 실천한다는 것은 쉽지 않은 일이다. 그럼에도 학생들이 적극적으로 에어로빅에 참여할 수 있었던 것은 움직임이 주는 재미와 함께 내가 만든 춤을 보다 완성도 높게 보여주고 싶다는 생각 때문이었다.

> 지금까지 해온 게 있어서 (패원들과) 계속 모여야 할 것 같고, 춤춰야 할 것 같고, 유투브보다가 좋은 안무 있으면 링크 걸어놓고 그래요. TV에서 나오는 아이돌춤을 봐도 동작이 어떻고 구성이 어떻고 전문가마냥 평가하고 있고. (최성실, 작곡과, 2011-1 B, 2011.06.14., 면담)

학생들에게 에어로빅 수업은 더 이상 "주1회 맛보기"가 아닌 "한 학기 습관화"된 일이 되어 버렸다. 처음에는 동작을 익히는 것만으로도 버거워하던 학생들이 기능을 제대로 배우고 이것을 발전시켜 작품을 만들고 그 속에 담긴 여러 가지 특성과 요소들을 분별할 수 있게 되면서 에어로빅에 대한 안목이 생겼다(김선희, 2004; 유태균, 2006). 이러한 안목은 생활의 곳곳에서 습관처럼 튀어나와 연습하고 분석하고 비평하고 토론하는 일들을 자연스럽게 받아들이게 만들었다.

5) 인식: 생활 필수 1종목

다섯째, 에어로빅 수업에 대한 인식은 "졸업 필수 1학점"에서 "생활 필수 1종목"으로 변화했다. 사랑대학교는 졸업이수필수학점으로 체육 영역의 교양수업 1학점을 이수해야 한다. 그러므로 운동이 싫은 학생도 졸업을 위해 에어로빅을 수강해야 하는 상황이 생긴다. 실제 수강생들 중에도 이러한 동기로 수강한 학생들이 많았다. 운동을 접해본 적이 없거나 싫어하는 학생들은 농구, 축구, 배드민턴 등 도전적, 경쟁적인 신체활동에 비해 상대적으로 움직임도 적고 쉬울 것이라는 생각에 에어로빅, 댄스스포츠 등의 강좌를 선택했다. 물론 수업에 들어와서 운동강도에 큰 차이가 없다는 사실에 놀라기는 하지만, 여전히 운동을 싫어하는 학생들에게 에어로빅은 졸업을 위해 어쩔 수 없이 삼켜야 할 "쓴 약"이었다. 그랬던 것이 보약으로 느껴지는 시점이 오기도 했다.

> 솔직히 에어로빅을 졸업이수과목이라는 이유로 시작했다. 일요일 밤만 되면, '아 다음날 아침에 에어로빅 가야해.'라는 생각에 골치를 앓았다. 그렇지만 교실에 도착하면 신나는 음악에 맞추어 일련의 동작을 따라하고 만드는 활동이 너무 즐거웠다. 혼자 했으면 평생 안 했을 것

제4부
무용교육
프로그램

들인데, 다 같이 하니 즐겁게 한다. 또 한 동작 한 동작, 보약을 마실 때의 느낌으로, 내 모든 것을 쏟아 부어 만든다. (임보라, 외교학과, 2011.04.07, 2011-1 A, 반성일지)

한 학기를 마무리하며 학생들이 제출한 수업소감문에서 에어로빅 수업에 대한 인식이 어떻게 변화했는지 살펴볼 수 있었다. 졸업 전 마지막 학기를 보낸 전미화 학생은 에어로빅 수업이 지닌 1학점에 의미를 부여하였다. 애초에 절실하게 원해서 신청한 수업도 아니었고, 월요일 9시 "얼굴 벌겋게 움직여야 하는 운동"이었던 에어로빅 수업은 심지어 매주 온라인 카페에 과제도 업로드를 해야 하는 까다로운 1학점짜리 수업이었다. 그러나 평소 잘 알지 못했던 기숙사 같은 방 친구와 함께 수업을 듣게 되었고 과제도 챙겨주고 모르는 동작은 알려주고 함께 만들고 고쳐나가는 과정에서 많이 가까워지게 되었다. 또한 자신의 창의성과 예술적 자질, 끈기를 시험해보는 계기를 마련했다는 점에서 이 수업을 "생활 필수"라고 표현했다.

- 1학점의 변화 -

언뜻 보기에 1학점에 불과해 사소할 듯 보이지만 소소(昭昭)한 변화를 일으킨 에어로빅 수업. 체육 수업을 2학점 이상 수강해야 졸업이 되는 학사규정상 졸업을 코앞에 앞두고서야 부랴부랴 (……) 전공수업만을 힘겹게 듣고 있는 나에게 에어로빅은 분명 색다르고 즐거운 변화이다. (……) 에어로빅은 나에게 수치상 약 5%도 채 되지 않은 21학점 중 1학점에 불과하지만, 실제로는 3학점 수업 이상의 파워와 여운을 지니고 있다. 내 생활의 필수학점. (전미화, 윤리교육과, 2011-1 A반, 2011.04.13., 소감문)

2. 에어로빅의 교육적 가치 발견

한편 반성적 에어로빅 수업의 변화뿐만 아니라 학생들이 발견한 것이 또 있다. 바로 "에어로빅의 가치"이다. 에어로빅 수업 수강생의 95%는 에어로빅에 대한 인상을 묻는 첫 수업 질문에 "쫄쫄이 아줌마운동"이라고 답한다. "설마 우리도 쫄쫄이를 입고 연습하냐"며 걱정하는 남학생들도 심심치 않게 만날 수 있다.

형광색 레깅스에 헤어밴드, 수영복차림은 에어로빅과 뗄 수 없는 아이템인 것 같았다.

(……) 에어로빅은 다른 운동들과 달리 특유의 느낌이 있다. 비록 가벼운 에어로빅스라고 할지라도 '그 느낌'이 살아 있다. 에어로빅이 나에게 효자운동이 될지도 모른다는 생각까지 하게 된 사실이 놀랍고, 다른 사람들의 편견도 깨주고 싶다. (도서정, 미학과, 2011-여름, 2011.07.13., 반성일지)

에어로빅에 대한 선입견은 수업을 통해 불식시킬 수 있었고 학생들은 수업을 통해 에어로빅 속에 담긴 운동, 표현, 삶의 가치를 되새길 수 있었다. 첫째, 신체활동으로서의 운동적 가치이다. 에어로빅은 다이어트, 심혈관질환 예방, 근력 향상에 기여하는 건강으로 잘 알려져 있다. 학생들은 생활공간에서 행하는 모든 운동을 에어로빅, 즉 유산소 운동이라고 개념을 확장시키고 일상에서 뗄 수 없는 운동으로 여기게 되었다. 에어로빅이 내 삶에 어떠한 영향을 미쳤는가를 생각해본 강지수의 소감문에서 흔히 운동이라 여기지 않았던 생활 속 실천들까지 에어로빅의 범주에 포함시키며 운동적 가치에 의미를 부여하고 있음을 알 수 있었다.

쿠퍼 박사가 에어로빅을 창안한 이유가 군인들의 건강을 향상시키기 위함이었다는 사실 (……) 일상생활에서 매일 접하는 운동과 비슷하다. 엘리베이터 없는 자취방에 올라가기 위한 계단 오르내리기, 남자친구와 놀이공원에 갔을 때 탔던 오리보트, 곧 시작하는 수업에 지각하지 않기 위해 서둘러 걷는 것 등등 우리는 실생활에서 항상 에어로빅 운동과 함께 살아왔던 것이다. 에어로빅은 내 일상에서 떼려야 뗄 수 없는 운동이었던 것이다. (강지수, 산림환경학과, 2011-여름, 2011.07.20., 소감문)

둘째, 표현활동으로서의 심미적 가치이다. 특히 반성적 에어로빅의 특성이 잘 드러난 부분이다. 학생들은 자신이 작품을 만들고 비평하고 안무노트를 작성하면서 예술적 활동에 가담한다고 생각했다. 동작은 그저 낱낱의 기능을 붙인 것이 아니었고, 노래 한곡이 끝날 때까지 동작들의 연결은 기계적으로 이루어지는 것이 아니었다. 작품의 주제를 표현하거나 각자의 몸짓을 통해 발산되는 의미나 아름다움에 주목하여 이를 보다 질적으로 발전시키기 위해 수많은 연습과 분석, 비평의 과정을 거쳤다.

어떤 몸짓이든 분명 무언의 메시지가 담겨있다고 생각해요. 에어로빅도 그 몸짓 중에 하나이고 메시지를 표현하는 춤? 움직임? 인거죠. (배열정, 지구과학교육과, 2011-1 B, 2011.06.14., 면담)

예술적으로 표현해야 하고 동작도 그냥 하면 안 되죠. 저희가 안무가지 코치는 아니잖아요. 이동하면서 대형을 만들고 모였다가 풀어지면서 각각이 모양을 만드는 거죠. (강재즈, 윤리교육과, 2011-1 A, 2011.06.08., 면담)

셋째, 조화로운 삶의 가치이다. 에어로빅 기능을 연습하고 분석하며 창작하고 토론하고 반성하는 일련의 과정을 경험하며 자신의 삶과 동일시하는 학생들이 많았다. 좋은 작품을 만들기 위해서는 열린 자세로 다른 학생들의 따가운 비판도 받아들일 줄 알아야했고, 부끄러움을 무릅쓰고 준비가 덜된 작품을 보여줘야 했다. 어려운 관정을 건디며 글쓰기를 통해 자신을 되돌아보고 이야기를 통해 자신의 의견을 공유하기도 했다. 전공이 다른 처음 만난 학생들이 에어로빅이라는 공동의 주제로 문제를 하나씩 해결해나갔다. 16차시의 기간은 이들에게 자신의 삶을 돌아보는 기회를 제공해주었고 조화롭고 유연한 삶의 중요성을 상기시키도록 했다.

에어로빅처럼 나의 삶도 조화롭고 유연해야 한다는 생각이 들었다. 편견에 틀어박혀 상황과 사람을 판단하지 않고, 한 가지 방법만을 고수하여 앞뒤가 꽉 막힌 사람이 되지 않고, 다양한 사람들과 문화를 생각하며 조화롭고 유연한 삶을 살아야겠다. (김희수, 의류학과, 2011-1 B, 2011.04.04., 반성일지)

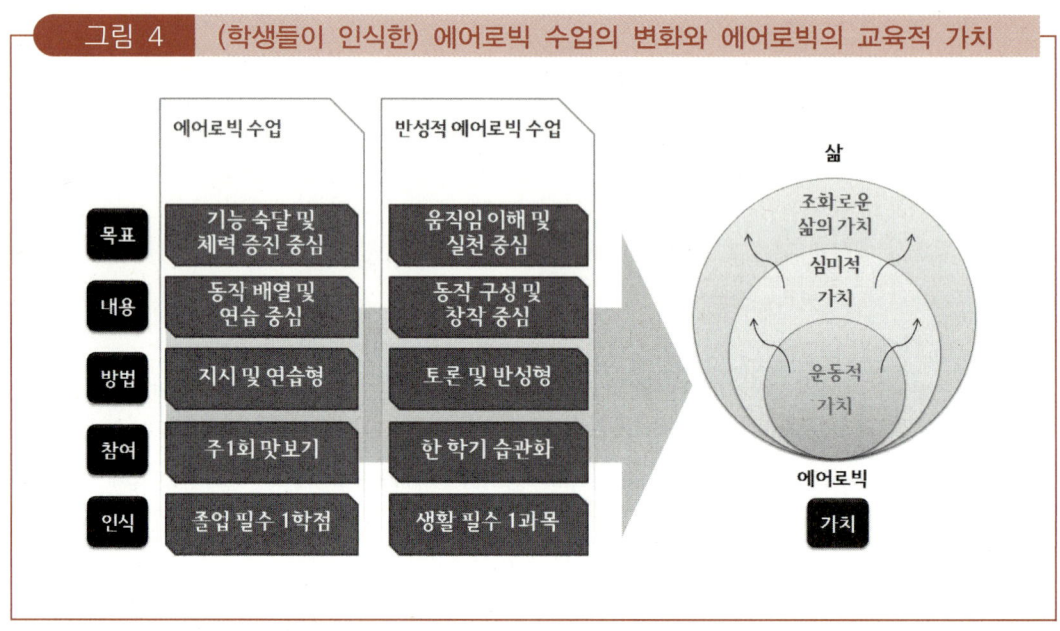

그림 4 (학생들이 인식한) 에어로빅 수업의 변화와 에어로빅의 교육적 가치

지금까지 학생들이 인식한 에어로빅 수업의 5가지 변화와 에어로빅의 교육적 가치 발견에 관해 논하였다(그림 4 참조). 기존 에어로빅 수업과 교육목표, 내용, 방법, 참여, 인식적 측면에서 차별성을 지닌 반성적 에어로빅 수업은 학생들이 에어로빅에 관한 창작, 비평, 토론 등의 복합적인 활동을 해나가면서 에어로빅 수업의 가치를 재발견하고 평소에 생각하지 못했던 에어로빅, 댄스, 춤 나아가 움직임에 관한 시야를 확장시켜 주었다.

본 연구를 통해 단순한 기능연습과 즐거움을 제공하는 기존의 대학 교양 에어로빅 수업에서 벗어나, 다양한 기능 연습 및 분석, 비평적 감상 및 창작활동을 제공할 수 있다. 이러한 결과는 교양교육으로서 반성적 에어로빅 수업의 효과를 보여주며, 나아가 기능중심, 교사중심, 교양교육으로서의 한계를 지양하고 창작중심, 학생중심, 평생교육으로서의 전이를 추구할 수 있는 근거를 제공해준다.

V. 요약 및 제언

본 연구는 Lavender(1996)의 반성적 수업모형(the ORDER approach)을 적용한 대학 교양 에어로빅 수업의 사례를 소개하였다. 2011년 3월부터 2011년 12월까지 1학기(2강좌, 총 58명), 여름학기(1강좌, 총 18명), 2학기(2강좌, 총 62명) 총 5개의 에어로빅 수업에서 하나로 수업모형의 직접체험활동과 간접체험활동, 인문적인 성향의 모둠인 "패"를 활용한 구성을 기본으로 반성적 수업모형에서 제시하는 관찰, 반성, 토론, 평가, 제언의 과정을 통합적으로 구성하였다. 각 차시별 수업 중 학생들의 8가지 중점 활동은 "기능 연습, 기능 분석, 작품 연습, 작품 분석, 작품 토론, 작품 비평, 작품 창작, 작품 발표"이었다.

총 10명의 학생면담, 관찰, 수집된 반성일지 및 소감문 등의 기록물을 분석한 결과, "기능 숙달 및 체력 증진 중심"에서 "움직임 이해 및 실천 중심"으로의 교육목표 변화, "동작 배열 및 연습 중심"에서 "동작 구성 및 창작 중심"으로의 교육내용 변화, "지시 및 연습형"에서 "토론 및 반성형"으로의 교육방법 변화, "주1회 맛보기"에서 "한 학기 습관화"로의 참여 변화, "졸업 필수 1학점"에서 "생활 필수 1종목"으로의 인식 변화를 보였다. 그 밖에도 에어로빅 속에 담긴 운동적 가치, 심미적 가치, 삶의 가치를 되새길 수 있었다. 정리하면, 반성적 에어로빅 수업을 통해 단순한 기능연습과 즐거움을 제공하는 수업을 지양하고, 다양한 기능 연습 및 분석, 비평적 감상 및 창작활동을 통해 창작중심, 학생중심, 평생교육을 지향할 수 있는 근거를 찾을 수 있었다.

반성적 에어로빅수업 실천 사례를 통해 대학 교양체육 발전을 위한 실천방안을 제안하면 다음과 같다. 첫째, 타 종목수업에 적용하여 학생들의 토론, 비평 활동을 장려할 수 있다. 반성적 수업모형에서 제기하는 토론 및 비평 활동은 표현활동 종목이 아니라도 배드민턴, 테니스, 농구, 축구, 탁구 등 다양한 실기종목에 적용하여 전술 및 전략을 개발하고 시합능력을 분석적으로 탐색하는 데에 기여할 수 있다. 이 가운데 각 종목의 경기규칙, 제도, 동작의 원리 등을 파악하여 학생들의 창의적 사고와 비판적 능력을 함양시킬 수 있다(최의창, 2010). 댄스스포츠, 재즈댄스 등 표현활동 종목의 경우, 창작 및 토론, 비평 활동을 더욱 극대화시켜 각 종목별 특성을 살려 창의적인 감상과 비평이 이루어질 수 있도록 수업을 구성할 수 있다.

이를 통해 각 움직임에 관한 무용소양을 심화시켜 움직임을 제대로 이해하고 실천하고 음미할 수 있도록 할 것이다.

둘째, 교양체육 교수자의 반성적 성찰 및 실천적 지식의 함양이 요구된다. 반성적 수업모형은 기본적으로 기능 연습, 분석, 창작, 토론, 비평 등의 활동 속에서 끊임없는 자기 성찰이 필요하다. 움직임이 익숙하지 않은 대다수 학생들에게 올바른 기능 습득과 더불어 이를 분석적으로 관찰하고 비판적으로 감상하는 활동을 제시하기 위해 교수자 역시 수업을 구성하고 운영하는 과정 속에서 반성적 성찰이 필수적이다(김선희, 2004; 조남용, 강신복, 2004). 또한 학생중심의 토론 및 비평 활동을 그저 제시하고 물러서는 것이 아니라 효과적인 조력자, 안내자로서의 역할을 하기 위해 사전에 치밀한 수업계획을 세워야 한다(Mosston & Ashworth, 2002). 해당 종목 및 신체활동, 움직임에 관한 실천적 지식을 바탕으로 토론과 비평의 근거, 분석과 감상을 위한 관점을 체계적으로 전달해야 할 것이다.

참고문헌

김선희(2004). 안목의 습득을 위한 대학교양체육: 수업사례연구. 한국스포츠교육학회지, 11(2), 105-120.

박철용(2012) 에어로빅댄스 지도자의 이미지에 따른 자아성취감, 심리적 행복감 및 참여 지속의도의 구조적 관계. 한국스포츠심리학회지, 23(3), 47-60.

배성민, 김경렬(2007). 대학 교양체육 수강생들의 주관적 건강정도에 따른 수업만족과 스포츠가치관의 관계. 한국여가레크리에이션학회지, 31(4), 293-304.

오윤선(1998). 에어로빅댄스의 효율적 안무방법과 리듬원리. 한국초등무용학회지, 3, 115-129.

유태균(2006). 게임수업을 적용한 교양체육 참가자의 안목(眼目)에 관한 연구. 움직임의 철학: 한국체육철학회지, 14(2), 101-117.

이경선(2013). 평생체육의 디딤돌로서의 스포츠교육모형의 역할: 대학교양체육수업 사례연구. 한국스포츠교육학회지, 20(2), 89-113.

이정심(2003). 스포츠 에어로빅스의 발전 방안에 관한 연구. 미간행 박사학위논문, 명지대학교 대학원, 서울.

정연옥(2001). 다양한 댄스를 이용한 에어로빅 운동 프로그램의 적용 원리. 한국초등무용학회지, 6, 67-76.

조남용, 강신복(2004). 구성주의를 활용한 대학교양 체육수업 사례. 한국스포츠교육학회지, 11(2), 121-141.

최의창(2010). 인문적 체육교육과 하나로 수업. 서울: 레인보우북스.

최의창(2011). 댄스 리터러시 혹은 무용소양 -문화예술교육으로서 무용교육의 목적 재검토. 한국무용기록학회지, 21, 139-161.

최의창, 김선희(2012). 창의·인성 발달을 위한 융합적 교양체육 신규 교과목 『인문적 스포츠』 개발. 미간행 2010년도 선정 대학교육과정개발연구지원사업 결과보고서, NRF-2010-076-G00003.

최혜련, 최장호(2012), 에어로빅스 참가자들의 여가만족이 생활만족에 미치는 영향. 한국사회체육학회지, 50(1), 621-628.

허현미, 김숙자(2003). 여대 교양체육의 만족도 및 의식에 관한 조사연구. 한국여성체육학회지, 17(2), 163-176.

Creswell, J. W. (1998). *Qualitative inquiry and research design: Choosing among five traditions*. Thousand Oaks, CA: Sage Publications. 조흥식, 정선욱, 김진숙, 권지성(역)(2005). 질적 연구방법론: 다섯 가지 전통. 서울: 학지사.

Dils, A. (2007). Why dance literacy? *Journal of the Canadian Association for Curriculum Studies, 5*(2), 95-113.

Goetz, J. P. & LeCompte, M. D. (1984). *Ethnography and qualitative design in educational research*. Orlando, FL: Academic Press.

Lavender, L. (1996). *Dancers talking dance.: Critical evaluation in the choreography class*. Champaign, IL: Human Kinetics. 최의창(역)(2009). 반성적 무용수업: 무용창작 수업에서의 비평연습. 서울: 대한미디어.

Lewin, K. (1952). Group decision and social change. In G. E. Swanson, T. M. Newcomb, & E. L. Hartley (Eds.), *Readings in social psychology* (pp. 459-473). New York: Henry Holt.

Mosston, M., & Ashworth, S. (2002). *Teaching physical education (5th ed)*. San Francisco: Pearson Education, Inc. 조미혜, 황현자, 유정애, 김윤희, 최희진(역)(2007). 모스턴의 체육 교수 스타일. 서울: 대한미디어.

연 구 문 제

1. 반성적 수업모형의 각 단계별 특징은 무엇인지 정리해보고, 이와 유사한 수업모형이 있는지 조사보자.
2. 창작, 토론, 비평의 방법이 무용을 가르치는 데에 어떻게 활용될 수 있는지 생각해보자.
3. 다른 무용 장르를 가르치기 위해 반성적 수업모형을 적용한다면, 어떻게 가르칠 수 있을지 토론해보자.

찾아보기

ㄱ

가네	77
간접교수방법	203
감상	11, 14, 355
감성적 차원	102, 182
개발	355
공덕	186
공연	15
공연중심무용	18
관찰	404
교사연수	79
교수경험	70, 73
교수모형	325
교수법	80
교수학습지도안	362
교양체육	402
교양체육수업	403
교육과정	80
교육내용	92
교육목표	54
교육방법	163
교육적 모형	11
교육프로그램	347
국제댄스교사협회	295
궁중무용	134
귀납적 범주 분석방법	98
기능	12
기능적 리터러시	37
기법	20, 206
기술	22
기술적 합리성	295
기초 수준	359

ㄴ

뉴 런던 그룹	40
뉴 리터러시	38
능력	22
능력적 자질	294

ㄷ

댄스 리터러시	17
댄스 플루언시	18
덕성적 차원	185
덴진	72
도구적 리터러시	40
디지털 리터러시	41

ㄹ

레버	78
렌쥴리	80
로렌 뷰섹	44
리터러시	16
리터릿	47

ㅁ

멀티-리터러시	40
메길	50
모티프 라이팅	44
무용	6
무용 기록법	44
무용교사	292
무용교육모형	29
무용교육자	7, 292
무용교육표준	299
무용교육학	79
무용능	22
무용소양	22
무용수행	70
무용실기소양	75
무용심	23
무용안	25
무용안목	25
무용이론소양	75
무용인문학	79
무용전문인	6
무용정신	233
무용지	22
무용통합소양	76
무정	183
문답설명	212
문식성	16
문해력	16

찾아보기

문화	7
문화교육	7
문화예술	6
문화예술교육	7
문화예술교육사	79
문화예술교육자	63
문화예술교육지원사업	73
문화예술교육진흥법	397
미국무용교육협회	13
미드웨이 모형	10
민속무용	131

ㅂ

반성	404
반성적 수업모형	404
반응하기	12, 13
발레교육	91
발레정신	100
발표	14
분석	354
비평	15, 410
비평가	16

ㅅ

사덕	185
사상관	179
사회문화예술교육	34
상상유도	212
생산자	6
생활기술	38
생활무용	112
서울문화재단	290
선택적 지각 단계	78
설계	354
성찰자극	213
성향	22
소비자	6
소양	27
수행	11
수행하기	12, 13
순수예술교육	21
스탠더드	28
스트라우스	71
스트릿	38
스프레들리	71
신체적 차원	102
실천적 지식	74
실천적 합리성	296
실천전통	92
실천지	76
실행	356
실현	189
심미관	180
심미적 가치	424
심법	206
심성	22, 202
심성교육	178
심성적 자질	294
심화 수준	360
심화학습 3단계 모형	80

ㅇ

아이즈너	46
암묵적 학습	78
암묵적 학습단계	78
암호화	18
에피스테메	50
역량	22
연계하기	13
영국 로열무용아카데미	300
영성적 차원	102, 188
예비전문인	8
예술	7
예술가	16
예술강사	63
예술교육	7
운동소양	42
운동적 가치	404
유정	182
윤리강령	300
융합능	76
음악감지	213
이해	355
이홍우	158

찾아보기

인문지	75
인성	173
인성교육	267
인성전이	213
인지능	75
인지적 차원	102
입문	355
입문 수준	358

ㅈ

자발적 학습 단계	78
작품예술교육	7
잠재적 교육과정	221
재능	22
재클린 스미스-오타드	10
적극시범	212
적용	355
전문무용	112
전문적 모형	11
전인	20
전인교육	333
전인성	20
전통적 리터러시	37
전통적 지식	92
정신세계	159
제언	404
종교무용	134
중층성	159

지	38
지성적 차원	178
지식갖기	12
직접교수방법	203
직접교정	212
진그라소	49
질적연구방법론	174
집단지성	80
집중연습	212

ㅊ

참여중심무용	18
창작	11, 15
창작하기	12, 13
체육과 교육과정	328
체육교수모형	323
체육교육	323
체험권유	213
초월	188
최의창	159

ㅋ

| 캐나다 스코틀랜드문화원 | 300 |
| 코너스톤 모형 | 12 |

ㅌ

| 타이너 | 40 |

탐구능	75
태도	22
토론	404
토마스 해굿	49
통합	356
티나 커레인	49

ㅍ

평가	356, 404
표상적 리터러시	41
표현	14
표현활동	14, 328
프로네시스	50

ㅎ

하나로 수업 모형	29
하나로수업 모형	333
하이랜드	50
학교무용	112
학교문화예술교육	34
학습경험	73
학습된 능력	77
학습이론	80
한국무용교육	119
한국문화예술교육진흥원	34, 290
한국문화예술위원회	290
해독화	18

찾아보기 ••• 433

찾아보기

헨리 지록	46	Chappell	173	MacIntyre	92
현대적 리터러시	40	Clippinger	91	McCutcheon	12
호주무용협회	300	Creswell	94	Metzler	245
홍은숙	92	dance literate	23	National Dance Education Organization	13
환경조성	213	Deckert & Wilson	91		
황실댄스교사협회	295	Dilthey	159	NDEO	173
		Gilbert	173	NDEO 모형	13
A~Z		Glaser와 Strauss	94	Oakeshott	158
		H' Doubler	173	Seels와 Richey	371
ADDIE모형	371	Henderson	158	The Art of Dance in Education	10
Adshead	10	K-12 무용교육	47		
Ann Dils	20	Kassing & Jay	91	Tina Hong	18
Brinson	173	Laban	91	Warburton	173
Bruner	158	Lavender	404